Bernd Kretschmer
Uwe Grigoleit

Vieweg Software-Trainer
Excel 4.0

Bernd Kretschmer
Uwe Grigoleit

Vieweg Software-Trainer
Excel 4.0

Die Deutsche Bibliothek - CIP-Einheitsaufnahme

Kretschmer, Bernd:
Vieweg-Software-Trainer Excel 4.0 / Bernd Kretschmer ; Uwe
Grigoleit. - Braunschweig ; Wiesbaden : Vieweg, 1992

ISBN 978-3-528-05264-5   ISBN 978-3-322-89724-4 (eBook)
DOI 10.1007/978-3-322-89724-4

NE: Grigoleit, Uwe:
Dieses Buch ist keine Original-Dokumentation zur Software der Firma Microsoft. Sollte Ihnen dieses Buch anstelle der Original-Dokumentation zusammen mit Disketten verkauft worden sein, welche die entsprechende Microsoft-Software enthalten, so handelt es sich wahrscheinlich um eine Raubkopie der Software.
Benachrichtigen Sie in diesem Fall umgehend Microsoft GmbH, Edisonstr. 1, 8044 Unterschleißheim - auch die Benutzung einer Raubkopie kann strafbar sein.

Verlag Vieweg und Microsoft GmbH

Das in diesem Buch enthaltene Programm-Material ist mit keiner Verpflichtung oder Garantie irgendeiner Art verbunden. Die Autoren und der Verlag übernehmen infolgedessen keine Verantwortung und werden keine daraus folgende oder sonstige Haftung übernehmen, die auf irgendeine Art aus der Benutzung dieses Programm-Materials oder Teilen davon entsteht.

Umschlagsgestaltung: Schrimpf & Partner, Wiesbaden

Gedruckt auf säurefreiem Papier

Vorwort

Mit diesem Buch führen wir Sie in einer aufbauenden Folge von Datenreisen umfassend in die Welt der Tabellenkalkulation ein. An einfachen Beispielen wie Umsatzstatistik, Textverarbeitung, Serienbriefen, Dateiverarbeitung und Lieferscheinschreibung erleben Sie Problemlösungen mit Excel 4.0. Zwei Kapitel sind den Tabellenanalysen gewidmet. — *Umfassende Darstellung*

Wir zeigen Ihnen Aussichtspunkte, von denen Sie Blicke in die Nachbarwelten Windows 3.1, Textverarbeitung, Datenbanken, Programmierung und Präsentation werfen können. Sie lernen mit Q+E die Verbindung zu Datenbanken kennen. — *Brücken*

Mit dem Dialog-Editor gestalten Sie eigene Dialogfelder und binden diese in Makros ein. Sie erhalten viele Tips und Anregungen für die Organisation und Planung Ihrer Arbeit mit Excel. — *Alles automatisch?*

Die zahlreichen exakten Abbildungen von Bildschirmen und Ausdrucken vermitteln Ihnen auch ohne PC jederzeit eine genaue Vorstellung von den Beispielen und der Arbeit mit Excel. — *Bilderbuch*

Sie finden durchweg einfache und übersichtliche abgeschlossene Beispiele, die Sie auch noch am Feierabend bequem nachvollziehen können. Dem Buch liegt eine Diskette mit allen Beispielen und den Lösungen der Übungsaufgaben bei. — *Beispiele/Diskette*

Wir danken Borland/Ashton Tate, DAT, GD Gesellschaft für Datenkommunikation, Matesys, Microsoft und Lotus für die Unterstützung mit Hard- und Software und den Herren Greis, Böttcher und Rötschke für die redaktionelle Mitarbeit. — *Danke...*

Wir wünschen Ihnen viel Freude und Erfolg beim Lesen und Arbeiten mit diesem Buch und Excel. Über Ihre Anregungen freuen wir uns. — *Viel Erfolg!*

Bernd Kretschmer   Uwe Grigoleit

1 Einleitung

2 Vorarbeiten & Vorkenntnisse

3 Die erste Excel-Aufgabe

4 Tabellen gestalten

5 Tabelleninhalte ändern

6 Arbeiten mit Funktionen

7 Excel-Diagramme

8 Textverarbeitung

9 Dateiverarbeitung

10 Mehrdimensionale Tabellenkalkulation

11 Tabellenanalysen

12 Datenaustausch

13 Q+E

14 Ablaufprogrammierung

15 Organisation und Planung von Tabellen

16 Präsentation mit Excel

Anhang

Inhaltsverzeichnis

1 Einleitung

2 Vorarbeiten & Vorkenntnisse

3 Die erste Excel-Aufgabe

4 Tabellen gestalten

5 Tabelleninhalte ändern

6 Arbeiten mit Funktionen

7 Excel-Diagramme

8 Textverarbeitung

9 Dateiverarbeitung

10 Mehrdimensionale Tabellenkalkulation

11 Tabellenanalysen

12 Datenaustausch

13 Q+E

14 Ablaufprogrammierung

15 Organisation und Planung von Tabellen

16 Präsentation mit Excel

Anhang

Abschnittsübersicht

Einleitung

1 Einleitung

1. 1 Tabellenkalkulationsprogramme

Sie erhalten in diesem Kapitel einen Überblick über die Inhalte des Buches und über einige Merkmale von Excel 4.0. Wollen Sie so schnell wie möglich mit Excel arbeiten, so können Sie dieses Kapitel überspringen oder später lesen.

Tabellenkalkulationsprogramme sind besonders einfache Anwenderwerkzeuge zum Arbeiten mit Tabellen und zur grafischen Darstellung der Ergebnisse. Zahlreiche Kalkulations-, Schreib-, Präsentations- und Dateiverwaltungsarbeiten lassen sich mit dieser Standardsoftware lösen. Statt mit einem Block Papier mit Tabellenfeldern, einem Bleistift, einem Radiergummi, Schere, Klebstoff und einem Taschenrechner arbeiten Sie mit einem Bildschirm, der einen Ausschnitt aus einem elektronischen Arbeitsblatt zeigt, sowie mit einem Zeigeinstrument (Maus, Maustrack, Trackball) und einer Tastatur. Sie können mehrere größere Ausschnitte aus verschiedenen Tabellen und Grafiken gleichzeitig auf dem Bildschirm sehen.

Bei Excel können Sie die Tabelleninhalte, die Sie nach Ihren Diagramme Wünschen miteinander verknüpft haben, nicht nur in Form einer mehrdimensionalen Tabelle, sondern auch als zwei- oder dreidimensionale Grafik ausgeben lassen. Sie erhalten auf diese Weise leicht einen Überblick über Größenverhältnisse zwischen den Zahlen der Tabelle.

Excel bietet Ihnen, wie andere Tabellenkalkulationsprogramme Makros auch, die Möglichkeit, häufig auftretende Arbeitsabläufe durch Makros zu automatisieren. Sie können somit Excel genau an Ihre Bedürfnisse anpassen. Die Programmerstellung mit Excel ist mit einem wesentlich geringeren Arbeits- und Pflegeaufwand verbunden, weniger fehleranfällig und leichter erlernbar als mit klassischen Programmiersprachen. Die damit erstellten Lösungen sind absturzsicherer, da viele Fehlerarten gar nicht auftreten können.

1. 2 Offenes System mit Schnittstellen

Daten-austausch

Sie finden heute auf dem Software-Markt viele Anwendungsprogramme, die alle ihr spezielles Einsatzgebiet haben. Wollen Sie diese Programme sinnvoll nutzen, so müssen Sie Daten innerhalb dieser Programme austauschen können.

Excel zeigt sich hier als ein erfreulich offenes System mit vielen Schnittstellen zu anderen Anwendungen unter Windows 3.x, DOS, OS/2 sowie dem Apple Macintosh.

Damit erhalten Sie die Möglichkeit, Tabellen, die Sie mit Excel erstellt haben,

- mit anderen Tabellenkalkulationsprogrammen weiterzuverarbeiten,
- in Texte einzubinden oder
- mit Datenbanken weiterzuverarbeiten.

Ebenso können Sie Daten anderer Anwendungen in Excel weiterverarbeiten. Dies bietet sich an, wenn Sie

- Datenbanken mit Excel als Tabellen verarbeiten,
- Grafiken aus Malprogrammen in die Tabelle einbinden oder
- mit mehreren Tabellenkalkulationsprogrammen arbeiten wollen.

Das zeigen wir...

Sie sehen in diesem Buch, wie Sie Daten zwischen Excel und

- Textverarbeitungssystemen wie Ms Word 5.5 oder Word für Windows,
- Grafikprogrammen,
- anderen Tabellenkalkulationsprogrammen wie Lotus 1-2-3 für Windows oder Multiplan und
- Datenbanken wie dBASE austauschen können.

1. 3 Was ist das Besondere an Excel?

Excel ist ein sorgfältig an den Benutzer angepaßtes Tabellenkalkulationsprogramm. Der Bildschirm und die Handhabung werden einem Windows-erfahrenen PC-Anwender sofort vertraut vorkommen. Excel orientiert sich wie Windows an der SAA-Oberfläche von IBM, die ursprünglich für Großrechner konzipiert wurde. Sie erhalten damit ein einheitliches Bild, egal, mit welcher Rechnerkategorie oder Anwendung Sie arbeiten.

Ferner haben Sie mit der perfekten Einbindung von Excel in die Windows-Oberfläche vielseitige Möglichkeiten des Datenaustausches (Zwischenablage, Dynamischer Datenaustausch (DDE) und Object Linking and Embedding (OLE)), so daß Sie Excel zusammen mit anderen Anwendungen einsetzen können.

Windows-Oberfläche

Die Menüs zur Steuerung von Excel sind am oberen Fensterrand in einer Menüleiste angeordnet. Die Befehle erscheinen in Aufklappmenüs (Bild 1.1).

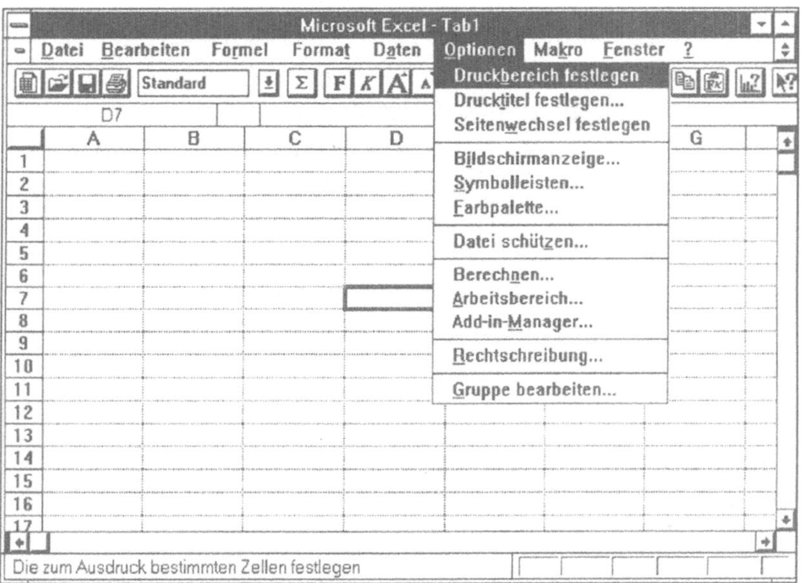

Bild 1.1 Das EXCEL Vollbildfenster mit einem Befehlsmenü

Direkt unter der Menüleiste befindet sich mindestens eine Symbolleiste, von der aus Sie viele Befehle per Knopfdruck auslösen können. Sie können Art und Umfang der Symbolleiste selber bestimmen und so Excel optimal an Ihre Bedürfnisse anpassen.

Die Symbolleisten

Alle Arbeiten mit Excel können Sie aus der Menü- oder der Symbolleiste auswählen. Sie müssen also keine Befehle, Schlüsselwörter oder Funktionstasten auswendig lernen, da Excel Ihnen immer zeigt, was Sie gerade tun können.

Die Vielzahl der Befehle mit den zum Teil mehrgliedrigen Untermenüs erscheinen im ersten Moment vielleicht ein wenig verwirrend. Hier helfen schon ein ganz klein wenig Übung und die Datenreisen mit einem Reiseführer wie diesem Buch. Außerdem stellt Ihnen Excel in jeder Lage Hilfestellungen (**Hilfe**-Texte) zur Verfügung, die mit der Funktionstaste [F1], dem **Hilfe** Menü oder der Hilfe-Schaltfläche abgerufen werden können. Wir werden Ihnen in diesem Buch ausführlich den Umgang mit der Hilfe-Funktion zeigen, damit Sie sich während der Arbeit mit Excel jederzeit Hilfe anfordern und so Einzelheiten zur gerade verwendeten Funktion abrufen können.

Von Lotus 1-2-3 nach Excel 4.0

Umsteigern von Multiplan und Lotus 1-2-3 bietet das Hilfe-Menü vielseitige Unterstützung beim Umsteigen. Aufgrund der Kompatibilität zu den meisten anderen Windows-Anwendungen eröffnen sich mit Excel umfangreiche Möglichkeiten der integrierten Anwendung. Der dynamische Datenaustausch erlaubt Ihnen, Daten einmal zu erstellen und in allen anderen Anwendungen zu verwenden. In den entsprechenden Verknüpfungen werden alle Änderungen automatisch berücksichtigt. Mit Hilfe der OLE-Funktion können Sie ab Windows 3.1 noch leichter und gezielter zwischen Anwendungen hin und her schalten.

Mit dem Zusatzprogramm Q+E von Pioneer, das im Excel-Paket enthalten ist, bietet Excel Ihnen ein kleines Datenbankprogramm, das besonders beim Datenaustausch zwischen Excel und Datenbanken hilfreich ist. Außerdem können Sie hiermit in kleinerem Umfang Datenbanken anlegen und verwalten wie mit einem "richtigen" Datenbankprogramm.

1. 4 Excel auf Rechnern mit DOS, OS/2

Excel gehört zu der großen Familie von Standardsoftware, die insbesondere für Rechner mit Standardbetriebssystemen (Windows 3.x, OS/2) sowie für den Macintosh verfügbar ist.

Für Rechner mit den Intel 80286 bis 80586 Prozessoren können Sie Excel unter Windows 3.x und OS/2 2.0 einsetzen. Wir werden uns im folgenden auf die Excel-Version unter Windows beziehen.

Sie benötigen

- Excel 4.0 für Windows 3.x,

- Windows 3.x oder OS/2 2.0,

- einen für dieses Betriebssystem geeigneten Rechner mit Tastatur, einem Zeigeinstrument, einer Festplatte mit 11 MB freiem Speicherplatz und mindestens einem Diskettenlaufwerk,

- eine Grafikkarte (CGA, HGA, EGA, VGA,...) sowie einen geeigneten Bildschirm,

- möglichst auch einen Drucker.

Für Excel in Verbindung mit Windows ist mindestens 1 MB Arbeitsspeicher erforderlich, angenehm arbeiten können Sie mit 4 MB. Unter OS/2 2.0 benötigen Sie theoretisch 4 MB, flott arbeiten können Sie ab 8 MB.

Systemanforderungen

Hinweise zur Installation von Excel 4.0 auf Ihrem Rechner finden Sie im Anhang.

1. 5 Ziele des Buches

Der Leser kann mit Hilfe dieses Buches lernen,

- zu beurteilen, ob eine Arbeitsaufgabe *sinnvoll* mit Excel zu lösen ist,

- die Aufgabe dann in eine Tabellenform umzusetzen und schließlich

- Tabellen anzuwenden.

So lernen Sie hier anhand besonders einfacher Beispiele die Idee der Tabellenkalkulation kennen und werden an die Handhabung wichtiger Excel-Befehle herangeführt. Sie sollten dieses Buch nicht nur lesen, sondern mit Ihrem Rechner und Excel alles sofort ausprobieren.

Weiterführende Fragen zu den einzelnen Befehlen können Sie sich selbst von Excel über die Hilfe-Funktion (siehe Abschnitt 2.7) beantworten lassen.

Da dieses Buch lesbar und zu handhaben sein soll, haben wir nicht alle Einzelheiten von Excel darstellen können. So wurde auf die Datenanalyse mit Hilfe der Analysis Tools verzichtet, da es sich hierbei um sehr spezielle statistische Auswertungen handelt.

Von der Makroprogrammierung zeigen wie Ihnen nur die Idee und einige einfache Programme.

1.6 Gliederung des Buches

2

Kapitel 2 beschreibt,

- was Sie vor der ersten Benutzung von Excel tun müssen,
- wie Sie Excel starten,
- wie der Excel-Bildschirm und die Excel-Tastatur aufgebaut sind,
- wie Sie ein Zeigeinstrument möglichst effektiv einsetzen,
- wie Sie Excel Befehle erteilen und
- wie Sie sich von Excel helfen lassen können.

3

In Kapitel 3 ist beschrieben, wie Sie eine einfache Umsatzstatistik in eine Excel-Tabelle umsetzen, Texte, Namen und Formeln eintragen, Daten eingeben und rechnen, Zellen schützen und Formulare drucken und speichern können.

4 und 5

Kapitel 4 ist ganz der optischen Gestaltung von Tabellen gewidmet und Kapitel 5 der inhaltlichen Änderung von Tabellen.

6

In Kapitel 6 lernen Sie an ausgewählten Beispielen, wie Sie Excel Funktionen zur Verarbeitung von Zahlen und Wahrheitswerten einsetzen können.

7

Inhalt des Kapitels 7 sind die Darstellung von Tabelleninhalten als Grafik sowie das Erstellen einer Freihandgrafik.

8

Kapitel 8 behandelt ausführlich Möglichkeiten der kommerziellen Textverarbeitung (Erstellen und Verwenden von Formularen,

Arbeiten mit Textbausteinen, rechnende Textverarbeitung) mit Excel.

Kapitel 9 zeigt das Arbeiten mit Datendateien und das Anfertigen **9** von Serienbriefen sowie den

*   Umgang mit Datenbanken und

*   das Verwenden von mehreren Dateien bei einer Lieferschein-schreibung.

Kapitel 10 zeigt Ihnen die Idee und die Handhabung von dreidi- **10** mensionaler Tabellenverarbeitung sowie des Konsolidierens von Daten.

Kapitel 11 beschäftigt sich mit Analysemethoden zum Auswerten **11** von Tabellen. In diesem Zusammenhang werden Zielwertsuche, Mehrfachoperationen, der Szenario-Manager und der Excel Sol-ver beschrieben.

In Kapitel 12 ist an Beispielen (Kunden und Artikeldatei) gezeigt, **12** wie Sie

*   mit Excel Brücken zu den Tabellenkalkulationsprogrammen Multiplan und 1-2-3/w von Lotus,

*   zu den Textverarbeitungsprogrammen MS Word 5.5 und MS Word für Windows 2.0 und

*   zu Datenbanken wie dBASE bilden können.

Außerdem sehen Sie die Vorzüge des neuen, erweiterten DDE, des dynamischen Datenaustausches von Excel mit anderen Win-dows-Anwendungsprogrammen. Excel bietet hier mit den OLE Funktionen eine einfache Möglichkeit, in die Anwendung des verknüpften Objektes umzuschalten. Ferner zeigen wir hier den Datenaustausch mit Pascal unter Windows.

Kapitel 13 beschreibt das Datenbankprogramm Q+E sowie seine **13** Verwendung zusammen mit Excel.

In Kapitel 14 programmieren Sie Excel-Makros. **14**

Inhalt des Kapitels 15 ist die Planung und Dokumentation von **15** Tabellen. Sie finden hier zahlreiche Tips zum Erstellen und Rati-nonalisieren von Tabellen.

16

In Kapitel 16 erstellen wir eine Dia-Show mit Excel und eine Präsentation mit Object Script.

Am Ende des Buches finden Sie Angaben über die Installation von Excel, eine Befehlsübersicht, ein Glossar und Tabellen. Daneben enthält der Anhang eine Liste der verschiedenen Mauszeiger und Symbole der Symbolleisten von Excel.

Die Beispieldateien auf der Diskette sind nach den Kapiteln in Verzeichnissen K02 bis K16 geordnet, in denen Sie besprochen werden.

1.7 Was ist neu an Excel 4.0?

Im folgenden wollen wir Umsteigern von Excel 3.0 auf Excel 4.0 kurz einen Überblick über die wichtigsten neuen Funktionen geben.

Die variable Symbolleiste

Excel 4.0 besitzt nun mehr als nur eine Symbolleiste, wobei Sie bestimmen können, welche Symbolleiste Sie gerade sehen wollen. Ferner haben Sie die Möglichkeit, sich eine eigene Leiste mit den Schaltflächen, die Sie am meisten benötigen, anzulegen.

Verbesserung der Druckausgabe

Excel 4.0 zeigt eine erheblich verbesserte Auflösung beim Ausdruck von Diagrammen, was sich vor allem bei Kreis- und 3D-Diagrammen sehr positiv bemerkbar macht. Ferner wurden die Gestaltungsfunktionen verbessert und ergänzt.

Datenanalyse

Ihnen stehen bei Excel 4.0 neue Funktionen zur Analyse von Daten zur Verfügung, die zahlreiche wichtige statistische Analysemethoden enthalten. Der Szenario Manager erstellt Ihnen eine Übersicht über die Ergebnisse einer Tabellenanalyse und druckt diese in einem Bericht aus.

Kreuztabellen-Funktion

Mit der Kreuztabellen-Funktion können Sie nun Tabellen nach verschiedenen, von Ihnen wählbaren Kriterien zusammenfassen. Sie fassen dabei nur die Daten zusammen, die die gewünschten Suchkriterien erfüllen.

1. 8 Schreibweisen

Wir verwenden in diesem Buch für die verschiedenen Elemente **Was**
von Excel, zum Beispiel für Menüs, Befehle, Schaltflächen und **bedeutet**
Optionsfelder, jeweils eine bestimmte Schreibweise, damit Sie **was?**
leicht sehen, wovon wir schreiben. Im folgenden nun ein Überblick:

- **Menüs, Befehle, Titel von Dialogfeldern** und **Schaltflächen**
  in Dialogfeldern schreiben wir **fett**.

- Tastenangaben wie [Eingabe]- oder [Strg]-Taste schreiben
  wir in einer Box. Steht zwischen zwei oder mehr Tastenangaben ein Bindestrich, so bedeutet dies, daß Sie die erste Taste
  gedrückt halten und anschließend die zweite drücken.

- «Optionsfelder», «Kontrollkästchen» und eine «Auswahl aus
  einer Liste» schreiben wir in französischen Anführungszeichen «».

1. 9 Unterschiede zu anderen Tabellenkal-
kulationsprogrammen

Neben Excel gibt es noch viele weitere Tabellenkalkulationspro- **Unterschiede**
gramme auf dem Software-Markt. Man kann hier einmal die
Windows-Anwendungen wie Informix Wingz, Lotus 1-2-3 für
Windows, Quattro Pro für Windows und Excel von den zeichenorientierten wie MS Multiplan, Lotus 1-2-3 2.x und 3.x und Quattro Pro 4.0 unterscheiden.

Die Windows-Anwendungen gleichen sich in der Oberfläche und
in vielen Befehlen und Anweisungen. Die zeichenorientierten
Programme können entweder wie Quattro Pro 4.0 eine WY-
SIWYG-Oberfläche (siehe Glossar) aufweisen oder wie Multiplan
rein zeichenorientiert sein.

Neben diesen Unterschieden kann man in der Konzeption der
Tabellenkalkulationsprogramme einige Unterschiede feststellen,
die wir Ihnen hier im folgenden kurz andeuten wollen.

Lotus 1-2-3 und Quattro Pro 4.0 arbeiten mit Arbeitsblättern, d.h. **Arbeitsblätter**
eine Datei besteht aus verschiedenen Tabellenblättern. Die Datei

ist also gleichermaßen Ihr Block mit den verschiedenen Tabellen. Excel verfolgt hier ein etwas anderes Prinzip: Jede Datei besteht aus nur einem Arbeitsblatt, Sie können jedoch bis zu 256 veschiedene Dateien in einer Arbeitsmappe (einer Art Ringbuch für Dateien, mit eigenem Inhaltverzeichnis, speichern. Innerhalb dieses Ringbuches können Sie wie bei der Arbeit mit Arbeitsblättern 3D-Formeln verwenden.

Namen und Rechenzeichen

Sie können in allen Tabellenkalkulationsprogrammen Bereiche der Tabelle mit Namen versehen und diese Namen in Formeln verwenden. Dabei können Sie bei Microsoft-Produkten im Gegensatz zu Lotus-Produkten diese Namen auch in Formeln mit einfachen Rechenzeichen und nicht nur in Tabellenfunktionen verwenden.

Neue Trends

Lotus hat mit dem Tabellenkalkulationsprogramm Improve ein ganz neues Konzept in die Tabellenkalkulation eingeführt. Sie haben hier nicht wie bei allen bisherigen Tabellenkalkulationsprogrammen ein Arbeitsblatt mit Zeilen und Spalten, sondern legen einfach Namen für Werte- oder Formelmengen fest und geben dadurch Beziehungen zwischen Ihren Daten an. Dieses Programm läßt sich daher nur schlecht mit den "herkömmlichen" Tabellenkalkulationsprogrammen vergleichen.

Abschnittsübersicht

Vorarbeiten und Vorkenntnisse

2 Vorarbeiten und Vorkenntnisse

2. 1 Vorbemerkung

Excel 4.0 können Sie unter MS Windows oder unter WIN-OS von IBM OS/2 2.0 betreiben. Im Lieferumfang sind fünf Disketten enthalten:

Wofür gibt es Excel 4.0?

- eine Einrichtungsdiskette,
- eine Hilfediskette,
- eine Bibliotheksdiskette,
- eine Tutorialdiskette und
- eine Q+E Diskette.

Die Installation von Excel und die hier notwendigen Einstellungen beschreiben wir Ihnen im Anhang dieses Buches. Haben Sie Excel noch nicht installiert, so lesen Sie zuerst diesen Abschnitt.

Die Abschnitte 2.2 und 2.3 enthalten grundlegende Informationen über die Handhabung der Benutzeroberfläche Windows mit der Maus und der Tastatur am Beispiel des Anwendungsprogrammes Excel.

Wir empfehlen Ihnen, sich darüber hinaus mit Windows 3.1 oder OS/2 2.0 vertraut zu machen, zum Beispiel mit Hilfe des Buches "Schneller erfolgreich mit Windows 3.1" (B.Kretschmer und M. Gerding, Würzburg 1992) bzw. dem VIEWEG Software-Trainer OS/2 2.0.

2. 2 Die Windows-Benutzerschnittstelle

2. 2. 1 Überblick

Bevor wir mit Excel arbeiten wollen, werden wir Ihnen zuerst einige Arbeitsschritte mit der Windows 3.x Benutzerschnittstelle zeigen. Sie werden in diesem Kapitel erfahren, wie Sie unter Windows 3.x

Umgang mit Windows

- Programme vom Programm-Manager aus starten (2.2.2),
- Excel einer neuen Gruppe zuordnen und alte Gruppen löschen (2.2.3),
- Fenster verschieben (2.2.4)
- die Größe von Fenstern verändern (2.2.5)
- Fenster hintereinander oder nebeneinander anordnen (2.2.6) und
- sich auch in einer großen Anzahl von Fenstern zurechtfinden können (2.2.7).

2. 2. 2 Der Programm-Manager

Der
Programm-
Manager

Windows 3.x verfügt über einen Programm-Manager. Mit dem Programm-Manager starten Sie Programme, ohne den Namen oder das Verzeichnis kennen zu müssen.

Windows 3.x ordnet die einzelnen Programme Gruppen zu, von denen aus Sie die Programme starten können (vgl. 2.3). Zu einer Programmgruppe können verschiedene Programme gehören, die dann von dem Fenster der Programmgruppe aus gestartet werden.

Nach der richtigen Installation hat Windows mehrere Programm-gruppen voreingestellt (Hauptgruppe, Zubehör, Spiele, Windows-Anwendungen, Anwendungen, ...), die Sie beliebig verändern können. Für Excel wird von seinem Installationspro-gramm automatisch eine neue Programmgruppe «Microsoft Excel 4.0» eingerichtet und Excel darin angeordnet. Sie können Excel aber auch einer anderen Programmgruppe zuordnen, wenn Sie noch mit weiteren Tabellenkalkulationsprogrammen arbeiten und diese von einer gemeinsamen Gruppe aus starten wollen.

Ausführbare Programme können Sie direkt vom Programm-Manager aus starten. Dies sind

- Dateien mit der Endung .EXE oder .COM
- Stapeldateien (.BAT) sowie
- Windows-Programminformationsdateien (.PIF).

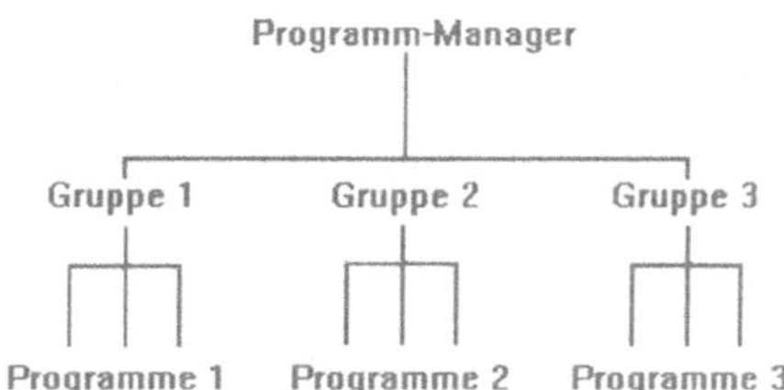

Aufbau des Programm-Managers

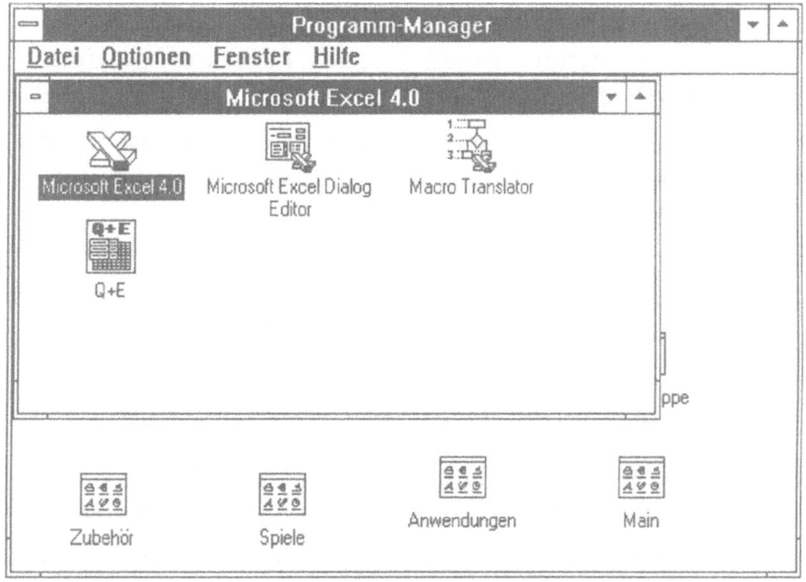

Bild 2.1 Windows 3.1: Gruppenfenster von Excel 4.0

Excel und alle Zubehörprogramme von Excel gehören zu den ausführbaren Programmen. Sie starten Excel mit dem Programm-Manager mit der Maus wie folgt:

Starten eines ausführbaren Programms

Vorgehensweise:

1. Klicken Sie mit der Maus in das Symbol der Programmgruppe, der Excel zugeordnet ist (hier also die Programmgruppe «Microsoft Excel 4.0»).

2. Zeigen Sie mit dem Mauszeiger auf das Programmsymbol von Excel 4.0 (Bild 2.1). Starten Sie nun Excel, indem Sie das Symbol mit der Maus doppelt anklicken.

Mit der Tastatur gehen Sie so vor:

Vorgehensweise:

1. Markieren Sie mit dem Tastaturschlüssel ⟨Strg⟩-⟨Tab⟩ das Symbol der Programmgruppe, von der aus Sie Excel starten. Sie halten dazu die ⟨Strg⟩-Taste gedrückt und drücken so oft die ⟨Tab⟩-Taste, bis die gewünschte Gruppe markiert ist.

Programme starten

2. Bestätigen Sie nun Ihre Auswahl, indem Sie die ⟨Eingabe⟩-Taste drücken. Windows wird dann das Fenster der gewünschten Gruppe öffnen.

3. Wählen Sie mit den Richtungstasten das gewünschte Programm aus und drücken Sie die ⟨Eingabe⟩-Taste, damit Windows das Programm startet.

Sie sehen nun den Excel-Bildschirm (Bild 2.2). Sie können Excel auch mit einer Abkürzungstaste starten (vgl. Abschnitt 2.2.3).

2. 2. 3 Excel einer neuen Gruppe zuordnen

Programm-gruppen

Excel wird vom Setup-Programm (siehe Anhang I) automatisch einer eigenen Gruppe zugeordnet. Sind Sie mit dieser Zuordnung zufrieden, so können Sie das folgende Unterkapitel überlesen.

Wollen Sie Excel einer neuen Gruppe zuordnen, zum Beispiel der Gruppe «Tabellenkalkulation», so lesen Sie im folgenden, welche Schritte im einzelnen notwendig sind. Wir zeigen Ihnen hier zuerst, wie Sie eine neue Gruppe einrichten und anschließend, wie Sie Excel der neuen Gruppe zuordnen.

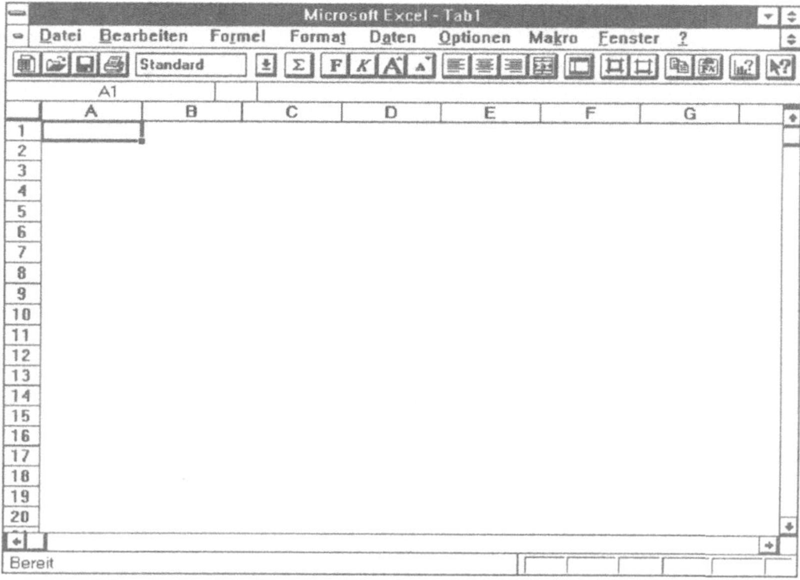

Bild 2.2 Excel 4.0: Vollbildfenster

Wollen Sie Excel einer Gruppe zuordnen, die schon besteht, so können Sie den nächsten Schritt überspringen. Wenn die Gruppe, der Sie Excel zuordnen wollen, noch nicht besteht, so müssen Sie sie erst einrichten.

Richten Sie zuerst die neue Programmgruppe ein:

Vorgehensweise

1. Öffnen Sie in Windows den Programm-Manager.

2. Wählen Sie aus dem Menü **Datei** den Befehl **neu** aus. Sie sehen ein Auswahlmenü wie in Bild 2.3.

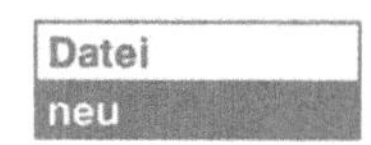

3. Wählen Sie die Option «Programmgruppe» aus, und geben Sie in das Dialogfeld **Programmgruppeneigenschaften** im Text-feld «Beschreibung» den Namen der neuen Programmgruppe ein, hier «Tabellenkalkulation» (Bild 2.4).

4. Schließen Sie den Befehl mit der ⌈Eingabe⌋-Taste oder durch Klicken in die Schaltfläche **OK** ab.

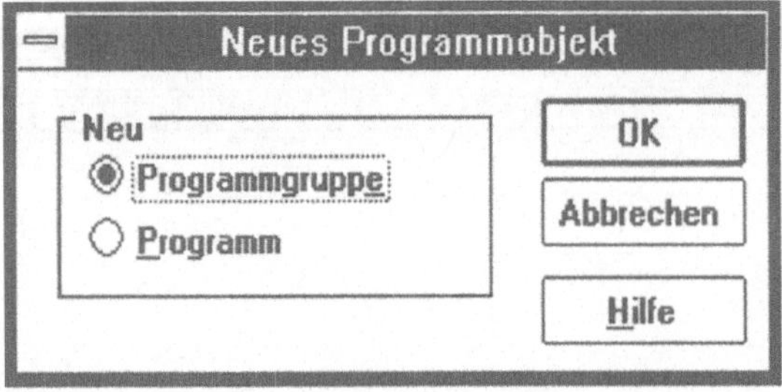

Bild 2.3 Auswahl einer Programmgruppe

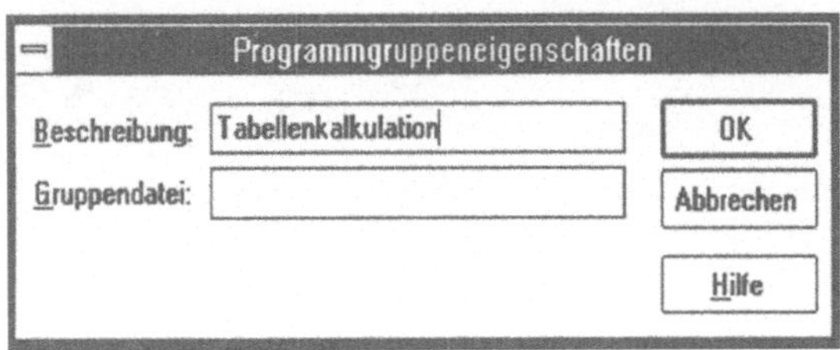

Bild 2.4 Programmgruppeneigenschaften

Sie können Excel nun entweder zusätzlich der neuen Programmgruppe zuordnen oder aus der Programmgruppe «Microsoft Excel 4.0» in die neue verschieben. Das Verschieben von Excel in eine
neue Programmgruppe erledigen Sie am einfachsten mit der
Maus. Die zusätzliche Zuordnung zu einer Gruppe geht am
einfachsten mit der Tastatur.

Sie können in dem Windows-Dialogfeld **Programmeigenschaften** mit Hilfe der Option «Arbeitsverzeichnis» festlegen, welches
Verzeichnis Excel zum Speichern und Laden der Dateien voreinstellen soll. Voreingestellt ist hier das Verzeichnis, in dem Sie
Excel installiert haben.

Verfahren Sie wie folgt, um Excel zusätzlich einer Programmgruppe zuzuordnen:

Verschieben mit der Maus

1. Geben Sie den Befehl **Neu** aus dem Windows-Menü **Datei**,
   indem Sie die Alt-Taste drücken und anschließend ein d
   und ein n eingeben.

2. Wählen Sie die Option **Programm** (Alt - p). Sie sehen nun
   das Dialogfeld **Programmeigenschaften** wie in Bild 2.6.

3. Geben Sie als Programmtitel in das Feld **Beschreibung** «Excel 4.0» ein, und geben Sie in das Feld **Befehlszeile** den Dateinamen «EXCEL.EXE» mit der vollständigen Pfadbezeichnung ein oder lassen Sie den Programm-Manager danach suchen. Haben Sie Excel in dem Verzeichnis «C:\STANDARD\EX-CEL4» installiert, so geben Sie hier als Befehlszeile ein:

```
C:\STANDARD\EXCEL4\EXCEL.EXE.
```

8. Schließen Sie den Befehl mit der ⌈Eingabe⌋-Taste ab.

9. Wiederholen Sie dieses Verfahren mit allen Programmdateien von Excel. Die Programmnamen entsprechen den Namen der Zusatzprogramme jeweils mit der Dateinamenserweiterung .EXE (Q+E.EXE, DIALOG.EXE, TRANS.EXE).

In diesem Dialogfeld legen Sie auch die Abkürzungstasten für Excel fest.

Mit der Maus können Sie die Programmsymbole einfach verschieben. Sie zeigen auf das Symbol des zu verschiebenden Programms, drücken die linke Maustaste und ziehen das Symbol mit gedrückter Maustaste an die gewünschte Stelle. Excel verändert die entsprechenden Programmeigenschaften automatisch.
Verschieben von Excel

Verschieben mit der Maus

1. Ordnen Sie nun das Fenster der neuen Programmgruppe und das Fenster der Programmgruppe Excel so nebeneinander an, daß Sie die Programmsymbole von Excel mit der Maus in das Fenster der neuen Programmgruppe verschieben können. Bild 2.5 zeigt Ihnen die neue Programmgruppe, in der schon zwei weitere Programme enthalten sind.

Zum Verschieben eines Programmsymbols zeigen Sie mit der Maus auf das Symbol und führen es bei gedrückter Maustaste an die gewünschte Stelle.
Programmsymbol verschieben

Sie können Excel auch mit der Tastatur verschieben. Dazu geben Sie einfach die gleichen Befehle ein wie beim Kopieren und löschen anschließend Excel und die Zusatzprogramme aus der alten Programmgruppe.

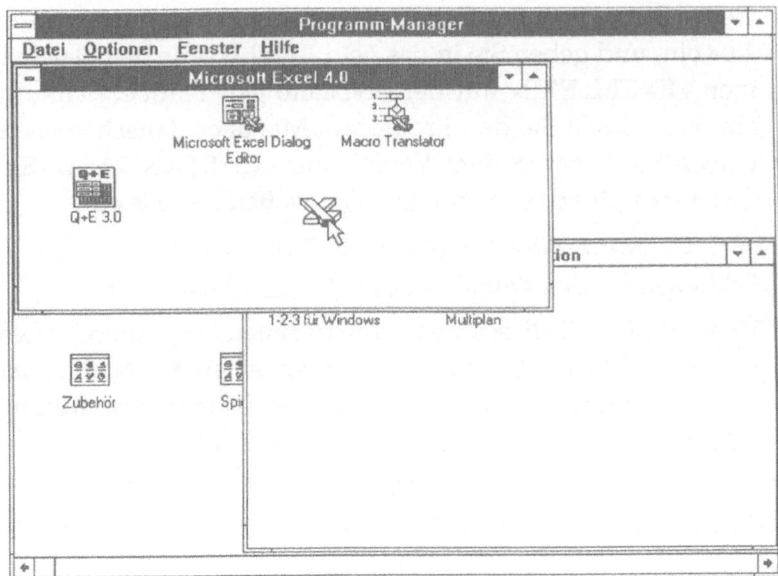

Bild 2.5 Verschieben von EXCEL in die neue Programmgruppe

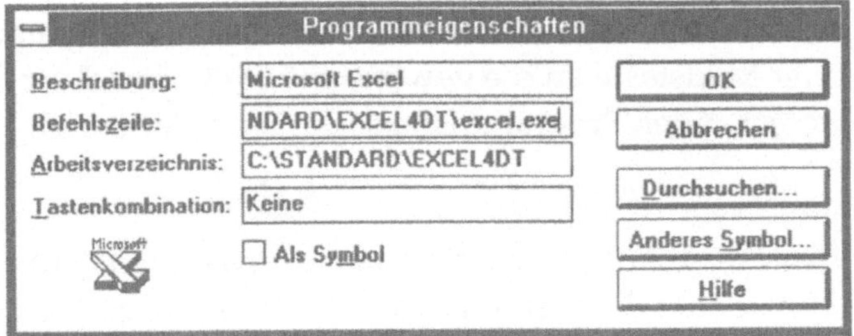

Bild 2.6 Eingabe der Programmeigenschaft «Pfad»

**Programm-
gruppe
löschen**

Um den Bildschirm nicht zu verwirrend zu gestalten, sollten Sie jetzt oder später die nicht mehr benötigte Programmgruppe mit der ⌊ENTF⌋-Taste löschen. Dazu müssen Sie diese Programmgruppe zuerst leeren, dann markieren und die ⌊ENTF⌋-Taste drücken.

Wägen Sie bei der Gestaltung Ihres Programm-Managers hier immer Übersichtlichkeit und Gliederung gegeneinander ab. Zu viele Programmgruppen können verwirren und eine Programmgruppe mit über 10 verschiedenen Programmen erfüllt nicht mehr ihren Zweck. Bei über zehn Programmgruppen wird die Auswahl der Gruppe umständlich.

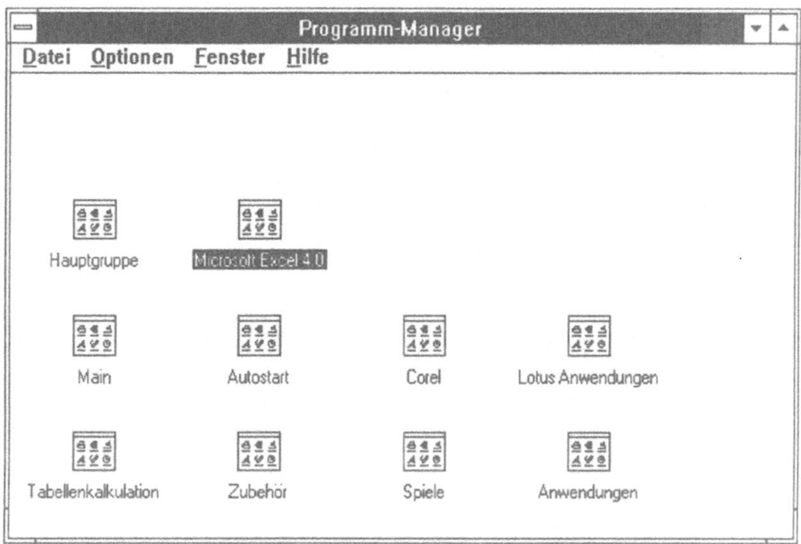

Bild 2.7 Markieren einer Gruppe zum Löschen

Mit der Maus leeren Sie eine Programmgruppe mit Hilfe der folgenden Schritte:

Vorgehensweise:

1. Zeigen Sie mit der Maus auf das Symbol des zu löschenden Programms und betätigen Sie die linke Maustaste. Sie haben nun ein Programmsymbol markiert.
2. Drücken Sie nun die ENTF-Taste, um das Programmsymbol zu löschen.

Sie können zum Löschen der Programmgruppe auch die Tastatur verwenden:

Vorgehensweise:

1. Sie können mit der Tastatur unter Windows zwischen den Markierungen von Programmgruppen oder Fenstern umschalten, indem Sie den Tastaturschlüssel Strg - Tab -Taste eingeben.

Sie halten dazu die Strg -Taste gedrückt und drücken so oft auf die Tab -Taste, bis das gewünschte Programmsymbol markiert bzw. das gewünschte Fenster aktiv ist.

Löschen von Programmen aus Gruppen

2. Betätigen Sie nun die $\boxed{\text{ENTF}}$-Taste, um das Programmsymbol zu löschen.

Danach markieren Sie das Symbol der leeren Programmgruppe (Bild 2.7) und löschen dieses wie die Programmsymbole mit der $\boxed{\text{ENTF}}$-Taste. Sie können Excel nun nur noch aus der neuen Programmgruppe «Tabellenkalkulation» aus starten.

2. 2. 4 Verändern der Größe von Fenstern

Fenstergröße verändern

Um noch eine andere Anwendung neben dem Excel-Fenster sehen zu können, müssen Sie die Größe des Fensters entsprechend verändern.

Sie können unter Windows zwischen zwei verschiedenen Varianten zum Verändern der Fenstergröße wählen (vgl Bild 2.8):

*   Wahl zwischen Vollbild und Symbol
*   Beliebiges Verändern der Fenstergröße

Wahl zwischen Vollbild und Symbol

Sie können ein Fenster unter Windows so vergrößern, daß es den gesamten Bildschirm ausfüllt (sogenanntes Vollbild). Wollen Sie die Arbeit mit einem Programm unterbrechen, so können Sie das Fenster des Programms auf ein Symbol verkleinern.

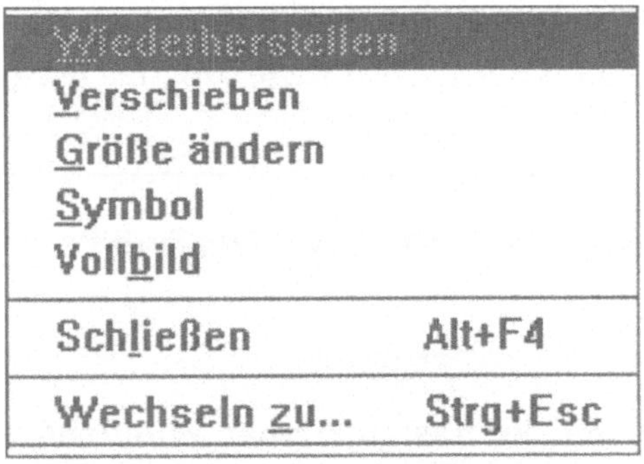

Bild 2.8 Excel 4.0: **System**-Menü

Sie können leicht zwischen diesen beiden Darstellungsweisen eines Fensters umschalten:

Sie sehen am oberen rechten Rand eines jeden Fensters zwei kleine Symbolpfeile. Nach oben zeigt die Schaltfläche **Vollbild**, nach unten die Schaltfläche **Symbol** (Bild 2.9).

Sie vergrößern ein Fenster auf das Vollbild, indem Sie den Pfeil nach oben anklicken (Schaltfläche Vollbild). Um ein Fenster auf das Symbol zu verkleinern, klicken Sie mit der Maus in den Pfeil nach unten (Schaltfläche Symbol).

Umschalten zwischen Fenster- größen

Wurde ein Fenster auf Vollbild-Darstellung vergrößert, so wird die Schaltfläche Vollbild durch eine Schaltfläche mit einem Pfeil nach oben und einem nach unten ersetzt. Die Schaltfläche **Wiederherstellen** stellt dann die Fenstergröße wieder her, von der aus Sie das Fenster auf Vollbild-Darstellung vergrößert haben.

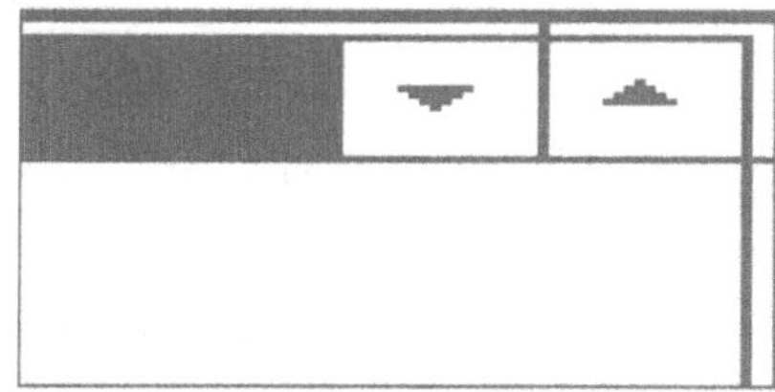

Bild 2.9 Fensterschaltflächen

Mit der Tastatur erteilen Sie die entsprechenden Befehle mit Hilfe des **System-Menüs**:

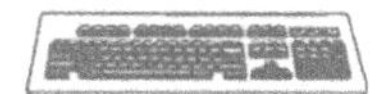

1. Rufen Sie das **System**-Menü mit dem Tastaturschlüssel (Alt)-(Leertaste) auf (Bild 2.9).

2. Um ein Fenster auf das **Vollbild** zu vergrößern, geben Sie (b) ein. Um ein Fenster auf das **Symbol** zu verkleinern, geben Sie (s) ein.

Verwenden des System- Menüs

Sie können Fenster auch beliebig in der Größe verändern, um zwei Anwendungen nebeneinander auf dem Bildschirm zu sehen und Einträge zu vergleichen. Sie verschieben hierzu jeweils die Rahmenleiste des Fensters.

Beliebige Fenster- größen

Vorgehensweise:

1. Zeigen Sie mit dem Mauszeiger auf den Rahmen des Fensters, dessen Größe Sie verändern wollen. Der Mauszeiger wird nun zu einem kleinen Doppelpfeil.

Rahmen verschieben

2. Ziehen Sie diesen Doppelpfeil bei gedrückter linker Maustaste soweit, bis Sie die gewünschte Fenstergröße erreicht haben.

Mit der Tastatur müssen Sie erst im **System-Menü** den Befehl **Größe ändern** aufrufen, um dann mit den Richtungstasten die Größe des Fensters zu verändern.

Vorgehensweise:

1. Rufen Sie mit der Befehlsfolge [Alt] + [Leertaste] das **System-Menü** auf.

2. Geben Sie den Befehl **Größe Ändern**, indem Sie ein [G] eingeben.

3. Verändern Sie nun mit den Richtungstasten die Größe des Fensters.

4. Bestätigen Sie anschließend Ihre Eingabe mit der [Eingabe]-Taste.

2. 2. 5 Verschieben von Fenstern

Windows bietet mit seiner Fensterstruktur den Vorteil, daß Sie mehrere Anwendungen nebeneinander oder hintereinander auf dem Bildschirm sehen und mit diesen arbeiten können (siehe auch 2.3.6). Um mehrere Fenster auf dem Bildschirm sehen zu können, müssen Sie die Fenster entsprechend verschieben und ihre Größe verändern. Das Verändern der Größe haben Sie im vorigen Abschnitt kennengelernt. Wir wollen nun zuerst das Fenster der Programmgruppe von Excel verschieben.

Zuerst verschieben wir das Gruppen-Fenster von Excel:

Vorgehensweise:

1. Klicken Sie mit der Maus in die Titelzeile des Programmfensters von Excel und lassen Sie die linke Maustaste gedrückt.

2. Bewegen Sie das Fenster mit der Maus an die gewünschte **Fenster** Stelle des Bildschirmes (Bild 2.9) und lassen Sie anschließend **bewegen** die Maustaste wieder los.

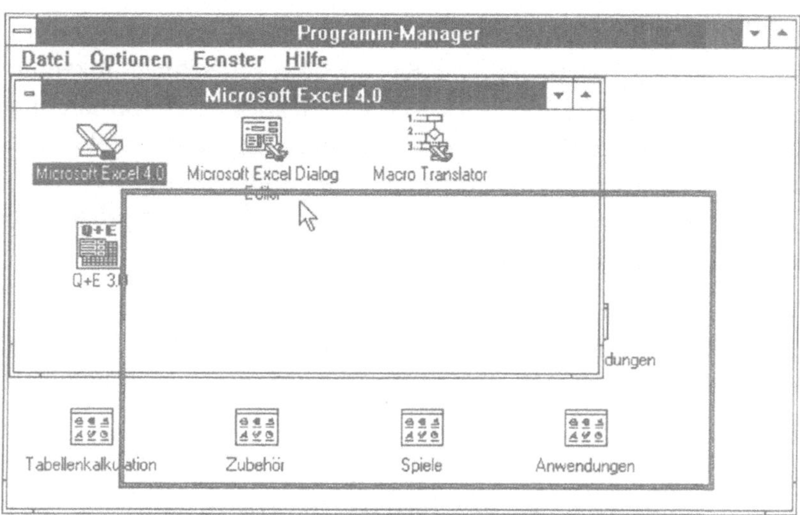

Bild 2.10 WINDOWS 3.1: Verschieben eines Fensters

Mit der Tastatur verschieben Sie ein Fenster, indem Sie den Befehl **Verschieben** im **System**-Menü auslösen und das Fenster mit den Richtungstasten verschieben:

Verschieben mit dem System-Menü

1. Geben Sie den Tastaturschlüssel (Alt)+(Leertaste) ein, um in das **System**-Menü umzuschalten (Bild 2.9).

2. Wählen Sie nun den Befehl **Verschieben** aus, indem Sie ein (v) eingeben und anschließend die (Eingabe)-Taste drücken.

3. Bewegen Sie das Fenster mit den Richtungstasten an die ge- **Fenster** wünschte Stelle (Bild 2.9). **verschieben**

4. Schließen Sie den **Verschieben**-Befehl mit der (Eingabe)-Taste ab, damit Windows das Fenster an der ausgewählten Stelle darstellt.

2. 2. 6 Fenster anordnen

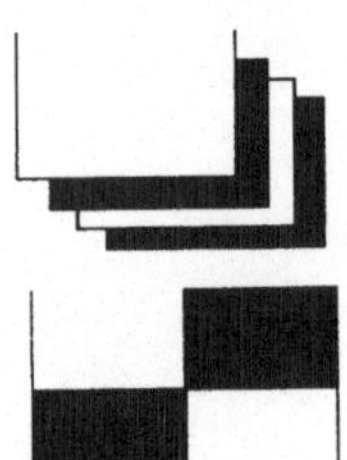

Haben Sie mehrere Fenster auf dem Bildschirm geöffnet, so können Sie sie entweder kachelartig nebeneinander oder aber hintereinander auf dem Desktop anordnen.

Wie Excel alle geöffneten Fenster auf dem Bildschirm anzeigen soll, können Sie mit dem Task-Manager festlegen. Sie öffnen den Task-Manager, indem Sie an eine beliebige freie Stelle des Desktops, also des Bildschirmbereiches außerhalb der Fenster, klicken oder den Tastaturschlüssel `Strg`-`Esc` eingeben. Sie sehen nun den Task-Manager wie in Bild 2.11.

Wählen Sie hier die Option **nebeneinander**, um alle Fenster kachelförmig auf dem Bildschirm zu sehen, die Option **überlappend**, um die Fenster hintereinander auf dem Bildschirm zu sehen.

2. 2. 7 Orientieren im Fenster-Dschungel

Wo bin ich nur?

Sie haben in den vorigen Abschnitten gesehen, wie Sie mehrere Fenster auf dem Bildschirm anordnen können. Wir wollen Ihnen nun einen Tip geben, wie Sie sich in diesem Fenster-Dschungel zurechtfinden können. Windows 3.x verfügt über einen Task-Manager, der Ihnen alle geöffneten Fenster auflistet.

Sie rufen diesen Task-Manager auf, indem Sie mit der Maus an irgendeine unbenutzte Stelle des Desktops klicken oder mit der Tastatur den Tastaturschlüssel `Strg`-`Esc` eingeben.

Sie sehen dann auf dem Bildschirm das Fenster des Task-Managers, wie in Bild 2.11. Dieses besteht aus einer Liste aller geöffneter Anwendungsprogramme und sechs Schaltflächen, mit denen Sie die Fensteranordnung und den Task-Manager steuern können (siehe 2.2.6).

Sie wechseln im Task-Manager zu einem anderen Programm, indem Sie dieses in der Liste doppelt anklicken oder mit den Richtungstasten auswählen und die `Eingabe`-Taste drücken.

Bild 2.11 Dialogfeld des Taskmanagers

Sie sehen hier auch leicht, ob Sie ein oder mehrere Programme
(wie zum Beispiel Paintbrush) mehrmals geöffnet haben. Dies
kann bei Windows wegen der vielen Fenster schon einmal passie-
ren, kostet aber viel Speicherplatz und sorgt schnell für Verwirrung. Sie können mit Hilfe der Schaltfläche **Task_beenden** das in
der Task-Liste gerade markierte Programm beenden.

Einen Überblick über alle geöffneten Fenster verschaffen Sie sich,
indem Sie diese Fenster mit der Tastenfolge (Alt)-(Tab)-Taste
durchblättern und ggf. überflüssige Fenster schließen.

Achtung! Schließen Sie nicht versehentlich das Fenster des Programm-Managers, da Sie ansonsten Windows verlassen würden.

2. 3 Die Excel-Benutzerschnittstelle

2. 3. 1 Vorbemerkung

Das Excel-Startfenster läßt sich in zwei Bereiche gliedern, den
"Arbeitsbereich" und das "Anwendungsfenster". Der Arbeitsbereich des Anwendungsfensters enthält die Datei- oder Tabellenfenster, d.h. die Fenster, in die Sie Ihre Daten eintragen und in
denen Sie Diagramme und Makrovorlagen bearbeiten können.

Das Excel-
Fenster

Sie können diese Fenster wie andere Fenster unter Windows
behandeln (siehe Abschnitte 2.2.1 bis 2.2.6). Das bedeutet, daß Sie
Tabellen- und Dateifenster im Arbeitsbereich zum Symbol verkleinern oder aber alle Dateifenster im Arbeitsbereich anordnen
können. Die Steuerung des Anwendungsfensters und der Dateifenster ist voneinander unabhängig. Beachten Sie hierbei jedoch,

daß die Tabellen-, Diagramm- und Makrodateifenster in das Anwendungsfenster eingebettet sind, also nicht aus dem Anwendungsfenster herausgeschoben werden können.

Dateifenster   Den weitaus größten Teil des Bildschirmes nimmt der Arbeitsbereich mit dem oder den Dateifenster(n) ein. Im Tabellenfenster sehen Sie Zeilen und Spalten, die durch Linien voneinander getrennt sind. In die Dateifenster tragen Sie Ihre Tabelle, Makros, Dia-Shows oder Diagramme ein.

Das Fenster, das die Dateifenster umschließt, ist das Anwendungsfenster. Hier geben Sie Befehle ein, erhalten Informationen über Ihre Tabelle und können Änderungen eingeben.

Die Symbolleisten   Als weitere Fenster können noch die Symbolleisten hinzukommen. Die Symbolleisten sind Leisten mit Werkzeugen zum Bearbeiten und Verändern der Tabelle. Sie können die Symbolleisten und einzelne Werkzeuge von Excel in der Version 4.0 auch in Fenstern irgendwo im Arbeitsbereich des Anwendungsfensters anordnen. Die Symbolleistenfenster (Werkzeugfenster) besitzen jedoch nicht alle Steuerelemente von Windows-Fenstern, wie z.B. Vollbild- und Symbolgröße.

Die Excel-Maus   Die Steuerung von Excel über ein Zeigeinstrument ist beinahe unerläßlich, da Sie meist schneller und bequemer ist als die Steuerung über die Tastatur. Sie können mit der Maus die Werkzeuge der Symbolleiste verwenden und sich Eingaben mit den "Ziehen-und-Ablegen-Funktionen" ("Drag and Drop") vereinfachen. Diese Funktionen, die wir Ihnen im Laufe dieses Buches erläutern werden, beinhalten Leistungen wie automatisches Ausfüllen und Verschieben von Bereichen nur mit der Maus. Ferner steht Ihnen bei Verwendung eines Zeigeinstrumentes ein Kontext-Menü zum Bearbeiten der Inhalte zur Verfügung.

Hierzu müssen Sie ein Zeigeinstrument an Ihren PC angeschlossen und bei der Installation von Windows den Maustreiber aktiviert haben.

Nach dem Start von Excel sehen Sie dann in der Mitte des Dateifensters einen kleinen Pfeil, den Mauszeiger. Diesen können Sie durch Bewegen der Maus oder des Trackballs auf dem Bildschirm verschieben: die Bewegung der Rollkugel in der Maus oder dem

Maustrack wird in eine Bewegung des Mauszeigers auf dem Bildschirm umgesetzt.

Während der Arbeit mit Excel wird der Mauszeiger je nach Verwendung unterschiedliche Formen annehmen. Im Anhang haben wir Ihnen die verschiedenen Formen des Mauszeigers und deren Bedeutung zusammengestellt.

Ein rationeller Einsatz von Excel ohne ein Zeigeinstrument ist kaum möglich, da sich die Befehlseingabe häufig deutlich verlängert. Mit den Abkürzungstasten von Excel können Sie diesen Nachteil zwar ausgleichen, Sie müssen diese dafür jedoch erst auswendig lernen. Wir werden Ihnen trotzdem im folgenden alle wichtigen Befehlseingaben sowohl mit der Maus als auch mit der Tastatur erläutern. Außerdem werden wir Sie in diesem Buch bei Befehlen, die nur mit der Maus auszuführen sind, speziell darauf hinweisen.

Die Excel-Tastatur

2. 3. 2 Das Tabellenblatt und seine Steuerung

Das Tabellenblatt ist zur Aufnahme der Daten (Texte, Formeln Zahlen) bestimmt. Es ist in Zeilen und Spalten eingeteilt, die durch Linien voneinander getrennt sind. Die Zeilen und Spalten sind systematisch entweder mit Buchstaben und Zahlen oder nur mit Zahlen bezeichnet.

Voreingestellt ist die an dem Tabellenkalkulationsprogramm Lotus 1-2-3 orientierte Bezeichnung der Spalten mit Buchstaben (A,B,C,...,AA,AB,AC,....) und der Zeilen mit Zahlen (1,2,3....). Wollen Sie die Adresse eines Tabellenfelds angeben, so geben Sie zuerst die Spalte und dann die Zeile an. Die Adresse der linken oberen Zelle des Tabellenblatts lautete also A1. Wollen Sie Adressen in Formeln als absolut kennzeichnen (vgl Abschnitt 3.5), so fügen Sie in der Lotus-Notation ein Dollarzeichen vor die Spalten- und Zeilenangabe ein. Wir verwenden hier den Microsoft-Begriff Zelle sowie manchmal auch den im deutschen Sprachgebrauch üblicheren Begriff Feld oder Tabellenfeld.

Die Lotus Notation

Sie können auch die für Tabellenkalkulationsprogramme wie Multiplan üblichere Bezeichnung nur mit Zahlen verwenden, wobei bei Tabellenfeldbezeichnungen zuerst die Zeile und dann

Multiplan Notation

die Spalten angegeben wird. Diese Bezeichnung ist Kaufleuten meist vertrauter. Damit lautet hier die Bezeichnung der oberen linken Zelle Z1S1.

Wir werden im folgenden nur die zweite Bezeichnung verwenden. Schalten Sie daher zuerst auf diese Bezeichnung um.

Vorgehensweise:

1. Klicken Sie mit der Maus das Menü **Optionen** (Bild 2.12) und im Aufklappmenü den Befehl **Arbeitsbereich** an. Sie sehen nun einen Bildschirm wie in Bild 2.13.

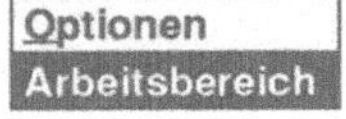

2. Wählen Sie im Dialogfeld **Arbeitsbereich** bei der Bildschirmanzeige mit der Maus durch Anklicken die Option «Z1S1» aus.

3. Schließen Sie den Befehl ab, indem Sie in die Schaltfläche **Ok** klicken.

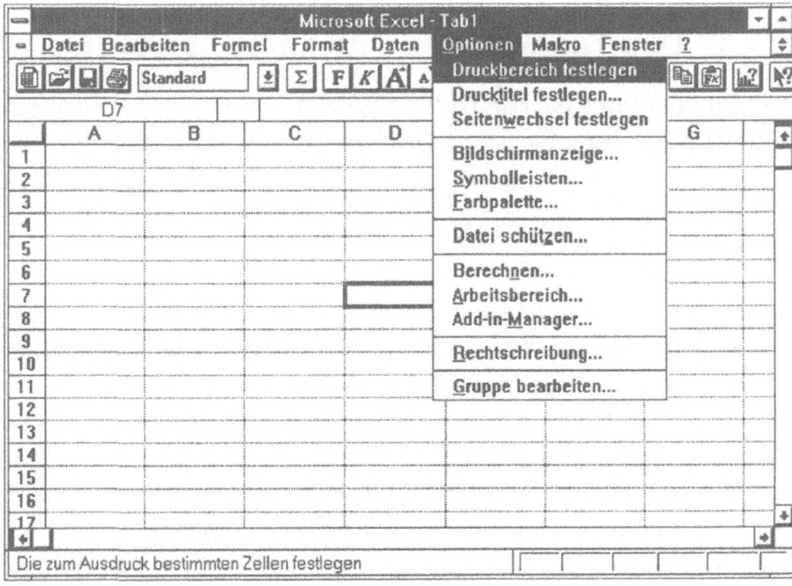

Bild 2.12 Excel 4.0: Menü **Optionen**

1. Wählen Sie das Menü **Optionen**, indem Sie die [Alt]-Taste gedrückt halten und den im Menü **Optionen** unterstrichenen Buchstaben eingeben (hier [Alt]-[o]). Sie sehen dann ein Menü wie in Bild 2.12.

2. Geben Sie den Befehl **Arbeitsbereich**, indem Sie ihn mit den Richtungstasten markieren und die [Eingabe]-Taste drücken.

3. Markieren Sie bei der Bildschirmanzeige die Option Z1S1, indem Sie die Markierung mit den Tabulatortasten verschieben und wählen Sie sie durch Drücken der [Leertaste] aus (Bild 2.13).

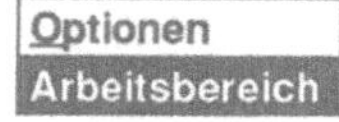

4. Schließen Sie den Befehl mit der [Eingabe]-Taste ab.

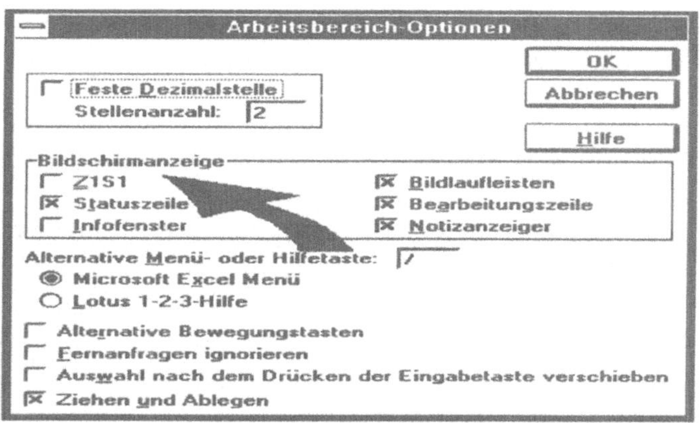

Bild 2.13 Excel 4.0: Die Option Z1S1-Anzeige

Sie sehen nun einen Excel-Bildschirm in Z1S1 Darstellung wie in Bild 2.14.

Steuerung mit der Maus

Mit der Maus können Sie die aktuelle Markierung bewegen und den Ausschnitt hoch und runter rollen.

Um mit der Maus die aktuelle Markierung zu bewegen, zeigen Sie mit dem Mauszeiger auf die gewünschte Zelle und drücken die linke Maustaste. Die Markierung springt dann auf das von Ihnen angeklickte Tabellenfeld.

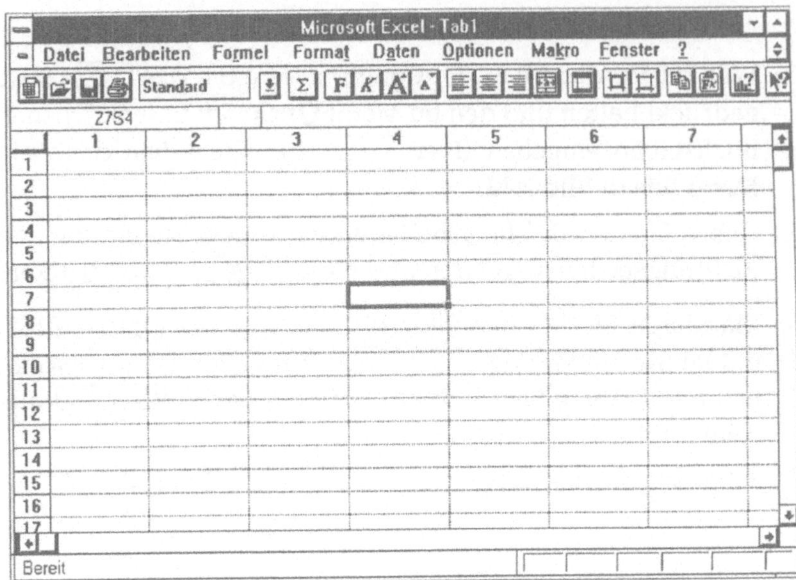

Bild 2.14 Excel 4.0: Dateifenster in Z1S1-Darstellung

Rollen eines Ausschnitts

Sie können mit der Maus das Dateifenster ausschnittsweise rollen: Dazu verfahren Sie wie bei anderen Anwendungen unter Windows. Sie sehen am rechten und am unteren Rand des Tabellenfensters jeweils eine Bildlaufleiste, auf der Sie ein Bildlauffeld nach oben und unten bzw. nach links und rechts bewegen können (Bild 2.15). Mit der Bewegung dieses Bildlauffeldes führen Sie das entsprechende Rollen des Bildschirmes aus. Die Bewegung des Bildlauffeldes rollt den Tabellenausschnitt proportional zu der Länge des Dokumentes. Das bedeutet, daß bei längeren Dokumenten eine kleine Bewegung des Bildlauffeldes auf der Bildlaufleiste ein stärkeres Rollen des Bildschirmes zur Folge hat.

Die Bildlaufpfeile nach oben und unten bzw. nach rechts und links am jeweiligen Ende der Bildlaufleiste (Bild 2.15) ermöglichen es Ihnen, die Tabelle mit jedem Klicken in den Pfeil um eine Zeile bzw. Spalte zu bewegen.

Steuerung mit der Tastatur

Den Zellzeiger bewegen Sie mit den Richtungstasten und können so wie mit der Maus jede Zelle ansteuern. Einen vertikalen oder horizontalen Bildlauf führen Sie durch, indem Sie die (Bild↑)- bzw. (Bild↓)-Taste betätigen.

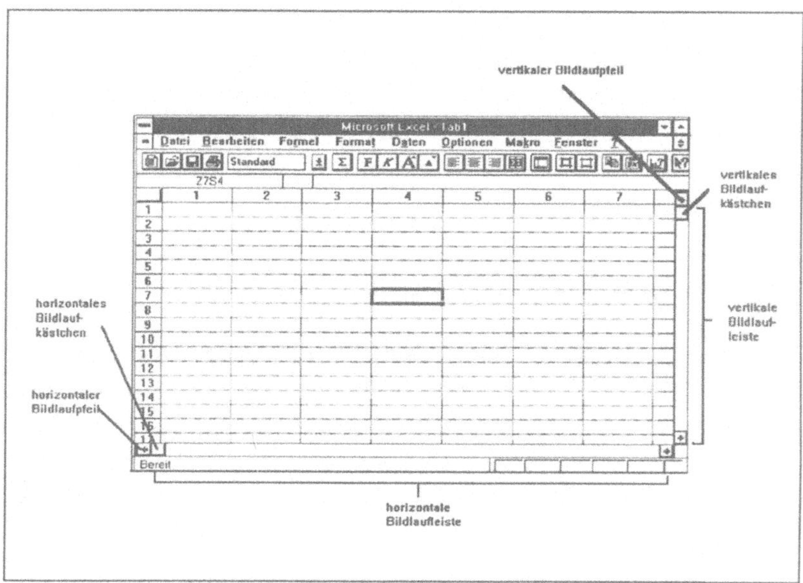

Bild 2.15 Excel: Schaltflächen zum Rollen des Dateifensters

Bild 2.16 Excel: Untere rechte Ecke des Dateifensters

Sie können mit der Tastatur direkt das Ende des Dateifensters ansteuern, indem Sie die (Ende)-Taste einschalten und anschlie- 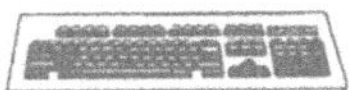

ßend mit den Richtungstasten $\boxed{\downarrow}$ zuerst ganz nach unten wandern. Das Einschalten der $\boxed{\text{Ende}}$-Taste wird Ihnen in der Statuszeile angezeigt. Nun betätigen Sie erneut die $\boxed{\text{Ende}}$-Taste und die Richtungstaste $\boxed{\rightarrow}$, um an das rechte Ende der Tabelle zu wandern. Sie befinden sich dann am unteren rechten Ende der Tabelle (Bild 2.16).

2. 3. 3 Markieren von Tabellenbereichen

Tabellen-
bereiche
markieren

Sie können bei Excel viele Befehle nicht nur für eine Zelle, sondern auch für Tabellenbereiche ausführen. Die Tabellenbereiche müssen nicht aus einem zusammenhängenden Stück bestehen, sondern können mehrere voneinander getrennte Tabellenbereiche umfassen. Hierin übertrifft Excel 4.0 andere Tabellenkalkulationsprogramme.

Wir zeigen Ihnen in diesem Abschnitt, wie Sie

- einen zusammenhängenden rechteckigen Tabellenbereich,
- ganze Zeilen oder Spalten,
- die ganze Tabelle oder
- verstreute Tabellenbereiche markieren.

Markieren rechteckiger Tabellenbereiche

So markieren Sie einen rechteckigen Tabellenbereich:

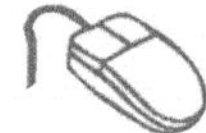

Vorgehensweise

1. Zeigen Sie mit dem Mauszeiger auf die linke obere Zelle des ersten zu markierenden Tabellenbereichs.

2. Drücken Sie eine Maustaste und ziehen Sie den Mauszeiger mit gedrückter Maustaste auf die rechte untere Zelle des zu markierenden Tabellenbereichs. Sie können Excel nun den gewünschten Befehl geben. Excel übernimmt dabei diese Voreinstellung als Bereichsangabe (siehe Abschnitt 3.3, 4.3, 4.4,...).

Sie können einen Tabellenbereich auch mit der Tastatur markieren:

1. Sie markieren einen Tabellenbereich mit der Tastatur, indem Sie die [Umschalt]-Taste drücken und den Bereich mit den Richtungstasten markieren oder die linke obere Zelle auswählen.

    Wollen Sie einen größeren Tabellenbereich markieren, so können Sie anstatt der Richtungstasten auch die [Bild↑]- bzw. [Bild↓]-Tasten verwenden.

Markieren von Zeilen und Spalten

So markieren Sie mit der Maus ganze Zeilen oder Spalten:

1. Markieren Sie mit der Maus die Zeilen- oder Spaltenadressen der Zeilen oder Spalten, die Sie markieren wollen.

    Sie zeigen dazu mit der Maus auf die Zeilen bzw. Spaltennummer der Zeile bzw. Spalte, die Sie markieren wollen, drücken die linke Maustaste und ziehen mit der Maus über alle gewünschten Zeilen bzw. Spaltenadressen. Excel wird dann die ganzen Zeilen bzw. Spalten markieren.

Diese Arbeit können Sie auch mit der Tastatur durchführen:

1. Zeigen Sie mit dem Zellzeiger auf die erste Zelle der Zeile oder Spalte, die Sie markieren wollen.

2. Drücken Sie die Funktionstaste [Ende]. Sie sehen nun in der Statuszeile die Anzeige [Ende].

3. Halten Sie nun die [Umschalt]-Taste gedrückt und betätigen Sie nun zum Markieren einer Zeile die Richtungstaste [←], zum Markieren einer Spalte die Richtungstaste [↓].

Markieren der gesamten Tabelle

Manche Befehle oder Formate wollen Sie vielleicht auf die gesamte Tabelle anwenden. Hierzu bietet es sich an, gleich die ganze Tabelle zu markieren.

Vorgehensweise:

1. Klicken Sie mit der Maus in die Schaltfläche in der linken oberen Ecke des Dateifensters. Excel markiert dann sofort die gesamte Tabelle.

Sie können diese Arbeit auch mit der Tastatur erledigen. Sie verwenden dazu wie beim Markieren ganzer Zeilen oder Spalten die Funktionstaste ⌊Ende⌋.

Vorgehensweise:

1. Zeigen Sie mit dem Zellzeiger auf die linke obere Ecke des Tabellenblatts, also auf die Zelle Z1S1.
2. Drücken Sie die Funktionstaste ⌊Ende⌋ und die Richtungstaste ⌊↓⌋, um die erste Spalte zu markieren.
3. Drücken Sie die Funktionstaste ⌊Ende⌋ und die Richtungstaste ⌊→⌋, um die gesamte Tabelle zu markieren.

Mehrfachauswahl

Excel erlaubt Ihnen, *nicht* zusammengehörige Tabellenbereiche zu markieren. Damit können Sie ein bestimmtes Format für einzelne Zellen der Tabelle vergeben, ohne den dafür erforderlichen Befehl ständig wiederholen zu müssen. Im Excel Sprachgebrauch heißt dies Mehrfachauswahl.

Beachten Sie, daß Sie diese Mehrfachauswahl nur mit der Maus vornehmen können.

Sie bereiten Excel für die Mehrfachauswahl vor, indem Sie vor dem Markieren des zweiten und der weiteren Tabellenbereiche die ⌊Strg⌋-Taste drücken.

1. Zeigen Sie mit dem Mauszeiger auf die erste der zu markierenden Zellen.

2. Halten Sie die [Strg]-Taste gedrückt und markieren Sie nun den ersten Teil des Tabellenbereichs, indem Sie den Mauszeiger bei gedrückter Maustaste an das Ende des Tabellenbereichs führen.

3. Setzen Sie nun den Mauszeiger an die Stelle, an der der zweite Teil des Tabellenbereichs beginnt, und markieren Sie diesen Bereich auf die gleiche Weise.

4. Haben Sie alle Tabellenbereiche markiert, so können Sie die [Strg]-Taste wieder loslassen. Beachten Sie, daß Excel den gesamten markierten Bereich hervorgehoben hat.

Sie können mit Hilfe der Mehrfachauswahl auch Tabellenbereiche in verschiedenen Tabellen einer Arbeitsmappe markieren. Dazu halten Sie die [Strg]-Taste gedrückt und markieren nacheinander die gewünschten Bereiche in den Tabellen. **Mehrfachauswahl in Arbeitsmappen**

Wenn Sie nur bestimmte Tabelleninhalte markieren wollen, verwenden Sie den Befehl **Inhalte auswählen** aus dem Menü **Formel**. Sie können nun auswählen, welche Inhalte Sie markieren möchten (z.B. nur Formeln oder nur Fehlerwerte). Wenn Sie aus der so erhaltenen Markierung einzelne Markierungen löschen, so können Sie auch Teilmengen der gewünschten Inhalte markieren.

2. 3. 4 Bewegen innerhalb der Markierung

Sie haben eben erfahren, wie Sie Tabellenbereiche markieren. Excel besitzt in jedem markierten Tabellenbereich auch eine aktive Zelle, deren Position Sie verändern können.

Sie erkennen eine aktive Zelle innerhalb einer Markierung daran, daß diese Zelle nicht invertiert dargestellt ist. Sie können die aktive Zelle innerhalb einer Markierung verschieben, indem Sie die [Strg]-Taste gedrückt halten und anschließend mit der Maus auf die gewünschte Zelle zeigen oder sie mit den Richtungstasten auswählen. **Aktive Zelle bewegen**

Excel wird die entsprechende Zelle dann nicht invertiert darstellen. Dieses Verfahren kann bei der Verwendung von Formeln mit relativen Bezügen (Abschnitt 3.5.3) manchmal notwendig sein.

2. 3. 5 Vergrößern und Verkleinern von Tabellenbereichen

Sie haben soeben einige grundlegende Befehle zur Steuerung des Tabellenfensters kennengelernt, zum Beispiel das Markieren von Bereichen.

 Wir wollen Ihnen hier bereits eine neue Funktion von Excel zeigen, die die Übersicht über große Tabellen erhöht und dadurch die Arbeit mit Excel deutlich erleichtert, das Zoomen (Vergrößern oder Verkleinern) der Darstellung des Tabellenfensters. Sie können mit Hilfe dieser Funktion entscheiden, wieviel Zeilen und Spalten Sie in Ihrem Dateifenster sehen wollen.

 Die Anzahl der Zeilen und Spalten, die Sie in Ihrem Dateifenster sehen, hängt natürlich auch von der Größe des Tabellen- und des Anwendungsfensters ab.

Sie finden den Befehl zum Vergrößern und Verkleinern (Zoomen) der Tabelle im Menü **Fenster**. In dem Dialogfeld zu diesem Befehl können Sie die im folgenden beschriebenen Einstellungen vornehmen.

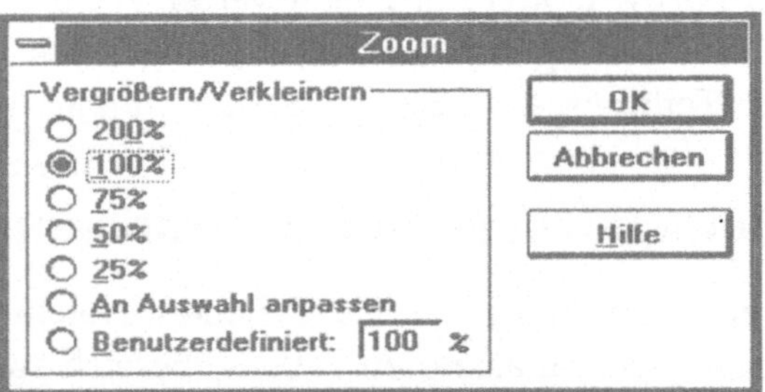

Bild 2.17 Dialogfeld zum Zoomen

Sie können eingeben, um wieviel Prozent Sie die Tabelle zoomen möchten. Interessant ist hier vor allem die Option "An Auswahl anpassen". Haben Sie vor der Befehlsausführung einen Tabellenbereich markiert, so vergrößert oder verkleinert Excel die Ansicht nun so, daß genau dieser Bereich zu sehen ist.

Wir wollen dies hier einmal probieren:

1. Markieren Sie den Tabellenbereich Z1S1:Z4S4

2. Wählen Sie das Menü **Fenster** aus. Geben Sie im Menü **Fenster** den Befehl **Zoom...** Sie sehen nun das Dialogfeld **Zoom** wie in Bild 2.17.

4. Wählen Sie in diesem Dialogfeld die Option «An Auswahl anpassen» aus.

5. Schließen Sie den Befehl durch Auswahl der Schaltfläche **OK** oder mit der ⌈Eingabe⌋ Taste ab.

Sie sehen nun einen Bildschirm wie in Bild 2.18 mit dem vergrößerten Tabellenbereich. Wollen Sie wieder zur ehemaligen Darstellung zurückkehren, so müssen Sie wie zuvor den Befehl **Zoom** aus dem Menü **Fenster** geben und hier die Option "100%" auswählen.

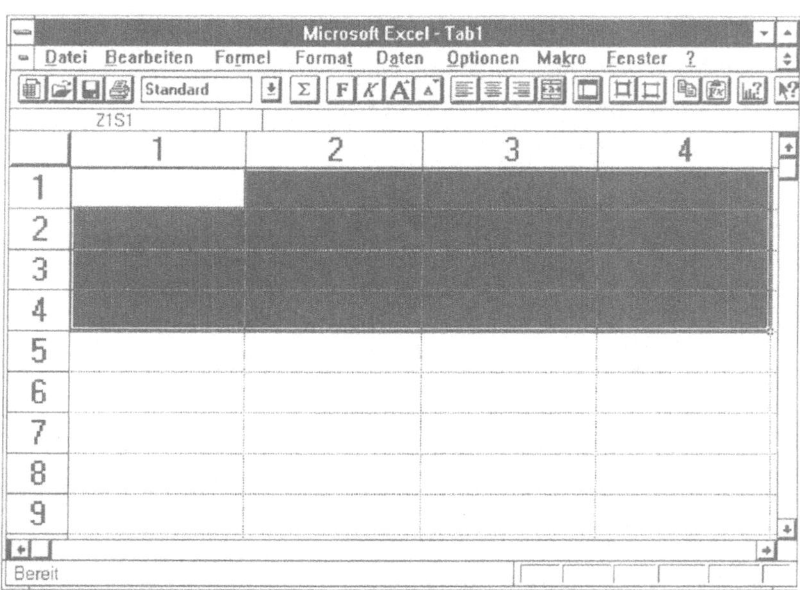

Bild 2.18 Vergrößerter Tabellenbereich

2. 4 Die verschiedenen Menüs

Excel-Menüs   Excel besitzt verschiedene Menüs, deren Gestalt sich danach richtet, welche Dateien Sie im Arbeitsbereich geöffnet haben. Sie können im Arbeitsbereich Infofenster, Tabellen, Diagramme, Makros und Slide-Shows öffnen. Auf das Slide-Show Menü gehen wir erst in Kapitel 15 ein.

Haben Sie im Arbeitsbereich keine Datei geöffnet, so sehen Sie das Basis-Menü. In dieser Menüleiste sehen Sie nur den Befehl **Datei** und das Fragezeichen zum Aufrufen der Excel Hilfe.

Neben diesem Basis-Menü gibt es die

*   Tabellen-Menüs (Abschnitt 2.5),
*   die Diagramm-Menüs (Abschnitt 2.6),
*   die Info-Menüs (Abschnitt 2.7),
*   die Makro-Menüs (Abschnitt 2.8) sowie
*   die Slide-Show-Menüs (Kapitel 15).

2. 5 Die Tabellen-Menüs

2. 5. 1 Aufbau

Das Anwendungsfenster gliedert sich in fünf verschiedene Teile:

*   die Titelzeile mit dem Dateinamen und den Symbolen zur Steuerung des Anwendungsfensters.
*   die Menüleiste mit den Befehlen,
*   eine oder mehrere Symbolleiste(n), deren Inhalt sich nach der verwendeten Symbolleiste bzw. nach Ihren persönlichen Festlegungen richtet,
*   die Bearbeitungszeile zum Eingeben und Verändern von Inhalten der Tabelle und zur Angabe der Position des Zellzeigers sowie

die Statuszeile, in der Sie Informationen zum Programmstatus erhalten.

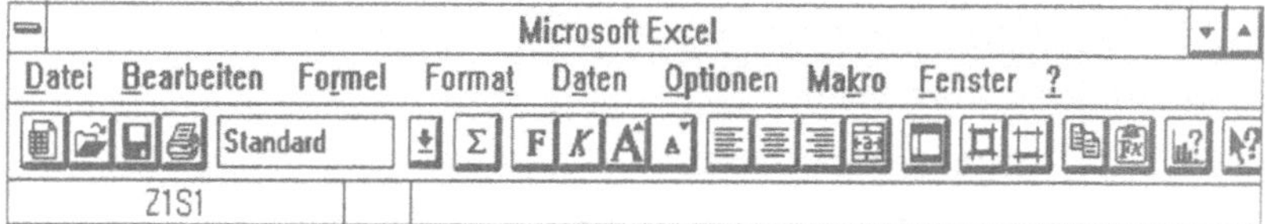

Die *Menüleiste* enthält alle Menüs. Hinter diesen Menüs finden Sie Aufklappmenüs, die genau dann erscheinen, wenn Sie das jeweilige Menü auswählen. In jedem der Aufklappmenüs erscheinen eine Liste von Befehlen. Mit diesen öffnen Sie ein Dialogfeld, wenn hinter dem Befehl drei Punkte stehen. In Dialogfelder geben Sie die eigentlichen Details des Befehls ein oder Sie wählen sie aus. Stehen hinter einem Befehlswort keine drei Punkte, so sind keine weiteren Einstellungen notwendig und der Befehl wird nach Auswahl sofort ausgeführt.

Die Menüleiste

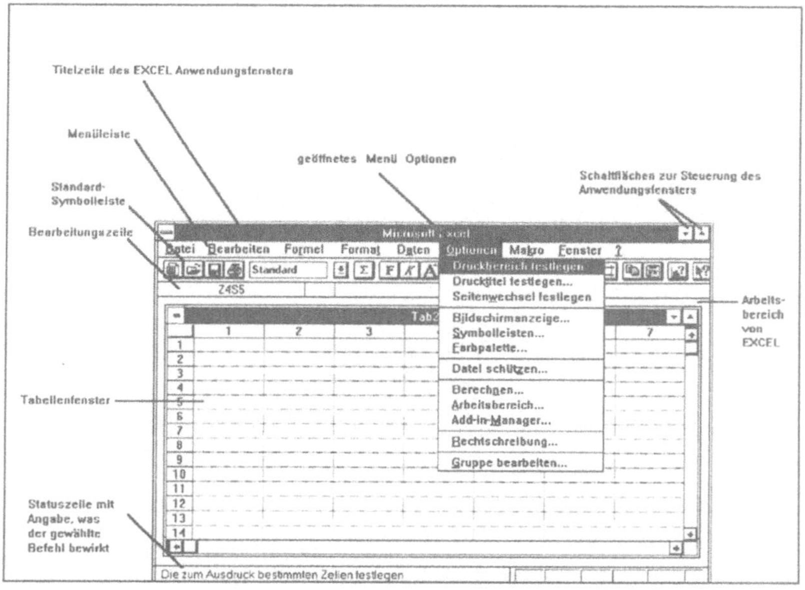

Bild 2.19 Elemente des EXCEL-Bildschirms

Im Anhang des Buches finden Sie eine Übersicht über alle Tabellen-Menüs.

Unter der Menüleiste befinden sich die Symbolleisten. Beim ersten Start von Excel sehen Sie die Standard-Symbolleiste. Diese

Symbolleiste enthält die am häufigsten benötigten Symbole. In der Standard-*Symbolleiste* können Sie unter anderem

- Dateibefehle erteilen (Öffnen, Schließen, Drucken und Speichern von Dateien)

- Druckformate auswählen,

- Zeichen formatieren (fett, kursiv),

- die Autosum-Funktion ausführen (Kapitel 6) und

- Diagramme erstellen.

Sie können die Symbolleisten selber gestalten und andere Formen wählen. Dazu erfahren Sie mehr im Abschnitt 2.6.5. Wenn Sie einen möglichst großen Ausschnitt der Tabelle sehen wollen, können Sie die Menüleiste, die Symbolleiste und die Statuszeile ausblenden.

Bearbeitungs-zeile

Die *Bearbeitungszeile*, die sich direkt über dem Tabellenfenster befindet, ist in drei Teile gegliedert:

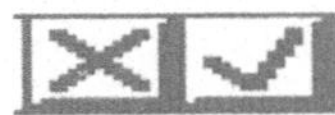

Am linken Rand zeigt ein kleines Feld zu jedem Zeitpunkt die aktuelle Position des Zellzeigers an. Je nachdem, welche Zeilen/Spaltenbezeichnung Sie gewählt haben, erscheint die Angabe entweder mit Buchstaben und Zahlen oder nur in Zahlenform (vgl. Abschnitt 2.2).

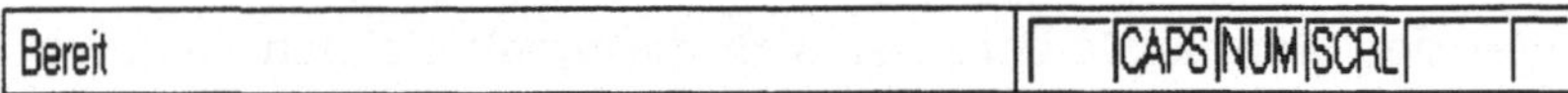

Das nächste Feld zeigt immer dann die Schaltflächen **Stornierfeld** (Kreuz) und **Eingabefeld** (Haken), wenn Sie einen Zellinhalt der Tabelle bearbeiten. Der Haken und das Kreuz sind Schaltflächen, d.h. Sie können mit der Maus in diese Symbole klicken. Klicken Sie in den Haken (Eingabefeld), so wird die Eingabe in der aktuellen Form in das markierte Tabellenfeld geschrieben, klikken Sie in das Kreuz (Stornierfeld), so wird die Eingabe abgebrochen. Der dritte Bereich der Bearbeitungszeile dient zur Eingabe und Bearbeitung der Tabelleninhalte.

In der *Statuszeile* am unteren Bildschirmrand sehen Sie

* links, was der ausgewählte Befehl bewirkt, was Sie jetzt eingeben müssen oder in der Grundstellung das Wort "Bereit",

* in der Mitte gegebenenfalls Fehlermeldungen, zum Beispiel, wenn Zirkelbezüge auftauchen und

* rechts Informationen über die momentane Einstellung Ihrer Tastatur. NUM bedeutet, daß Sie NUM-Lock eingeschaltet haben (dies ist meist der Fall), CAPS, daß Sie CAPS-Lock eingeschaltet haben. Die Abkürzung EXT steht für "Erweitern" zum Markieren (Funktionstaste F8), SCRL heißt, daß Sie die Bildschirm-Rollen-Feststelltaste eingeschaltet haben. Bei dem Symbol ÜB können Sie Zeichen überschreiben. ENDE heißt, daß Sie die (Ende)-Taste eingeschaltet haben.

2. 5. 2 Steuerung mit der Maus

Am bequemsten steuern Sie Excel mit einem Zeigeinstrument, also einer Maus oder einem Maustrack . Um ein Menü auszuwählen oder einen Befehl zu erteilen, zeigen Sie mit dem Mauszeiger auf dieses Menü bzw. Befehl und lösen ihn aus, indem Sie die linke Maustaste drücken. *(Befehle erteilen)*

Klicken Sie zur Übung das Menü **Datei** mit der Maus an. Sie sehen ein Aufklappmenü wie in Bild 2.19. Sie könnten nun einzelne Befehle dieses Menüs wieder durch Anklicken mit der Maus auswählen. Wir werden im folgenden diesen Arbeitsgang als "Wählen Sie das Menü ... und den Befehl ..." oder auch als "Wählen Sie den Befehl ... aus dem Menü ..." bezeichnen.

Sie brechen die Befehlseingabe wieder ab, indem Sie mit der Maus an irgendeine Stelle des Tabellenfensters klicken oder in einem geöffneten Dialogfeld die Schaltfläche **Abbrechen** wählen.

Die meisten Befehle müssen Sie am Ende der Eingaben abschließen, damit sie von Excel ausgeführt werden. Dazu sind für die Maus in den Dialogfeldern Schaltflächen vorgesehen. Dies sind dreidimensional erscheinende "Knöpfe", die Sie mit der Maus betätigen.

Zum Abschluß eines Befehls klicken Sie einfach in die Schaltfläche **OK**. Dies wird im folgenden als "Abschließen des Befehls" bezeichnet.

Bewegen in Dialogfeldern

In Dialogfeldern stehen Ihnen verschiedene Optionen, Listenfelder oder Textfelder zur Verfügung. Sie sehen dies am Beispiel des Dialogfeldes zum Öffnen von Dateien (Bild 2.20):

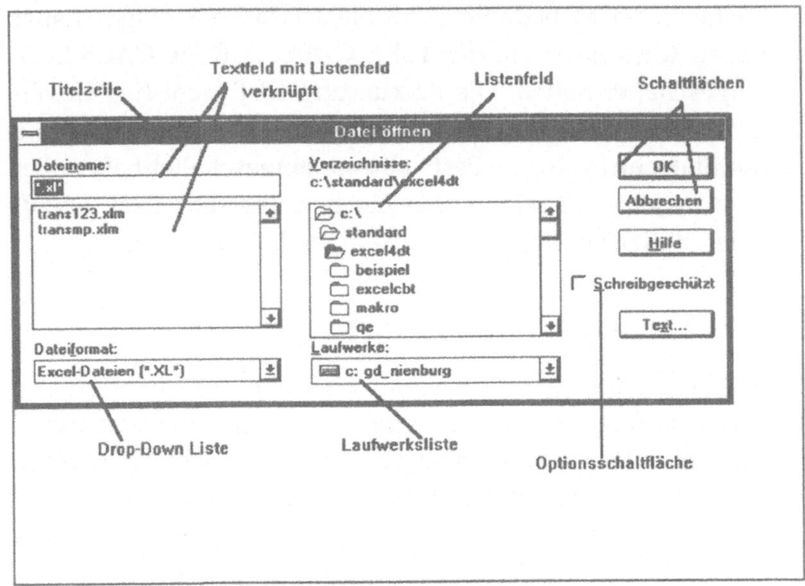

Bild 2.20 Elemente von Dialogfeldern

Sie wählen eine Option aus, indem Sie in das Schaltkästchen vor der Option oder in den Text der Option klicken (linke Maustaste). Entsprechend können Sie die Option auch wieder ausschalten.

Listenfelder

Aus einem Listenfeld wählen Sie einen Eintrag aus, indem Sie ihn einfach mit der Maus markieren. Sie können innerhalb von Listenfeldern mit Hilfe einer Bildlaufleiste wie beim Excel-Dateifenster rollen. Stehen nicht mehr als die dargestellten Auswahlpunkte in einem Listenfeld zur Verfügung, so erscheint die Bildlaufleiste ohne Bildlaufkästchen und mit Bildlaufpfeilen in Grautondarstellung (Listenfeld der Dateien in unserem Bild). Häufig sind Textfelder mit einem solchen Listenfeld verknüpft (Textfeld «Dateiname»). Dies bedeutet, daß die Auswahl aus der Liste gleich in das Textfeld eingetragen wird.

Wollen Sie Text in ein Textfeld eintragen, entweder, weil dies nicht mit einem Listenfeld verknüpft ist, oder weil im Listenfeld nicht der gewünschte Eintrag vorhanden ist, so zeigen Sie mit der Maus auf das Textfeld, aktivieren das Textfeld mit der linken Maustaste und geben den entsprechenden Text ein. In unserem Bild wäre dies das Eintragen eines Dateinamens, der nicht in der Liste angezeigt ist.

Textfelder

Excel unterscheidet bei der Auswahl eines Eintrages aus einem Listenfeld zwischen zwei verschiedenen Möglichkeiten:

Eine Auswahl verwenden

1. Zeigen Sie einfach mit der Maus darauf, d.h., Sie bewegen den Mauszeiger an die entsprechende Stelle und drücken die linke Maustaste, so wird der Eintrag markiert.

2. Wollen Sie den Eintrag des Listenfeldes nicht nur markieren, sondern die Eingabe auch gleich bestätigen (abschließen), d.h. in verknüpften Text- und Listenfeldern oder in der Tabelle auch berücksichtigt wissen, so klicken sie doppelt auf den Eintrag.

Wollen Sie also in unserem Beispiel nach der Auswahl eines Verzeichnisses die darin enthaltenen Dateien auch im Listenfeld "Dateien" angezeigt haben, so klicken Sie doppelt auf das ausgewählte Verzeichnis. Soll eine Datei im Listenfeld "Dateien" geöffnet werden, so klicken Sie doppelt auf den Dateinamen. Damit wird der Befehl auch gleich abgeschlossen.

Text- und Listenfelder enthalten in der Regel einen Titel, der bezeichnet, was Sie hier auswählen oder eintragen müssen.

2. 5. 3 Steuerung mit der Tastatur

Statt mit einem Zeigeinstrument (Maus, Maustrack) können Sie Excel-Menüs und -Befehle auch mit der Tastatur auswählen. Dazu schalten Sie mit der Alt -Taste in die Befehlseingabe um. Sie können in der Menüleiste und in den Menüs das gewünschte Wort bzw. den Befehl auf zwei verschiedenen Wegen auswählen:

Befehle erteilen

1. Schalten Sie mit der ⸢Alt⸣-Taste in die Befehlseingabe um und markieren Sie in der Menüleiste das Menü mit den Richtungstasten. Das entsprechende Aufklappmenü erscheint. Nun markieren Sie den gewünschten Befehl wieder mit den Richtungstasten und bestätigen Ihre Wahl mit der ⸢Eingabe⸣-Taste.

2. In Excel-Befehlsworten ist immer ein bestimmter Buchstabe unterstrichen. Sie können ein Menü und einen Befehl auswählen, indem Sie mit der ⸢Alt⸣-Taste zur Befehlseingabe umschalten, zuerst den Buchstaben des Menüs und anschließend den des Befehls eintasten. Häufig sind die benötigten Buchstaben die Anfangsbuchstaben des jeweiligen Wortes. Manchmal ist dies jedoch wegen Überschneidungen nicht möglich.

Bewegen innerhalb von Dialogfeldern

Anhand des Dialogfeldes zum Öffnen von Dateien in Bild 2.20 wollen wir Ihnen nun zeigen, wie Sie sich mit der Tastatur in Dialogfeldern bewegen.

Sie haben auch hier wieder zwei verschiedene Möglichkeiten:

1. Alle Titel von Text- und Listenfeldern (Beschreibung siehe oben) sowie die Eintragungen bei Optionsschaltflächen weisen wie die Befehle und Menüs bei Excel jeweils einen unterstrichenen Buchstaben auf. Sie können sie auswählen, indem Sie die ⸢Alt⸣-Taste gedrückt halten und den entsprechenden Buchstaben eingeben. Achten Sie darauf, daß Sie zur Auswahl die ⸢Alt⸣-Taste wirklich gedrückt *halten* müssen.

2. Sie können zwischen Textfeldern, Listenfeldern und Optionsschaltflächen eines Dialogfeldes mit den Tabulatortasten hin- und herwandern und diese so aktivieren. Zum Ein- und Ausschalten einer Option markieren Sie diese und betätigen anschließend die ⸢Leertaste⸣.

Aktive Textfelder

In ein aktiviertes Textfeld können Sie direkt den gewünschten Text eintragen. Aus einem aktivierten Listenfeld wählen Sie Einträge aus, indem Sie diese mit den Richtungstasten markieren.

Wollen Sie eine Auswahl, die Sie mit den Richtungstasten markiert haben, auch in verknüpften Text- oder Listenfeldern oder in der Tabelle berücksichtigt wissen, so müssen Sie die Auswahl bestätigen. Mit der Tastatur betätigen Sie dazu die `Eingabe`-Taste.

Wollen Sie also in unserem Beispiel nach der Auswahl eines Verzeichnisses die darin enthaltenen Dateien auch im Listenfeld «Dateien» angezeigt haben, so markieren Sie das gewünschte Verzeichnis mit den Richtungstasten und betätigen anschließend die `Eingabe`-Taste. Soll eine Datei im Listenfeld «Dateien» geöffnet werden, markieren Sie diese und betätigen die `Eingabe`-Taste. Soll nicht nur eine einzelne Eingabe im Dialogfeld bestätigt werden, sondern wollen Sie auch gleich das Dialogfeld schließen, so können Sie auch die Schaltfläche **OK** mit der `Tab`-Taste auswählen und anschließend die `Eingabe`-Taste betätigen.

Zum Abbrechen von Befehlen drücken Sie einfach so oft die `Esc`-Taste, bis alle geöffneten Menüs und Dialogfelder wieder geschlossen sind.

Abbrechen von Befehlen

Lassen Sie sich durch diese etwas kompliziert anmutenden Richtlinien zum Erteilen von Befehlen nicht abschrecken. Diese Arbeitsschritte werden Ihnen mit dem Erstellen der ersten Tabelle im nächsten Kapitel schnell vertraut erscheinen.

2. 5. 4 Funktionstasten

Auf einer Standard MFII-Tastatur stehen Ihnen insgesamt 12 Funktionstasten zur Verfügung. Alle diese Funktionstasten sind bei Excel mehrfach mit bestimmten Befehlsfolgen belegt. Durch den Tastaturschlüssel `Alt`-Funktionstaste, `Strg`-Funktionstaste und `Umschalt`-Funktionstaste sind alle Funktionstasten bis zu viermal belegt. Solche Tastaturschlüssel werden manchmal auch als Abkürzungs- oder Beschleunigungstasten bezeichnet.

Funktionstasten

Es ist leicht einzusehen, daß nur der erfahrene Excel Anwender diese große Anzahl an Funktionstasten sinnvoll nutzen kann. Wir haben Ihnen im Anhang eine Tabelle wichtiger Funktionstastenbelegungen erstellt.

Neben diesen Funktionstastenbelegungen gibt es noch eine große Zahl anderer Tastaturschlüssel, mit denen Sie Excel einen Großteil der Befehle erteilen können. Die Zahl dieser Tasten ist jedoch derart groß, daß es wenig sinnvoll erscheint, sie hier darzustellen.

Wenn Sie an einer Liste aller Funktionstasten und Tastenkombinationen interessiert sind, können Sie sich am besten die entsprechenden Abschnitte der Excel Hilfe ausdrucken (Abschnitt 2.9.6) oder die Liste im Anhang des Buches verwenden.

2. 5. 5 Die Symbolleisten

Wir haben Ihnen bei der allgemeinen Besprechung der Tabellen-Menüs schon die Standard-Symbolleiste gezeigt und Sie auf die Vorteile beim Einsatz der Symbole hingewiesen. In der neuen Excel Version 4.0 wurde die schon in Excel 3.0 vorhandene Idee der Symbolleiste weiter ausgebaut, so daß Sie nun zwischen verschiedenen Symbolleisten wählen und sich auch eigene Leisten oder Fenster mit Symbolen erstellen können.

Die voreingestellten Symbolleisten

Excel besitzt insgesamt 7 vorgefertigte Symbolleisten, die nach Themen sortiert sind. In der Liste der Symbolleisten sind noch einige weitere Symbolleisten angezeigt. Es handelt sich hierbei jedoch nicht um Leisten mit mehreren Symbolen, sondern um einzelne Symbole oder Listenfelder, die Sie für spezielle Aufgaben benötigen.

In Bild 2.22 sehen Sie den Excel-Anwendungsfenster mit allen sieben Symbolleisten, angeordnet unter der Menüleiste. Dies ist mit Sicherheit wegen der Unübersichtlichkeit kein nachahmenswertes Beispiel, sondern soll Ihnen nur einen Überblick über die Vielzahl der Symbolleisten zeigen. Es sind die folgenden Leisten abgebildet: Standard, Format, Werkzeug, Diagramm, Zeichnen, Microsoft Excel 3.0 und Makro

Zum Anordnen von Symbolleisten gehen Sie wie unten beschrieben vor.

Einfügen von Symbolleisten:

1. Wählen Sie das Menü **Optionen** aus.

2. Geben Sie im Menü **Optionen** den Befehl **Symbolleisten**. Sie sehen nun das Dialogfeld **Symbolleisten** wie in Bild 2.21. Sie können in diesem Dialogfeld die gewünschte Symbolleiste aus einer Liste auswählen.

3. Haben Sie die gewünschte Symbolleiste, hier also die Symbolleiste "Format" markiert, so wählen Sie die Option "Einblenden". Excel wird das Dialogfeld schließen und die Symbolleiste anzeigen.

Sie brauchen diese Befehlsfolge aber nicht unbedingt nachzuvollziehen, da wir im folgenden hauptsächlich mit nur einer Symbolleiste arbeiten werden.

Excel fügt nur zwei neue Symbolleisten unterhalb der Menüleiste ein. Wählen Sie mehr als zwei Symbolleisten aus, so werden diese zuerst in Fenstern angezeigt. Sie können sie dann unterhalb der anderen Symbolleisten einfügen, indem Sie das Fenster mit der Maus dorthin verschieben.

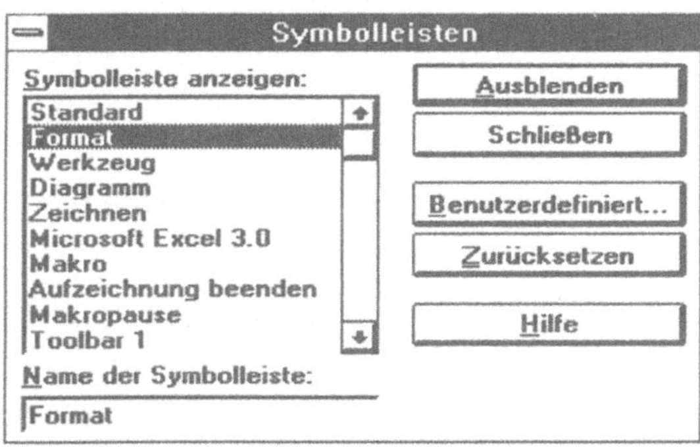

Bild 2.21 Verändern der Symbolleisten

Sie blenden Symbolleisten mit der gleichen Befehlsfolge aus, wie Sie sie eingeblendet haben. Markieren Sie eine bereits eingeblendete Symbolleiste im Dialogfeld **Optionen Symbolleisten**, so erscheint in der obersten Schaltfläche anstatt des Befehls **Einblenden** der Befehl **Ausblenden**, so daß Sie keine Leiste zweimal anzeigen können.

Ausblenden von Symbolleisten

Beachten Sie beim Verändern der Größe einer Symbolleiste darauf, daß Excel beim Anordnen an den Anwendungsfenster-Rändern nicht immer alle Symbole der Leiste anzeigt, wenn das Anwendungsfenster nicht auf Vollbild vergrößert ist.

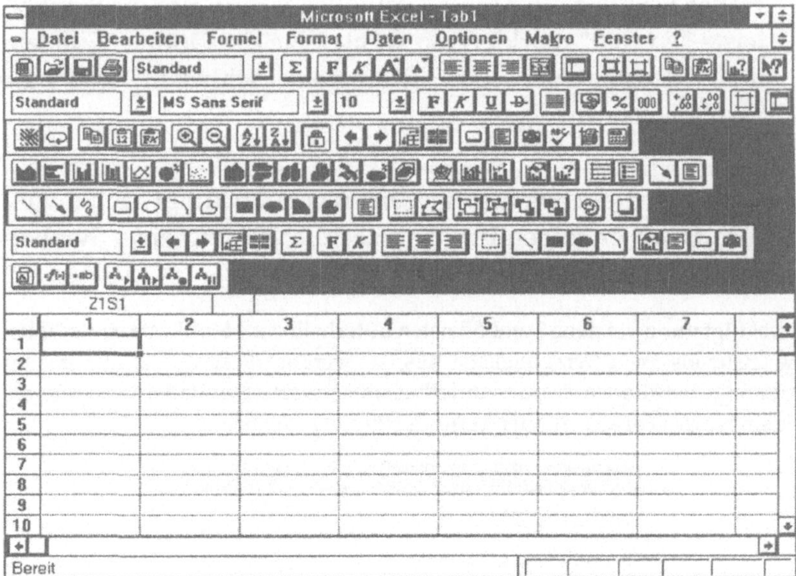

Bild 2.22 EXCEL-Fenster mit allen Symbolleisten

Sinnvoller als die Anordnung aller Symbolleisten ist es natürlich, sich je nach der gerade zu bewältigenden Aufgabe die entsprechende Symbolleiste anzeigen zu lassen. Wir werden im folgenden dieses Prinzip verfolgen und so in den verschiedenen Abschnitten des Buches die Symbolleisten immer wieder wechseln.

Anordnung der Symbolleisten

Im vorigen Abschnitt haben wir alle Symbolleisten an der "gewohnten" Position unter der Menüleiste positioniert. Sie können die Symbole aber auch

- am unteren Bildschirmrand über der Statuszeile,

- an dem linken oder rechten Bildschirmrand jeweils außerhalb des Tabellenfensters oder

- in kleinen Fenstern im dem Arbeitsbereich anzeigen lassen.

Diese variable Anordnung hat den Vorteil, daß Sie bei langen, schmalen Tabellen durch Anordnen der Symbole am rechten oder linken Rand einen größtmöglichen Teil der Tabelle sehen können.

Beachten Sie dabei, daß Sie Symbolleisten mit Listenfeldern, also zum Beispiel die Standard-Symbolleiste, nicht senkrecht anordnen können

Symbolleisten ordnen Sie mit der Maus an. Dabei erkennt Excel automatisch anhand der Position, an die Sie die Symbolleiste verschieben, ob sie in einem Fenster oder fest am Rand des Anwendungsfensters erschienen soll. Zum Anordnen der Symbolleiste **Zeichnen** am linken Rand verfahren Sie zum Beispiel wie folgt:

Vorgehensweise:

1. Lassen Sie sich die Symbolleiste **Zeichnen** wie oben beschrieben anzeigen.

2. Führen Sie den Mauszeiger an eine beliebige Stelle des Hintergrunds der Symbolleiste, halten Sie die linke Maustaste gedrückt und ziehen Sie die Symbolleiste an den linken Rand des Arbeitsbereichs.

3. Sobald Sie die Maustaste wieder losgelassen haben, wird Excel die Symbolleiste am linken Rand ablegen (Bild 2.23).

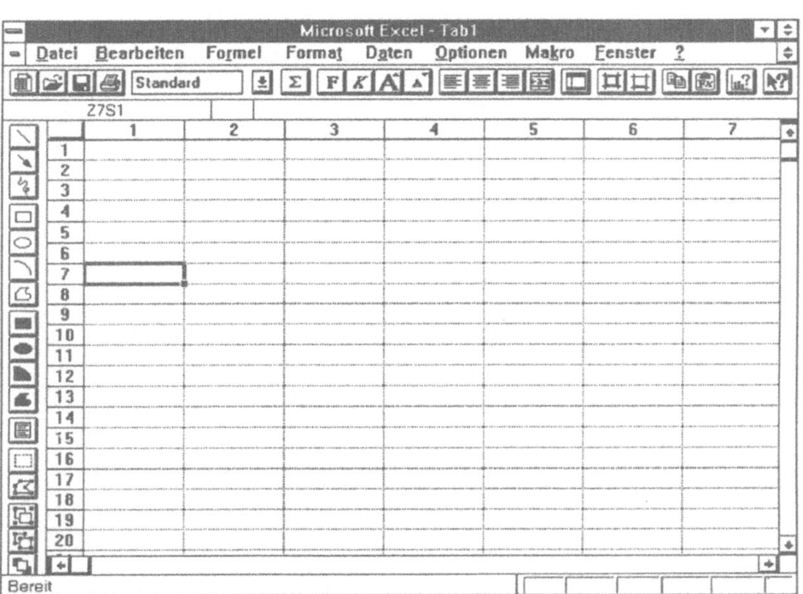

Bild 2.23 Symbolleiste **Zeichnen** am linken Rand

Verändern der Symbolleisten mit dem Kontext-Menü

Excel 4.0 besitzt ein Kontext-Menü, das Sie leicht über die rechte Maustaste an verschiedenen Stellen aufrufen können. In diesem Kontext-Menü erscheinen wichtige Befehle, die Sie an der Stelle, die Sie angeklickt haben, ausführen können. So erscheinen beim Klicken mit der rechten Maustaste in Tabellenfeldern Formatierungs- und Bearbeitungsbefehle.

Klicken sie nun mit der rechten Maustaste in den Hintergrund einer Symbolleiste, so erscheint das Kontext-Menü zu den Symbolleisten wie in Bild 2.24.

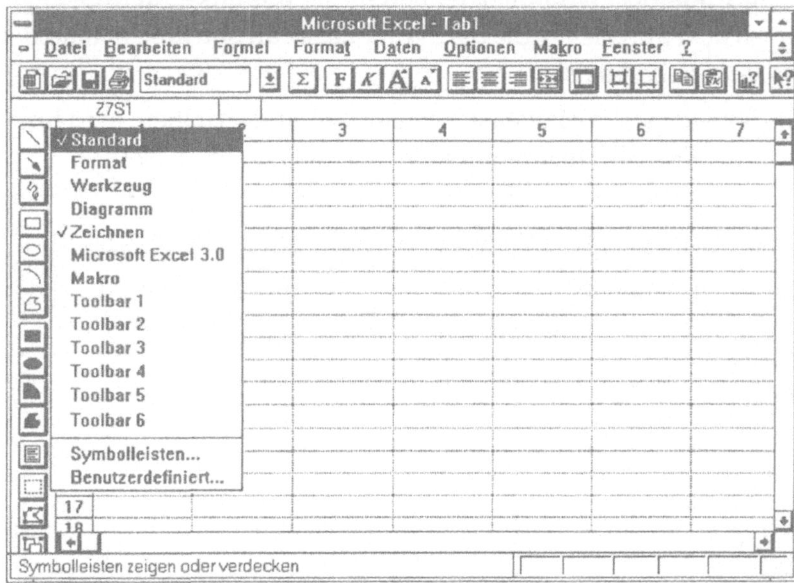

Bild 2.24 Kontextmenü zu den Symbolleisten

Verbergen Sie nun wieder die Symbolleiste Zeichnen:

1. Klicken Sie mit der rechten Maustaste in den Hintergrund der Symbolleiste **Zeichnen** am linken Fensterrand.

2. Vor der Option **Zeichnen** zeigt ein Haken an, daß diese Symbolleiste eingeblendet ist. Wählen Sie diese Option nun noch einmal aus, um die Symbolleiste zu verbergen. Excel wird anschließend das Kontext-Menü wieder schließen.

2. 6 Die Diagramm-Menüs

Diagramme sind grafische Darstellungen von Zahlen, in denen jeder Zahl ein Ihrem Betrag entsprechender Teil der Grafik zugeordnet wird. Dadurch erhalten Sie mit Hilfe eines Diagramms leicht einen Überblick über Größenverhältnisse.

Wenn Sie ein Diagramm mit Excel bearbeiten, so werden Sie feststellen, daß sich die Befehle in der Menüleiste verändert haben (Bild 2.25). In den sogenannten Diagramm-Menüs finden Sie spezielle Befehle zum Bearbeiten von Grafiken. Sie steuern diese Menüs wie die Menüs des Tabellenfensters. Einen Überblick über alle Diagramm-Menüs finden Sie am Ende des Buches im Anhang. Außerdem wird beim Aufrufen der Diagramm-Menüs (oder beim Markieren eines Diagramms auf dem Tabellenblatt) automatisch auch die Diagramm-Symbolleiste angezeigt.

Sie schalten von der Tabelle in die Diagramm-Menüs mit Hilfe der Funktionstaste `F11` (wenn Sie ein neues Diagramm erstellen wollen) oder durch Doppelklick in ein Diagramm um. Um wieder zum Tabellenfenster zu gelangen, drücken Sie die `Umschalt`-Taste und anschließend wieder die `F11`-Taste. Mit der Maus klicken Sie einfach doppelt in die Schaltfläche des **System**-Menüs der Menüleiste.

`F11` und `Umschalt`-`F11`

2. 7 Die Info-Menüs

Für jede Zelle können Sie Eigenschaften wie Formate, Bezüge zu anderen Zellen, einen Schreibschutz festlegen. Einen Überblick über alle Informationen, die einer Zelle zugeordnet sind, verschaffen Sie sich mit dem Infofenster. Auch diese Infofenster haben Menüs, die Sie mit der Maus oder der Tastatur wie die Menüs des Tabellenfensters steuern können.

Die Info-Menüs

Um sich das Infofenster zu einem bestimmten Tabellenfeld anzeigen zu lassen, müssen Sie zuerst mit dem Befehl **Arbeitsbereich** aus dem Menü **Optionen** die Anzeige des Infofensters einschalten. Anschließend können Sie sich zur jeweils aktiven Zelle Informationen ausgeben lassen. Anschließend können Sie das

Infofenster auch über den Tastaturschlüssel [Strg] - [F2] aufrufen.

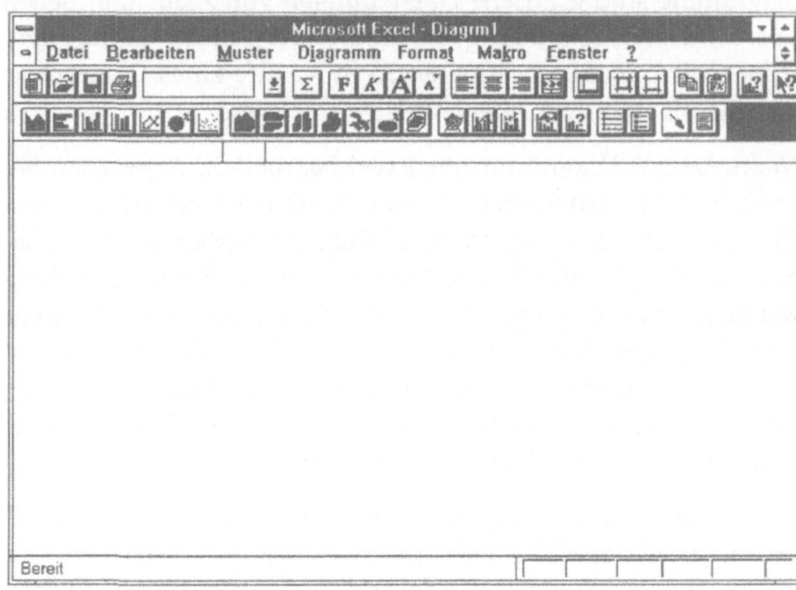

Bild 2.25 Die Diagramm-Menüs

Legen Sie nun die Anzeige eines Infofensters fest:

Vorgehensweise:

1. Sie markieren das Tabellenfeld, zu dem Sie das Infofenster sehen wollen.

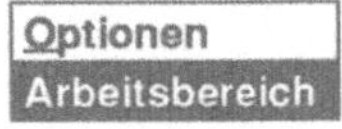

2. Sie wählen nun das Menü **Optionen** und den Befehl **Arbeitsbereich**. In dem Dialogfeld **Arbeitsbereich** wählen Sie die Option **Infofenster** aus.

3. Schließen Sie den Befehl ab.

Mit der Tastatur rufen Sie die Info-Menüs so auf:

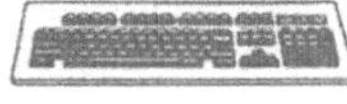

Vorgehensweise:

1. Markieren Sie das Tabellenfeld, zu dem Sie das Infofenster sehen wollen.

2. Drücken Sie die [Alt]-Taste, um in die Befehlseingabe umzuschalten.

3. Markieren Sie mit den Richtungstasten das Menü **Option** oder geben Sie ein ⓞ ein.

4. Wählen Sie in dem Menü den Befehl **Arbeitsbereich** mit den Richtungstasten oder durch Eingabe von ⓐ aus. Haben Sie den Befehl mit der Richtungstaste ausgewählt, so müssen Sie noch mit der Eingabe-Taste abschließen.

5. Wählen Sie nun die Option **Infofenster** aus und schließen Sie den Befehl ab.

Sie sehen nun ein Infofenster wie Bild 2.26.

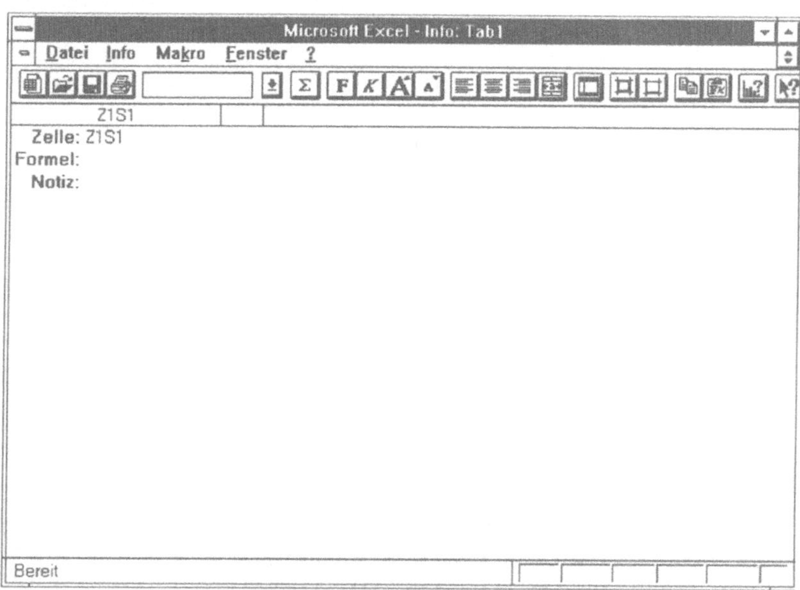

Bild 2.26 Excel: Die Infofenster mit den Info-Menüs

Wollen Sie wieder in das Tabellenfenster umschalten, so geben Sie im Infofenster den Befehl **Dokument anzeigen** aus dem Menü **Fenster**. Sie können sich nun zu jeder anderen Zelle das Infofenster anzeigen lassen, indem Sie die Zelle markieren und anschließend im Menü **Fenster** zum Infofenster der jeweiligen Tabelle umschalten. Da ihre Tabelle den Namen TAB1.XLS tragen wird, wird Ihr Fenster Menü aussehen wie in Bild 2.27.

Umschalten ins Tabellenfenster

Sie schließen das Infofenster wieder, indem Sie den Befehl **Datei** und den Befehl **Ende** wählen. Excel kehrt dann wieder zum Tabellenblatt zurück.

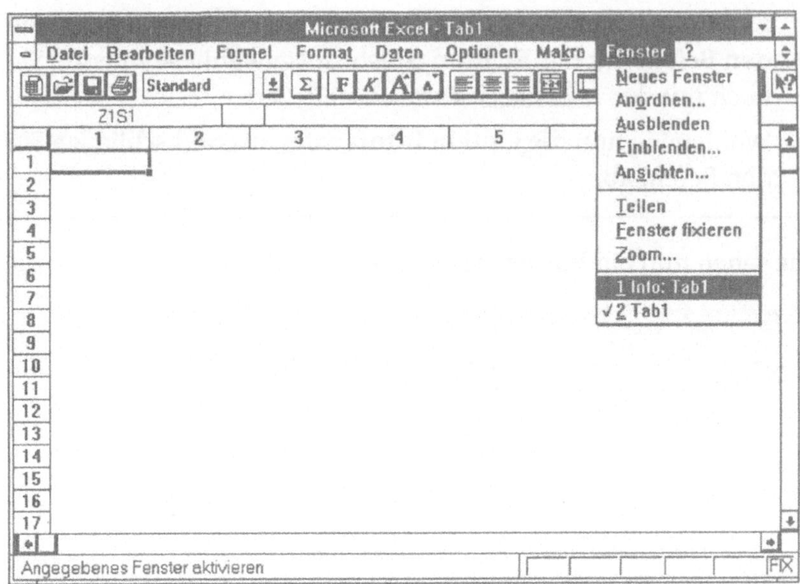

Bild 2.27 Menü **Fenster** mit Infofenster zu TAB1.XLS

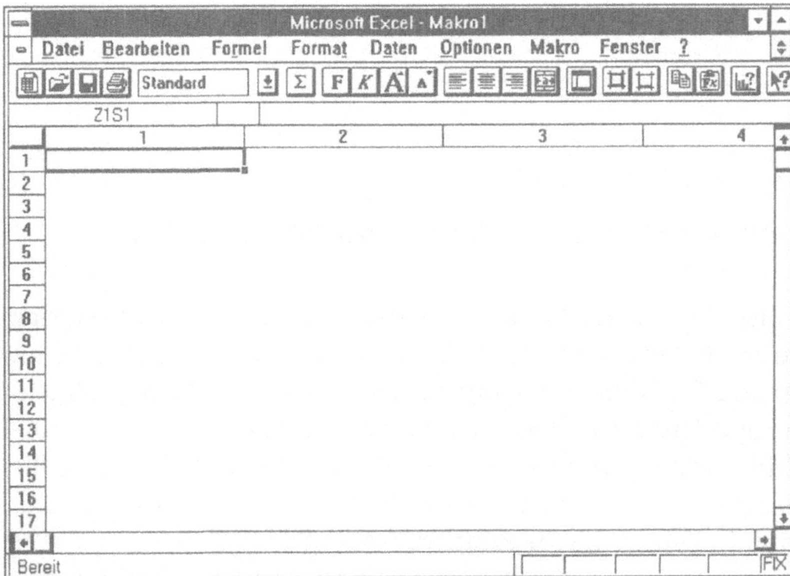

Bild 2.28 Makrofenster mit den Makro-Menüs

2. 8 Die Makro-Menüs

Mit Excel können Sie Ablaufprogramme einsetzen, die Ihnen wiederkehrende Arbeitsabläufe vereinfachen. Die Eingabe eines Makros erfolgt in einem speziellen Fenster, zu dem die Befehle der Makro-Menüs gehören (Bild 2.28). Sie steuern diese Befehle wie alle anderen.

Die Makro-Menüs

Auf die genaue Handhabung der Makros gehen wir in Kapitel 14 anhand ausgewählter Beispiele ein. Dort werden Sie einfache Makros selbst erstellen und so Handlungsabläufe automatisieren.

Excel bietet Ihnen zu bestimmten Anwendungsbereichen schon vorgefertigte Makros an, die Sie mit den Bibliotheksdateien bei der Installation auf Ihrer Festplatte speichern. Eine Übersicht über diese Makrodateien zeigen wir Ihnen in Kapitel 14.

2. 9 Wie bekomme ich Hilfe?

2. 9. 1 Vorbemerkung

Excel bietet Ihnen eine Hilfe-Funktion, mit der Sie sich sehr umfassend und gezielt helfen lassen können, wenn Sie Hilfe brauchen oder Einzelheiten vergessen haben.

Für allgemeine Hilfe oder den Hilfe-Index wählen Sie das Fragezeichen aus der Menüleiste aus. Sie sehen dann das Hilfe-Menü wie in Bild 2.29. Für kontextsensitive Hilfe direkt zu einem gerade gewählten Befehl klicken Sie mit der Maus das Fragezeichen in der Standard-Symbolleiste an. Mit dem veränderten Mauszeiger (Fragezeichen und Pfeil) können Sie dann den Befehl geben, zu dem Sie Hilfe wünschen.

Anfordern der Excel Hilfe

Mit der Tastatur geben Sie den Befehl **Hilfe**, indem Sie durch [Alt] - [?] (sie drücken die [Alt] -Taste und geben ein «?» ein) das Fragezeichen auswählen oder die [F1] -Taste drücken.

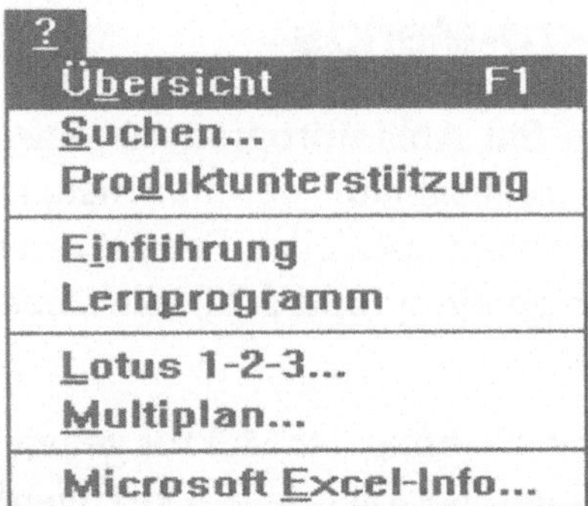

Bild 2.29 Das Menü **Hilfe**

 **4.0** Um Hilfe zum aktuell gewählten Befehl zu erhalten, geben Sie in dem Dialogfeld, zu dem Sie Informationen wünschen, den Tastaturschlüssel ⌜Umschalt⌟ - ⌜F1⌟ ein oder sie wählen die nun ab der Version 4.0 von Excel in jedem Dialogfeld vorhandenen Hilfeschaltflächen aus. Excel springt nun direkt an die entsprechende Stelle des Hilfe-Menüs.

Sie können aus dem **Hilfe**-Menü auswählen, ob Sie

- Produktunterstützung wünschen,
- allgemeine Hilfe-Themen lesen möchten,
- im Index nach dem Hilfe-Text suchen wollen (Abschnitt 2.9.2)
- zu einen bestimmten Bereich (Lotus, Multiplan, Tastatur) Hilfe haben wollen (Abschnitt 2.10 und 2.11) oder
- das Lernprogramm ausführen möchten.

Wir zeigen Ihnen hier, wie Sie

- im Hilfe-Index blättern (2.9.2),
- gezielt nach einem Begriff suchen (2.9.3),
- kontextsensitive Hilfe anfordern,
- Anmerkungen und Lesezeichen selbst ins Hilfe-Menü aufnehmen (2.9.4 und 2.9.5),
- Hilfe-Texte ausdrucken(2.9.7) und
- in die Zwischenablage kopieren können (2.9.8).

2. 9. 2 Der Hilfe-Index

Wir wollen Ihnen zuerst die Wirkungsweise des Hilfe-Index er- Im Index
läutern. Bei dem Hilfe-Index suchen Sie sich das gewünschte suchen...
Thema anhand der Gliederungsüberschriften des Index aus den
Hilfe-Texten heraus. Eine gezieltere Suche werden Sie im nächsten Abschnitt kennenlernen.

Wählen Sie nun das Menü **Hilfe** und geben Sie den Befehl **Suchen**. Sie sehen nun ein Hilfe-Fenster wie in Bild 2.30.

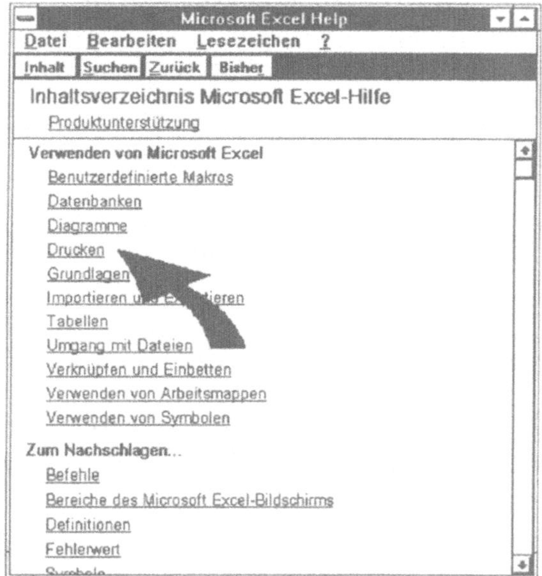

Bild 2.30 Themen im Hilfe Index

In diesem Index ist eine Liste von Stichworten aufgeführt, hinter
denen sich neue Auswahlmenüs befinden. Auf diese Weise können Sie sich genau die Informationen verschaffen, die Sie wünschen (Bild 2.31).

Dieses Verfahren bietet sich immer dann an, wenn Sie ungefähr Was finde ich
wissen, zu welchem Befehl oder welchem genauen Thema Sie hier?
Informationen erhalten wollen. Andernfalls werden Sie in dem
Index sehr lange suchen müssen, bis Sie die richtige Antwort
gefunden haben. Für diesen Fall bietet Excel aber die Suchfunktion, die wir im folgenden beschreiben werden.

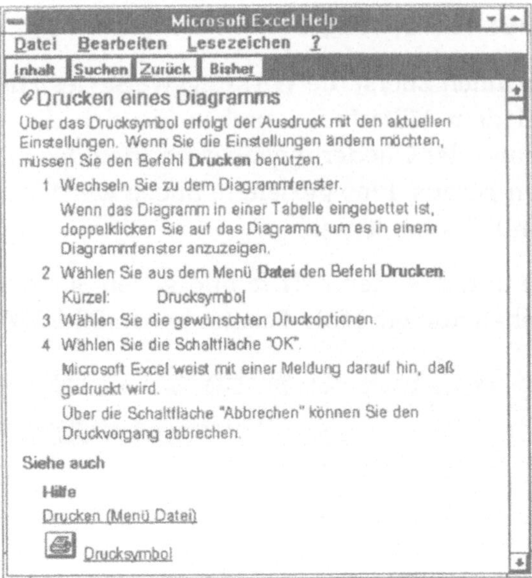

Bild 2.31 Inhalt einer Hilfe-Information

2. 9. 3 Suchen im Hilfe-Menü

Gezielte Hilfe   Wenn Sie ein Stichwort haben, das Sie im Index nicht systematisch finden und nun zu diesem Stichwort die Hilfe-Funktion befragen wollen, wählen sie die Suche im Hilfe-Menü.

Sie wählen aus dem Hilfe-Menü den Befehl **Suchen** aus, indem Sie mit der Maus in dieses Wort klicken oder indem Sie (Alt) - (s) eingeben. Sie können die Suche nach einem Hilfe-Thema auch jederzeit von dem Hilfe-Fenster aus mit der Schaltfläche **Suchen** starten.

Andernfalls werden Sie in dem Index sehr lange suchen müssen, bis Sie die richtige Antwort gefunden haben. Für diesen Fall bietet Excel aber die Suchfunktion, die wir im folgenden beschreiben werden. Zum Suchen in der Excel-Hilfe verwenden Sie den Befehl **Suchen** aus dem Hilfe-Menü. Sie sehen nun ein Fenster wie in Bild 2.32.

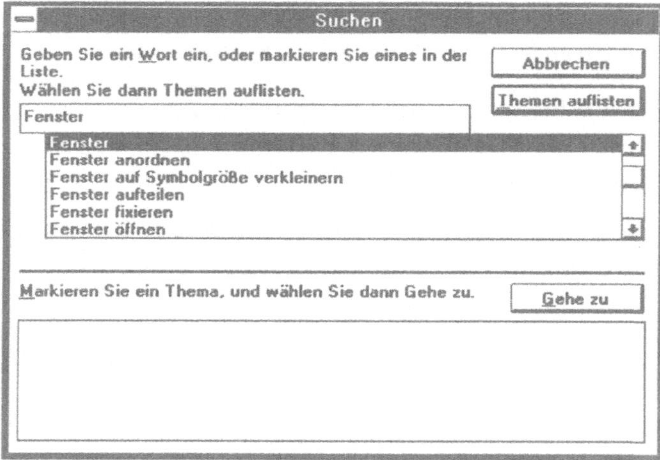

Bild 2.32 Fenster zum Suchen eines Begriffes

Dieses Dialogfeld gliedert sich in drei Teile:

* Im oberen Feld können Sie Ihr Stichwort eingeben.

* Das darunter befindliche Listenfeld enthält eine Aufzählung
  aller Stichworte von Excel. Wenn Sie Ihr Stichwort oder seinen
  Anfangsbuchstaben eingeben, erscheint gleichzeitig im darunter befindlichen Feld der entsprechende Ausschnitt der
  Liste. Sie können aus dieser Liste auch direkt ein Stichwort
  auswählen.

* Im untersten Teil wird Ihnen angezeigt, welche Unterstich-
  worte Excel zu dem von Ihnen eingegebenen oder ausgewählten Stichwort gefunden hat.

Geben Sie nun zum Beispiel den Suchbegriff «Fenster» ein (Bild
2.33).

Wie Sie sehen, hat Excel zu diesem Suchbegriff insgesamt 21
Themen gefunden. Wählen Sie nun aus der Liste im unteren Teil
des Fensters das Thema «Ändern der Größe von Datei- und
Anwendungsfenster» aus. Sie sehen nun ein Fenster wie in Bild
2.34, in dem Sie die gewünschten Informationen erhalten.

Auswahl von Themen

Sie sollten mit diesem Suchsystem von Excel noch ein wenig üben,
damit Sie sich mit der Art und Weise der Suche und dem Aufbau
der Suchbegriffe vertraut machen. Wenn Sie die Hilfe-Funktion
effektiv einsetzen können, werden Sie damit schneller die Lösung

eines bestimmten Problems finden als mit dem Handbuch, in dem Sie keine softwareunterstützte Suche haben.

Hilfe anderer Windows-Anwendungen Da Microsoft bei allen Windows Produkten die Hilfe gleich aufbaut, wird Ihnen damit auch der Zugang zu anderen Microsoft Produkten erleichtert.

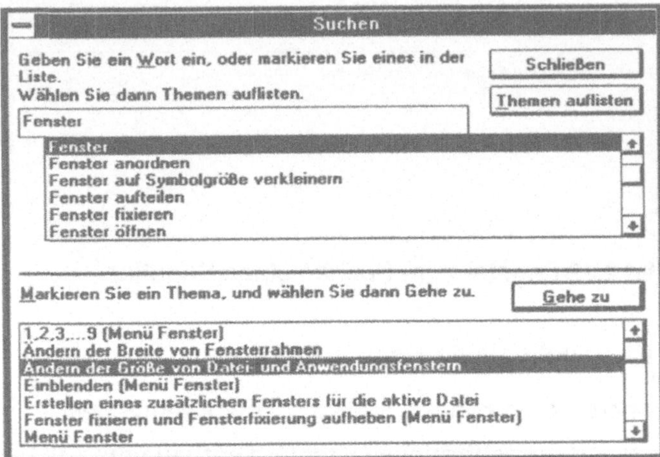

Bild 2.33 Suchfenster der EXCEL Hilfe

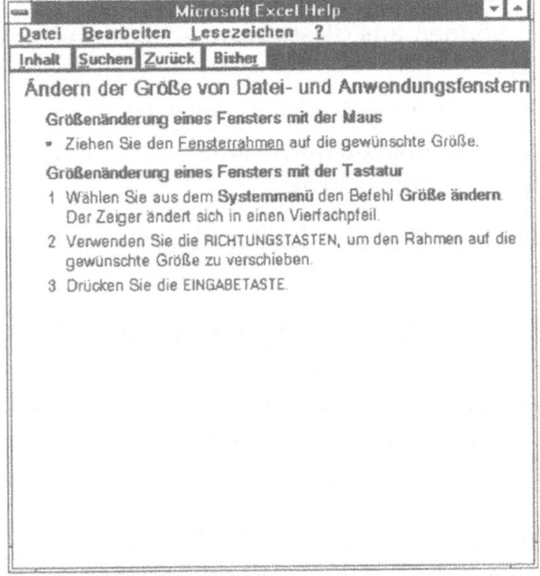

Bild 2.34 Hilfe zum gewünschten Thema

2. 9. 4 Anmerkungen im Hilfe-Menü

An manchen Stellen mag die Hilfe-Auskunft nicht ausführlich genug sein, oder Sie haben hier bei der Arbeit mit Excel oder in einer Fachzeitschrift einen besonderen Trick entdeckt, den Sie nicht vergessen wollen. In diesem Fall können Sie in die Hilfe-Texte eigene Kommentare einfügen.

Die Hilfe selbst gestalten

Excel zeigt diese Anmerkungen nicht sofort an, sondern an der entsprechenden Stelle erscheint eine kleine Büroklammer. Sie können sich Ihre Anmerkung jederzeit anzeigen lassen, indem Sie mit dem Mauszeiger in diese Büroklammer klicken.

So legen Sie eine Anmerkung an:

Vorgehensweise:

1. Wandern Sie in den Hilfe-Texten an die Stelle, an der Sie einen Kommentar einfügen wollen.

2. Geben Sie den Befehl **Anmerken** aus dem Menü **Bearbeiten**.

3. Tragen Sie nun den Kommentar in das Fenster ein (Bild 2.35).

4. Klicken Sie zum Abschluß in die Schaltfläche **OK**.

Neben der Hauptüberschrift des ausgewählten Kapitels erscheint nun eine kleine Büroklammer, die Ihnen anzeigt, daß sich hier ein Kommentar verbirgt (Bild 2.36).

2. 9. 5 Lesezeichen festlegen

Wenn Sie an einem umfangreicheren Problem arbeiten, so werden Sie wahrscheinlich häufiger an der gleichen Stelle der Hilfe-Funktion nachblättern müssen. Dazu können Sie sich diese Stellen mit einem Lesezeichen versehen, so wie Sie es von Ihren Büchern gewohnt sind. Sie brauchen dann nur noch das entsprechende Lesezeichen auszuwählen und befinden sich sofort an der gewünschten Stelle.

Lesezeichen einrichten

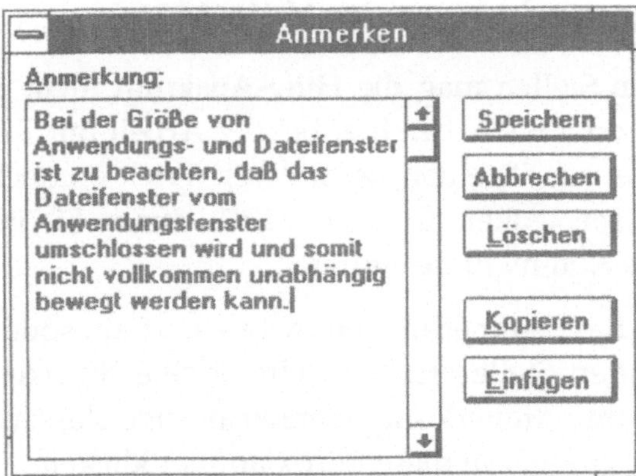

Bild 2.35 Eintragen eines Kommentars

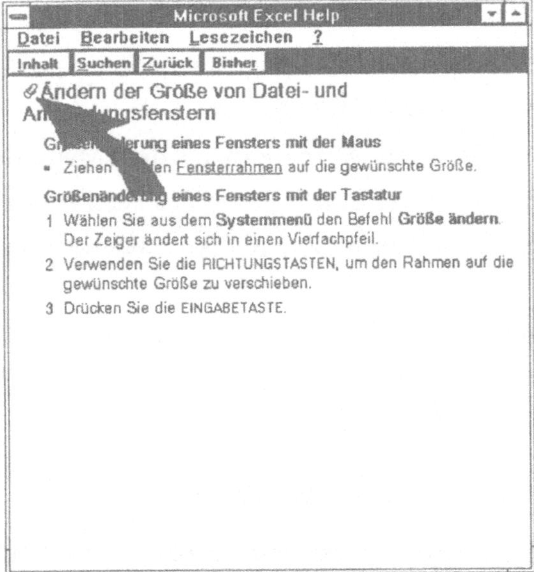

Bild 2.36 Hilfefenster mit Anmerkung

Wählen sie also die gewünschte Stelle des Hilfe-Fensters aus und richten Sie ein Lesezeichen ein:

1. Geben Sie den Befehl **Definieren** aus dem Menü **Lesezeichen**.

2. Geben Sie als Lesezeichen den Abschnitt Grundlagen ein (Bild 2.37).

3. Schließen Sie den Befehl ab.

Lesezeichen definieren

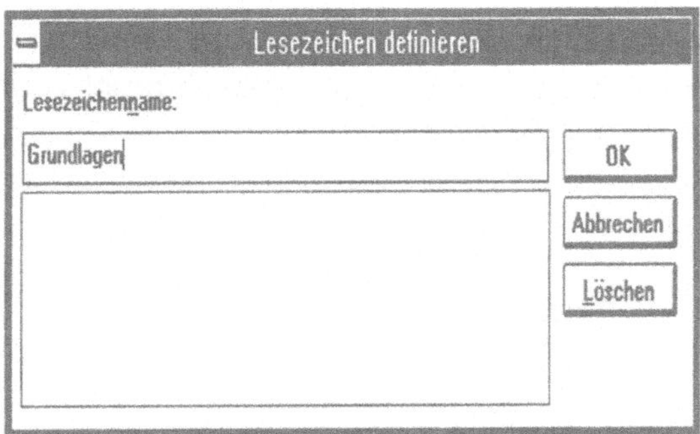

Bild 2.37 Lesezeichen festlegen

Sie rufen ein einmal festgelegtes Lesezeichen auf, indem Sie den Befehl **Lesezeichen** geben und das Lesezeichen aus der unter dem Befehl **Definieren** angezeigten Liste auswählen. In unserem Beispiel sehen Sie ein Menü wie in Bild 2.38 mit dem Lesezeichen «Grundlagen». Mit Hilfe des Lesezeichens können Sie leicht an die gewünschte Stelle des Hilfe-Menüs gelangen.

Lesezeichen aufrufen

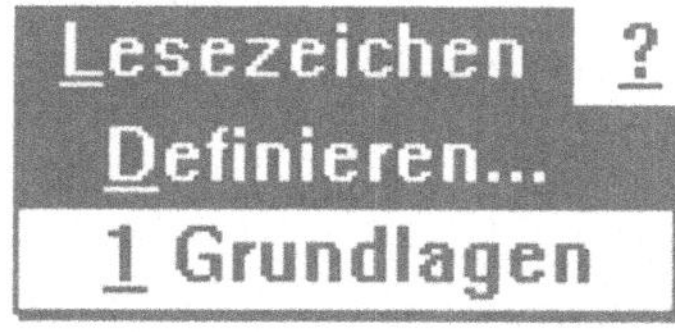

Bild 2.38 Lesezeichen

2. 9. 6 Das Hilfe-Symbol

Mit der Maus erhalten Sie am einfachsten kontextsensitive Hilfe, indem Sie das Hilfe-Symbol verwenden. Sie wählen mit der Maus dieses Symbol zuerst aus und geben anschließend den Befehl, zu dem Sie Hilfe wünschen. Um Hilfe zu einer Schaltfläche anzufor-

Gezielte Hilfe

dern, wählen Sie diese einfach mit dem veränderten Mauszeiger aus.

Wir werden Ihnen hier zeigen, wie Sie sich schnell über die Wirkung eines speziellen Symbols der Symbolleiste informieren:

Hilfe zu einem Symbol anfordern:

1. Wählen Sie mit der Maus das Hilfe-Symbol aus (Bild 2.39).
2. Zeigen Sie mit dem veränderten Mauszeiger auf das Symbol, zu dem Sie Hilfe wünschen (hier das Symbol ganz links auf der Standard Symbolleiste).

Excel wird ihnen den gewählten Hilfe-Text anzeigen (Bild 2.40).

Bild 2.39 Hilfe zu einem Symbol anfordern

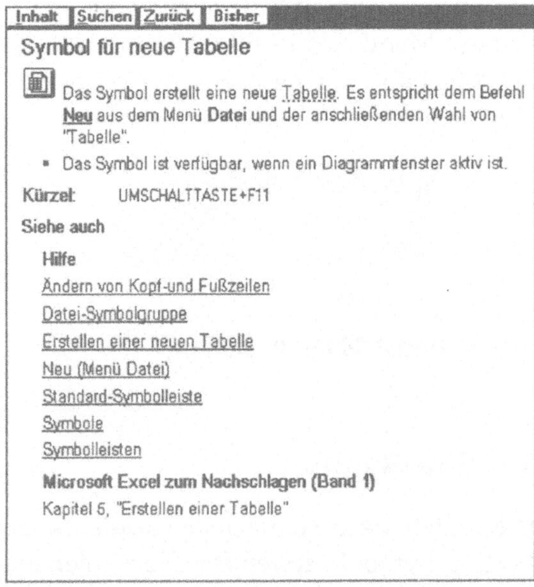

Bild 2.40 Hilfe-Fenster zum einem Symbol

2. 9. 7 Hilfe-Texte ausdrucken

Damit Sie wichtige Hilfe-Texte nicht immer wieder aufrufen müs- Hilfe-Texte
sen, sondern auch auf Papier vorliegen haben, können Sie sie drucken
ausdrucken. Dazu geben Sie im Hilfe-Menü das Menü **Datei** und
den Befehl **Erläuterung drucken.**

Achten Sie hierbei darauf, daß Sie Ihren Drucker vorher richtig installiert haben
(s. 4.8.2).

Wenn Sie Ihren Drucker richtig installiert haben, wird Excel nun
den Inhalt des aktiven Hilfe-Fensters ausdrucken.

2. 9. 8 Hilfe-Texte kopieren

Sie können den Inhalt eines Hilfe-Textes auch in die Windows-
Zwischenablage kopieren und von dort aus in einen Texteditor
einfügen. Anschließend können Sie sich die Hilfe-Texte bearbeiten und ausdrucken.

Sie verwenden zum Kopieren in die Zwischenablage den Befehl
Kopieren aus dem Menü **Bearbeiten.** Beachten Sie hierbei jedoch,
daß Bilder wie zum Beispiel das Bild der Schaltfläche in Bild 2.40
nicht kopiert werden, sondern nur die Texte.

2. 10 Hilfe für Lotus 1-2-3 Anwender

Umsteigern vom zeichenorientierten Lotus 1-2-3 auf Excel wird Hilfe für
eine besondere Hilfe-Funktion angeboten. Sie geben den 1-2-3 Lotus-
Befehl ein, und Excel beschreibt Ihnen in einem kleinen Fenster Anwender
detailliert, wie Sie diesen Befehl unter Excel erteilen.

Wenn Sie bei der Installation Excel ohne die Lotus Hilfe installiert haben,
werden Sie die folgenden Arbeitsschritte nicht an Ihrem Rechner nachvollziehen können.

Sie müssen die spezielle Lotus 1-2-3 Hilfe unter Excel erst aktivieren, bevor Sie damit arbeiten können.

Vorgehensweise:

1. Geben Sie den Befehl **Optionen** und den Befehl **Arbeitsbereich.**

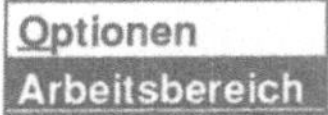

2. Wählen Sie hier die Option «Lotus 1-2-3 Hilfe» (Bild 2.41). Belassen Sie es bei dem Tastenschlüssel «/».

3. Schließen Sie den Befehl ab.

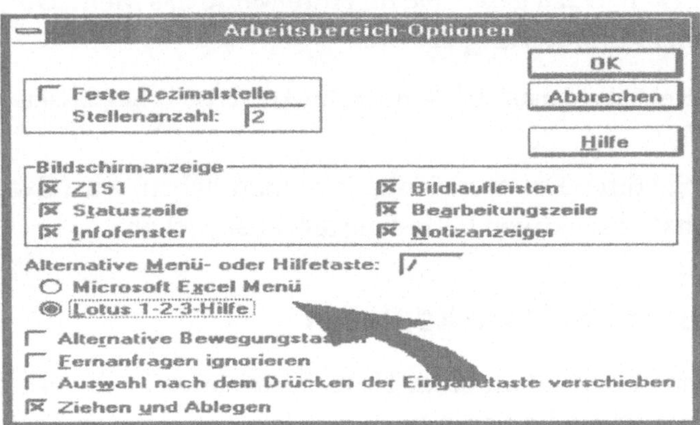

Bild 2.41 Aktivieren der LOTUS 1-2-3 Hilfe

Wenn Sie die Lotus 1-2-3-Hilfe aktiviert haben, können Sie sie durch Eingabe eines Schrägstrichs «/» aufrufen. Sie sehen dann ein Fenster wie in Bild 2.42. In diesem können Sie einen Lotus 1-2-3 Befehl auswählen. Excel führt anschließend den entsprechenden Excel-Befehl aus, wenn Sie wie in Bild 2.42 die Option «Demonstration» gewählt haben. Sie können hierbei noch festlegen, in welcher Geschwindigkeit der Befehl ausgeführt werden soll, d.h. ob Sie die Befehlsausführung nachvollziehen wollen oder nicht.

Wählen Sie die Option **Anweisung,** so erscheint auf dem Arbeitsblatt ein kleines Textfeld, in dem detailliert beschrieben ist, wie Sie die entsprechenden Einstellungen vornehmen. Sie müssen diese Anweisungen anschließend aber selber eingeben. Da Sie sich dabei das Textfeld noch anzeigen können, stellt dies kein Problem dar.

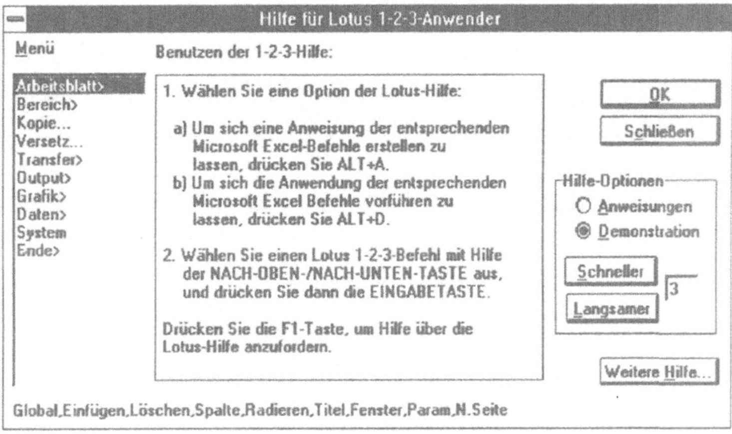

Bild 2.42 Fenster der LOTUS 1-2-3 Hilfe

Wir wollen nun die Wirkungsweise dieser Hilfe an einem Beispiel nachvollziehen und dabei den Befehl gleich von Excel ausführen lassen:

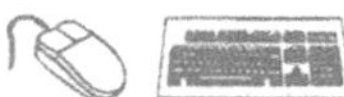

Vorgehensweise:

1. Geben Sie einen Schrägstrich «/» ein, um die Lotus-Hilfe aufzurufen. Sie sehen dann ein Fenster wie in Bild 2.42. Beobachten Sie, daß Excel nun automatisch die von uns gewählte Z1S1-Notation auf die Lotus-Notation A1 umsetzt.

2. Wählen Sie nun den Lotus-Befehl Arbeitsblatt-Global-Format-Fest. Sie brauchen dazu einfach nur jede Voreinstellung zu übernehmen. Geben Sie in dem Fenster **Hilfe für Lotus 1-2-3-Anwender** (Bild 2.43) die gewünschte Anzahl Nachkommastellen ein.

3. Schließen Sie Ihre Eingabe ab.

Bild 2.43 Eingabe der Nachkommastellen

Beobachten Sie nun, wie Excel den Befehl für Sie ausführt. Sie können sich, wenn Excel den Befehl ausgeführt hat, im Dialogfeld **Druckformat**, das Sie mit dem Befehl **Druckformat** aus dem Menü **Format** davon überzeugen, daß Excel wirklich die richtigen Einstellungen vorgenommen hat. Dies sehen Sie in Bild 2.44. An der ersten Position des Feldes «Beschreibung» steht normalerweise das Format "Standard", nun das von ihnen eingestellte Format «0,00».

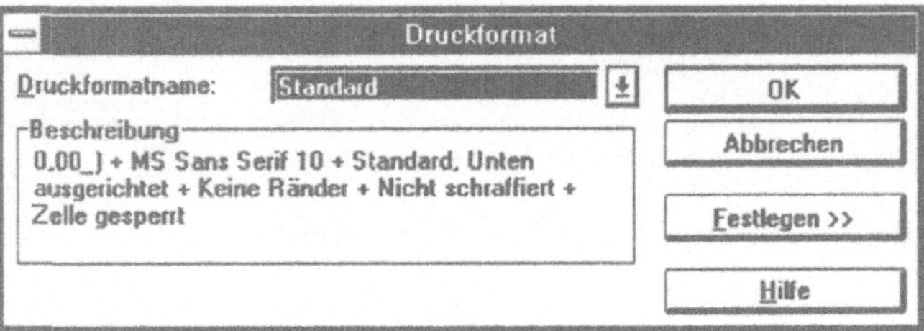

Bild 2.44 Von EXCEL vorgenommene Einstellung

Achten Sie darauf, daß bei aktivierter Lotus-Hilfe einige Tastaturschlüssel neu belegt sind. So können Sie zum Beispiel mit dem Tastaturschlüssel ⌈Ende⌋-Richtungstasten den Zellzeiger schnell auf dem Dateifenster bewegen.

Informieren Sie sich am besten vor der Arbeit mit dieser Hilfe im Handbuch oder in der Hilfe selber über die verschiedenen Tastenbelegungen.

2. 11 Hilfe für Multiplan-Anwender

Multiplan-Benutzer

Umsteigern von Multiplan auf Excel wird ein spezielles Hilfe-Menü angeboten, in dem Multiplan Befehlen die entsprechenden Excel Befehle gegenübergestellt sind.

Im Unterschied zur Lotus 1-2-3 Hilfe ist diese Hilfe nicht integrativ, sondern Sie müssen aus der Liste der Multiplan Befehle den gewünschten heraussuchen und sich dann die Excel Befehlsfolge merken.

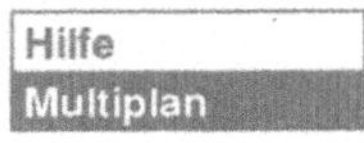

Geben Sie den Befehl **Hilfe** und den Befehl **Multiplan**. Sie können nun wie in Bild 2.45 einen Multiplan Befehl eingeben, zu dem Sie Hilfe erhalten wollen.

Wollen Sie sich diese Hilfe-Information für spätere Arbeiten erhalten, so können Sie sich den Inhalt in die Zwischenablage kopieren, mit einem **Texteditor** bearbeiten und anschließend ausdrucken.

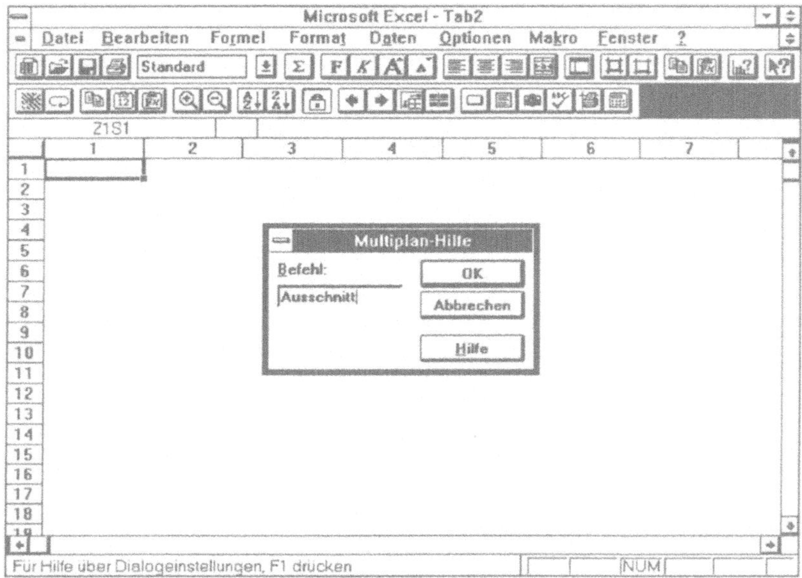

Bild 2.45 Multiplan Hilfe anfordern

Haben Sie den gewünschten Befehl eingegeben (hier Ausschnitt) und den Befehl abgeschlossen, so springt Excel automatisch an die entsprechende Stelle des Excel Hilfe Menüs (Bild 2.46).

Dort wählen Sie dann ggf. den Befehl des Multiplan Befehls aus. Im folgenden Fenster sehen Sie dann eine Gegenüberstellung des Multiplan Befehls mit allen Optionen und der entsprechenden Excel Befehle.

Die Hilfe benutzen

Wenn Sie diese Multiplan Hilfe effektiv einsetzen wollen, so bietet es sich an, die entsprechenden Hilfe-Texte auszudrucken. So lassen sich die Texte schneller einsetzen, als wenn Sie jedesmal erst das Hilfe Fenster öffnen.

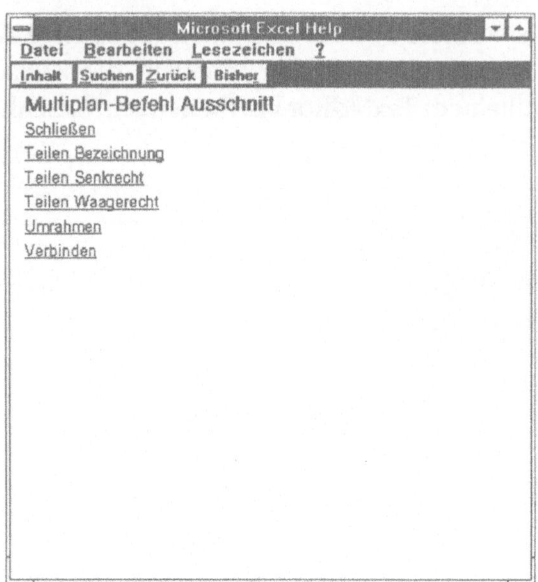

Bild 2.46 Multiplan Hilfe

Dazu gehen Sie wie folgt vor:

Vorgehensweise:

1. Öffnen Sie die Excel Hilfe und wählen Sie die Multiplan Hilfe
   aus.

2. Sie sehen nun die Liste der Multiplan-Befehle mit den entsprechenden Excel-Befehlen.

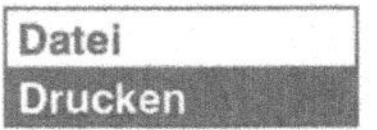

3. Geben Sie den Befehl **Drucken** aus dem Menü **Datei** um sich
   diese Liste auf Ihren Drucker auszugeben.

4. Schließen Sie anschließend das Hilfe Menü wieder.

Sollte Ihr Drucker nicht drucken oder nicht die gewünschten Ergebnisse liefern, so müssen Sie überprüfen, ob Sie ihn eingeschaltet und richtig installiert
haben oder ob der Druck-Manager angehalten ist (s. Abschnitt 4.8.2).

Sie können nun den ausgedruckten Text als Hilfe bei der täglichen
Arbeit mit Excel verwenden.

Aufgaben

1. Öffnen Sie eine neue Diagramm-, eine Tabellen- und eine Makrodatei und lassen Sie sich die drei Fenster im Excel Arbeitsbereich anzeigen.

2. Verkleinern Sie alle Fenster zum Symbol und vergleichen Sie die verschiedenen Symbole der Dateien.

3. Schalten Sie in die Diagramm-Menüs um und schließen Sie die Diagramm-Datei, ohne sie zu speichern. Verfahren Sie ebenso mit der Tabellen- und der Makrodatei.

4. Lassen Sie sich in der Hilfe die Tabelle der Funktionstasten anzeigen. Sie verwenden hierzu am besten den Index.

5. Kopieren Sie die Hilfe-Texte der Aufgabe 4 in die Zwischenablage und bearbeiten Sie die Inhalte anschließend mit einem Texteditor, zum Beispiel Windows Write.

6. Kopieren Sie sich die Hilfe-Texte mit den Beschreibungen der Makrobibliothek in die Zwischenablage und drucken Sie sie mit einem Texteditor aus.

7. Rufen Sie Hilfe zu den Multiplan-Befehlen **Übertragen Speichern** und **Xtern Kopie** ab und drucken Sie diese aus, indem Sie sie zuerst in die Zwischenablage kopieren.

8. Richten Sie eine neue Programmgruppe mit dem Namen «Zusatz» ein.

9. Legen Sie für Excel 4.0 die Abkürzungstaste $\boxed{\texttt{Strg}}$ - $\boxed{\texttt{Alt}}$ - $\boxed{\texttt{e}}$ fest.

10. Markieren Sie die Spalten 4 und 7 auf einem Tabellenblatt.

11. Markieren Sie insgesamt 7 verschiedene nicht zusammenhängende Tabellenbereiche.

1 Einleitung

2 Vorarbeiten & Vorkenntnisse

3 Die erste Excel-Aufgabe

4 Tabellen gestalten

5 Tabelleninhalte ändern

6 Arbeiten mit Funktionen

7 Excel-Diagramme

8 Textverarbeitung

9 Dateiverarbeitung

10 Mehrdimensionale Tabellenkalkulation

11 Tabellenanalysen

12 Datenaustausch

13 Q+E

14 Ablaufprogrammierung

15 Organisation und Planung von Tabellen

16 Präsentation mit Excel

Anhang

Abschnittsübersicht

Die erste Excel-Aufgabe

3 Die erste Excel-Aufgabe

3. 1 Eine einfache Tabelle

Das erste Beispiel dieses Buches wurde sehr klein und übersichtlich gewählt, so daß Sie daran möglichst einfach die Idee und die Technik des Arbeitens mit Tabellenkalkulationsprogrammen lernen können. Etwas umfangreichere Beispiele, an denen die Leistungsfähigkeit von Excel eher deutlich wird, finden Sie dann in den Kapiteln 9 bis 11.

Das erste Beispiel

Das Umsetzen eines Problems in eine Tabelle erfordert bei manchen Problemstellungen ein Umdenken. Wir haben als erstes Beispiel daher eine Aufgabe gewählt, deren tabellarische Darstellung leicht nachvollziehbar sein dürfte:

Ein Reisebüro wertet seine Umsätze geordnet nach Monaten und Sparten aus (Bild 3.1).

Das Problem

Anhand dieses einfachen Beispiels werden Sie erfahren, wie Sie mit Excel

- eine neue Tabelle öffnen

- Texte und Zahlen in Ihre Tabelle eintragen,

- Namen für Zellen und Tabellenbereiche vergeben,

- Formeln in Ihre Tabelle eintragen und

- das fertige Formular speichern und drucken können.

Das Tabellenblatt, in das Sie Ihre Tabelle eintragen, ist in Zeilen und Spalten gegliedert (vgl. Abschnitt 2.3). Wir werden Ihnen nun im folgenden zuerst einige Begriffe im Zusammenhang mit dem Tabellenblatt erläutern und anschließend die erte Tabelle erstellen.

Tabellenbereiche sind Ausschnitte des Tabellenblatts und können durch Adressen oder Namen angegeben werden. Daher erläutern wir Ihnen im folgenden zuerst die Unterschiede dieser beiden Bezeichnungsmöglichkeiten.

Umsatzauswertung	Januar	Februar	März	Summe
Flugreisen	6000	4000	7000	
Bahnreisen	3000	4000	5000	
Busreisen	10000	13000	12000	
Seereisen	8000	3000	1000	
Spartensumme				

Bild 3.1 Tabellenentwurf zur Umsatzauswertung

Adressen von Tabellenfeldern sind deren Zeilen- und Spaltennummern. Sie können die Adresse eines Tabellenfeldes in zwei verschiedenen Schreibweisen angeben (z.B. die Zelle in Zeile 2 Spalte 1):

1. Möglichkeit: A2

2. Möglichkeit: Z2S1

(Vergleichen Sie mit dem Abschnitt 2.2.1 "Das Tabellenfenster").

Mit *Namen* bezeichnen Sie Tabellenfelder oder Tabellenbereiche.

Zellinhalte   Die *Inhalte* von Tabellenfeldern (Zellen) können sein:

a) Texte,

b) Zahlenwerte oder

c) Verarbeitungsvorschriften (Formeln)

Auf Texte können Sie keine Rechenfunktionen, sondern nur Textverarbeitungsfunktionen anwenden. Kalenderdaten und Uhrzeiten behandelt Excel als Dezimalzahlen.

3. 2 Eintragen von Text und Zahlen

3. 2. 1 Vorbemerkung

Sie tragen Texte, Werte und Formeln in Zellen von Excel-Tabellen ein, indem Sie mit der Maus oder mit der Tastatur jeweils eine Zelle auswählen und anschließend den Zellinhalt eingeben. Ihre Eingabe erscheint dann in der Bearbeitungszeile unter der Menüleiste. Sie können die Eingabe dort auch verändern oder löschen. Jede Eingabe muß abgeschlossen werden.

Wir wollen nun die ersten Eintragungen für unser Beispiel vornehmen. Dazu werden Sie als erstes ein neues Arbeitsblatt öffnen und in dieses dann Ihre Tabelle eintragen.

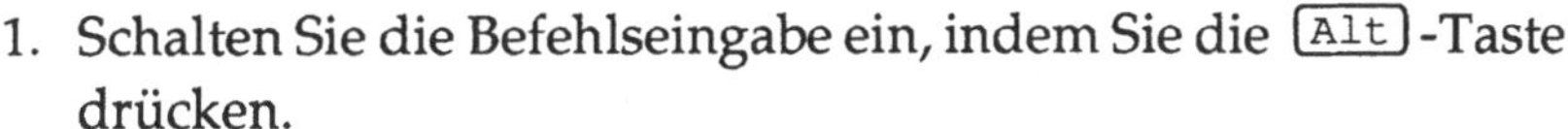

Neue Tabelle öffnen

1. Wählen Sie mit der Maus die Schaltfläche zum Öffnen einer neuen Tabelle aus. Excel öffnet nun automatisch eine neue Tabelle.

Neue Tabelle öffnen:

1. Schalten Sie die Befehlseingabe ein, indem Sie die Alt -Taste drücken.

2. Wählen Sie den Befehl neu aus dem Menü Datei durch Eingabe der Buchstaben d und n .

3. Im Dialogfeld **Neu** (Bild 3.2) sind verschiedene Dateiformate aufgelistet, auf die wir im weiteren Verlauf des Buches noch zu sprechen kommen werden. Übernehmen Sie an dieser Stelle die Voreinstellung «Tabelle», indem Sie den Befehl mit der Eingabe -Taste abschließen.

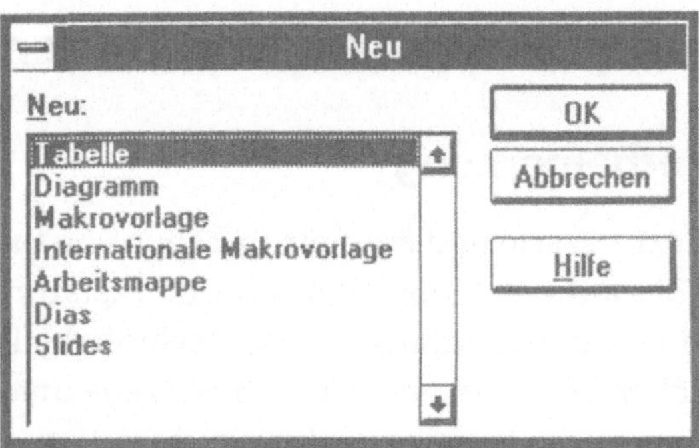

Bild 3.2 Dialogfeld **Datei neu**

3. 2. 2 Texte und Werte in die Tabelle eintragen

Sie können nun beginnen, dieses neue Arbeitsblatt zu füllen. Wir zeigen Ihnen , wie Sie mit der Maus oder mit der Tastatur Texte in Ihre Tabelle eintragen und die Eingabe jeweils abschließen. Tragen Sie als erstes die Tabellenüberschrift «Umsatzauswertung» ein.

Vorgehensweise:

1. Klicken Sie mit dem Mauszeiger in die Zelle, in die Sie die Überschrift eintragen wollen (hier Z1S1).

Text eingeben   2. Geben Sie die Überschrift «Umsatzauswertung» ein. Beobachten Sie, wie Excel das Aussehen der Bearbeitungszeile verändert (Bild 3.3). Es erscheinen zwei Schaltflächen mit einem Kreuz und einem Haken. Das Kreuz wird als **Stornierfeld**, der Haken als **Eingabefeld** bezeichnet (siehe 2.3).

3. Bestätigen Sie Ihre Eingabe, indem Sie mit der Maus die Schaltfläche mit dem Haken anklicken.

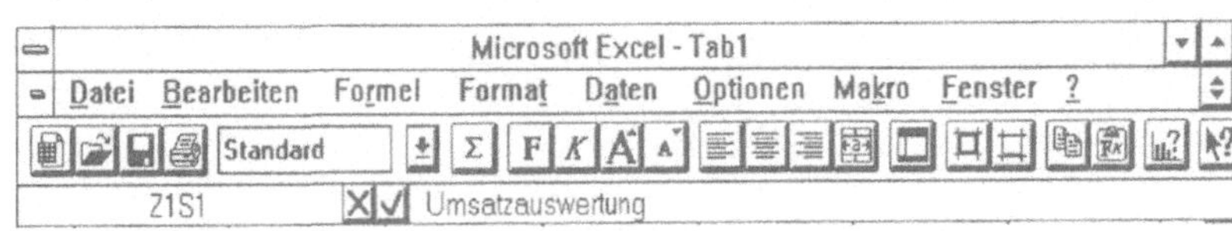

Bild 3.3 Bearbeitungszeile bei der Eingabe von Text

1. Markieren Sie mit den Richtungstasten die Zelle, in das Sie den Text eintragen wollen (hier Z1S1).

2. Geben Sie nun mit der Tastatur den gewünschten Text ein (hier «Umsatzauswertung»). Beobachten Sie, wie Excel dabei das Aussehen der Bearbeitungszeile verändert (Bild 3.3).

   Text eingeben

3. Bestätigen Sie Ihre Eingabe mit der `Eingabe`-Taste.

Sobald Sie Ihre Eingabe abgeschlossen haben, erscheint in der ausgewählten Zelle der Text «Umsatzauswertung» und die Schaltflächen in der Bearbeitungszeile verschwinden (Bild 3.4).

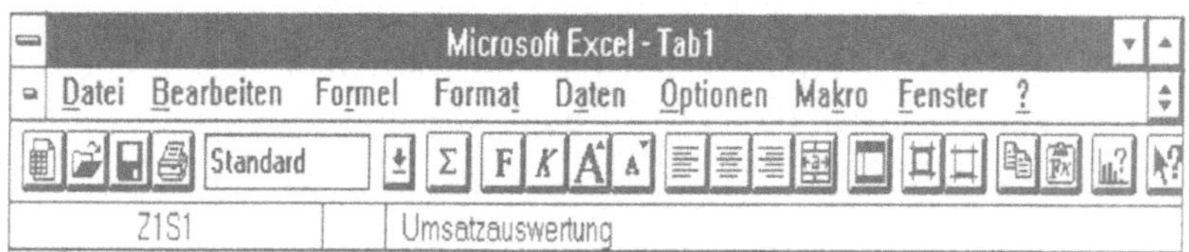

Bild 3.4 Bildschirm nach der Eingabe von Text

Sie können bei Excel zum Eintragen von Zellinhalten also einfach losschreiben und müssen nicht, wie es zum Beispiel bei Multiplan der Fall ist, die Eingabe ankündigen. Excel unterscheidet hierbei, ob Sie Texte, Werte oder Kalenderdaten eingeben:

Die Tabelle füllen...

Die Eingabe wird als Text aufgefaßt, wenn Sie mit einem Buchstaben oder einem Sonderzeichen beginnt. Text wird bei Excel linksbündig in der Zelle ausgerichtet. Zahlenwerte richtet Excel rechtsbündig aus. In Abschnitt 4.4 lesen Sie, wie Sie die Ausrichtung der Zellinhalte selbst verändern können.

Als Kalenderdaten erkennt Excel Zahlen, die Sie durch Punkte getrennt eingeben, als Uhrzeiten Zahlen, die durch Doppelpunkte getrennt sind. Excel legt für diese Zellen dann automatisch das entsprechende Kalender- oder Zeitformat fest. Kalenderdaten und Uhrzeiten werden wie Zahlenwerte rechtsbündig ausgerichtet.

Sie werden nun das Grundgerüst Ihrer Tabelle erstellen, indem Sie zuerst die Spalten- und Zeilenüberschriften und anschließend die Werte eintragen.

**Spaltenüber-
schriften**

Tragen Sie nun zuerst die Überschriften anhand des Bildes 3.1 in die Tabelle ein. Vergleichen Sie nach den ersten Eingaben Ihren Bildschirmausschnitt mit Bild 3.5. Beachten Sie dabei, daß Excel den Text automatisch linksbündig ausrichtet.

Bild 3.5 Eingabe der Tabellenüberschrift

Zahlenwerte

Tragen Sie nun die Zahlenwerte ein. Sie können auch hier wieder einfach losschreiben. Excel stellt die Zahlen automatisch rechtsbündig dar (Bild 3.6).

**Eingabever-
einfachung**

Beim Eintragen der Werte können Sie eine Eingabehilfe von Excel verwenden. Wenn Sie den Bereich, in den Sie Texte oder Werte eingeben wollen, zuerst markieren, so brauchen Sie die Eingaben nur noch mit der ⌈Eingabe⌋-Taste abzuschließen. Excel wird anschließend in dem markierten Bereich zuerst in der ersten Spalte des markierten Bereiches nach unten wandern und, wenn das untere Ende der Spalte erreicht ist, mit der nächsten Spalte wieder von oben beginnen.

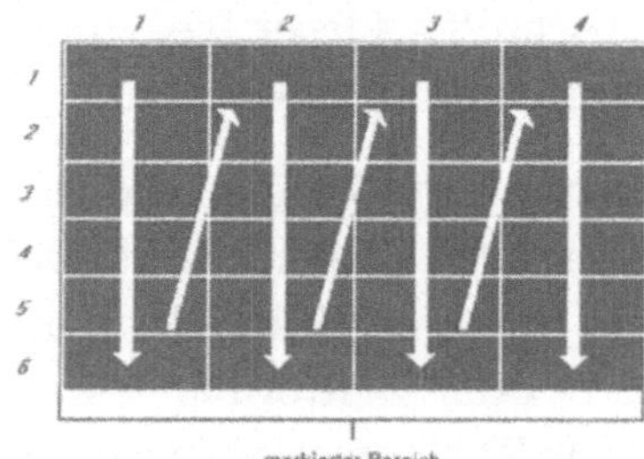

Sie ersparen sich auf diese Weise das Ansteuern der Eingabefelder mit der Maus oder den Richtungstasten. Beachten Sie bei anderen Tabellenstrukturen, daß Sie bei Excel auch verstreute Tabellenbereiche markieren können und dieses Verfahren dann auch wirksam wird. Sie geben die Daten dann nacheinander in die verschiedenen Bereiche ein.

	1	2	3	4	5
1	Umsatzauswertung				
2		Januar	Februar	März	Summe
3	Bahnreisen	3000	4000	5000	
4	Busreisen	10000	13000	12000	
5	Flugreisen	6000	4000	7000	
6	Seereisen	8000	3000	1000	
7	Spartensumme				

Bild 3.6 Tabelle zur Umsatzauswertung mit Beispieldaten

3. 2. 3 Bearbeiten von Zellinhalten

Sie können bei Excel Tippfehler bei der Eingabe beseitigen, wie Sie es von Textverarbeitungssystemen gewohnt sind unbd dabei die die normalen Funktionstasten zum Ändern der Zellinhalte verwenden. **Fehler bereinigen**

Dies sind die in Tabelle 3.1 dargestellten Tasten.

Aufgaben	Taste	Erklärungen
RÜCKTASTE	[←]	löscht das Zeichen, das links von der Schreibmarke steht, und bewegt die Schreibmarke um eine Stelle nach links
ZEICHEN LÖSCHEN	[Entf]	löscht das Zeichen, auf dem die Schreibmarke gerade steht

Tabelle 3.1 Funktiontasten zum Bearbeiten von Feldinhalten

Im folgenden werden Sie sehen, wie Sie Namen für einzelne Tabellenfelder oder für Tabellenbereiche vergeben können

3. 3 Taufen von Tabellenfeldern

3. 3. 1 Vorbemerkung

Tabellenfelder oder Tabellenbereiche können Sie bei Excel mit frei wählbaren Namen versehen. Sie können diese Namen dann in Formeln verwenden. Die Namen sehen Sie auf dem Bildschirm, wenn Sie sie gesondert abfragen oder von Excel in leere Tabellenbereiche eintragen lassen.

 Befehle zum Auswerten von Datenbanken (s. Kap. 9) setzen voraus, daß Sie Namen vergeben.

Die Zuordnung von Namen zu Tabellenfeldern oder -bereichen erhöht die Lesbarkeit von Formeln. Vor dem Arbeiten mit Formeln werden Sie daher lernen, wie man Tabellenfelder "tauft" und deren Namen abfragt.

Namens-
regeln

Namen für Tabellenfelder und Tabellenbereiche dürfen bei Excel höchstens 255 Stellen lang sein. Leerstellen in Namen ersetzt Excel automatisch durch Unterstriche. Namen müssen immer mit einem Buchstaben beginnen, auf den weiteren Stellen dürfen darauf Buchstaben, Ziffern, Punkte und Unterstreichungsstriche folgen. Excel unterscheidet bei Namen nicht zwischen Groß- und Kleinschreibung.

Selbst-
erklärende
Namen

Sie sollten selbsterklärende Namen verwenden, die den Tabellenüberschriften ähnlich sind. Solche Namen können Sie später besser wiedererkennen als Namen wie X, Y, oder Z. Sie sparen dadurch nebenbei noch Tastatureingaben, da Excel als Namen des markierten Tabellenbereichs immer den Inhalt der entsprechenden Spalten- bzw. Zeilenüberschrift vorschlägt.

Wir werden Ihnen hier zunächst allgemein zeigen, wie Sie beliebige Namen vergeben können und dann, wie Sie arbeitssparend Zeilen- und Spaltenüberschriften als Namen übernehmen können. Das zweite Verfahren werden wir dann auch in unserer Tabelle anwenden.

3. 3. 2 Beliebige Namen vergeben

Dieses Verfahren können Sie immer anwenden. Es hat den Vor- Namen
teil, daß der Name der Zeilen- oder Spaltenüberschrift als Name vergeben
des Tabellenbereichs vorgeschlagen wird, wenn er noch nicht
anderweitig vergeben ist. Außerdem können Sie mit diesem Verfahren auch Namen vergeben, die nicht in der Tabelle als Zellinhalt auftauchen.

Sie markieren den Tabellenbereich, der mit dem gewünschten
Namen versehen werden soll. Dann verwenden Sie den Befehl
Namen festlegen aus dem Menü **Formel**.

Vorgehensweise: 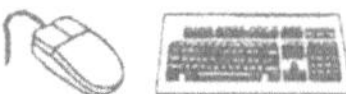

1. Markieren Sie den Tabellenbereich, für den Sie den Namen
   vergeben wollen.

2. Geben Sie Excel den Befehl **Namen festlegen** aus dem Menü   Namen
   Formel (Bild 3.7).   festlegen

3. Sie sehen, daß Excel den Tabellenbereich schon entsprechend
   Ihrer Markierung voreingestellt hat und brauchen jetzt nur
   noch in das obere Dialogfeld «Name» den gewünschten Namen einzugeben oder den voreingestellten zu übernehmen.

4. Schließen Sie den Befehl ab, indem Sie mit der Maus die
   Schaltfläche **OK** anklicken oder die Eingabe -Taste betätigen.

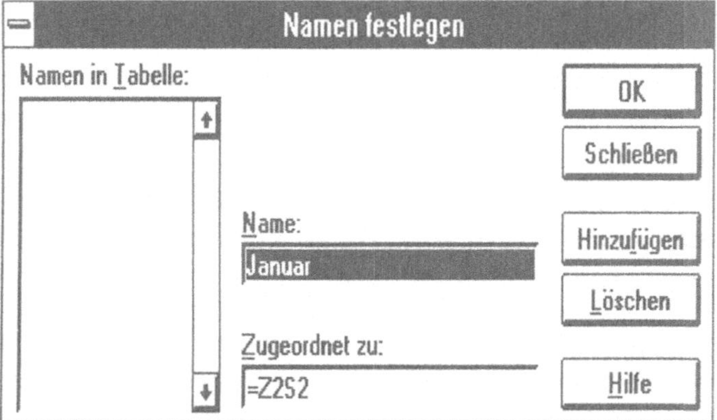

Bild 3.7 Befehlsfenster zum Festlegen von Namen

3. 3. 3 Überschriften als Namen übernehmen

Namen über-
nehmen

Wir wollen die Zeilen- und Spaltenüberschriften der Umsatzauswertung als Namen übernehmen. Die Zeile mit den Werten zur
Sparte «Busreisen» z.B. soll also «Busreisen» heißen. Sie verwenden dazu den Befehl **Namen übernehmen** aus dem Menü **Formel**.
Geben Sie als Bezugsfeld mit dem zu übernehmenden Namen
einmal die obere Zeile und einmal die linke Spalte an. Zur Ver-
deutlichung der Funktionsweise betrachten Sie nachfolgende
Graphik.

Vergeben Sie nun die Namen für die Spartenzeilen der Tabelle,
indem Sie die Namen der Zeilenüberschriften übernehmen.

Vorgehensweise

1. Markieren Sie die Zelle oder den Tabellenbereich, in dem Sie
   die Zeilen- oder Spaltenüberschrift als Namen übernehmen
   wollen (zur Benennung der Zeilen hier Z3S1:Z7S4). Achten Sie
   dabei darauf, daß in dem markierten Tabellenbereich auch die
   Zeilen- oder Spaltenüberschriften, die Sie als Namen verwenden wollen, enthalten sind (vgl Bild 3.8)..

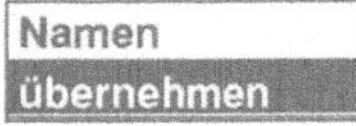

2. Wählen Sie zum Benennen der Zelle oder Tabellenbereichs
   den Befehl **Namen übernehmen** aus dem Menü **Formel** (Bild
   3.8).

3. Um Zeilen entsprechend den Zeilenüberschriften zu benennen, übernehmen Sie die Option "**linke Spalte**" (Bild 3.9). Excel wird nun die Zeilen der Tabelle mit den gewünschten Namen aus der linken Spalte versehen.

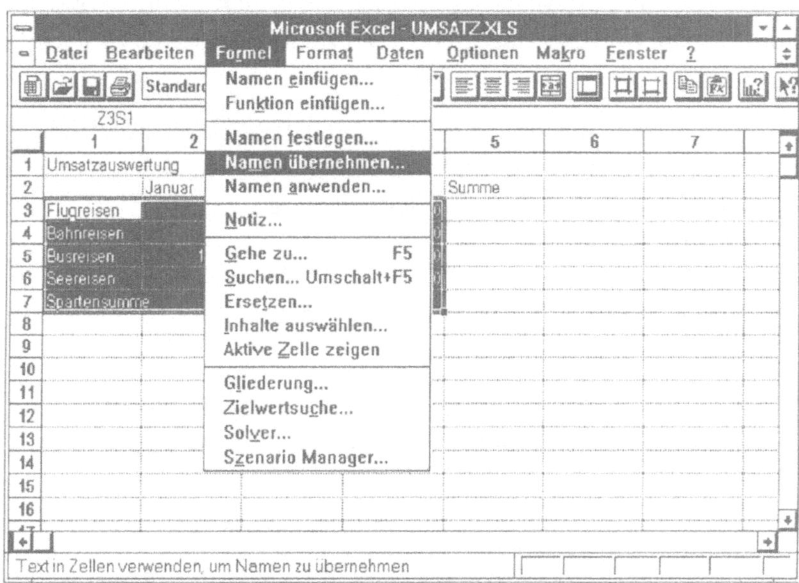

Bild 3.8 Formel-Menü

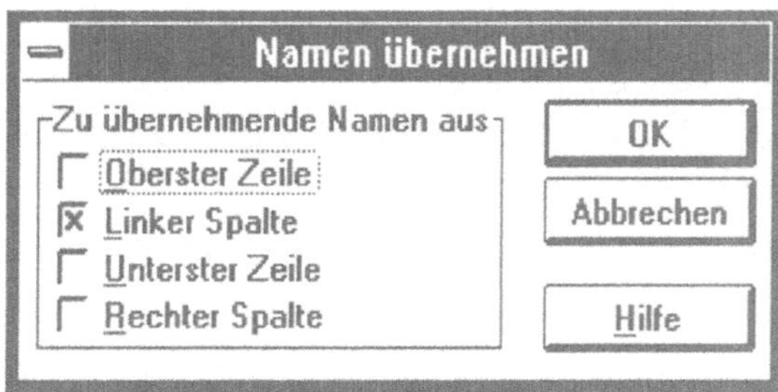

Bild 3.9 Dialogfeld **Namen übernehmen**

Sie vergeben nun die Namen für die Spalten unserer Tabelle, indem Sie den Tabellenbereich Z2S2:Z7S5 markieren wie in 1. und 2. beschrieben. Sie müssen diesmal im Dialogfeld **Namen übernehmen** die Voreinstellung «Oberste Zeile» übernehmen, damit die Spaltenüberschriften als Namen übernommen werden.

3. 4 Abfragen und Ausdrucken von Namen

Namen
ansehen

Wollen Sie wissen, welche Zellen mit Namen versehen sind, so können Sie bei Excel alle vergebenen Namen abfragen. Wenn Sie nicht nur die Namen aufgelistet haben möchten, sondern auch die Zellbezüge der Namen sehen wollen, so können Sie eine Liste mit allen Namen und den dazugehörigen Zellbezügen in Ihre Tabelle einfügen.

Dokumenta-
tion

Sie können anschließend diesen Bereich der Tabelle ausdrucken und erhalten so die Liste der vergebenen Namen auch auf einem Ausdruck. Legen Sie nun eine Namensliste an:

Vorgehensweise:

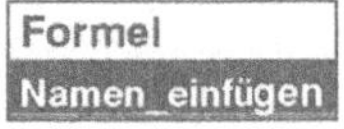

1. Zeigen Sie mit dem Zellzeiger auf ein Tabellenfeld außerhalb Ihrer eigentlichen Tabelle (hier z.B. Z9S1).

2. Geben Sie Excel den Befehl **Namen einfügen** aus dem Menü **Formel**. Sie sehen einen Bildschirm wie in Bild 3.10.

3. Klicken Sie in die Schaltfläche **Liste einfügen**.

Vorgehensweise:

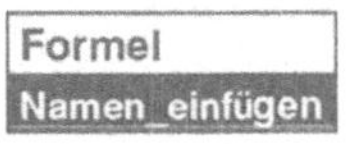

1. Zeigen Sie mit dem Zellzeiger auf ein Tabellenfeld außerhalb Ihrer eigentlichen Tabelle (hier z.B. Z9S1).

2. Geben Sie Excel den Befehl **Namen einfügen** aus dem Menü **Formel** oder drücken Sie die Funktionstaste [F3]. Sie sehen ein Dialogfeld wie in Bild 3.10.

3. Wählen Sie die Option **Liste einfügen** durch [Alt]-[l].

Beobachten Sie, wie Excel nun ab der markierten Zelle in die erste Spalte alle Namen und in die zweite Spalte jeweils den dazugehörigen Tabellenbereich einträgt (Bild 3.11).

Sie können diese Liste ausdrucken, indem Sie diesen Bereich als Druckbereich wählen und den Befehl zum Drucken erteilen. Dies wird Ihnen in Kapitel 4.10 erläutert. Sie werden dann auch diese Namensliste ausdrucken.

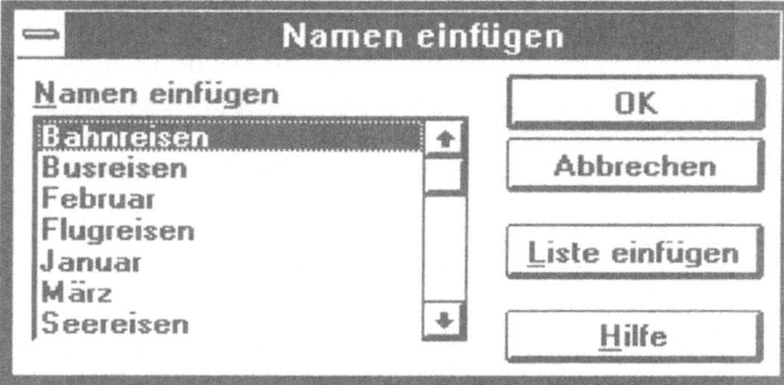

Bild 3.10 Befehlsfenster zum Einfügen von Namen

	1	2	3	4	5	6	7
1	Umsatzauswertung						
2		Januar	Februar	März	Summe		
3	Bahnreisen	3000	4000	5000			
4	Busreisen	10000	13000	12000			
5	Flugreisen	6000	4000	7000			
6	Seereisen	8000	3000	1000			
7	Spartensumme						
8							
9	Bahnreisen	=Z3S2:Z3S4					
10	Busreisen	=Z4S2:Z4S4					
11	Februar	=Z3S3:Z6S3					
12	Flugreisen	=Z5S2:Z5S4					
13	Januar	=Z3S2:Z6S2					
14	März	=Z3S4:Z6S4					
15	Seereisen	=Z6S2:Z6S4					
16	Spartensumm	=Z7S2:Z7S4					
17	Summe	=Z3S5:Z6S5					

Bild 3.11 Bildschirm nach dem Einfügen der Namensliste

3. 5 Eintragen von Formeln

3. 5. 1 Vorbemerkungen

Im folgenden werden Sie sehen, wie Sie mit Formeln in Ihrer Was sind
Tabelle Sparten- und Monatssummen bilden können. Formeln Formeln?
sind Verarbeitungsvorschriften, mit denen Sie bei Excel Zahlenwerte, Kalenderdaten und Texte verarbeiten können. Excel ver-

wendet dabei Werte, die Sie über Zellnamen oder absolute bzw. relative Zelladressen kennzeichnen. Die Formel tragen Sie in die Zelle ein, in der Excel das Ergebnis der Berechnung ausgeben soll.

Excel kennt in Formeln die folgenden Rechenzeichen:

- + (Addieren)
- - (Subtrahieren)
- * (Multiplizieren)
- / (Dividieren)
- ^ (Potenzieren)
- % (mit 100 multiplizieren)

Bezüge herstellen

Um Excel anzuzeigen, welche Werte mit Hilfe der Rechenzeichen verknüpft werden sollen, können Sie die Tabellenfelder mit

- Namen (Abschnitt 3.5.2),
- relativen Zelladressen (z.B. Z(-1)S3 bzw. A1) (Abschnitt 3.5.3) oder mit
- absoluten Zelladressen (z.B. Z4S3 bzw. C4) (Abschnitt 3.5.4)

bezeichnen.

Im 7. Kapitel werden Sie erfahren, wie Sie Summen einfacher mit Funktionen und insbesondere mit der Autosum-Funktion bilden können. Wir werden Ihnen dies zusammen mit der Verwendung der übrigen Funktionen zeigen und wählen hier deshalb bewußt den etwas umständlich erscheinenden Weg der Addition mit Rechenzeichen.

3. 5. 2 Formeln mit Bereichsnamen

Bereichsnamen in Formeln

Wir wollen nun die Spartensumme für jeden Monat mit Hilfe einer Formel mit Bereichsnamen berechnen. Sie müssen dazu die Formel in die gewünschte Zelle eintragen.

Vorgehensweise:

1. Zeigen Sie auf die Zelle, die das Rechenergebnis aufnehmen soll, hier Z3S5.

2. Geben Sie ein Gleichheitszeichen ein, um die Eingabe als Formel zu kennzeichnen.

   Eine Formel eingeben

3. Tragen Sie nun die folgende Formel ein (Bild 3.12):

   `=Januar+Februar+März`

4. Schließen Sie den Befehl ab, indem Sie das Bestätigungsfeld (Schaltfläche mit dem Haken) anklicken oder die `Eingabe`-Taste betätigen.

Beobachten Sie, wie Excel in Z3S5 sofort nach Abschluß des Befehls das Ergebnis einträgt (Bild 3.13). In der Bearbeitungszeile wird weiterhin die Formel angezeigt.

Bilden Sie nun die übrigen Sparten- und Quartalssummen. Sie sehen in Tabelle 3.2 eine Übersicht über die einzutragenden Formeln. Sie brauchen die Formeln hier aber noch nicht einzutragen, da wir im folgenden Abschnitt ein Verfahren zur Vereinfachung der Eingabe kennenlernen werden, das Kopieren von Formeln und das Ausfüllen von Tabellenbereichen.

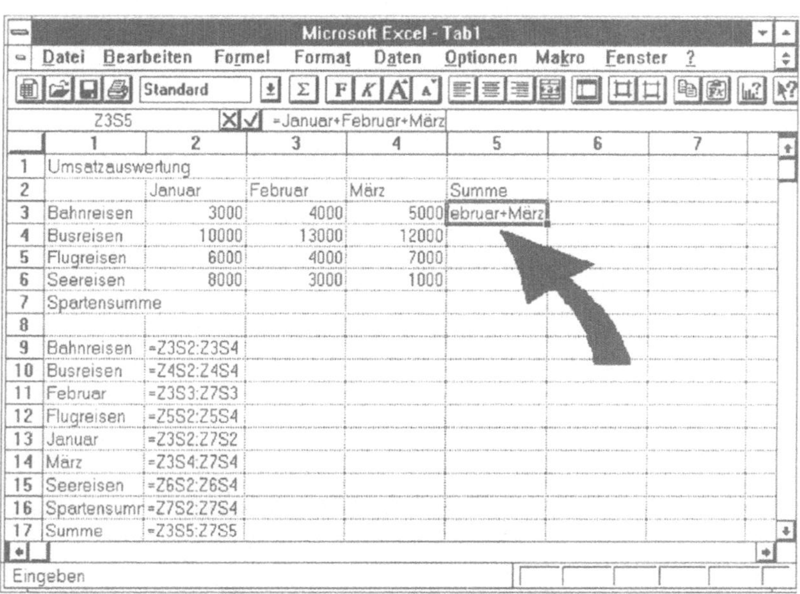

	1	2	3	4	5	6	7
1	Umsatzauswertung						
2		Januar	Februar	März	Summe		
3	Bahnreisen	3000	4000	5000	ebruar+März		
4	Busreisen	10000	13000	12000			
5	Flugreisen	6000	4000	7000			
6	Seereisen	8000	3000	1000			
7	Spartensumme						
8							
9	Bahnreisen	=Z3S2:Z3S4					
10	Busreisen	=Z4S2:Z4S4					
11	Februar	=Z3S3:Z7S3					
12	Flugreisen	=Z5S2:Z5S4					
13	Januar	=Z3S2:Z7S2					
14	März	=Z3S4:Z7S4					
15	Seereisen	=Z6S2:Z6S4					
16	Spartensumr	=Z7S2:Z7S4					
17	Summe	=Z3S5:Z7S5					

Bild 3.12 Eingabe der Formel für die erste Quartalssumme

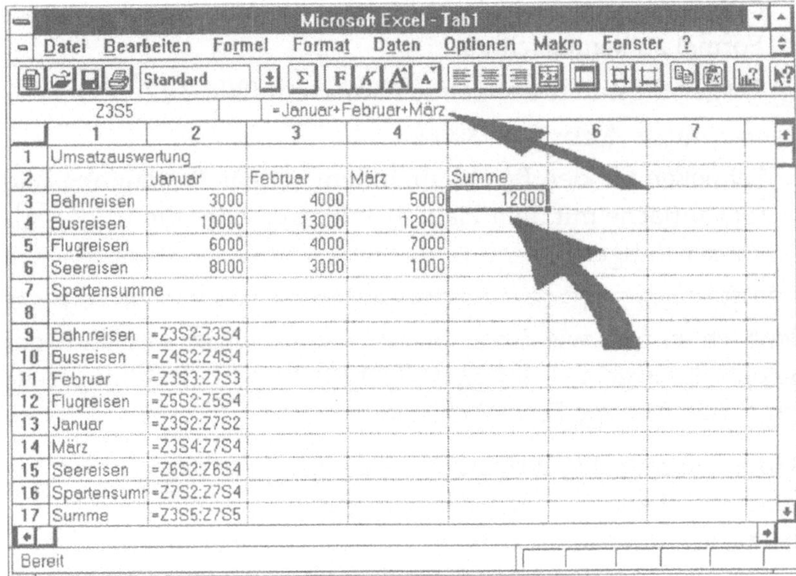

Bild 3.13 Bildschirm mit der ersten Quartalssumme

Felder	Formel
Z3S5	=Januar+Februar+März
Z4S5	=Januar+Februar+März
Z5S5	=Januar+Februar+März
Z6S5	=Januar+Februar+März
Z7S5	=Januar+Februar+März
Z7S2	=Busreisen+Bahnreisen+Seereisen+Flugrei-sen
Z7S3	=Busreisen+Bahnreisen+Seereisen+Flugrei-sen

Tabelle 3.2 Notwendige Formeln der Umsatzauswertung

Wenn Sie bisher mit Lotus 1-2-3 gearbeitet haben, so wird es Sie hier freuen, daß Excel auch Bereichsnamen in einfachen Formeln mit Rechenzeichen akzeptiert.

3. 5. 3 Vereinfachungen bei der Formeleingabe

Sie müssen nun noch die entsprechenden Formeln in die übrigen Zellen eintragen. Dazu brauchen Sie die gleiche Formel nicht mehrmals einzugeben, sondern Sie können sich hier einer etwas eleganterer Methoden bedienen.

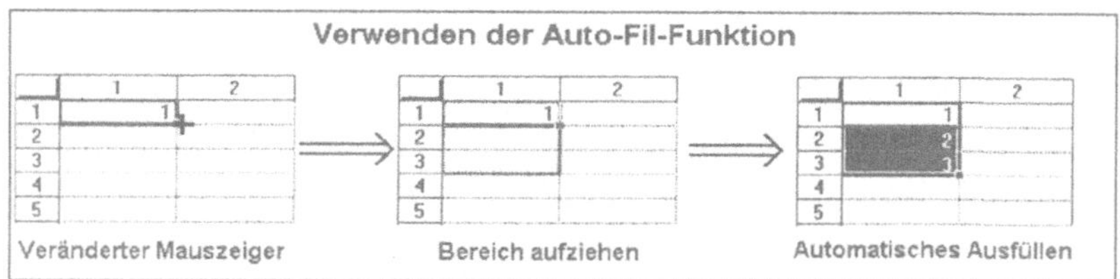

Mit der Maus verwenden Sie am besten eine der Ziehen-und-Ablegen-Funktionen («Drag and Drop») von Excel, die Autofil-Funktion. Mit dieser Funktion können Sie ein Eintragung, die Sie in eine Zelle vorgenommen haben, in benachbarte Zellen kopieren. Dies entspricht den Ihnen vielleicht bekannten Befehlen **Unten ausfüllen** bzw. **rechts ausfüllen**. Die Autofil-Funktion rufen Sie einfach über das Kästchen am rechten unteren Rand einer aktiven Zelle auf.

Wollen Sie Zahlenreihen nach unten oder rechts kopieren, so erkennt Excel, wenn Sie mehr als eine Zelle gefüllt und markiert haben, auch den Algorithmus der Zahlenreihe und füllt entsprechend "intelligent" aus.

Mit der Tastatur können Sie über das Menü **Bearbeiten** Tabelleninhalte nach rechts oder unten ausfüllen.

Neben diesen beiden Möglichkeiten können Sie an dieser Stelle auch Mehrfacheingaben (Bereichsformeln) verwenden. Dies bedeutet, daß Sie vor der Eingabe der Formeln die Zellen markieren, die die Formeln aufnehmen sollen, und anschließend die Formel wie gewohnt in die Bearbeitungszeile eintragen. Sie schließen die Eingabe jedoch nicht nur mit der (Eingabe)-Taste ab, sondern, halten die (Strg)-Taste gedrückt und betätigen anschließend die (Eingabe)-Taste.

Wir werden Ihnen nun anhand der Formeln der Spalte 5 das Kopieren von Formeln mit der Maus und der Tastatur und anhand der Formeln in Zeile 7 eine Mehrfacheingabe zeigen.

Kopieren Sie nun mit der Maus mit der Autofil-Funktion die Formel aus der Zelle Z3S5 in die Zellen Z4:7S5. Sie verwenden dazu das «Ziehen-und-Ablegen-Funktionskästchen» (Drag and Drop-Kästchen) am rechten unteren Rand des Rahmens um die markierte Zelle Z3S5.

Die Autofil Funktion verwenden

1. Markieren Sie das Z3S5.

2. Zeigen Sie nun auf das kleine Autofil-Kästchen am rechten unteren Rand des Rahmens um die aktive Zelle (der Mauszeiger wird zu einem schwarzen Kreuz) und ziehen Sie diesen Rahmen mit der Maus wie in Bild 3.14 bis zur Zelle Z7S5. Sobald Sie die Maustaste losgelassen haben, wird Excel die Formel in die markierten Zellen kopieren.

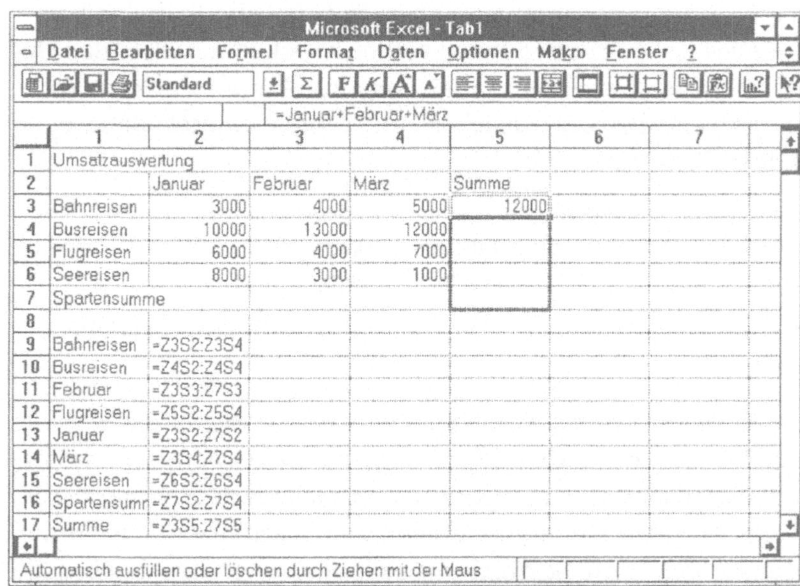

Bild 3.14 Markieren des Bereiches für die Autofil-Funktion

Mit der Tastatur erledigen Sie diese Aufgabe über das Menü **Bearbeiten**.

Tabelleninhalte nach unten Ausfüllen

1. Markieren Sie die Zelle (oder die Zellen), dessen (deren) Inhalt Sie nach unten ausfüllen wollen sowie die Zellen, die die Inhalte aufnehmen sollen (hier also den Bereich Z3S5:Z7S5).

2. Geben Sie den Befehl **Unten ausfüllen** aus dem Menü **Bearbeiten** wie in Bild 3.15.

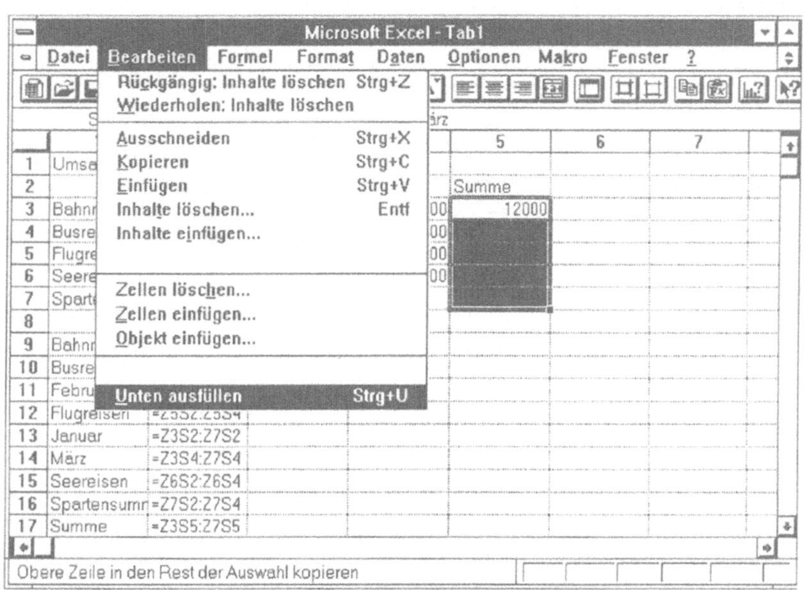

Bild 3.15 Befehl zum Ausfüllen von Tabellenbereichen

Excel wird nun die Formeln nach unten kopieren.

Für den Tabellenbereich Z7S2:Z7S4 wollen wir eine Mehrfacheingabe verwenden, das heißt, daß Sie eine Formel direkt in einen Bereich von mehreren Tabellenfeldern eintragen können. Achten Sie dabei darauf, daß Mehrfacheingaben mit dem Tastenschlüssel ⌜Strg⌝ - ⌜Eingabe⌝ -Taste abgeschlossen werden müssen.

Mehrfacheingaben

Mehrfacheingaben verwenden:

1. Markieren Sie die Zellen, die die Formel aufnehmen sollen, hier Z3S2:Z3S4.

2. Tragen Sie nun die Verarbeitungsvorschrift

```
=Busreisen+Bahnreisen+Flugreisen+Seereisen
```
ein

3. Schließen Sie Ihre Eingabe ab, indem Sie die [Strg]-Taste gedrückt halten und dann die [Eingabe]-Taste betätigen.

Excel wird nun die Formel in den gesamten Bereich eintragen. Sie sehen nach diesen Eingaben ein Ergebnis wie in Bild 3.16 mit allen Monats- und Spartensummen.

	1	2	3	4	5
1	Umsatzauswertung				
2		Januar	Februar	März	Summe
3	Bahnreisen	3000	4000	5000	12000
4	Busreisen	10000	13000	12000	35000
5	Flugreisen	6000	4000	7000	17000
6	Seereisen	8000	3000	1000	12000
7	Spartensumr	27000	24000	25000	76000

Bild 3.16 Umsatzauswertung mit allen Summen

Tabellen dokumentieren

Bei größeren Tabellen ist es hilfreich, sich einen Überblick über die Formeln in den Zellen zu verschaffen, um eventuelle Fehler zu finden. Dazu können Sie sich in den einzelnen Zellen anstatt der Ergebnisse die verwendeten Formeln anzeigen lassen.

Vorgehensweise:

1. Geben Sie Excel den Befehl **Bildschirmanzeige** aus dem Menü **Optionen**. Sie sehen ein Menü wie in Bild 3.17.

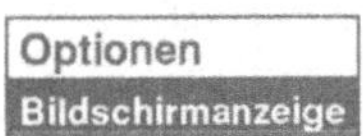

2. Klicken Sie in die Auswahl **Formeln**.

3. Schließen Sie den Befehl ab, indem Sie in die Schaltfläche OK klicken.

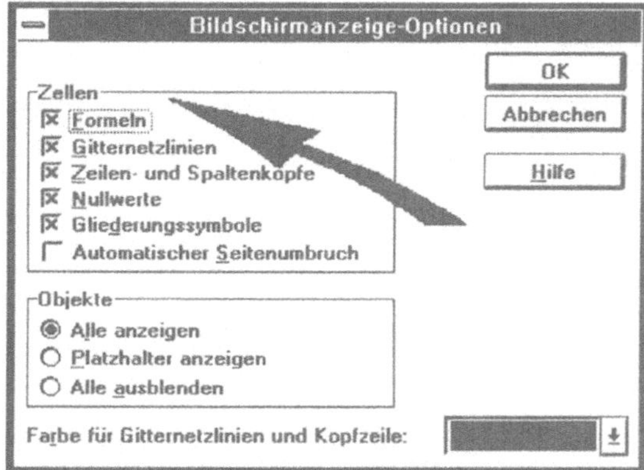

Bild 3.17 Dialogfeld zum Ändern der Bildschirmanzeige

Vorgehensweise:

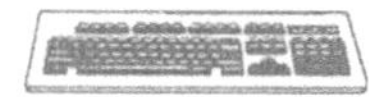

1. Geben Sie Excel den Befehl **Bildschirmanzeige** aus dem Menü
   Optionen. Sie sehen ein Dialogfeld wie in Bild 3.17.

2. Wählen Sie die Option **Formeln**, indem Sie ein F eingeben.

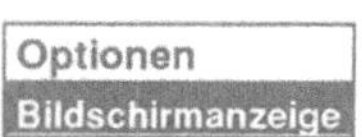

3. Schließen Sie Ihre Wahl mit der Eingabe -Taste ab.

Excel zeigt Ihre Tabelle nun nach Bild 3.18 in Formeldarstellung.
Beachten Sie, daß Excel automatisch die Breite der Spalten so
vergrößert, daß ein größerer Ausschnitt der Formel in den entsprechenden Zellen angezeigt werden kann. Blättern Sie in der
Tabelle nach rechts, um alle Formeln überprüfen zu können.

Um wieder zur Darstellung der Werte zu kommen, verfahren Sie
wie soeben beschrieben, da Sie durch nochmalige Auswahl die
Option **Formeln** wieder ausschalten.

Haben Sie für Zeilen und Spalten Ihrer Tabelle Namen vergeben, so können
Sie den Bezug einer Zelle auch mit Hilfe der Schnittmenge des Zeilen- und des
Spaltennamens angeben. Um die Namensangabe als Schnittmenge zu kennzeichnen, geben Sie zuerst den Namen der Spalte ein, anschließend ein Leerzeichen und dann den Namen der Zeile, in der die gewünschte Zelle steht.

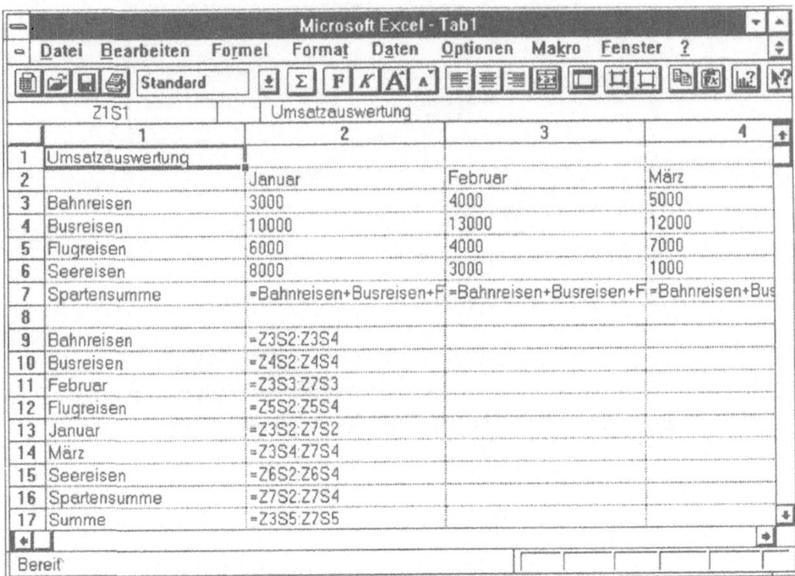

Bild 3.18 Umsatztabelle in Formeldarstellung

3. 5. 4 Formeln mit relativen Zelladressen

Relative
Zelladressen

Sie können in Formeln statt der Variablennamen (Abschnitt 3.5.2) oder der absoluten Zelladressen (Abschnitt 3.5.5) auch relative Zelladressen verwenden. Zur Eingabe der relativen Zelladresse zeigen Sie am einfachsten mit dem Zellzeiger auf das gewünschte Bezugsfeld. Excel registriert nun, wie viele Zeilen höher oder tiefer oder wieviel Spalten weiter links oder weiter rechts die in den Formeln verwendeten Variablenwerte stehen.

Schnell ist
nicht immer
gut...

Dieses Verfahren ist schnell, aber später schlecht lesbar. Sie brauchen daher die Eingaben dieses und auch des nächsten Abschnitts nicht an Ihrer Tabelle nachzuvollziehen, da wir im folgenden die Version mit Bereichsnamen verwenden werden. So erstellte Formeln lassen sich genauso wie die Formeln mit absoluten Zelladressen kopieren.

In relativen Zelladressen wird die Angabe, wieviel Zeilen oder Spalten die zu bezeichnende Zelle von dem, in das Sie die Formel eintragen, entfernt ist, in Klammern hinter der Angabe Z für Zeile bzw. S für Spalte eingefügt.

Relative Zelladressen haben immer die folgende Struktur:

- bei gleicher Spalte und anderer Zeile: Z(+1) S
- bei gleicher Zeile und anderer Spalte: Z S(-2)
- bei anderer Zeile und anderer Spalte: Z(+3)S(-2)

In der Klammer wird angegeben, wieviele Spalten links oder rechts von der Zelle, in die die Formel eingetragen wird, sich das Bezugsfeld befindet. In diesem Beispiel liegt es zwei Spalten links von der Zelle, in die die Formel eingetragen wurde.

Sie verwenden die Maus oder die Richtungstasten, um in einer Formel den Bezug zu anderen Zellen herzustellen.

Vorgehensweise

1. Zeigen Sie auf die Zelle, die das Rechenergebnis aufnehmen soll, in unserem Bild Zeile 3 Spalte 5.

2. Sie geben ein Gleichheitszeichen ein, um die Eingabe einer Formel anzukündigen.

3. Sie zeigen nun jeweils auf die erste Zelle, die addiert werden soll (Bild 3.19) und geben Sie danach ein Pluszeichen ein.

4. Sie tragen auf diese Weise die gesamte Formel ein, und schließen Sie den Befehl ab.

Zellinhalte addieren

Die fertige Formel mit relativen Bezügen in Z3S5 lautete:

=Z S(-3)+Z S(-2)+Z S(-1)

Wollen Sie mehrere Zellen mit Formeln füllen, die die gleichen relativen Bezüge aufweisen, hier also die Zellen Z3S5:Z7S5, so können Sie die in Abschnitt 3.5.3 beschriebenen Verfahren zur Vereinfachung der Eingabe anwenden (Mehrfacheingaben, Autofil-Funktion, Kopieren der Formeln). Dies erspart Ihnen gegenüber der erneuten Eingabe nicht nur Zeit, sondern auch Tippfehler.

	1	2	3	4	5	6	7
1	Umsatzauswertung						
2		Januar	Februar	März	Summe		
3	Bahnreisen	3000	4000	5000	=ZS(-3)		
4	Busreisen	10000	13000	12000	35000		
5	Flugreisen	6000	4000	7000	17000		
6	Seereisen	8000	3000	1000	12000		
7	Spartensumr	27000	24000	25000	76000		
8							
9	Bahnreisen	=Z3S2:Z3S4					
10	Busreisen	=Z4S2:Z4S4					
11	Februar	=Z3S3:Z7S3					
12	Flugreisen	=Z5S2:Z5S4					
13	Januar	=Z3S2:Z7S2					
14	März	=Z3S4:Z7S4					
15	Seereisen	=Z6S2:Z6S4					
16	Spartensumr	=Z7S2:Z7S4					
17	Summe	=Z3S5:Z7S5					

Bild 3.19 Eingabe einer relativen Formel

Excel vergibt Namen normalerweise für einen bestimmten Tabellenbereich, der mit Hilfe einer absoluten Zelladresse in dem Eingabefeld "Zugeordnet zu" des Dialogfelds zum Festlegen von Namen zugeordnet wird.

Namen für relative Zelladressen

Sie können Namen aber auch für relative Zellbezüge vergeben. Dies bietet sich dann an, wenn Sie einen bestimmten relativen Zellbezug häufiger innerhalb einer Tabelle verwenden wollen.

Sie legen den Namen mit Hilfe des Befehls **Namen festlegen** aus dem Menü **Formel** wie jeden anderen Namen fest. In das Textfeld «Zugeordnet zu» tragen Sie die gewünschte relative Zelladresse ein. Wollen Sie zum Beispiel immer die oberen drei Zellen in Formeln als Bezug verwenden, so vergeben Sie für den relativen Zellbezug «Z(-3)S:Z(-1)S» den Namen «Obere_3».

3. 5. 5 Formeln mit absoluten Zelladressen

Absolute Zelladressen

Sie können bei Excel in Formeln mit absoluten Zelladressen (z.B. Z5S2) Bezüge herstellen. Sie sparen gegenüber der Verwendung von Variablennamen (Abschnitt 3.5.2) Schreibarbeit, aber verzichten auf eine lesbare Dokumentation. Im Einzelfall sollten Sie die Lesbarkeit von Excel-Tabellen gegenüber der Einsparung von Schreibarbeit abwägen.

Sie haben zwei Möglichkeiten, Formeln mit absoluten Zelladressen einzugeben: **Absolute Adressen**

a) Sie tragen die Formel über die Tastatur ein.

b) Sie zeigen wie beim Vergeben der relativen Zelladressen (Abschnitt 3.5.3) auf die entsprechende Zelle und geben vor der Eingabe des Rechenzeichens den Befehl **Bezug** aus dem Menü **Formel** oder drücken die Funktionstaste $F4$, um die relative Zelladresse in eine absolute zu verwandeln.

Das erste Verfahren ist für Tastaturverwendung am besten geeignet, das zweite bei Verwendung einer Maus.

Vorgehensweise:

1. Sie zeigen auf die Zelle, die das Rechenergebnis aufnehmen soll (in unserem Bild Z3S5).

2. Sie geben ein Gleichheitszeichen ein, um die Eingabe einer Formel anzukündigen.

3. Sie zeigen auf die erste zu addierende Zelle (hier Z3S2). Sie sehen nun in Ihrer Formel die relative Zelladresse Z S(-3) (Bild 3.19).

4. Geben Sie den Befehl **Bezug** aus dem Menü **Formel** (Bild 3.20) oder betätigen Sie die Funktionstaste $F4$. Beobachten Sie, wie Excel die relative Zelladresse ZS(-3) in die absolute Zelladresse Z3S2 umwandelt.

5. Sie geben nun ein Pluszeichen ein und zeigen sie auf die nächste zu addierende Zelle (Z3S3). Verfahren Sie weiter wie unter 4. beschrieben.

6. Wenn Sie die gesamte Formel eingegeben haben, schließen Sie den Befehl ab, indem Sie die **Schaltfläche zur Eingabe** (Haken) anklicken. Sie müßten nun die folgende Formel eingetragen haben:

```
=Z3S2+Z3S3+Z3S4
```

Mit der Tastatur geben Sie die Formel am besten direkt ein.

Vorgehensweise:

1. Sie zeigen auf die Zelle, die das Rechenergebnis aufnehmen soll (hier z.B. Z3S5).

2. Sie geben ein Gleichheitszeichen ein, um die Eingabe einer Formel anzukündigen.

3. Sie tragen die folgende Formel zur Bildung der Spartensumme ein:

```
=Z3S2+Z3S3+Z3S4
```

Absolute Zelladressen eintragen

Dazu können Sie entweder mit den Richtungstasten auf die entsprechende Zelle zeigen, wie bei Maushandhabung die Bezugsart auf absolut ändern und anschließend ein Pluszeichen eingeben oder die Formel über die Tastatur eingeben.

4. Schließen Sie den Befehl mit der `Eingabe`-Taste ab.

Beobachten Sie, wie Excel auch bei dieser Formeleingabe das entsprechende Ergebnis sofort in die Zelle einträgt.

Formeln mit absoluten Bereichsadressen werden von Excel beim Kopieren, automatischen Füllen oder bei Mehrfacheingaben nicht verändert. Wenn Sie die Formel aus der Zelle Z3S5 in die anderen Zellen der Spalte 5 kopieren, werden Sie in jeder Zelle dasselbe Ergebnis erhalten.

Sie müssen hier alle Formeln wie soeben beschrieben eingeben oder die Formeln kopieren und entsprechend berichtigen.

Sie haben in diesem Abschnitt gesehen, daß die Wahl des Bezugs von Formeln entscheidend den Arbeitsaufwand beim Erstellen einer Tabelle beeinflussen kann. Denken Sie aber besonders bei längeren Tabellen an die Lesbarkeit und Dokumentation. Andernfalls könnten Sie in einer Tabelle die Übersicht verlieren, vor allem, wenn Sie die Bezüge in der Tabelle für Tabellenanalysen benötigen (siehe Kapitel 11).

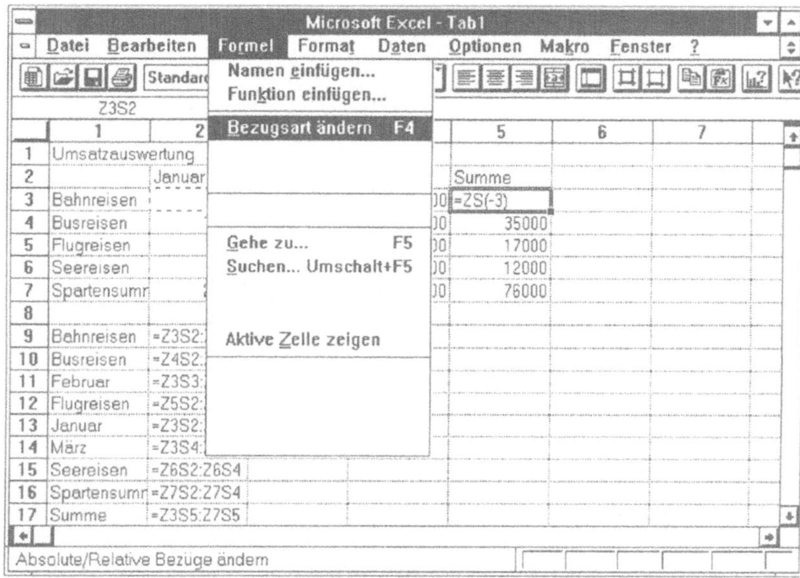

Bild 3.20 Umwandeln der relativen Formel in eine absolute

3. 6 Drucken einer Excel-Tabelle

Um Ihre Berechnung auch ohne Computer zu betrachten, müssen Der erste
Sie sie ausdrucken. Dafür können Sie bei Excel verschiedene Ausdruck
Optionen einstellen, welche wir Ihnen in Abschnitt 4.8 erläutern
werden. Hier sollen Sie nur einen ersten Ausdruck probieren.

Dazu müssen Sie

*   Ihren Drucker einschalten und richtig einstellen

*   überprüfen, ob Sie den richtigen Drucker und die richtige
    Druckerschnittstelle installiert haben,

*   darauf achten, daß der Druck-Manager aktiv ist,

*   den Druck auslösen

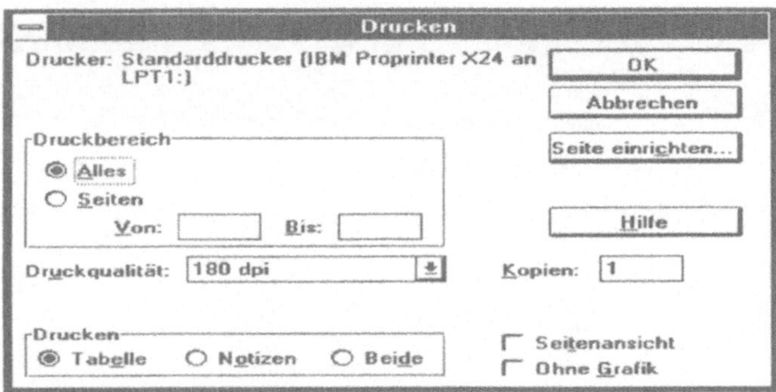

Bild 3.21 Dialogfeld zum Drucken

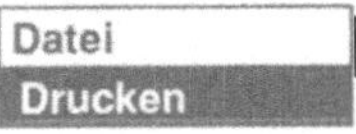

Geben Sie nun zum Drucken der Tabelle den Befehl **Drucken** aus dem Menü **Datei**. Sie sehen nun das Dialogfeld **Drucken** wie Bild 3.21. Sie brauchen für diese erste Ausgabe hier nichts zu verändern. Wählen Sie hier einfach OK und sehen Sie, wie Excel Ihre Tabelle auf Ihrem Drucker ausgibt (Bild 3.22).

Excel wählt hierbei automatisch als Druckbereich den kleinsten Bereich der Tabelle, in den Sie Texte, Werte oder Formeln eingetragen haben.

3. 7 Speichern einer Excel-Tabelle

Die Tabelle
speichern

Wenn Sie eine Excel-Tabelle nach dem Ausschalten Ihres PC weiter nutzen wollen, müssen Sie sie speichern, das heißt, sie aus dem flüchtigen RAM-Speicher auf einen externen Datenträger (Festplatte oder Diskette) schreiben.

Speichern gehört bei Excel zur Gruppe der **Datei**-Befehle. Daher müssen Sie aus dem Menü zuerst **Datei** auswählen, bevor Sie den Speicherbefehl geben können. Sie wählen also zuerst den Menüpunkt **Datei**. Excel zeigt das **Datei**-Menü wie in Bild 3.23.

Sie können den Speicherbefehl auch mit der Funktionstaste F12 (**Datei Speichern**) oder Umschalt - F12 (**Datei Speichern unter**) erteilen.

UMSATZ.XLS

Umsatzauswertung				
	Januar	Februar	März	Summe
Bahnreisen	3000	4000	5000	12000
Busreisen	10000	13000	12000	35000
Flugreisen	6000	4000	7000	17000
Seereisen	8000	3000	1000	12000
Spartensumme	27000	24000	25000	76000
Bahnreisen	=Z3S2:Z3S4			
Busreisen	=Z4S2:Z4S4			
Februar	=Z3S3:Z7S3			
Flugreisen	=Z5S2:Z5S4			
Januar	=Z3S2:Z7S2			
März	=Z3S4:Z7S4			
Seereisen	=Z6S2:Z6S4			
Spartensumme	=Z7S2:Z7S4			
Summe	=Z3S5:Z7S5			

Seite 1

Bild 3.22 Erste Druckausgabe der Tabelle

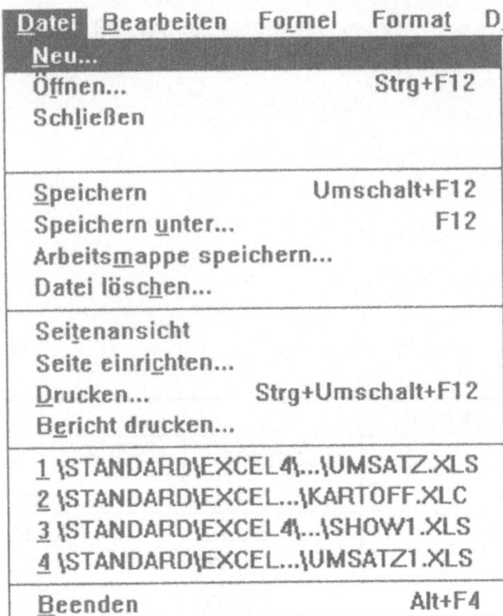

Bild 3.23 Menü **Datei**

Wenn Sie Ihr Dokument zum ersten Mal speichern wollen und somit noch keinen Namen dafür vergeben haben, wählen Sie den Befehl **Speichern unter**. Excel zeigt nun das Dialogfeld **Datei Speichern unter** und fordert Sie zur Eingabe eines Pfades und eines Dateinamens auf (Bild 3.24). Wie Sie sehen, ist zunächst der Dateiname TAB1.XLS voreingestellt, da Sie das erste Arbeitsblatt bearbeitet haben.

Dateinamen eingeben

Jetzt sollten Sie einen möglichst selbsterklärenden Dateinamen eingeben. Geben Sie als Dateinamen beispielsweise UMSATZ ein. Die Namenserweiterung «.XLS» ergänzt Excel bei allen Tabellendateien automatisch.

Sie finden diese Datei auf der Beispieldiskette im Verzeichnis «\K03» unter dem Namen UMSATZ.XLS. Sie können so Ihr Ergebnis mit dieser Datei vergleichen.

Dateinamen können bei DOS/Windows 8+3 Stellen lang sein. Bei OS/2 entscheidet die installierte Dateiverwaltung über die Möglichkeiten und Konventionen der Namensvergabe.

Sie müssen nun noch eingeben, auf welchem Laufwerk und in welchem Pfad des Laufwerks Excel ihre Datei speichern soll.

Dazu klicken Sie in dem Fenster **Verzeichnisse** das Unterverzeichnis aus dem Pfad des von Ihnen gewünschten Unterverzeichnisses, das im Verzeichnisbaum zu sehen ist, doppelt mit der Maus an. Verwenden Sie hierzu die Tastatur, so müssen Sie Ihre Auswahl mit den Richtungstasten markieren und noch mit der [Eingabe]-Taste bestätigen.

Sie sehen nun die Unterverzeichnisse des von ihnen ausgewählten Verzeichnisses und können sich so zu Ihrem gewünschten Verzeichnis "hangeln".

Verzeichnisse auswählen

In der Zeile zwischen der Angabe des Dateinamens und dem Fenster zur Auswahl des Pfades sehen Sie, welches Laufwerk und welcher Pfad voreingestellt sind (vgl. Bild 3.23).

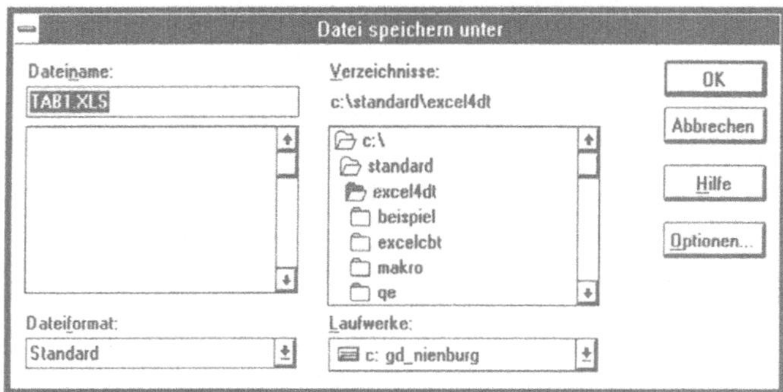

Bild 3.24 Befehlsfenster zum Speichern

Pfade können Sie bei Excel als Zeichenfolge vor den Dateinamen schreiben oder aus einer Liste auswählen. Bei der Auswahl des Pfades müssen Sie den Aufbau von Pfaden unter DOS oder OS/2 berücksichtigen. Sie sehen in dem Listenfeld Verzeichnisse immer einen Ausschnitt des Verzeichnisbaumes des aktuellen Laufwerks. Sie können in diesem Baum mit Hilfe der Bildlaufleiste einen Bildlauf durchführen und so das gewünschte Verzeichnis auswählen.

Wollen Sie in ein Verzeichnis umschalten, das Unterverzeichnis eines nicht aktiven Pfades ist, so müssen Sie erst in das entsprechende Hauptverzeichnis durch Anklicken des Verzeichnisnamens umschalten (vgl. Bild 3.24).

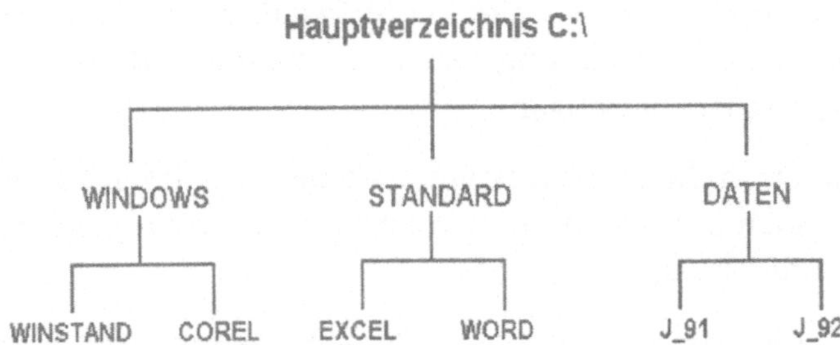

Bild 3.25 Beispiel einer Pfadstruktur

Ein Beispiel

Ein Beispiel: Sie haben auf Ihrer Festplatte die Verzeichnisse STANDARD und WINDOWS. Das Verzeichnis STANDARD hat ein Unterverzeichnis EXCEL, in das Sie Ihre Tabelle speichern wollen. Excel hat aber zum Speichern den Pfad c:\WINDOWS voreingestellt.

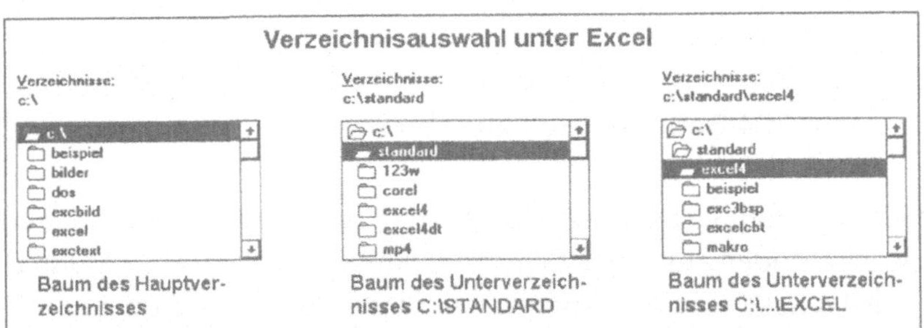

Sie können nun von diesem Pfad aus nicht direkt in das Unterverzeichnis C:\STANDARD\EXCEL umschalten, sondern müssen erst in das Verzeichnis c:\STANDARD klicken, um sich die Unterverzeichnisse anzeigen zu lassen. Von dort können Sie dann durch Doppelklick in den Verzeichnisnamen EXCEL dorthin umschalten. Sie müssen aus dem angezeigten Baum also zuerst den ersten gemeinsamen Verzeichnisnamen des Ausgangs- und Zielverzeichnisses auswählen.

Sie können das häufige Einstellen von Verzeichnissen vermweiden,indem Sie im Programm-Manager ein Arbeitsverzeichnis festlegen.

Excel erkennt Namenskonflikte. Verwenden Sie zum Speichern einer Datei einen Namen, der in dem gleichen Verzeichnis schon existiert, so wird Excel Sie fragen, ob Sie die alte Version überschreiben möchten (Bild 3.26). Wenn Sie eine alte Tabellenversion mit diesem Namen nicht mehr benötigen, so wählen Sie **Ok**, sonst brechen Sie den Befehl mit **Abbrechen** ab. Namenskonflikte

Bei Excel können Sie jede Tabelle durch ein Kennwort schützen. Sie wählen dazu vor dem Abschluß des Befehls **Datei Speichern unter** den Menüpunkt **Optionen**. Sie sehen ein Fenster wie in Bild 3.27. Sie können nun wählen zwischen einem Kennwort, das die Tabelle generell vor unerwünschtem Zugriff schützt, oder einem Kennwort, das nur verhindert, daß der Leser der Tabelle Daten verändert. Kennworte

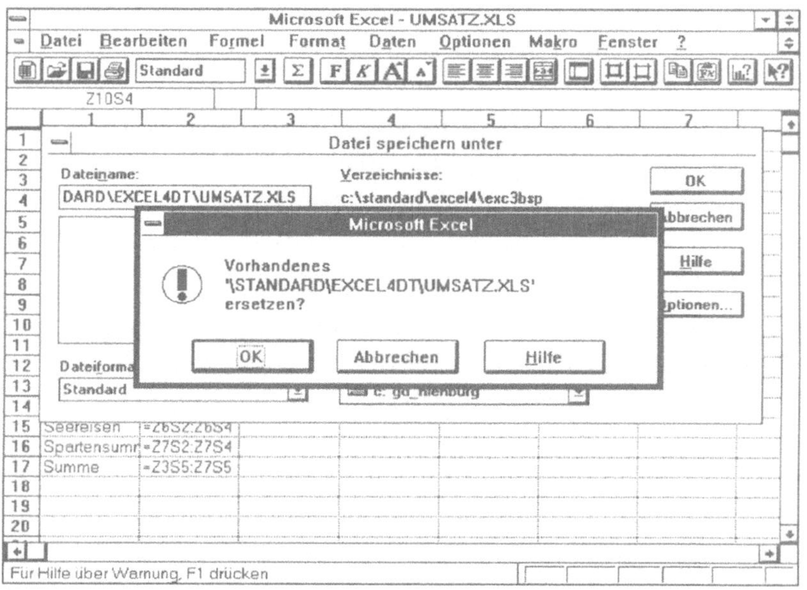

Bild 3.26 Kontrollfrage bei Namenskonflikten

Hier möchten wir Sie aber warnen: Wenn Sie Ihr Kennwort vergessen, haben Sie keine Chance mehr, Ihre Tabelle weiter zu bearbeiten! Achten Sie bei der Eingabe des Kennwortes auf Groß- und Kleinschreibung, da diese anders als bei DOS- oder OS/2-Dateinamen hier unterschieden wird.

Bild 3.27 Dialogfeld zur Wahl der Speicheroptionen

Geben Sie nun als Kennwort eine Zeichenfolge Ihrer Wahl ein. Zum Schutz vor neugierigen Blicken sehen Sie nicht das geschriebene Kennwort, sondern nur eine Sternchenreihe. Wenn Sie Ihr Kennwort eingegeben haben, schließen Sie den Befehl ab. Sie werden nun aufgefordert, Ihr Kennwort erneut einzugeben, damit Sie sich nicht durch einen Tippfehler selbst austricksen.

Beachten Sie bei wichtigen Dateien bei der Wahl des Kennwortes, daß Ihr Name oder der Ihres Freundes/Ihrer Freundin oder Ihr Geburtsdatum zu leicht erraten werden können.

Schreib- und Leseschutz

Sie können bei der Eingabe des Kennwortes entscheiden, ob Sie Personen, die das Kennwort der Tabelle nicht kennen, ein Lesen der Tabelle ermöglichen wollen. Sie aktivieren dazu im Fenster zur Eingabe des Kennwortes (Bild 3.27) die Option "Schreibschutz empfehlen".

Neben diesem generellen Schutz einer Tabelle können Sie mit Hilfe des Befehls **Format Zellschutz** auch einzelne Zellen der Tabelle schützen. Dies bietet sich vor allem dann an, wenn Sie das versehentliche Verändern von Formeln oder anderen Tabelleninhalten vermeiden wollen. Das Schützen der Tabelle und einzelner Bereiche werden wir ihnen im Abschnitt 4.9 ausführlich beschreiben.

3. 8 Mit mehreren Fenstern arbeiten

Mehrere Fenster

Wenn Sie zu einer anderen Arbeit mit Excel übergehen wollen, öffnen Sie einfach eine andere Excel-Datei. Excel wird das bisher offene Fenster verbergen und Sie werden nur die neue Datei oder beide auf dem Bildschirm sehen. Was Sie sehen, hängt davon ab, ob Sie das vorige Fenster auf Vollbild vergrößert hatten oder nicht. Sie können eine generelle Darstellung im Vollbild nur in der «EXCEL.INI» Datei, einer Windows-Informationsdatei über das Programm Excel, festlegen.

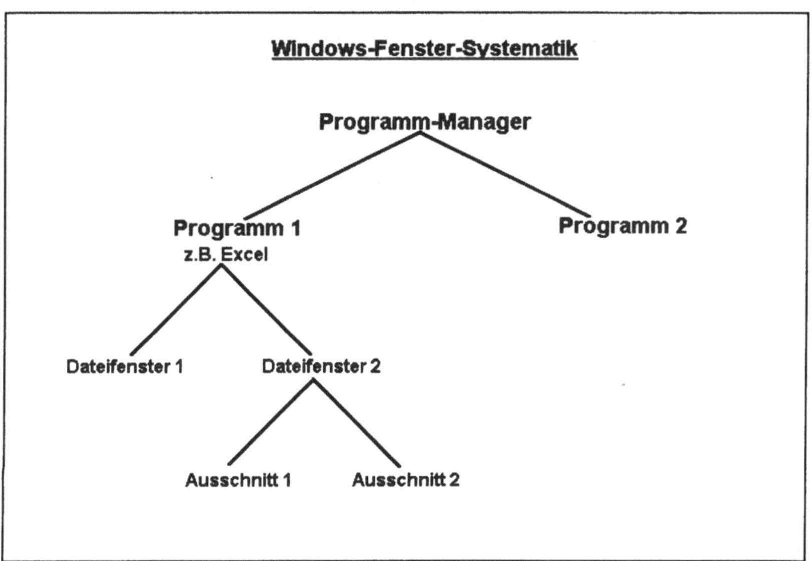

Zum Vergleichen von Tabelleneintragungen können Sie auch mehrere Excel-Dateien auf dem Bildschirm darstellen. Sie geben dazu nach dem Öffnen des neuen Formulars den Befehl **Anordnen** aus dem Excel-Menü **Fenster**. Sie sehen nun ein Dialogfeld wie in Bild 3.28.

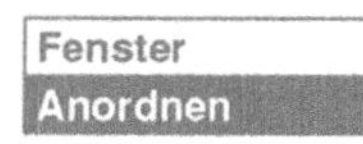

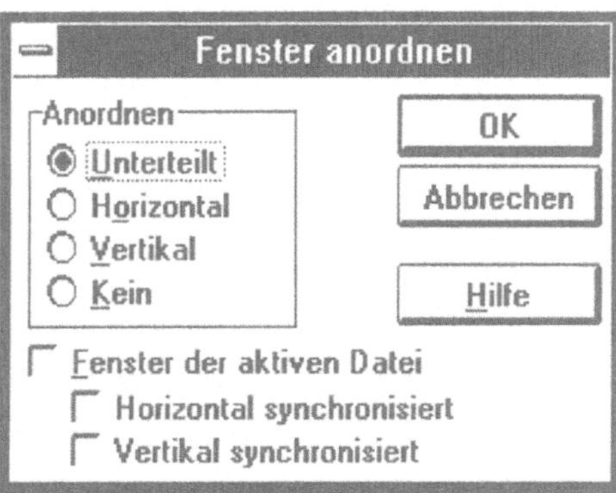

Bild 3.28 Dialogfeld **Fenster anord-nen**

Fenster anordnen

Excel wird nun alle offenen Dateifenster auf dem Bildschirm anzeigen. Hatten Sie vor dem Erstellen der Datei UMSATZ die Datei Tab1 geöffnet, so wird Excel Ihnen nach dem Befehl und **Anordnen** aus dem Menü **Fenster** diese beiden Tabellen auf dem Bildschirm anzeigen (Bild 3.29), wenn Sie die Option «unterteilt» gewählt haben. Wählen Sie in dem Dialogfeld die Option «Aktive Datei anzeigen» aus, so können Sie die Position des Fensters der aktiven Datei festlegen.

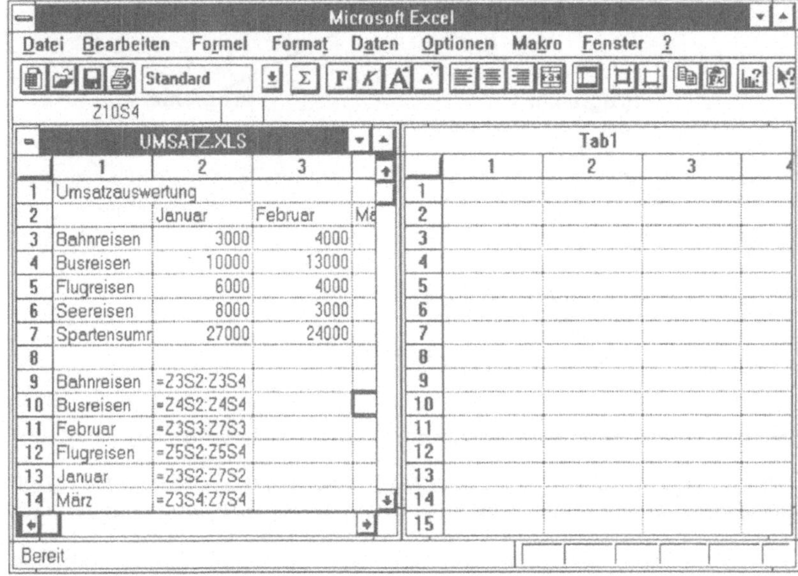

Bild 3.29 Zwei Tabellen in dem Arbeitsbereich

Viele geöffnete Tabellen

Wenn Sie nur noch eine Tabelle auf Ihrem Bildschirm sehen wollen, so haben Sie zwei Möglichkeiten dazu:

a) Schließen Sie alle anderen Dateien außer der, die Sie als einzige auf dem Bildschirm sehen wollen. Sie sehen die gewünschte Datei damit allerdings noch nicht in Vollbilddarstellung.

b) Klicken Sie in dem Fenster, das Sie ganz auf dem Bildschirm sehen wollen, rechts oben den Vollbildknopf (Pfeil nach oben) an.

3. 9 Mit Arbeitsmappen arbeiten

Sie haben eben gesehen, wie Sie mehrere Dateien auf dem Bildschirm anordnen und so leicht Daten vergleichen können. Wenn Sie jetzt jedoch das Anwendungsfenster von Excel schließen und zu einem späteren Zeitpunkt weiterarbeiten, so müssen Sie erst wieder alle gewünschten Dateien laden, um Sie auf dem Bildschirm anzuordnen. Dies können Sie automatisieren, indem Sie die Dateien in einer Arbeitsmappe speichern.

Arbeitsmappen von Excel entsprechen Ringbüchern in Form einer Datei, deren einzelne Seiten jeweils eine Tabellen-, Diagramm oder Makrodatei enthalten. Die Arbeitsmappe weist wie ein gutes Ringbuch auch ein Inhaltsverzeichnis auf, in dem alle "Einträge" aufgelistet sind. Sie können von diesem Inhaltsverzeichnis aus direkt auf die jeweiligen Dateien zugreifen. "Dateien-Ringbuch"

Speichern Sie nun zur Übung die Tabellen TAB1.XLS und UMSATZ.XLS in einer Arbeitsmappe. Wir werden im Laufe dieses Buches die Umsatztabelle und dazugehörige Dateien in einer gesonderten Arbeitsmappe speichern. Sie finden die Arbeitsmappendatei auf der Beispieldiskette im Verzeichnis «\K03».

Speichern einer Arbeitsmappe

1. Wählen Sie den Befehl **Arbeitsmappe speichern** aus dem Menü **Datei**. Sie sehen nun einen Bildschirm wie in Bild 3.30.
2. Übernehmen Sie den Namen MAPPE1.XLW, indem Sie den Befehl abschließen.

Nach dem Ausführen des Befehls sehen Sie auf dem Bildschirm das Inhaltsverzeichnis der Arbeitsmappe wie in Bild 3.31. Aus dem Inhaltsverzeichnis der Arbeitsmappe können Sie direkt Dateien auswählen.

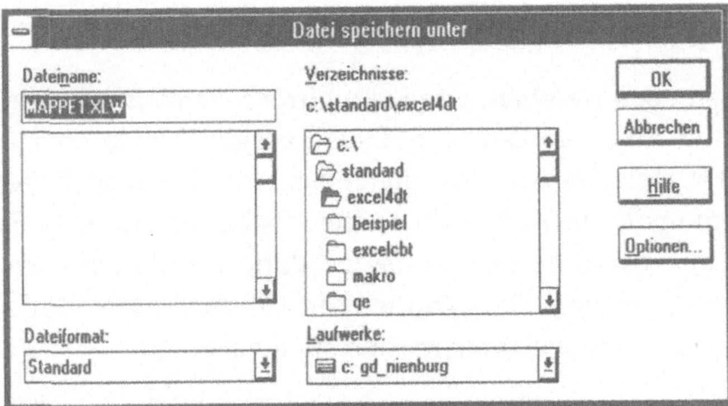

Bild 3.30 Speichern einer Arbeitsmappe

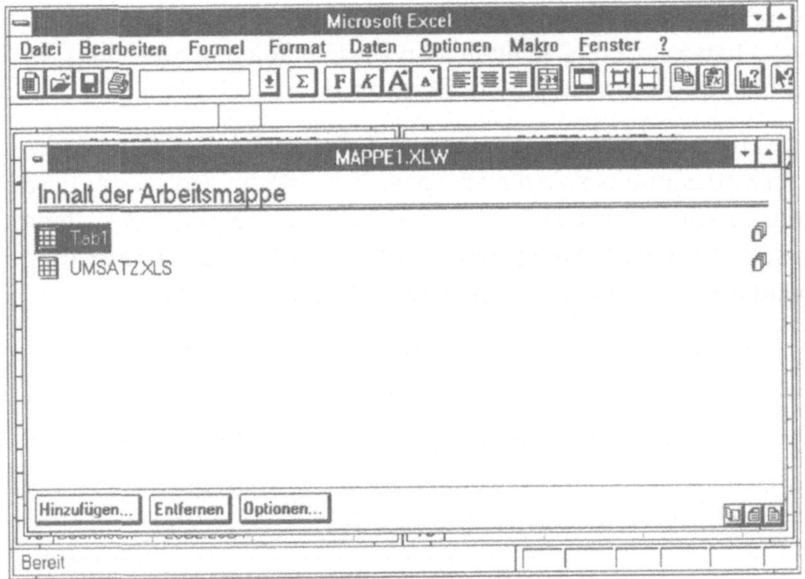

Bild 3.31 Inhaltsverzeichnis der Arbeitsmappe

Sie können der Arbeitsmappe mit Hilfe der drei Schaltflächen am linken unteren Rand des Fensters des Inhaltsverzeichnisses leicht Dateien hinzufügen, mit der Schaltfläche **Optionen** umbenennen und entfernen. In einer Arbeitsmappe stehen Ihnen am rechten unteren Rand jedes Fensters drei kleine Symbole zur Verfügung (Bild 3.31), mit denen Sie in der Mappe blättern können. Mit dem linken Symbol rufen Sie das Inhaltsverzeichnis auf, mit dem mittleren blättern Sie weiter und mit dem rechten blättern Sie zurück. In der Titelzeile von Excel erscheint der Name der Arbeitsmappe und der Name der Datei des aktiven Fensters.

3. 10 Notizen einfügen

Sie können zu einzelnen Zellen der Tabelle Notizen einfügen, die während der Arbeit mit der Tabelle nicht sichtbar sind, wohl aber mit Hilfe des Infofensters abgerufen werden können. Diese Notizen können Formeln erläutern oder Angaben zu Spalten- und Zeilenüberschriften enthalten, die in der Tabelle die Übersichtlichkeit stören würden.

Notizen in Tabellen

Sie fügen eine Notiz zu einer Zelle der Tabelle ein, indem Sie den Befehl **Notiz** aus dem Menü **Formel** geben und in dem Dialogfeld **Notiz** (Bild 3.32) die Notiz eintragen.

Geben Sie nun zu der Zelle «Busreisen» der Umsatztabelle die Notiz "Pauschalreisen und Ausflugsfahrten" ein.

Vorgehensweise:

1. Markieren Sie die Zelle «Busreisen» (Z4S1).

2. Geben Sie den Befehl **Notiz** aus dem Menü **Formel**. Sie sehen nun ein Dialogfeld wie in Bild 3.32.

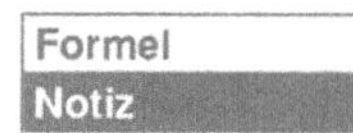

3. Tragen Sie in dieses Dialogfeld die Notiz ein.

4. Schließen Sie den Befehl ab.

Geben Sie nun den Befehl **Arbeitsbereich** aus dem Menü **Optionen** und wählen Sie hier, wie in Abschnitt 2.8 beschrieben, die Option **Infofenster**, um sich das Infofenster auf dem Bildschirm anzeigen zu lassen. Da Sie noch die Zelle Z4S1 markiert haben, werden Sie nun die Informationen zu dieser Zelle sehen (Bild 3.33).

Haben Sie diese Einstellung vorgenommen, so können Sie sich das Infofenster auch mit Hilfe des Tastenschlüssels (Strg)-(F2) anzeigen lassen.

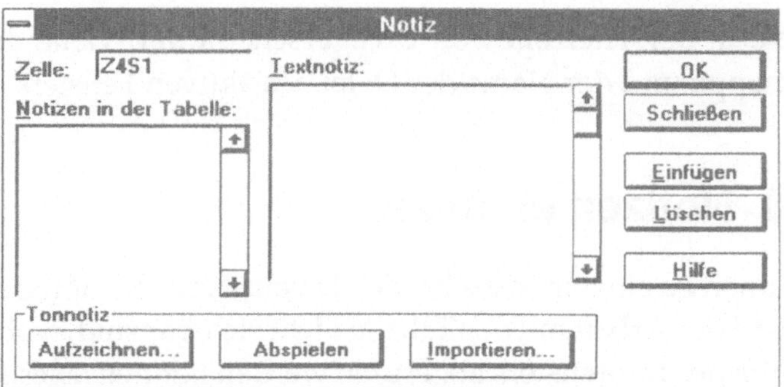

Bild 3.32 Dialogfeld zur Eingabe von Notizen

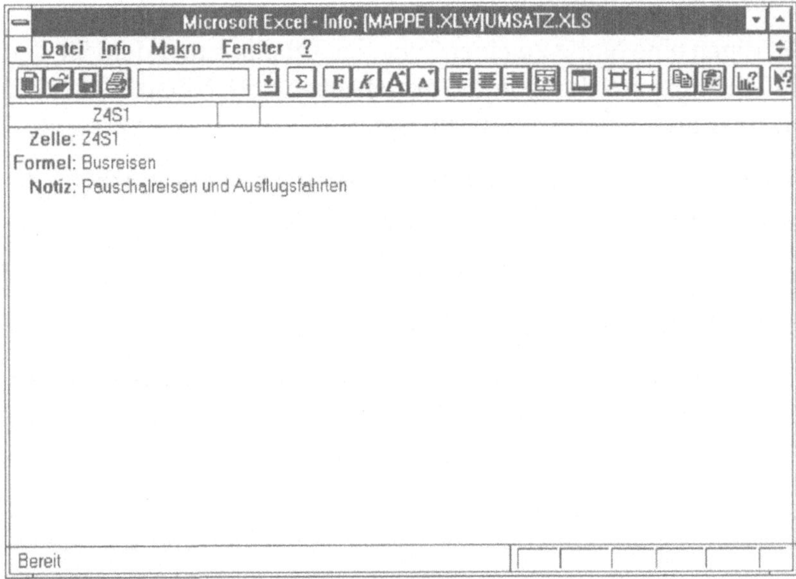

Bild 3.33 Infofenster und Tabelle im Arbeitsbereich

3. 11 Verabschieden von Excel

Die erste
Sitzung
beenden

Sie verabschieden sich von Excel, indem Sie den Befehl **Beenden** aus dem Menü **Datei** wählen. Excel wird dann beginnen, seine Anwendungsfenster zu schließen.

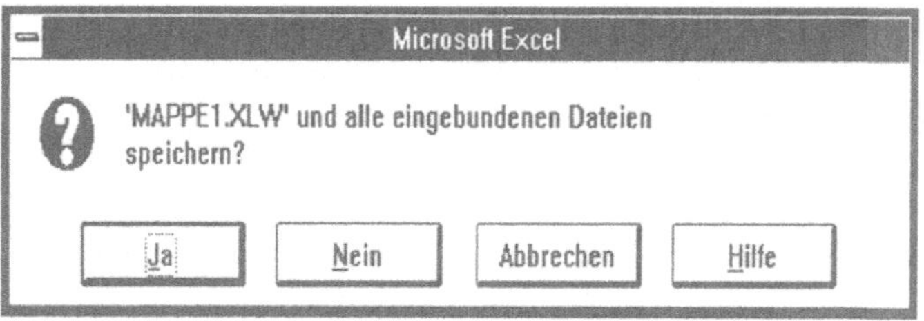

Bild 3.34 Kontrollfrage beim Verlassen von Excel

Sind noch Dateien geöffnet, in denen Sie Änderungen noch nicht gespeichert haben, so werden Sie nun gefragt, ob Sie die Änderungen speichern, nicht speichern oder den Befehl abbrechen wollen (Bild 3.34). Geben Sie jeweils ein, ob Sie die Datei speichern wollen oder nicht. Haben Sie dies erledigt, so ist die Excel-Sitzung beendet.

Sie können das Anwendungsfenster von Excel auch wie jedes andere Windows-Anwendungsfenster mit dem Tastenschlüssel [Alt]-[F4] schließen. Excel wird auch dann die oben erwähnten Nachfragen anzeigen.

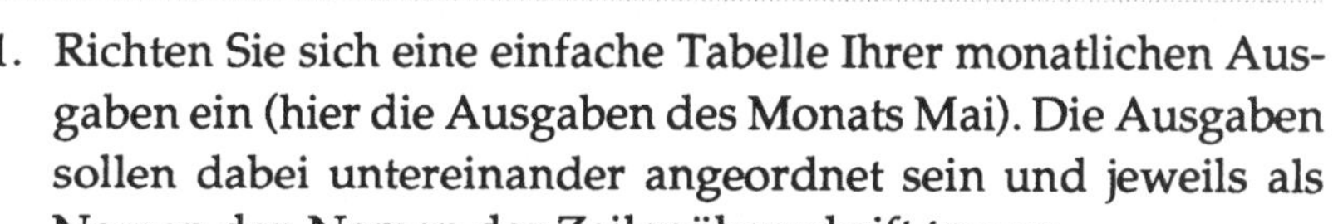

Aufgaben

1. Richten Sie sich eine einfache Tabelle Ihrer monatlichen Ausgaben ein (hier die Ausgaben des Monats Mai). Die Ausgaben sollen dabei untereinander angeordnet sein und jeweils als Namen den Namen der Zeilenüberschrift tragen.

2. Addieren Sie in der letzten Zeile alle Ausgaben. Die Zelle soll die Zeilenüberschrift «Gesamt» tragen.

3. Vergeben Sie für diese Zelle den Namen «Summe»

4. Speichern Sie die Tabelle im Verzeichnis «C:\BEISPIEL» unter dem Namen AUS92_5.XLS.

5. Richten Sie eine zweite Tabelle der gleichen Struktur mit dem Namen AUS92_6 ein, in die Sie die Ausgaben des Monats Juni eintragen.

6. Lassen Sie sich die beiden Tabelle nebeneinander auf dem Bildschirm anzeigen, um die Ausgaben der beiden Monate miteinander vergleichen zu können.

7. Speichern Sie die beiden Tabellen in der Arbeitsmappe AUSGABEN.XLW.

Abschnittsübersicht

Tabellen gestalten

4 Tabellen gestalten

4. 1 Überblick

Sowohl die Bildschirmausgabe als auch das Druckbild lassen in der bisherigen Gestaltung noch Wünsche offen.

In diesem Kapitel lesen Sie, wie Sie

- die Spaltenbreite und Zeilenhöhe ändern (4.3),
- die Schriftart verändern (4.4),
- Zellinhalte innerhalb der Zelle ausrichten (4.6),
- Zahlen darstellen (4.7),
- Druckbilder und Bildschirme gestalten (4.10),
- Formeln statt der Zellinhalte ausdrucken (4.10),
- mit Druckformaten arbeiten können (4.7),
- Formeln schützen und prüfen (4.9),
- Tabellen umbenennen (4.12) und
- Tabellen löschen können (4.13).

4. 2 Zuerst müssen Sie Ihre Tabelle wieder öffnen

Falls Sie nach einer Arbeitspause ein schon vorhandenes Excel-Formular weiterbearbeiten wollen, können Sie es öffnen und so von einer Diskette oder Festplatte in den Hauptspeicher Ihres PC laden.

Öffnen einer Tabelle

Öffnen gehört bei Excel zu der Gruppe der **Datei**-Befehle. Daher müssen Sie aus dem Menü **Datei** den Befehl **Öffnen** auswählen (Bild 4.1).

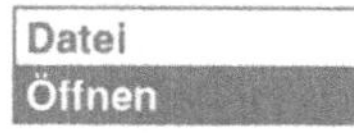

Verwenden Sie eine Maus, so können Sie diesen Befehl mit Hilfe eines Symbols der Standard Symbolleiste erteilen.

Öffnen einer Datei

1. Klicken Sie mit der Maus in das Symbol zum Öffnen einer Datei.

Öffnen einer Datei

1. Wählen Sie den Befehl **Öffnen** aus dem Menü **Datei**, indem Sie mit der Alt-Taste zur Befehlseingabe umschalten und anschließend die Buchstaben d und f eingeben.

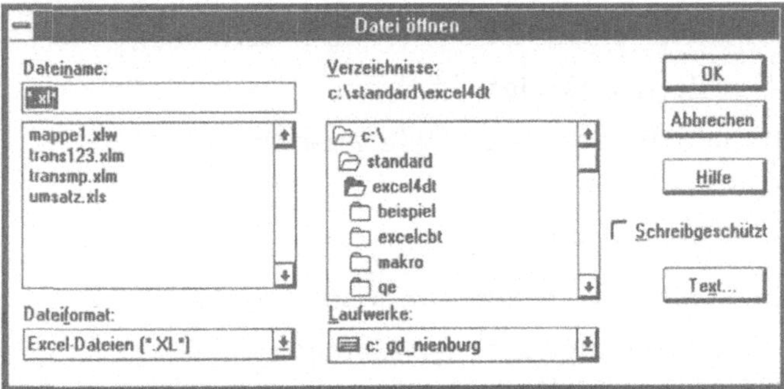

Bild 4.1 Dialogfeld zum Öffnen von Dateien

In dem Dialogfeld **Datei Öffnen** müssen Sie nun, wie beim Speichern, das Laufwerk und den Pfad angeben, in dem die gewünschte Datei gespeichert ist. Beachten Sie dabei wie beim Speichern, wie Ihre Verzeichnisse aufgebaut sind (vgl. 3.7). Beim ersten Öffnen während einer Sitzung mit Excel wird hier das Verzeichnis voreingestellt, das sie als Arbeitsverzeichnis in den Programmeigenschaften festgelegt haben. Stellen sie hier während der Arbeit mit Excel ein anderes Verzeichnis ein, so wird Excel beim erneuten Aufruf dieses Dialogfeldes das von Ihnen zuletzt eingestellte Verzeichnis voreinstellen.

Haben Sie das richtige Laufwerk und den richtigen Pfad ausgewählt, so zeigt Ihnen Excel alle Excel-Dateien an, die im ausgewählten Verzeichnis gespeichert sind.

• Klicken Sie den Dateinamen der gewünschten Datei in der Liste mit den Excel-Dateien des ausgewählten Verzeichnisses doppelt mit der Maus an (hier UMSATZ.XLS).

- Markieren Sie den gewünschten Dateinamen in der Liste mit den Richtungstasten (hier UMSATZ.XLS), und schließen Sie Ihre Eingaben mit der ⌈Eingabe⌋-Taste ab.

Excel wird nun das bisher angezeigte leere Dateifenster in den Hintergrund stellen und die angegebene Tabelle laden. Wenn Sie schon mehrere Dateien gespeichert haben, so wird Excel Ihnen die letzten vier Tabellen am unteren Rand des Menüs **Datei** anzeigen. Sie können diese Dateien dann laden, indem Sie sie einfach aus der Liste auswählen.

Wenn Sie bei Excel Ihre Tabelle beim Speichern durch ein Kennwort geschützt haben, fordert Sie Excel beim Laden wie in Bild 4.2 auf, das Kennwort einzugeben. Unterläuft Ihnen hier auch nur in der Groß- und Kleinschreibung der kleinste Fehler, werden Sie darauf hingewiesen, daß Sie das falsche Kennwort eingegeben haben. Sie müssen dann die Befehlsfolge **Datei Öffnen** nochmals durchlaufen. Wenn Sie das Kennwort vergessen haben, haben Sie absolut keine Chance mehr, Ihre Datei wieder zu laden.

Ebenso werden Sie, wenn Sie versuchen, eine "Nur Lese-Datei" zu bearbeiten, von Excel wie in Bild 4.2 in einem Dialogfeld aufgefordert, das notwendige Kennwort einzugeben.

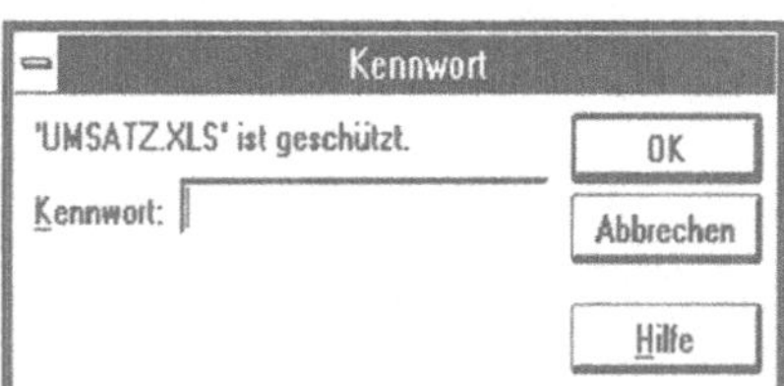

Bild 4.2 Kennwort eingeben

4. 3 Spaltenbreite, Zeilenhöhe und Farbe

Einige der Tabelleneintragungen unserer Tabelle sind bei der voreingestellten Spaltenbreite nicht vollständig sichtbar (Umsatzauswertung in Zeile 1 Spalte 1 und Spartensumme in Zeile 8 Spalte 1). Wenn Sie genau hinschauen, werden Sie feststellen, daß das Wort Umsatzauswertung trotzdem in voller Länge auf dem Bildschirm und auch auf dem Ausdruck erscheint.

Wozu die Spaltenbreite verändern?

Excel benutzt für Tabelleneintragungen, die länger sind als die Breite der Spalte, leere rechte Nachbarzellen automatisch mit. Die Zelle Z8S1 jedoch, in die wir das Wort Spartensumme eingetragen haben, hat kein leeres Nachbarzelle. Hier sieht man von dem Zellinhalt nur soviel, wie in das Tabellenfeld paßt.

Sie können dies ändern, indem Sie die Breite der Spalte so vergrößern, daß das gesamte Wort hineinpaßt.

Setzen Sie die Breite einer Spalte hingegen auf Null, so können Sie in dieser Spalte Berechnungen ausführen, die weder auf dem Bildschirm noch auf dem Druck erscheinen.

Die Einheit «Zeichen»

Sie geben Excel die Breite der Spalte in der Einheit Zeichen an. Diese typografische Einheit kennen Sie vielleicht zur Angabe des Zeilenabstandes bei Textverarbeitungs- und PC-Satzprogrammen. Dabei verwendet Excel die mögliche Zeichenzahl bei der installierten Standardschrift. Haben Sie keine andere Einstellung vorgenommen, so wird dies die Schrift SANS SERIF mit einem Schriftgrad von 10 Pt sein. Wählen Sie einen größeren Schriftgrad, so wird Excel die Spaltenbreite nicht automatisch vergrößern. Dies erreichen Sie nur durch ein Verändern der Standardschrift.

Wir wollen nun die Tabelle UMSATZ.XLS ein wenig bearbeiten. Als erstes wollen wir die Breite der Spalte 1 vergrößern, so daß der gesamte Text der Zelle Z7S1 zu sehen ist.

So ändern Sie mit der Maus die Spaltenbreite:

Vorgehensweise:

1. Zeigen Sie mit dem Zellzeiger in der Zeile mit den Spaltennummern auf die Grenze zwischen der ersten und der zweiten Spalte.

   Dies ist genau dann der Fall, wenn der Zellzeiger von einem Pfeil zu einem senkrechten Strich mit je einem Pfeil nach rechts und links wird (Bild 4.3). Excel zeigt Ihnen nun in der Bearbeitungszeile anstelle der Zellzeigerposition wie in Bild 4.3 die Breite der Spalte an.

2. Ziehen Sie nun bei gedrückter Maustaste soweit nach rechts bzw. links, bis Sie die Spalte entsprechend ihren Wünschen verbreitert bzw. verkleinert haben. Wir haben hier wie in Bild 4.5 die Spaltenbreite auf 15 Zeichen Standardschrift vergrößert.

Spaltenbreite mit der Maus verändern

3. Lassen Sie anschließend einfach die Maustaste wieder los.

Wollen Sie die Spalte verbergen, so ziehen Sie ihre Breite auf Null.

Bild 4.3 Mauszeiger zum Verändern der Spaltenbreite

So können Sie die Breite der Spalten mit der Tastatur verändern:

Vorgehensweise:

1. Zeigen Sie auf eine Zelle der ersten Spalte.

2. Geben Sie den Befehl **Spaltenbreite** aus dem Menü **Format**. Sie sehen ein Dialogfeld wie in Bild 4.4.

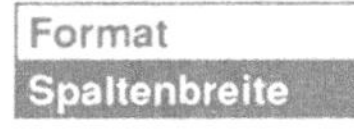

3. Geben Sie als Breite 15 ein, damit Sie die Tabelleneintragungen in voller Länge sehen.

4. Schließen Sie den Befehl ab.

Sie sehen nun einen Bildschirm wie Bild 4.5 mit der verbreiterten Spalte.

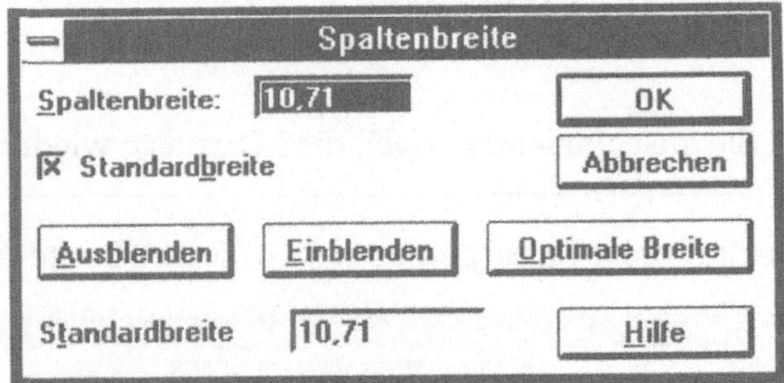

Bild 4.4 Dialogfeld **Spaltenbreite**

	Microsoft Excel - UMSATZ.XLS						
Datei Bearbeiten Formel Format Daten Optionen Makro Fenster ?							
Standard	Σ F K A						
Z1S1		Umsatzauswertung					
	1	2	3	4	5	6	7
1	Umsatzauswertung						
2		Januar	Februar	März	Summe		
3	Bahnreisen	3000	4000	5000	12000		
4	Busreisen	10000	13000	12000	35000		
5	Flugreisen	6000	4000	7000	17000		
6	Seereisen	8000	3000	1000	12000		
7	Spartensumme	27000	24000	25000	76000		
8							
9	Bahnreisen	=Z3S2:Z3S4					
10	Busreisen	=Z4S2:Z4S4					
11	Februar	=Z3S3:Z7S3					
12	Flugreisen	=Z5S2:Z5S4					
13	Januar	=Z3S2:Z7S2					
14	März	=Z3S4:Z7S4					
15	Seereisen	=Z6S2:Z6S4					
16	Spartensumme	=Z7S2:Z7S4					
17	Summe	=Z3S5:Z7S5					
Bereit							

Bild 4.5 Bildschirm nach dem Verändern der Spaltenbreite

Wollen Sie Spalte ganz verbergen, so wählen Sie in diesem Dialogfeld die Option **Ausblenden**.

Sie können die Auswahl einer optimalen Spaltenbreite aber auch Excel überlassen.

Vorgehensweise:

1. Zeigen Sie wie oben auf die Grenze zwischen der zu formatierenden Spalte und der nächsten.

2. Durch Doppelklick mit der Maus erhalten Sie die beste Breite, so daß jeder Inhalt der Spalte voll angezeigt werden kann.

Optimale Breite

		Microsoft Excel - UMSATZ.XLS					
Datei Bearbeiten Formel Format Daten Optionen Makro Fenster ?							

	1	2	3	4	5	6	7
1	Umsatzauswertung						
2		Januar	Februar	März	Summe		
3	Bahnreisen	3000	4000	5000	12000		
4	Busreisen	10000	13000	12000	35000		
5	Flugreisen	6000	4000	7000	17000		
6	Seereisen	8000	3000	1000	12000		
7	Spartensumme	27000	24000	25000	76000		
8							
9	Bahnreisen	=Z3S2:Z3S4					
10	Busreisen	=Z4S2:Z4S4					
11	Februar	=Z3S3:Z7S3					
12	Flugreisen	=Z5S2:Z5S4					
13	Januar	=Z3S2:Z7S2					
14	März	=Z3S4:Z7S4					
15	Seereisen	=Z6S2:Z6S4					
16	Spartensumme	=Z7S2:Z7S4					
17	Summe	=Z3S5:Z7S5					

Bereit

Bild 4.6 Biildschirm mit "optimaler" Spaltenbreite

Mit der Tastatur erreichen Sie dies wieder über das entsprechende Dialogfeld.

Vorgehensweise:

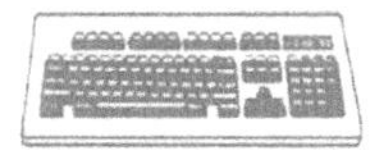

1. Geben Sie den Befehl **Spaltenbreite** aus dem Menü **Format**.

2. Wählen Sie im Fenster wie in Bild 4.4 die Auswahl **Optimale Breite**.

Excel wird dann die erste Spalte so formatieren, daß auch die Überschrift «Umsatzauswertung» ganz in der Zelle Z1S1 dargestellt werden kann (Bild 4.6).

Die Option «Optimale Breite» ist jedoch nicht dynamisch, d.h. die Spaltenbreite wird nicht automatisch von Excel an neue Einträge angepaßt. Sie werden dies im folgenden auch anhand der Tabellenüberschrift erleben.

Sie können auch die Höhe der Zeilen Ihrer Tabelle verändern. Ferner können Sie Zeilen genauso wie Spalten verbergen.

Vorgehensweise:

1. Wie schon bei der Veränderung der Breite einer Spalte können Sie auch die Höhe einer Zeile mit der Maus einfach verändern. Sie zeigen auf die Grenze der zu verändernden Zeile und der nächsttieferen. Dabei nimmt der Mauszeiger die Form eines waagerechten Striches mit je einem Pfeil nach oben und nach unten an.

2. Ziehen Sie bei gedrückter Maustaste die Zeile so hoch oder flach, wie Sie es wünschen.

3. Lassen Sie die Maustaste los, wenn Sie die gewünschte Zeilenhöhe erreicht haben.

Wollen Sie eine ganze Zeile verbergen, so ziehen Sie ihre Höhe einfach auf Null.

Mit der Tastatur können Sie die Zeilenhöhe nur über ein Dialogfeld verändern. Sie geben dann die gewünschte Zeilenhöhe in dem Dialogfeld **Zeilenhöhe** ein.

Dazu verfahren Sie im einzelnen wie folgt:

Vorgehensweise:

1. Geben Sie den Befehl **Zeilenhöhe** aus dem Menü **Format** (Bild 4.7).

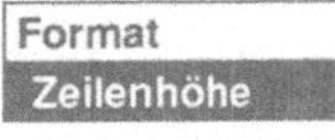

2. Geben Sie die gewünschte Zeilenhöhe in der typografischen Einheit Punkt ein und schließen Sie den Befehl mit der `Eingabe`-Taste ab.

Wollen Sie eine ganze Zeile verbergen, so wählen Sie in diesem Menü die Option **Ausblenden**. Verwenden Sie eine Maus, so können Sie auch eine Optimale Zeilenhöhe durch Doppelklick auf die Grenze der entsprechenden Zeilennummern einstellen.

Bild 4.7 Dialogfeld **Zeilenhöhe**

Wenn Sie Ihren PC mit einem Farbbildschirm betreiben, werden Farbe auf
Sie statt der schwarzen Schrift auf weißem Grund vielleicht lieber dem
eine farbige Schrift auf farbigem Hintergrund sehen wollen. Bildschirm

Sie können hierzu mit dem Befehl **Schriftart** aus dem Menü
Format die Farbe der Schrift bestimmen und mit dem Befehl
Muster aus demselben Menü das Muster und die Farbe des
Hinter- und Vordergrundes. Daneben erlaubt die Windows-Sy-
stemsteuerung, die Farbe der Fenster und des Hintergrundes
individuell zu gestalten. Wir werden im folgenden beschreiben,
wie Sie mit Excel Ihre Tabelle farblich gestalten können.

Verwenden Sie eine Maus, so können Sie die folgenden Einstellungen sehr komfortabel mit Hilfe des Kontextmenüs vornehmen. Sie rufen dieses Menü auf, indem Sie die gewünschten
Zellen markieren und anschließend diese Markierung mit der
rechten Maustaste anklicken.

Wir zeigen ihnen nun die Vorgehensweise zur Veränderung der
Farbe der Schrift. Die Auswirkungen dieser Einstellungen sehen
Sie nur auf einem Farbmonitor und nicht auf den S/W-Bildern
dieses Buches.

Verändern der Farbe der Schrift:

1. Markieren Sie den Tabellenbereich, in dem Sie die Farbe der
   Schrift verändern wollen.

2. Drücken Sie die rechte Maustaste. Sie sehen nun einKontext-   Format
   Manü wie in Bild 4.8.   Schriftart

3. Wählen Sie den Befehl **Schriftart** aus. Sie sehen anschließend
   das Dialogfeld **Schriftart** wie in Bild 4.9.

4. Zeigen Sie auf die Option «Farbe» und wählen Sie die gewünschte Farbe wie in Bild 4.10 aus dem Listenfeld aus.

5. Schließen Sie den Befehl ab.

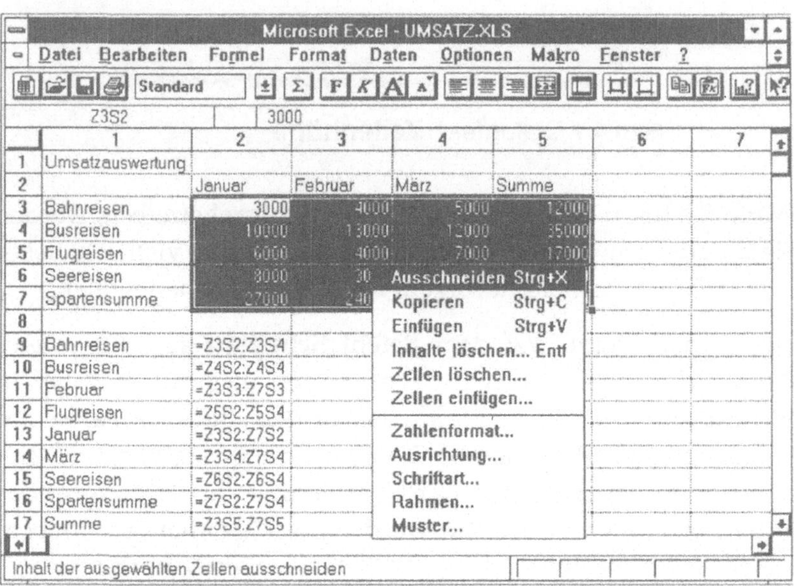

Bild 4.8 Kontextmenü

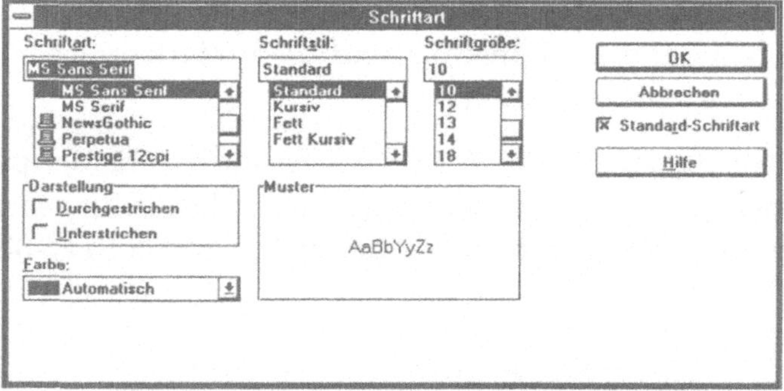

Bild 4.9 Dialogfeld zum Formatieren von Schrift

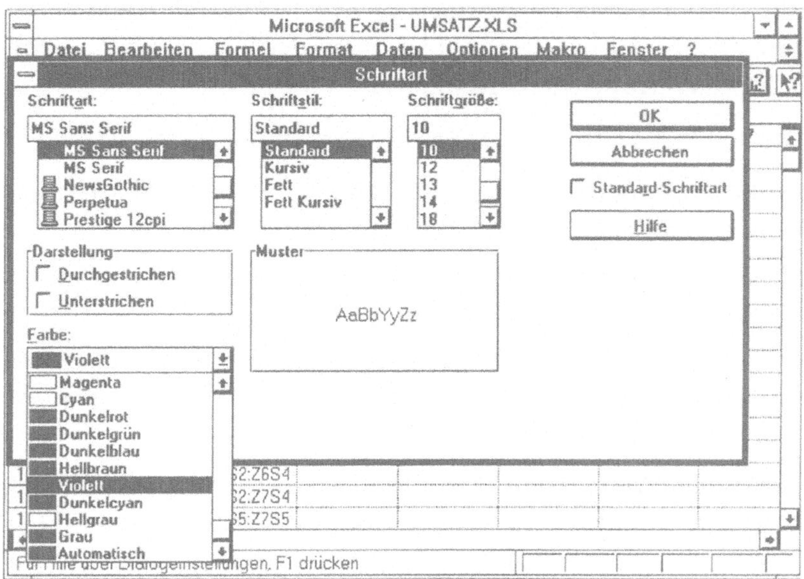

Bild 4.10 Dialogfeld **Schriftart**: Auswahl einer Farbe

Sie können die Farbe der Schrift auch mit der Tastatur verändern.
Dazu gehen Sie im einzelnen wie folgt vor:

Vorgehensweise:

1. Markieren Sie den Tabellenbereich, in dem Sie die Farbe der
   Schrift verändern wollen.

2. Sie geben Excel den Befehl **Schriftart** aus dem Menü **Format**.
   Sie sehen ein Auswahlfenster wie in Bild 4.9.

3. Wählen Sie die Option «Farbe» über [Alt]-[f], um sich die
   gewünschte Farbe mit den Richtungstasten auszusuchen (Bild
   4.10). 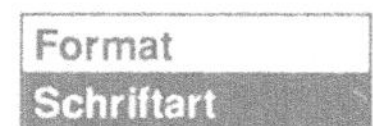

4. Sie schließen den Befehl mit der [Eingabe]-Taste ab.

Bei VGA monochrom Bildschirmen sehen Sie anstatt der Farben wie hier im
Buch Schraffuren und Graustufen. 

Nun können Sie noch die Art und Farbe des Hintergrundes
bestimmen. Excel bezeichnet diese Auswahl als Veränderung des
Musters der Tabelle und dementsprechend heißt der notwendige
Befehl auch Muster.

Wir werden Ihnen diese Änderung nur im folgenden Bild anzeigen, da auf den weiteren Abbildungen der Bildschirme andernfalls die Werte etwas schlecht zu lesen wären.

1. Sie markieren den Bereich, in dem Sie ein neues Muster festlegen wollen (hier Z1S1:Z7S5).

2. Klicken Sie mit der rechten Maustaste in die Markierung, um das Kontextmenü aufzurufen.

3. Wählen Sie hier den Befehl Muster aus. Sie geben den Befehl **Muster** aus dem Menü **Format**. Sie sehen das Dialogfeld **Muster** wie in Bild 4.11.

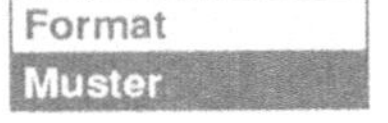

3. Wählen Sie nun ein Muster und eine Farbe für den Hintergrund und den Vordergrund Ihrer Tabelle aus (Bild 4.11).

4. Sie schließen den Befehl ab, indem Sie entweder mit der Maus die Schaltfläche **OK** anklicken oder die ⌊Eingabe⌋-Taste drücken.

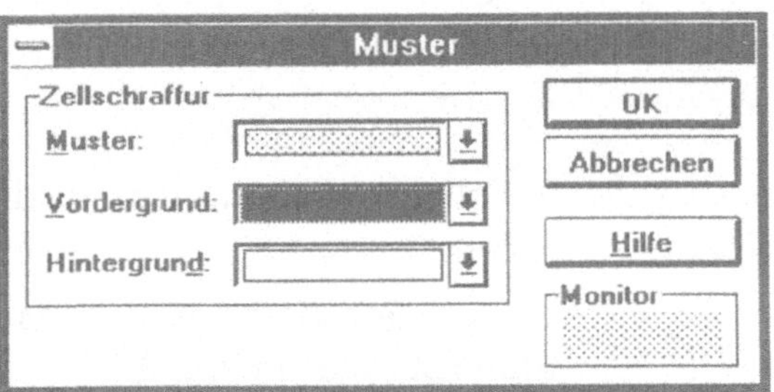

Bild 4.11 Dialogfeld **Muster**

4. 4 Verändern der Schriftart

Schrift
gestalten

Wir wollen Ihnen nun zeigen, wie Sie die zur Zeit noch ein wenig langweilig und unübersichtlich aussehende Tabelle durch Wahl neuer Schriftarten und -grade auf einfache Weise interessanter gestalten können.

	1	2	3	4	5
1	*Umsatzauswertung*				
2		Januar	Februar	März	Summe
3	Bahnreisen	3000	4000	5000	12.000 DM
4	Busreisen	10.000 DM	13.000 DM	12.000 DM	35.000 DM
5	Flugreisen	6000	4000	7000	17000
6	Seereisen	8000	3000	1000	12000
7	Spartensumme	27000	24000	25000	76000

Bild 4.12 Umsatztabelle mit neuer Hintergrundfarbe

Sie können zum Verändern der Schrift das Dialogfeld **Schriftart** verwenden, das Sie

- über das Kontextmenü oder

- den Menüpunkt **Format** aufrufen können.

Sie können sich bei der Verwendung eines Zeigeinstruments zusätzlich zur Standard-Symbolleiste auch noch die Format-Symbolleiste anzeigen lassen. Mit diesen beiden Symbolleisten können Sie die meisten der in diesem Kapitel beschriebenen Befehle per Mausklick erteilen und sich die Arbeit so erleichtern.

Sie sollten die Standard-Symbolleiste eingeblendet lassen, da die Format-Symbolleiste nicht alle erforderlichen Befehle enthält.

Blenden sie nun zunächst die Symbolleiste Format ein:

Vorgehensweise:

1. Wählen Sie den Befehl **Symbolleisten** aus dem Menü **Optionen** aus.

2. Blenden Sie die Symbolleiste Format ein, indem Sie auf den Namen **Format** in der Liste der Symbolleiste doppelklicken.

Excel wird nun die Format-Symbolleiste wie in Bild 4.13 unter der Standard-Symbolleiste anzeigen.

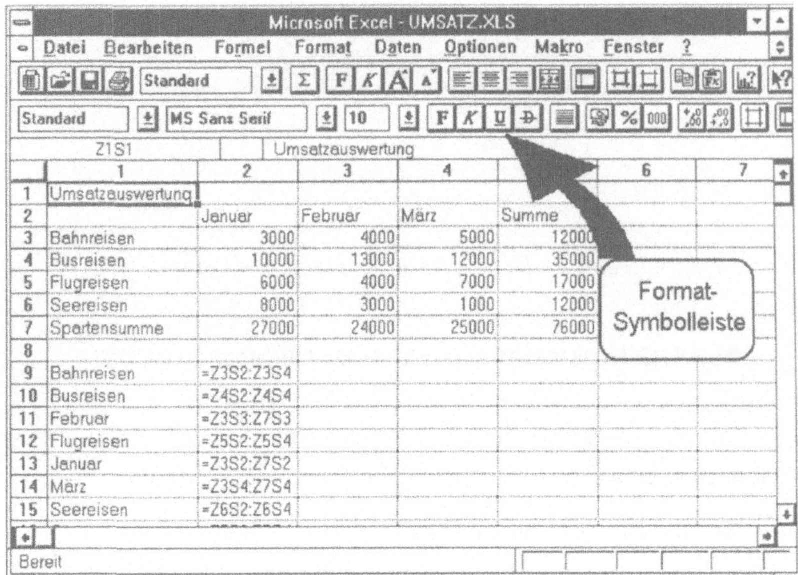

Bild 4.13 EXCEL Bildschirm mit Standard- und Format-Symbolleiste

Symbole verwenden

Wir werden ihnen nun im folgenden bei der Vorgehensweise für die Verwendung eines Zeigeinstruments immer, wenn möglich, die Befehlsausführung mit Hilfe der Symbole zeigen. Haben Sie die Standard- und Format-Symbolleisten nicht eingeblendet, so können Sie die meisten Formatierungsbefehle auch mit Hilfe des Kontextmenüs erteilen.

Das Bild 4.16 zeigt eine Gestaltung des Bildschirms mit verschiedenen Schriften und Schriftgrößen. Die Tabellenüberschrift wurde in MS Serif, Schriftgrad 18, fett und kursiv formatiert, die Zeilen- und Spaltenüberschriften in MS Sans Serif, Schriftgrad 12 fett.

Wir wollen diese Einstellungen nun vornehmen. Verändern Sie als erstes das Format der Tabellenüberschrift:

Schriften verändern

1. Markieren Sie den zu verändernden Text (hier Z1S1).

2. Wählen Sie mit der Maus die neue Schriftart aus, indem Sie in den Pfeil neben dem Listenfeld der Schriftarten klicken und die Schriftart "MS Serif" auswählen (Bild 4.14). Legen Sie auf die gleiche Weise im Listenfeld der Schriftgrade den Schriftgrad 18 fest.

3. Wählen sie nun noch die Formate Fett und Kursiv durch Klicken in die entsprechenden Symbole aus.

Bild 4.14 Format-Schaltflächen

Zur Wahl des Schriftgrades stehen Ihnen in der Standard Symbolleiste zwei eigene Symbole zur Verfügung, das große A mit einem Pfeil nach oben und das kleine A mit einem Pfeil nach unten. Hiermit können Sie Schriftgrade stufenweise per Mausklick verändern. 

Mit der Tastatur verwenden sie hierzu den Befehl **Schriftart** aus dem Menü **Format**:

1. Wählen Sie den Befehl **Schriftart** aus dem Menü **Format** aus. 

2. In dem Dialogfeld **Schrift** wählen Sie aus der Liste der Schriftarten den Namen «MS Serif» aus, aus der Liste der Schriftgrade die Zahl 18 und aus der Liste der Formate die Option «Fett Kursiv». 

3. Schließen sie den Befehl mit der [Eingabe]-Taste ab.

Sie können nun die Zeilen- und Spaltenüberschriften entsprechend gestalten. Dazu markieren Sie sich am besten einen Tabellenbereich, wie Sie es in Bild 4.15 sehen. Auf diese Weise können Sie Zeilen- und Spaltenüberschriften gleichzeitig formatieren. Danach sieht Ihre Umsatzauswertung wie in Bild 4.16 aus.

	1	2	3	4	5
1	Umsatzauswertung				
2		Januar	Februar	März	Summe
3	Bahnreisen	3000	4000	5000	12000
4	Busreisen	10000	13000	12000	35000
5	Flugreisen	6000	4000	7000	17000
6	Seereisen	8000	3000	1000	12000
7	Spartensumme	27000	24000	25000	76000

Bild 4.15 Markierung zum Formatieren der Überschriften

	1	2	3	4	5
1	*Umsatzauswertung*				
2		Januar	Februar	März	Summe
3	Bahnreisen	3000	4000	5000	12000
4	Busreisen	10000	13000	12000	35000
5	Flugreisen	6000	4000	7000	17000
6	Seereisen	8000	3000	1000	12000
7	Spartensumme	27000	24000	25000	76000

Bild 4.16 Umsatzauswertung mit neuen Schriften

Wie Sie sehen, paßt nun die Zeilenüberschrift in Zeile 7 nicht mehr ganz in die Spalte 1, obwohl für diese Spalte das Format **Optimale Breite** festgelegt worden ist. Verbreitern Sie die Spalte nun soweit, daß der Text «Spartensumme» vollständig zu sehen ist.

4. 5 Zellen umrahmen

In diesem Abschnitt wollen wir die Tabelle optisch gliedern, indem wir die einzelnen Spalten durch Rahmen voneinander trennen. Die Tabelle soll am Ende der Einstellungen wie in Bild 4.17 aussehen.

Sie legen die Rahmen mit der Maus am besten mit Hilfe des Kontext Menüs fest, da die Symbole der Symbolleisten hier nicht die gewünschten Rahmenarten beinhalten. Mit der Tastatur verwenden Sie den Befehl **Rahmen** aus dem Menü **Format**.

	1	2	3	4	5
1	*Umsatzauswertung*				
2		Januar	Februar	März	Summe
3	Bahnreisen	3000	4000	5000	12000
4	Busreisen	10000	13000	12000	35000
5	Flugreisen	6000	4000	7000	17000
6	Seereisen	8000	3000	1000	12000
7	Spartensumme	27000	24000	25000	76000

Bild 4.17 Tabelle mit neuen Rahmen

Nehmen Sie nun die folgenden Einstellungen vor:

Bereich	Rahmen
Z2S1:Z7S5	rechts und links, mittlere Stärke
Z2S1:Z2S5	oben und unten, mittlere Stärke
Z7S1:Z7S5	unten, mittlere Stärke
Z3S1:Z6S5	oben und unten, kleine Stärke

Tabelle 4.1 Rahmenfestlegungen

Legen Sie nun die ersten Rahmen fest:

Rahmen festlegen:

1. Markieren Sie den gewünschten Bereich (hier Z2S1:Z7S5).

2. Rufen Sie das Kontextmenü auf, indem Sie mit der rechten
   Maustaste in den Bereich klicken und geben Sie hier den Befehl
   Rahmen. Sie sehen nun ein Dialogfeld wie in Bild 4.18.

3. Klicken sie nun am besten zuerst auf die gewünschte Rahmenart und anschließend auf die Position des Rahmens.

4. Schließen Sie den Befehl nun ab.

Mit der Tastatur nehmen Sie diese Einstellung über das Menü
Format vor:

1. Markieren Sie den Bereich, für den sie einen neuen Rahmen festlegen wollen (hier Z3S1:Z7S5).

2. Geben sie den Befehl **Rahmen** aus dem Menü **Format**. Sie sehen nun ein Dialogfeld wie in Bild 4.18.

3. Wählen Sie als erstes die Strichdicke, indem Sie diese Option mit (Alt)-(a) aktivieren und die gewünschte Strichdicke mit den Richtungstasten markieren.

4. Wählen Sie nun die gewünschte Position, indem Sie die (Alt)-Taste gedrückt halten und den Befehlsbuchstaben der Position eingeben (hier also als erstes (Alt)-(r) und (Alt)-(l))

5. Schließen Sie den Befehl mit der (Eingabe)-Taste ab.

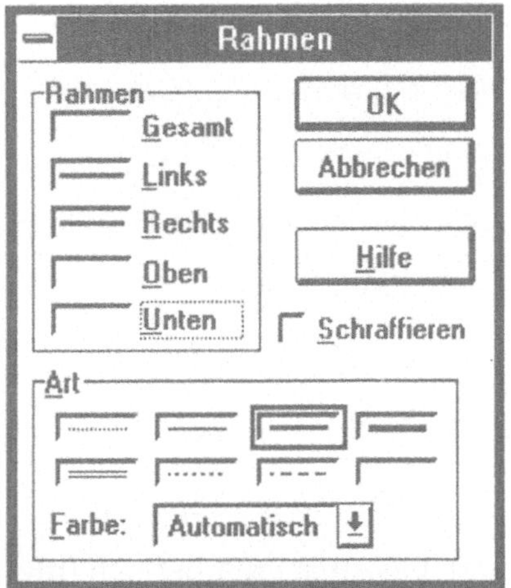

Bild 4.18 Dialogfeld **Rahmen**

Nehmen Sie auf diese Weise auch die anderen Einstellungen vor. Dabei werden manchmal die Schaltflächen vor den Rahmenpositionen schattiert sein. Dies zeigt lediglich an, daß für die markierte Zelle oder für einzelne Zellen des markierten Bereiches schon Rahmen festgelegt worden sind.

Die Option **Gesamt** im Rahmen Menü umrahmt immer den gesamten markierten Tabellenbereich, also nicht jede einzelne Zelle dieses Bereiches.

4. 6 Zellinhalte ausrichten

Wenn Sie keine andere Wahl treffen, trägt Excel *Zahlen rechtsbündig* und *Texte linksbündig* in die Tabellenfelder ein. Sie können die Ausrichtung der Zellinhalte bei Excel jedoch auch selber bestimmen. Sie verwenden dazu die Befehlsfolge **Format Ausrichtung**.

Zellinhalte ausrichten

Bei der Verwendung einer Maus können Sie die Ausrichtung von Zellinhalten bequem mit den Ausrichtungssymbolen verändern. Sie müssen nur noch den Bereich markieren, in dem Sie die Ausrichtung der Zellinhalte ändern wollen und anschließend die Schaltfläche mit der richtigen Ausrichtung in der Symbolleiste anklicken.

Sie werden im folgenden erleben, wie Sie die Spaltenüberschriften unserer Tabelle zentriert ausrichten können.

Mit der Maus verfahren Sie dazu wie folgt:

Vorgehensweise:

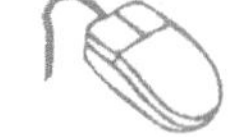

1. Markieren Sie mit der Maus den Tabellenbereich, in dem Sie die Ausrichtung der Zellinhalte ändern wollen (hier Z2S2:Z2S5).

2. Klicken Sie nun in der Symbolleiste die Schaltfläche für die Ausrichtung «zentriert» an.

Mit der Tastatur ändern Sie die Ausrichtung der Zellinhalte über ein Menü.

Vorgehensweise:

1. Markieren Sie den Tabellenbereich, in dem Sie die Ausrichtung der Inhalte ändern wollen (hier Z2S2:Z2S5).

2. Geben Sie den Befehl **Ausrichtung** aus dem Menü **Format**. Sie sehen nun ein Auswahlfenster wie in Bild 4.19.

3. Wählen Sie die gewünschte Ausrichtung aus der Liste aus (hier **zentriert**), indem Sie die ⌐Alt⌐-Taste drücken und den zugehörigen Buchstaben eingeben (hier ⌐Alt⌐-⌐z⌐)..

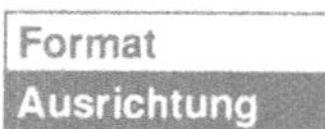

4. Schließen Sie den Befehl mit der ⌐Eingabe⌐-Taste ab.

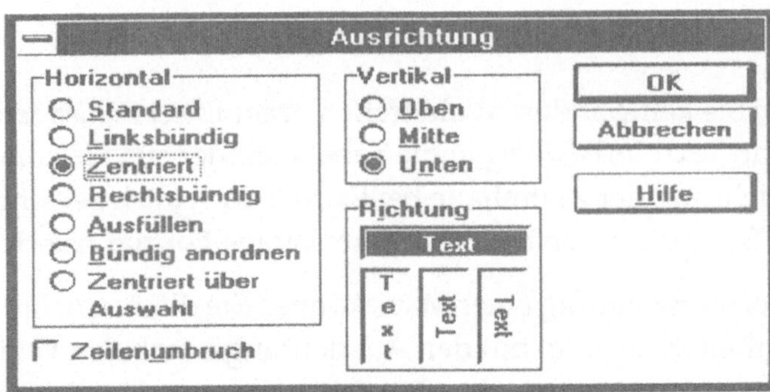

Bild 4.19 Dialogfeld **Ausrichtung**

Sofort richtet Excel im Tabellenfenster die Spaltenüberschriften zentriert aus.

Nun stört nur noch die Ausrichtung der Tabellenüberschrift ein wenig. Sie sollte am besten über der gesamten Tabelle zentriert sein. Dafür besitzt Excel 4.0 nun eine Option "Zentriert über Auswahl". Dies bedeutet, daß Sie den Bereich markieren, in dem der gewünschte Tabelleninhalt zentriert werden soll, und anschließend den entsprechenden Befehl geben. Der auszurichtende Zellinhalt muß natürlich im markierten Bereich enthalten sein. Mit der Maus steht Ihnen hierfür wieder ein Symbol in der Standard-Symbolleiste zur Verfügung.

Richten sie nun die Tabellenüberschrift über der Tabelle zentriert aus.

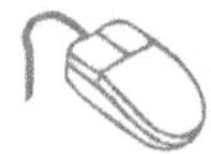

Zentrieren über eine Auswahl:

1. Markieren Sie die Zellen, über die zentriert werden soll sowie den zu zentrierenden Tabelleninhalt (hier Z1S1:Z1S5).

2. Klicken Sie in der Standard-Symbolleiste in das Symbol zum Zentrieren über eine Auswahl.

Mit der Tastatur verwenden Sie wieder das Menü Format und den Befehl Ausrichtung:

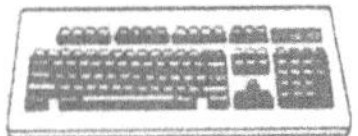

Zentrieren über eine Auswahl:

1. Markieren Sie die Zellen, über die zentriert werden soll sowie den zu zentrierenden Tabelleninhalt (hier Z1S1:Z1S5).

2. Wählen sie den Befehl **Ausrichtung** aus dem Menü **Format**.

3. Markieren Sie hier die Option «Zentrieren über Auswahl» und schließen Sie den Befehl ab.

Vergleichen Sie Ihre Tabelle nun mit dem Bild 4.20.

	1	2	3	4	5
1	*Umsatzauswertung*				
2		Januar	Februar	März	Summe
3	Bahnreisen	3000	4000	5000	12000
4	Busreisen	10000	13000	12000	35000
5	Flugreisen	6000	4000	7000	17000
6	Seereisen	8000	3000	1000	12000
7	Spartensumme	27000	24000	25000	76000

Bild 4.20 Neu gestaltete Umsatzauswertung

4. 7 Gestalten von Zahlen

4. 7. 1 Sinn und Zweck der Gestaltung

Eine Tabelle enthält eine Fülle von Zahlen, die zur besseren Übersicht formatiert werden müssen. So ist es in einer mathematischen Anwendung vielleicht nicht sinnvoll, sich Zahlen mit mehr als 6 Vorkommastellen als Dezimalzahl anzeigen zu lassen, sondern in Exponentialschreibweise, während in einer kaufmännischen Anwendung Millionenbeträge mit Tausenderpunkten üblich sind.

Ebenso kann es vorteilhaft sein, die Ausgabe einer Zahl von ihrem Wert abhängig zu machen, zum Beispiel, um Verluste in einer Erfolgsauswertung schnell zu erkennen.

Mit Excel haben Sie viele Möglichkeiten. Sie verändern das Format einer Zahl mit dem Befehl **Zahlenformat** aus dem Menü **Format** und wählen das entsprechende Format aus bzw. geben Ihr eigenes ein.

Sie werden in den nächsten Abschnitten erfahren, wie Sie

- verschiedene Darstellungsformen für Zahlen wählen,
- Texte und Währungsangaben in Zahlenformate einfügen,
- Zahlen farbig gestalten und
- die Darstellung der Zahlen von Ihren Werten abhängig machen.

4. 7. 2 Verschiedene Schreibweisen für Zahlen

Die Darstellung von Zahlen hängt von der Spaltenbreite und der Formatierung ab. Wenn Sie kein Zahlenformat festlegen, wird Excel immer das Zahlenformat einstellen, mit dem die meisten Stellen der eingegebenen Zahl angezeigt werden können.

Gruppen der Zahlenformate

Excel teilt die voreingestellten Zahlenformate in verschiedene Gruppen ein, damit Sie nicht immer in sehr langen Listen blättern müssen. Dabei werden die folgenden Gruppen unterschieden:

- Alle,
- Zahl,
- Währung,
- Datum,
- Uhrzeit,
- Prozent,
- Bruch und
- Wissenschaft.

In der Gruppe «Alle» werden alle verfügbaren Zahlenformate angezeigt. Die Formate der Gruppe «Bruch» stellen von ihnen eingegebene rationale Zahlen als Brüche dar. Irrationale Zahlen werden als gerundeter Bruch ausgegeben. In der Gruppe «Wissenschaft» ist lediglich das Exponentialformat aufgelistet. Die anderen Gruppennamen sprechen für sich.

Gleitkommaschreibweise

Excel wählt als Standardformat zur Darstellung von Zahlen die *Gleitkommaschreibweise*, das heißt, Sie haben keine feste Anzahl von Nachkommastellen. Es werden immer soviel Stellen angezeigt, wie die Spaltenbreite zuläßt. Jede Zahl, die Sie eingeben, wird mit soviel Nachkommastellen angezeigt, wie Sie eingegeben haben.

Die Breite einer Tabellenspalte ist bei Excel auf 10,71 Zeichen voreingestellt. Dies reicht aus, um eine zehnstellige Zahl mit Vorzeichen in der festgelegen Standardschrift anzuzeigen.

Geben Sie bei dieser Spaltenbreite eine Zahl mit mehr als acht Vorkommastellen ein, so stellt Excel sie automatisch in *Exponentialschreibweise* mit zwei Nachkommastellen dar. Geben Sie eine Zahl ein, die weniger als acht Vorkommastellen, aber soviel Nachkommastellen hat, daß sie insgesamt länger als acht Zeichen ist, so rundet Excel automatisch auf acht Ziffern.

Bei der Exponentialschreibweise zeigt Excel von jeder Zahl

- eine Vorkommastelle,
- ein Komma
- voreingestellt zwei Nachkommastellen,
- ein E als Zeichen für die Basis 10 und
- den Exponenten an.

Diese Schreibweise empfiehlt sich, wenn Sie sehr große Zahlen darstellen müssen. Sie stellen sie per Hand wie folgt ein:

Exponentialschreibweise einstellen:

1. Markieren Sie den Bereich, für den Sie die Exponentialschreibweise festlegen wollen.
2. Rufen Sie das Kontextmenü auf, indem sie mit der rechten Maustaste in die Markierung klicken.
3. Wählen Sie den Befehl **Zahlenformat** aus. In dem Dialogfeld **Zahlenformat** (Bild 4.21) wählen Sie die Gruppe «Wissenschaft» aus. Diese Gruppe enthält, wenn Sie keine Änderungen vorgenommen haben, nur das Zahlenformat «0,00E+00» zur Exponentialschreibweise.
4. Schließen sie die Eingabe ab.

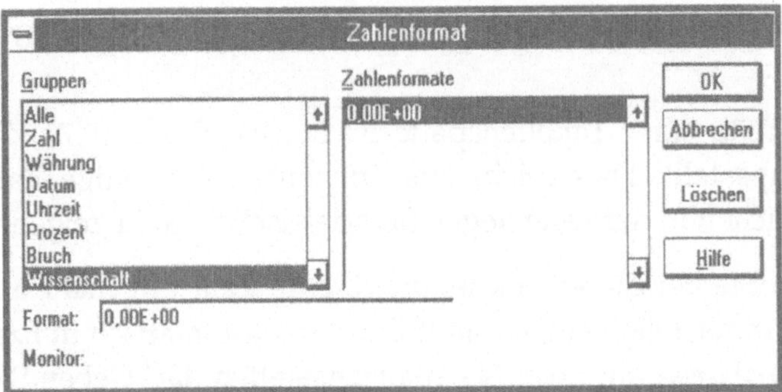

Bild 4.21 Dialogfeld zum Formatieren von Zahlen

Mit der Tastatur verwenden Sie das Menü **Format**.

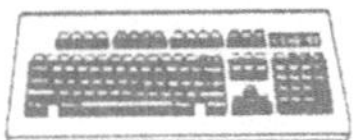

1. Markieren Sie den Bereich, in dem Sie die Exponentialschreibweise festlegen wollen.

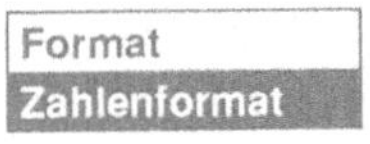

2. Geben Sie den Befehl **Zahlenformat** aus dem Menü **Format**.

3. Wählen Sie das Format «0,00E+00» aus, indem sie die Gruppe «Wissenschaft» auswählen und die Voreinstellung übernehmen.

4. Schließen Sie den Befehl ab.

Festkomma-darstellung

Wollen Sie die eingegebenen Zahlen immer auf eine von Ihnen vorher festgelegte Zahl an Nachkomastellen gerundet haben, so müssen Sie die **Festkommadarstellung** wählen. Bei der Festkommadarstellung stellt Excel jede Zahl mit genau soviel Nachkommastellen dar, wie Sie eingestellt haben.

Sie stellen die Festkommadarstellung bei Excel mit der Maus mit Hilfe einer Schaltfläche aus der Format-Symbolleiste oder mit dem Kontextmenü und mit der Tastatur mit dem Befehl **Zahlenformat** aus dem Menü **Format** ein.

Aufbau von Zahlen-formaten

Ein Zahlenformat kann bei Excel verschiedene Platzhalter, Buchstaben und die Angabe von Farben enthalten. Mit den Platzhaltern Null (0) und Doppelkreuz (#) bestimmen Sie, ob die Darstellung von Nullen unterdrückt (#) oder erzwungen werden soll (0). Alle Stellen, die man mit einer Null angibt, werden dann in dem entsprechenden Tabellenfeld angezeigt.

Beispiel:

- Formatcode: 0.000,000
- Zahl: 2
- Darstellung: 0.002,000

Stellen, die man mit einem Doppelkreuz angibt, werden nur dann angezeigt, wenn sie ungleich Null sind.

Beispiel:

- Formatcode: #.###,###
- Zahl: 2
- Darstellung: 2

Tabelle 4.2 soll Ihnen einen Überblick über die Wirkung von Excel voreingestellter Zahlenformate geben.

Zahlenformate	Eingabe	Ausgabe
0,00	1	1,00
0,00	1000	1000,00
#.##0,00	1	1,00
#.##0,00	1000	1.000,00
#.##0,00	1234,567	1.234,57
DM #.##0,00	1	DM 1,00
DM #.##0,00	1000	DM 1.000,00
0%	1	100%
0%	0,01	1%
0,00E+00	1	1,00E+00
0,00E+00	1000	1,00E+03

Zahlen-
formate

Tabelle 4.2 Zahlenformate

Wir wollen die Zahlen in unserer Tabelle mit Tausenderpunkten und ohne Nachkommastellen anzeigen lassen.

Zahlen formatieren

1. Markieren Sie den Bereich, für den Sie ein neues Zahlenformat festlegen wollen (hier Z3S2:Z7S5).

2. Rufen Sie das Kontextmenü auf, indem Sie mit der rechten Maustaste in die Markierung klicken, und wählen Sie hier den Befehl **Zahlenformat**.

3. Wählen Sie in dem Dialogfeld **Zahlenformat** wie in Bild 4.22 das Format «#.##0» aus, indem Sie darauf doppelklicken.

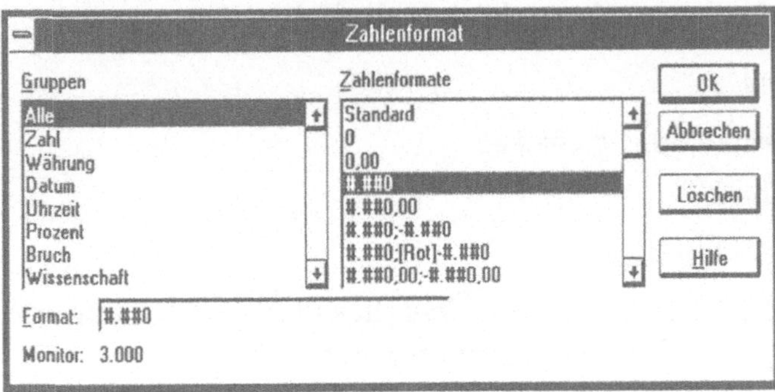

Bild 4.22 Einstellen des Formates «#.##0»

Mit der Tastatur verwenden Sie hierzu das Menü **Format**.

Vorgehensweise:

1. Markieren Sie den Tabellenbereich, in dem Sie die Darstellung ändern wollen (hier Z3S2:Z7S5).

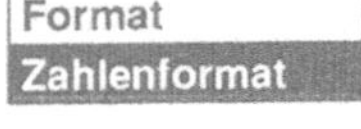

2. Geben Sie den Befehl **Zahlenformat** aus dem Menü **Format**.

3. Wählen Sie den Formatcode «#.##0» aus der Liste der voreingestellten Formatcodes aus (Bild 4.22) und schließen Sie den Befehl mit der (Eingabe)-Taste ab.

Sie sehen nun die Tabelle zur Umsatzauswertung mit Tausenderpunkten und ohne Nachkommastellen (Bild 4.23). In dieser Darstellung werden Zahlen, die Nachkommastellen enthalten, auf ganze Zahlen gerundet.

	1	2	3	4	5
1	*Umsatzauswertung*				
2		Januar	Februar	März	Summe
3	Bahnreisen	3.000	4.000	5.000	12.000
4	Busreisen	10.000	13.000	12.000	35.000
5	Flugreisen	6.000	4.000	7.000	17.000
6	Seereisen	8.000	3.000	1.000	12.000
7	Spartensumme	27.000	24.000	25.000	76.000

Bild 4.23 Umsatztabelle mit Tausenderpunkten

4. 7. 3 Texte und Währungen in Zahlenformaten

Jeder Formatcode kann Buchstaben enthalten. Dabei müssen Texte in Anführungszeichen stehen. Dies gilt im allgemeinen auch für Währungsangaben, die einfach durch Eingabe der entsprechenden Buchstaben zum Formatcode einer Zahl hinzugefügt werden.

Texte und Zahlenformate

Einige Währungen erkennt Excel jedoch als solche, so daß ihre gebräuchlichen Abkürzungen nicht mit Anführungszeichen als Text gekennzeichnet werden müssen. Welches Währungsformat Excel als voreingestellt betrachtet, hängt von Ihrer Windows-Installation ab.

Haben Sie unter Windows den deutschen Zeichensatz installiert, so werden Sie das Währungsformat DM voreingestellt vorfinden. Sie können bei den voreingestellten Währungsformaten leider nicht auswählen, ob die Währungsangabe vor oder hinter der Zahl ausgegeben werden soll. Wir wollen nun im folgenden erreichen, daß hinter den Umsätzen unserer Tabelle die Währung erscheint. Dabei soll die Darstellung der Zahlen ohne Nachkommastellen und mit Tausenderpunkten beibehalten werden.

Zahlenformate können aus bis zu vier durch Semikola voneinander getrennten Teilen bestehen. Wir werden darauf im nächsten Abschnitt noch genauer eingehen. Der zweite Teil des Formates bestimmt die Darstellung von negativen Zahlen. Wir wollen ihn hier daher schon berücksichtigen.

1. Markieren Sie den Tabellenbereich, für den Sie das neue Zahlenformat festlegen wollen (hier Z3S2:Z7S5).

2. Rufen Sie das Kontextmenü auf, indem Sie mit der rechten Maustaste in die Markierung klicken.

3. Geben Sie im Kontextmenü den Befehl **Zahlenformat**.

4. Wählen Sie in dem Dialogfeld **Zahlenformat** wie in Bild 4.24 die Gruppe «Währung» aus und geben Sie nun das Format «#.##0 DM;-#.##0 DM» ein.

5. Schließen Sie den Befehl ab.

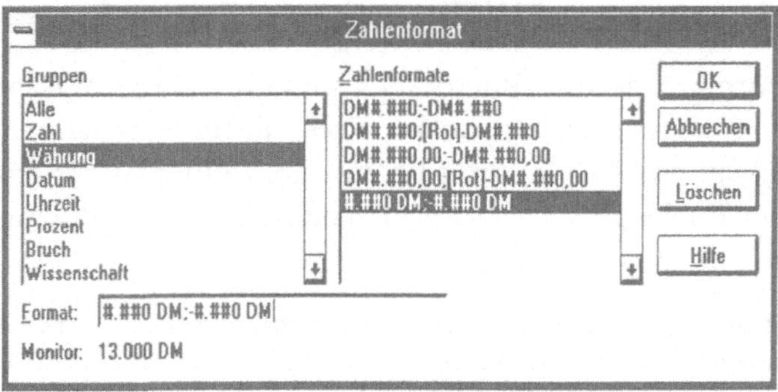

Bild 4.24 Eingeben des Währungsformates

Mit der Tastatur wählen Sie das gewünschte Zahlenformat mit Hilfe des Befehls **Zahlenformat** aus dem Menü **Format**.

1. Markieren Sie den Tabellenbereich, für den Sie das neue Zahlenformat festlegen wollen (hier Z3S2:Z7S5).

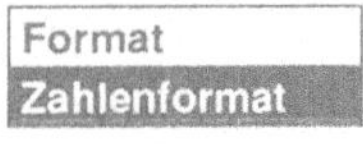

2. Geben Sie den Befehl **Zahlenformat** aus dem Menü **Format**. Sie sehen nun das Dialogfeld **Zahlenformat**, in dem das im vorigen Abschnitt eingegebene Format «#.##0» markiert ist.

3. Wählen sie die Gruppe «Währung» aus und geben Sie den Formatcode «#.##0 DM;-#.##0 DM» im Textfeld «Format» ein (Bild 4.24).

4. Schließen Sie den Befehl ab.

Sie sehen nun das Ergebnis wie Bild 4.25.

Bild 4.25 Bildschirm nach dem Vergeben des neuen Formates

Werden Ihre Zahlen zusammen mit dem Format breiter, als Sie die Spalte festgelegt haben, so wird Excel anstatt eines Teils der Zahlen in der entsprechenden Zelle Doppelkreuze ausgeben. Sie müssen in diesem Fall die Breite entsprechend vergrößern, um wieder den Inhalt der Zelle zu sehen.

4. 7. 4 Inhaltsorientierte Fallunterscheidungen in Zahlenformaten

Sie haben bei Excel die Möglichkeit, Zahlen abhängig von Ihrem Wert darzustellen. Dabei unterscheidet Excel zwischen positiven Zahlen, der Null und negativen Zahlen. Als vierte Darstellung können Sie Excel in einem Zahlenformat mitteilen, wie es Text darstellen soll, der in ein Zahlenfeld eingegeben wird.

Inhaltsorientierte Formate

Entsprechend kann der Formatcode einer Zahl aus bis zu vier Teilen bestehen, wobei

- der erste Teil das Format für positive Zahlen,

- der zweite das für negative

- der dritte die Darstellung der Null und der

- vierte Teil die Darstellung von Text.

Die einzelnen Teile des Formatcodes werden durch je ein Semikolon getrennt. Unterscheiden sich diese Formate nicht, so muß nur das erste eingegeben werden.

Aufbau von Formaten

Sie können in jedem der vier Teile des Formatcodes alle Zahlenformate, Buchstaben sowie Farbangaben (siehe nächster Abschnitt) verwenden.

Beispiel eines Formatcode:

```
0,00;"leider minus";"nix";"Fehler: Keine
Texteingabe erlaubt"
```

Ergebnis:

Zahl	Darstellung
2	2,00
-2	leider minus
0	nix
Heinz	Fehler: Keine Texteingabe erlaubt

Sie geben diese Formatcodes ebenso wie die anderen Zahlenformate mit dem Befehl **Zahlenformat** aus dem Menü **Format** ein. Ein Beispiel hierzu zeigen wir Ihnen im folgenden Abschnitt.

4. 7. 5 Farbe in der Darstellung von Zahlen

"Rote Zahlen schreiben..."

Auf Farbbildschirmen können Sie bei Excel Farbe als Gestaltungsmittel für Ihre Tabelle einsetzen. In Abschnitt 4.3 wurde beschrieben, wie Sie ganze Tabellenbereiche färben können.

Neben der generellen farblichen Gestaltung eines Tabellenfeldes können Sie bei Excel Zahlen noch weiter gestalten. Wie im vorhergehenden Abschnitt beschrieben, läßt sich bei Excel eine Zahl abhängig von ihrem Wert formatieren. So können Sie zum Beispiel negative Zahlen zur besseren Übersicht in einer Erfolgsauswertung rot darstellen, um sofort zu sehen, ob eine der Sparten Verlust gemacht hat.

Dazu müssen wir den eingegebenen Formatcode noch etwas erweitern, da wir auch den zweiten Teil angeben müssen.

Legen Sie nun in unserem Beispiel für die gesamte Tabelle fest, daß negative Zahlen rot erscheinen.

1. Markieren Sie den Tabellenbereich, für den Sie den neuen Formatcode festlegen wollen (hier Z3S2:Z7S5).

2. Rufen sie mit der Maus das Kontextmenü auf oder geben Sie den Befehl **Zahlenformat** aus dem Menü **Format**.

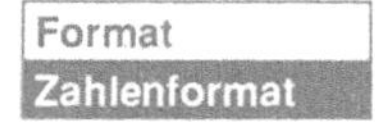

3. Wählen Sie den eben eingegebenen Formatcode aus und ändern Sie ihn wie folgt:

```
#.##0DM;[rot]-#.##0 DM
```

4. Schließen Sie den Befehl ab.

Um die Auswirkung des neuen Formatcodes auch auf dem Bildschirm zu sehen, müssen wir nun in die Tabelle einen "negativen Umsatzwert" eintragen. Geben Sie zum Beispiel als Bahnreisen-Umsatz im Monat Januar -3000 ein.

Microsoft Excel - UMSATZ.XLS

Datei Bearbeiten Formel Format Daten Optionen Makro Fenster ?

Standard

Standard MS Sans Serif 10

Z3S2   -3000

		1	2	3	4	5	6	7
1		*Umsatzauswertung*						
2			Januar	Februar	März	Summe		
3	Bahnreisen	-3.000 DM	4.000 DM	5.000 DM	6.000 DM		
4	Busreisen	10.000 DM	13.000 DM	12.000 DM	35.000 DM		
5	Flugreisen	6.000 DM	4.000 DM	7.000 DM	17.000 DM		
6	Seereisen	8.000 DM	3.000 DM	1.000 DM	12.000 DM		
7	Spartensumme	21.000 DM	24.000 DM	25.000 DM	70.000 DM		
8								
9	Bahnreisen	=Z3S2:Z3S4						
10	Busreisen	=Z4S2:Z4S4						

Bereit

Bild 4.26 Rote Darstellung einer negativen Zahl

Negative
Zahlen...

Sie sehen nun ein Fenster wie in Bild 4.24 mit einer roten -3000 DM. Sie können Excel eine negative Zahl auch eingeben, indem Sie die entsprechende Zahl in Klammern einschließen. Dies entspricht der amerikanischen Schreibweise. Beobachten Sie außerdem, daß Excel den neuen Umsatz gleich in den Sparten- und Monatssummen berücksichtigt hat, sofern Sie nicht den Befehl **Neu Berechnen** gewählt und die Neuberechnung ausgeschaltet haben.

Sie werden das Ergebnis hier auf diesem Schwarz-Weiß-Druck nicht so genau sehen. Excel stellt Farbe bei monochromem Druck in Grautönen dar, deren Helligkeit sich nach der Farbwahl richtet.

Speichern Sie die so formatierte Tabelle unter dem Namen UM-SATZF.XLS, damit Sie die nicht formatierte Version für spätere Arbeiten erhalten. Sie finden diese Datei auf der Übungsdiskette im Verzeichnis «\K04».

4. 7. 6 Verwenden von Druckformaten

Manche Formate müssen Sie immer wieder vergeben, so das Währungsformat, wenn Sie häufig mit Umsatzauswertungen arbeiten.

Druckformate

Damit Sie diese Formate nicht immer wieder neu eingeben müssen, können Sie bei Excel Druckformate anlegen. Sie legen dann das gewünschte Format fest, indem Sie die Zellen, die formatiert werden sollen, markieren und anschließend die Formatvorlage aus der Liste auswählen. Sie können ferner selbst definierte Formate in die Liste der Druckformate aufnehmen, um Sie anschließend arbeitssparend vergeben zu können.

Sie haben zwei Möglichkeiten, ein Druckformat festzulegen:

- Sie können ein vergebenes Format übernehmen und diesem Format in der Formatvorlage einen Namen zuordnen.
- Eine Formatvorlage kann auch direkt mit dem Befehl **Druckformat** aus dem Menü **Format** eingegeben werden.

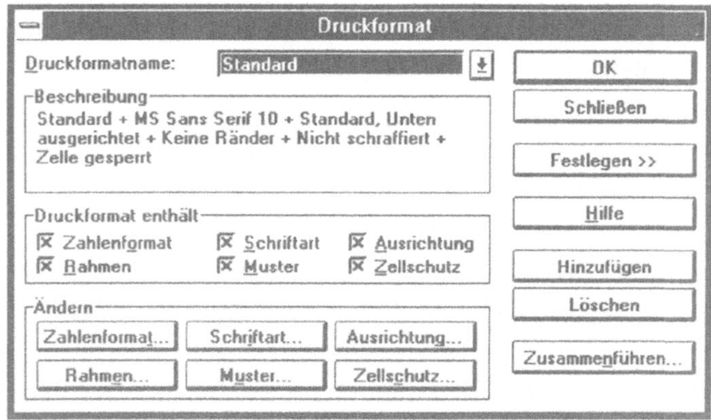

Bild 4.27 Dialogfeld **Druckformat**

Wenn Sie Druckformate mit dem Befehl **Druckformat** aus dem Menü **Format** und der Option **Festlegen** definieren wollen, sehen Sie ein Dialogfeld wie in Bild 4.27. Sie können die folgenden Formatierungselemente in einem Druckformat festhalten:

Elemente von Druckformaten

- Zahlenformat
- Schriftart
- Rahmenart
- Muster
- Ausrichtung
- Zellschutz

Wir wollen Ihnen nun zeigen, wie Sie das Format der Umsatztabelle als Druckformat speichern und so jederzeit leicht wieder vergeben können. Sie können so in einer neuen Umsatztabelle, die Sie erstellen, die umfangreichen Formate für Tabellenüberschrift, Zeilen- und Spaltenüberschriften und die Zahlenwerte einfach wieder einstellen, indem Sie das entsprechende Druckformat auswählen. Dabei werden Sie die Formate der Zahlen, die Schriftart, die Zellmuster, die Rahmenart und die Ausrichtung der Tabelle bzw. Tabelleninhalte übernehmen.

Was wollen wir erreichen?

Übernehmen Sie nun aus den drei verschiedenen Bereichen Tabellenüberschrift (Z1S1:Z1S5), Zeilen- und Spaltenüberschriften (Z2S1:Z7S1Z2S2:Z2S5) und Zahlenwerte (Z3S2:Z7S5) nacheinander das Format in ein Druckformat.

Legen sie als erstes für die Tabellenüberschrift das Format «UmsatzÜb» fest:

1. Markieren Sie den Bereich, dessen Kombination von Formaten Sie in einer Formatvorlage festhalten wollen (hier Z1S1:Z1S5).

2. Geben sie den Befehl **Druckformat** aus dem Menü **Format** und wählen Sie in dem Dialogfeld **Druckformat** die Option **festlegen** aus.

3. Tragen sie nun den Namen «UmsatzÜb» ein und überprüfen Sie, ob in dem Gruppenfeld «Druckformat enthält» alle Optionen bis auf der Zellschutz eingeschaltet sind (Bild 4.28).

3. Schließen Sie den Befehl ab.

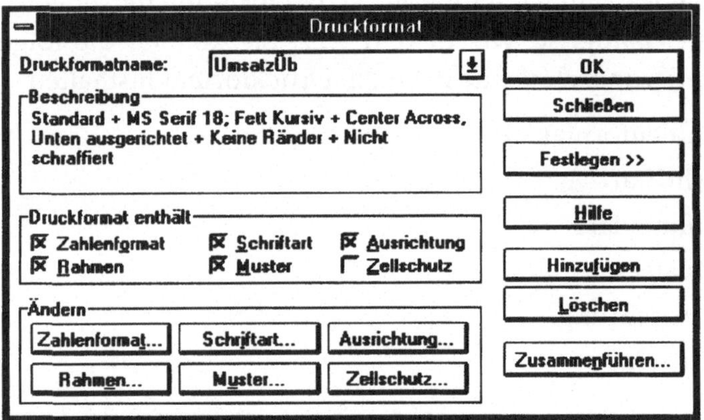

Bild 4.28 Übernehmen der Formate der Tabellenüberschrift

Sie können Druckformate auch mit der Maus übernehmen, indem sie wie oben den Bereich markieren, dessen Format Sie übernehmen wollen, in der Symbolleiste in die Druckformatliste klicken und anschließend den gewünschten Namen eingeben. Wir haben dieses Verfahren hier jedoch nicht beschrieben, da Sie hier nicht festlegen können, welche Formate Sie übernehmen wollen.

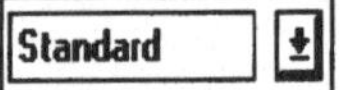

Leider können Sie die verschiedenen Rahmenarten der Tabelle so nicht in Druckformaten übernehmen. Sie müßte dazu für sehr viele verschiedenen Zelle der Tabelle entsprechende Druckformate vergeben. Dies würde aber die Übersichtlichkeit und den Nutzen der Formate wieder zunichte machen.

Wir wollen daher nur noch die Zahlenformate und die Schriftarten sowie die Ausrichtung der Zeilen- und Spaltenüberschriften übernehmen.

Bereich	Formate	Name
Z2S1:S5	Schriftart, Ausrichtung, Muster	UmsatzSpÜb
Z3S1:Z7S1	Schriftart, Muster	UmsatzZeiÜb
Z3S2:Z7S5	Zahlenfomat, Schriftart, Muster	UmsatzZahlen

Tabelle 4.3 Druckformate der Tabelle

Sie können nun noch ein Druckformat mit dem Namen «Umsatz-Ges» festlegen, welches das Format «Rahmen mittlerer Stärke, links, rechts, oben, unten» enthält. Dann werden alle Zellen der Tabelle von einem gleichstarken Rahmen begrenzt. Die Umsatztabelle sieht dann aus wie in Bild 4.29.

Rahmen in Druckformaten

	1	2	3	4	5
1	*Umsatzauswertung*				
2		Januar	Februar	März	Summe
3	Bahnreisen	-3.000 DM	4.000 DM	5.000 DM	6.000 DM
4	Busreisen	10.000 DM	13.000 DM	12.000 DM	35.000 DM
5	Flugreisen	6.000 DM	4.000 DM	7.000 DM	17.000 DM
6	Seereisen	8.000 DM	3.000 DM	1.000 DM	12.000 DM
7	Spartensumme	21.000 DM	24.000 DM	25.000 DM	70.000 DM

Bild 4.29 Umsatztabelle mit neuer Rahmenart

Mit der Maus können Sie zum Einstellen von Druckformate nun die Symbolleiste verwenden, mit der Tastatur verwenden Sie ein Menü. So rufen Sie eine Formatvorlage auf:

1. Markieren Sie den Bereich, für den Sie das Format festlegen wollen.

2. Klicken Sie in die Liste der Formatvorlagen in der Symbolleiste.

3. Wählen Sie nun mit der Maus das Format aus der Liste aus, das Sie einstellen wollen.

Mit der Tastatur erledigen Sie dies mit Hilfe des Befehls **Formatvorlage** aus dem Menü **Format**.

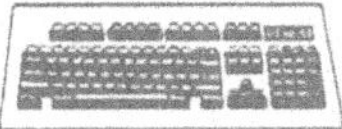

1. Markieren Sie den Bereich der Tabelle, für den Sie ein Format festlegen wollen.

2. Geben Sie den Befehl **Formatvorlage** aus dem Menü **Format**. Wählen Sie den Namen der Formatvorlage aus.

3. Schließen Sie den Befehl mit der (Eingabe)-Taste ab.

Beachten Sie, daß die Druckformate nur in der Tabellendatei gespeichert sind, in der Sie sie festgelegt haben.

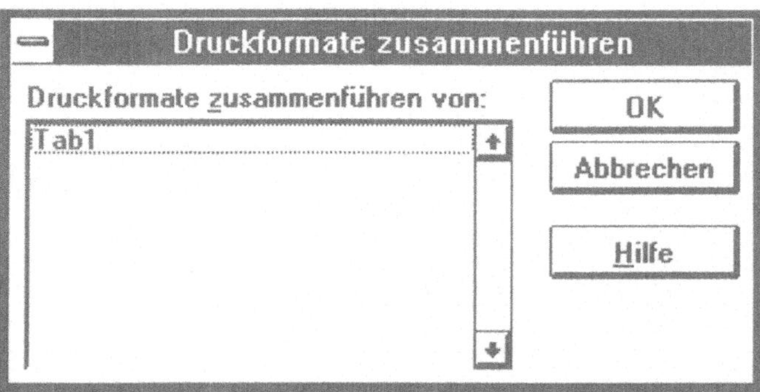

Bild 4.30 Druckformat in eine andere Tabelle kopieren

Um Druckformate auch in anderen Tabellen zu verwenden, müssen Sie die Schaltfläche **Zusammenführen** im Dialogfeld zum Festlegen von Druckformaten wählen und anschließend in der Liste «Druckformate zusammenführen von» die Tabelle auswählen, von der Sie die Druckformate übernehmen wollen (Bild 4.30).

Eine Tabelle, von der Sie Druckformate übernehmen wollen, muß geöffnet sein, ansonsten wird sie nicht in der Liste angezeigt sein.

4. 7. 7 Beispiele besonderer Formate für Zahlen

Sie können sich mit den in den vorhergehenden Abschnitten beschriebenen Elementen leicht eigene Formate gestalten. Sie geben diese Formate genau wie die voreingestellten Formate in dem Menü **Format Zahlenformat** ein, jedoch wählen Sie nun kein Format aus, sondern geben über die Tastatur ein eigenes ein. Achten Sie dabei auf die Struktur eines Formates, da Excel ansonsten nicht das gewünschte Ergebnis liefern wird.

Ungewöhnliche Formate

Die folgende Tabelle soll Ihnen anhand eines etwas ausgefallenen Formates zeigen, wie man die verschiedenen Elemente eines Formates nutzen kann. Der Formatcode, der eingegeben wurde, lautet:

```
Schön, daß Du einen Gewinn von "#.##0,00
DM" gemacht hast!";"Du sollst keinen Ver-
lust von "#.##0,00 DM" machen!!"[rot];
"Nix"[grün]; "Bitte geben Sie Zahlen ein!"
```

Dieses Format führt zu den folgenden Resultaten:

Eingabe	Ausgabe
345,234	Schön, daß Du einen Gewinn von 345,23 DM gemacht hast!
-23,4	Du sollst keinen Verlust von 23,40 DM machen! (in rot)
0	Nix (in grün)
Heinz	Bitte geben Sie Zahlen ein!

Tabelle 4.4 Ergebnisse des Zahlenformates

4. 8 Kalenderdaten und Uhrzeiten

4. 8. 1 Voreingestellte Formate

Mit Excel können Sie Kalenderdaten nach Ihren Wünschen beeinflussen. In Tabelle 4.5 sehen Sie einige Beispiele für Zeit- und Datumsformate und deren Wirkungen.

Format	Eingabe	Ausgabe
T.M.JJ	12.03.199	12.3.90
T.MMM JJ	12.03.1990	12.März 90
h:mm AM/PM	13:12	1:12 PM
h:mm AM/PM	1:12	1:12 AM

Tabelle 4.5 Kalenderformate und Wirkung

Bild 4.31 Umsatztabelle mit Erstellungsdatum

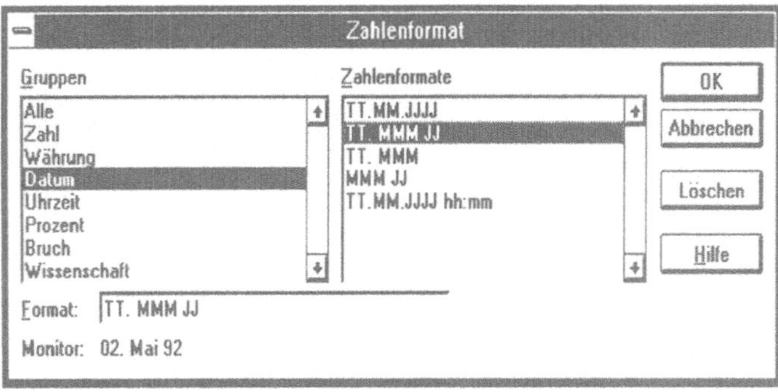

Bild 4.32 Auswählen eines Datumsformates

Excel verarbeitet Kalenderdaten und Uhrzeiten intern als Dezimalzahlen, so daß Sie die entsprechenden Formatierungsbefehle wie bei Zahlenformaten im Menü **Format** unter dem Befehl **Zahlenformat** finden.

Tragen Sie nun in die Zelle Z8S1 den Text "Aktuelles Datum" und in Zeile 8 Spalte 4 den Text "Erstellt am" ein. Geben Sie anschließend in die Zelle Z8S4 ein Erstellungsdatum ein (Bild 4.31), welches wir im folgenden in einem anderen Format darstellen wollen.

Das Datum soll nun in der Form «01.Jan 92» erscheinen. Dazu verfahren Sie wie folgt:

Vorgehensweise:

1. Markieren Sie den Tabellenbereich, in dem Sie Daten formatieren wollen (hier Z8S5).

2. Geben Sie den Befehl **Zahlenformat** aus dem Kontext-Menü oder dem Menü **Format**.

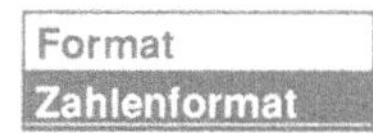

3. Wählen Sie den gewünschten Formatcode, hier «TT.MMM.JJ», aus (Bild 4.32).

4. Schließen Sie den Befehl ab.

Sie sehen nun ein Tabellenfenster wie in Bild 4.33 mit dem neuen Format.

	1	2	3	4	5
1	*Umsatzauswertung*				
2		Januar	Februar	März	Summe
3	Bahnreisen	-3.000 DM	4.000 DM	5.000 DM	6.000 DM
4	Busreisen	10.000 DM	13.000 DM	12.000 DM	35.000 DM
5	Flugreisen	6.000 DM	4.000 DM	7.000 DM	17.000 DM
6	Seereisen	8.000 DM	3.000 DM	1.000 DM	12.000 DM
7	Spartensumme	21.000 DM	24.000 DM	25.000 DM	70.000 DM
8	Aktuelles Datum:			Erstellt am:	02. Mai 92

Bild 4.33 Erstellungsdatum in der neuen Darstellung

4. 8. 2 Gestalten eigener Formate

Eigene For-
mate

Mit Excel können Sie eigene Formate gestalten. Dies ermöglicht Ihnen ein einfaches Mischen von festen Texten und variablen Zellinhalten. Konstante Texte in diesen Formaten müssen Sie in Anführungszeichen einschließen.

Sie können in Formaten für Kalenderdaten und Uhrzeiten die in der Tabelle 4.6 dargestellten Platzhalter benutzen.

Achten Sie beim Verwenden dieser Platzhalter auf Groß- und Kleinschreibung und auf die richtige Zeichenfolge. Wenn Sie mm eingeben, so wird Excel dies immer als Platzhalter für die Minuten verstehen, auch wenn Sie es in ein Datumsformat schreiben.

Sie können durch bestimmte Kombinationen der Platzhalter bestimmen, ob Sie zum Beispiel den Tag ganz ausgeschrieben oder abgekürzt dargestellt haben wollen.

Geben Sie das Platzhalterzeichen für den Tag, den Monat oder das Jahr viermal hintereinander ein, so sehen Sie die ausführlichste Darstellung.

Bei der Zahlendarstellung von Tag und Monat können Sie bestimmen, ob die Angabe in jedem Fall zweistellig sein soll (z.B. 01.01.1991) oder nicht.

Platzhalter	steht für
T	Tag
M	Monat
J	Jahr
hh	Stunde
mm	Minute
ss	Sekunde

Tabelle 4.6 Platzhalter in Formaten

In Tabelle 4.7 sind einige Kalenderformate und ihre Wirkung dargestellt.

Format	Eingabe	Ausgabe
T.M.JJ	1.1.1991	1.1.91
T.M.JJ	12.12.1991	12.12.1991
TT.MM.JJJ	1.1.1991	01.01.1991
TT.MM.JJJ	12.12.1991	12.12.1991
TT. MMMM. JJJJ	1.1.1991	01. Januar 1991
TTTT", der "T. MMMM	1.1.1991	Dienstag, der 1.Januar

Formate und ihre Wirkung

Tabelle 4.7 Kalenderformate und Wirkung

Sie sehen das Beispiel eines eigenen Formates hier anhand der Funktion JETZT() (siehe Abschnitt 8.4).

Damit können Sie sich in der Umsatztabelle immer das aktuelle Datum anzeigen lassen. Wir wollen dieses Datum in die Zeile 8 Spalte 2 eintragen.

Geben Sie dazu die Funktion JETZT() wie eine Formel in die Zelle Z8S2 ein, indem Sie zuerst ein Gleichheitszeichen und danach die Formel JETZT() eintragen. Wir werden Ihnen die Eingabe und die Syntax von Funktionen im Kapitel 6 noch eingehend erläutern.

Excel wählt zur Ausgabe des Datums das Standardformat, welches das Datum mit Uhrzeit ausgibt. Da die Darstellung für die

Spalte zu breit ist und Excel bei Zahlenformaten keine leeren Nachbarfelder mitbenutzt, sehen Sie nun nur Doppelkreuze (Bild 4.34).

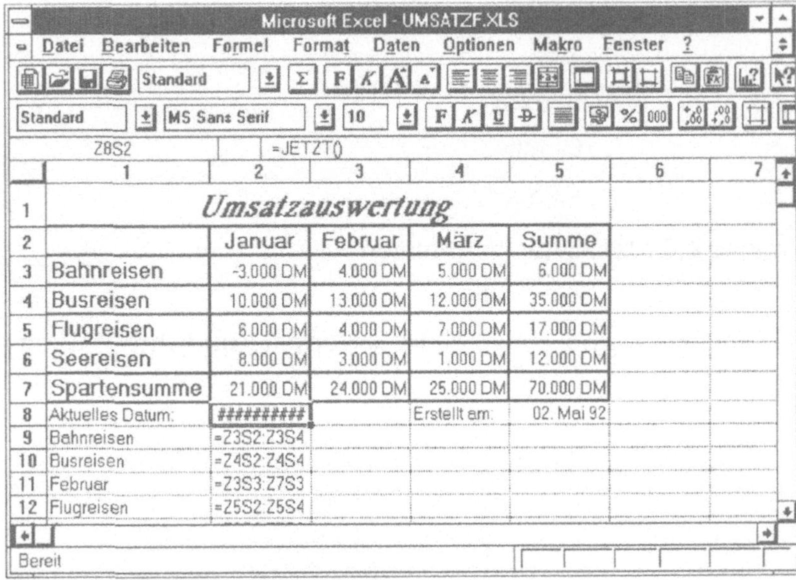

Bild 4.34 Bildschirm nach der Eingabe der Funktion JETZT() und mit zu schmaler Spalte

Nun werden wir ein Format eintragen, welches das Datum in der Form

```
Samstag, der 02.05.92
```

ausgibt.

Um Ihr eigenes Format für Kalenderdaten einzutragen, verfahren Sie wie folgt:

1. Zeigen Sie auf die entsprechende Zelle bzw. den entsprechenden Tabellenbereich.

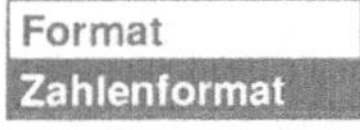

2. Geben Sie den Befehl **Zahlenformat** aus dem Kontextmenü oder aus dem Menü **Format**. Geben Sie den neuen Formatcode ein (Bild 4.35):

```
TTTT", der "TT.MM.JJ"
```

3. Schließen Sie den Befehl ab.

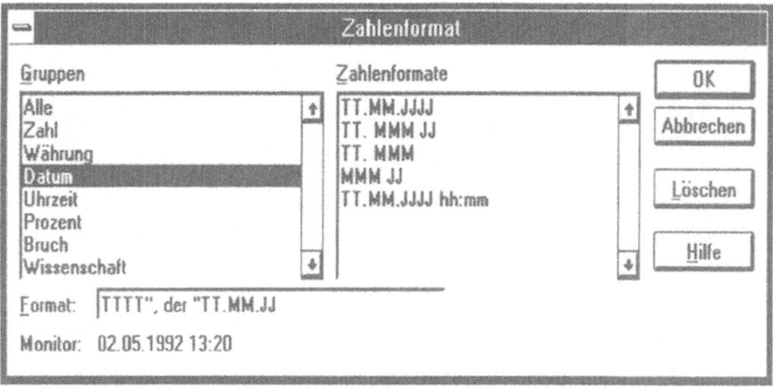

Bild 4.35 Eingabe eines eigenen Kalenderformates

Wenn Sie nun noch den Inhalt der Zelle Z8S2 über die Spalten 2 und 3 der Zeile 8 zentrieren, damit der gesamte Inhalt sichtbar wird, so erhalten Sie die in Bild 4.36 dargestellte Umsatztabelle.

	1	2	3	4	5
1		*Umsatzauswertung*			
2		Januar	Februar	März	Summe
3	Bahnreisen	-3.000 DM	4.000 DM	5.000 DM	6.000 DM
4	Busreisen	10.000 DM	13.000 DM	12.000 DM	35.000 DM
5	Flugreisen	6.000 DM	4.000 DM	7.000 DM	17.000 DM
6	Seereisen	8.000 DM	3.000 DM	1.000 DM	12.000 DM
7	Spartensumme	21.000 DM	24.000 DM	25.000 DM	70.000 DM
8	Aktuelles Datum:	Samstag, der 02.05.92		Erstellt am:	02. Mai 92

Bild 4.36 Umsatztabelle mit Erstellungsdatum

Selbstdefinierte Formate werden von Excel automatisch in die Formatcodeliste aufgenommen und gespeichert. Dabei verbindet Excel den neuen Formatcode aber immer nur mit der entsprechenden Tabelle. Wenn Sie eine neue Tabelle erstellen, müssen Sie den Formatcode erneut eingeben.

Speichern Sie die wichtigsten Formate in einem Leerformular oder in einer Mustervorlage (s. Abschnitte 8.2 und 14.3) und laden Sie dieses Formular immer dann, wenn Sie auf die Formate zurückgreifen wollen.

4.9 Schützen von Zellen

Formeln schützen

Durch Fehlbedienung können Sie versehentlich die Formeln in Rechenzellen zerstören, zum Beispiel, indem Sie mit dem Zellzeiger auf ein Tabellenfeld zeigen, das Formeln enthält, und etwas eingeben. Außerdem gibt es vielleicht Tabellen, die Sie nicht von anderen bearbeitet haben möchten.

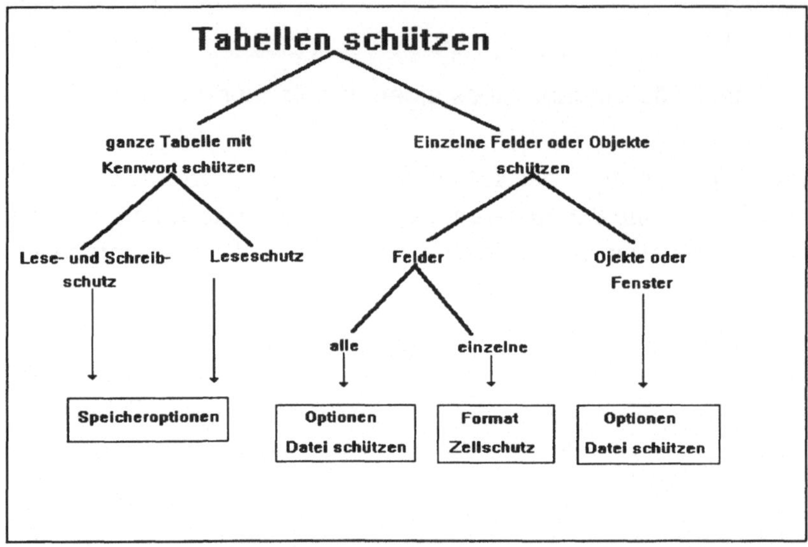

Was kann man schützen?

Dazu können Sie mit Excel entweder einzelner Zellen oder Objekte der Tabelle oder die ganze Tabelle schützen. Beim Schutz der Tabelle können Sie noch zwischen einem Schreibschutz und einem Lese- und Schreibschutz unterscheiden.

Wir wollen Ihnen nun zeigen, wie Sie alle Zellen, Fenster oder Objekte der Tabelle schützen.

Mit dem Befehl **Datei schützen** aus dem Menü **Optionen** können Sie die Tabellenfelder, Fenster oder einzelne Objekte Ihrer Tabelle vor unerwünschtem Zugriff oder vor versehentlichem Ändern schützen.

Schützen Sie nun die Tabellenfelder Ihrer Tabelle:

 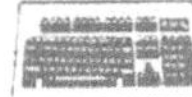

1. Geben Sie dazu den Befehl **Datei schützen** aus dem Menü **Optionen**. Sie sehen nun das Dialogfeld **Datei schützen** wie in Bild 4.37.

2. Wählen Sie die Option **Zellen** aus.

3. Schließen Sie den Befehl ab.

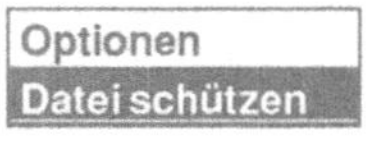

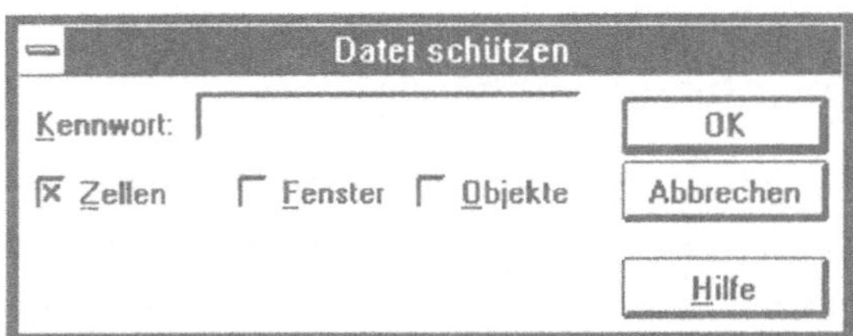

Bild 4.37 Dialogfeld zum Schützen einer
Datei

Sie können mit Excel nicht nur die gesamten Zellen einer Datei
schützen, sondern auch einzelne Zellen der Tabelle. Dazu verwenden Sie den Befehl **Zellschutz** aus dem Menü **Format**. Mit
diesem Befehl schützen Sie dann alle markierten Zellen oder
blenden die verwendeten Formeln aus.

Sie wählen mit Hilfe der Kontrollkästchen des Dialogfeldes aus,
ob Sie eine Zelle vor dem Zugriff schützen wollen («Gesperrt»)
oder ob Sie lediglich die Formel verbergen wollen («Formel ausblenden»).

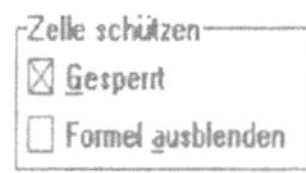

Bei dieser Variante des Schutzes vergeben Sie aber kein Kennwort, sondern Sie verhindern nur, daß Sie die geschützten Teile
der Tabelle versehentlich verändern oder löschen.

Das Schützen der gesamten Tabelle mit einem Paßwort vor unau-
torisiertem Zugriff haben wir Ihnen schon im Abschnitt 3.7 gezeigt, da dieser Befehl zu den Speicherbefehlen gehört.

4. 10 Gestalten der Druckausgabe

4. 10. 1 Überblick

Mit Excel können Sie die Druckausgabe Ihrer Tabelle vielfältig
gestalten. Sie können dabei zwischen unterschiedlichen Formaten
und Druckerschriftarten wählen, ihre Tabellen mit Kopf- und
Fußzeilen versehen und vieles mehr. Die Gestaltungsmöglichkeiten sind dabei wesentlich von Ihrem Drucker abhängig.

In Abschnitt 4.10.2 erfahren Sie, wie Sie Ihren Drucker einrichten. Das Gestalten der Blattgröße und der Ränder zeigt Abschnitt 4.10.3.

4. 10. 2 Druckereinrichtung

Drucker an-
melden und
einrichten

Bevor Sie Ihre Tabelle auf dem angeschlossenen Drucker ausgeben können, müssen Sie diesen Drucker, falls noch nicht geschehen, einrichten. Excel benutzt wie alle Windows 3.x Anwendungen die Druckereinrichtung von Windows mit. Dies bedeutet, daß Excel den/die Drucker als eingerichtet voreingestellt hat, den/die Sie bei der Installation von Windows eingerichtet haben.

Greifen Sie bei Schwierigkeiten mit der Druckerinstallation auf die umfangreiche Windows-Hilfe zurück, die nach dem gleichen Prinzip aufgebaut ist wie die Hilfe von Excel.

Mit der Einrichtung eines Druckers teilen Sie Windows mit,

- welche Papiergröße und -zuführung Sie verwenden,
- ob Sie im Hoch- oder Querformat drucken wollen und
- bei einigen Druckern weitere druckerabhängige Einzelheiten wie Grafikauflösung u.ä.

Daneben gibt es noch die Druckerinstallation. Hier legen Sie das verwendete Druckermodell sowie einige gerätetypische Details fest, da die Druckertreiber in der Regel für mehr als nur ein Modell konzipiert sind.

Beachten Sie, daß Sie mit Excel immer nur die unter Windows aktiven Drucker einrichten können. Wollen Sie Ihre Tabelle auf einem nicht aktiven Drucker ausgeben, so müssen Sie diesen erst unter Windows aktivieren. Dies liegt daran, daß Excel hier die Druckersteuerung von Windows mitbenutzt. Sie werden diese "Zusammenarbeit" zwischen Excel und Windows noch einmal im Abschnitt 4.11 erleben, wenn Sie eine Tabelle ausdrucken. Dort zeigen wir ihnen dann den Umgang mit dem Druck-Manager.

Sie aktivieren einen Drucker unter Windows mit Hilfe der Systemsteuerung. Sie rufen die Systemsteuerung mit Hilfe des System-Menüs auf, das Sie schon bei dem Umgang mit Fenstern im

Abschnitt 2.2 kennengelernt haben. In diesem System-Menü steht Ihnen der Befehl **Ausführen** zur Verfügung. In dem Dialogfeld **Ausführen** können Sie dann die Option **Systemsteuerung** auswählen.

Wählen Sie nun das Menü **Drucker** aus. Sie sehen ein Fenster wie in Bild 4.38. Markieren Sie nun den Drucker, der aktiviert werden soll. Dieser Drucker wird nun in dem Feld «Standarddrucker» angezeigt und ist damit aktiv. Sie können diese Einstellung auch alternativ von Excel aus vornehmen, indem Sie die Druckereinrichtung im Dialogfeld **Seite einrichten** aufrufen.

Achten Sie darauf, daß der Druck-Manager aktiv ist, damit Sie nicht vergeblich auf den Ausdruck warten müssen (vgl. Abschnitt 4.11).

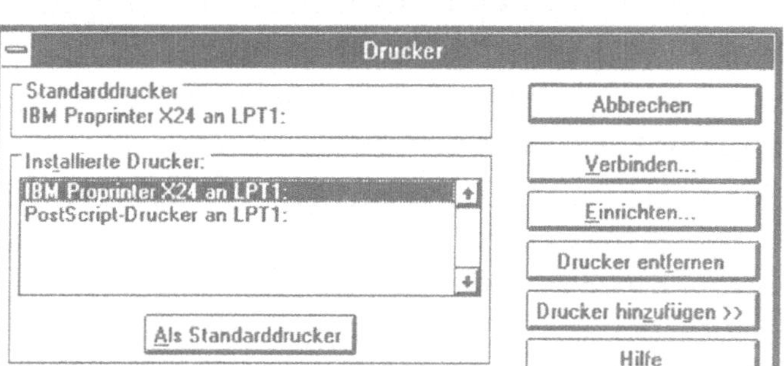

Bild 4.38 Druckereinrichtung unter WINDOWS

Das Einrichten eines Druckers, d.h. das Einstellen von druckerspezifischen Parametern, erfolgt ebenso entweder von der Systemsteuerung oder vom Dialogfeld **Seite einrichten** aus.

In dem Fenster zum Einrichten des Druckers können Sie verschiedene Parameter festlegen. Art und Umfang der möglichen Einstellungen hängen von dem installierten Drucker ab. Wir zeigen Ihnen im folgenden das Bild und die Optionen eines PostScript-Druckers.

Einrichten eines Druckers:

1. Rufen Sie das System-Menü auf, indem Sie in die System-Menü-Schaltfläche am oberen linken Rand des Anwendungsfenster von Excel klicken.

2. Wählen Sie den Befehl **Ausführen** aus.

3. Doppelklicken Sie in dem Dialogfeld **Ausführen** auf die Option **Systemsteuerung**.

4. Wählen Sie hier das Programm **Drucker** aus. sie sehen nun ein Dialogfeld wie in Bild 4.38.

5. Markieren Sie hier den Drucker, den Sie konfigurieren wollen (in unserem Beispiel ein Postscript-Drucker) und wählen sie die Schaltfläche **Einrichten**.

Einrichten eines Druckers:

1. Rufen sie das System-Menü durch die Tastenkombination [Alt]-[Leertaste] auf.

2. Wählen Sie den Befehl **Ausführen** aus und in dem Dialogfeld **Ausführen** die Option **Systemsteuerung**.

3. Markieren Sie nun mit den Richtungstasten das Programm **Drucker** und drücken sie die [Eingabe]-Taste.

4. Markieren Sie in dem Dialogfeld (Bild 4.38) den einzurichtenden Drucker (hier einen Postscript-Drucker) und wählen Sie die Schaltfläche **Einrichten** aus.

Sie sehen nun ein Dialogfeld wie in Bild 4.39.

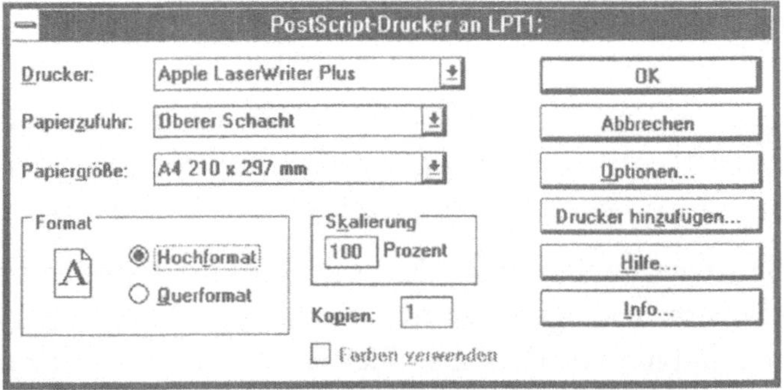

Bild 4.39 PostScript-Drucker Einrichtungsfenster

In diesem Dialogfeld können Sie

- den Druckertyp einstellen,
- die Papierzufuhr und -größe festlegen,
- Hoch- und Querformat sowie

*   weitere Druckoptionen einstellen.

Mit der Option Skalierung legen Sie fest, ob die Tabelle in Originalgröße oder verkleinert bzw. vergrößert ausgegeben werden soll. Bei dem Postscript-Drucker können Sie hier bei der Druckereinrichtung einstellen, wieviel Kopien Sie haben wollen. Wollen Sie eine Datei mehrmals ausdrucken, so sollten Sie die Kopien hier einstellen, da dann die Kopierfunktion des Druckers verwendet wird und Excel nicht jede Seite wieder neu aufbauen muß.

4. 10. 3 Auswahl des Druckbereichs

Um Papier und Druckzeit zu sparen, müssen Sie nicht immer die gesamte Tabelle ausdrucken, sondern sie können einen Bereich auswählen. Sie legen den Druckbereich im Menü **Optionen** mit dem Befehl **Druckbereich** festlegen fest. *Was soll gedruckt werden?*

In unserem Beispiel wollen wir nun die Umsatztabelle ausdrukken, nachdem wir einige Einstellungen bei den Druckoptionen vorgenommen haben. Dabei soll jedoch die noch vorhandene Namensliste nicht mit auf dem Ausdruck erscheinen.

Laden sie nun als erstes wieder die Tabelle UMSATZF.XLS. Wir wollen nun als Druckbereich den Bereich Z1S1:Z7S5 festlegen.

Festlegen eines Druckbereichs.

1. Markieren sie den Bereich, den Sie drucken wollen (hier Z1S1:Z7S5).
2. Wählen Sie den Befehl **Druckbereich festlegen** aus dem Menü **Optionen.**

Excel wird nun den Druckbereich mit einer gestrichelten Linie umgrenzen (Bild 4.40). Haben Sie wie in Bild 4.40 noch den gesamten Druckbereich markiert, so wird in der Bearbeitungszeile anstatt der Bereichsadresse der Name Druckbereich angezeigt.

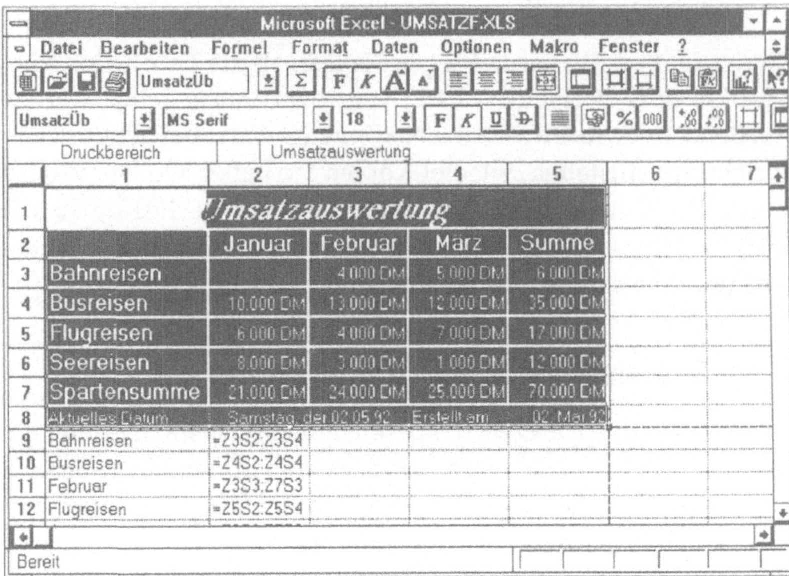

Bild 4.40 In der Tabelle gekennzeichneter Druckbereich

4. 10. 4 Gestalten der Druckseite

Das Layout

Sie können mit Excel das Format Ihrer Druckseite auf vielfältige Art und Weise gestalten. Dazu können Sie

- die Blattgröße und die Ränder verändern,

- wählen, ob Sie im Hoch- oder Querformat ausdrucken wollen,

- Ihre Tabelle auf dem Blatt zentrieren oder vergrößern,

- Kopf- und/oder Fußzeilen einfügen oder

- entscheiden, ob Sie die Zeilen-/Spaltennummern und die Tabellenfeldbegrenzungen ausdrucken wollen.

Wir werden im folgenden nicht jede einzelne Auswahl an unserem Beispiel erläutern, da Sie sich von der Befehlsausführung her nicht voneinander unterscheiden.

Das Beispiel

Die Umsatzauswertungstabelle soll nun im Querformat mit einem linken Rand von 2,5 cm, einem rechten Rand von 2,5 cm und mit gleichem oberen und unteren (vertikal zentriert) sowie rechtem und linken Rand (horizontal zentriert) ausgegeben werden.

Wir wählen hier zusätzlich zu der Option «Zentrieren: Horizontal» und «Zentrieren: Vertikal» noch rechte und linke Ränder, da Excel immer innerhalb der Ränder zentriert und somit bei unterschiedlichen Randgrößen der Ausdruck nicht zentriert erscheint.

Öffnen Sie zunächst, falls Sie dies noch nicht getan haben, die Tabelle Umsatz. Legen sie nun das erforderliche Layout fest:

Vorgehensweise:

1. Geben Sie den Befehl **Seite einrichten** aus dem Menü **Datei**. Sie sehen nun ein Dialogfeld wie in Bild 4.41.

2. Wählen Sie das Querformat aus, indem Sie das Wort «Querformat» anklicken.

3. Geben Sie in die Eingabefelder rechts bzw. links in den Kasten mit der Überschrift «Ränder» jeweils 2,5 cm ein. Um die Tabelle vertikal und horizontal zu zentrieren, klicken Sie in diesem Kasten noch die Kontrollkästchen «Zentrieren: Vertikal» und «Zentrieren: Horizontal» an.

4. Schließen Sie den Befehl ab.

Mit der Tastatur verändern Sie das Layout wie folgt:

Vorgehensweise:

1. Geben Sie den Befehl **Seite einrichten** aus dem Menü **Datei**. Sie sehen nun ein Dialogfeld wie in Bild 4.41.

2. Wählen Sie durch den Tastaturschlüssel Alt - q das **Querformat** aus.

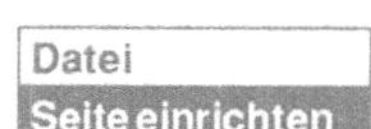

3. Aktivieren Sie durch den Tastaturschlüssel Alt - r bzw. Alt - l die Ausfüllfelder zur Eingabe der Ränder und tragen Sie jeweils 2,5cm ein. Um die Tabelle **vertikal** und **horizontal** zu zentrieren, drücken Sie Alt - a und Alt - h .

4. Schließen Sie den Befehl mit der Eingabe -Taste ab.

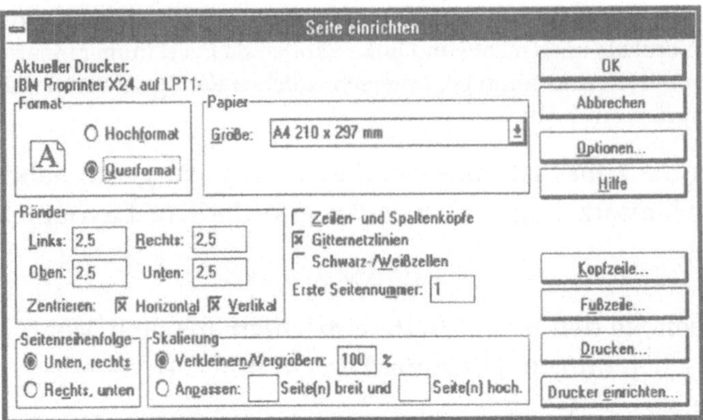

Bild 4.41 Dialogfeld zum Gestalten des Drucklayouts

Kontrollieren des Seitenlayouts

Das Ergebnis dieser Einstellungen können Sie in der normalen Darstellung der Tabelle nicht nachvollziehen. Um nicht jedesmal zur Kontrolle der Einstellungen des Layouts einen ganzen Ausdruck zu verschwenden, können Sie sich jede Seite Ihres Ausdrucks auf dem Bildschirm vollständig anzeigen lassen. Sie verwenden dazu den Befehl **Seitenansicht** aus dem **Datei**-Menü.

1. Geben Sie den Befehl **Seitenansicht** aus dem Menü **Datei**. Sie sehen einen Bildschirm wie in Bild 4.42.

2. Überprüfen Sie die Ergebnisse Ihrer Einstellungen am Bildschirm.

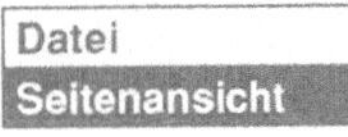

3. Durch Anklicken einer Stelle der Druckseite können Sie einen Ausschnitt der Tabelle vergrößert darstellen lassen, um z.B. Zeichen- oder Zahlenformate noch einmal zu überprüfen (Bild 4.43).

4. Umfaßt Ihre Tabelle mehrere Seiten, so können Sie mit Hilfe der Befehle **Weiter** und **Vorher** hin- und herblättern.

5. Wählen Sie zum Abschluß der Kontrolle den Befehl **Schließen**, um wieder zur normalen Darstellung zurückzukehren.

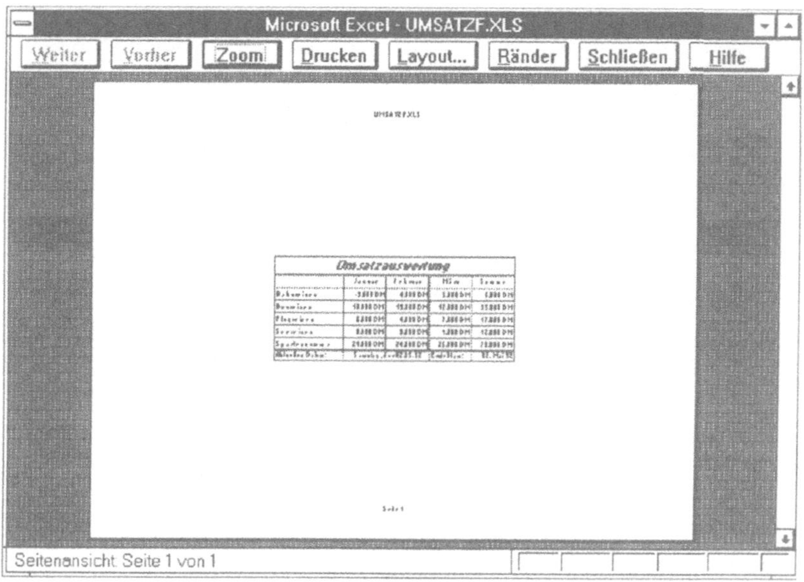

Bild 4.42 EXCEL-Tabelle in der Seitenansicht

Sie können die Seitenansicht auch mit der Tastatur steuern:

Vorgehensweise:

1. Geben Sie den Befehl **Seitenansicht** aus dem Menü **Datei**. Sie sehen nun einen Bildschirm wie in Bild 4.42.

2. Überprüfen Sie die Ergebnisse Ihrer Einstellungen nun am Bildschirm.

3. Sie können einzelne Teile der Druckseite vergrößert darstellen lassen, indem Sie den Zellzeiger, eine Lupe, an die entsprechende Stelle bewegen und den Befehl **Zoom** geben (Bild 4.43).

4. Umfaßt Ihre Tabelle mehrere Seiten, so können Sie mit Hilfe der Befehle **Weiter** und **Vorher** hin- und herblättern.

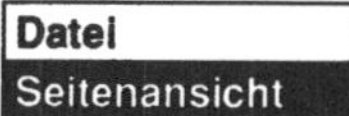

5. Wählen Sie zum Abschluß der Kontrolle den Befehl **Schließen**, um wieder zur normalen Darstellung zurückzukehren.

Beachten Sie, daß Excel *automatisch* eine Kopf- und eine Fußzeile einfügt. In der Kopfzeile steht der Name der Tabelle, in der Fußzeile die Nummer der Druckseite. Wenn sie eine andere Ausgabe wünschen, so müssen Sie dies entsprechend ändern.

Kopf- und Fußzeilen

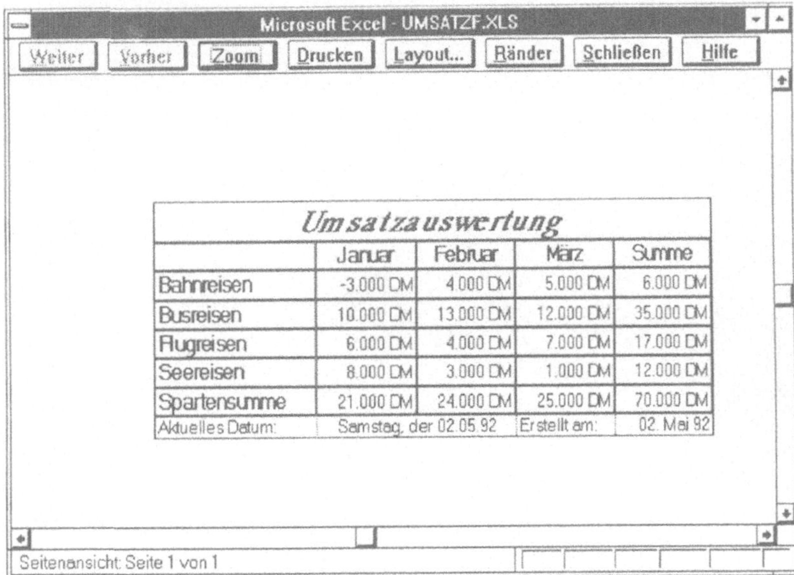

Bild 4.43 Seitenansicht nach dem Vergrößern eines Ausschnitts

Kopfzeilen festlegen

Sie können dazu mit dem Befehl **Seite einrichten** aus dem Menü **Druck** wie in Bild 4.44 in die entsprechenden Eingabefelder des Dialogfeldes Texte eintragen, die in der Kopf- oder Fußzeile erscheinen sollen und zusätzlich diese Texte mit Codes versehen, die bestimmte Formatierungen oder Sonderfunktionen bewirken. Außerdem können Sie festlegen, wie der Kopf- und Fußzeilentext ausgerichtet sein soll.

Die Wirkungen der Codes können Sie der Tabelle 2 im Anhang entnehmen. Sie werden jedoch auch schon im Dialogfeld zum Festlegen der Kopf- und Fußzeilen durch selbsterklärende Symbole erläutert.

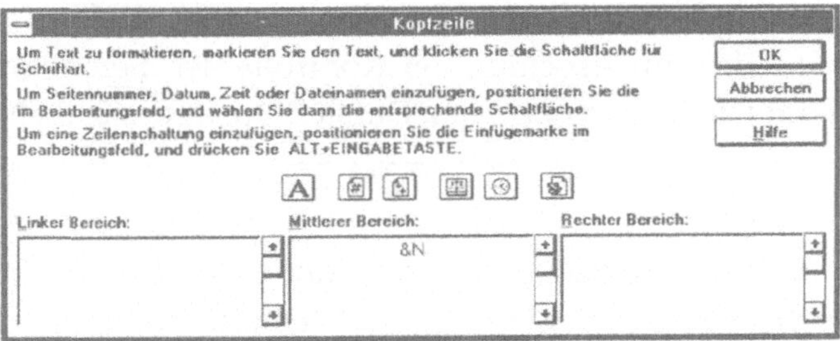

Bild 4.44 Bearbeiten der Kopfzeilen

4. 11 Drucken und der Druck-Manager

Wenn Sie alle Schritte nachvollzogen haben, so haben Sie Ihren Drucker richtig installiert, die Ränder Ihrer Druckseite gestaltet und Ihre Tabelle optisch ein wenig aufgewertet. Wir wollen diese Tabelle nun ausdrucken.

Da Sie in den vorhergehenden Abschnitten schon alle Einstellungen wie Einrichtung des Druckers und Festlegen des Druckbereichs vorgenommen haben, können Sie nun die Tabelle direkt ausdrucken.

Bevor Sie hier aber den ersten Ausdruck vornehmen, wollen wir Ihnen den Umgang mit dem Druck-Manager von Windows zeigen, da Sie ansonsten vielleicht an der falschen Stelle nach einem Fehler suchen, wenn der Drucker nicht druckt.

Der Windows Druck-Manager verwaltet alle von Windows-Anwendungen eingehenden Druckaufträge. Sie können einzelne Druckaufträge im Druck-Manager

- Anhalten und wieder Fortsetzen oder
- Löschen.

Der Druck-Manager wird immer geöffnet, wenn Sie einen Druckauftrag erteilen. Sie können dann zum Druck-Manager wie zu jeder anderen Windows-Anwendung umschalten. Sie klicken dazu also entweder in das Symbol des Druck-Managers auf dem Desktop oder Sie rufen den Druck-Manager über den Task-Manager auf.

Sie können im Druck-Manager (vgl. Bild 4.46) mit Hilfe der drei Schaltflächen **Anhalten**, **Fortsetzen** und **Löschen** Druckaufträge bearbeiten. Im darunterliegenden Fenster sehen Sie, welche Druckaufträge erteilt wurden, ob der Drucker druckt oder im Leerlauf ist und, wenn ein Auftrag gedruckt wird, zu wieviel Prozent der Druck abgeschlossen ist.

Wir werden Ihnen nun anhand der ersten Druckausgabe zeigen, wie Sie in den Druck-Manager umschalten, einen Druckauftrag anhalten und anschließend wieder fortsetzen.

Drucken Sie Ihre Tabelle nun mit der Befehlsfolge **Datei Drucken** aus und rufen Sie während des Drucks den Druck-Manager auf.

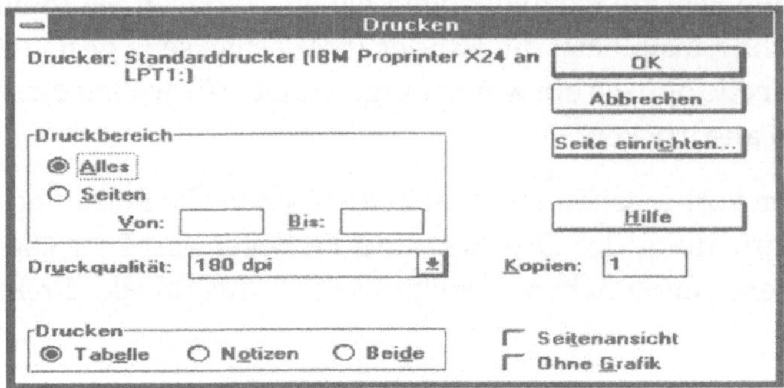

Bild 4.45 Dialogfeld zum Drucken

1. Geben Sie den Befehl **Drucken** aus dem Menü **Datei**. Sie sehen ein Dialogfeld wie in Bild 4.45.

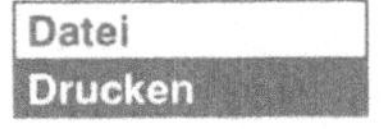

2. Sie können hier noch einige Optionen festlegen, wie die Anzahl der Kopien und bei mehrseitigen Dokumenten die auszudruckenden Seiten. Übernehmen Sie hier einfach die Voreinstellungen von Excel, um unsere Tabelle in einfacher Ausfertigung zu drucken.

3. Schalten Sie nun zum Windows-Druck-Manager um, indem Sie in das Symbol auf dem Desktop klicken oder mit Hilfe des Task-Managers dorthin umschalten (vgl. Abschnitt 2.2.7).

4. Sie sehen nun das Fenster des Druck-Managers wie in Bild 4.46. Der Druck-Manager zeigt Ihnen hier an, wieviel Prozent des Druckauftrags schon bearbeitet sind.

5. Wählen Sie nun die Schaltfläche **Anhalten** und beobachten Sie, wie der Druck-Manager Ihnen anzeigt, daß der Druckauftrag angehalten wurde (Bild 4.47). Ihr Drucker wird nun auch, wenn der Inhalt seines Pufferspeichers gedruckt ist, den Druck stoppen.

6. Wählen Sie anschließend die Schaltfläche **Fortsetzen**, um den Druck zu beenden.

Sie erhalten dann eine Druckausgabe wie in Bild 4.48. Wir haben
hier die Umsatztabelle soweit vergrößert, daß die Ausgabe möglichst groß wird.

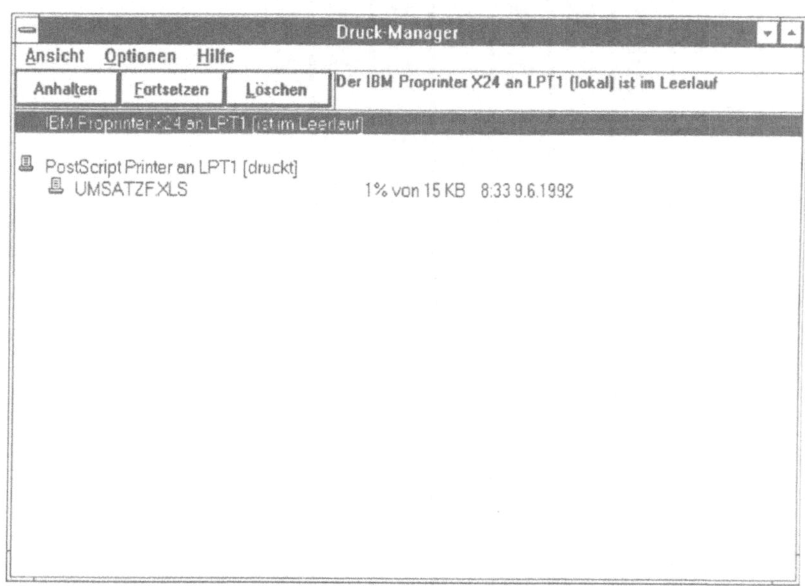

Bild 4.46 Druck-Manager nach dem Aufruf

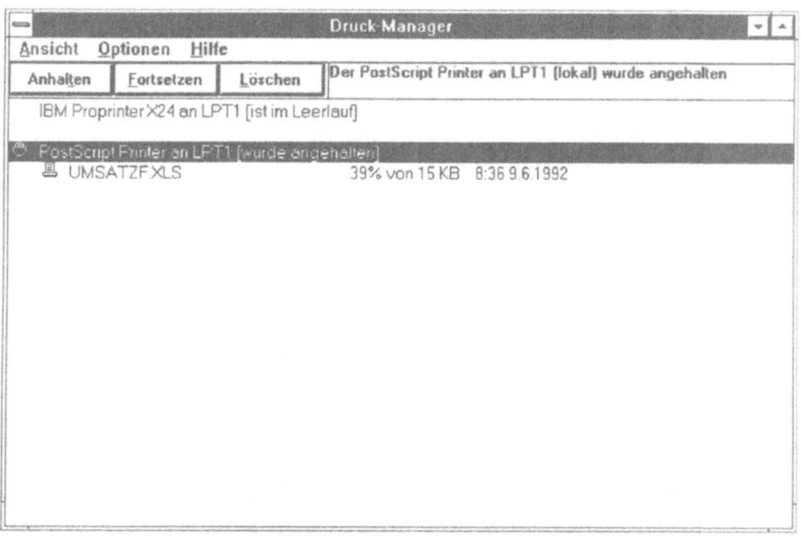

Bild 4.47 Druck-Manager nach dem Anhalten des Drucks

UMSATZF.XLS

Umsatzauswertung eines Reisebüros

	Januar	Februar	März	Summe
Bahnreisen	-3.000 DM	4.000 DM	5.000 DM	6.000 DM
Busreisen	10.000 DM	13.000 DM	12.000 DM	35.000 DM
Flugreisen	6.000 DM	4.000 DM	7.000 DM	17.000 DM
Seereisen	8.000 DM	3.000 DM	1.000 DM	12.000 DM
Spartensumme	21.000 DM	24.000 DM	25.000 DM	70.000 DM
Aktuelles Datum:	Samstag, der 20.06.92		Erstellt am:	02. Mai 92

Seite 1

Bild 4.48 Ausdruck der Umsatzauswertung

Die Druckausgabe kann sich von Drucker zu Drucker unterscheiden, da zum Beispiel Nadeldrucker nicht alle Schriften des hier verwendeten Postscript-Druckers darstellen können.

Wenn Ihr Drucker nicht druckt, prüfen Sie, ob

* Ihr Drucker eingeschaltet und ONLINE ist,

* das Druckerkabel am richtigen Port angeschlossenen ist,

* bei seriellen Druckern der MODE Befehl die richtigen Parameter enthält,

* Sie den richtigen Drucker und die richtige Druckerschnittstelle eingestellt haben (Kapitel 4.10)

* der Druck-Manager angehalten wurde oder

* Sie in der Druckereinrichtung manuelle Papierzufuhr eingestellt haben und nun noch nach dem Einlegen des Papiers den Druck im Druck-Manager bestätigen müssen.

Sie haben im 3. Kapitel unterhalb der eigentlichen Tabelle eine Namensliste eingefügt, in der die in der Umsatztabelle vergebenen Namen und die entsprechenden Bezüge aufgelistet sind.

Wir wollen nun nur diese Namensliste ausdrucken. Dazu müssen Sie vor dem Erteilen des Druckbefehls erst den Bereich mit der Namensliste markieren, damit Sie nicht wieder die gleiche Druckausgabe erhalten wie eben.

Namensliste drucken

Legen Sie nun den neuen Druckbereich fest, indem Sie zuerst den Bereich markieren und anschließend den Befehl **Druckbereich festlegen** aus dem Menü **Optionen** geben.

Da es bei der Ausgabe einer Namensliste nicht nötig ist, alle Formate mit auszudrucken, werden wir Sie ohne Grafik drucken und in einer geringeren Auflösung drucken. Dies hat für Sie den Vorteil, daß Ihr Drucker erheblich weniger Formatierungsarbeit leisten muß und somit schneller druckt.

Verwenden sie einen Laserdrucker, so können Sie sich diesen Schritt sparen, da der Druck hier auch mit Zeichenformaten in ausreichender Geschwindigkeit erfolgt.

Drucken Sie nun die Namensliste im Entwurfdruck, also ohne Grafik aus:

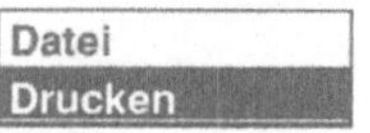

Vorgehensweise:

1. Geben Sie den Befehl **Drucken** aus dem Menü **Datei.**

2. Wählen Sie aus dem Dialogfeld **Drucken** (Bild 4.45) nun vor dem Erteilen des Druckauftrags die Option **Ohne Grafik** aus.

3. Schließen Sie den Befehl ab, um den Druck auszulösen.

Vergleichen Sie Ihre Druckausgabe mit der Darstellung in Bild 4.49.

Speichern Sie nun die so bearbeitete Tabelle zum Beispiel unter dem Namen UMSATZF.XLS, um die nicht formatierte Tabelle für spätere Arbeitsschritte mit diesem Buch zu erhalten. Sie finden die Datei auf der Beispieldiskette in dem Verzeichnis «\K04».

Sicherungsko-
pien

Excel legt, wenn Sie dies im Menü zum Speichern einer Datei festlegen, Sicherungskopien an. Diese Sicherungskopien werden dann unter dem Dateinamen der Tabelle oder des Diagramms gespeichert und mit der Erweiterung ".BAK" versehen. Sie stellen das automatische Erstellen von Sicherungskopien im Dialogfeld zum Festlegen der Speicheroptionen (Befehl **Speichern unter** aus dem Menü **Datei** und anschließend die Schaltfläche **Optionen** wählen, vgl. Bild 3.27, Abschnitt 3.7).

Achten Sie bei dem Arbeiten mit Sicherungskopien darauf, daß Excel hier für Diagramme und Tabellen die gleiche Dateinamenserweiterung verwendet. Haben Tabelle und Diagramm den gleichen Namen, so überschreiben sich die Sicherungskopien gegenseitig.

4. 12 Ausgabe in eine Textdatei

Sie können Tabellen, die Sie mit Excel erstellt haben, mit Textverarbeitungsprogrammen weiterverarbeiten. Dabei gibt es zwei verschiedenen Möglichkeiten:

UMSATZ.XLS

Bahnreisen	=Z3S2:Z3S4
Busreisen	=Z4S2:Z4S4
Februar	=Z3S3:Z7S3
Flugreisen	=Z5S2:Z5S4
Januar	=Z3S2:Z7S2
März	=Z3S4:Z7S4
Seereisen	=Z6S2:Z6S4
Spartensumme	=Z7S2:Z7S4
Summe	=Z3S5:Z7S5

Seite 1

Bild 4.49 Druckausgabe der Namensliste im Entwurfdruck

Sie können Tabellen statisch oder dynamisch mit anderen Programmen weiterverarbeiten.

Statischer Datenaustausch

Wenn Sie eine Excel-Tabelle mit einem Textverarbeitungsprogramm als Text und nicht als Tabelle weiterbearbeiten wollen, müssen Sie ihre Tabelle zunächst als Textdatei speichern. Diese enthält dann nicht mehr die Steuerinformationen, die Excel zur Bearbeitung der Tabelle benötigt. Sie übertragen die Tabelle dann statisch, das heißt, Änderungen, die Sie später in der Excel-Tabelle vornehmen, werden nicht mehr in der Version, die Sie mit dem Textverarbeitungsprogramm verarbeiten, berücksichtigt.

Dynamischer Datenaustausch

Sie können bei Excel mit Hilfe des DDE (dynamic-data-exchange) Excel-Tabellen, die Sie mit anderen Programmen weiterbearbeiten, auch mit der Ursprungstabelle unter Excel verbinden. Nehmen Sie dann später eine Änderung in der Tabelle vor, so wird diese Änderung auch entsprechend in den verbundenen Anwendungen nachvollzogen. Näheres zum DDE finden Sie zusammen mit einigen einfachen Beispielen in Kapitel 12. Dort beschreiben wir Ihnen dann auch die Möglichkeit des OLE (Object-Linking-and-Embedding), d.h. des direkten Umschaltens von einer importierten Datei in das Anwendungsprogramm, mit dem die Datei erstellt wurde.

Speicheroptionen

Da der DDE nur mit anderen Windows, OS/2 sowie einigen DOS-Anwendungen erfolgen kann, ist es manchmal notwendig, die Excel Tabelle als Textdatei zu speichern. Das Speichern als Textdatei gehört zu dem Ihnen schon bekannten Speicherbefehl **Speichern unter** aus dem Menü **Datei**.

Dateiformate

Neben dem Speichern im Textformat bietet Excel Ihnen noch verschiedene andere Formate an, unter denen Sie Ihre Tabelle speichern können. Sie können Tabellen speichern als

- Multiplan SYLK-Datei, die dann direkt nach Multiplan eingelesen werden kann,

- dBASE-Datei, die Sie dann mit dBASE weiterverarbeiten können,

- Lotus-Datei zum Arbeiten mit Lotus 1-2-3 und 1-2-3/W,

- DOS-Textdatei zum Verarbeiten in DOS-Textsystemen,

- OS/2-Textdatei zur Verwendung unter OS/2 und

- Excel 2.1- oder 3.0-Datei, um Sie in früheren Excel-Versionen, MS WORD 5.5 oder MS Multiplan verwenden zu können.

Die Tabelle 3 im Anhang gibt Ihnen einen Überblick über die verschiedenen Dateiformate und ihre Verwendung.

Speichern Sie nun die Tabelle UMSATZF.XLS als DOS-Textdatei, wobei Sie das Dateiformat auswählen, bei dem nur der Begriff Text steht, und nicht eines der beiden anderen Sondertextformate.

Vorgehensweise:

1. Geben Sie den Befehl **Speichern unter** aus dem Menü **Datei**.

2. Wählen Sie hier die Option **Dateiformat** und markieren sie das Format «Text» in der aufklappenden Liste (Bild 4.50).

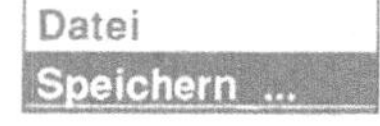

3. Schließen Sie den Befehl ab.

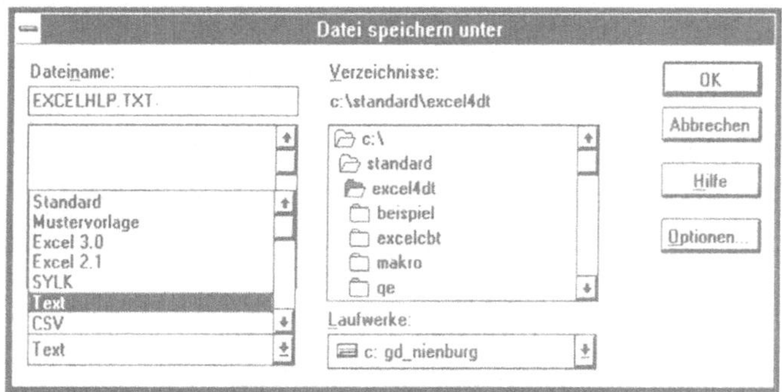

Bild 4.50 Listenfeld zur Eingabe der Dateiformate

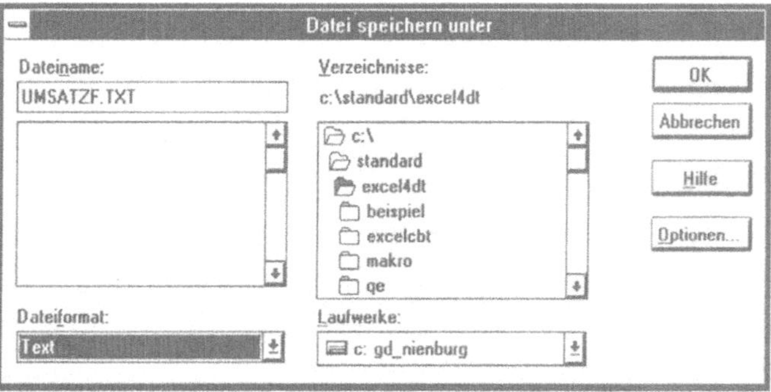

Bild 4.51 Eingefügte Dateinamenserweiterung

Beobachten Sie, wie Excel in dem Menü **Datei Speichern unter** automatisch als Erweiterung des vorgeschlagenen Dateinamens «.TXT» eingefügt hat. Geben Sie nun entweder einen neuen Dateinamen ein oder übernehmen Sie den von Excel vorgeschlagenen.

4. 13 Löschen von Excel-Dateien

Tabellen
löschen

Wenn Sie es sehr eilig haben, können Sie diesen Abschnitt überschlagen, um schnell zur nächsten Aufgabe weiterzukommen. In Abschnitt 3.7 haben Sie gelesen, wie Sie Excel-Formulare als Dateien auf Datenträgern speichern können, und in Abschnitt 4.2 haben Sie erfahren, wie Sie diese Dateien wieder laden können.

Datenträger neigen dazu, sich zu füllen. Wenn Sie sich dazu durchgerungen haben, einzelne Dateien von Datenträgern zu löschen, können Sie dies

- im DOS-Fenster mit dem Befehl DEL oder ab DOS 4 mit dem Shell-Menü,

- unter Windows mit Hilfe des Datei-Managers oder

- bei Excel mit dem Befehl **Datei Löschen** aus dem Menü **Datei**

erledigen. So löschen sie eine Excel Datei:

 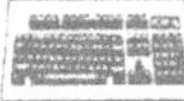

Vorgehensweise:

1. Geben Sie Excel den Befehl **Datei Löschen** aus dem Menü **Datei**.

2. Wählen Sie genauso wie beim Laden einer Datei den Dateinamen nach Auswahl des richtigen Verzeichnisses aus der Liste aus (Bild 4.52).

3. Schließen Sie den Befehl ab.

4. Excel wird Sie dann noch einmal zurückfragen, ob Sie die Datei wirklich löschen wollen. Überprüfen Sie hier einmal, ob es sich um die richtige Datei im richtigen Verzeichnis handelt und bestätigen Sie dann, indem Sie entweder die Schaltfläche **Ja** anklicken oder die ⌈Eingabe⌋-Taste betätigen.

Haben Sie eine wichtige Datei versehentlich gelöscht, so können Sie sie sofort danach noch mit Utilities zum Editieren des Inhaltsverzeichnisses oder mit DOS ab Version 5.0 wiederherstellen.

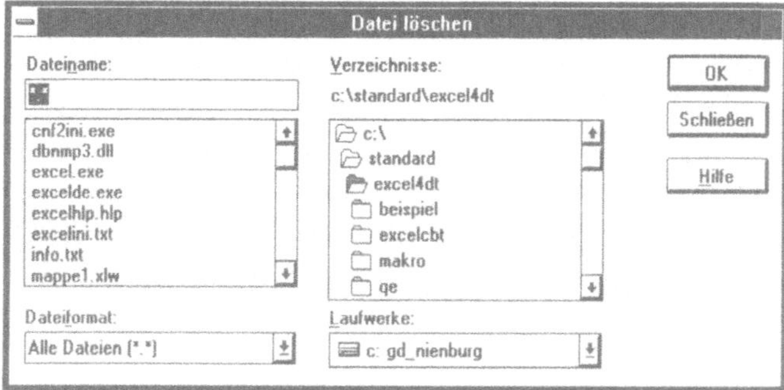

Bild 4.52 Auswahl einer Datei zum Löschen

4. 14 Übungsaufgabe

Sie können nun anhand einer Tabelle zur Auswertung des Fahrzeugverkaufs das Erstellen und anschließende Formatieren einer Tabelle üben. In der Übung zum Kapitel 5 werden Sie die Struktur dieser Tabelle dann verändern.

Ein weiteres Beispiel...

Ein Autohaus möchte seine Verkaufsumsätze wie folgt auswerten:

Die Aufgabe:

• Der Verkauf von Gebrauchtfahrzeugen und von Neuwagen soll getrennt aufgelistet werden,

• bei jeder dieser Kategorie soll unterschieden werden, ob es sich bei dem verkauften Fahrzeug um einen PKW oder einen LKW handelte und

• die Verkäufe sollen für jeden Verkäufer einzeln aufgelistet sein, damit Provisionen berechnet werden können.

Die oben aufgezeigte Aufgabe kann mit Hilfe einer Tabelle wie in Bild 4.53 gelöst werden. Sie sehen in diesem Bild die Tabelle mit Beispieldaten. Die Werte der Zeile Gesamt können berechnet werden, indem die darüberliegenden Werte addiert werden (vgl. Abschnitt 3 und 6).

Die Tabelle:

	1	2	3	4	5
1	Fahrzeugverkauf (Umsatz)				
2					
3		Neuwagen		Gebrauchtwagen	
4		PKW	LKW	PKW	LKW
5	Meier	100000	500000	30000	60000
6	Müller	120000	250000	20000	40000
7	Schulz	150000	300000	20000	50000
8	Schmidt	180000	400000	10000	50000
9	Gesamt	550000	1450000	80000	200000

Bild 4.53 Tabelle zur Auswertung des Fahrzeugverkaufs

Die Tabelle gestalten
Sie haben nun das Grundgerüst einer Tabelle zur Auswertung der Umsätze eines Autohauses erstellt. Sie können diese Tabelle nun noch gestalten, um die Formatierungen, die Sie in diesem Abschnitt kennengelernt haben, etwas zu üben.

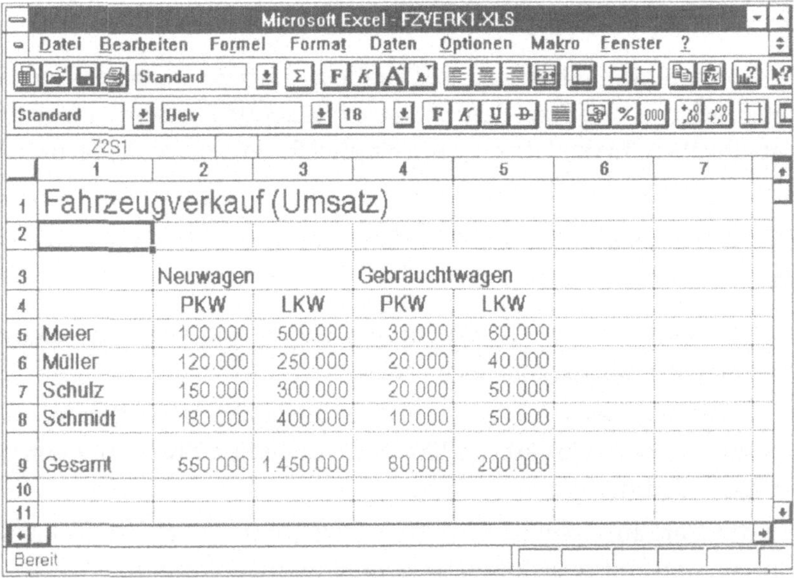

Bild 4.54 Tabelle nach dem Gestalten der Überschiften

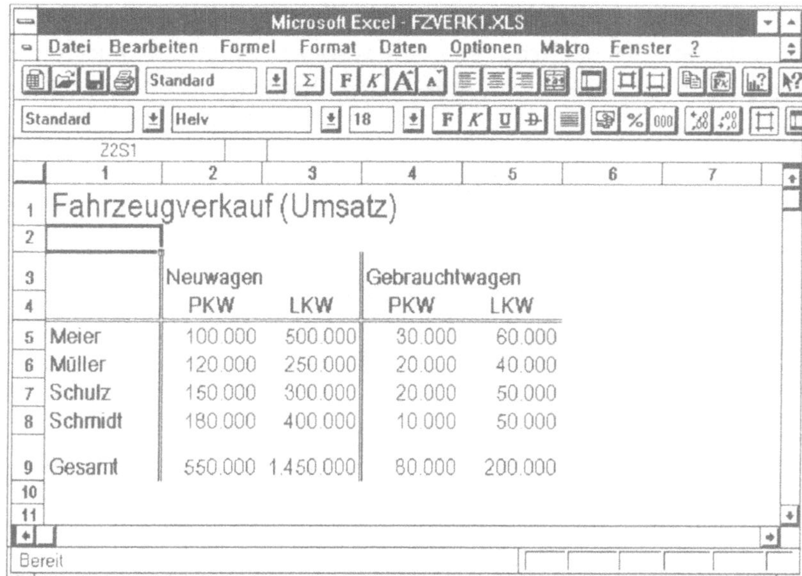

Bild 4.55 Tabelle nach dem Gestalten des Hintergrundes

Legen Sie als erstes für die Zeilen- und Spaltenüberschriften sowie für die Tabellenüberschrift größere Schriftgrade und das Zeichenformat fett fest. Mit Hilfe dieser einfachen Maßnahme wird die Tabelle schon erheblich übersichtlicher (Bild 4.54).

Für die Arbeit mit der Tabelle reichte diese Gestaltung prinzipiell aus. Wenn Sie Ihre Ergebnisse aber präsentieren oder in dieser Form in einen Text einbinden (vgl. Abschnitt 11 oder 16) wollen, so sollten Sie noch die weiteren Gestaltungsmöglichkeiten von Excel nutzen. **Präsentation**

Sie können nun die Gitternetzlinien löschen, die gesamte Tabelle mit einem neuen Hintergrund versehen und die Zeilen- und Spaltenüberschriften der Tabelle noch von den Eintragungen durch einen doppelten Rahmen abgrenzen.

Sie haben nun aus der schlichten Umsatzauswertung am Anfang dieser Aufgabe eine erste präsentationsfähigere Tabelle erstellt (Bild 4.55). Auf dem Bild ist die Hintergrundfarbe der Tabelle weggelassen, damit Sie die Zahlenwerte leichter vergleichen können. **Das Ergebnis**

 Speichern Sie die Tabelle unter dem Namen FZVERK1.XLS, um sie am Ende des nächsten Kapitels weiter verwenden zu können. Sie finden die Datei auf der Beispieldiskette im Verzeichnis «\K04».

1 Einleitung

2 Vorarbeiten & Vorkenntnisse

3 Die erste Excel-Aufgabe

4 Tabellen gestalten

5 Tabelleninhalte ändern

6 Arbeiten mit Funktionen

7 Excel-Diagramme

8 Textverarbeitung

9 Dateiverarbeitung

10 Mehrdimensionale Tabellenkalkulation

11 Tabellenanalysen

12 Datenaustausch

13 Q+E

14 Ablaufprogrammierung

15 Organisation und Planung von Tabellen

16 Präsentation mit Excel

Anhang

Abschnittsübersicht

Tabelleninhalte ändern

5 Tabelleninhalte ändern

5. 1 Vorbemerkung

Mit Tabellenkalkulationsprogrammen können Sie Tabelleninhalte leichter verändern als mit Papier, Bleistift und Radiergummi.

In diesem Kapitel erfahren Sie, wie Sie

* Zeilen und Spalten verschieben (Abschnitt 5.2),
* Zeilen und Spalten einfügen (Abschnitt 5.3),
* Zeilen und Spalten löschen (Abschnitt 5.4),
* Zellinhalte löschen (Abschnitt 5.5),
* Zellinhalte verändern (Abschnitt 5.6),
* Namen löschen (Abschnitt 5.7),
* Namen ändern (Abschnitt 5.8) und
* Tabellenbereiche transponieren (Abschnitt 5.9).

5. 2 Verschieben von Zeilen und Spalten

Mit Excel können Sie Zeilen und Spalten Ihrer Tabelle leicht verschieben. Wir wollen in unserem Beispiel nun die Zeile mit dem Erstellungsdatum der Tabelle und dem aktuellen Datum in den oberen Tabellenbereich verschieben und anschließend (Abschnitt 5.3) durch Leerzeilen von der Tabellenüberschrift und der eigentlichen Tabelle trennen.

Zeilen und Spalten verschieben

Zum Verschieben einer Zeile oder Spalte mit der Tastatur verwenden Sie Befehle des Menüs **Bearbeiten**. Sie schneiden die gewünschten Tabellenbereiche zuerst mit dem Befehl **Ausschneiden** aus und fügen sie dann mit dem Befehl **Zellen einfügen** an der gewünschten Stelle ein.

In leere Zellen können Sie Tabellenbereiche sehr leicht mit der Maus verschieben. Dazu markieren Sie den zu verschiebenen Bereich und zeigen auf den unteren Rand der Markierung. Der

Mauszeiger wird nun zu einem Pfeil und in der Statuszeile erscheint das Wort "Verschieben". Sie können nun den Tabellenbereich mit der Maus an die gewünschte Stelle der Tabelle ziehen und durch Loslassen der Maustaste dort ablegen (DRAG AND DROP).

Microsoft Excel - UMSATZF.XLS

Datei   Bearbeiten   Formel   Format   Daten   Optionen   Makro   Fenster   ?

Z8S1   Aktuelles Datum:

	1	2	3	4	5	6	7
1		*Umsatzauswertung*					
2		Januar	Februar	März	Summe		
3	Bahnreisen	-3.000 DM	4.000 DM	5.000 DM	6.000 DM		
4	Busreisen	10.000 DM	13.000 DM	12.000 DM	35.000 DM		
5	Flugreisen	6.000 DM	4.000 DM	7.000 DM	17.000 DM		
6	Seereisen	8.000 DM	3.000 DM	1.000 DM	12.000 DM		
7	Spartensumme	21.000 DM	24.000 DM	25.000 DM	70.000 DM		
8	Aktuelles Datum:	Samstag, der 04.05.92	Erstellt am	02. Mai 92			
9	Bahnreisen	=Z3S2:Z3S4					
10	Busreisen	=Z4S2:Z4S4					
11	Februar	=Z3S3:Z7S3					
12	Flugreisen	=Z5S2:Z5S4					
13	Januar	=Z3S2:Z7S2					
14	März	=Z3S4:Z7S4					

Verschieben (Zur gewünschten Stelle Ziehen)

Bild 5.1 Verschieben mit der Maus in leere Tabellenbereiche

Wir wollen nun in unserer Umsatzauswertung die Zeile mit dem Erstellungsdatum in die Zeile 2 der Tabelle verschieben. Da die Zeile zwei aber nicht leer ist, können Sie diese Aufgabe nicht mit der Ziehen-und-Ablegen-Funktion (DRAG AND DROP) ausführen. Dazu müßten Sie erst eine Leerzeile einfügen.

Laden Sie zur Vorbereitung wieder die Tabelle UMSATZF.XLS. Sie finden diese Datei auf der Beispieldiskette im Verzeichnis «\K04». Verschieben Sie nun die Zeile 8 in die Zeile 2 der Tabelle.

Vorgehensweise:

1. Markieren Sie die Zeile 8, indem Sie die Zeilennummer der Zeile mit dem Zellzeiger anklicken.

2. Geben Sie den Befehl **Ausschneiden** aus dem Menü **Bearbei-** **Bearbeiten**
    ten. Sie sehen nun ein Laufrahmen um die markierte Zeile, Ausschneiden
    welches Ihnen anzeigt, daß Sie diese Zeile ausschneiden (Bild
    5.2).

3. Markieren Sie nun die zweite Zeile der Tabelle, indem Sie die
    Zeilennummer 2 mit dem Zellzeiger anklicken.

4. Geben Sie nun den Befehl **Zellen mit Inhalt einfügen** aus dem Inhalte
    Menü **Bearbeiten**, um die ausgeschnittene Zeile an dieser einfügen
    Stelle einzufügen und die anderen Zeilen der Tabelle dabei
    nach unten zu verschieben.

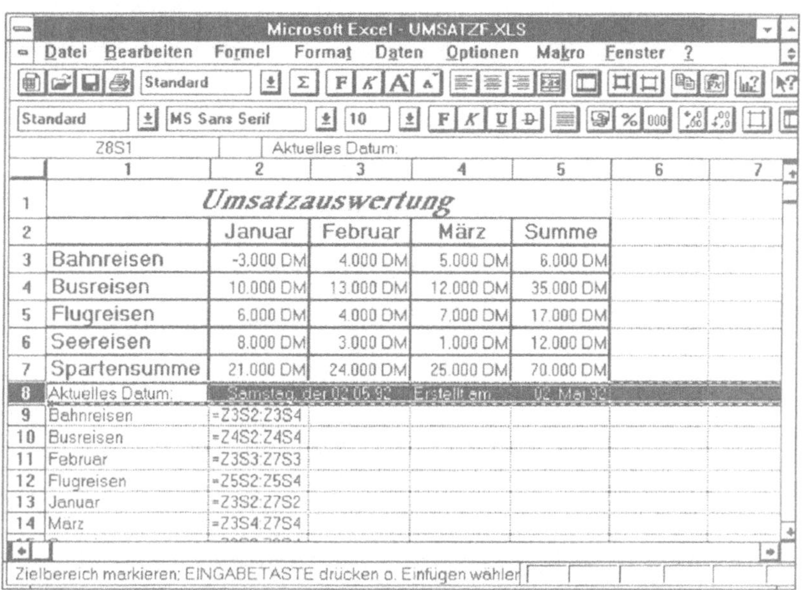

Bild 5.2 Ausschneiden einer ganzen Zeile

Zum Einfügen können Sie auch das Symbol zum Einfügen von
Werten (Werkzeugleiste) verwenden, wenn Sie die übrigen Tabelleninhalte nicht nach unten oder rechts verschieben möchten.

Mit der Tastatur verwenden Sie das Menü **Bearbeiten**:

1. Markieren Sie mit den Richtungstasten die Zeile "Flugreisen", indem Sie auf die erste Zelle zeigen, die (Ende)-Taste drücken, die (Umschalt)-Taste gedrückt halten und die Richtungstaste nach rechts betätigen.

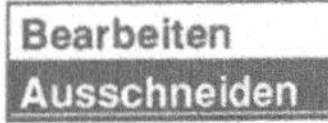

2. Geben Sie den Befehl **Ausschneiden** aus dem Menü **Bearbeiten**, indem Sie den Tastaturschlüssel (Umschalt)-(Entf) eingeben. Sie sehen nun ein Laufrahmen um die markierte Zeile wie in Bild 5.2.

3. Markieren Sie nun die Zeile 2 der Tabelle.

Inhalte
einfügen

4. Geben Sie den Befehl **Zellen mit Inhalt einfügen** aus dem Menü **Bearbeiten**, um die ausgeschnittene Zeile an dieser Stelle einzufügen.

Beobachten Sie, wie Excel die Zeile 8 in die Zeile 2 und die anderen Zeilen entsprechend nach unten verschiebt (Bild 5.3).

	1	2	3	4	5
1	*Umsatzauswertung*				
2	Aktuelles Datum:	Samstag, der 02.05.92	Erstellt am:		02. Mai 92
3		Januar	Februar	März	Summe
4	Bahnreisen	-3.000 DM	4.000 DM	5.000 DM	6.000 DM
5	Busreisen	10.000 DM	13.000 DM	12.000 DM	35.000 DM
6	Flugreisen	6.000 DM	4.000 DM	7.000 DM	17.000 DM
7	Seereisen	8.000 DM	3.000 DM	1.000 DM	12.000 DM
8	Spartensumme	21.000 DM	24.000 DM	25.000 DM	70.000 DM

Bild 5.3 Verschieben der Zeile 8

Sollten Sie in Formeln absolute oder relative Bereichsadressen verwendet haben, so ändert Excel die Tabellenbereiche dieser Bereichsadressen entsprechend der Verschiebung, so daß Sie immer noch das richtige Ergebnis erhalten. Auch die Namen wird Excel entsprechend korrigieren, so daß die Zeile Bahnreisen nun auch wieder den Namen Bahnreisen trägt. Sie können dies leicht im Dialogfeld **Namen festlegen** überprüfen.

5. 3 Einfügen von Zeilen und Spalten

Excel erlaubt Ihnen, leicht zusätzliche Zeilen und Spalten einzufügen, sogenannte Leerzellen oder Leerfelder. Sie finden die Befehle zum Einfügen von Zeilen oder Spalten im Menü **Bearbeiten**.

Zeilen und Spalten einfügen

Sie können mit diesem Befehl ganze Zeilen bzw. Spalten einfügen oder nur einzelne Zeilen- bzw. Spaltenbereiche. Markieren Sie nur einzelne Zellen, so werden Sie in einem Dialogfeld wie in Bild 5.4 gefragt, wie die anderen Bereiche der Tabelle verschoben werden sollen. Markieren Sie eine ganze Zeile oder Spalte und geben Sie dann den Befehl **Zellen einfügen**, so fügt Excel automatisch eine ganze Zeile bzw. Spalte ein.

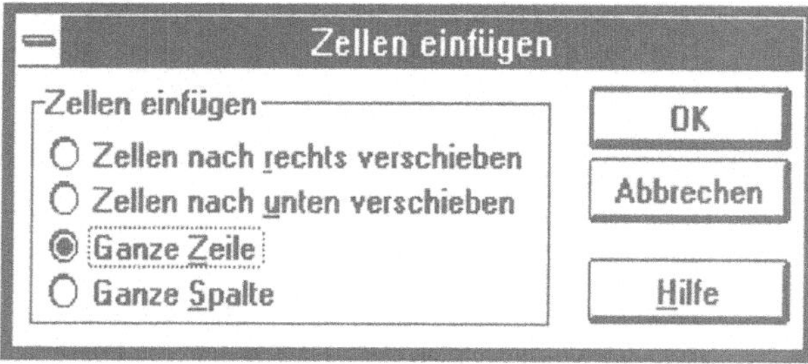

Bild 5.4 Dialogfeld **Zellen einfügen**

Verwenden Sie eine Maus, so können Sie diese Befehle wieder bequem vom Kontextmenü aus geben, indem Sie mit der rechten Maustaste auf die markierten Zellen klicken.

Wir wollen nun in unserer Umsatzauswertung zwei neue Zeilen einfügen, nämlich unterhalb der Tabellenüberschrift und über der eigentlichen Tabelle, damit die Datumsangaben nicht so gequetscht aussehen. Wir werden beim Einfügen das Dialogfeld aus Bild 5.4 dadurch umgehen, daß wir jeweils die gesamte Zeile markieren, vor der wir eine Zeile einfügen wollen.

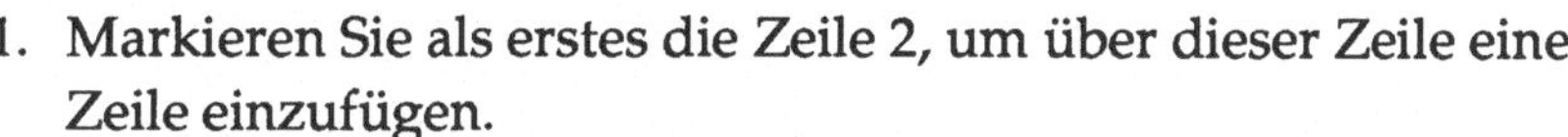
Vorgehensweise:

1. Markieren Sie als erstes die Zeile 2, um über dieser Zeile eine Zeile einzufügen.

2. Geben Sie den Befehl **Zellen einfügen**, indem Sie ihn aus dem Kontextmenü oder aus dem Menü **Bearbeiten** auswählen.

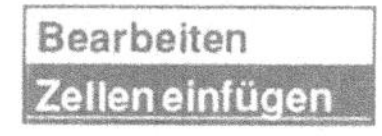

Excel wird nun eine neue Zeile einfügen und die anderen Zeilen nach unten verschieben (Bild 5.5). Sie müssen nun in der neuen zweiten Zeile noch den Schriftgrad auf 10 pt zurücksetzen, damit die Zeile nicht so hoch wie auf dem Bild erscheint.

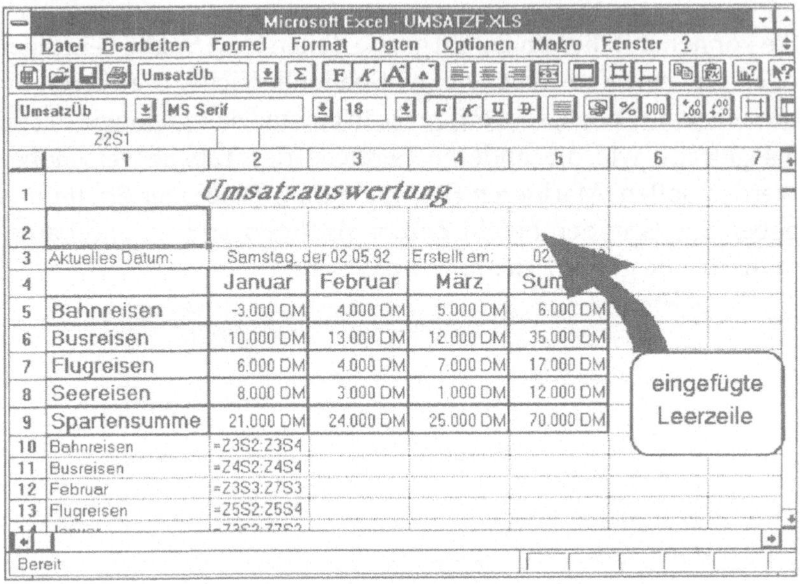

Bild 5.5 Tabelle nach dem Einfügen einer Leerzeile in Zeile 2

Fügen Sie nun noch auf die gleiche Weise eine Leerzeile vor der Zeile mit den Spaltenüberschriften (Zeile 4) ein und vergleichen sie Ihre Umsatzauswertung anschließend mit Bild 5.6.

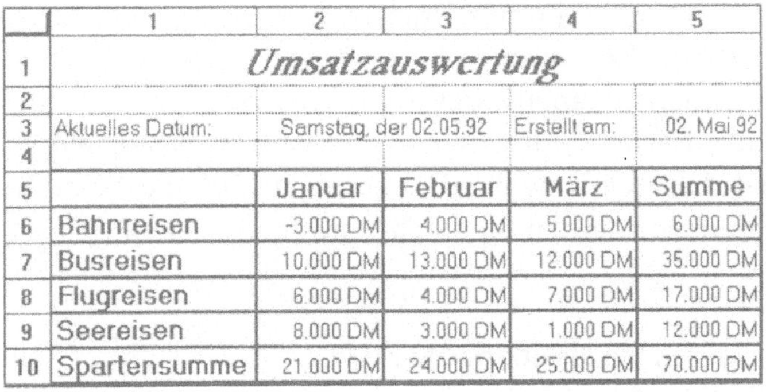

Bild 5.6 Tabelle nach dem Einfügen zweier Leerzellen

Beachten Sie, daß Excel hier die Formeln automatisch anpaßt, also auch die entsprechenden Bezüge der Bereichsnamen korrigiert.

5. 4 Löschen von Zeilen und Spalten

Tabellenstrukturen müssen manchmal neuen Erfordernissen angepaßt werden. Dazu kann es nötig sein, einzelne Zeilen oder Spalten oder Tabellenbereiche zu löschen.

Zeilen und Spalten löschen

Beachten Sie, daß Sie lediglich ungeschützte Tabellenbereiche löschen können. Haben Sie einen Tabellenbereich wie in Abschnitt 4.9 beschrieben geschützt, so müssen Sie diesen Schutz erst aufheben, bevor Sie den Tabellenbereich löschen können.

Sie können gelöschte Zeilen und Spalten wiederherstellen, indem sie direkt(!) nach dem Löschen den Befehl **Rückgängig** aus dem Menü **Bearbeiten** geben.

Beachten Sie jedoch, daß dies nur unmittelbar nach der Befehlsausführung möglich ist. Haben Sie inzwischen schon einen anderen Befehl ausgeführt, so kann Excel den Löschvorgang nicht wieder rückgängig machen und Sie müssen die Zeile wieder neu eingeben!

1. Markieren Sie den Tabellenbereich oder die Zeile/Spalte, die Sie löschen wollen.

2. Geben Sie den Befehl **Zellen Löschen**, indem Sie ihn aus dem Kontextmenü oder aus dem Menü **Bearbeiten** auswählen.

Beobachten Sie, wie Excel die Zeilen unter der gelöschten Zeile nach oben verschiebt, um eine Leerzeile zu vermeiden.

Sie können diesen Befehl mit dem Befehl **Rückgängig** aus dem Menü **Bearbeiten** widerrufen (Bild 5.7). Dazu verfahren Sie wie folgt:

Widerrufen

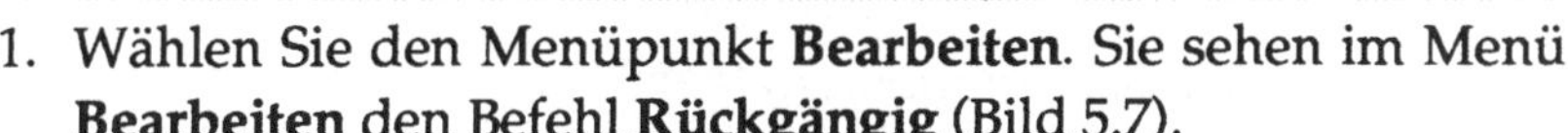

1. Wählen Sie den Menüpunkt **Bearbeiten**. Sie sehen im Menü **Bearbeiten** den Befehl **Rückgängig** (Bild 5.7).

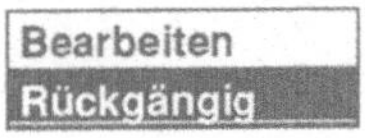

Bearbeiten
Rückgängig

Ist diese Option normal und nicht in einer anderen Farbe dargestellt, so können Sie den als letzten ausgeführten Befehl widerrufen.

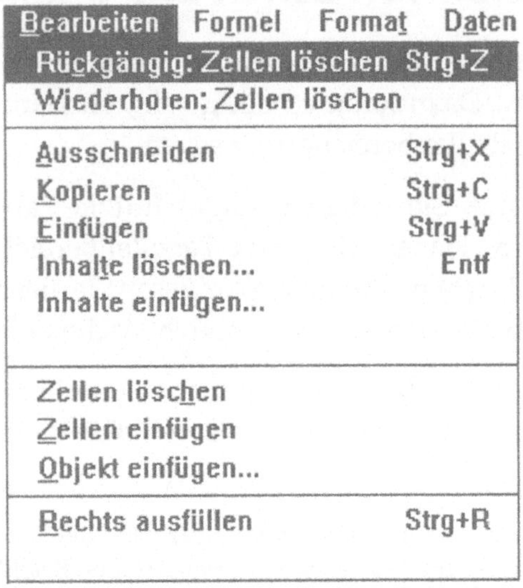

Bild 5.7 Menü **Bearbeiten**

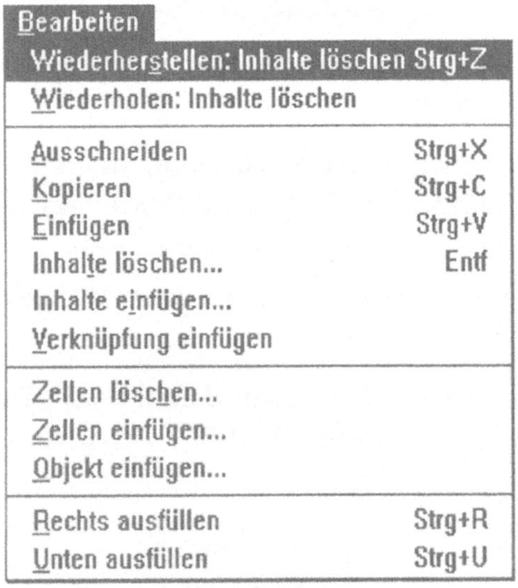

Bild 5.8 Verändertes Menü

Haben Sie einen Befehl versehentlich rückgängig gemacht, so können Sie ihn wiederherstellen. Dazu wählen sie aus dem Menü **Bearbeiten** den Befehl **Wiederherstellen**, der nun an der Stelle des Befehls **Rückgängig** steht (Bild 5.8).

5. 5 Löschen von Zellinhalten

Im vorausgehenden Abschnitt haben Sie gelernt, wie Sie ganze Tabellenbereiche löschen und gleichzeitig die anderen Daten entsprechend verschieben können, so daß sie keine Leerzellen erhalten.

Wenn Sie etwas löschen wollen...

Manchmal wollen Sie jedoch nur Zellinhalte löschen, ohne die Struktur der Tabelle zu verändern. Wir wollen nun die Liste der Bereichsnamen löschen, ohne dabei die Struktur der Tabelle zu verändern.

Sie können dabei bei Excel wie in Bild 5.9 unterscheiden, ob Sie alle Zellinhalte der Zelle oder Bereiches der Tabelle löschen wollen, nur die Formeln (dies schließt auch Werte und Texte mit ein), nur die Formate oder die Notizen.

Vorgehensweise:

1. Markieren sie den Tabellenbereich, den Sie löschen wollen (hier Z11S1:Z19S2).

2. Geben Sie den Befehl **Inhalte Löschen** aus dem Kontextmenü. Sie sehen das Dialogfeld **Inhalte Löschen** wie in Bild 5.9, in dem Sie auswählen können, ob Sie nur die Formeln, die Formate, die Inhalte oder alles löschen wollen.

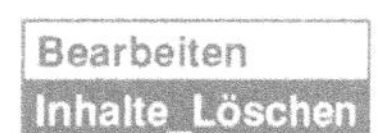

3. Klicken Sie in dem Auswahlfenster die Option "Alles" an und schließen Sie den Befehl ab.

Mit der Tastatur löschen Sie Zellinhalte mit der ⟨Entf⟩-Taste:

Vorgehensweise:

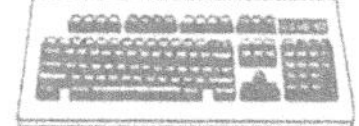

1. Markieren Sie den Tabellenbereich, dessen Inhalte Sie löschen wollen (hier Z11S1:Z19S2).

2. Drücken Sie die ⸢Entf⸥-Taste. Sie sehen ein Auswahlfenster wie in Bild 5.9, in dem Sie eingeben können, ob Sie nur die Formeln, die Formate, die Inhalte oder alles löschen wollen.

3. Wählen Sie die Option «Alles» und schließen Sie den Befehl mit der ⸢Eingabe⸥-Taste ab.

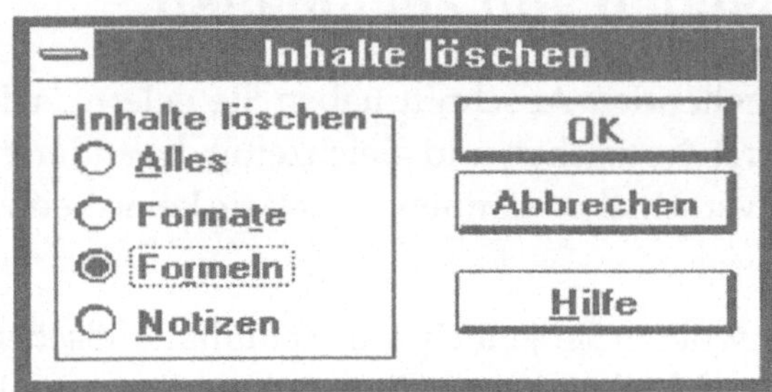

Bild 5.9 Dialogfeld **Inhalte löschen**

5.6 Verändern von Zellinhalten

Wenn Sie etwas verändern wollen...

Sie ändern und bearbeiten Zellinhalte bei Excel nicht in der entsprechenden Zelle, sondern in der Bearbeitungszeile. In diesem Abschnitt wird Ihnen an der Tabellenüberschrift (Zeile 1, Spalte 1) gezeigt, wie Sie Tabelleninhalte mit Excel arbeitssparend ändern können.

Sie können in der Bearbeitungszeile ganz leicht mit der Maus oder mit den Richtungstasten sowie der ⸢Entf⸥-Taste oder der Tasten zum Löschen von Zeichen Zellinhalte bearbeiten (siehe Abschnitt 3.2.3).

Wir wollen die Überschrift um den Zusatz "eines Reisebüros" erweitern. Dazu müssen Sie nicht die gesamte Überschrift neu eingeben, sondern Sie können sie um den neuen Zusatz erweitern. Beachten Sie bei der Änderung der über Spalten zentriert ausgerichtete Tabellenüberschrift, daß Sie zum Bearbeiten des Zellinhaltes die Zelle Z1S1 auswählen müssen, auch wenn der Eintrag auf dem Bildschirm nicht mehr in dieser Zelle auftaucht.

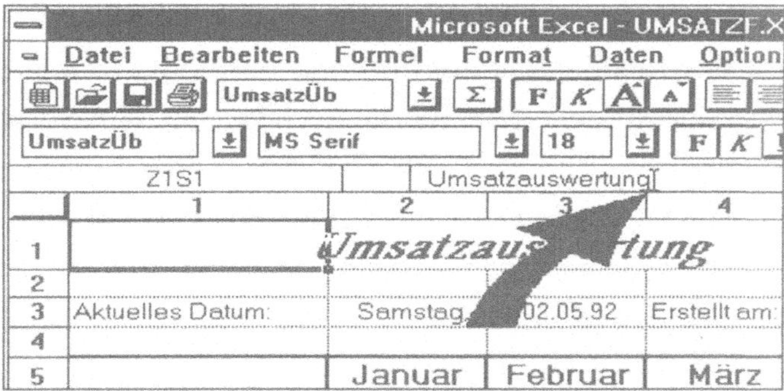

Bild 5.10 Mauszeiger zum Bearbeiten von Feldinhalten

1. Zeigen Sie mit dem Zellzeiger auf die Zelle mit der Tabellenüberschrift (Z1S1).

2. Führen Sie den Mauszeiger in der Bearbeitungszeile an das Ende des Wortes «Umsatzauswertung», so daß der Mauszeiger zu einem senkrechten Strich wird (Bild 5.10).

3. Betätigen Sie nun die linke Maustaste. In der Zelle neben dem Bearbeitungsfeld erscheinen die Schaltflächen **Stornierfeld** (Kreuz) und **Eingabefeld** (Haken), die Ihnen zeigen, daß Sie nun Zellinhalte bearbeiten können (Bild 5.11).

4. Geben Sie nun die Erweiterung der Überschrift ein («eines Reisebüros»).   Tabellenüberschrift

5. Schließen Sie Ihre Eingabe ab, indem Sie mit dem Mauszeiger in die Schaltfläche mit dem Haken, das Eingabefeld, klicken.

Mit der Tastatur bearbeiten Sie Zellinhalte mit Funktionstasten:

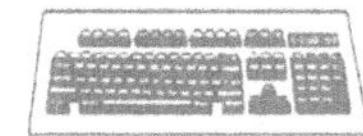

1. Zeigen Sie mit dem Zellzeiger auf die Zelle mit der Tabellenüberschrift (Z1S1).

2. Kündigen Sie Excel das Bearbeiten eines Tabelleninhaltes durch Drücken der Funktionstaste F2 an. Der Zellzeiger befindet sich dann am Ende des Wortes «Umsatzauswertung» in der Bearbeitungszeile und nimmt die Form eines senkrechten Striches an (Bild 5.10).   Die Tabellenüberschrift erweitern

3. Sie können nun mit den Richtungstasten an die gewünschte Stelle des Tabelleninhaltes (hier also das Ende) wandern.

4. Geben Sie als Veränderung die Erweiterung «eines Reisebüros» ein.

5. Schließen Sie die Eingabe mit der Eingabe-Taste ab.

Bild 5.11 Bearbeitungszeile beim Verändern von Feldinhalten

Speichern Sie Ihre Tabelle nun unter dem Namen UMSATZF.XLS. Sie können dabei die alte Version überschreiben, da wir sie im folgenden nicht mehr benötigen. Auf der Beispieldiskette finden Sie die Datei UMSATZF.XLS im Verzeichnis «\K05» auf diesem Stand. Im Verzeichnis «\K04» haben wir die alte Version auch noch unter dem Namen UMSATZF.XLS gespeichert.

5. 7 Löschen von Namen

Namen
löschen

Eine saubere Dokumentation der Variablennamen verlangt, daß Sie überflüssige Namen löschen. Sie löschen Namen mit dem gleichen Befehl, mit dem Sie auch Namen vergeben, mit dem Befehl **Namen festlegen** aus dem Menü **Formel**:

1. Geben Sie den Befehl **Namen festlegen** aus dem Menü **Formel**. Sie sehen ein Dialogfeld wie in Bild 5.12.

2. Wählen Sie den zu löschenden Namen aus der Liste aus.

3. Klicken Sie mit dem Mauszeiger in die Schaltfläche **Löschen**.

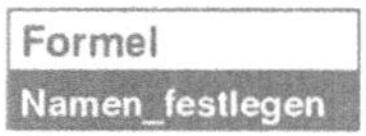

4. Schließen Sie den Befehl ab, indem Sie in die Schaltfläche «OK» klicken.

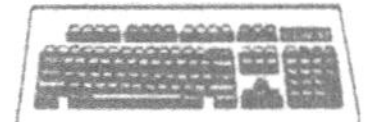

1. Geben Sie den Befehl **Namen festlegen** aus dem Menü **Formel**. Sie sehen ein Dialogfeld wie in Bild 5.12.

2. Wählen Sie den zu löschenden Namen aus der Liste aus.

3. Geben Sie den Befehl **Löschen** durch Eingabe von $\boxed{\text{Alt}}$ - $\boxed{\text{l}}$.

4. Schließen Sie den Befehl mit der $\boxed{\text{Eingabe}}$ -Taste ab.

Beachten Sie, daß Sie diesen Befehl im Gegensatz zu dem Löschen von Zellinhalten nicht rückgängig machen können!

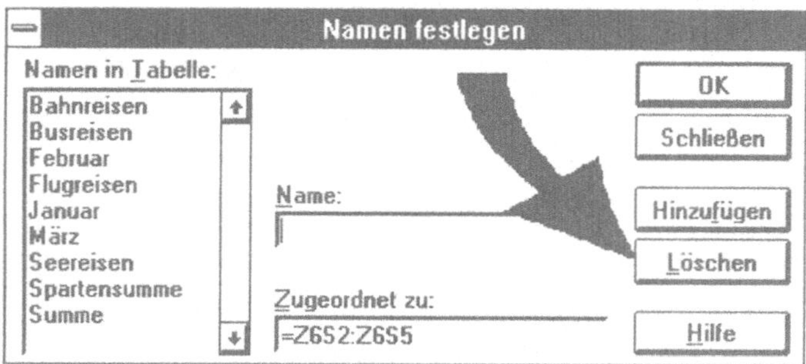

Bild 5.12 Dialogfeld zum Löschen von Namen

5. 8 Ändern von Namen

Im Laufe Ihrer Arbeit wollen Sie sicher auch Namen oder deren Bezüge verändern können. Auch diese Arbeit erledigen Sie mit dem Befehl **Namen festlegen** aus dem Menü **Formel**.

Namen verändern

1. Geben Sie den Befehl **Namen festlegen** aus dem Menü **Formel**. Sie sehen ein Dialogfeld wie in Bild 5.12.

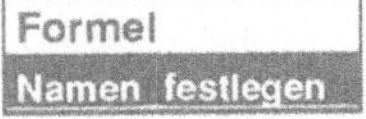

2. Wählen Sie den zu ändernden Namen aus der Liste aus.

3. Wollen Sie den Namen ändern, so zeigen Sie mit dem Mauszeiger auf den Namen in dem Feld «Name» (der Mauszeiger wird zu einem senkrechten Strich) und ändern Sie den Namen nach Ihren Wünschen.

   Wenn Sie den Bezug ändern wollen, so zeigen Sie mit dem Mauszeiger auf das Feld «Zugeordnet zu» (der Mauszeiger wird dann zu einem senkrechten Strich) und ändern Sie den Bezug.

4. Schließen Sie den Befehl nach Beendigung der Eingaben ab.

Mit der Tastatur verändern Sie Namen wie folgt:

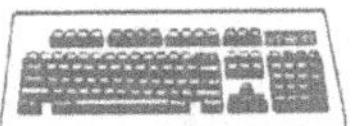

1. Geben Sie den Befehl **Namen festlegen** aus dem Menü **Formel**. Sie sehen ein Dialogfeld wie in Bild 5.12.

2. Wählen Sie den zu ändernden Namen aus der Liste aus.

3. Wollen Sie den Namen ändern, so wählen Sie das Feld «Name» durch Eingabe von `Alt`-`n` aus und verändern Sie den Namen nach Ihren Wünschen.

   Wenn Sie den Bezug des Namens ändern wollen, so wählen Sie das Feld «Zugeordnet zu» durch Eingabe von `Alt`-`z` aus und geben Sie den neuen Bezug ein.

4. Schließen Sie nach Beendigung Ihrer Eingaben den Befehl mit der `Eingabe`-Taste ab.

5.9 Transponieren der Tabelle

Sie können mit Excel Tabellen transponieren, d.h. Zeilen und Spalten der Tabelle vertauschen. Dies ist vor allem bei breiten kurzen Tabellen sinnvoll, da Excel für schlanke lange Tabellen weniger Speicherplatz benötigt als für kurze breite.

Versprechen Sie sich in diesem Punkt aber nicht allzuviel vom Transponieren der Tabelle. Hat die Tabelle wie in unserem Beispiel mehr als 5 Zeilen, so wird Sie auch in transponierter Form nicht allzu schmal. Daher brauchen Sie diese Befehlsfolge an dieser Stelle auch nicht konkret nachzuvollziehen.

Zum Transponieren einer Tabelle geben Sie zuerst den Befehl **Kopieren** aus dem Menü **Bearbeiten** und anschließend den Befehl **Inhalte einfügen**. Im Dialogfeld **Inhalte einfügen** (Bild 5.13) wählen Sie die Option **Transponieren** aus.

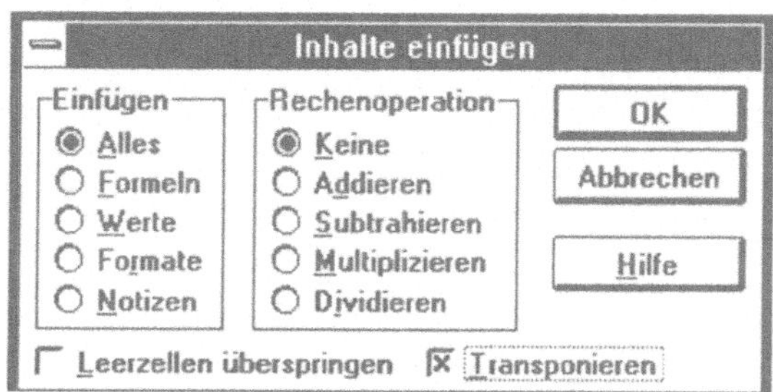

Bild 5.13 Dialogfeld **Inhalte einfügen**

Beachten Sie beim Transponieren, daß Sie die Tabelle nur in leere Tabellenbereiche einfügen können.

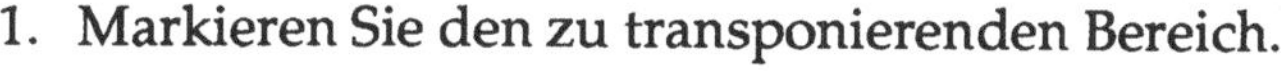
Vorgehensweise:

1. Markieren Sie den zu transponierenden Bereich.

2. Geben Sie den Befehl **Kopieren** aus dem Menü **Bearbeiten**. Sie sehen nun ein Laufrahmen um den markierten Bereich.

3. Markieren Sie nun den Einfügebereich (am besten hier nur die erste Zelle).

4. Geben Sie den Befehl **Inhalte einfügen** aus dem Menü **Bearbeiten**. Schalten Sie das Kontrollkästchen **Transponieren** ein.

5. Schließen Sie den Befehl ab.

Sie sehen in Bild 5.14 das Ergebnis des Transponierens der Umsatzauswertung. Wir haben hier für die Spartensummen Formeln mit Bereichsnamen und für die Monatsummen Formeln mit absoluten Zelladressen vergeben. Die Formeln mit den Bereichsnamen hat Excel, wie Sie sehen, nicht richtig verändert.

	1	2	3	4	5	6	7
5		Januar	Februar	März	Summe		
6	Bahnreisen	-3.000 DM	4.000 DM	5.000 DM	6.000 DM		
7	Busreisen	10.000 DM	13.000 DM	12.000 DM	35.000 DM		
8	Flugreisen	6.000 DM	4.000 DM	7.000 DM	17.000 DM		
9	Seereisen	8.000 DM	3.000 DM	1.000 DM	12.000 DM		
10	Spartensumme	21.000 DM	24.000 DM	25.000 DM	70.000 DM		
11							
12							
13		Bahnreise	Busreisen	Flugreise	Seereise	Spartensumme	
14	Januar	-3.000 DM	10.000 DM	6.000 DM	8.000 DM	#WERT!	
15	Februar	4.000 DM	13.000 DM	4.000 DM	3.000 DM	#WERT!	
16	März	5.000 DM	12.000 DM	7.000 DM	1.000 DM	#WERT!	
17	Summe	6.000 DM	35.000 DM	17.000 DM	12.000 DM	#WERT!	

Bild 5.14 Transponierte Umsatztabelle

5. 10 Übungsaufgabe

Ein weiteres Beispiel...

Sie können nun anhand der Beispieltabelle aus der Übungsaufgabe des Kapitels 4 (vgl. Bild 4.44) das Verändern einer Tabelle noch einmal üben.

Die Tabelle FZVERK1.XLS stellt die Umsatzauswertung eines Autohauses dar. Die Strukturen solcher Tabellen müssen manchmal neuen Gegebenheiten angepaßt werden. Dabei ist es in aller Regel günstiger, die schon vorhandene Tabelle zu bearbeiten, anstatt eine ganz neue zu erstellen.

Zeilen löschen

In dem Autohaus hat sich eine personelle Veränderung ergeben. Der Mitarbeiter Müller wurde pensioniert. Seine Stelle wird vorerst nicht wieder besetzt. Daher soll diese Zeile aus der Tabelle für das nächste Jahr gelöscht werden.

Sie erreichen dies, indem Sie die Zeile 6, in der die Verkäufe von Herrn Müller verzeichnet sind, löschen. Excel verschiebt dann automatisch die anderen Zeilen entsprechend nach oben, damit die Tabelle keine unnötigen Leerzeilen behält (Bild 5.15).

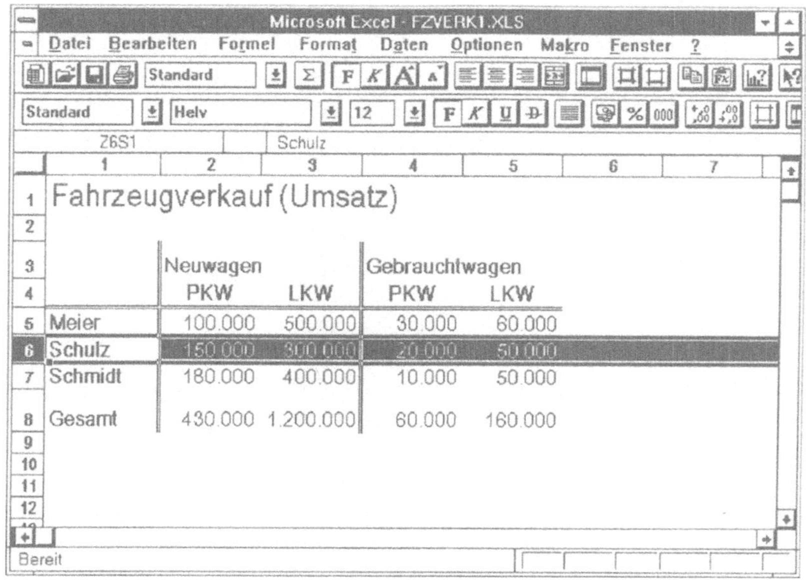

Bild 5.15 Tabelle nach dem Löschen der Zeile 6

In dem Autohaus aus unserem Beispiel hat sich noch eine weitere Veränderung ergeben. Es wurden Busse in das Programm aufgenommen. Um den Verkauf der Busse von dem der LKW zu unterscheiden und so zu beurteilen, ob sich der Verkauf von Bussen lohnt, sollen diese Umsätze in eine weitere Spalte aufgenommen werden. Spalten einfügen...

Fügen Sie nun nach der Spalte LKW unter der Rubrik Neuwagen eine Spalte ein (Bild 5.16). Tragen Sie in diese Spalte die Spaltenüberschrift «Busse» sowie einige Testwerte ein.

Anschließend müssen Sie noch für diese Spalte eine Formel zur Berechnung des Gesamtumsatzes eingeben, da dies beim Einfügen der Zeile nicht automatisch geschieht (Bild 5.17). Speichern Sie die Datei unter dem Namen FZVERK2.XLS.

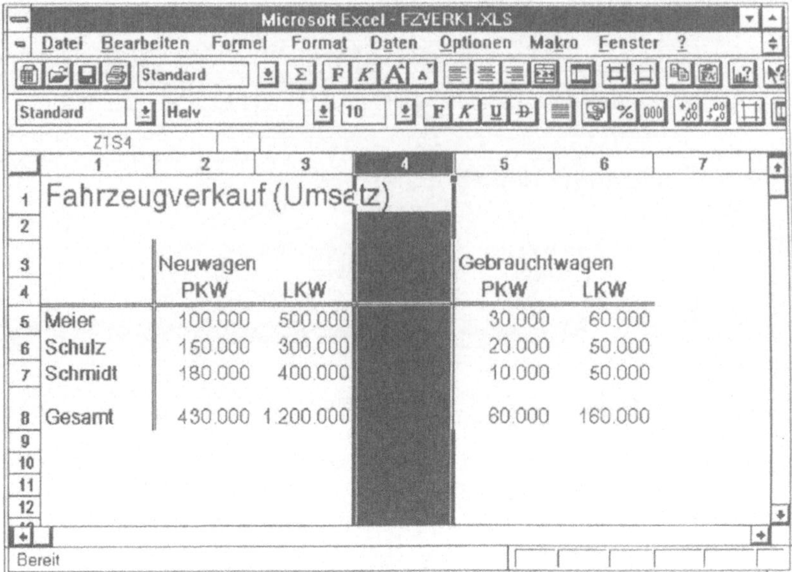

Bild 5.16 Tabelle nach dem Einfügen einer neuen Spalte

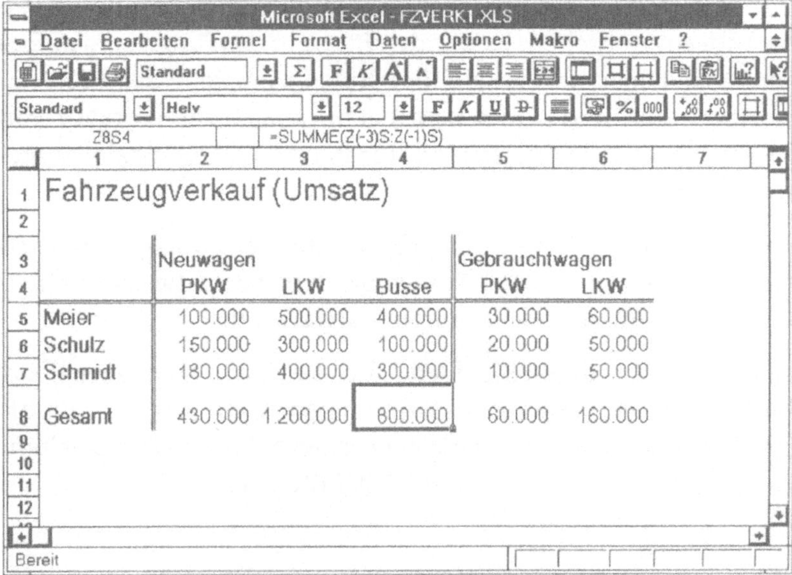

Bild 5.17 Fertige Tabelle mit allen Formeln

Abschnittsübersicht

Arbeiten mit Funktionen

6 Arbeiten mit Funktionen

6. 1 Überblick

Excel stellt Ihnen zusätzlich zu den Rechenzeichen +, -, *, /, ^
(siehe Abschnitt 3.5) weitere Funktionen zur Verfügung:

- statistische Funktionen (Abschnitt 6.2),

- finanzmathematische Funktionen (Abschnitt 6.3),

- sonstige Rechenfunktionen (Abschnitt 6.4),

- logische Funktionen (Abschnitt 6.5),

- Textverarbeitungsfunktionen (Abschnitt 8.3),

- Suchfunktionen (Abschnitt 9.7) und

- Datenbankfunktionen (Abschnitt 9.6)

Da der Einsatz der meisten Rechenfunktionen sehr anwendungs-
spezifisch ist, liegt der Schwerpunkt der folgenden Darstellung
auf dem ersten und den drei letzten Themen.

Gruppen von
Funktionen

Parallel zu dem Lesen dieses Abschnittes sollten Sie aus dem
Hilfe-Menü den Unterpunkt **Tabellenfunktionen** aufsuchen und
sich über die aktuellen Funktionen Ihrer Excel-Version informieren. Dies ist auch sinnvoll, wenn Sie sich während der Eingabe
von Argumenten Informationen über die Syntax der verwendeten Formel verschaffen wollen.

Im Anhang II dieses Buches haben wir Ihnen alle Tabellenfunktionen von Excel mit kurzer Erklärung der Wirkungsweise nach
Kategorien sortiert aufgelistet. Sie können hier leicht die gewünschte Funktion heraussuchen und bei etwaigen Detailfragen
die Hilfe für genauere Informationen verwenden. Im Index des
Buches finden Sie Verweise auf Alle ausführlich beschriebenen
Tabellenfunktionen.

6. 2 Statistische Funktionen

6. 2. 1 Vorbemerkungen

Die
statistischen
Funktionen

Excel kennt eine Vielzahl statischer Funktionen, die in der Tabelle 4 im Anhang zusammengestellt sind. Sie finden diese Funktionen in der Gruppe «Statistik» der Funktionen im Dialogfeld **Funktion einfügen** (vgl. Bild 6.5).

Im folgenden werden Sie mit der praktischen Anwendung von vier statistischen Funktionen anhand des Beispiels Umsatzauswertung für ein Reisebüro vertraut gemacht. Für dieses Beispiel sollen jetzt

*   die Zeilen- und Spaltensummen mit der Summenfunktion SUMME() bzw. AUTOSUM ermittelt werden (Abschnitt 6.2.2),

*   die durchschnittlichen monatlichen Sparten- und Gesamtumsätze im ersten Vierteljahr mit der Funktion MITTELWERT ermittelt werden (Abschnitt 6.2.3) und

*   die Standardabweichung der monatlichen Sparten- und Gesamtumsätze im ersten Quartal (Funktion STABW bzw. STABWN) ermittelt werden (Abschnitt 6.2.4).

Laden Sie zur Vorbereitung die Tabelle UMSATZF.XLS. Diese Datei ist auf der Beispieldiskette im Verzeichnis «\K05» gespeichert.

6. 2. 2 Die AUTOSUM-Funktion

Die
AUTOSUM-
Funktion

Excel besitzt eine Summenfunktion SUMME( ), mit der Sie Zahlenwerte oder Tabellenbereiche addieren können. Tabellenbereiche können Sie dabei wie sonst auch mit Bereichsnamen, absoluten Bereichsadressen oder relativen Bereichsadressen ansprechen (vgl Abschnitt 3.5). Sie können diese Funktion sehr bequem mit Hilfe der AUTOSUM-Funktion eingeben, falls Sie über ein Zeigeinstrument verfügen.

Σ

Die AUTOSUM-Funktion sehen Sie als Schaltfläche in der Standard Symbolleiste in Form eines Summenzeichens «Σ». Die AUTOSUM-Funktion bietet folgende Vorteile:

- Sie sparen sich das Aufrufen des Dialogfeldes zur Eingabe von Funktionen.

- Sie markieren nur das Tabellenfeld, das die Funktion SUM-ME() aufnehmen soll. Excel schlägt Ihnen dann automatisch einen Bezug vor, indem es den entsprechenden Bereich mit einem Laufrahmen markiert. Häufig brauchen Sie den Bereich nur noch zu bestätigen oder zu erweitern.

Als Nachteil dieser Funktion sei erwähnt, daß als Argument nur relative Bereichsadressen eingetragen werden und keine Bereichsnamen. Sie verzichten bei der Verwendung dieser Funktion also auf einen wichtigen Teil der Dokumentation Ihrer Tabelle.

Statt wie in Abschnitt 6.2 durch Addition mit dem Rechenzeichen «+» sollen in diesem Abschnitt die Summen der Umsatzauswertung des Reisebüros mit der Summenfunktion berechnet werden.

Vorgehensweise:

1. Wählen Sie als erstes das Tabellenfeld Z10S2 aus.

2. Geben Sie nun den Befehl **AUTOSUM**, indem Sie mit dem Mauszeiger in diese Schaltfläche klicken. Excel markiert den vorgeschlagenen Bezug mit einem Laufrahmen (Bild 6.1).

3. Erweitern Sie diesen Bezug, indem Sie die Zellen Z9S2:Z6S2 auswählen und anschließend das Eingabefeld (Haken) in der Bearbeitungszeile anklicken.

4. Vergeben Sie entsprechend die Formeln für die Zellen Z10S3, Z10S4 und Z10S5.

5. Markieren Sie nun die Zelle Z9S5, um auch hier die SUMME() Funktion einzutragen.

6. Geben Sie wieder den **AUTOSUM**-Befehl. Excel schlägt Ihnen als Bezug die Zellen über dieser Zelle vor (Bild 6.2). Sie müssen den Bezug ändern, indem Sie den richtigen Tabellenbereich mit der Maus markieren (hier Z9S2:4).   Die AUTO-SUM-Funktion

7. Schließen Sie den Befehl mit der Eingabe -Taste ab.

8. Vergeben Sie entsprechend die anderen Formeln oder kopieren Sie diese Formeln in die anderen Zellen der Spalte 5.

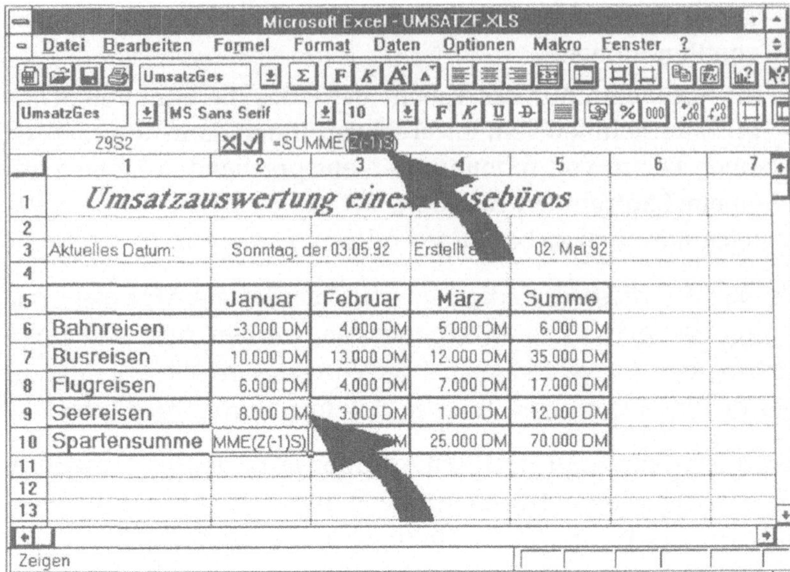

Bild 6.1 Bereichsvorschlag der AUTOSUM-Funktion

Bild 6.2 Falscher Bereichsvorschlag der AUTOSUM-Funktion

Bereichsvor-
schlag

Sie haben in diesem Beispiel gesehen, daß Excel immer den Bereich über der markierten Zelle als Summenbereich vorgeschlagen hat und daß dies nicht immer zu den gewünschten Ergebnissen führt. Achten Sie daher bei der Verwendung der AUTOSUM-Funktion immer genau auf den von Excel vorgeschlagenen Bereich, bevor Sie diesen übernehmen.

Gehen Sie hierbei systematisch von links nach rechts und von oben nach unten vor, da Excel ansonsten auch bei den soeben geschilderten Fällen "unsinnige" Bezugsvorschläge macht.

Bedenken Sie, daß Sie mit der AUTOSUM-Funktion relative Bereichsadressen erhalten. Dies liefert eine schlechte und nur schwer nachvollziehbare Dokumentation der Ergebnisse.

Mit der Tastatur können Sie nicht auf die AUTOSUM-Funktion zurückgreifen. Wir zeigen Ihnen hier daher alternativ das Verfahren über das Menü **Formel Funktion einfügen**. Sie können dafür aber in Formeln die von Ihnen festgelegten selbstdokumentierenden Namen verwenden. Wägen Sie im Einzelfall eine saubere Dokumentation gegen die Schnelligkeit der Eingabe der Formeln ab.

Tastatur und
AUTOSUM

Wir zeigen Ihnen an dieser Stelle erst, wie Sie eine Funktion direkt über die Tastatur eingeben. Im folgenden Abschnitt sehen Sie dann, wie Sie eine Funktion aus der Liste der Funktionen auswählen und an der gewünschten Stelle einfügen können.

Vorgehensweise:

1. Wählen Sie als erstes das Tabellenfeld Z10S2 aus.

2. Geben Sie ein Gleichheitszeichen ein, um die Eingabe einer Formel anzukündigen.

Summe bilden

3. Geben Sie nun die Funktion SUMME ein, indem Sie dieses Wort eintippen. Sie brauchen dabei nicht auf Groß- oder Kleinschreibung zu achten, da Excel die Eingabe als Funktion erkennen und nach Abschluß der Eingabe in Großbuchstaben ausgeben wird.

4. Öffnen Sie eine Klammer, um in die Klammer die Argumente der Funktion einzutragen.

5. Geben Sie nun den Bezug ein, indem Sie entweder einen Adressbereich eingeben (hier Z6S2:Z9S2) oder den entsprechenden Bereichsnamen (hier Bahnreisen).

6. Schließen Sie die Klammer und bestätigen Sie Ihre Eingaben mit der ⌈Eingabe⌋-Taste.

7. Tragen Sie entsprechend die Formeln für die anderen Zellen ein. Sie können sich dabei Schreibarbeit ersparen, wenn Sie gleiche Formeln einer Zeile bzw. Spalte kopieren (siehe Abschnitt 3.5.1) oder die Formeln als Mehrfacheingaben eintragen. Achten Sie hierbei jedoch auf eventuelle Fehler beim Verwenden von Bereichsnamen.

Beachten Sie, wie Excel in die Zellen die richtigen Sparten- und Monatssummen einträgt. Lassen Sie sich nun auf dem Bildschirm zur Kontrolle die Formeln anzeigen.

Vorgehensweise:

1. Geben Sie dazu den Befehl **Bildschirmanzeige** aus dem Menü **Optionen**.

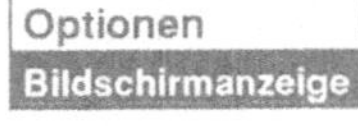

2. Wählen Sie die Option **Formeln** und schließen Sie den Befehl ab.

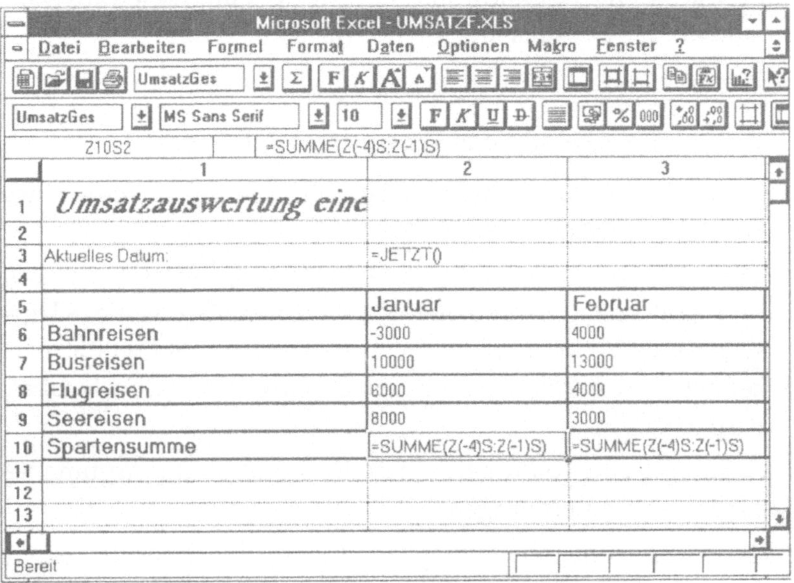

Bild 6.3 Die ersten drei Spalten in Formeldarstellung

Beobachten Sie, wie Excel die Breite der Spalten vergrößert, um die Formeln besser darstellen zu können (Bild 6.3). Das Bild zeigt die Formelausgabe bei der Verwendung von relativen Bereichsadressen, da die AUTOSUM-Funktion verwandt wurde.

Drucken Sie nun die Tabelle mit dem Befehl **Drucken** aus dem Menü **Datei** in Formeldarstellung aus, um einen Überblick über die Formeln zu erhalten. Speichern Sie die neue Tabelle wieder unter dem Namen UMSATZF.XLS. Sie überschreiben nun die alte Version, die wir aber im folgenden auch nicht mehr benötigen.

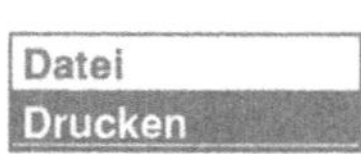

6. 2. 3 Bilden von Bereichsdurchschnitten

Die Durchschnittsfunktion MITTELWERT() bildet das arithmetische Mittel nach der üblichen Formel

    Summe der Werte / Anzahl der Werte

Die Funktion MITTEL-WERT()

Zur Bildung des Mittelwertes können Sie die Funktion direkt eingeben oder den Funktionsnamen aus einer Liste auswählen. Zusätzlich zu dieser Funktion, die den arithmetische Mittelwert berechnet, stellt Excel noch die Tabellenfunktion DURCH-SCHNITT() zur Angabe des *mittleren Wertes* zur Verfügung.

Wir werden im folgenden nur beschreiben, wie Sie den Funktionsnamen aus der Liste auswählen, da Sie die direkte Eingabe einer Funktion schon im vorhergehenden Abschnitt geübt haben.

Sie geben bei Excel Funktionen mit dem Befehl **Funktion einfügen** aus dem Menü **Formel** ein. Sie können hierfür auch den Tastenschlüssel (Umschalt)-(F3) verwenden und hiermit das Dialogfeld **Funktion einfügen** aufrufen.

Sie wählen die Formel nun aus der Liste der Funktionen aus. Dazu können Sie, wenn Sie die Gruppe der Funktion kennen, zuerst die Gruppe auswählen, um nicht in einer allzu langen Liste suchen zu müssen. Zur Eingabe der Argumente haben Sie zwei verschiedene Möglichkeiten:

1) Wählen Sie die Bezüge aus der Liste des Dialogfelds **Namen einfügen** aus dem Menü **Formel** aus. Diese Verfahrensweise bietet sich bei der Verwendung einer Maus an. Außerdem vermeiden Sie Schreibfehler.

2) Sie können die Bereichsnamen der Bezüge auch einfach über die Tastatur eingeben. Dabei können Ihnen jedoch Schreibfehler unterlaufen.

Für die Eingabe der Argumente einer Funktion sollten Sie in jedem Fall auf eine Besonderheit des Dialogfeldes zur Funktionseingabe bei Excel achten: Excel verfügt über einen "Schulungsmodus" und über einen "Eingabemodus" beim Eintragen von Funktionen.

Der "Schulungsmodus"

Im "Schulungsmodus" sehen Sie, welche Parameter die Funktion erfordert. Excel zeigt Ihnen hier immer die Funktion mit allen Parametern an. Sie können diesen Modus gut zum Kennenlernen der Funktionen und ihrer Parameter verwenden. Außerdem bietet sich dieser Modus an, wenn Sie mit dem Umgang mit den Funktionen noch nicht so vertraut sind. Sie können dann mit Hilfe des Schulungsmodus Fehler in der Syntax der Funktionseingabe vermeiden.

Der "Arbeitsmodus"

Im "Arbeitsmodus" zeigt Excel hinter einer neu eingegebenen Funktion nur eine leere Klammer an, in die Sie dann die Argumente eintragen können. Dieser Modus bietet sich beim Eintragen von Funktionen an, da Sie nicht immer die Voreinstellungen löschen müssen.

Argumente einfügen

Sie schalten bei Excel zwischen diesen beiden Modi in dem Dialogfeld **Funktion einfügen** mit der Option «Argumente einfügen» um.

Auswahl aus Kategorien

Bei Excel werden die Tabellenfunktionen, der besseren Übersicht halber, wie auch die Zahlenformate (vgl. Abschnitt 4.7) in Gruppen geordnet. Dabei unterscheidet Excel die folgenden Gruppen: Alle, Datenbankfunktionen, Datums- und Zeitfunktionen, finanzmathematische Funktionen, Informationsfunktionen, logische Funktionen, mathematische und trigonometrische Funktionen, statistische Funktionen, Such- und Arrayfunktionen sowie Textfunktionen. Wissen Sie nicht, in welcher Kategorie Sie die gewünschte Funktion finden können, so wählen Sie sie aus der alfabetischen Liste «Alle» aus.

Wir wollen jetzt die Mittelwerte der Umsätze mit der Funktion MITTELWERT() bilden. Zuerst erweitern wir unsere Tabelle um

Überschriften, da wir in diesem Abschnitt und im folgenden insgesamt drei Formeln eingeben wollen. Dazu benötigen wir die folgenden drei neuen Spalten. Die etwas zerstückelten Namen der Überschriften der Standardabweichung werden Sie nachvollziehen, wenn wir Ihnen gleich die Unterschiede der zwei verschiedenen Standardabweichungen erläutern werden. Ihre Tabelle hat dann ein Aussehen wie in Bild 6.4.

Zeile	Spalte	Überschrift
5	6	"Mittelwert"
5	7	"St.Abw.1"
5	8	"St.Abw.2"

Tabelle 6.1 Zusätzliche Überschriften der Umsatzauswertung

	2	3	4	5	6	7	8
1	*swertung eines Reisebüros*						
2							
3	Sonntag, der 03.05.92	Erstellt am:	02. Mai 92				
4							
5	Januar	Februar	März	Summe	Mittelwert	St.Abw.1	St.Abw.2
6	-3.000 DM	4.000 DM	5.000 DM	6.000 DM			
7	10.000 DM	13.000 DM	12.000 DM	35.000 DM			
8	6.000 DM	4.000 DM	7.000 DM	17.000 DM			
9	8.000 DM	3.000 DM	1.000 DM	12.000 DM			
10	21.000 DM	24.000 DM	25.000 DM	70.000 DM			
11							
12							
13							

Bild 6.4 Umsatztabelle mit neuen Spalten

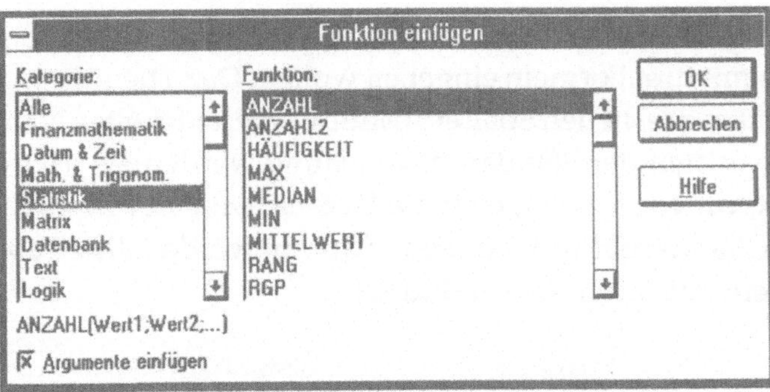

Bild 6.5 Dialogfeld zur Auswahl von Funktionen

Bereichs-namen

Wir wollen in diesen Formeln die Bereichsnamen zur Angabe der Bezüge verwenden.

Vorgehensweise:

1. Markieren Sie die erste Zelle der Spalte 6, die die Formel aufnehmen soll, also Z6S6.

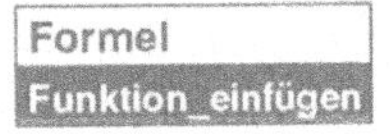

2. Geben Sie den Befehl **Funktion einfügen** aus dem Menü **Formel**. Sie sehen ein Dialogfeld wie in Bild 6.5. Alle bei Excel verfügbaren Formeln sind hier in einer alphabetischen Liste nach Gruppen geordnet aufgeführt.

Formeln und Namen über-nehmen

3. Wählen Sie die Gruppe «Statistik» aus, blättern Sie in der Liste, bis die Funktion MITTELWERT() erscheint, und markieren Sie diese.

4. Schalten Sie die Option «Argumente einfügen» aus, indem Sie mit der Maus in das Feld vor dieser Auswahl klicken.

5. Bestätigen Sie Ihre Eingabe, indem Sie in die Schaltfläche **OK** klicken.

6. Sie geben nun die Argumente ein, indem Sie den Befehl **Namen einfügen** aus dem Menü **Formel** geben. Wählen Sie wie in Bild 6.6 den Namen «Bahnreisen» aus.

7. Bestätigen Sie die Namensauswahl, indem Sie die Schaltfläche **OK** anklicken. Sie sehen dann einen Bildschirm wie in Bild 6.7.

8. Schließen Sie Ihre Formeleingabe ab, indem Sie in das Einga-befeld (Schaltfläche mit dem Haken) klicken.

Mit der Tastatur geben Sie die Formel am besten wie folgt ein:

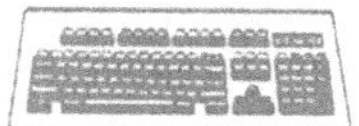

1. Markieren Sie die erste Zelle der Spalte 6, das die Formel aufnehmen soll, also Z6S6.

2. Geben Sie den Befehl **Funktion einfügen** aus dem Menü **Formel** oder geben Sie den Tastenschlüssel [Umschalt]-[F3] ein. Sie sehen ein Dialogfeld wie in Bild 6.5. Alle bei Excel verfügbaren Formeln sind hier in einer alphabetischen Liste nach Gruppe geordnet aufgeführt.

3. Wählen Sie nun die Gruppe «Statistik» im Listenfeld «Gruppe» aus, blättern Sie in der Liste, bis die Funktion MITTELWERT() erscheint, und markieren Sie diese.

4. Schalten Sie die Option «Argumente einfügen» aus, indem Sie [Alt]-[a] eingeben.

5. Schließen Sie nun die Funktionsauswahl mit der [Eingabe]-Taste ab.

6. Geben Sie nun wie in Bild 6.7 den Bezug «Bahnreisen» mit der Tastatur ein oder rufen Sie das Dialogfeld **Namen einfügen** mit der Funktionstaste [F3] auf und wählen Sie den Namen aus.

7. Bestätigen Sie anschließend Ihre Eingaben mit der [Eingabe]-Taste.

Sie sehen nun in der ersten Zelle der neuen Spalte den Mittelwert der Sparte «Bahnreisen».

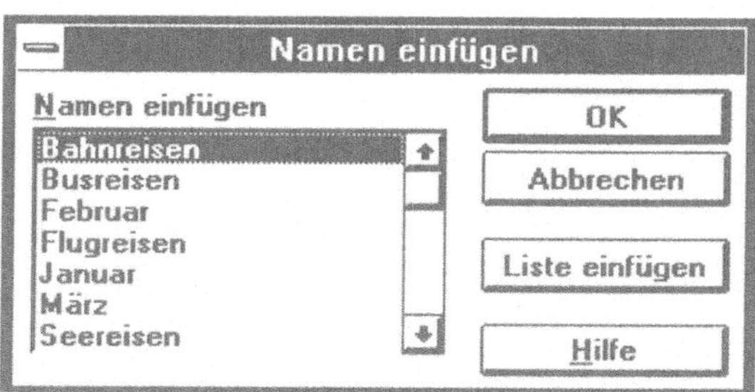

Bild 6.6 Dialogfeld **Namen einfügen**

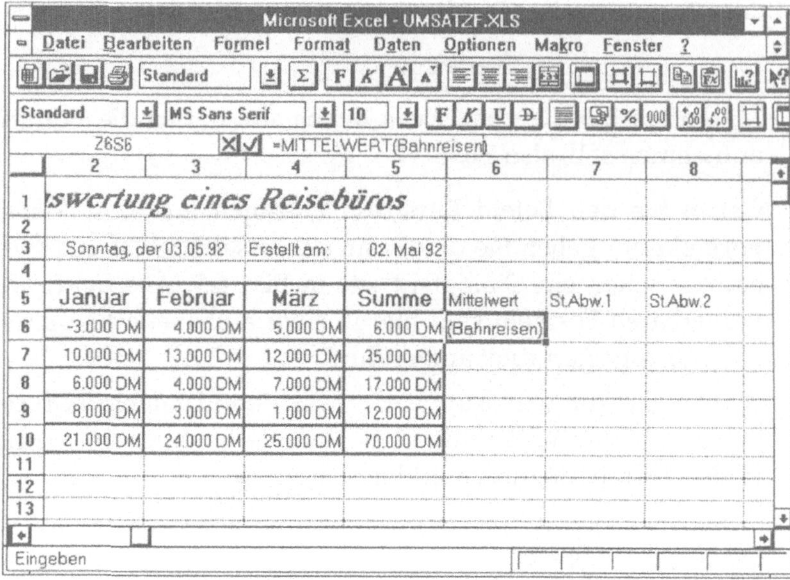

Bild 6.7 Bildschirm nach der Eingabe des richtigen Argumentes

Um auch die anderen Mittelwerte zu erhalten, gehen Sie wie folgt vor:

Vorgehensweise:

Kopieren Sie die Formel mit der Autofil-Funktion in die anderen Zellen der Spalte 6.

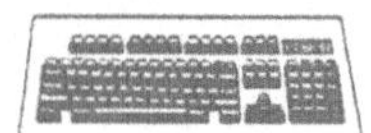

Kopieren der Formel:

Markieren Sie die Formel und den Bereich, in die sie kopiert werden soll, und geben Sie den Befehl **Unten ausfüllen** aus dem Menü **Bearbeiten**.

Sie müssen nun in den kopierten Formeln noch die Bezüge verändern, damit Sie die richtigen Ergebnisse erhalten.

So verändern Sie den Bezug einer Formel mit der Maus:

Vorgehensweise:

1. Klicken Sie mit der Maus in die entsprechende Zelle.

2. Markieren Sie in der Bearbeitungszeile den Zellbezug und löschen Sie diesen mit der ⌈Entf⌋-Taste. Tragen Sie den neuen Namen ein oder wählen Sie ihn mit Hilfe des Befehls **Formel Namen einfügen** aus der Liste aus.

Zellbezüge mit der Maus korrigieren

3. Schließen Sie nun den Befehl ab.

	2	3	4	5	6	7	8
	Z10S6		=MITTELWERT(Spartensumme)				
1	swertung eines Reisebüros						
2							
3	Sonntag, der 03.05.92		Erstellt am:	02. Mai 92			
4							
5	Januar	Februar	März	Summe	Mittelwert	St.Abw.1	St.Abw.2
6	-3.000 DM	4.000 DM	5.000 DM	6.000 DM	3000		
7	10.000 DM	13.000 DM	12.000 DM	35.000 DM	11666,6667		
8	6.000 DM	4.000 DM	7.000 DM	17.000 DM	5666,66667		
9	8.000 DM	3.000 DM	1.000 DM	12.000 DM	4000		
10	21.000 DM	24.000 DM	25.000 DM	70.000 DM	23333,3333		
11							
12							
13							

Bild 6.8 Umsatztabelle mit allen Mittelwerten

Mit der Tastatur verändern Sie die Zellbezüge wie folgt:

Vorgehensweise:

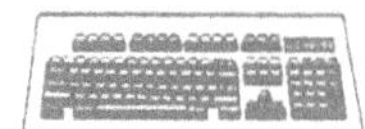

1. Zeigen Sie mit dem Zellzeiger auf die Zelle, in dem Sie die Formel verändern wollen.

2. Drücken Sie die Funktionstaste ⌈F2⌋, um den Zellinhalt zu bearbeiten. Bewegen Sie die Schreibmarke in der Bearbeitungszeile an die Stelle, die Sie verändern wollen, und löschen Sie den alten Bezug.

Zellbezüge mit der Tastatur korrigieren

3. Geben Sie den neuen Zellbezug mit der Tastatur ein.

4. Schließen Sie den Befehl mit der ⌈Eingabe⌋-Taste ab.

Wenn Sie diese Schritte ausgeführt haben, sehen Sie einen Bildschirm wie in Bild 6.8.

6. 2. 4 Ermitteln der Standardabweichung

Die Standard-
abweichung

Zur Ermittlung der Standardabweichung bietet Excel Ihnen drei verschiedene Funktionen:

- STABW()
- STABWN()
- DBSTABW()
- DBSTABWN()

Alle Funktionen geben an, wie stark die einzelnen Werte voneinander abweichen. Sie müssen je nach dem Zweck der Ermittlung der Standardabweichung entscheiden, welche Formel Sie verwenden.

Die Funktion
STABW

Die Funktion STABW schätzt die Standardabweichung des Einzelwertes in einem von Ihnen festgelegten Tabellenbereich ab. Benutzen Sie diese Formel am besten, wenn Sie die Standardabweichung einer Stichprobe Ihrer Tabelle berechnen wollen. Dies ist die meist verwandte Formel zur Berechnung der Standardabweichung. Wenden Sie diese Formel auf nur einen Wert an, so erhalten Sie als Ergebnis "Unendlich".

Die Funktion
STABWN

Die Funktion STABWN berechnet die Standardabweichung des Mittelwertes des von Ihnen festgelegten Tabellenbereichs. Diese Funktion liefert etwas kleinere Ergebnisse als die erste. Sie ist sinnvoll, wenn Sie die Standardabweichung einer Grundgesamtheit der Tabelle berechnen wollen.

Wollen Sie die Standardabweichung eines Tabellenbereichs berechnen, der bestimmte von Ihnen vorher festgelegte Kriterien erfüllt, so verwenden Sie eine der Datenbankfunktionen DBSTABW oder DBSTABWN. Sie berechnen dann die Standardabweichung wie die Funktion STABW bzw. STABWN.

An unserem Beispiel erläutern wir die Anwendung und die Unterschiede der Funktionen STABW und STABWN. Die Funktion STABW zur Ermittlung der Standardabweichung verwendet die Formel

$$\sqrt{\frac{n*\sum(x^2)-(\sum x)^2}{n*(n-1)}}$$

Mit Hilfe der Funktion STABW soll jetzt ermittelt werden, wie weit die Spartenumsätze und der Gesamtumsatz im Monatsablauf schwanken.

Ermitteln Sie für die Tabelle aus dem Abschnitt 6.1.2 die Standardabweichung der Umsätze der Bahnreisen.

Vorgehensweise:

1. Zeigen Sie auf das Tabellenfeld, das das Ergebnis der Berechnung aufnehmen soll (hier Z6S7).

2. Geben Sie den Befehl **Funktion einfügen** aus dem Menü **Formel**. 

3. Wählen Sie aus dem Dialogfeld **Funktion einfügen** wie in Bild 6.9 die Funktion STABW() aus der Gruppe «Statistik» aus.

4. Schalten Sie die Option «Argumente einfügen» aus, wenn Sie dies nicht schon im vorigen Abschnitt erledigt haben.

5. Schließen Sie den Befehl ab.

6. Geben Sie den Befehl **Namen einfügen** aus dem Menü **Formel** und wählen Sie den Namen «Bahnreisen» aus der Liste aus. 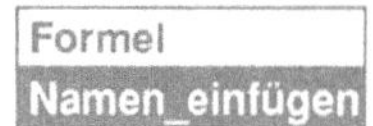

7. Bestätigen Sie diese Auswahl, indem Sie die Schaltfläche **OK** anklicken.

8. Schließen Sie die Formeleingabe ab, indem Sie mit der Maus in die Schaltfläche mit dem Haken klicken.

Mit der Tastatur geben Sie die Formel am besten so ein:

Vorgehensweise:

1. Zeigen Sie auf das Tabellenfeld, das das Ergebnis der Berechnung aufnehmen soll (hier Z6S7). 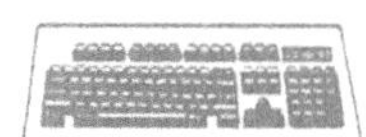

2. Geben Sie den Befehl **Funktion einfügen** aus dem Menü **Formel**.

3. Wählen Sie aus dem Dialogfeld wie in Bild 6.9 die Funktion STABW() aus der Gruppe «Statistik» aus. 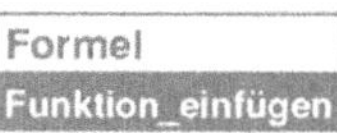

Argumente
einfügen

4. Schalten Sie die Option «Argumente einfügen» aus, indem Sie ein ⓐ eingeben, wenn Sie dies nicht schon im vorigen Abschnitt erledigt haben.

5. Schließen Sie den Befehl ab.

6. Geben Sie nun mit der Tastatur den Bezug ein (hier «Bahnreisen»).

7. Schließen Sie Ihre Formeleingabe mit der [Eingabe]-Taste ab.

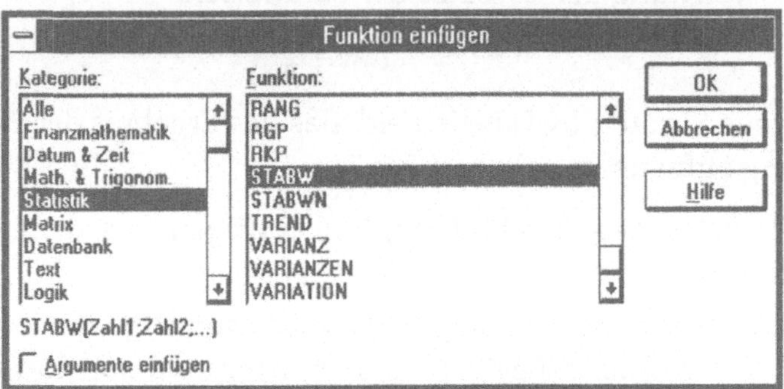

Bild 6.9 Auswahl der Funktion STABW()

	2	3	4	5	6	7	8
1	swertung eines Reisebüros						
2							
3	Sonntag, der 03.05.92	Erstellt am:	02. Mai 92				
4							
5	Januar	Februar	März	Summe	Mittelwert	St.Abw.1	St.Abw.2
6	-3.000 DM	4.000 DM	5.000 DM	6.000 DM	3000	4082,4829	
7	10.000 DM	13.000 DM	12.000 DM	35.000 DM	11666,6667		
8	6.000 DM	4.000 DM	7.000 DM	17.000 DM	5666,66667		
9	8.000 DM	3.000 DM	1.000 DM	12.000 DM	4000		
10	21.000 DM	24.000 DM	25.000 DM	70.000 DM	23333,3333		
11							
12							
13							

Bild 6.10 Umsatztabelle mit der ersten Standardabweichung

Microsoft Excel - UMSATZF.XLS

Datei Bearbeiten Formel Format Daten Optionen Makro Fenster ?

Standard | MS Sans Serif | 10

Z10S7   =STABW(Spartensumme)

					Mittelwert	St.Abw.1	St.Abw 2
1	iswertung eines Reisebüros						
2							
3	Sonntag, der 03.05.92	Erstellt am:	02. Mai 92				
4							
5	Januar	Februar	März	Summe	Mittelwert	St.Abw.1	St.Abw 2
6	-3.000 DM	4.000 DM	5.000 DM	6.000 DM	3000	4082,4829	
7	10.000 DM	13.000 DM	12.000 DM	35.000 DM	11666,6667	1527,52523	
8	6.000 DM	4.000 DM	7.000 DM	17.000 DM	5666,66667	1527,52523	
9	8.000 DM	3.000 DM	1.000 DM	12.000 DM	4000	3605,55128	
10	21.000 DM	24.000 DM	25.000 DM	70.000 DM	23333,3333	2081,666	
11							
12							
13							

Bereit

Bild 6.11 Excel-Bildschirm nach dem Eintragen aller Formeln

Excel trägt nun die erste Standardabweichung ein (Bild 6.10). Kopieren Sie nun wie im vorigen Abschnitt die Formel in die übrigen Zellen der Spalte und passen Sie die Argumente entsprechend an. Sie sehen dann ein Fenster wie in Bild 6.11.

Im folgenden sehen Sie den Unterschied der Funktionen STABW und STABWN. Die Funktion STABWN berechnet die Standardabweichung Ihrer Grundgesamtheit nach der folgenden Formel:

Die Funktion STABWN

$$\sqrt{\frac{n\Sigma\,(x^2) - (\Sigma x)^2}{n^2}}$$

Diese Funktion stellt die Standardabweichung des Mittelwertes fest und besitzt somit einen kleineren Betrag als die erste. Weichen Ihre Werte kaum voneinander ab, so ist diese Formel zur Beschreibung der Standardabweichung ungeeignet, da die Ergebnisse zu klein werden, um noch aussagekräftig zu sein. Standardabweichungen werden natürlich erst bei größeren Datenmengen als den hier verwendeten sinnvoll. Wir wollen Ihnen hier jedoch unnötige Tipparbeit ersparen und verwenden daher kleine Beispiele.

Geben Sie wie oben beschrieben die Formel STABWN() ein. Sie erhalten dann ein Fenster wie in Bild 6.12. Beachten Sie die Unterschiede in den Ergebnissen der beiden Funktionen. Achten Sie auch auf die großen Werte der Standardabweichungen in der ersten Datenzeile. Diese beruht auf dem negativen ersten Wert.

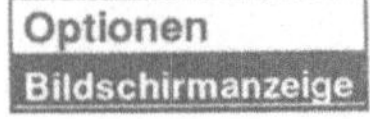

Das Bild 6.13 zeigt Ihnen zur Kontrolle Ihrer Formeln den entsprechenden Ausschnitt der Tabelle in Formeldarstellung. Hierzu haben Sie in dem Dialogfeld **Optionen Bildschirmanzeige** in die Formeldarstellung umgeschaltet.

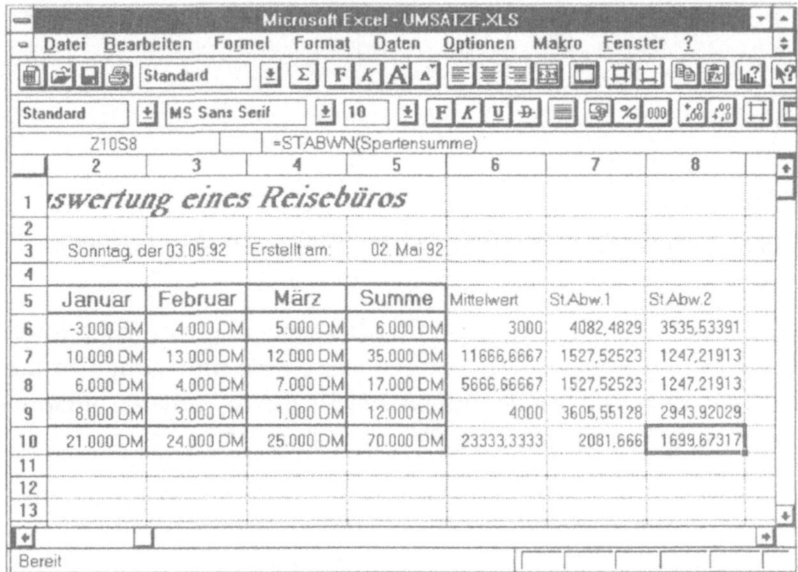

Bild 6.12 Unterschiedliche Ergebnisse der Funktionen

Passen Sie Ihre Formeln an, falls hier Unterschiede auftreten sollten, da wir weiterhin mit dieser Tabelle arbeiten werden. Mit neu gestalteten Spalten sieht Ihre Tabelle aus wie in Bild 6.15.

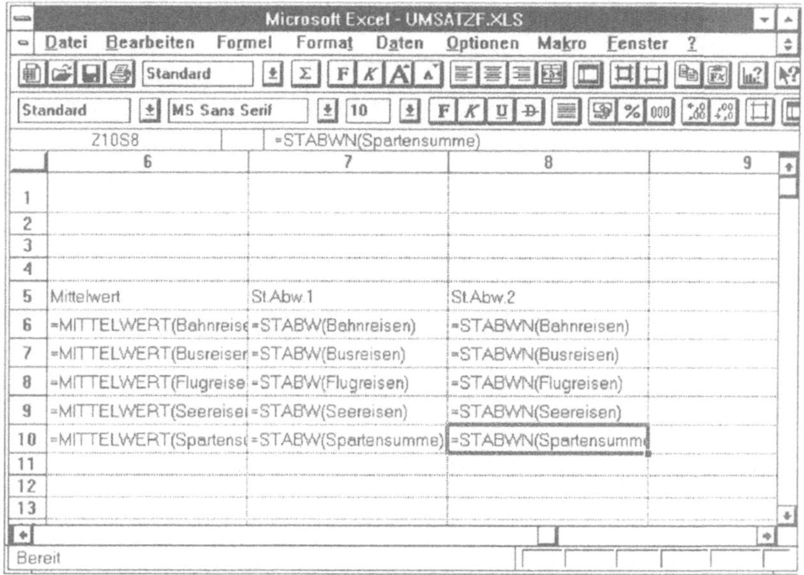

Bild 6.13 Formeldarstellung des neuen Tabellenbereiches

Zum Gestalten der neuen Spalten können Sie einfach die Formate
der Spalte 5 in diese Spalten kopieren. Dazu verfahren Sie wie
folgt:

Kopieren von Formaten

1. Markieren Sie den Bereich, aus dem Sie Formate kopieren
   wollen (hier Z6S5:Z10S5).

2. Geben Sie nun den Befehl **Kopieren** aus dem Menü **Bearbeiten**. Sie sehen nun ein Laufrahmen um den markierten Bereich.

3. Markieren Sie nun als Einfügebereich den Bereich Z6S6:Z10S8.

4. Wählen Sie nun den Befehl **Inhalte einfügen** aus dem Menü
   Bearbeiten aus. Markieren Sie hier die Option "Formate" (Bild
   6.14).

5. Schließen Sie den Befehl ab.

Zentrieren Sie die Tabellenüberschrift über der gesamten Umsatzauswertung, und vergleichen Sie Ihren Bildschirm anschließend mit Bild 6.15. Speichern Sie die Tabelle unter dem Namen
UMSATZ1.XLS. Sie finden diese Datei auf der Übungsdiskette im
Verzeichnis «\K06».

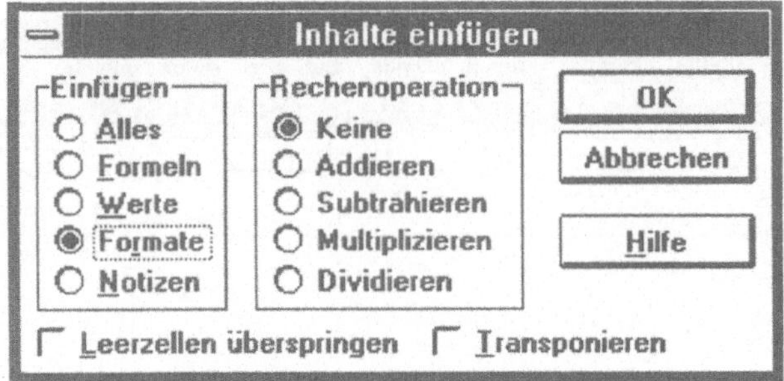

Bild 6.14 Dialogfeld **Inhalte einfügen**

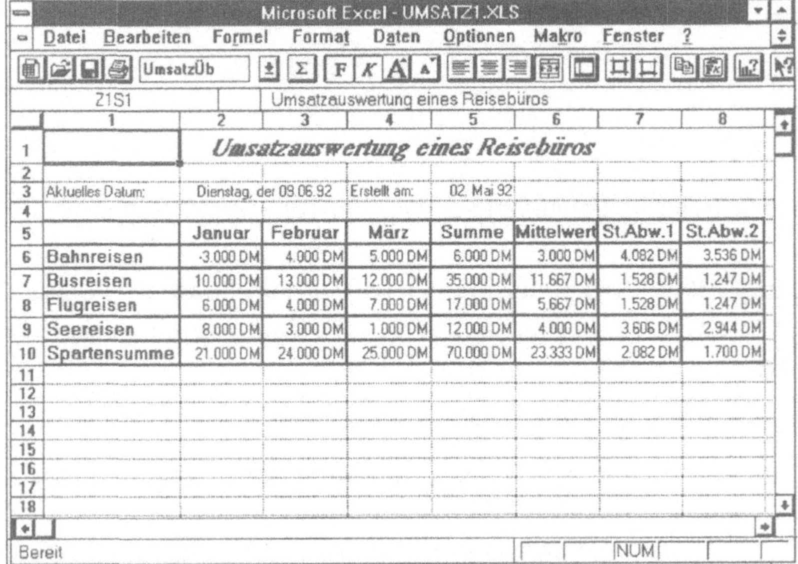

Bild 6.15 Tabelle mit einheitlicher Gestaltung

6. 3 Finanzmathematische Funktionen

Finanzmathe-
matische
Funktionen

Excel bietet Ihnen eine große Auswahl finanzmathematischer Funktionen. Eine Übersicht dieser Funktionen sehen Sie im Anhang II.

Mit der Hilfe-Funktion können Sie jederzeit Detailerklärungen zu diesen Funktionen abrufen.

Wir wollen Ihnen hier anhand der Barwert-Funktion zeigen, wie Sie finanzmathematische Funktionen einsetzen können. Mit der Barwert-Funktion NBW(Zins;Wert1;...) bietet Ihnen Excel die Möglichkeit, den Barwert einer Zahlungsreihe bei gegebenem Zinssatz zu ermitteln. Der Barwert einer Zahlungsreihe gibt an, wie groß die Summe der abgezinsten Zahlungen der nächsten Jahre jetzt ist.

Um diese Funktion auszuprobieren, richten Sie bitte die folgende Tabelle zur Ermittlung des Barwertes 1992 von 3 Zahlungen in den Jahren 1993 bis 1995 ein:

Eine Beispieltabelle

Bereich	Überschriften
Z1S1	Ermittlung des Barwertes einer Zahlungsreihe
Z2S1	Jahr
Z2S2	Zahlungen
Z3S1	1993
Z4S1	1994
Z5S1	1995
Z6S1	Barwert
Z7S1	Zinssatz

Tabelle 6.2 Überschriften der Tabelle BARWERT

Name	Bereich
Zahlungen	Z3:5S2
Zinssatz	Z7S2

Tabelle 6.3 Namen der Tabelle BARWERT

Geben sie in Zeile 6 Spalte 2 die folgende Formel ein:

Formeln

```
NBW(Zinssatz;Zahlungen)
```

Verbreitern Sie die Spalte 2 auf 15 Zeichen, legen Sie die Höhe der Zeilen 1,2,6 und 7 auf 16 Punkt für den Bereich Z5:9S2 ein Währungsformat (z.B. #.###,00 DM) fest. Die Zelle Z7S2 soll ein Prozentformat erhalten (z.B. #,##%). Richten Sie alle Überschriften rechtsbündig aus.

Mit den Testdaten 1000, 2000 und 3000 DM als Zahlungen und 0,12 als Zinssatz müßten Sie einen Bildschirm wie in Bild 6.16 und einen Ausdruck in Formeldarstellung wie in Bild 6.17 erhalten.

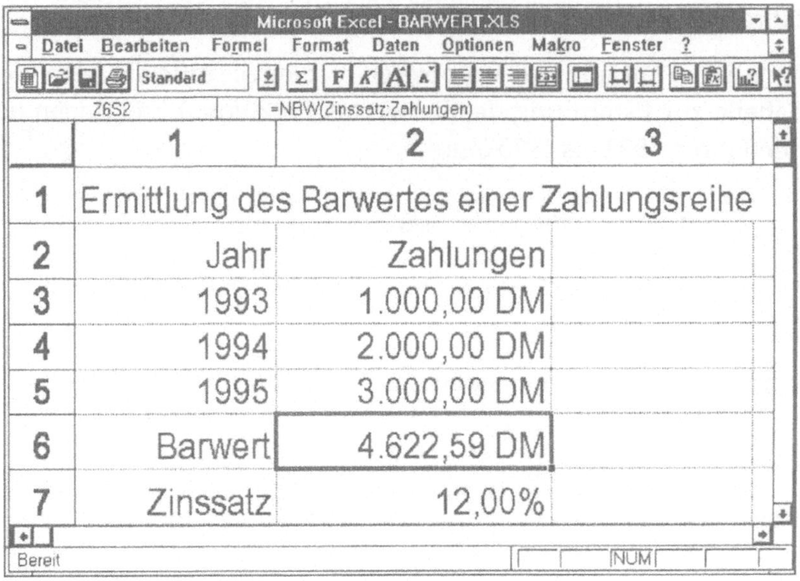

Bild 6.16 Barwerttabelle mit Testdaten

6. 4 Sonstige Rechenfunktionen

Rechenfunk-
tionen

Über die oben beschriebenen Funktionen hinaus stellt Excel die folgenden Rechenfunktionen zur Verfügung:

1. trigonometrische Funktionen,

2. logarithmische und Exponentialfunktionen,

3. sonstige Rechenfunktionen .

Tabellen mit diesen Funktionen finden Sie in den Anhängen 6 bis 8 des Buches.

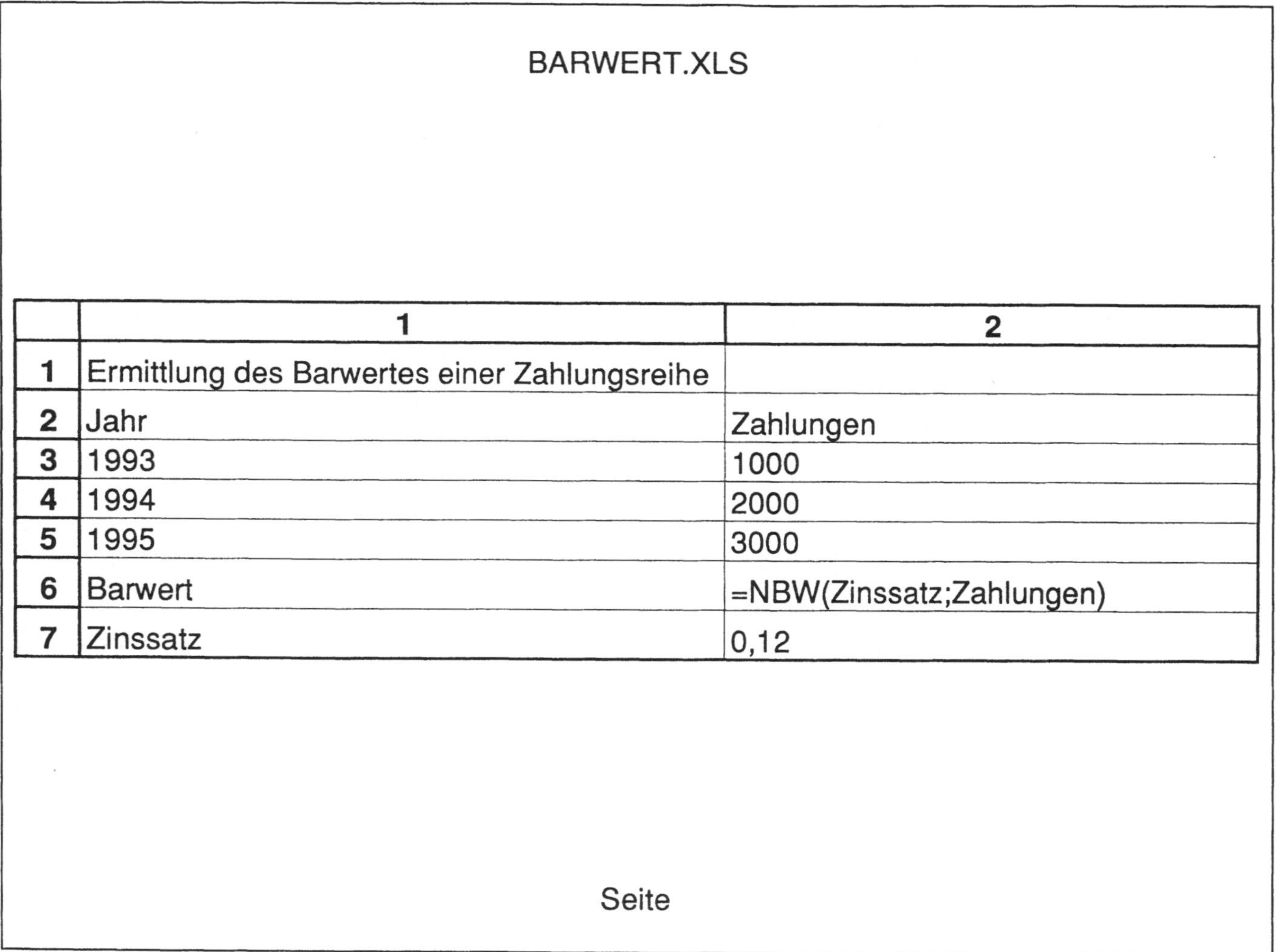

	1	2
1	Ermittlung des Barwertes einer Zahlungsreihe	
2	Jahr	Zahlungen
3	1993	1000
4	1994	2000
5	1995	3000
6	Barwert	=NBW(Zinssatz;Zahlungen)
7	Zinssatz	0,12

Bild 6.17 Ausdruck der Barwerttabelle mit Formeln

6. 5 Logische Funktionen

6. 5. 1 Überblick

Wozu logische Funktionen?

Mit logischen Funktionen und Verknüpfungen können Sie den Inhalt von Zellen in Abhängigkeit von anderen Zellen gestalten. Eine Übersicht über die logischen Funktionen von Excel zeigt die Tabelle 9 im Anhang.

6. 5. 2 Anwendung logischer Funktionen bei der Überprüfung von Eingabewerten

Die Funktionen WENN() und ODER()

Die Funktion WENN() führt, je nachdem ob der Wahrheitswert wahr ist oder nicht, entweder den Dannwert oder den Sonstwert aus. Die Funktion ODER() dient dazu, die Vereinigungsmenge zweier Ereignisse zu bilden.

Die Einsatzmöglichkeiten von Excel werden durch bedingungsabhängige Zellinhalte erheblich erweitert. Hier soll ein Beispiel für Fallunterscheidung

```
WENN(Bedingung;Dannwert;Sonstwert)
```

und ihre Verknüpfung mit der Funktion

```
ODER(Fall1;Fall2)
```

zu der zusammengesetzten Funktion

```
WENN(ODER(Fall1;Fall2);Dannwert;Sonstwert)
```

entwickelt werden.

Um Gigo-EDV (garbage in, garbage out - Mist rein, Mist raus) zu vermeiden, werden in kommerziellen Dialogprogrammen möglichst alle Eingaben Plausibilitätsprüfungen unterzogen. Hier kann je nach der Art der Daten und Prüfungen die Wahrscheinlichkeit von Fehlern bei den Eingabedaten deutlich gesenkt werden.

Datumsprüfung

In dem folgenden vereinfachten Beispiel soll bei der Eingabe des Datums zunächst lediglich geprüft werden, ob

1. der Tag im Bereich 1 bis 31,

2. der Monat im Bereich 1 bis 12 und

3. das Jahr im Bereich 1990 bis 2000

liegen. Im Abschnitt 9.6.2 wird diese Prüfung verfeinert.

Wenn die Bereiche überschritten werden, soll jeweils die Fehler- **Fehlermel-**
meldung «Bereichsüberschreitung» in Spalte 3 ausgegeben wer- **dungen**
den, sonst soll jeweils der Eingabewert in die Spalte 5 übertragen
werden. Die Formulierung von Fallunterscheidungen bei Excel
ist etwas gewöhnungsbedürftig, insbesondere wenn in der Bedingung noch zwei Alternativen mit ODER verknüpft werden. Achten Sie daher besonders auf die richtige Klammerung und die
richtige Verwendung des Semikolons als Trenner.

Wenn Sie das Beispiel im Detail nachvollziehen, tragen Sie bitte
die folgenden Überschriften, Namen und Formeln in eine Tabelle
ein:

Bereich	Überschrift
Z1S1	Plausibilitätsprüfung bei der Eingabe
Z2S1	Datumseingabe
Z2S3	Datumsprüfung
Z2S4	Prüfergebnis
Z3S1, Z3S4	Tag:
Z4S1, Z4S4	Monat:
Z5S1, Z5S4	Jahr:

Tabelle 6.4 Überschriften der Plausibilitätsprüfung

Bereich	Name
Z3S2	Tag
Z4S2	Monat
Z5S2	Jahr

Tabelle 6.5 Namen der Plausibilitätsprüfung

Bereich	Formel (*Erklärung*)
Z3S3	WENN(ODER(Tag;Tag31);"Bereichsüberschreitung";" ") (*Ausgabe einer Meldung*)
Z4S3	WENN(ODER(Monat<1;Monat>12);"Bereichsüberschreitung";" ") (*Ausgabe einer Meldung*)
Z5S3	WENN(ODER(Jahr<1990;Jahr>2000);"Bereichsüberschreitung";" ") (*Ausgabe einer Meldung*)
Z3S5	WENN(ODER(Tag<1;Tag>31);" ";Tag) (*Ausgabe eines Wertes*)
Z4S5	WENN(ODER(Monat;Monat12);" ";Monat) (*Ausgabe eines Wertes*)
Z5S5	WENN(ODER(Jahr°;Jahr2000);" ";Jahr)(*Ausgabe eines Wertes*)

Tabelle 6.6 Formeln der Plausibilitätsprüfung

Legen Sie die folgenden Zeilenhöhen und Spaltenbreiten fest:

Feld	Höhe/Breite
Zeile 1	Höhe: 16
Zeile 2	Höhe: 14
Zeilen 3 bis 5	Standardhöhe
Spalte 1	Breite: 14
Spalten 2, 5	Breite: 5
Spalte 3	Breite: 21
Spalte 4	Breite: 11

Tabelle 6.7 Zeilenhöhen und Spaltenbreiten

Testen der Tabelle

Testen Sie danach Ihre Tabelle mit zulässigen und unzulässigen Werten. Für den 32.10.1991 werden Sie einen Bildschirm wie in Bild 6.18 sehen, wenn Sie alle Eintragungen wie oben beschrieben vorgenommen haben.

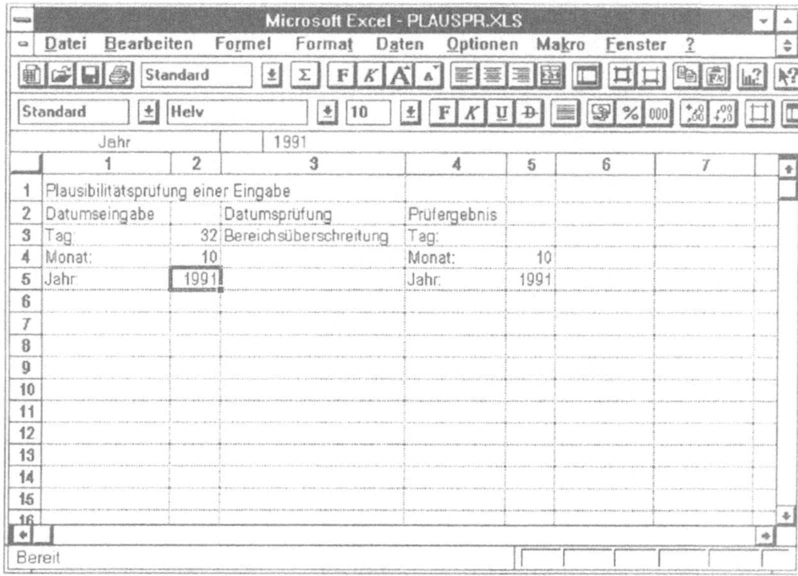

Bild 6.18 Plausibilitätsprüfung mit Testdaten

Lassen Sie sich auf dem Bildschirm die Formeln anzeigen, und drucken Sie Ihre Tabelle dann mit der Formelangabe aus. Sie erhalten dann einen Ausdruck wie in Bild 6.19.

6. 6 Aufgaben

6. 6. 1 Erstellen einer ANSI-Zeichensatztabelle mit Excel

Windows und alle Anwendungen, die Sie als Windows-Anwendungen betreiben, arbeiten mit dem ANSI-Zeichensatz. Erstellen Sie sich mit Hilfe der Funktion ZEICHEN() (siehe Tabelle 6.5) eine ANSI-Tabelle, und lassen Sie sich diese Tabelle auf Ihrem Drucker ausdrucken.

Ein praktisches Anwendungsbeispiel

Sie verbrauchen nur ein Blatt, wenn Sie die Tabelle vierspaltig mit den Nummern 0 - 63, 64 - 126, 128 - 191 und 192 - 255 gestalten.

Die Zeichen 0 - 31 sollten Sie nicht ausdrucken, da Ihr Drucker einige dieser Zeichen als Steuerzeichen verstehen wird.

PLAUSPR.XLS

Plausibilitätsprüfung einer Eingabe		
Datumseingabe		Datumsprüfung
Tag:	32	=WENN(ODER(Tag<1;Tag>31);"Bereichsüberschreitung";" ")
Monat:	10	=WENN(ODER(Monat<1;Monat>12);"Bereichsüberschreitung";" ")
Jahr:	1991	=WENN(ODER(Jahr<1990;Jahr>2000);"Bereichsüberschreitung";" ")
	Prüfergebnis	
	Tag:	=WENN(ODER(Tag<1;Tag>31);" ";Tag)
	Monat:	=WENN(ODER(Monat<1;Monat>12);" ";Monat)
	Jahr:	=WENN(ODER(Jahr<1990;Jahr>2000);" ";Jahr)

Seite

Bild 6.19 Druckausgabe der Plausibilitätsprüfung mit Formeln

6. 6. 2 Journalbuchführung

Im folgenden können Sie in einem ersten Schritt die Idee einer Die Idee
einfachen tabellarischen Buchführung mit Summen und Salden
erleben. Im zweiten Schritt sehen Sie, wie Sie automatisch die
Summen und Salden des Vortages auf den nächsten Tag übertragen können. Sie verwenden dazu Formeln mit externem Bezug.

Im folgenden Beispiel entwerfen Sie einen Vordruck, der alle
notwendigen Tabellenfelder und Zellbezüge aufweist. In diesen
Vordruck tragen Sie die entsprechenden Daten des jeweiligen
Tages ein und speichern diese Tabelle unter einem den Tag kennzeichnenden Namen (z.B. 89_12_27). Die erste Zeile der Tabelle
ist für den Übertrag reserviert.

Beispiel einer einfachen Journalbuchführung

Die Vorarbeiten zum Erstellen dieser Tabelle sind ein wenig Die
aufwendiger als bei den letzten Beispielen, da Sie einige Formeln Vorarbeiten
und Überschriften eintragen müssen.

Erstellen Sie eine Tabelle wie in Bild 6.20. Geben Sie dazu folgende
Spaltenbreiten ein (alle nicht aufgeführten Spalten behalten die
Standardbreite).

Spalte	Breite
1	3
2	10
3	30
8	3
15	3

Tabelle 6.8 Spaltenbreiten der Journalbuchführung

Die folgende Tabelle zeigt Ihnen, welche Texte, Werte oder Formeln Sie eintragen und welche Namen Sie vergeben sollten.

Zeile	Spalte	"Text"/Wert/Formel (Name)
1	1-3	"Journalbuchführung"
3	1	"Nr"
	2	"Datum"
	3	"Text"
	4	"Kasse"
	6	"Bank"
	8	"Nr"
	9	"Pers.-Kost."
	10	"Bürokosten"
	11	"Reisekosten"
	12	"Beratung"
	13	"Vorsteuer"
	14	"Umsatzsteuer"
	15	"Nr"
4	4	"Einnahmen"
	5	"Ausgaben"
	6	"Einnahmen"
5	1	0
	2-15	(Vortag)
6	1	1
	8	1
	15	1
6-26	1	Z(-1)S+1
	4	(Einnahmen)
	5	(Ausgaben)
	6	(Einnahmen_Bank)
	7	(Ausgaben_Bank)
	8	Z(-1)S+1
	9	(Persko)
	10	(Büroko)
	11	(Reiseko)
	12	(Beratung)
	13	(Vorst)
	14	(Umsst)
	15	Z(-1)S+1
27	3	"Summe"

Tabelle 6.9 Eingaben der Journalbuchführung

Zeile	Spalte	"Text"/Wert/Formel (Name)
	9	SUMME(Persko)
	10	SUMME(Büroko)
	11	SUMME(Reiseko)
	12	SUMME(Beratung)
	13	SUMME(Vorst)
	14	SUMME(Umsst)

Tabelle 6.9 Journalbuchführung (Fortsetzung)

In Zeile 34 tragen Sie für den späteren Übertrag in das Textfeld "Übertrag" ein und kopieren in die übrigen Zellen die Formeln der Spalten der Zeile 27. Diese beiden Zeilen stimmen dann bis auf den Eintrag "Übertrag" überein.

Vergeben Sie anschließend noch für den Bereich Z34S3:15 den Namen «Übertrag». Der Saldo der Bank soll auf der richtigen Seite ausgewiesen werden, je nachdem, ob es sich um einen positiven Betrag handelt oder nicht. Den Saldo der Kasse bilden wir immer auf die Einnahmenseite.

In Zeile 29 tragen Sie in Spalte 4 als Text «Saldo» ein.

Formeln zur Salden- und Kassenausgabe

Nun folgen drei etwas umfangreichere Formeln:

Z29S6:

```
WENN((SUMME(Einnahmen_Bank)-SUMME(Ausga-
ben_Bank))=0;SUMME(Einnahmen_Bank)-SUM-
ME(Ausgaben_Bank);" ")
```

Z29S7:

```
WENN((SUMME(Einnahmen_Bank)-SUMME(Ausga-
ben_Bank))<0;SUMME(Ausgaben_Bank)-SUMME(Ein-
nahmen_Bank);" ")
```

Z29S4:

```
SUMME(Einnahmen)-SUMME(Ausgaben)
```

Sie haben jetzt das Grundgerüst einer Tabelle zur Erfassung Ihrer Umsätze. Speichern Sie diese Tabelle unter dem Namen JOUR-

VOR.XLS, da Sie im folgenden als Vordruck für die Journalbuch-
führung dienen soll. Sie finden diese Datei auf der Übungsdiskette im Verzeichnis «\K06»

Beispieldaten eingeben

Sie können nun wie in Bild 6.21 Beispieldaten in dieses Vordruck
eintragen. In dem Bild wurden die Zeilen 10 bis 23 verborgen,
indem das Fenster mit Hilfe des Bildschirmteilers in der vertikalen Bildlaufleiste in zwei Teile geteilt wurde. Sie können in diesen
beiden Teilen den Bildschirm vertikal unabhängig voneinander
rollen. Dies ermöglicht es Ihnen, in den oberen Bereich Daten
einzugeben und die Auswirkung auf die Summe gleich im unteren Teil zu verfolgen.

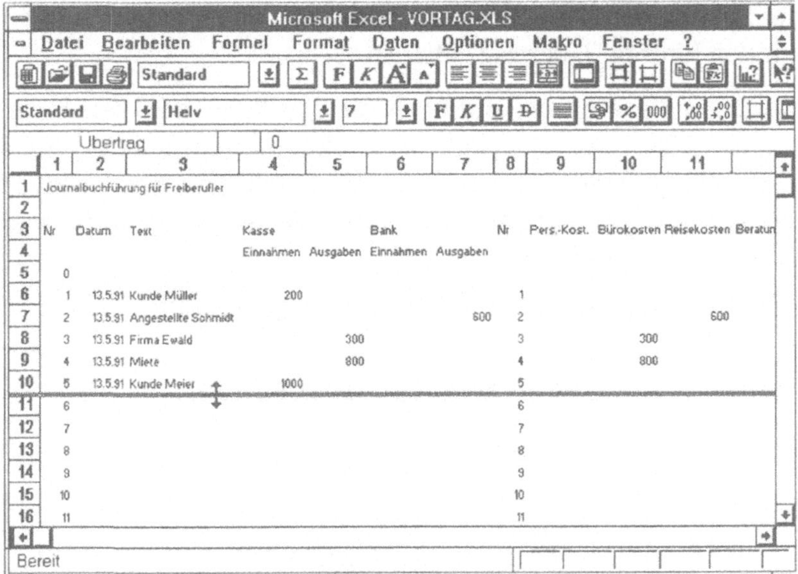

Bild 6.20 Teilen des Bildschirms mit dem Bildschirmteiler

Verwenden Sie kein Zeigeinstrument, so teilen Sie den Bildschirm
mit Hilfe des Befehl **Teilen** aus dem Menü **Fenster**. Markieren Sie
vor der Ausführung dieses Befehls die Zeile, unter der Sie die
Teilung einfügen wollen. Andernfalls wird Excel den Bildschirm
in vier Teile einmal horizontal und einmal vertikal teilen.

Außerdem haben wir hier einen Schriftgrad von 7 eingestellt und
die Spaltenbreiten ein wenig verringert, damit Sie den gewünschten Ausschnitt auf dem Bild sehen können.

Sie können dies auch mit Hilfe der in Kapitel 2 beschriebenen ZOOM Funktion erreichen. Diese hat aber in unserem Beispiel den Nachteil, daß die Schrift hierbei zu klein und somit nicht mehr lesbar wird.

	1	2	3	4	5	6	7	8	9	10	11	12
1	Journalbuchführung für Freiberufler											
2												
3	Nr	Datum	Text	Kasse		Bank		Nr	Pers.-Kost.	Bürokosten	Reisekosten	Beratung
4				Einnahmen	Ausgaben	Einnahmen	Ausgaben					
5	0											
6	1	13.5.91	Kunde Müller	200				1				
7	2	13.5.91	Angestellte Schmidt				600	2			600	
8	3	13.5.91	Firma Ewald		300			3		300		
9	4	13.5.91	Miete		800			4		800		
10	5	13.5.91	Kunde Meier	1000				5				
29			Saldo	100			600					
30												
31												
32	Übertrag für den folgenden Tag:											
33												
34			Übertrag	100			600	0	0	1100	600	

Bild 6.21 Vordruck mit Beispieldaten

Speichern Sie diese Tabelle unter dem Namen "Vortag" ab. Wir wollen in der Tabelle JOURVOR.XLS auf diese Daten zurückgreifen.

Kopieren Sie die Daten des Übertrages aus der Tabelle VOR-TAG.XLS in den Vordruck. Dazu tragen Sie in die Zeile «Übertrag» eine Formel mit externem Bezug ein. Schalten Sie also als erstes wieder in die Tabelle JOURVOR.XLS um. **Übertrag vom Vortag**

Formeln mit externem Bezug enthalten vor der Angabe des Tabellenbereichs, auf den Sie sich beziehen, den Namen der Tabelle, in der dieser Tabellenbereich zu finden ist. Tabellenbereich und -name werden durch ein Ausrufungszeichen voneinander getrennt. Wir werden in Abschnitt 9.8 dieses Buches noch einmal etwas genauer auf diese Art von Bezügen eingehen.

Wir geben diese Formel hier wieder als Mehrfacheingabe ein, d.h., Sie markieren den gesamten Bereich, der den Übertrag aufnehmen soll, tragen die Formel ein und schließen die Eingabe mit der Tastenkombination Strg - Eingabe -Taste ab. Geben Sie in die Zelle Z5S3 die folgende Formel ein (Bild 6.22):

```
=Vortag.xls!Übertrag
```

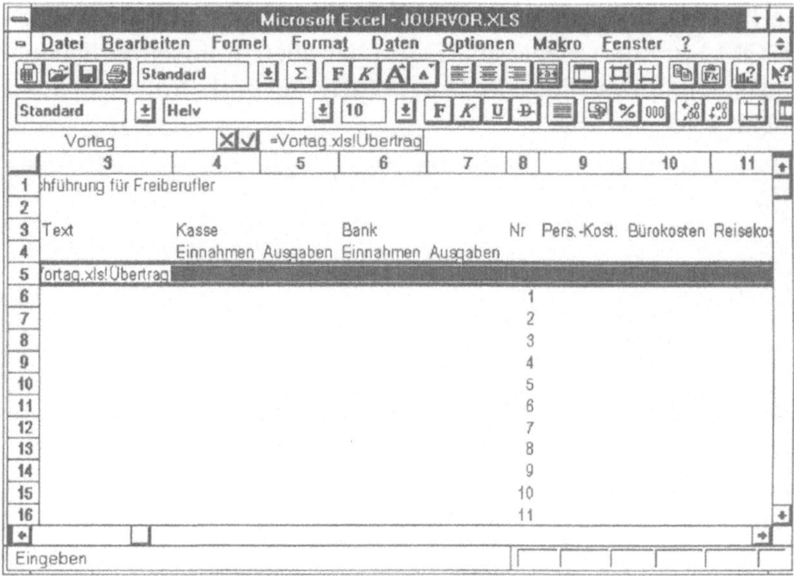

Bild 6.22 Eintragen einer externen Formel

	1	2	3	4	5	6	7	8	9	10	11	12
				Kasse		Bank			Pers.-Kost.	Bürokosten	Reisekosten	Beratung
1	Journalbuchführung für Freiberufler											
2												
3	Nr	Datum	Text	Kasse		Bank		Nr	Pers.-Kost.	Bürokosten	Reisekosten	Beratung
4				Einnahmen	Ausgaben	Einnahmen	Ausgaben					
5	0		Übertrag	100	0		600	0	0	1100	600	1200
6	1							1				
7	2							2				
27			Summe						0	1100	600	1200
28												
29			Saldo	100		600						
30												
31												
32	Übertrag für den folgenden Tag:											
33												
34			Übertrag	100			600	0	0	1100	600	1200

Bild 6.23 Tabelle nach dem Übertrag

Das Ergebnis   Excel trägt nach Abschluß der Mehrfacheingabe die richtigen Werte in den Bereich Vortag ein.

Vergleichen Sie Ihre Tabelle mit dem Bild 6.23. In diesem Bild wurden wie schon vorher einige Zeilen verborgen, damit Sie auch die unteren Zeilen sehen können.

Tabellen in einer Arbeitsmappe speichern

Sie haben im dritten Kapitel schon die Verwendung von Arbeitsmappen kennengelernt. In einer Arbeitsmappe können Sie bis zu 255 Dateien speichern, also gerade genug Dateien, um die Buchführungstabellen eines Jahres zu speichern (1 Jahr = 5*52 Werktage minus Feiertage).

Geben Sie also den Befehl **Arbeitsmappe speichern** aus dem Menü **Datei**, und legen Sie für die Arbeitsmappe den Namen JOURNAL.XLW fest. Sie können nun jeden Tag den Vordruck JOURVOR.XLS in dieser Arbeitsmappe öffnen, die Daten eingeben und anschließend unter einem das Datum kennzeichnenden Namen speichern. Am nächsten Tag übernehmen Sie dann einfach diese Daten in dem Vordruck für den neuen Tag.

1 Einleitung

2 Vorarbeiten & Vorkenntnisse

3 Die erste Excel-Aufgabe

4 Tabellen gestalten

5 Tabelleninhalte ändern

6 Arbeiten mit Funktionen

7 Excel-Diagramme

8 Textverarbeitung

9 Dateiverarbeitung

10 Mehrdimensionale Tabellenkalkulation

11 Tabellenanalysen

12 Datenaustausch

13 Q+E

14 Ablaufprogrammierung

15 Organisation und Planung von Tabellen

16 Präsentation mit Excel

Anhang

Abschnittsübersicht

Excel Diagramme

7 Excel Diagramme

7. 1 Vorbemerkungen

Excel bietet Ihnen umfangreiche Grafikmöglichkeiten. Sie können Ihre Tabelleninhalte in Form eines Diagramms darstellen und sowohl die Tabelle als auch das Diagrammm mit Freihandgrafiken anreichern. Sie ersparen sich dadurch im Gegensatz zu Tabellenkalkulationsprogrammen wie Multiplan ein Ausweichen auf zusätzliche Business Grafik-Programme wie MS Chart und Zeichenprogramme wie Paintbrush.

Mit Hilfe eines Diagramms können Sie sich und anderen leicht einen Überblick über Größenverhältnisse der Tabellenwerte verschaffen oder diese für Präsentationen optisch attraktiv aufbereiten.

Wozu Diagramme?

Die Möglichkeit dreidimensionaler Diagramme erlaubt Ihnen nicht nur eine beeindruckende Gestaltung der Daten, sondern Sie können auch leicht mehr als zwei Datenreihen übersichtlich in einer Grafik darstellen. Bei früheren Excel-Versionen war dies nur möglich, wenn Sie die verschiedenen Datenreihen in verschiedenen Farben dargestellt haben. Bei einer Schwarz-Weiß-Druckausgabe konnte man dies schon nicht mehr unterscheiden.

3D Diagramme

Das Erstellen eines Diagramms mit Excel ist mit einem Zeigeinstrument besonders einfach. Sie steuern dazu zum Beispiel mit Ihrer Maus die Standard Symbolleiste unterhalb der Menüleiste an, und klicken Sie einfach in die Schaltfläche mit dem symbolischen Säulendiagramm. Sie werden nun, wenn Sie es wünschen, von einem Diagrammassistenten durch verschiedene Menüs zum Erstellen eines Diagramms geleitet. Dies werden wir Ihnen in den folgenden Abschnitten genau beschreiben.

Maushandhabung

7. 2 Diagramm-Formen und Begriffe

Bevor wir ein erstes Beispieldiagramm erstellen, beschreiben wir Ihnen hier die verschiedenen Diagrammtypen von Excel und erklären einige diagrammspezifische Begriffe.

Diagramm-
typen

Excel besitzt verschiedene Diagrammtypen, welche Sie im Diagrammassistenten auswählen können. Jeder der Diagrammtypen besitzt noch verschiedene Formate, die wir hier aber nicht alle darstellen, da sie von Excel in Form anschaulicher Symbole angezeigt und so leicht von Ihnen speziell für Ihre Zwecke ausgewählt werden können.

Typ	Beschreibung
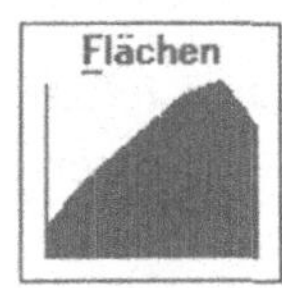 	Ihre Daten werden in Form von Flächen dargestellt. Die Flächen werden durch die durch die Daten festgelegte Kurve begrenzt.
 	Excel zeichnet dem Wert der Zahlen proportionale zweidimensionale Balken. Dieser Typ bietet sich an, wenn positive und negative Werte auftreten.
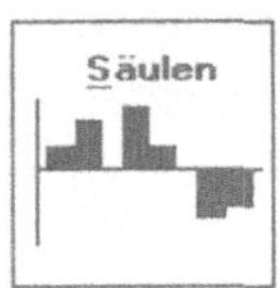 	Excel zeichnet dem Wert der Zahlen entsprechende zweidimensionale Säulen. Dies ist wohl die bekannteste Diagrammart.
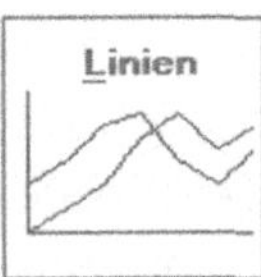 	Excel verbindet die einzelnen Datenpunkte zu Linien und stellt diese in einem kartesischen System dar (also einem System mit senkrecht zueinander stehenden Achsen). Beachten Sie, daß die Werte linear verbunden werden.
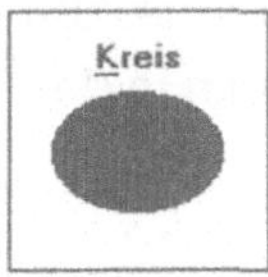 	Excel zeigt die Daten als Tortenstücke eines zweidimensionalen Kreises. Die Summe der Daten entspricht 100%.
 	Sie verwenden hier ein Radarkoordinatensystem, also kein System mit rechtwinkligen Koordinatenachsen.

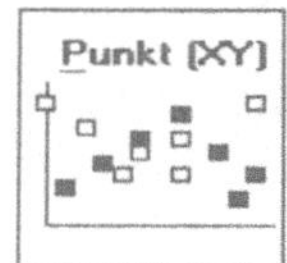

Die einzelnen Datenpunkte werden in einem kartesischen xy-Koordinatensystem dargestellt.

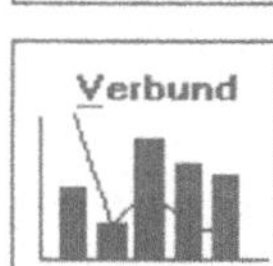

Excel überlagert die Darstellung einer Datenreihe mit einer anderen, zum Beispiel Planung und Realität.

Entspricht dem Typ Flächen; die verschiedenen Datenreihen werden hintereinander in dreidimensionalen Flächen dargestellt.

Entspricht dem Typ Balken; die Balken erscheinen lediglich dreidimensional.

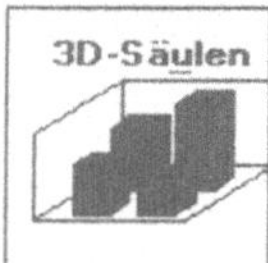

Entspricht dem Typ Säulen; verschiedene Datenreihen werden hintereinander als dreidimensionale Säulen dargestellt.

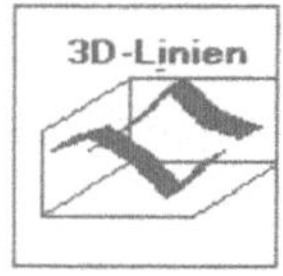

Entspricht dem Typ Linien; die Linien erscheinen als dreidimensionale Flächen.

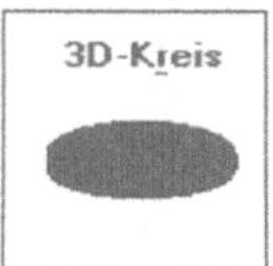

Entspricht dem Typ Kreis; die Kreise erscheinen nur dreidimensional.

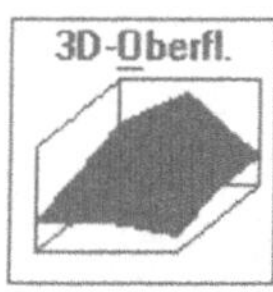

Dieser Typ stellt die Daten in Form einer dreidimensionalen Oberfläche dar. Hierzu sind drei Datenreihen notwendig.

Neben diesen voreingestellten Diagrammtypen werden wir Ihnen am Ende dieses Kapitels noch die Möglichkeit selbstgestalteter Diagramme zeigen.

Nun einige Begriffe aus der Welt der Excel-Diagramme:

Datenreihe: Zeile oder Spalte, die die Daten enthält, die in dem Diagramm dargestellt werden sollen.

Datenpunkt: Punkt in einem Diagramm, der durch ein Datenpaar oder -tripel festgelegt ist.

Rubrikenachse: Dies ist die waagerechte Achse, die die unabhängige Größe enthält. Sie kennen hierfür vielleicht die in der Mathematik übliche Bezeichnung "x-Achse".

Größenachse: Dies ist die senkrechte Achse, sie enthält die abhängige Größe. In der Mathematik wird diese Achse als "y-Achse" bezeichnet.

Überlagerung: Darstellung einer weiteren Datenreihe in einem einfachen zweidimensionalen Diagramm, z.B. Darstellung der Planung in einem Umsatzdiagramm.

7. 3 Erstellen eines Diagramms

Wir wollen nun die Monatsumsätze des Reisebüros grafisch darstellen. Laden Sie also zur Vorbereitung die Tabelle UMSATZ1.XLS auf Ihren Bildschirm. Sie finden diese Datei auf der Beispieldiskette im Verzeichnis «\K06».

Sie müssen nun zuerst den Tabellenbereich mit den Daten und den Überschriften, die Sie grafisch darstellen wollen, markieren. Sie geben den Befehl zum Erstellen eines Diagramms, indem Sie die entsprechende Schaltfläche in der Symbolleiste anklicken. Der Mauszeiger verändert seine Form in ein kleines Kreuz. Markieren Sie dann mit diesem Kreuz den Bereich der Tabelle, in dem die Grafik erscheinen soll. Mit der Größe dieses Bereiches legen Sie die Größe der Grafik fest, die Excel erstellen wird. Wählen Sie einen solchen Bereich genügend groß, da Sie ansonsten eine unübersichtlich kleine Grafik erhalten.

Excel wird nun den Diagrammassistenten aufrufen. Sie können hier in fünf aufeinanderfolgenden Dialogfeldern

- den Datenbereich noch einmal überprüfen,
- den Diagrammtyp festlegen,
- das Diagrammformat auswählen,
- ihre Rubrikenwahl überprüfen und
- Legenden, Beschriftungen und einen Titel einfügen.

Bild 7.1 Anklicken des Diagrammsymbols in der Symbolleiste

Wir wollen nun die Umsätze der verschiedenen Sparten in den Monaten Januar bis März in einem zweidimensionalen Säulendiagramm darstellen. Dazu verfahren Sie wie folgt:

Ein Diagramm erstellen

Vorgehensweise:

1. Markieren Sie den Tabellenbereich, der in Form einer Grafik dargestellt werden soll (hier Z5S1:Z9S4).
2. Klicken Sie mit dem Mauszeiger in die Schaltfläche **Diagrammsymbol** (Bild 7.1).
3. Der Mauszeiger hat nun die Form eines kleinen Kreuzes angenommen. Mit diesem Kreuz markieren Sie den Tabellenbereich, der die Grafik aufnehmen soll (hier Z13S1:Z33S5).

Der Diagrammassistent

Beobachten Sie, wie Excel in dem Moment, in dem Sie den Bereich fertig markiert und die Maustaste losgelassen haben, sofort den Diagrammassistenten, Schritt 1 von 5 aufruft (Bild 7.2). Sie werden nun in fünf aufeinander folgenden Dialogfeldern die erforderlichen Einstellungen vornehmen, um die gewünschte Grafik zu erstellen.

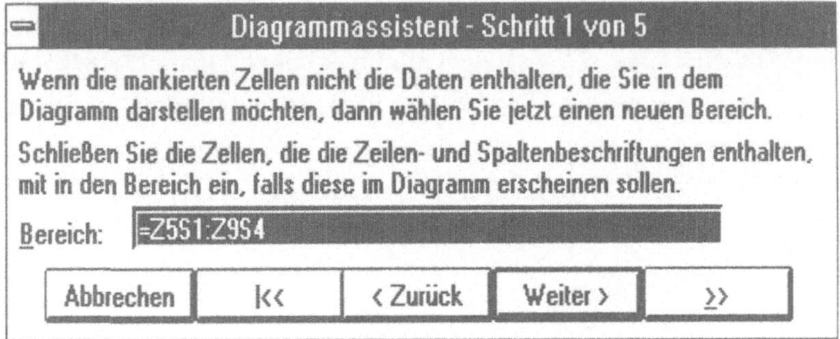

Bild 7.2 Dialogfenster des Diagrammassistenten

Am unteren Rand des Diagrammassistenten haben Sie immer Schaltflächen zum

- schnellen Vorlauf, d.h. zum Überspringen der folgenden Dialogfelder (Doppelpfeil nach rechts),
- Weiterschalten zum nächsten Fenster (einfacher Pfeil nach rechts)
- Zurückschalten zum vorigen Fenster (einfacher Pfeil nach links)
- Abbrechen des Befehls (Abbrechen) und
- Anfordern von Hilfe (ab Schritt 2).

Nehmen Sie nun die Einstellungen vor:

Arbeiten mit dem Diagrammassistenten:

1. Sie können im Dialogfeld **Diagrammassistent-Schritt 1 von 5** überprüfen, ob Sie auch den richtigen Bereich als Datenbereich des Diagramms markiert haben (hier Z5S1:Z9S4) (Bild 7.2).
2. Wählen Sie die Schaltfläche **Weiter** aus. Sie sehen nun das Dialogfeld **Diagrammassistent-Schritt 2 von 5** wie in Bild 7.3.

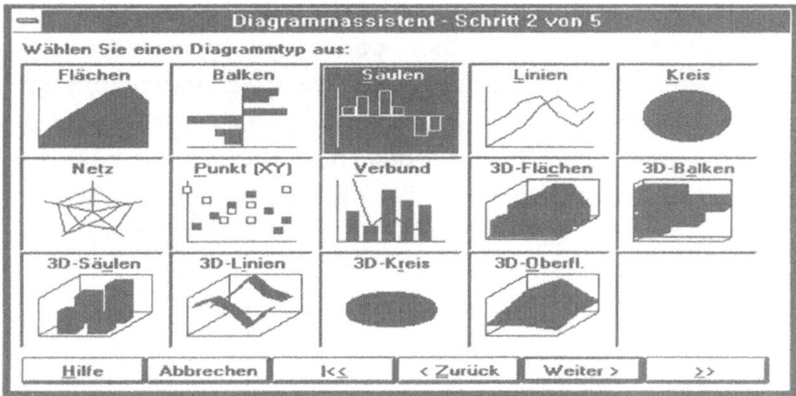

Bild 7.3 Dialogfeld zur Auswahl des Diagrammtyps

3. In diesem Dialogfeld wählen sie den Typ «Säulen» und anschließend die Schaltfläche **Weiter** aus.

4. Sie sehen nun das Dialogfeld **Diagrammassistent-Schritt 3 von 5** wie in Bild 7.4. Hier werden Ihnen zehn verschiedene Formate des Säulendiagramms angezeigt. Wählen sie das erste Format aus, das die verschiedenen Datenreihen (also in unserem Beispiel die verschiedenen Monate) in verschiedenen Farben bzw. Grautönen darstellt. Zum Abschluß wählen Sie die Schaltfläche **Weiter**.

Diagramm-typen

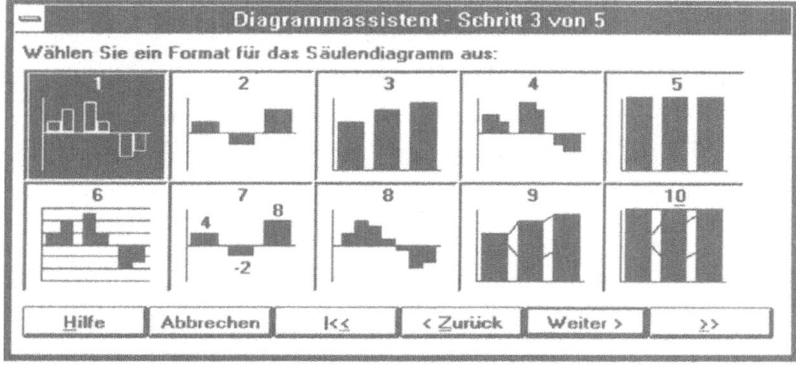

Bild 7.4 Auswahl eines Diagrammformates

5. Excel erstellt nun wie in Bild 7.5 in dem Dialogfeld **Diagramm-assistent-Schritt 4 von 5** ein Beispieldiagramm anhand Ihrer bisherigen Eingaben, an dem Sie gleich die Auswirkungen Ihrer Eingaben überprüfen können.

Die Datenreihen festlegen

6. Sie können hier festlegen, ob Ihre Datenreihen in Zeilen oder Spalten zu finden sind (hier Spalten), ob die erste Spalte als Rubrikenbeschriftung oder erste Datenreihe verwendet werden und ob die erste Zeile des Bereiches als Legende verwendet werden soll. Sie können hier die Voreinstellungen übernehmen, indem Sie die Schaltfläche **Weiter** auswählen.

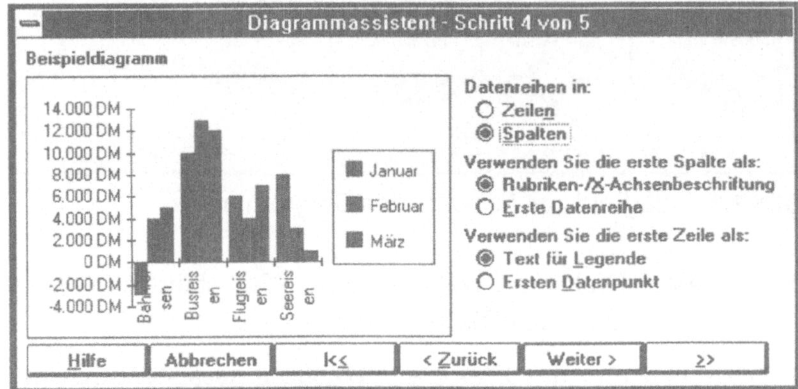

Bild 7.5 Dialogfeld mit Beispieldiagramm

6. Legen Sie fest, ob Sie eine Legende wünschen, dem Diagramm einen Titel zuordnen und Achsenbeschriftungen einfügen wollen. Fügen Sie hier eine Legende ein, geben Sie den Titel «Umsatzauswertung» und die Texte «Sparten» (Rubrikenachse) und «Umsatz» (Größenachse) ein (Bild 7.6).

7. Wählen sie nun die Schaltfläche **OK**.

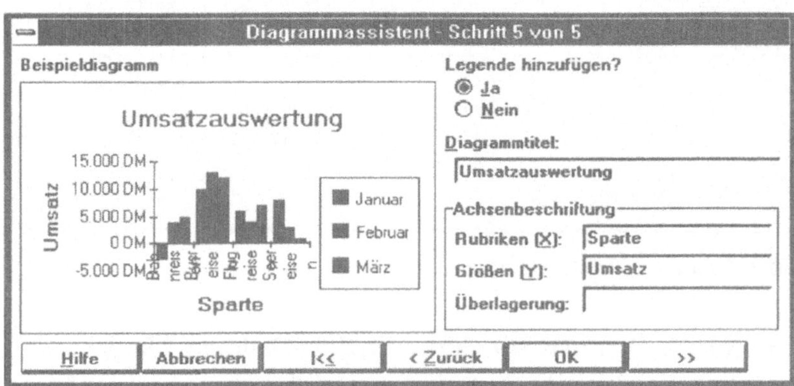

Bild 7.6 Letztes Dialogfeld des Diagrammassistenten

Excel erstellt nun das gewünschte Diagramm, trägt es in den am Das
Anfang des Befehls von Ihnen markierten Bereich ein und zeigt Diagramm
anschließend die Diagramm-Symbolleiste an (Bild 7.7). Sie kön- wird erstellt
nen mit Hilfe dieser Symbolleiste viele Veränderungen am Diagramm vornehmen, ohne in die Diagramm-Menüs umschalten zu
müssen. Löschen Sie an dieser Stelle am besten die Symbolleiste
Format, damit nicht drei Symbolleisten auf dem Bildschirm sichtbar sind. Beachten Sie die Darstellung der negativen Zahl in dem
Diagramm.

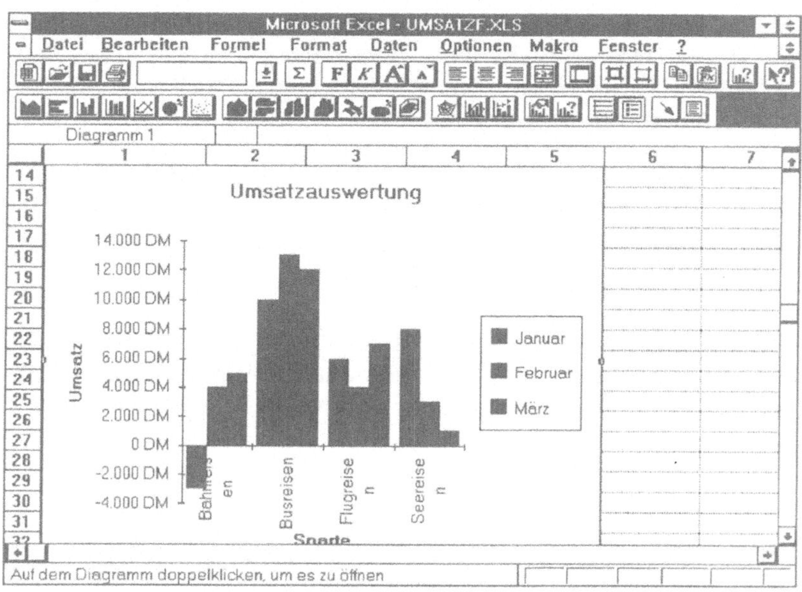

Bild 7.7 Excel-Diagramm in der Tabelle

Das so erzeugte Diagramm wird von Excel immer an der von
Ihnen festgelegten Position des Dateifensters angezeigt. Wenn Sie
in Ihrer Tabelle nach unten oder oben über ein solches Diagramm
blättern, baut Excel dieses immer wieder neu auf. Dies kann vor
allem bei langsameren Rechnern störend sein.

Sie können ein Diagramm, das Sie in Ihre Tabelle eingefügt haben, Objekte
auch wieder aus der Tabelle löschen. Sie löschen dabei aber nur löschen
das Objekt auf dem Tabellenblatt, nicht die Datei mit dem Diagramm.

Das Diagramm löschen

Um ein Diagramm vom Tabellenblatt zu löschen, müssen Sie es zunächst markieren. Ein Diagramm ist wie jedes andere Objekt, das Sie auf dem Tabellenblatt eingefügt haben, dann markiert, wenn an seinem Rand in regelmäßigen Abständen Auswahlkästchen (kleine Quadrate) erscheinen. Sie markieren ein Objekt mit der Maus, indem Sie mit dem Mauszeiger einmal in dieses Objekt klicken. Zum Löschen des Diagramms betätigen Sie dann die Entf -Taste.

Haben Sie ein Diagramm versehentlich gelöscht, so können Sie den Befehl wie den Befehl **Inhalte Löschen** rückgängig machen. Beachten Sie, daß Excel vor dem Löschen keine weitere Rückfrage stellt. Daher sollten Sie ein Diagramm, das Sie nicht löschen wollen, nicht markiert auf dem Dateifenster behalten, wenn Sie mit der Tabelle arbeiten.

Sie beseitigen die Markierung eines Diagramms oder eines anderen Objektes, indem Sie mit dem Mauszeiger in dieses markierte Objekt klicken. Excel hebt dann die Markierung wieder auf. Die Diagramm-Symbolleiste wird wieder verborgen.

Diagramme lassen sich gegen versehentliches Löschen wie Tabellenzellen schützen. Sie verwenden dazu den Befehl **Datei schützen** aus dem Menü **Optionen** und wählen hier die Option "Objekte" aus.

7. 4 Speichern und Drucken eines Diagramms

Diagramme speichern

Wir werden nun die im vorigen Abschnitt erstellte Grafik bearbeiten. Dazu dienen die schon in Kapitel 2 kurz genannten Diagramm-Menüs. Sie rufen diese Menüs auf, indem Sie mit der Maus doppelt in irgendeine Stelle der Grafik klicken. Sie befinden sich nun im Diagrammfenster (Bild 7.8) und sehen am oberen Bildschirmrand die Menüs zum Bearbeiten eines Diagramms. Mit der Tastatur schalten Sie in die Diagramm-Menüs um, indem Sie die F11 -Taste betätigen.

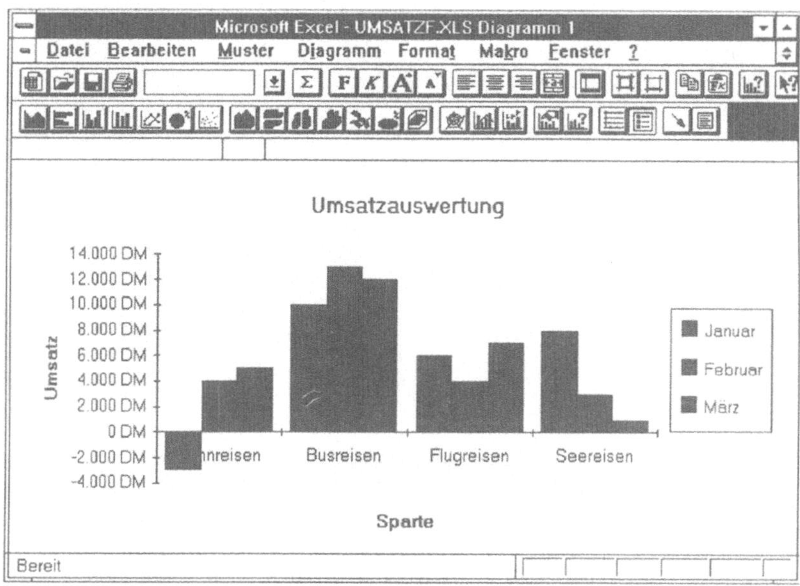

Bild 7.8 Diagramm in den Diagramm-Menüs

Das Drucken des Diagamms erreichen Sie wie bei den Tabellen-Menüs mit dem Befehl **Drucken** aus dem Menü **Datei.**

Vorgehensweise:

1. Geben Sie Excel den Befehl **Drucken** aus dem Menü **Datei**.

2. Schließen Sie den Befehl ab.

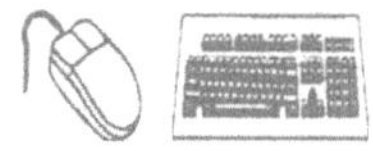

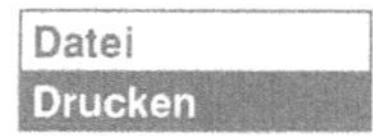

Sie erhalten eine Druckausgabe wie in Bild 7.9.

Ein Diagramm wird von Excel als eigenständige Datei aufgefaßt. Sie können also Ihr Diagramm speichern, um es später in der zuletzt definierten Form weiterzuverarbeiten. Diagrammdateien erhalten von Excel die Erweiterung «.XLC», Tabellendateien hingegen «.XLS». Wählen Sie für das Diagramm den Namen UMS-DIAG1.XLC. Das Speichern des Diagramms erfolgt wie in den Tabellen-Menüs im Menü **Datei**.

Das Speichern

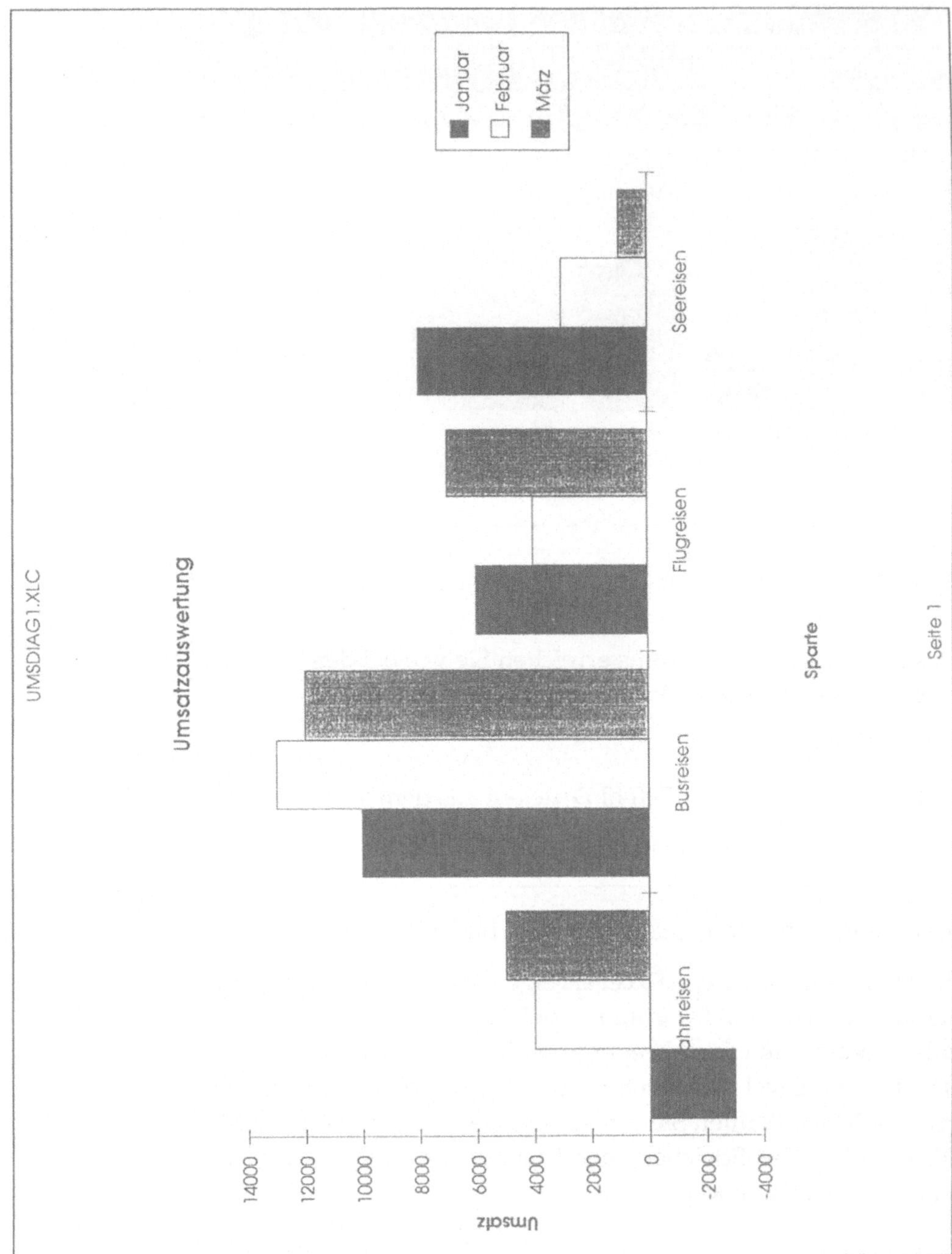

Bild 7.9 Druckausgabe des Diagramms

Beachten Sie, daß Sicherungskopien von beiden Dateitypen gegenseitig überschrieben werden, da sie die gleiche Erweiterung «.BAK» erhalten.

Speichern Sie nun das Diagramm:

Vorgehensweise:

1. Geben Sie also den Befehl **Speichern unter** aus dem Menü **Datei** und geben Sie in dem Dialogfeld den Namen und den Pfad der Datei an (Bild 7.10).

2. Schließen Sie den Befehl ab.

Sie sehen nun den Namen des Diagramms am oberen Rand des Diagrammfensters. Sie finden Datei auf der Beispieldiskette unter dem Namen UMSDIAG1.XLC im Verzeichnis «\K07».

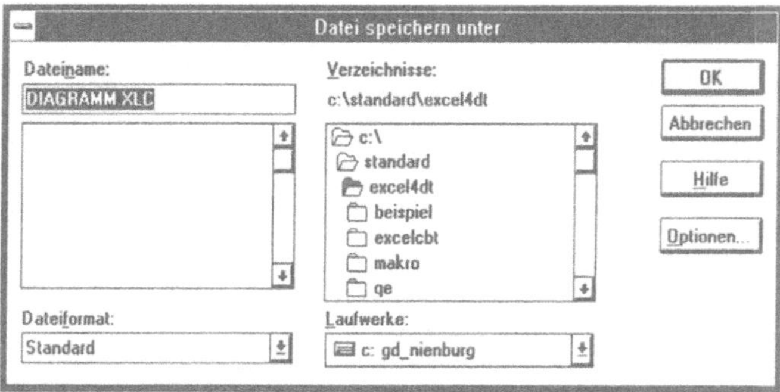

Bild 7.10 Dialogfeld **Datei speichern unter**

7. 5 Verändern eines Diagramms

Sie können mit Excel Diagramme, die mehrere Datenreihen enthalten, als 3D-Diagramme attraktiv gestalten. Häufig erhöht sich damit die Übersicht über die Größenverhältnisse der Daten. Beachten Sie jedoch, daß in einem 3D-Diagramm mit mehr als 4 oder 5 Datenreihen die Übersicht verlorengeht. Sie werden ein Beispiel hierzu am Ende dieses Kapitels finden. *Das sieht so aber nicht schön aus*

Excel stellt Ihnen neben den 3D Diagrammen noch zahlreiche Diagrammuster zur Verfügung. Die Palette reicht hier von Flächendiagrammen über Liniendiagramme bis hin zu verschiedenen Kreis- und Tortendiagrammen (s. Abschnitt 7.2).

Sie können nun das neue Muster entweder im Tabellen-Menü aus der Symbolleiste auswählen oder diese Einstellung in den Diagramm-Menüs vornehmen. Wir werden das Muster im Diagramm-Menü einstellen, da Sie hier die jeweilige Auswirkung besser verfolgen können.

Wählen Sie für das Diagramm in der Tabelle UMSATZF.XLS ein 3D-Muster aus.

1. Zeigen Sie mit der Maus auf die Schaltfläche 3D-Säulen oder wählen Sie dieses Format aus dem Menü **Muster** aus.

Excel wird das Diagramm entsprechend des neugewählten Musters aufbauen (Bild 7.11).

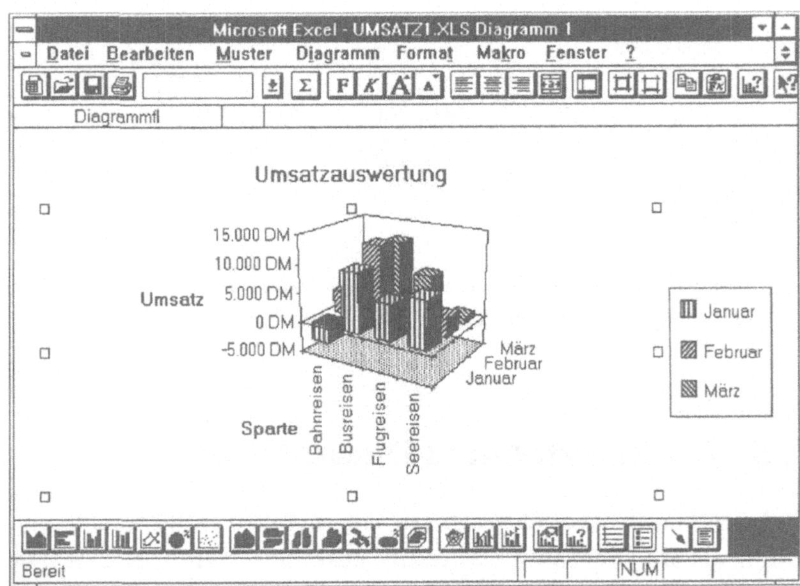

Bild 7.11 Diagramm mit neuem Muster

Sie werden feststellen, daß die Übersichtlichkeit des Diagramms in dieser Form noch etwas zu wünschen übrig läßt, da einige Säulen ganz verdeckt sind. Hier schafft die Veränderung der 3D-Ansicht manchmal Abhilfe. Man stellt die 3D-Ansicht bei Excel entweder in dem Menü **Format** mit dem Befehl **3D-Ansicht**

ein oder dreht das Diagramm mit der Maus in die gewünschte Position.

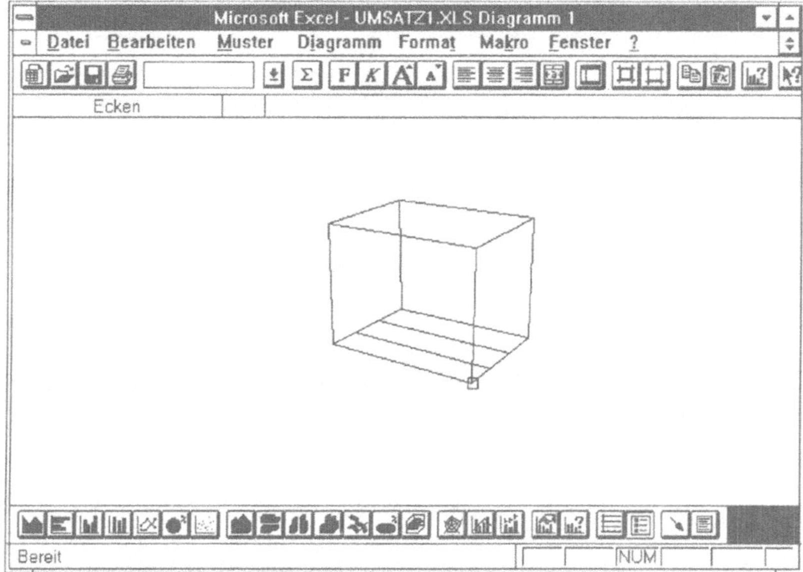

Bild 7.12 Verändern der 3D-Ansicht

Wir drehen nun das eben erstellte Diagramm um 180 Grad drehen und anschließend noch etwas nach vorne neigen.

Vorgehensweise:

1. Markieren Sie die Ecken des Diagramms, indem Sie in eine der Ecken klicken. Sie können nun die 3D-Ansicht des Diagramms wie in Bild 7.12, mit der Maus verändern.

   Will man das Diagramm nicht mit der Maus verändern, so wählen sie den Befehl **3D-Ansicht** aus dem Menü **Format** und verändern die Ansicht mit dem Dialogfeld wie in Bild 7.13.

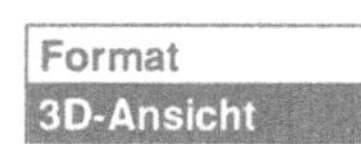

Hier können Sie experimentieren und die jeweils beste Perspektive, Betrachtungshöhe und Drehung für Ihr Diagramm herausfinden.

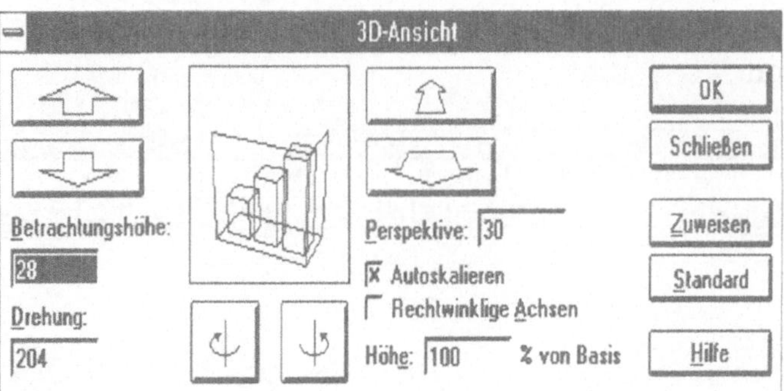

Bild 7.13 Dialogfeld zum Verändern der 3D-Ansicht

Bild 7.14 zeigt das Diagramm mit der veränderten 3D-Ansicht. Denken Sie bei eigenen Diagrammen daran, daß Sie mit der 3D-Ansicht die Übersichtlichkeit des Diagramms beeinflussen können.

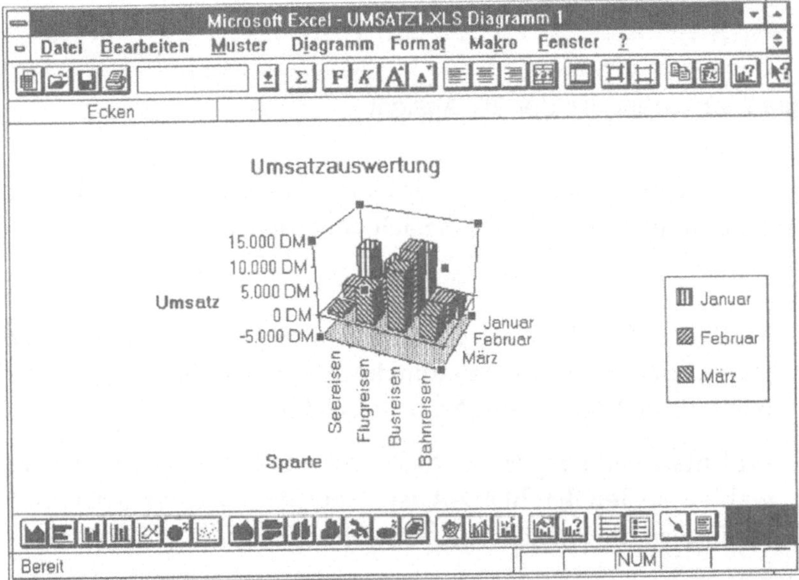

Bild 7.14 Diagramm nach dem Verändern der 3D-Ansicht

7. 6 Freihandgrafik in Diagrammen

In Abschnitt 7.4 haben Sie erfahren, wie Sie verschiedene Diagrammuster auswählen können. Sie können ein Diagramm zusätzlich noch mit Freihandgrafiken anreichern, zum Beispiel, indem Sie mit einem Pfeil auf den Spitzenwert zeigen. Sie verwenden hierzu entweder die Diagramm-Menüs oder die Diagramm-Symbolleiste.

Fügen Sie nun einen Pfeil ein, der auf den höchsten Wert des Diagramms zeigt:

Vorgehensweise:

1. Wählen Sie die Schaltfläche zum Einfügen eines Pfeils aus oder wählen Sie das Menü **Diagramm** und den Befehl **Pfeil einfügen**.

2. Positionieren Sie den Pfeil nun mit Hilfe der beiden Auswahlkästchen wie in Bild 7.15.

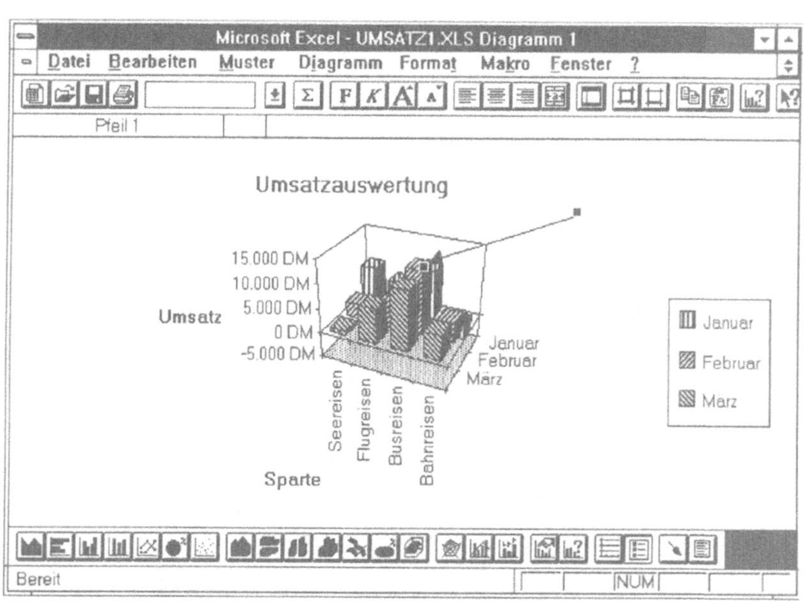

Bild 7.15 Diagramm nach dem Zuordnen eines Pfeils

7. 7 Texte in Diagrammen

Sie können mit Excel einzelne Bereiche der Tabelle für sogenannte Textfelder freiräumen. Dies sind rechteckige Bereiche, in die Sie Texte eintragen können (z.B. Überschriften für Diagramme oder Diagramme mit Text anreichern

Kommentare in Diagrammen). Die Textfelder müssen rechteckig sein, können dafür aber unabhängig von den Zeilen und Spalten der Tabelle eingerichtet werden. Sie können Textfelder in den Tabellen- oder in den Diagramm-Menüs aufrufen.

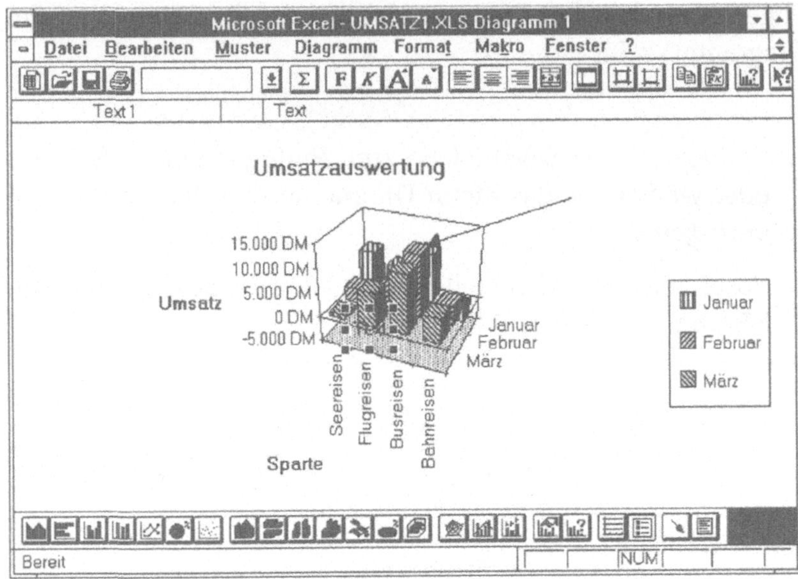

Bild 7.16 Eingefügtes Textfeld

Wir wollen nun in unserem Beispiel einen Kommentar an den Pfeil des Spitzenwertes in dem Diagramm schreiben.

1. Wählen Sie das Symbol zum Einfügen von Text aus. Sie sehen nun wie in Bild 7.16 den Text «Text» an einer beliebigen Stelle des Bildschirms in einer Markierung.

2. Ziehen Sie nun mit der Maus diese Markierung an die gewünschte Stelle, und geben Sie anschließend den Text «Spitzenwert» ein.

Sie sehen nun einen Bildschirm wie in Bild 7.17. Sie können den Text in der Textbox beliebig formatieren, also verschiedene Schriften wählen, die Größe verändern usw. Um Veränderungen in einem Textfeld vorzunehmen, müssen Sie diese erst aktivieren, indem Sie mit der Maus in das Textfeld klicken. Die Formatierungsbefehle erteilen Sie genauso wie für Texte und Werte in der Excel-Tabelle mit den Befehlen des Menüs **Format.**

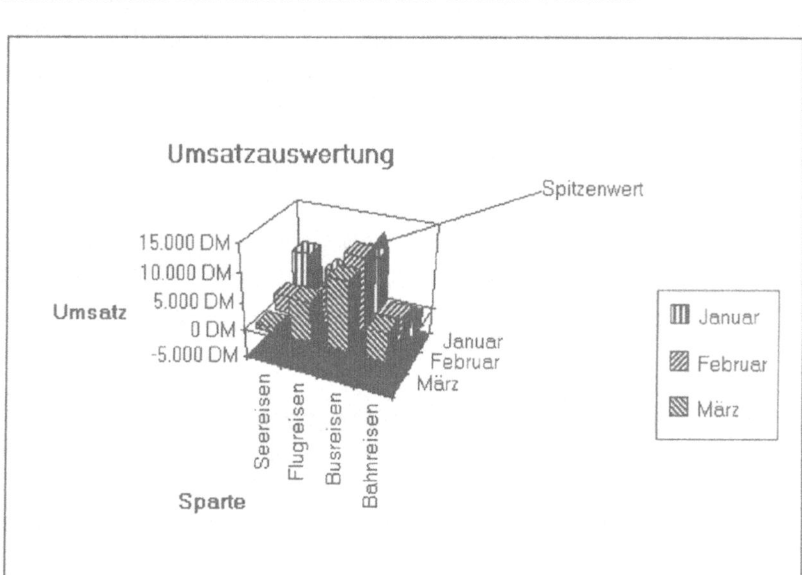

Bild 7.17 Diagramm mit eingefügtem Text

7. 8 Verlassen der Diagramm-Menüs

Die Arbeiten der letzten Abschnitte haben Sie alle in den Diagramm-Menüs ausgeführt. Es gibt aber einige Veränderungen, die Sie nur von den Tabellen-Menüs aus durchführen können. Außerdem müssen Sie wieder dorthin zurückkehren, um Veränderungen in der Tabelle vorzunehmen.

Diagramm-Menüs verlassen

Sie schließen die Diagramm-Menüs mit der Maus, indem Sie in die Schaltfläche zur Systemsteuerung links neben der Menüleiste doppelt anklicken. Damit schließen Sie dieses Fenster und gelangen wieder in das Tabellenfenster.

Klicken Sie hierbei nicht in die System-Menü-Schaltfläche des Excel Anwendungsfensters, da Sie ansonsten Excel verlassen werden.

Ohne Zeigeinstrument können Sie am schnellsten zum Tabellenfenster zurückkehren, indem Sie mit dem Menü **Fenster** oder mit der Tastenkombination (Umschalt)-(F11) dorthin umschalten.

1. Wählen Sie das Menü **Fenster**. Am unteren Rand des Menüs sehen Sie eine Dateiliste mit den Namen aller geöffneten Tabellen. Wählen Sie mit den Richtungtasten aus der Liste die Tabelle aus, zu der Sie umschalten wollen.

2. Schließen Sie den Befehl mit der [Eingabe]-Taste ab.

Speichern Sie die veränderte Umsatzauswertung in dieser Version unter dem Namen UMSATZ1.XLS. Sie finden diese Datei auch auf der Beispieldiskette im Verzeichnis «\K07».

7. 9 Kundenzahl grafisch auswerten

Ein weiteres Beispiel

Das Reisebüro aus unserem Beispiel wertet die Kundenzahl nach der Tageszeit und dem Wochentag aus. Man will so versuchen, Stoßzeiten herauszufinden, für die sich der Einsatz einer zusätzlichen Teilzeitkraft lohnen würde. Die Auflistung der Kunden führt jedoch zu einer unüberschaubaren Menge von Zahlen.

Daher wertet man die Tabellen zusätzlich in Form eines Diagramms aus. Wir wollen dies nun am Beispiel der Auswertung einer Woche nachvollziehen. Sie werden anhand dieses Beispiels auch die Grenzen der 3D-Diagramme kennenlernen.

Geben Sie dazu zuerst eine Tabelle wie in Bild 7.18 ein. Wählen Sie als Spaltenbreiten für die Tageszeiten 8 Punkt, um alle Werte auf dem Bildschirm überschauen zu können.

	1	2	3	4	5	6	7	8	9
1	Kundenzahl eines Reisebüros:								
2		8-9 Uhr	9-10 Uhr	10-11Uhr	11-12 Uhr	12-13 Uhr	15-16 Uhr	16-17 Uhr	17-18 Uh
3	Montag								
4	Dienstag								
5	Mittwoch								
6	Donnerstag								
7	Freitag								
8	Samstag								

Bild 7.18 Tabellengerüst zur Auswertung der Kundenzahl

Geben Sie nun Testdaten wie in Bild 7.19 ein. Sie können Excel ein Diagramm aller Werte erstellen lassen:

Vorgehensweise:

1. Markieren Sie den gesamten Bereich der Tabelle (Z2S1:Z8S9).

2. Klicken Sie in das Diagrammsymbol in der Symbolleiste und markieren Sie anschließend den Bereich der Tabelle, der das Diagramm aufnehmen soll.

   Festlegen der Datenreihen

3. Wählen Sie nun im Diagrammassistenten als Diagrammtyp «3D-Linien» und als Diagrammformat das erste vorgeschlagene Format aus.

	1	2	3	4	5	6	7	8	9
1	Kundenzahl eines Reisebüros:								
2		8-9 Uhr	9-10 Uhr	10-11Uhr	11-12 Uhr	12-13 Uhr	15-16 Uhr	16-17 Uhr	17-18 Uh
3	Montag	4	7	10	3	2	10	3	
4	Dienstag	3	6	12	4	4	8	4	0
5	Mittwoch	4	9	7	2	3	7	5	3
6	Donnerstag	2	10	9	1	3	9	2	2
7	Freitag	1	5	8	5	4	11	4	4
8	Samstag	7	8	15	14	10	0	0	0

Bild 7.19 Kundentabelle mit Beispieldaten

Schalten Sie nun in das Diagrammfenster um und vergleichen Sie Ihren Bildschirm mit Bild 7.20. Dieses Diagramm sollten Sie möglichst groß auf Ihrem Bildschirm darstellen, damit Sie noch zwischen den einzelnen Datenreihen unterscheiden können. Doch auch in großer Darstellung wirkt dieses Diagramm etwas unübersichtlich. Bei sechs Datenreihen in einem Diagramm ist das Maximum sinnvoller Gestaltung erreicht.

Grenzen der 3D-Diagramme

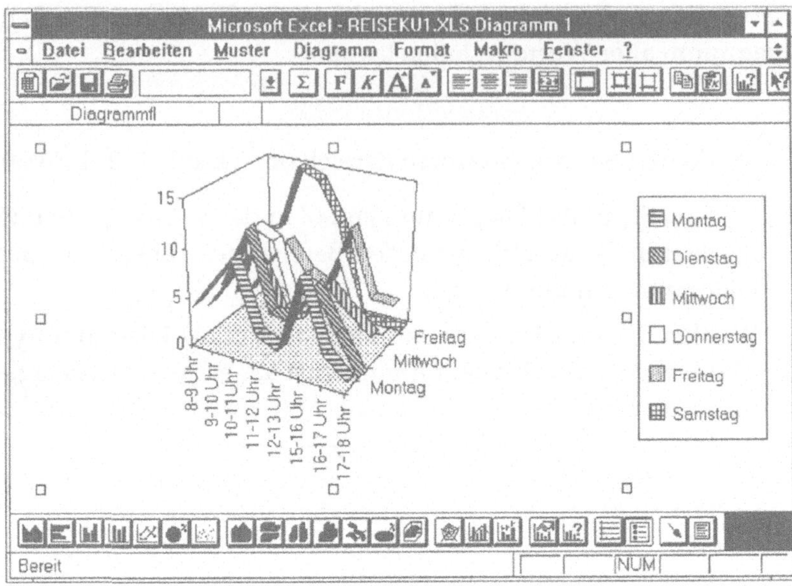

Bild 7.20 Unübersichtliches Diagramm zur Kundentabelle

Die Alternative

Wir wollen Ihnen nun als Alternative eine grafische Auswertung zeigen, die jeweils nur zwei Tage in einem Diagramm darstellt. Löschen Sie dieses Diagramm, um Platz für die gewünschten Darstellungen zu schaffen, oder richten Sie entsprechend weiter unten im dem Tabellenfenster Platz für neue Diagramme ein.

Sie gehen nun wie oben beschrieben vor, markieren jedoch jeweils nur zwei Wertezeilen der Tabelle. Denken Sie beim Erstellen der weiteren Diagramme daran, auch hier die Spaltenüberschriften mit zu markieren (Bild 7.21), da Excel ansonsten die Rubrikenachse nicht automatisch beschriftet.

Wählen Sie die Bereiche, in die Sie die Diagramme in der Tabelle einfügen, genügend groß. Vergleichen Sie Ihr Diagramm mit dem Bild 7.22. Speichern Sie die Tabelle unter dem Namen REISE-KU1.XLS. Wir werden sie im weiteren Verlauf des Buches noch einmal benötigen. Sie finden die Datei auch auf der Beispieldiskette im Verzeichnis «\K07».

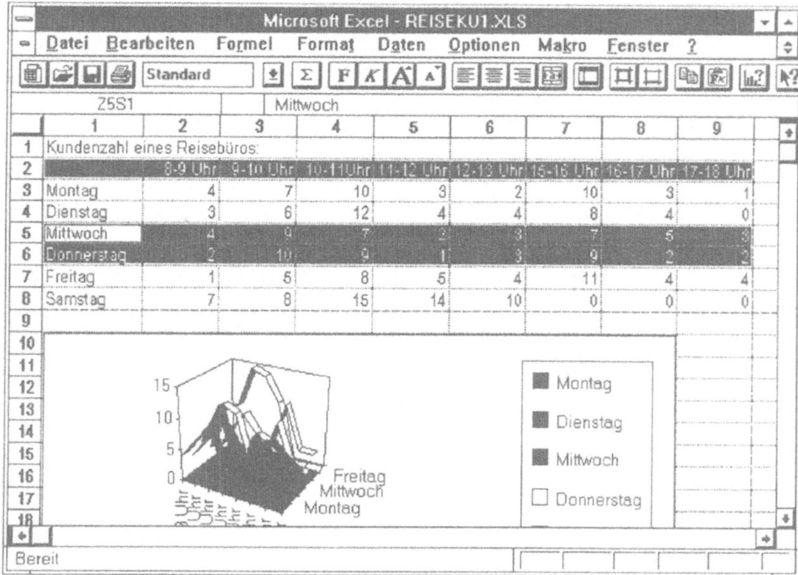

Bild 7.21 Markieren des Tabellenbereiches

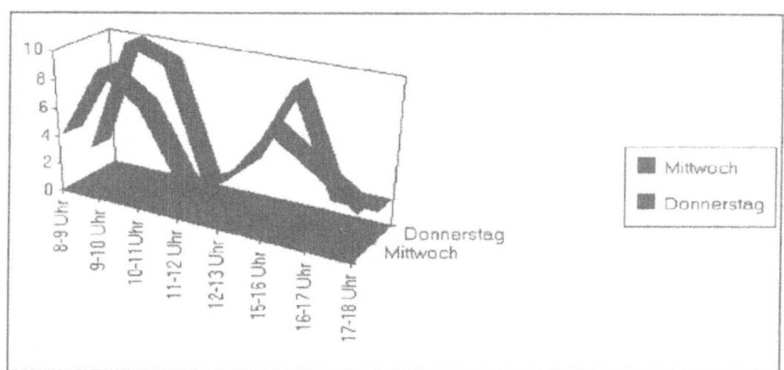

Bild 7.22 Auswertung Mittwoch und Donnerstag

7. 10 Überlagern von Diagrammen

Sie können mit Excel verschiedene Diagramme überlagern. Die Plan und überlagerten Diagramme müssen dabei nicht die gleiche Struktur Wirklichkeit... besitzen. Sie können auf diese Weise in das Diagramm zur Umsatzauswertung noch die Planung eintragen. Zum Überlagern von Diagrammen verwenden Sie einen der Diagrammtypen «Verbund» aus.

Das Beispiel   Wir wollen hier am Beispiel der Umsatzauswertung zeigen, wie Sie zwei Diagramme überlagern können. Wir überlagern dabei den Umsatz der einzelnen Sparten des Monats Januar mit der Planung für diese Monate.

Richten Sie in der Tabelle UMSATZF.XLS zuerst die Spalte «Plan» ein, und tragen Sie in diese Spalte Testwerte wie in Bild 7.23 ein.

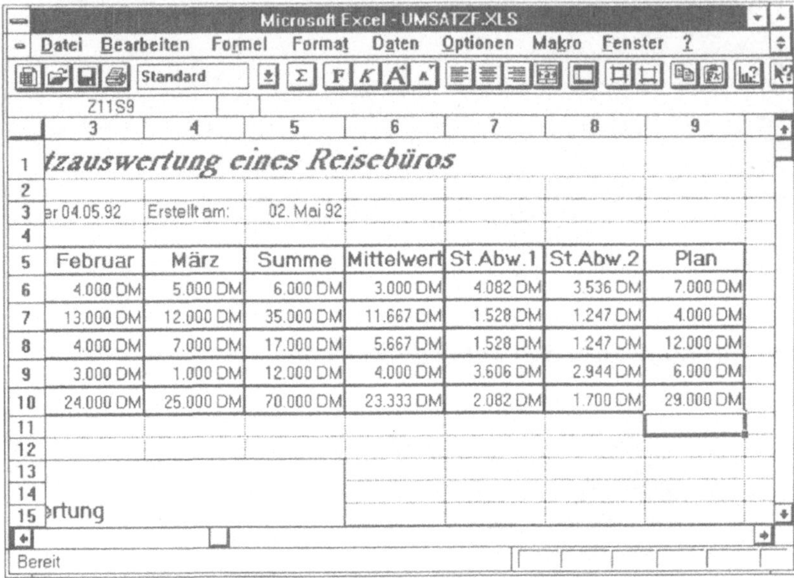

Bild 7.23 Umsatztabelle mit neuer Spalte

Überlagerung einfügen   Zum Erstellen des überlagerten Diagramms markieren Sie die Spalte «Januar» und die Spalte «Plan» sowie die Spartenüberschriften.

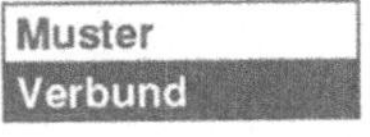

Erstellen Sie nun wie in Abschnitt 7.3 beschrieben ein Diagramm aus diesen beiden Datenreihen. Schalten Sie anschließend zu den Diagramm-Menüs um. Sie sehen nun einen Bildschirm wie in Bild 7.24 mit dem Diagramm im Muster «Verbund».

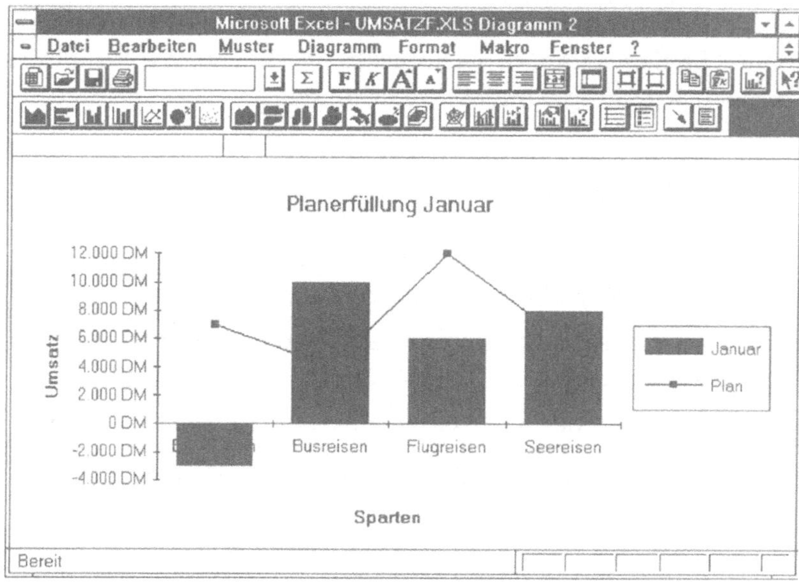

Bild 7.24 Verbunddiagramm

7. 11 Eigene Grafiken in Diagrammen

Sie haben in den bisherigen Abschnitten kennengelernt, wie Sie verschiedene von Excel vorgeschlagene Diagrammtypen und -muster auswählen. Excel bietet Ihnen darüber hinaus auch die sehr attraktive Möglichkeit des Einbindens eigener Grafiken in Diagramme.

Wozu eigene Grafiken in Diagrammen?

Sie können auf diese Weise ein Diagramm aus einem Bild, das Sie mit einem Grafik-Programm unter Windows erstellt haben, aufbauen. Wir wollen nun in unserem Beispiel zeigen, wie das Diagramm zu den Flugreisen aus kleinen Flugzeugen aufgebaut wird.

Die Grafiken, die Sie als "Einheit" des Diagramms wählen, können Sie entweder stapeln oder strecken, um dadurch die Zahlenverhältnisse der Datenreihen darzustellen. Das Verfahren zum Einfügen einer eigenen Grafik ist dabei denkbar einfach. Zuerst erstellen Sie sich mit einem Grafik-Programm ein Bild. In unserem Beispiel haben wir auf eine Beispieldatei von CorelDRAW! zurückgegriffen.

Stapeln und Strecken

Erstellen Sie aus der Sparte Flugreisen ein einfaches zweidimensionales Säulendiagramm. Sie kopieren das Bild aus der Windows Grafik-Anwendung dann in Ihre Datenreihe.

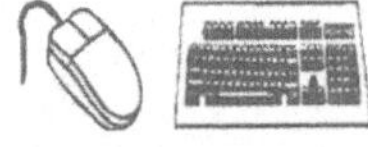

Vorgehensweise:

1. Markieren Sie in dem Grafik-Programm die erstellte Grafik.

2. Geben Sie den Befehl **Kopieren** aus dem Menü **Bearbeiten**, um die Grafik in die Zwischenablage zu kopieren.

3. Schalten Sie in die Diagramm-Menüs von Excel um und laden Sie das entsprechende Diagramm.

4. Markieren Sie die Datenreihe in diesem Diagramm.

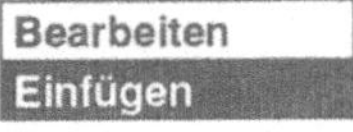

5. Geben Sie nun den Befehl **Einfügen** aus dem Menü **Bearbeiten.**

Excel wird nun das von Ihnen eingefügte Bild strecken oder stauchen (Bild 7.25).

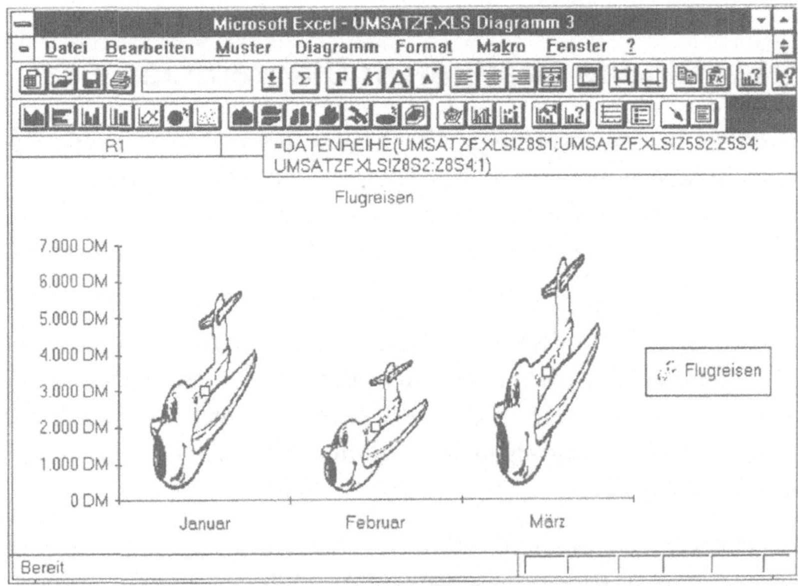

Bild 7.25 Gestreckte Graphik im Diagramm

Wenn Sie stattdessen die Größenverhältnisse lieber durch die anzahl der Grfikobjekte darstellen wollen, so können sie dies mit Hilfe des Kontext-Menüs erreichen. Sie können bei Diagrammen wie Sie es von Tabellenfeldern gewohnt sind, das Kontext-Menü aufrufen, indem Sie mit der rechten Maustaste auf die gewünschte Stelle klicken (Bild 7.26). Um die Datenreihe zu bearbeiten, klicken Sie mit der rechten Maustaste darauf und wählen anschließend aus dem Kontextmenü den Befehl **Muster** aus.

Stellen Sie in dem Dialogfeld **Muster** die Option «Stapeln» ein und schließen Sie den Befehl ab. Sie werden nun wie in Bild 7.27 die Flugzeuge gestapelt auf dem Bildschirm dargestellt sehen.

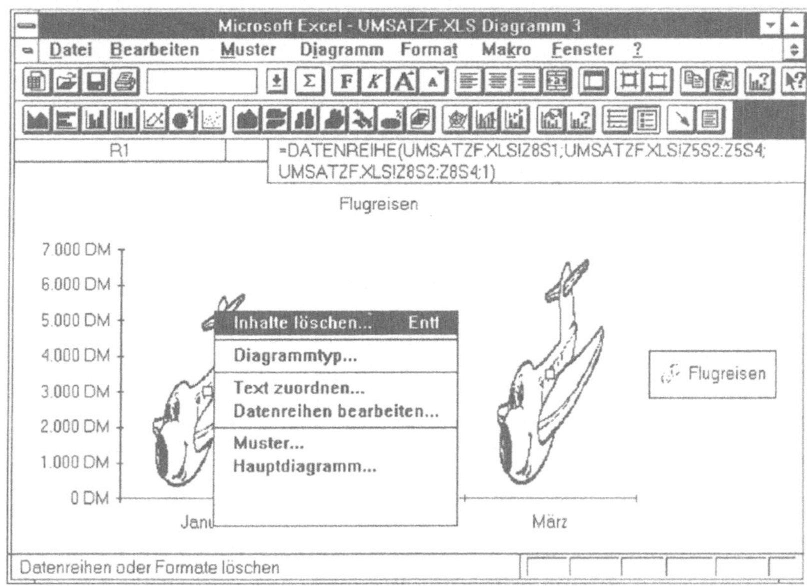

Bild 7.26 Aufruf des Kontextmenüs

7. 12 Excel-Diagramme verfremden

Excel bietet Ihnen nicht so viele Verfremdungsmöglichkeiten wie spezielle Grafik-Editoren unter Windows. Wir wollen ihnen hier nun kurz zeigen, wie Sie ein mit Excel erstelltes Diagramm in einer Grafik-Anwendung verändern und anschließend wieder in Excel einfügen.

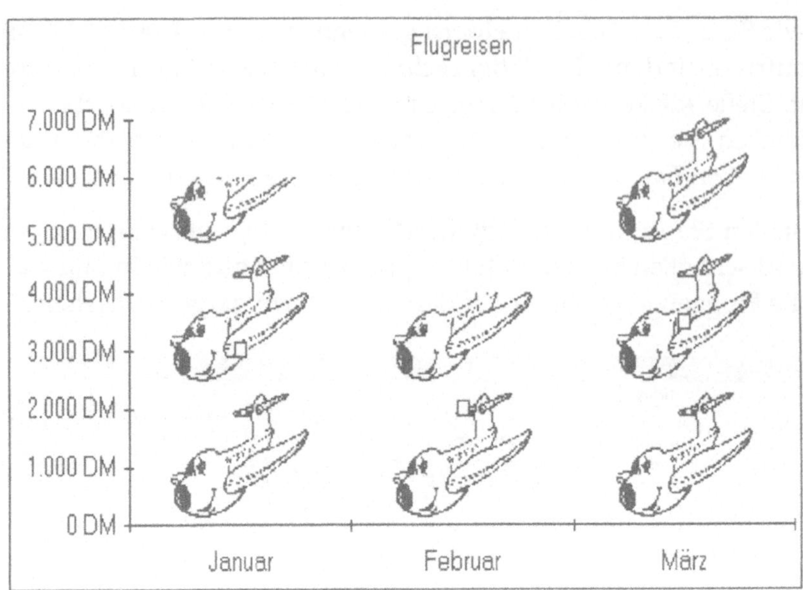

Bild 7.27 Gestapelte Graphik im Diagramm

Sie sollten hierbei jedoch beachten, daß es sich bei dem eingefügten Objekt nun um eine reine Grafik und nicht mehr um ein Excel-Diagramm handelt. Änderungen, die sie in der Tabelle vornehmen, oder neue Tabellenwerte werden in diesem Diagramm nicht mehr berücksichtigt.

Verändern mit Paintbrush

Wir wollen Ihnen zunächst das Verändern der Grafik mit PC Paintbrush zeigen, da Sie dies in jedem Fall an Ihrem Rechner nachvollziehen können und der Austausch mit dieser Windows-Anwendung einige Besonderheiten aufweist. Sie können hier nämlich die Windows OLE-Funktion verwenden, wenn Sie Windows 3.1 besitzen.

OLE bedeutet, daß Sie durch Doppelklick auf ein Objekt die Windows-Anwendung aufrufen können, in der das Objekt erstellt wurde. Dabei betten Sie eine Grafik mit Hilfe der Funktion EINBETTEN() in die Tabelle ein. Öffnen Sie nun die Tabelle UMSATZF.XLS, die ein 3D-Diagramm zur Umsatzauswertung enthält. Markieren Sie dieses Diagramm und geben Sie den Befehl **Ausschneiden** aus dem Menü **Bearbeiten**.

Markieren Sie die Zelle, in die die veränderte Grafik aufgenommen werden soll, hier Z14S1. Um Paintbrush aufzurufen, geben Sie den Befehl **Objekt einfügen** aus dem Menü **Bearbeiten**. In

dem Dialogfeld **Objekt einfügen** wählen Sie die Option «Paintbrush» aus (Bild 7.28).

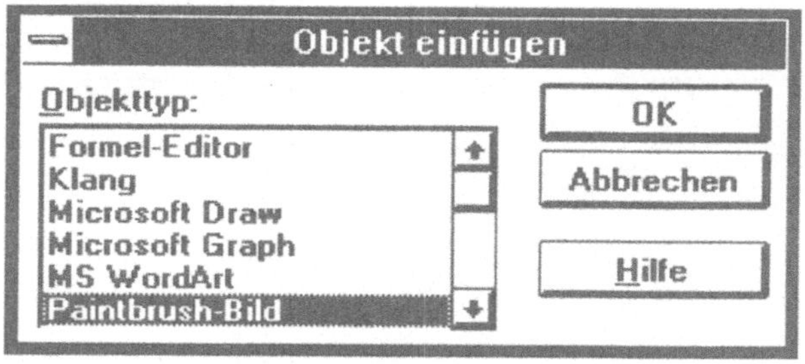

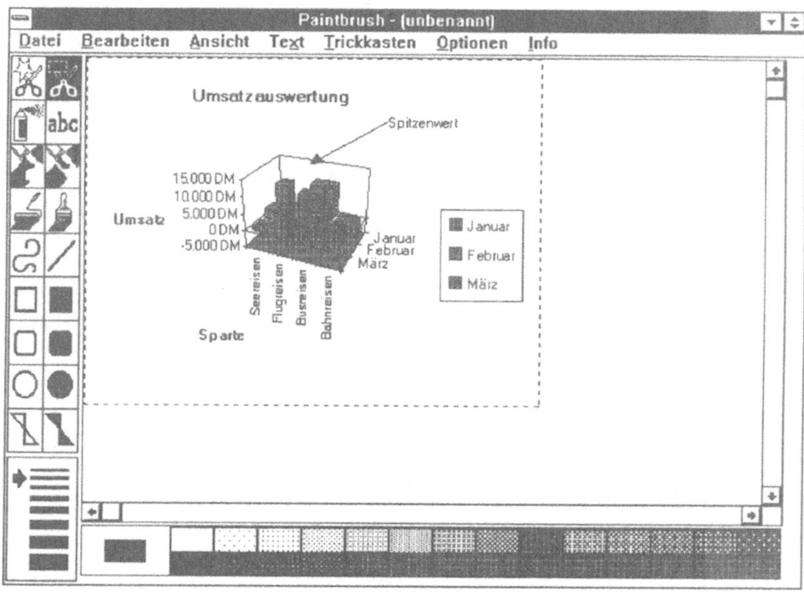

Bild 7.28 Dialogfeld **Objekt einfügen**

Ist der Befehl abgeschlossen, so wird Paintbrush geöffnet und auf
dem Bildschirm angezeigt. Vergrößern Sie das Paintbrush Fenster
soweit, daß die einzufügende Grafik möglichst ganz auf den
Bildschirm paßt. Andernfalls wird nicht die gesamte Grafik eingefügt.

Bild 7.29 EXCEL Diagramm unter Paintbrush

Sie sehen nun ein Paintbrush-Fenster mit der eingefügten Grafik
(Bild 7.29). Sie können diese Grafik nun invertieren (Bild 7.30), mit
der Kurvenschere bearbeiten und ausschneiden. Wenn Sie die

Randbereiche, die Sie "abgeschnitten" haben, mit dem Radiergummi Werkzeug löschen und die ausgeschnittene Grafik wieder
einfügen, sehen Sie einen Bildschirm wie in Bild 7.31.

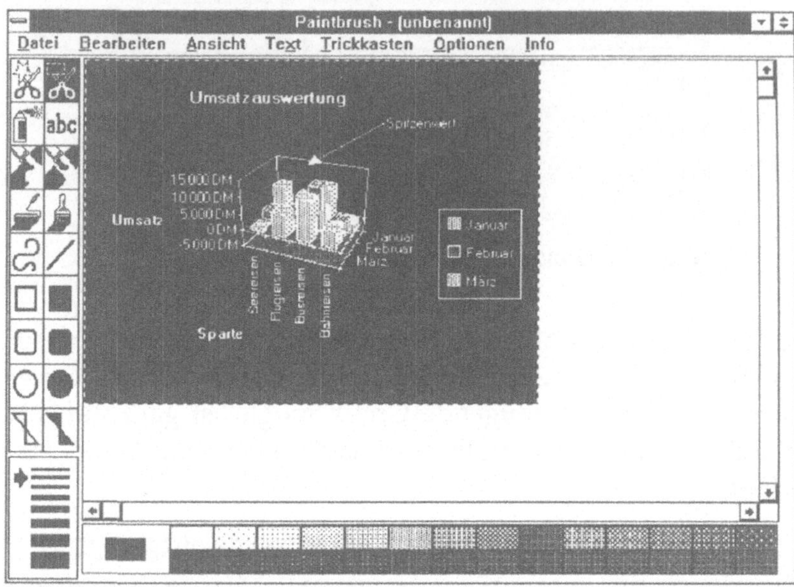

Bild 7.30 EXCEL Diagramm invertiert unter PC Paintbrush

Sie können das veränderte Bild in die Excel Tabelle einfügen,
indem sie den Befehl **Aktualisieren** aus dem veränderten Paint-
brush-Menü **Datei** auswählen. Schließen Sie das Paintbrush-Fenster, indem Sie den Befehl **Beenden und zurück zu
UMSATZF.XLS** wählen. Sie sehen nun einen Excel Bildschirm
wie in Bild 7.32.

Sie können nun zum Verändern der Grafik Paintbrush aufrufen,
indem Sie einfach in die Grafik doppelklicken. Dies wird auch
auch OLE (Object Linking and Embedding) bezeichnet. Speichern
Sie Ihre Tabelle nun unter dem Namen UMSPC.XLS.

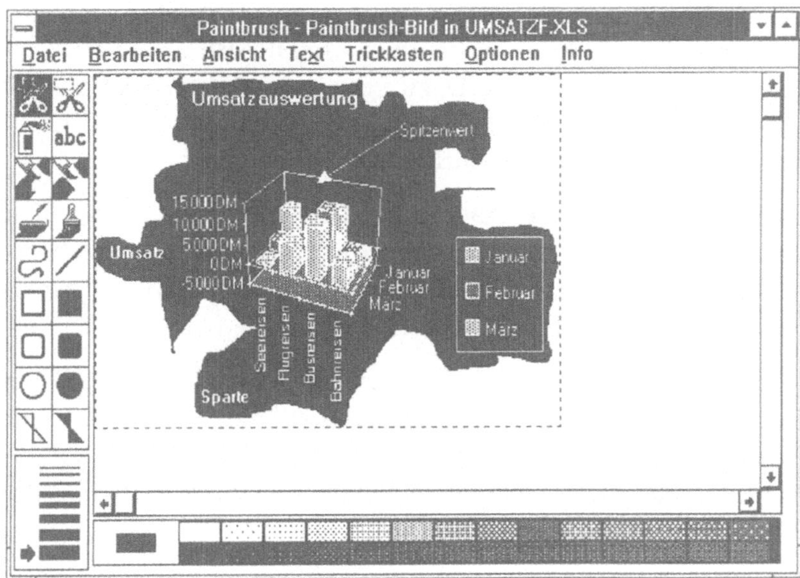

Bild 7.31 Ausgeschnittenes Diagramm unter PC Paintbrush

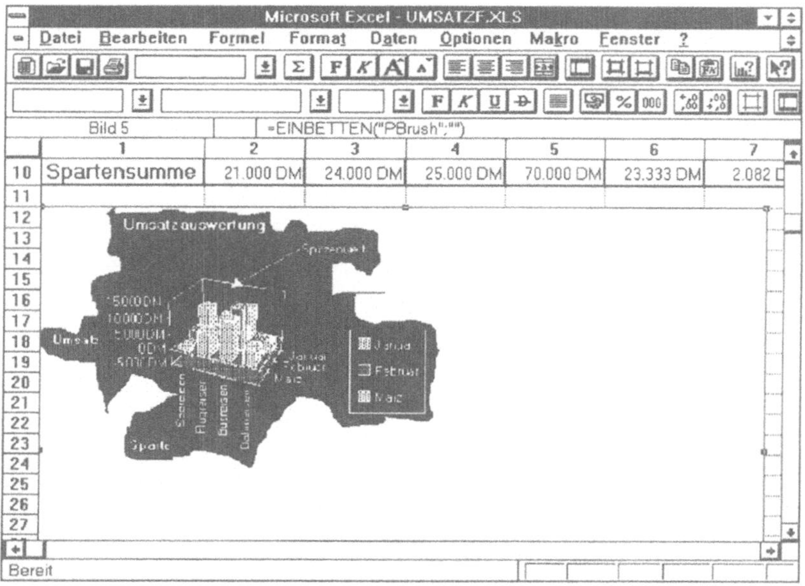

Bild 7.32 Verändertes Diagramm unter EXCEL

Arbeiten mit CorelDRAW!

Wir wollen Ihnen jetzt zeigen, was man mit Hilfe eines umfangreicheren Grafik-Programms wie CorelDRAW! an einem Diagramm verfremden kann. Dazu verwenden wir wieder das 3D Diagramm der Tabelle UMSATZF.XLS. Wenn Sie CorelDRAW! besitzen, können Sie die Schritte nachvollziehen.

Kopieren Sie das erste Diagramm in die Zwischenablage, rufen sie CorelDRAW! auf und fügen sie das Diagramm hier ein. Bearbeiten sie nun die Hülle des Bildes mit dem Befehl **Hülle bearbeiten** aus dem Menü **Effekte** (Bild 7.33).

Kopieren Sie das Objekt wieder in die Zwischenablage und fügen Sie es in die Excel-Tabelle ein (Bild 7.34). Wählen Sie anschließend für das Objekt eine ausreichende Größe, so daß sie die Veränderungen auch unter Excel sehen können. Speichern Sie die Tabelle unter dem Namen UMSCOREL.XLS.

Selbstverständlich können Sie solche Diagramme erst zu fortgeschrittener Stunde präsentieren, dann aber vielleicht mit viel Erfolg.

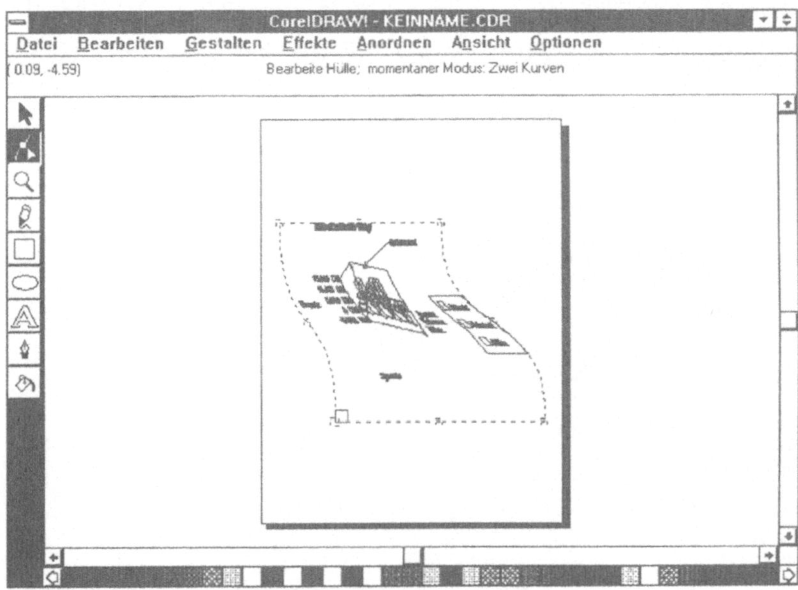

Bild 7.33 EXCEL Diagramm unter CorelDRAW!

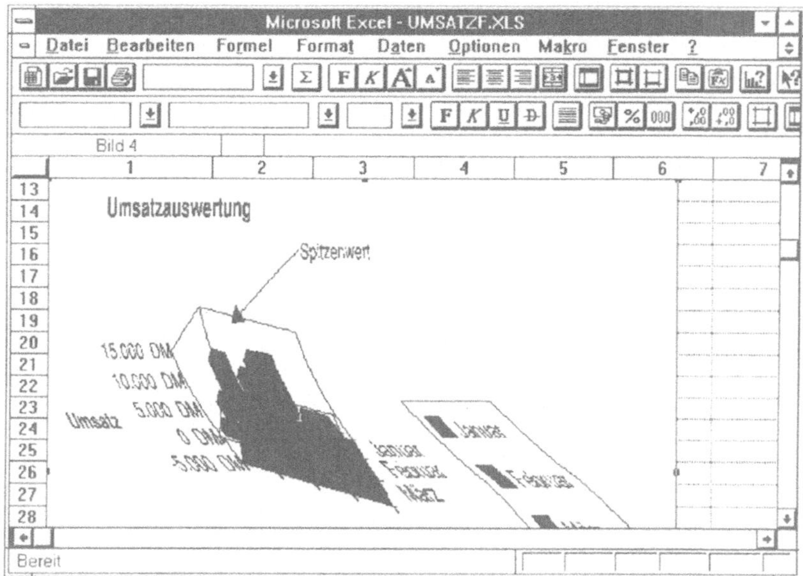

Bild 7.34 Verändertes Bild unter EXCEL

Abschnittsübersicht

Textverarbeitung

8 Textverarbeitung

8. 1 Überblick

Mit Excel können Sie nicht nur Rechenaufgaben lösen, sondern auch Texte verarbeiten. Allerdings hat Excel nur Vorteile gegenüber reinen Textverarbeitungssystemen, wenn Sie in Ihrer Korrespondenz viel rechnen müssen oder wenn Sie Ihre Briefe mit mehreren Dateien verknüpfen wollen. Falls Sie solche Anwendungen haben, kann die Textverarbeitung mit Excel für Sie von Interesse sein.

Mit Excel schreiben...

Sie können mit Excel bequem

- Briefe schreiben,

- Vordrucke erstellen und verwenden (Abschnitt 8.1),

- Textbausteine erstellen und abrufen (Abschnitt 8.2) und

- Briefe mit Textvariablen erstellen (Abschnitt 8.3.1).

In Abschnitt 9.7 können Sie lesen, wie Sie Texte mit variablen Daten aus Dateien (Abschnitt 9.1) zu Serienbriefen mischen können. Excel deckt zwar grundlegende Textverarbeitungsfunktionen ab, hat aber zum Beispiel

- keine Möglichkeit zum Formatieren einzelner Absätze und

- nur einige der zahlreichen Gestaltungsmöglichkeiten moderner Textsysteme.

Hierfür benötigen Sie ein Textsystem wie MS Word, MS Word für Windows, Word-Perfekt, MS Works oder ein DTP-System wie Ventura Publisher oder Aldus Pagemaker. Für größere Texte und größere Schreibvolumina ist es empfehlenswert, ein solches Textsystem zu verwenden.

Textsysteme

8. 2 Einen Vordruck erstellen und bearbeiten

Einen Vordruck erstellen

Bei Ihrer täglichen Textproduktion mit Excel können Sie sich Arbeit sparen, wenn Sie Standardvordrucke mit wichtigen Grundeigenschaften vorbereiten.

Wir wollen hier mit Excel einen Briefvordruck erstellen, in dem wir einfach einen Brief schreiben können, ohne immer wieder alle Formatierungen vornehmen zu müssen. Anschließend werden wir den Briefvordruck erweitern und mit Angaben wie Absender und Telefonnummer versehen. Danach erfahren Sie, wie Sie sich mit Excel Textbausteine anlegen und diese über ihre Namen im Brief abrufen.

Am Ende dieses Kapitels werden wir eine Eingabemaske einrichten, so daß Sie Eintragungen wie Adresse und Betreff-Zeile nicht im Brief, sondern komfortabel in der Eingabemaske vornehmen können.

Das kennen Sie schon

In Abschnitt 4.2 haben Sie erfahren, wie Sie Spalten verbreitern können. Um den Text einer Zeile der Seite nicht in mehrere Spalten schreiben zu müssen, formatieren Sie die erste Spalte auf 78 Zeichen. Dies entspricht einer Druckbreite von 16,25 cm.

Legen Sie nun mit dem Befehl **Datei Seite einrichten** die folgenden Einstellungen fest:

Ränder:

* oben: 2,56 cm

* unten: 1 cm

* rechts: 2,0 cm

* links: 3,5 cm

Kopf-und Fußzeilen:

* keine Kopfzeile

* keine Fußzeile (oder wenn Sie wollen, die Seitenzahl als Fußzeile)

Den Seitenwechsel legt Excel automatisch anhand der Seitenlänge fest, die Sie bei der Installation Ihres Druckers eingegeben haben.

Damit Sie später beim Drucken hier aber nicht immer eingeben müssen, daß Sie nur die erste Seite drucken wollen, legen Sie einen entsprechenden Druckbereich fest.

Anstatt einen Druckbereich festzulegen, können Sie auch einen Seitenwechsel setzen und bei der Druckausgabe angeben, daß Sie nur eine bestimmte Teilmenge der Seiten des Dokumentes ausdrucken wollen.

Sie legen den Druckbereich mit dem Befehl **Druckbereich festlegen** aus dem Menü **Optionen** fest.

1. Markieren Sie den Bereich, den Sie als Druckbereich festlegen wollen. Der Druckbereich umfaßt in unserem Beispiel die erste Spalte, beginnt mit Zeile 1 und endet mit der Zeile, mit der auch die Textbox für die Kontoverbindungen endet. Dies kann, je nach dem verwendeten Drucker und der entsprechenden Seitenlänge, unterschiedlich ausfallen.

2. Geben Sie den Befehl **Druckbereich festlegen** aus dem Menü **Optionen**.

Speichern Sie diesen Vordruck unter dem Namen VOR-DRUCK.XLS, damit Sie ihn jederzeit wieder abrufen können und Sie nicht bei jedem neuen Vordruck wieder die obige Befehlsfolge durchlaufen müssen.

Jetzt können Sie den Vordruck z. B. als Briefvordruck gestalten und

Den Vordruck gestalten

- in die Zeilen 1 bis 3 Ihren Absender eintragen,
- in die Zeile 5 eine Kurzfassung Ihres Absenders für das Sichtfenster ihrer Fensterbriefhülle und
- in Zeile 13 den Text mit den Begriffen der Bezugszeichenzeile ("Ihre Zeichen Ihre Nachricht Unser Zeichen Telefon Ort") eintragen.

Bei der Wahl der Schriften müssen Sie beachten, daß Sie an einigen Stellen in den folgenden Abschnitten Texte verbinden wollen. Wir haben hier die folgenden Schriftarten und -grade verwendet:

Zeile 5,13-15:   Schriftart TT Courier, Schriftgrad 10

Hinweis: keine Proportionalschrift!

alle anderen   TT Times New Roman, Schriftgrad 12

Hinweis: Proportionalschrift!

Wir müssen verschiedene Schriftarten verwenden, da wir für das stellengerechte Verbinden der Texte in der Zeile 14 keine Proportionalschrift verwenden können.

Proportionalschriften räumen jedem Buchstaben soviel Platz ein, wie er maximal benötigt, also einem «i» weniger als einem «m». Ändern sich nun die Längen der zu verbindenden Texte, so werden in Proportionalschrift gesetzte Texte nicht ganz richtig positioniert.

True Type Schriften

Wir verwenden TRUE TYPE Schriftarten. Dies sind Schriftarten, die der angeschlossene Drucker frei skalierbar so darstellen kann, wie Sie sie unter Windows auf dem Bildschirm sehen. Verwenden Sie eine Schriftart, die ein Druckersymbol vor dem Namen enthält, so handelt es sich um eine Druckerschriftart. Windows verwendet zur Darstellung dieser Schrift eine möglichst ähnliche Windows-Schrift. Schriften, die keines der beiden Symbole enthalten, sind Windows-Schriften, die ihr Drucker in einer Schriftart darstellt, die nur er drucken kann. Sie können bei den letzten beiden Schriften also nicht sicher sein, daß Sie das, was Sie auf dem Bildschirm sehen, auch nachher auf dem Druck wiederfinden.

Druckerschriftarten

Die jeweils möglichen Schriften hängen, wenn n icht True Type Schriften verwendet werden, von Ihrem Drucker ab. Wir verwenden hier die Einstellungen für einen IBM Proprinter 24XL. Diese gelten auch für die meisten anderen Nadeldrucker.

Die Texte in den Zeilen 22 folgende stellen den Fließtext des Briefes dar. Daher wollen wir sie, wie wir es von Textverarbeitungssystemen gewohnt sind, mit einem Zeilenumbruch versehen und im Blocksatzformat darstellen.

Verwenden Sie eine Maus, so rufen sie am besten die Format-Symbolleiste auf, da wir hier einige Formatierungen vornehmen können.

Legen Sie nun für die Zeilen 22 bis 28 das Blocksatzformat und einen Zeilenumbruch fest:

1. Markieren Sie den Bereich Z22S1:Z28S1.

2. Wählen die aus der Symbolleiste die Schaltfläche zum Festlegen von Blocksatz aus.

3. Rufen sie nun das Kontextmenü auf, indem Sie mit der rechten Maustaste in den markierten Bereich klicken und geben Sie hier den Befehl **Ausrichtung**.

4. Zeigen Sie hier auf die Option «Zeilenumbruch» und schließen Sie den Befehl ab.

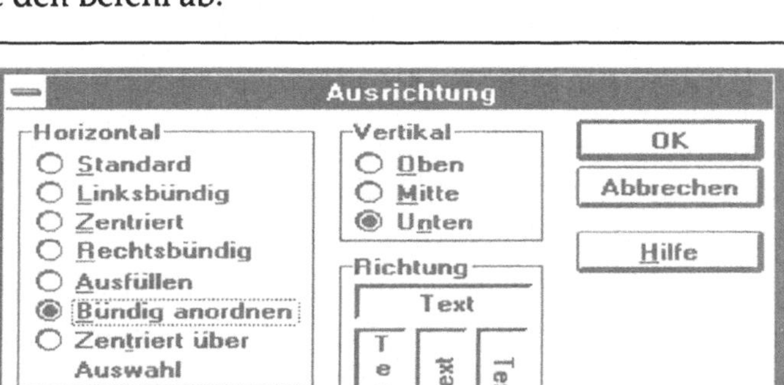

Bild 8.1 Dialogfeld zum Festlegen eines Zeilenumbruches

Mit der Tastatur legen Sie beide Einstellungen im Dialogfeld Ausrichtung fest:

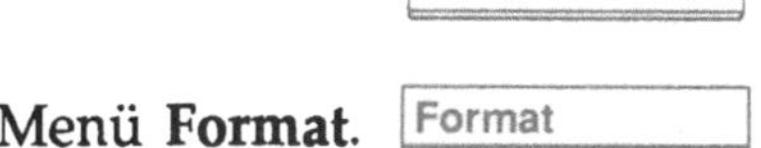

1. Markieren Sie dazu den Bereich Z22:28S1.

2. Geben Sie den Befehl **Ausrichtung** aus dem Menü **Format**. Wählen Sie die Optionen «Zeilenumbruch» und «Bündig anordnen» aus (Bild 8.1).

3. Schließen Sie den Befehl ab.

Tragen Sie nun die Texte wie in Bild 8.2 in die Zeilen 1, 2, 3, 5 und 13 ein.

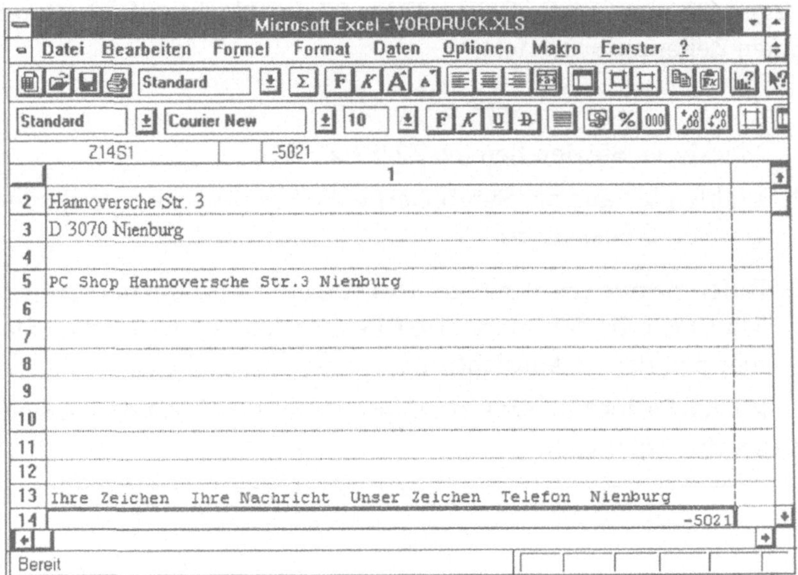

Bild 8.2 Falsche Ausgabe der Telefonnummer

Telefonnummer eintragen

Nun müssen Sie noch die Telefonnummer (hier (05021) 3034) und Ihre Kontoverbindungen eintragen. Würden Sie Ihre Telefonnummer einfach in die Zeile 14 eintragen, so würde Excel die Eingabe in der Klammer als negative Zahl auffassen und sie wie in Bild 8.2 rechtsbündig ausgeben.

Wir werden für die Eingabe der Telefonnummer und für die Kontoverbindungen Textfelder verwenden. Dies sind rechteckige Bereiche, in die Sie nur Text eintragen. Sie können diese Bereiche wie Objekte auf dem Bildschirm von den Zellen abhängig oder unabhängig positionieren, umrahmen und vieles mehr. Sie legen Textfelder mit Hilfe des Textfeldsymbols fest. Sie finden dieses Symbol in den Symbolleisten Zeichnen und Werkzeug. Da wir im folgenden noch einmal auf die Symbolleiste Zeichnen zurückgreifen wollen, öffnen Sie diese Leiste und ordnen sie am linken Bildschirmrand an.

Einfügen eines Textfeldes für die Telefonnummer:

1. Wählen Sie das Symbol Textfeld aus. Der Mauszeiger wird nun zu einem Kreuz.

2. Markieren Sie mit diesem Kreuz einen Textfeldbereich unter-   **Textfelder**
   halb des Wortes «Telefon». Beginnen Sie mit dem oberen Rand   **festlegen**
   des Feldes so dicht unter dem Wort Telefon, wie es möglich
   ist. Das Feld soll ungefähr so lang sein wie das Wort «Telefon»
   und zwei Zeilen umfassen (Bild 8.3).

Tragen Sie als Inhalt die Telefonnummer in das Textfeld ein,
indem Sie die Vorwahl eingeben, die (Eingabe)-Taste betätigen,
um einen Zeilenumbruch festzulegen, und anschließend die
Durchwahl eintragen. Wir wollen die Eingaben in der gleichen
Schrift wie die Zeilen 13 bis 15 erscheinen lassen, in dem Textfeld
zentrieren und den Rahmen des Feldes löschen.

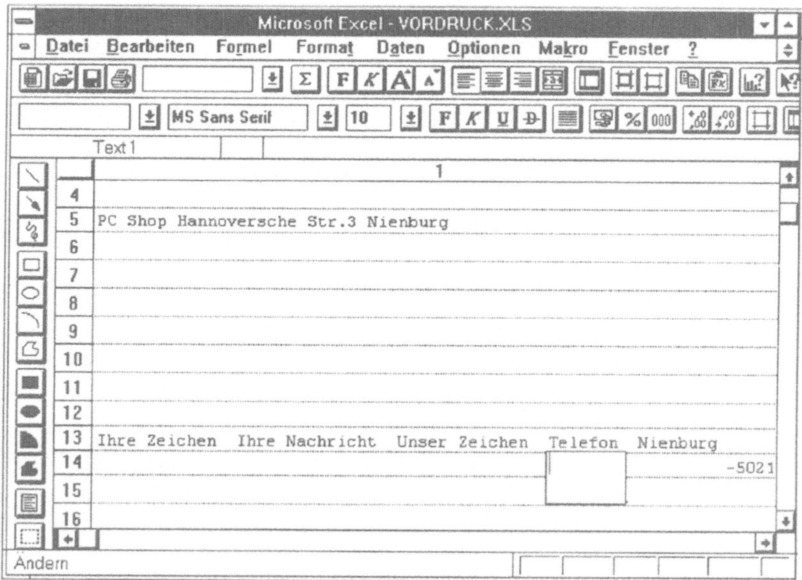

Bild 8.3 Briefvordruck mit eingefügter Textbox

Vorgehensweise:

1. Tragen Sie die Telefonnummern in das Textfeld ein.

2. Markieren Sie diese mit der Maus. Rufen Sie anschließend das
   Kontextmenü zu dem Textfeld auf, indem sie die rechte Maustaste betätigen.

3. Wählen Sie den Befehl **Muster** aus. Sie sehen ein Dialogfeld
   wie in Bild 8.4.

4. Markieren Sie die Option «Keinen» im Feld «Rahmen», und klicken Sie auf die Schaltfläche **Schriftart**.

Schriftart
gestalten

5. Stellen Sie in dem Dialogfeld **Schrift** die Schriftart «TT Courier New», Schriftgrad 10 ein und wählen Sie die Schaltfläche **Text**, um die Ausrichtung des Textes zu verändern.

6. Stellen Sie in dem Dialogfeld **Textausrichtung** (Bild 8.5) die Optionen «zentriert» im Feld «Horizontal» und «Mitte» im Feld «vertikal» ein.

7. Schließen sie den Befehl ab.

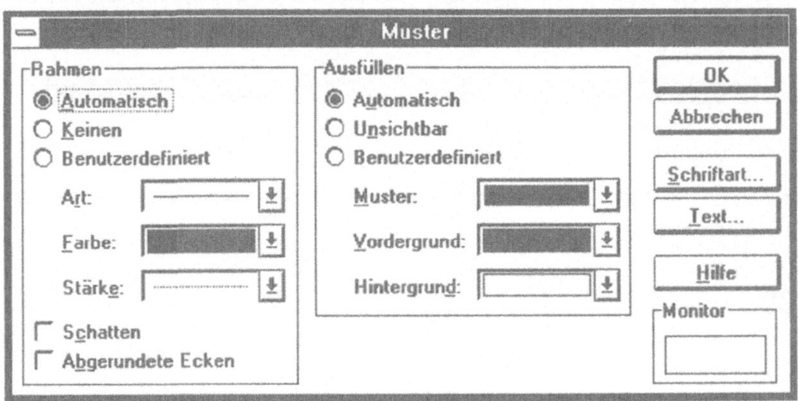

Bild 8.4 Dialogfeld zum Gestalten des Musters

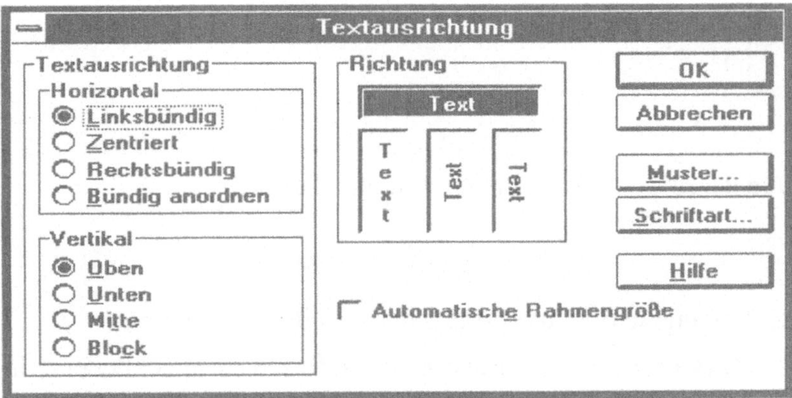

Bild 8.5 Dialogfeld zum Festlegen der Ausrichtung

Am unteren Rand des Briefes sollen Ihre Kontoverbindungen Kontover-
erscheinen. Würden Sie diese Texte in Tabellenfelder schreiben, bindungen
so würden sie mit dem Füllen des Briefes nach unten verschoben
werden und damit nicht mehr im Brief erscheinen.

Daher werden wir die Kontoverbindungen in ein Textfeld schrei-
ben. Dies hat einen wesentlichen Vorteil: Man kann bei Excel
Textfelder unabhängig von den Zeilen und Spalten positionieren.
Das Feld bleibt dann immer an der einmal festgelegten Stelle des
Dateifensters, auch wenn sich die Zeilen durch Eingabe von Text
oder Verändern der Struktur verschieben, also wenn zum Beispiel
Daten mit Zeilenumbruch in den Brief eingetragen werden.

Richten Sie ein Textfeld für die Kontoverbindungen ein:

Vorgehensweise:

1. Klicken Sie die Schaltfläche **Textfeld** in der Zeichnen Symbolleiste an.

2. Markieren Sie mit dem zum Kreuz veränderten Mauszeiger
   einen rechteckigen Tabellenbereich am unteren Rand der Seite. Der Tabellenbereich sollte drei Zeilen umfassen. Die genaue
   Position hängt von der Seitenlänge ab, die Sie voreingestellt
   haben.

3. Geben Sie den Befehl **Objekteigenschaften**, indem Sie das
   Kontextmenü aufrufen oder den Befehl aus dem Menü **Format**
   auswählen. Sie sehen das Dialogfeld Objekteigenschaften wie
   in Bild 8.6.

4. Wählen Sie die Option «Unabhängig» aus und schließen Sie
   den Befehl ab.

5. Wählen Sie noch mit dem Befehl **Schriftart** die Schriftart «TT
   Courier New» und den Schriftgrad 10 aus.

Wenn Sie Textfelder als unabhängig von den Tabellenfeldern
festgelegt haben, so müssen Sie alle Formatierungen für diese
Textfelder (wie in unserem Beispiel die Schriftart) gesondert einstellen.

Geben Sie die Texte wie in Bild 8.7 ein. Wenn Sie wollen, können
Sie den Rahmen der Kontoverbindungen noch mit dem Befehl

Format Muster gestalten, wie Sie es in diesem Bild sehen (hier wurden die Optionen Ecken abgerundet und schattiert gewählt). Löschen Sie außerdem die Gitternetzlinien beim Ausdruck, indem Sie die Option "Gitternetzlinien" im Dialogfeld **Seite einrichten** ausschalten.

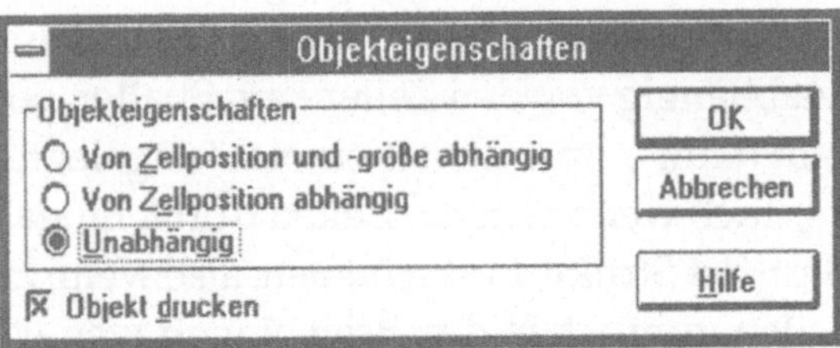

Bild 8.6 Dialogfeld **Objekteigenschaften**

Mit dem Vordruck arbeiten

In dem Vordruck können Sie noch mit Hilfe der Freihandgrafik ein Logo (Firmensymbol) eintragen. Haben Sie ein Logo mit einer anderen Anwendung erstellt, so sollten Sie es mit Hilfe eines Fernbezuges in die Tabelle einfügen, damit Änderungen des Logos in der Tabelle nachvollzogen werden.

Fernbezug

Sie geben Fernbezüge ein, indem Sie die entsprechende Datei über die Windows-Zwischenablage in die Tabelle kopieren.

Die Grafik einfügen

Sie fügen eine Grafik aus der Zwischanablage in Ihr Dateifenster ein, indem Sie mit dem Zellzeiger an die Stelle zeigen, an der das Bild erscheinen soll und nun den Tastaturschlüssel ⌈Umschalt⌋-⌈Einfg⌋-Taste betätigen. Wir haben Ihnen dies Verfahren in Abschnitt 7.12 anhand beim Einfügen eines veränderten Diagramms gezeigt. Das Bild ist in Ihr Dateifenster eingefügt, und Sie können es wie ein Diagramm oder ein Textfeld mit der Maus bewegen.

Sie können sich aber auch ein einfaches Logo mit Excel selber erstellen, indem Sie die Zeichenwerkzeuge der Symbolleiste Zeichnen verwenden.

Wir haben hier eine ganz einfache Grafik erstellt, indem wir eine Ellipse mit einem Muster gefüllt und schattiert haben. In diese Ellipse haben wir ein Textfeld mit der Schriftart Times New Roman, Schriftgrad 24, fett und kursiv den Namen der Firma eingetragen. Sie sehen dann einen Bildschirm wie in Bild 8.8. Speichern Sie jetzt diese Tabelle als BRIEFVOR.XLS.

PC Shop
Hannoversche Str. 3
D 3070 Nienburg

PC Shop Hannoversche Str.3 Nienburg

```
Ihre Zeichen   Ihre Nachricht   Unser Zeichen   Telefon  Nienburg
Mü             13.03.92          Grö142                   (05021) l.04.92
                                                          3034
```

Kontoverbindung
Bank
BLZ

Bild 8.7 Ausdruck des Briefvordrucks

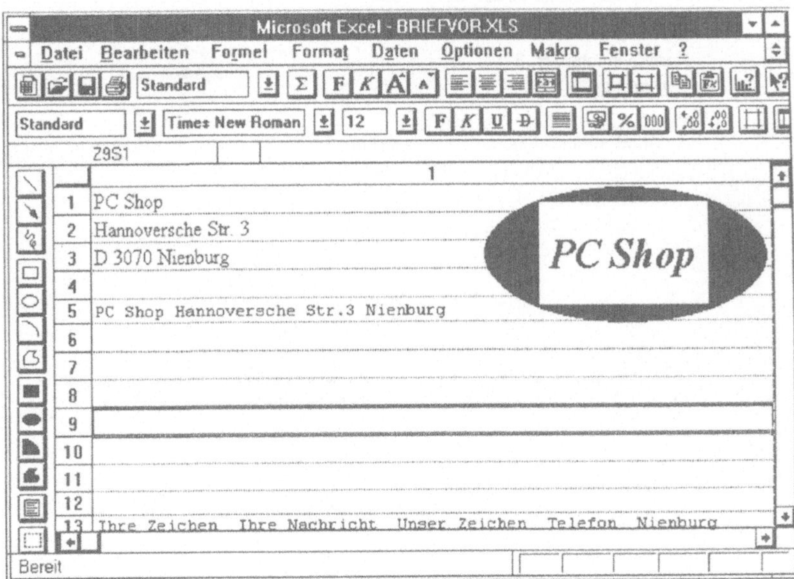

Bild 8.8 Briefvordruck mit Logo

Neue Briefe schreiben

Sobald Sie jetzt einen Brief mit Excel schreiben wollen, brauchen Sie nur noch dieses Formular zu laden und den restlichen Text zu ergänzen. Um das Formatieren des Formulars und der Druckränder brauchen Sie sich nicht mehr zu kümmern.

Die Informationen "Ihr Zeichen/Ihre Nachricht, Mein Zeichen, Datum" (Z14S1) und den Namen des/der Angeschriebenen können Sie einfach eingeben. Sie müssen hierbei nur auf die Eingabe einer ausreichenden Zahl von Leerstellen achten, damit die Eintragungen unter den entsprechenden Überschriften dargestellt werden.

Serienbriefe sparen Arbeit

Im Abschnitt 8.4.2 (Serienbrief mit variablen Daten) können Sie lesen, wie Sie das Eintragen dieser Variablen vereinfachen können.

Sie können diesen Vordruck entweder als Datei oder als Mustervorlage speichern. Wenn Sie den Vordruck als Mustervorlage speichern, fügt Excel automatisch als Dateinamenserweiterung «.XLT» ein. Sie müssen diese Erweiterung verändern, wenn Sie die mit Daten gefüllte Mustervorlage anschließend als Tabelle speichern möchten.

Sie speichern eine Tabelle als Mustervorlage, indem Sie im Dialogfeld **Datei speichern unter** das Dateiformat «Mustervorlage» auswählen. Anschließend öffnen Sie immer die entsprechende Mustervorlage, nehmen Eintragungen vor und speichern sie als Tabelle unter dem Namen, den Sie für die neue Tabelle wünschen.

Der wesentliche Vorteil von Mustervorlagen besteht jedoch darin, daß diese Dateien, wenn Sie sie im Verzeichnis «\XLSTART» gespeichert haben, im Dialogfeld **Datei Neu** angezeigt werden.

Mustervorlagen aufrufen

Ist ein Vordruck als Musterdatei im Verzeichnis «\XLSTART» gespeichert, so wählen Sie einfach den Befehl **Neu** aus dem Menü **Datei** aus und suchen die gewünschte Mustervorlage aus der Liste im **Dialogfeld Neu** aus (Bild 8.9).

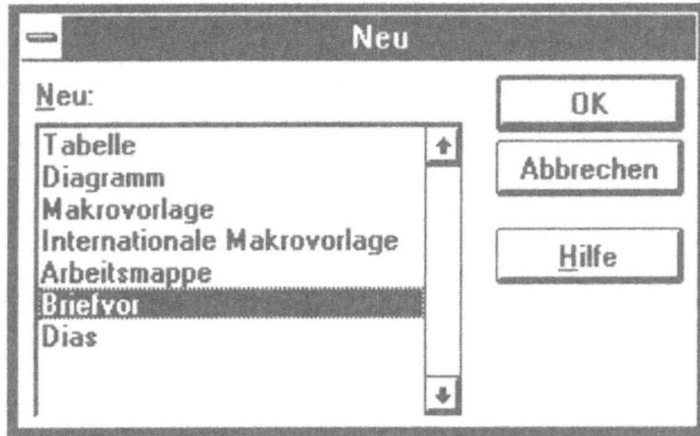

Bild 8.9 Mustervorlage im Dialogfeld **Neu**

8. 3 Arbeiten mit Textbausteinen

8. 3. 1 Vorbemerkung

Wiederholen sich in Ihren Korrespondenzen viele Formulierungen, sollten Sie sich Textbausteindateien anlegen, um diese bei Bedarf abzurufen und in Briefe einzubauen. Zum Anlegen einer Textbausteindatei stellen Sie aus Ihrer Korrespondenz häufig vorkommende Sätze zusammen oder suchen aus Texthandbüchern für Sie in Frage kommende Texte heraus.

Wozu sind Textbausteine gut?

8. 3. 2 Eintragen der Textbausteine in eine Liste

Tragen Sie die Textbausteine zusammen mit einem kurzen Namen neben Ihrem Briefvordruck in ein Excel-Formular ein. Damit Sie Ihre Lösung mit den Abbildungen dieses Buches vergleichen können, gehen Sie am besten wie folgt vor:

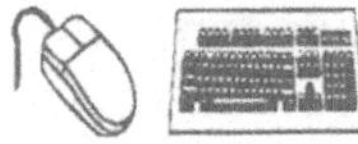

Vorgehensweise:

1. Laden Sie die Tabelle BRIEFVOR.XLS.

2. Verbreitern Sie die Spalte 4 auf 30 Zeichen, damit Sie auch etwas von Ihren Textbausteinen sehen können.

3. Tragen Sie - beginnend in der ersten Zeile - jeweils in die Spalte 3 den Namen eines Textbausteins als Zeilenüberschrift ein (z.B. «Mit»).

Textbaustei-
ne eintragen

4. Tragen Sie in die Spalte 4 daneben den Text des Textbausteins selbst ein (z.B. «Mit freundlichen Grüßen»).

5. Vergeben Sie die Namen, die in Spalte 3 als Text stehen, für den jeweiligen Baustein, der in Spalte 4 steht (s. Hinweis).

Sie vergeben den Namen, indem Sie die Texte der Spalte 3 übernehmen. Wenn Sie die Beispieltexte wie in Bild 8.10 eingeben, müßten die Bausteine der Spalte 4 die Namen Mit, Hoch, Vorz, Verbi und Oder tragen.

	3	4
20	Mit	Mit freundlichen Grüßen
21	Hoch	Hochachtungsvoll
22	Vorz	Mit vorzüglicher Hochachtung
23	Verbi	Mit verbindlicher Empfehlung
24	Oder	Ich danke Ihnen für Ihre Bestellung der Beispieldiskette. Leider haben Sie nicht geschrieben, ob Sie eine Diskette für den APPLE Macintosh oder für einen IBM PC wünschen. Sobald mich Ihre Antwort erreicht, wird die gewünschte Diskette geliefert.

Bild 8.10 Beispiele für Textbausteine

Beachten Sie beim Eintragen von Textbausteinen, daß die Länge des Textes, den Sie bei Excel in ein Tabellenfeld eintragen können, maximal 256 Zeichen betragen darf. Längere Texte müssen sie in zwei oder mehr Zellen verteilen. Speichern Sie das Formular unter dem Namen BAUSTEIN.XLS.

8. 3. 3 Abrufen von Textbausteinen

Textbausteine können Sie aus Ihrer Liste durch Blättern mit der Maus oder den Richtungstasten heraussuchen und - wenn Sie einen passenden gefunden haben - unter seinem Namen an der richtigen Stelle im Brief abrufen.

So tragen Sie z. B. den Textbaustein «Mit» in Zeile 27 in den Brief ein:

Vorgehensweise:

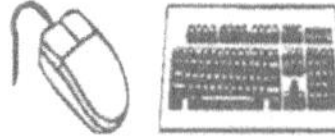

1. Markieren Sie Z27S1.
2. Tragen Sie nun die Formel «=Mit» ein. Excel wird dann automatisch den Zellinhalt, den Sie mit dem Namen «Mit» versehen haben, an dieser Stelle eintragen.

Tragen Sie nun die folgenden Texte bzw. Formeln ein:

Z21S1:   Sehr geehrte Frau Müller,

Z23S1:   =Oder

Vergleichen Sie anschließend Ihr Ergebnis mit der Seitenansicht in Bild 8.11. Beachten Sie hierbei, daß das Textfeld mit den Kontoverbindungen trotz der Eingaben in den Zeilen darüber an der gewünschten Stelle geblieben ist.

Beachten Sie bei Ausdrucken, daß Sie je nach Ihrem Drucker bei den Schriftarten und den Seitenlängen eventuell Veränderungen vornehmen müssen, um die gleichen Ergebnisse zu erhalten. Wählen Sie nur True Type Schriften aus, damit Sie auch wirklich das auf dem Bildschirm sehen, was Ihr Drucker später ausgibt.

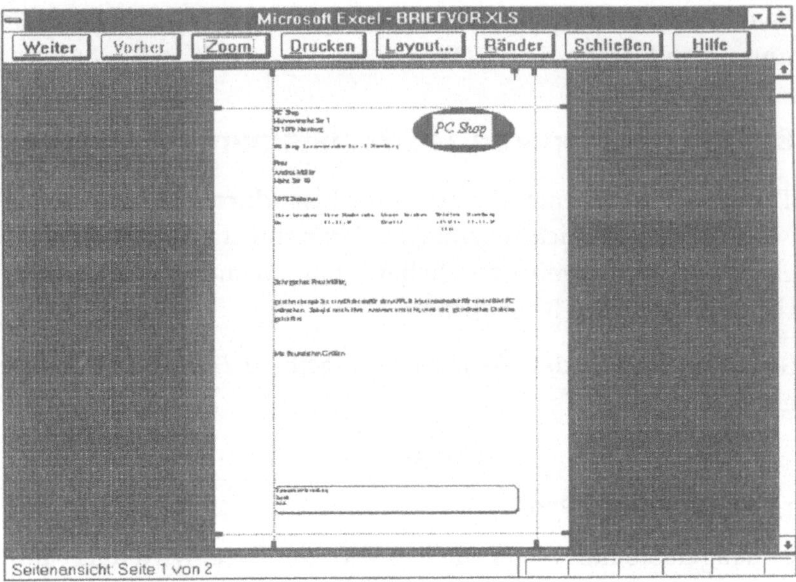

Bild 8.11 Brief mit Textbausteinen

8. 4 Textverarbeitungsfunktionen

8. 4. 1 Überblick

Excel verfügt neben den Rechenfunktionen über viele Textverarbeitungsfunktionen. Einen Überblick über die verschiedenen Funktionen sehen Sie im Anhang in Tabelle 11.

Einige der in Excel enthaltenen Textverarbeitungsfunktionen wollen wie Ihnen am Beispiel eines Serienbriefes mit Textvariablen zeigen (Abschnitt 8.4.3).

8. 4. 2 Serienbrief mit variablen Daten

Überblick

Excel hilft Ihnen beim Erstellen von Serienbriefen mit Variablen und beim zeilen- und spaltengerechten Ausfüllen von Vordrucken.

Das Beispiel

In diesem Abschnitt erfahren Sie, wie Sie variable Daten eines Briefes nicht direkt in den Brief einfügen, sondern mit einer

Erfassungsmaske eingeben und von Excel automatisch an den richtigen Stellen in den Brief einfügen lassen können.

Anschließend wird beschrieben, wie Sie

- eine Erfassungsmaske einrichten und Testdaten eingeben,

- Variablenwerte (Anrede, Straße_Nr. und Betreff) in den Text übertragen,

- dabei Textvariable und konstante Texte verbinden (Vorname & Nachname, PLZ & Ort, Gruß & Name) und

- beim Verbinden von Texten dafür sorgen können, daß die Texte trotz variabler Textlänge immer noch an der richtigen Stelle in der Zeile stehen (Ihre Zeichen & Ihre Nachricht & Unser Zeichen & Telefon & Datum).

Laden Sie die Datei BRIEFVOR.XLS, und verbreitern Sie die Spalte 3 auf 15 Stellen und die Spalte 4 auf 32 Stellen. Tragen Sie in die Zeilen 1 bis 13 der Spalte 3 die Texte der Tabelle 8.1 als Eingabeaufforderung ein, vergeben Sie die gleichen Begriffe als Namen für die Zellen der Spalte 4 (Excel ergänzt dabei zwischen zwei Worten den namensverbindenden tiefen Bindestrich und entfernt in Namen nicht zulässige Sonderzeichen (siehe Abschnitt 3.3).

Eine Erfassungsmaske einrichten

Zeile	Text/Name	Testdaten
1	Anrede	Frau
2	Nachname	Müller
3	Vorname	Andrea
4	Straße Nr.	Lange Str. 300
5	PLZ	8700
6	Ort	Würzburg
7	Gruß	Sehr geehrte Frau
8	Ihre Zeichen	Mü
9	Ihre Nachricht	13.07.91
10	Unser Zeichen	Grö 142
11	Datum	17.07.91
12	Betreff	EXCEL

Tabelle 8.1 Eingaben der Erfassungsmaske

 Bei der Eingabe der Kalenderdaten müssen Sie darauf achten, daß diese nicht als Text eingegeben werden, sondern als Wert. Um Textverarbeitungsfunktionen auf diese Zellinhalte anzuwenden, müssen Sie jeweils mit Hilfe der Textverarbeitungsfunktion

```
FEST(Zahl;Dezimalstellen)
```

den Wert in einen Text mit der angegebenen Anzahl an Nachkommastellen verwandeln.

Geben Sie in die Spalte 4 die Testdaten wie in der Tabelle 8.1 ein. Die Spalten 3 und 4 Ihres Bildschirms werden wie Bild 8.12 aussehen.

	3	4
1	Anrede	Frau
2	Nachname	Müller
3	Vorname	Andrea
4	Straße Nr.	Lange Str. 300
5	PLZ	8700
6	Ort	Würzburg
7	Gruß	Sehr geehrte frau
8	Ihre Zeichen	Mü
9	Ihre Nachricht	13.07.1992
10	Unser Zeichen	Grö 142
11	Datum	17.07.1992
12	Betreff	EXCEL

Bild 8.12 Eingabemaske zur Serienbriefschreibung

8. 4. 3 Übertragen von Variablenwerten

So übertragen Sie den Inhalt der Eingabevariablen Anrede in die Zeile 7 Spalte 1 des Briefs:

1. Zeigen Sie mit dem Zellzeiger auf die Zelle, die die Variable aufnehmen soll (hier Z7S1).

Eintragen von Formeln

2. Geben Sie ein Gleichheitszeichen ein, um eine Formel anzukündigen.

3. Tragen Sie den Namen «Anrede» ein.

4. Schließen Sie den Befehl ab.

Excel übertägt jetzt den Text «Frau» in die Zelle Z7S1. Wiederholen Sie diese Arbeitsschritte in der Zelle Z9S1 mit der Variablen «Straße_Nr» und in der Zelle Z19S1 mit der Variablen «Betreff». In der Bearbeitungszeile zeigt Excel die Verarbeitungsvorschrift an, hier also in der Bearbeitungszeile «=Betreff», in der Zelle jedoch den Inhalt «Excel» (Bild 8.13).

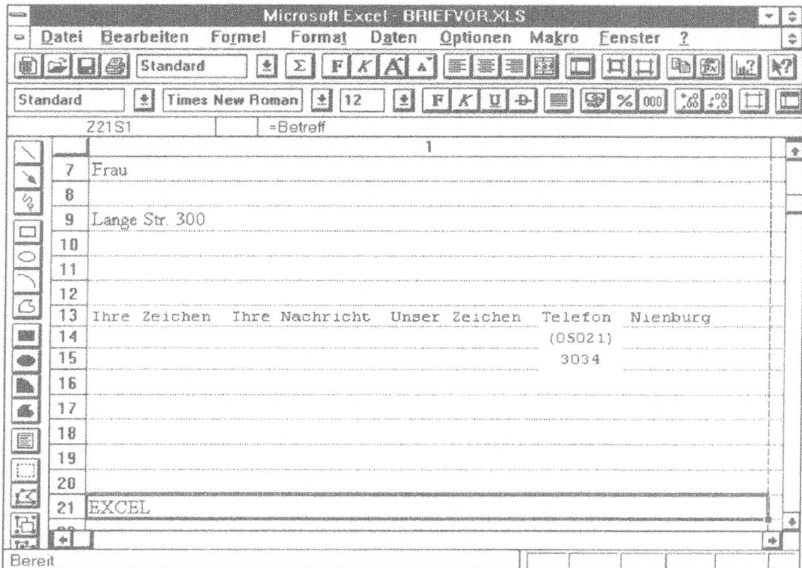

Bild 8.13 Übertragen der Betreffzeile in den Brief

8. 4. 4 Verbinden von Texten

In der Zeile 8 des Briefs sollen jetzt von Excel der Vorname und der Nachname, getrennt durch eine Leerstelle, eingetragen werden. Um diese Textteile zu verbinden, müssen Sie die Textverarbeitungsfunktion «&» verwenden.

Wann und wozu verbinde ich Texte?

Vorgehensweise:

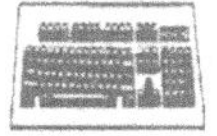

1. Zeigen Sie mit dem Zellzeiger auf die Zelle Z8S1.

2. Tragen Sie die Verarbeitungsvorschrift

Die Formel

```
=Vorname&" "&Nachname
```

ein, die eine Leerstelle zwischen Vor- und Nachname läßt.

3. Schließen Sie den Befehl ab.

Verfolgen Sie, wie schnell Excel jetzt die Beispieldaten «Andrea Müller» in die Zelle Z8S1 überträgt. Wiederholen Sie diese Arbeitsschritte in der Zelle Z21S1 für Gruß und Nachname «=Gruß&" "&Nachname&","». Verwenden Sie den Befehl **Formel Namen einfügen**, damit Sie die Namen nicht immer eintippen müssen. Sie ersparen sich somit nicht nur Schreibarbeit, sondern auch falsche Ergebnisse durch Eingabefehler.

Um die Postleitzahl als Text mit dem Namen des Ortes zu verbinden, müssen Sie auf die Postleitzahl die Textverarbeitungsfunktion FEST() anwenden. Als Anzahl der Dezimalstellen wählen Sie Null, da die Postleitzahl natürlich keine Dezimalstellen erhalten soll. Die Formel lautet dann wie folgt:

```
=FEST(PLZ;0)&" "&Ort
```

Die Rechtschreibkontrolle

Sie werden vielleicht schon bemerkt haben, daß in der Spalte 4 der Eingabemaske ein Schreibfehler aufgetreten ist. Das Wort Frau in Zeile 7 Spalte 4 ist klein geschrieben worden. Bevor Sie Ihren Brief ausdrucken und abschicken, sollten Sie ihn also auf Rechtschreibfehler prüfen.

Rechtschreibung

Dazu verwenden Sie bei Excel den Befehl **Rechtschreibung** aus dem Menü **Optionen**. Excel ruft wie in Bild 8.14 das Dialogfeld **Rechtschreibung** auf und untersucht das Dokument auf Rechtschreibfehler. Dabei werden ihnen erst einige Worte oder Abkürzungen, die wir in der Tabelle verwendet haben, angezeigt.

Bei jedem Wort, das die Rechtschreibkontrolle nicht in den verwendeten Wörterbüchern finden kann, werden Begriffe vorgeschlagen. Die Vorschläge basieren dabei auf dem von Ihnen ausgewählten Benutzerwörterbuch (BENUTZER.DIC oder CUSTOM.DIC). Sie können Worte, die Excel nicht kennt, mit der Schaltfläche **Hinzufügen** dem jeweils aktiven Wörterbuch hinzufügen.

Bild 8.14 Dialogfeld **Rechtschreibung**

Wollen sie ein Wort nicht dem Wörterbuch hinzufügen, es aber auch nicht ändern, so wählen Sie jeweils die Schaltfläche **Nicht ändern**. Excel wird nun nach dem nächsten unbekannten Wort suchen.

Auf diese Weise bekommen sie auch wie in Bild 8.14 das Wort «frau» angezeigt. Geben Sie nun die berichtigte Version «Frau» ein oder wählen Sie sie aus der Liste aus. Sie müssen nun die Schaltfläche **Ändern** wählen, damit Excel die Änderung für Sie vornimmt.

Fügen Sie möglichst nicht alle Worte, Straßennamen, Eigennamen und Abkürzungen dem jeweiligen Wörterbuch hinzu, da dieses ansonsten schnell sehr umfangreich wird. Das kostet Speicherplatz und macht die Suche langsamer.

Vergleichen Sie hiernach Ihren Bildschirminhalt mit Bild 8.15.

8. 4. 5 Stellenrichtiges Übertragen verbundener Texte

Zum Umwandeln der Kalenderdaten in Text verwenden Sie nicht die Funktion FEST(), da Sie ansonsten nur die Zahl als Text erhalten, in der Excel das Datum intern speichert. Sie verwenden hier die Funktion TEXT(Zahl;Textformat), da Sie bei dieser Funktion festlegen können, in welchem Textformat sie die umgewandelte Zahl darstellen wollen. Sie verwenden hier das Format «TT.MM.JJ» als einfaches Datumsformat.

Die Datumsangaben verbinden

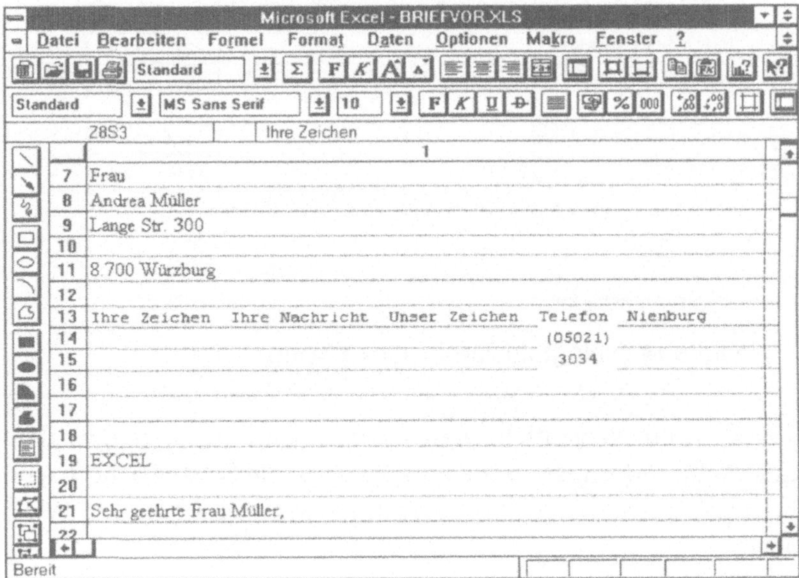

Bild 8.15 Briefvordruck nach dem Verbinden der Texte

Texte richtig positionieren

Wenn Sie in der Zelle Z14S1 die Inhalte der Eingabevariablen Ihre_Zeichen, Ihre_Nachricht, Unser_Zeichen und Datum nach dem Verfahren des Abschnitts 8.4.2 mit der Verarbeitungsvorschrift

```
=Ihre_Zeichen&" "&TEXT(Ihre_Nach-
richt"TT.MM.JJ")&" "&Unser_Zeichen&"
"&TEXT(Datum;"TT.MM.JJ")
```

verbinden, werden Sie feststellen, daß wie in Bild 8.16 die Eintragungen nicht stellengerecht unter den von Ihnen eingetragenen Überschriften stehen.

Stellengerechte Ausgabe

Um eine stellengerechte Ausgabe zu erzielen, müssen Sie Texte fester Länge verbinden. In dem Beispiel haben wir durch Auszählen die folgenden Textlängen ermittelt und für Sie in tabelle 8.2 zusammengestellt.

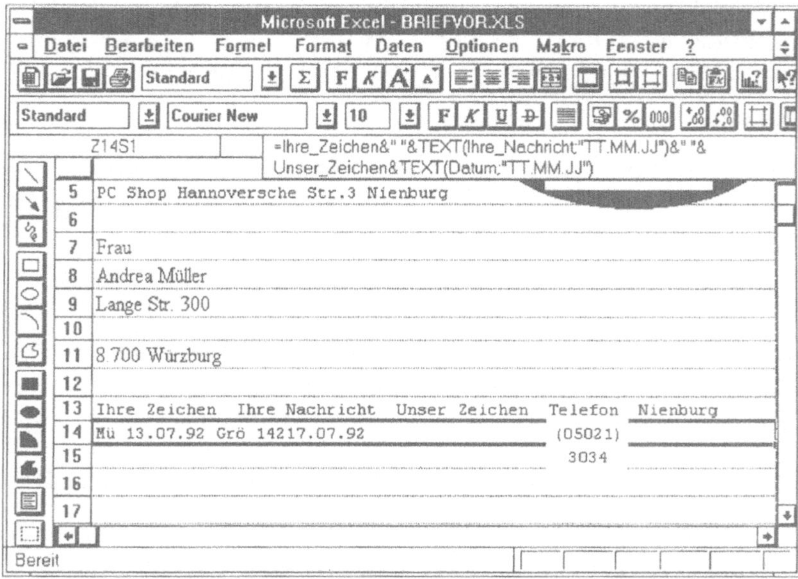

Bild 8.16 Nicht stellengerechtes Verbinden von Textvariablen

Variable	Länge mit Zwischenräumen
Ihre_Zeichen	14 Zeichen
Ihre_Nachricht	14 Zeichen
Unser_Zeichen bis Datum	24 Zeichen

Tabelle 8.2 Längen der zu verbindenden Texte

Das Problem läßt sich in zwei Teilprobleme zerlegen:

1. Umwandeln der Variablen in Texte fester Länge und

2. Verbinden dieser Texte.

Das 2. Problem ist genauso zu lösen, wie im letzten Abschnitt beschrieben. Für das 1. Problem können Sie wie folgt vorgehen:

Verbinden Sie den Inhalt der jeweiligen Variablen mit der Textverarbeitungsfunktion «&» mit so viel Leerstellen, wie der Zellinhalt nachher lang sein soll, und schneiden Sie mit der Textverarbeitungsfunktion   TEIL(Text;Beginn;Anzahl_Zeichen) am Ende die überzähligen Stellen ab.

Lösung des Problems

Eine bestimmte Anzahl von Leerstellen erzeugt für Sie die Excel-Funktion WIEDERHOLEN(Text;Multiplikator). Geben Sie zum Beispiel «WIEDERHOLEN(" ";10)» ein, so werden 10 Leerstellen erzeugt.

Die Formeln   Setzen Sie also die folgende Verarbeitungsvorschrift zusammen, um für Ihre_Zeichen immer einen Text von genau 10 Stellen Länge zu erhalten:

```
=TEIL(Ihre_Zeichen&WIEDERHOLEN(" ";14);1;14)
```

Geben Sie diese Verarbeitungsvorschrift in Z9S5 ein, und taufen Sie diese Zelle auf den Namen «Fest_Ihre_Zeichen», damit Sie das Verarbeitungsergebnis nachher in der Zeile 15 abrufen können.

Tragen Sie anschließend in Z11S5 die Verarbeitungsvorschrift

```
=TEIL(TEXT(Ihre_Nachricht";TT.MM.JJ")&WIE-
DERHOLEN(" ";14);1;14)
```

ein, und taufen Sie die Zelle auf den Namen «Fest_Ihre_Nachricht» tragen Sie in Z12S5 die Verarbeitungsvorschrift

```
=TEIL(Unser_Zeichen&WIEDERHOLEN("
";24);1;24)
```

ein, und taufen Sie die Zelle auf den Namen «Fest_Unser_Zeichen».

Das Datum kann, da der Eintrag «Unser Zeichen» entsprechend verlängert wurde, einfach angehängt werden. Tragen Sie jetzt die veränderte Verarbeitungsvorschrift in Zeile 15 Spalte 1 ein.

```
=Fest_Ihre_Zeichen&Fest_Ihre_Nach-
richt&Fest_Unser_Zeichen&TEXT(Da-
tum;"TT.MM.JJ")
```

Speichern Sie das Formular als VORDRVAR.XLS. Sie finden diese Datei auch auf der Beispieldiskette im Verzeichnis «\K08». Vergleichen Sie das Ergebnis mit Bild 8.17.

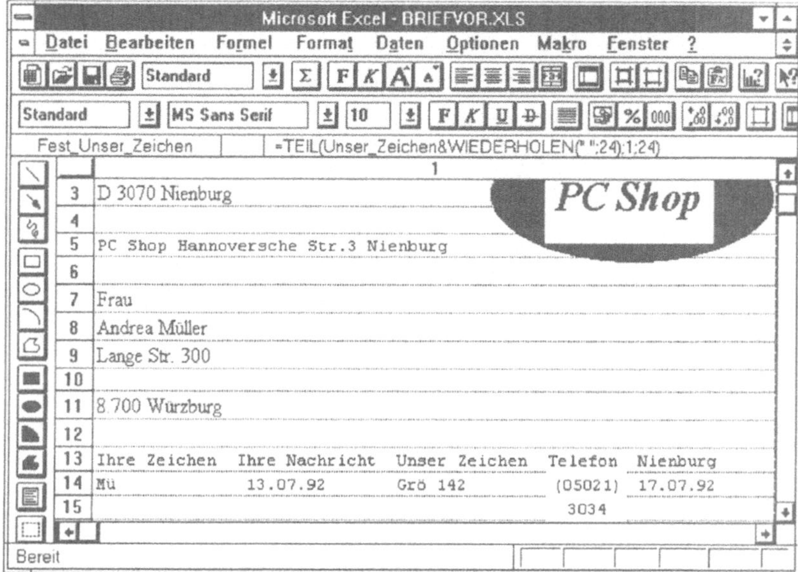

Bild 8.17 Stellengerechtes Verbinden von Textbausteinen

1 Einleitung

2 Vorarbeiten & Vorkenntnisse

3 Die erste Excel-Aufgabe

4 Tabellen gestalten

5 Tabelleninhalte ändern

6 Arbeiten mit Funktionen

7 Excel-Diagramme

8 Textverarbeitung

9 Dateiverarbeitung

10 Mehrdimensionale Tabellenkalkulation

11 Tabellenanalysen

12 Datenaustausch

13 Q+E

14 Ablaufprogrammierung

15 Organisation und Planung von Tabellen

16 Präsentation mit Excel

Anhang

Abschittsübersicht

Dateiverarbeitung

9 Dateiverarbeitung

9. 1 Überblick

Mit Excel können Sie Dateien einrichten, pflegen, sortieren und auswerten. Unter Dateien verstehen wir in diesem Abschnitt geordnete Daten mit einer Tabellenstruktur. Wir unterscheiden hier nicht zwischen den Begriffen Datei und Datenbank.

Was ist Dateiverarbeitung?

- In Abschnitt 9.2 sehen Sie am Beispiel einer Kundendatei, wie Sie Dateien einrichten und füllen können.

- Abschnitt 9.3 zeigt die Dateipflege,

- Abschnitt 9.4 das Ändern der Dateistruktur.

- Abschnitt 9.5 stellt an einer Geburtstagsdatei die Sortiermöglichkeit mit Excel vor.

- Das Einrichten und Verwenden einer Datenbank sowie der Einsatz von Suchkriterien in einer Datenbank sind Gegenstand des Abschnitts 9.6.

- Die Abschnitte 9.7 und 9.8 zeigen, wie Sie in Dateien suchen können. In Abschnitt 9.8 wird die Dateiverarbeitung mit Textverarbeitung zur Serienbriefschreibung verknüpft.

- Abschnitt 9.9 zeigt eine Lieferscheinschreibung mit Kunden- und Artikeldateien.

Mit dem Zusatzprogramm Q+E, das Sie mit Excel installiert haben, bietet Excel ein kleines Datenbankprogramm. Außerdem können Sie Q+E als Vermittler beim Datenaustausch zwischen Datenbanken und Excel verwenden. Wir beschreiben Ihnen die Verwendung von Q+E ausführlich in Kapitel 13.

9. 2 Erstellen einer Datei mit Excel

Dateien erstellen Sie mit Excel, indem Sie Daten tabellarisch eintragen. Um eine Kundendatei zu erstellen, tragen Sie unter der Überschrift «Kundenstammdatei» (Z1S1) in Zeile 2 wie in Tabelle

Eine Datei einrichten

9.1 die Spaltenüberschriften ein und legen die entsprechenden Spaltenbreiten fest:

Spalte	Überschrift	Breite (verschlüsselt)
1	KdNr	5
2	Anr	4 (Verschlüsselt)
3	Nachname	15
4	Vorname	15
5	Straße Nr.	15
6	PLZ	5
7	Ort	15

Tabelle 9.1 Gerüst der Kundendatei

	1	2	3	4	5	6	7
1	Kundenstammdatei						
2	KdNr	Anr	Nachname	Vorname	Straße Nr.	PLZ	Ort
3	100	1	Meier	Egon	Lange Str. 13	3070	Nienburg
4	200	2	Müller	Erna	Hohe Str. 99	3078	Stolzenau
5	300	1	Schönfeld	Heinz	Weender Str. 2	3400	Göttingen

Bild 9.1 Kundenstammdatei

Daten eintragen

Tragen Sie Testdaten wie in Bild 9.1 in die Tabelle ein. Datenbanken werden in der Regel satzweise, d.h. hier Zeile für Zeile eingegeben. Erfassen Sie neue Datensätze gleich alfabetisch nach Nachnamen und Vornamen geordnet, oder erfassen Sie zuerst die Daten, sortieren Sie sie und vergeben Sie dann die Kundennummern. Die Anrede «Herr» wird mit «1» verschlüsselt, die Anrede «Frau» mit «2». Wir benötigen im weiteren Verlauf dieses Kapitels eine Datei mit sortierten Kundennummern, da wir die Funktion VERWEIS (Abschnitt 9.8) verwenden wollen.

9.3 Dateipflege

Dateien brauchen Pflege...

Dateien "leben" - Daten ändern sich, kommen hinzu oder fallen weg. Zum Ändern von Zellinhalten zeigen Sie mit dem Zellzeiger auf die zu ändernde Zelle und ändern in der Bearbeitungszeile die Daten entsprechend.

Zum Löschen von ganzen Datensätzen, d. h. Tabellenzeilen, zei- Datensätze
gen Sie mit dem Zellzeiger auf den Kopf der zu löschenden Zeile löschen
und geben den Befehl **Löschen** aus dem Menü **Bearbeiten**.

Beim Einfügen von neuen Datensätzen sollten Sie auf die Sortierfolge achten. Wenn Sie z. B. Ihre Kundenstammdatei nach Nachnamen und Vornamen sortiert haben, sollten Sie den Datensatz
für einen neuen Kunden gleich an der richtigen Stelle eintragen
oder die Kundendatei anschließend wieder sortieren (s. Abschnitt
9.5). Fügen Sie z. B. zu den Daten in Bild 9.1. den Datensatz eines
Kunden mit dem Namen «Richter» ein.

Vorgehensweise:

1. Zeigen Sie mit dem Zellzeiger auf den alfabetisch nächsten
   Datensatz ("Schulze") (Zeile 5).

2. Geben Sie den Befehl **Zellen einfügen**, indem sie den Befehl
   aus dem Kontextmenü oder aus dem Menü **Bearbeiten** auswählen.

3. Wählen Sie die Option «Ganze Zeile» und schließen Sie den
   Befehl ab.

4. Weisen Sie dem neuen Kunden eine Kundennummer zu, die
   zwischen der des vorhergehenden und der des nächsten Datensatzes liegt, z.B. 250, wenn Sie eine aufsteigende Folge in
   den Kundennummern haben wollen.

5. Tragen Sie jetzt in die freie Zeile 5 den Datensatz ein. Vergleichen Sie Ihren Bildschirm mit dem Bild 9.2.

Speichern Sie diese Datei unter dem Namen KUNDEN1.XLS. Sie
finden diese Datei auf der Beispieldiskette zum Buch im Verzeichnis «\K09».

Die Datei KUNDEN1.XLS stellt das Modell einer kleinen Datenbank dar. Für die Arbeit mit Datenbanken bietet Excel Sonderfunktionen (Bild 9.3). Wir zeigen Ihnen dies im Abschnitt 9.5. An
dieser Stelle wollen wir lediglich auf die Verwendung einer Maske zur Dateipflege hinweisen.

	1	2	3	4	5	6	7
1	Kundenstammdatei						
2	KdNr	Anr	Nachname	Vorname	Straße Nr.	PLZ	Ort
3	100	1	Meier	Egon	Lange Str. 13	3070	Nienburg
4	200	2	Müller	Erna	Hohe Str. 99	3078	Stolzenau
5	250	1	Richter	Hans	Breiter Weg 1	3170	Gifhorn
6	300	1	Schönfeld	Heinz	Weender Str. 2	3400	Göttingen

Bild 9.2 Gerüst der Kundendatei

Daten

Maske...

Suchen
Suchen und kopieren...
Löschen
Datenbank festlegen
Suchkriterien festlegen
Zielbereich festlegen

Sortieren...

Reihe berechnen...
Mehrfachoperation...
Analyse...
Konsolidieren...
Kreuztabelle...

Bild 9.3 Das Menü **Daten**

Befehle für Datenbanken

Sie müssen zur Verwendung mancher Befehle des Menüs **Daten** bestimmte Vorarbeiten leisten, zum Beispiel eine Datenbank festlegen. Da wir Ihnen den Nutzen der Befehle des Menüs **Daten** zur Dateipflege zeigen wollen, müssen sie schon hier einen Bereich der Tabelle als Datenbank festlegen.

Legen Sie den Datenbereich der Tabelle KUNDEN1.XLS als Datenbank fest.

1. Markieren Sie den Bereich, der als Datenbank festgelegt werden soll (hier Z2S1:Z6S7).

2. Geben Sie den Befehl **Datenbank festlegen** aus dem Menü **Daten**. Excel tauft den markierten Bereich automatisch mit dem Namen «Datenbank».

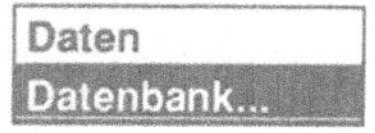

Bild 9.4 Datenmaske zum Bearbeiten der Datei

Achten Sie beim Festlegen einer Datenbank darauf, auch die Spaltenüberschriften der Tabelle mit zu markieren.

Sie können Datenbankbefehle auf diesen Bereich anwenden. Die Pflege einer Datenbank führen Sie am besten mit Hilfe der Datenmaske aus. Excel erstellt Ihnen mit diesem Befehl aus Ihrer Tabellenstruktur eine Eingabemaske, in der Sie leicht Datensätze hinzufügen, bearbeiten oder löschen können (Bild 9.4). Neben dieser automatischen Datenmaske werden Sie sich in Abschnitt 13.7 eine eigene Datenmaske mit Hilfe eines Makros erstellen.

Mit Datenmasken arbeiten...

Die Arbeit mit Datenmasken ist besonders bei Datenbanken mit vielen und langen Datensätzen vorteilhaft, da man am Bildschirm sonst den Überblick verlieren kann.

Zur Eingabe eines neuen Datensatzes geben Sie den Befehl **Maske** aus dem Menü **Daten**. Wählen Sie dann in dem Dialogfeld **Daten Maske** die Schaltfläche **Neu** aus.

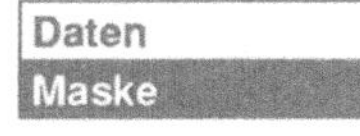

Geben Sie nun einen neuen Datensatz in die Kundentabelle ein:

Vorgehensweise:

1. Geben Sie den Befehl **Maske** aus dem Menü **Daten**. Sie sehen das Dialogfeld **Daten Maske** wie in Bild 9.4.

2. Wählen Sie die Schaltfläche **Neu**, um einen neuen Datensatz einzugeben. Excel zeigt Ihnen sofort die Datenmaske mit leeren Feldern. In der oberen Zeile sehen Sie die Anzeige «Neuer Satz», da Sie einen neuen Datensatz eingeben.

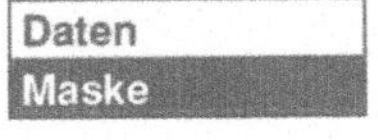

3. Geben Sie die Daten des neuen Kunden ein (Bild 9.5). Nach jeder Eingabe können Sie entweder mit der Maus auf das nächste zu füllende Feld in der Maske zeigen oder dies mit den Tabulatortasten auswählen.

4. Schließen Sie die Datenmaske, wenn Sie die gewünschten Daten eingegeben haben.

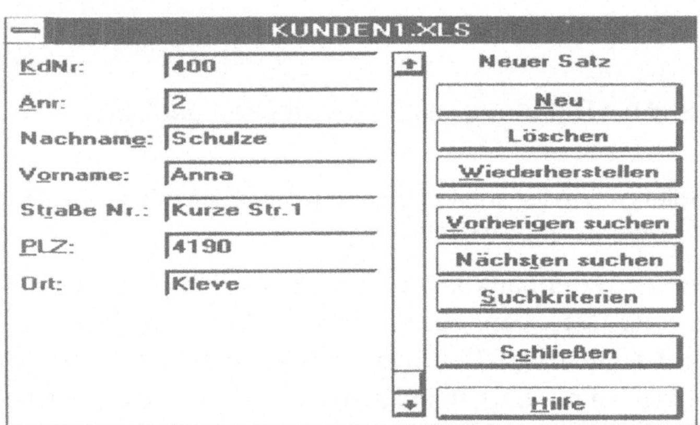

Bild 9.5 Eingabe eines neuen Kunden

Datensätze löschen

Sie können Datensätze auch mit Hilfe der Maske bequem löschen. Wollen Sie Datensätze auf dem Tabellenblatt löschen, so müssen Sie erst den entsprechenden Bereich markieren und anschließend den Befehl zum Löschen geben. Mit der Datenmaske brauchen Sie zum Löschen eines Datensatzes nur die Schaltfläche «Löschen» auszuwählen. Excel löscht dann automatisch nach einer weiteren Nachfrage den ausgewählten Datensatz, berücksichtigt dies in der Anzahl der Datensätze und verschiebt gegebenenfalls die anderen Daten nach oben.

Löschen Sie den Datensatz mit der Kundennummer 300 mit Hilfe der Datenmaske. Beobachten Sie, wie Excel auch hier die Datensätze nach dem Löschen entsprechend verschiebt. Speichern Sie die Tabelle mit den neuen Daten unter dem Namen KUNDEN.XLS. Sie finden diese Datei auf der Beispieldiskette im Verzeichnis «\K09».

9. 4 Ändern der Dateistruktur

Wenn Sie Dateifelder entfernen oder hinzufügen wollen, müssen Sie bei Excel-Dateien mit zeilenförmig notierten Datensätzen Tabellenspalten löschen oder hinzufügen. So löschen Sie eine Tabellenspalte:

Neue Dateistruktur

Vorgehensweise:

1. Markieren Sie die ganze zu löschende Spalte.

2. Geben Sie den Befehl **Zellen löschen**, indem Sie ihn aus dem Kontextmenü oder dem Menü **Bearbeiten** auswählen.

Excel verschiebt dann automatisch die angrenzenden Spalten, so daß keine Leerspalten verbleiben.

Wir wollen hier das Einfügen von Dateifeldern zeigen. Dazu ergänzen wir die Kundenstammdatei um die Geburtstage der Kunden. Öffnen Sie also vorab die Tabelle KUNDEN.XLS aus dem letzten Abschnitt, falls Sie sie geschlossen haben. Um zwischen die Spalten «Vorname» und «Straße Nr.» drei Spalten für den Geburtstag, den Geburtsmonat und das Geburtsjahr einzufügen, gehen Sie so vor:

Neue Spalten einfügen

Vorgehensweise:

1. Markieren Sie die Spalte, vor der Sie Leerzellen einfügen wollen, das ist hier die Spalte 5 («Straße Nr.»).

2. Geben Sie den Befehl **Zellen einfügen**, indem Sie ihn aus dem Kontextmenü oder aus dem Menü **Bearbeiten** auswählen.

3. Sie müssen die Befehlseingabe nun noch zweimal wiederholen, da Sie drei Spalten einfügen wollen.

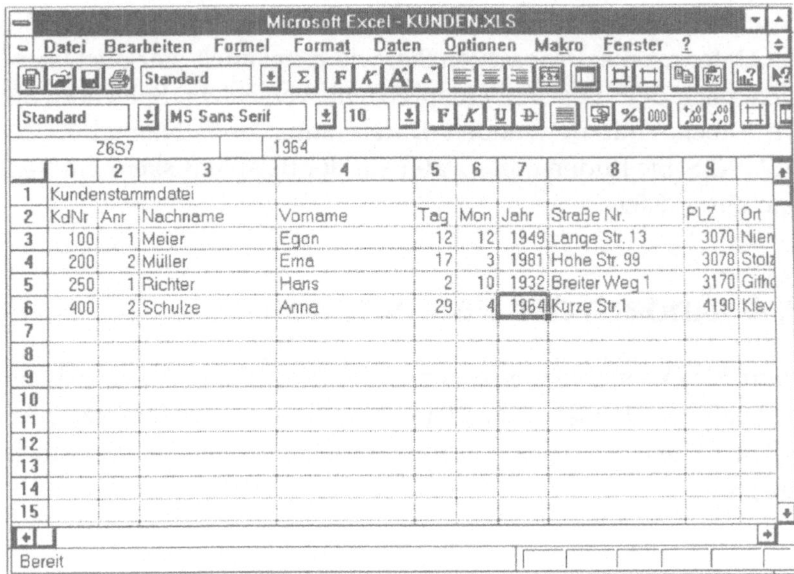

Bild 9.6 Kundendatei mit neuen Spalten

Legen Sie die Breite der neuen Spalten 5 und 6 mit dem Befehl **Spaltenbreite** aus dem Menü **Format** auf 4 Zeichen fest und die der Spalte 7 auf 5 Zeichen. Tragen Sie die Überschriften «Tag», «Mon» und «Jahr» in die Zeile 3 und die Testdaten wie in Bild 9.6 ein.

Rufen Sie wieder die Datenmaske mit dem Befehl **Maske** aus dem Menü **Daten** auf. Sie sehen ein Dialogfeld wie in Bild 9.7. Beachten Sie, daß Excel hier die neuen Spalten schon eingefügt hat, ohne daß Sie die Datenbank neu festlegen mußten. Sie können dies auch erkennen, wenn Sie sich im Dialogfeld zum Festlegen von Namen den Bereich des Namens «Datenbank» anschauen. Speichern Sie die Tabelle unter dem Namen KUNDEN.XLS.

9. 5 Sortieren von Dateien

Mit Excel können Sie Dateien, die Sie als Excel-Tabelle angelegt haben, mit dem Befehl **Sortieren** aufsteigend () oder absteigend () sortieren. Der Befehl **Sortieren** gehört zu der Gruppe der **Daten**-Befehle. Die Schlüssel, nach denen geordnet werden soll, können in Form von Bereichsadressen oder Bereichsnamen angegeben werden.

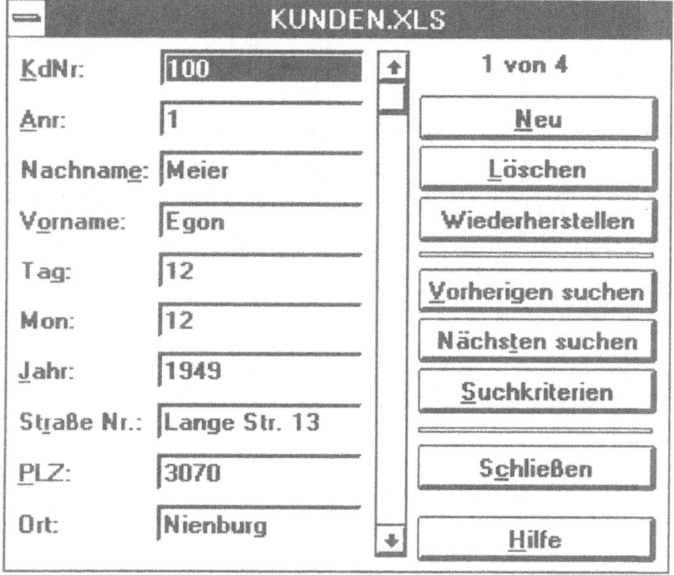

Bild 9.7 Datenmaske mit neuer Struktur

Wollen Sie nur nach einem Schlüssel sortieren, so können Sie dies auch mit den Sortierwerkzeugen der Werkzeug-Symbolleiste erreichen. 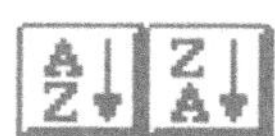

Sie können mit dem Befehl **Sortieren** eine Datei gleichzeitig nach drei verschiedenen Schlüsseln sortieren. Achten Sie darauf, daß Sie den letztrangigen Schlüssel auch als letzten Schlüssel angeben.

Wollen Sie mehr als drei Schlüssel zum Sortieren verwenden, so müssen Sie die Befehlsfolge entsprechend mehrmals nacheinander geben. Beachten Sie hierbei, daß immer der letzte Ordnungsvorgang Vorrang besitzt. Geben Sie also Ihren wichtigsten Schlüssel als letzten ein. 

Beim Sortieren ordnet Excel Zellinhalte in die vier Gruppen

*   Zahlenwerte,
*   Texte,
*   logische Werte und
*   nicht besetzte Zellen.

Innerhalb von Texten wird die Sortierfolge durch die Anordnung der Zeichen im ANSI-Code (American National Standard Institute) bestimmt, soweit es nicht deutsche Umlaute sind.

Die Umlaute Ä, ä, Ö, ö, Ü, ü werden jeweils nach A, a, O, o, U und u einsortiert, ß nach s.

Mehrere Schlüssel

Die Anwendung des Befehls **Sortieren** auf eine gleichzeitig nach mehreren Gesichtspunkten zu sortierende Liste zeigen wir hier an der Tabelle KUNDEN.XLS aus dem letzten Abschnitt, die nach Geburtstagen aufsteigend sortiert werden soll. Von einer Geburtstagsliste (Gratulationsliste) wird erwartet, daß sie wenigstens nach Monaten und Tagen sortiert ist, wobei der Monat der wichtigste und der Tag der zweitwichtigste Sortiergesichtspunkt sind. Sie tragen den Monat also als Schlüssel 1 ein, den Tag als Schlüssel 2.

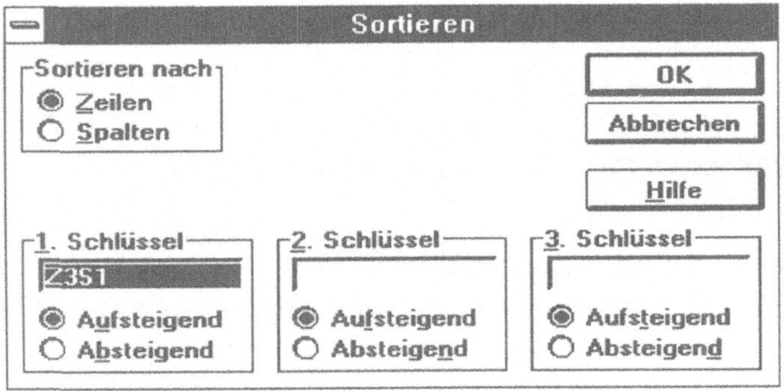

Bild 9.8 Dialogfeld zum Ordnen von Daten

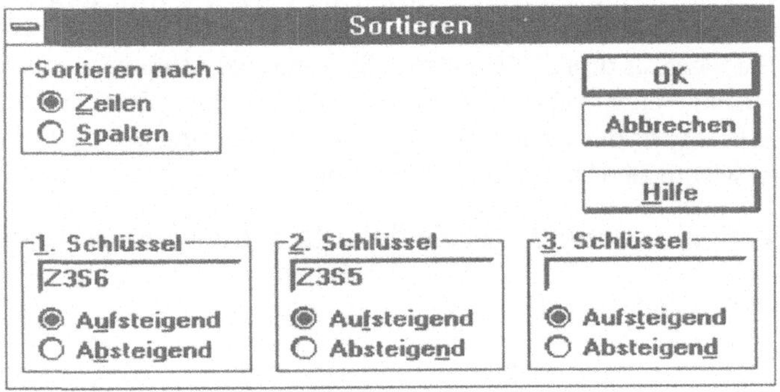

Bild 9.9 Eingabe der zwei Schlüssel

So sortieren Sie die Tabelle nach beiden Gesichtspunkten:

1. Markieren Sie den zu sortierenden Tabellenbereich (hier Z3:6S1:10).

2. Geben Sie den Befehl **Sortieren** aus dem Menü **Daten**. Sie sehen ein Dialogfeld wie in Bild 9.8.

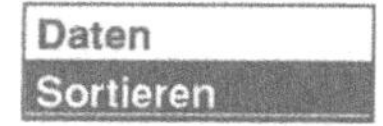

3. Geben Sie als ersten Schlüssel den Monat an, indem Sie den Zellbezug Z3S6 eintragen oder mit der Maus auf diese Zelle zeigen.

4. Geben Sie als zweiten Schlüssel den Tag ein, indem Sie den Zellbezug Z3S5 eintragen oder mit der Maus auf diese Zelle zeigen (Bild 9.9).

5. Schließen Sie den Befehl ab.

Hiernach werden Sie die Tabelle wie in Bild 9.10 sehen, wenn Sie sich an die Vorschläge gehalten haben.

	1	2	3	4	5	6	7	8	9	
1	Kundenstammdatei									
2	KdNr	Anr	Nachname	Vorname	Tag	Mon	Jahr	Straße Nr.	PLZ	Ort
3	200	2	Müller	Erna	17	3	1981	Hohe Str. 99	3078	Stolz
4	400	2	Schulze	Anna	29	4	1964	Kurze Str.1	4190	Klev
5	250	1	Richter	Hans	2	10	1932	Breiter Weg 1	3170	Gifhc
6	100	1	Meier	Egon	12	12	1949	Lange Str. 13	3070	Nien

Bild 9.10 Nach Geburtstagen sortierte Tabelle

9. 6 Dateioperationen

9. 6. 1 Überblick

Welche Datei-operationen gibt es?

Mit Excel können Sie Datei- bzw. Datenbankoperationen ausführen. Den Begriff Datenbank verwenden wir hier für geordnete Daten mit Tabellenstruktur. Das Baumdiagramm zeigt eine Übersicht und die Struktur der Excel-Datenbankoperationen und -funktionen (Abschnitt 9.6).

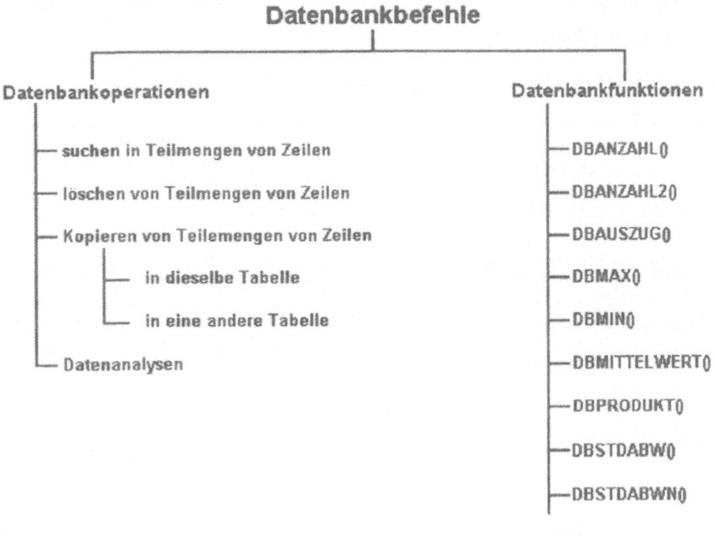

Datenbank-befehle

Bei Excel-Datenbankoperationen können Sie durch Bedingungen

- in Teilmengen von Zeilen/Datensätzen vorwärts und rückwärts suchen,

- Teilmengen von Zeilen aus Dateien löschen und

- Teilmengen von Zeilen und Spalten in frei wählbare Bereiche derselben oder einer (in einem anderen Ausschnitt geladenen) Tabelle kopieren.

Für Datenbankoperationen und Datenbankfunktionen müssen Sie jeweils Vorarbeiten leisten:

- den Tabellenbereich mit Spaltenüberschriften versehen und Beachtens-
  als Datenbankbereich festlegen (9.6.3). wertes

- für die Auswahl von Datensätzen (Tabellenzeilen) einen Tabellenbereich anlegen, in den Sie Spaltenüberschriften und
  Auswahlbedingungen eintragen (9.6.5) und diesen Tabellenbereich als Bereich der Suchkriterien festlegen.

- Falls Sie mit dem Kopierbefehl Datensätze, die die Auswahl-
  kriterien erfüllen, in einen Zielbereich kopieren wollen, müssen Sie diesen erst einrichten (9.6.7).

In Abschnitt 9.6.4 sind die Möglichkeiten und die Verwendung
von Suchkriterien beschrieben. Das Durchführen von Datenbankoperationen zeigen die Abschnitte 9.6.6 und 9.6.7. Die Anwendung einer Datenbankfunktion zeigt Abschnitt 9.6.10.

9. 6. 2 Dateioperationen und Dateifunktionen

Die Datenbankoperationen Suchen, Löschen und Kopieren füh- Das Menü
ren sie im **Daten**-Menü aus (Bild 9.11). Sie haben dabei die Wahl **Daten**
zwischen den Befehlen

- **Suchen,**
- **Suchen und kopieren** und
- **Löschen.**

Diese Befehle setzen voraus, daß Sie eine Datenbank, einen Suchkriterienbereich und ggf. auch einen Zielbereich eingerichtet und
Auswahlbedingungen formuliert haben.

In den folgenden Abschnitten ist zunächst allgemein und dann Das zeigen
am Beispiel der Datei KUNDEN.XLS beschrieben, wie Sie für alle wir...
Datenbankoperationen und -funktionen

- eine Datenbank einrichten (9.6.3),
- Suchkriterien formulieren können (9.6.4) und
- den Kriterienbereich festlegen können (9.6.5).

Danach finden Sie Beispiele für das

- Durchführen einer Suche (9.6.6)
- Einrichten eines Zielbereichs in der gleichen Tabelle und das
  Kopieren von Zeilen und Spalten in diesen Zielbereich (9.6.7)

Einrichten eines Zielbereichs in einer anderen Tabelle und Kopieren von Zeilen und Spalten in diesen Zielbereich (9.6.9)

Bild 9.11 Das Menü **Daten**

9. 6. 3 Einrichten einer Datenbank

Eine
Datenbank
einrichten

Sie müssen Ihre Excel-Tabelle zuerst mit Spaltenüberschriften versehen und als Datenbank einrichten, bevor Sie in ihr mit Datenbankbefehlen suchen können. Wir wollen in der Datei KUNDEN.XLS aus Abschnitt 9.3 eine erste Datenbanksuche ausführen.

Laden Sie Ihre zu bearbeitende Datei (in unserem Beispiel die Datei KUNDEN.XLS aus Abschnitt 9.3). Sie finden diese Datei auf der Übungsdiskette im Verzeichnis «\K09».

Legen Sie nun den Datenbankbereich fest:

1. Markieren Sie den Bereich, den Sie als Datenbank festlegen wollen (hier Z2:6S1:10).

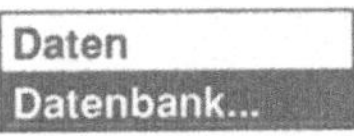

2. Geben Sie nun den Befehl **Datenbank festlegen** aus dem Menü **Daten**.

Excel legt automatisch für den markierten Bereich den Namen «Datenbank» fest. Sie können diesen Namen natürlich auch auf die herkömmliche Weise mit dem Befehl **Namen festlegen** aus dem Menü **Formel** vergeben.

Vergeben Sie den Namen der Datenbank nicht mit dem Menü **Daten**, so wird er auch nicht beim Wechsel zwischen verschiedensprachigen Tabellen automatisch von Excel übersetzt. Sie müssen den Namen dann immer wieder neu vergeben.

Sie können der besseren Übersicht halber den Tabellenbereich, den Sie als Datenbank nutzen, mit der Überschrift «DATENBANK» versehen.

9. 6. 4 Suchkriterien

Im Abschnitt 9.6.3 haben Sie gelesen, wie Sie eine Datenbank anlegen. Um in Datenbanken gezielt nach Datensätzen zu suchen, die von Ihnen angegebene Kriterien erfüllen, verwenden Sie Suchkriterien. Diese werden von Ihnen in den vorher definierten Kriterienbereich eingetragen. Sie verwenden das Menü **Daten**, um in der Datenbank nach Datensätzen zu suchen, Datensätze zu kopieren oder zu löschen.

Was sind Suchkriterien?

Die folgenden Beispiele für Suchkriterien und deren Ergebnisse brauchen Sie noch nicht konkret an Ihrem PC nachzuvollziehen. Die dazu nötigen Befehle werden nach diesem allgemeinen Abschnitt eingeführt und an weiteren Beispielen angewandt.

Wir haben als Beispieltabellen jedoch die bekannten Tabellen UMSATZ.XLS und KUNDEN.XLS gewählt, damit Sie die Unterschiede der verschiedenen Suchkriterien leichter erkennen und vielleicht am Ende des Abschnitts 9.6 noch einige der Beispiel konkret nachvollziehen können.

Möglichkeiten von Suchkriterien

Excel kennt zwei verschiedene Arten von Suchkriterien: vergleichende und berechnete Suchkriterien.

*   Vergleichende Suchkriterien suchen in ihrer Datenbank mit dem Suchkriterium übereinstimmende Zellinhalte (Zahlen oder Texte).

- Berechnete Suchkriterien suchen Daten aufgrund von Beziehungen, die zwischen Daten der Tabelle gekennzeichnet sind. So können hierzu auch Zellinhalte herangezogen werden, die nicht Inhalt der Datenbank sind, sondern aus anderen Tabellenbereichen stammen.

Vergleichende Suchkriterien

Auf Übereinstimmung prüfen

Vergleichende Suchkriterien suchen nach gleich- oder ähnlichlautenden Zellinhalten in der Datenbank. Da sich vergleichende Suchkriterien direkt auf die Inhalte einer Spalte der Datenbank beziehen, müssen sie als Spaltenüberschrift im Kriterienbereich genau die Spaltenüberschrift des Feldes der Datenbank tragen, auf das sie sich beziehen. Die Spalten der Datenbank sollten für spätere Operationen mit Namen versehen sein, wobei Sie einfach die Namen der jeweiligen Spaltenüberschrift übernehmen.

Vergleichende Suchkriterien haben folgenden Aufbau:

- ohne Vergleichsoperator: Wert, Formel oder Textelement
- mit Vergleichsoperator: Vergleichsoperator ein oder mehrere Werte, Formeln oder Textelemente

Vergleichende Suchkriterien mit Werten

Nach Zahlen suchen

Sie können vergleichende Suchkriterien auf Zahlenwerte anwenden, indem Sie entweder einen exakten Wert oder einen Wertebereich als Suchkriterium angeben.

Dies sehen Sie am Beispiel der Datei UMSATZ.XLS. Wenn Sie nach allen Datensätzen suchen wollen, die im Monat Januar einen Umsatz von 6000 hatten, so geben Sie in Ihrem Kriterienbereich unter der Spaltenüberschrift «Januar» ein: «=6000».

Vergleichsoperatoren

Der Einsatz der Vergleichsoperatoren

- >(größer als)
- <(kleiner als),
- >=(größer gleich),
- <=(kleiner gleich) und
- <>(ungleich)

erlaubt Ihnen, nach bestimmten Zellinhalten suchen. Die Eingabe «>6000» im Kriterienbereich unter der Spaltenüberschrift «Januar» (Bild 9.12) liefert als Ergebnis die Datensätze «Busreisen», «Seereisen» und «Spartensumme».

	1	2	3	4	5
1	*Umsatzauswertung*				
2		Januar	Februar	März	Summe
3	Bahnreisen	3000	4000	5000	12000
4	Busreisen	10000	13000	12000	35000
5	Flugreisen	6000	4000	7000	17000
6	Seereisen	8000	3000	1000	12000
7	Spartensumme	27000	24000	25000	76000
8					
9	Kriterienbereich				
10		Januar	Februar	März	Summe
11		>6000			

Bild 9.12 Vergleichende Suchkriterien

Vergleichende Suchkriterien mit Text

Sie können mit vergleichenden Suchkriterien nach exakt übereinstimmenden Zeichenfolgen oder Textelementen einer Zeichenfolge suchen. Vergleichende Suchkriterien mit Text haben den folgenden Aufbau: Texte suchen...

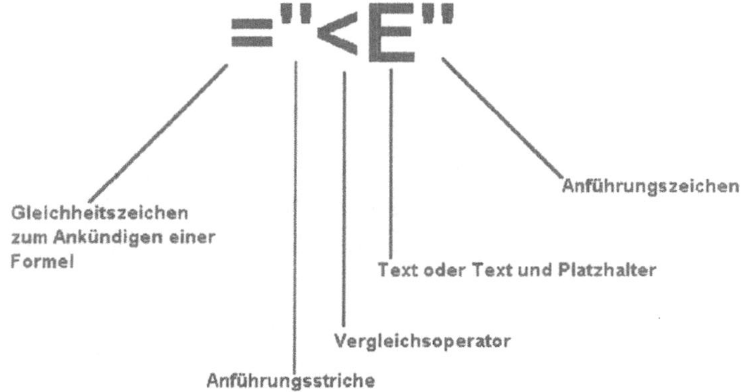

Vergleichs-operatoren und Text

Geben Sie eine reine Buchstabenfolge, also ein Wort oder den Teil eines Wortes, als Suchkriterium ein, so sucht Excel nach allen Datensätzen, die mit dieser Zeichenfolge beginnen. Würden Sie als Suchkriterium bei der Spalte «Vorname» des Kriterienbereiches «="E"» eingeben, so erhielten Sie als Ergebnis die Datensätze zu Egon Meier und zu Erna Müller (Bild 9.13).

Wollen Sie exakt nach einem Textelement suchen, müssen Sie es mit Hilfe der Vergleichsoperatoren eingeben. Sie verwenden hierzu den Vergleichsoperator «=» (für identische Übereinstimmung).

Beachten Sie, daß dieses Gleichheitszeichen *innerhalb* der Anführungsstriche stehen muß und nicht mit dem ersten Gleichheitszeichen zu verwechseln ist.

Die Eingabe «="Egon"» als Suchkriterium der Spalte «Vorname» lieferte als Ergebnis nur den Datensatz zu Egon Meier.

	1	2	3	4	5	6	7	8	9	10
1	Kundenstammdatei									
2	KdNr	Anr	Nachname	Vorname	Tag	Mon	Jahr	Straße Nr.	PLZ	Ort
3	200	2	Müller	Erna	17	3	1981	Hohe Str. 99	3078	Stolzenau
4	400	2	Schulze	Anna	29	4	1964	Kurze Str.1	4190	Kleve
5	250	1	Richter	Hans	2	10	1932	Breiter Weg 1	3170	Gifhorn
6	100	1	Meier	Egon	12	12	1949	Lange Str. 13	3070	Nienburg
7										
8	Kriterienbereich									
9	KdNr	Anr	Nachname	Vorname	Tag	Mon	Jahr	Straße Nr.	PLZ	Ort
10				E						

Bild 9.13 Ergebnisdatensätze zum Suchkriterium «="E"»

Excel achtet hierbei jedoch nicht auf Groß- oder Kleinschreibung. Es ist also unerheblich, ob Sie als Suchkriterium «="=Egon"» oder «="=egon"» eingeben. Achten Sie darauf, daß Sie diese Suchkriterien wie eine Formel mit einem Gleichheitszeichen beginnen müssen, damit Excel sie als solche erkennt.

Stellvertreter-zeichen

Mit Stellvertreterzeichen (Jokern) suchen Sie Zellinhalte, die Sie nicht exakt angeben können oder wollen. Das Fragezeichen (?) steht dabei für ein beliebiges Zeichen an der Position des Fragezeichens. Das Sternchen (*) steht für eine beliebig lange Kette von Zeichen an der Position des Sternchens.

Spalte	Suchkriterium	Ergebnisdatensätze
StraßeNr	="Str*"	Meier, Müller, Schulze
StraßeNr	="?????Str*"	Müller
Nachname	="M??er"	Meier
Nachname	="M"	Meier, Müller

Tabelle 9.2 Beispiele für Stellvertreterzeichen

Suchen Sie nach dem Fragezeichen oder dem Sternchen als Zeichen, so müssen Sie davor eine Tilde «~» setzen. Sie geben die Tilde über den Tastaturschlüssel (Alt)-126 ein.

Halten Sie dazu die (Alt)-Taste gedrückt und geben Sie über den Nummernblock 126 ein.

Berechnete Suchkriterien

Mit Hilfe von berechneten Suchkriterien suchen Sie einen Datensatz aufgrund eines Wertes, der sich aus diesem Datensatz und anderen Inhalten der Tabelle ergibt. Im Gegensatz zu den vergleichenden Suchkriterien darf die Spaltenüberschrift im Kriterienbereich nicht mit einer Spaltenüberschrift der Datenbank übereinstimmen. Berechnete Suchkriterien müssen mindestens eine Spaltenüberschrift der Datenbank in ihrer Formel aufweisen, damit ein Bezug zu der Datenbank hergestellt ist. Der Inhalt eines berechneten Suchkriteriums muß sich als wahr oder falsch auswerten lassen. Als Zusatz zu dem Bereichsnamen der Datenbank können berechnete Suchkriterien auch absolute Positionsangaben als Bezug enthalten.

Kriterien berechnen lassen

Excel wertet die Formel des berechneten Suchkriteriums für jeden Datensatz aus und wählt diejenigen aus, bei denen das Ergebnis wahr oder eine Zahl außer Null ist. Der Datensatz wird nicht ausgewählt, wenn das Ergebnis falsch, Null, ein Textelement oder eine Fehlermeldung ist.

Welche Datensätze wertet Excel aus?

Im folgenden sind einige Beispiele für berechnete Suchkriterien anhand der Datei UMSATZ.XLS aus Kapitel 4 dargestellt:

Suchkriterium	Ergebnisdatensätze
=Januar+Februar>10000	Busreisen, Seereisen
=Januar*2=6000	Bahnreisen
=Summe-Januar>6000	Busreisen, Flugreisen

Tabelle 9.3 Beispiele für berechnete Suchkriterien

Kombinieren von Suchkriterien

Mehrere Suchkriterien anwenden

Sie können bei Excel vergleichende und berechnete Suchkriterien mit UND oder ODER kombinieren, um Datensätze zu finden, die mehr als ein Suchkriterium oder eine Verknüpfung von Suchkriterien erfüllen. Die Art der Verknüpfung legen Sie durch die Struktur Ihres Kriterienbereichs fest.

Verknüpfungen

Für eine UND-Verknüpfung müssen Sie die zu kombinierenden Kriterien im Kriterienbereich nebeneinander schreiben. Für eine ODER-Verknüpfung von Suchkriterien schreiben Sie diese im Kriterienbereich untereinander.

Achten Sie aber beim Markieren des Kriterienbereiches darauf, daß Sie keine leeren Zeilen markieren und als Kriterienbereich festlegen. Excel faßt dies sonst als allgemeingültiges Suchkriterium auf und liefert Ihnen als Ergebnis die Gesamtheit aller Datensätze.

Einige Beispiele

Anhand der Datei KUNDEN.XLS sind einige Beispiele für Verknüpfungen von Suchkriterien gezeigt. Das Beispiel in Bild 9.14 zeigt Ihnen eine UND-Verknüpfung. Es werden alle Personen gesucht, die in einem Ort wohnen, dessen Postleitzahl mit «307» beginnt und noch ein weiteres Zeichen aufweist (also zwischen 3069 und 3080 liegt) **UND** deren Kundennummer größer als «100» ist.

Zur Veranschaulichung dieser Verknüpfung dient Grafik 1. Die gesamte Menge ist die Menge aller Datensätze. Die UND-Verknüpfung ergibt sich aus der Schnittmenge der Datensätze, die jeweils beide Kriterien erfüllen.

	1	2	3	4	5	6	7	8	9	10
1	Kundenstammdatei									
2	KdNr	Anr	Nachname	Vorname	Tag	Mon	Jahr	Straße Nr.	PLZ	Ort
3	200	2	Müller	Erna	17	3	1981	Hohe Str. 99	3078	Stolzenau
4	400	2	Schulze	Anna	29	4	1964	Kurze Str.1	4190	Kleve
5	250	1	Richter	Hans	2	10	1932	Breiter Weg 1	3170	Gifhorn
6	100	1	Meier	Egon	12	12	1949	Lange Str. 13	3070	Nienburg
7										
8	Kriterienbereich									
9	KdNr	Anr	Nachname	Vorname	Tag	Mon	Jahr	PLZ	PLZ	Ort
10	>100							>3069	<3080	

Bild 9.14 Beispiel einer UND-Verknüpfung

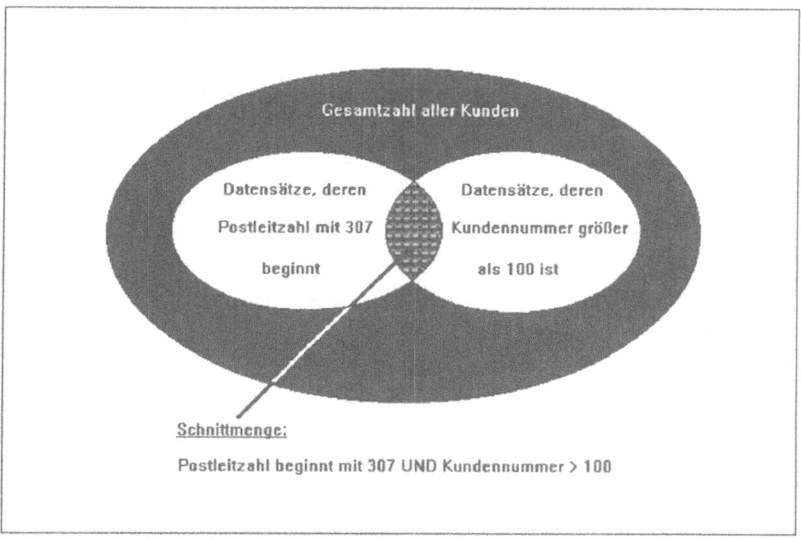

Grafik 9.1 UND-Verknüpfung

In Bild 9.16 wird nach allen Personen gesucht, deren Kundennummer größer als «100» **und** kleiner als «400» ist.

Das Beispiel in Bild 9.15 sucht nach allen Personen, die in einem Ort mit der Postleitzahl «3070» **oder** in einem Ort mit der Postleitzahl «3078» wohnen. Zur Veranschaulichung dient Grafik 2.

Eine ODER-Verknüpfung

Die ODER-Verknüpfung entspricht der Vereinigungsmenge der beiden Teilmengen, die jeweils eines der Kriterien erfüllen.

	1	2	3	4	5	6	7	8	9	10
1	Kundenstammdatei									
2	KdNr	Anr	Nachname	Vorname	Tag	Mon	Jahr	Straße Nr.	PLZ	Ort
3	200	2	Müller	Erna	17	3	1981	Hohe Str. 99	3078	Stolzenau
4	400	2	Schulze	Anna	29	4	1964	Kurze Str.1	4190	Kleve
5	250	1	Richter	Hans	2	10	1932	Breiter Weg 1	3170	Gifhorn
6	100	1	Meier	Egon	12	12	1949	Lange Str. 13	3070	Nienburg
7										
8	Kriterienbereich									
9	KdNr	KdNr	Nachname	Vorname	Tag	Mon	Jahr	Straße Nr.	PLZ	Ort
10	>100	<400								

Bild 9.15 Zweites Beispiel einer UND-Verknüpfung

	1	2	3	4	5	6	7	8	9	10
2	KdNr	Anr	Nachname	Vorname	Tag	Mon	Jahr	Straße Nr.	PLZ	Ort
3	200	2	Müller	Erna	17	3	1981	Hohe Str. 99	3078	Stolzenau
4	400	2	Schulze	Anna	29	4	1964	Kurze Str.1	4190	Kleve
5	250	1	Richter	Hans	2	10	1932	Breiter Weg 1	3170	Gifhorn
6	100	1	Meier	Egon	12	12	1949	Lange Str. 13	3070	Nienburg
7										
8	Kriterienbereich									
9	KdNr	KdNr	Nachname	Vorname	Tag	Mon	Jahr	Straße Nr.	PLZ	Ort
10									3070	
11									3078	

Bild 9.16 Beispiel einer ODER-Verknüpfung

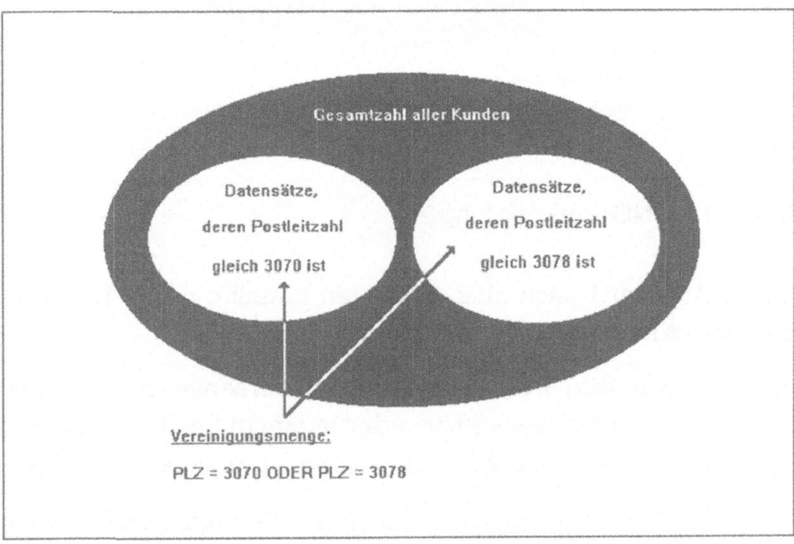

Grafik 9.2 ODER-Verknüpfung

Erfassen von Suchkriterien

Zum Erfassen von Suchkriterien planen Sie zuerst, welche Bedingungen Ihre Datensätze erfüllen sollen. Dann versuchen Sie, diese Kriterien in die Struktur von vergleichenden bzw. berechneten Suchkriterien oder einer Verknüpfungen dieser beiden zu bringen.

Wie setze ich mein Problem um?

9. 6. 5 Einrichten eines Kriterienbereiches

Um in einer Datei nach bestimmten Zellinhalten suchen zu können, müssen Sie Ihre Auswahlbedingungen (Suchkriterien) in einen sogenannten Kriterienbereich eintragen, der mit Spaltenüberschriften versehen ist. Sie müssen diesen Kriterienbereich exakt mit dem Namen «Suchkriterien» versehen.

Kriterienbereich einrichten

Sie legen den Kriterienbereich wie folgt an:

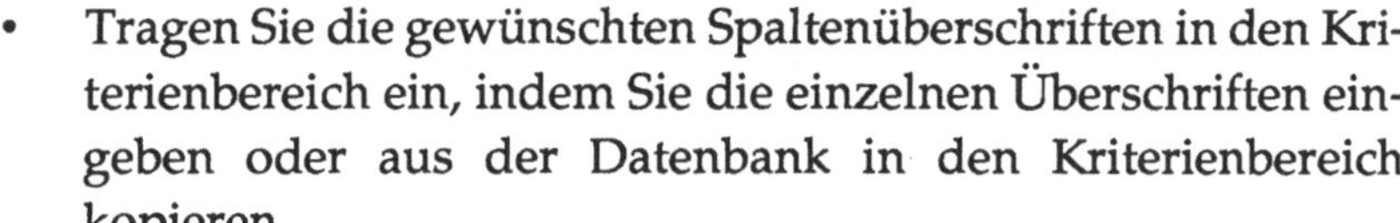

- Tragen Sie die gewünschten Spaltenüberschriften in den Kriterienbereich ein, indem Sie die einzelnen Überschriften eingeben oder aus der Datenbank in den Kriterienbereich kopieren.

Sie legen den Bereich für die Dateioperationen und -funktionen als Suchkriterienbereich fest, indem Sie

- genau die Tabellenfelder markieren, die Suchkriterien und bei vergleichenden Suchkriterien die entsprechende Spaltenüberschrift enthalten und

- den Befehl **Suchkriterien festlegen** aus dem Menü **Daten** geben.

Excel vergibt automatisch für den markierten Bereich den Namen «Suchkriterien».

Achten Sie beim Markieren darauf, daß Sie keine völlig leeren Zeilen markieren. Excel faßt dies sonst als allgemeingültiges Suchkriterium auf und liefert Ihnen als Ergebnis einer Suche alle Datensätze der Datenbank.

X

Bedenken Sie, daß Sie den Suchkriterienbereich nach einer Veränderung der Struktur oder der Spalte, in der das Suchkriterium steht, wieder neu definieren müssen. Andernfalls werden Sie nicht die gewünschten Ergebnisse erhalten. Sie können Ihren Kriterienbereich und Ihre Datenbank der besseren Übersicht halber noch mit der entsprechenden Überschrift versehen.

9. 6. 6 Suchen von Zeilen

Datensätze suchen

Sie können nach den Datensätzen, die Ihre Suchkriterien erfüllen, suchen und die entsprechenden Datensätze von Excel anzeigen lassen. Laden Sie zur Vorbereitung die Datei KUNDEN.XLS aus Abschnitt 9.6.5 mit dem eingerichteten Kriterienbereich.

Es sollen alle Kunden gesucht werden, deren Postleitzahl größer als 3100 ist. Wenn Sie wie in den Abschnitten 9.6.3 und 9.6.5 die Bereiche definiert und das Suchkriterium «3100» unter die Spaltenüberschrift «PLZ» eingetragen haben, können Sie mit der eigentlichen Suche beginnen.

Vorgehensweise:

1. Geben Sie dazu Excel den Befehl **Suchen** aus dem Menü **Daten**. Excel markiert den ersten Datensatz der Datei, der die Suchkriterien erfüllt (Bild 9.17).

Daten
Suchen

2. Sie können mit den Richtungstasten auf die weiteren Datensätze wandern, die die Suchkriterien erfüllen.

Gibt es oberhalb bzw. unterhalb des gefundenen Datensatzes keine weiteren Datensätze, die die Suchkriterien erfüllen, so können Sie mit den Richtungstasten nicht in die entsprechende Richtung weiterwandern. Beachten sie auch das veränderte Aussehen der Bildlaufleisten während der Suche.

Daten
Suche Abbrechen

Wenn Sie nochmals das Menü **Daten** aufrufen, so sehen Sie ein Menü wie in Bild 9.18, in dem der Befehl **Suchen** durch **Suche abbrechen** ersetzt ist. Wählen Sie **Suche abbrechen**, so beendet Excel die Suche und Sie können mit den Richtungstasten wieder ganz normal den Zellzeiger bewegen.

Microsoft Excel - KUNDEN.XLS

Datei Bearbeiten Formel Format Daten Optionen Makro Fenster ?

	1	2	3	4	5	6	7	8	9	10
2	KdNr	Anr	Nachname	Vorname	Tag	Mon	Jahr	Straße Nr.	PLZ	Ort
3	200	2	Müller	Erna	17	3	1981	Hohe Str. 99	3078	Stolzenau
4	400		Schulze	Anna		4	1964	Kurze Str. 1	4190	Neve
5	250	1	Richter	Hans	2	10	1932	Breiter Weg 1	3170	Gifhorn
6	100	1	Meier	Egon	12	12	1949	Lange Str. 13	3070	Nienburg
7										
8	Kriterienbereich									
9	KdNr	KdNr	Nachname	Vorname	Tag	Mon	Jahr	Straße Nr.	PLZ	Ort
10									>3100	
11										
12										
13										
14										
15										
16										

Datensätze anschauen (Richtungstasten verwenden)

Bild 9.17 Erster gefundener Datensatz markiert

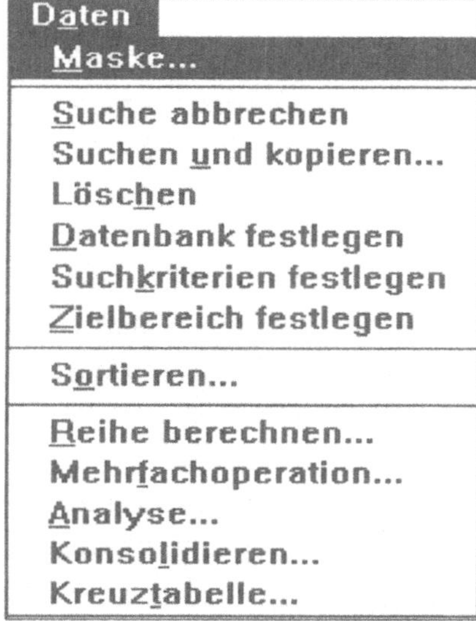

Bild 9.18 Neues Menü **Daten**

9. 6. 7 Zeilen und Spalten kopieren — Überblick

Datensätze kopieren

Die Datensätze, die Ihre Suchkriterien erfüllen, können Sie mit der Datenbankoperation **Suchen und Kopieren** aus dem Menü **Daten** in einen Tabellenbereich derselben Tabelle kopieren. Sie müssen dazu vorher den Bereich der Tabelle, der die Zieldaten aufnehmen soll, vorbereiten, indem Sie ihn als Zielbereich einrichten.

Sie können bestimmen, welche Spalten in den Zielbereich kopiert werden sollen, indem Sie nur die gewünschten Spaltenüberschriften der Datenbank übernehmen. Verbinden Sie den Zielbereich der Datenbanktabelle mit einem Tabellenbereich in einer anderen Tabelle, so können Sie die Ergebnisdaten dadurch auch in eine andere Tabelle kopieren.

Sie sehen hier das Kopieren von Daten wieder anhand der Datei KUNDEN.XLS, die Sie ja noch geöffnet haben.

Einrichten eines Zielbereichs

Das Ziel festlegen

Um Daten in die gleiche oder eine andere Tabelle kopieren zu können, müssen Sie einen Zielbereich anlegen, in den Sie dann die Daten kopieren können. Dazu legen Sie einen Tabellenbereich an, der alle oder einen Teil der Spaltenüberschriften der Datenbank enthält, je nach dem, ob Sie alle Spalten kopieren wollen oder nur eine Teilmenge. Danach richten Sie den Tabellenbereich, der die Spaltenüberschriften und eine entsprechende Anzahl von Zeilen für die zu kopierenden Daten umfaßt, als Zielbereich ein. Achten Sie bei der Wahl der Größe des Zielbereichs darauf, daß er nicht kleiner als die Datenbank bzw. der kopierte Teil wird. Wenn Excel nicht alle Datensätze in den Zielbereich kopieren kann, werden Sie eine Fehlermeldung erhalten.

Richten Sie den Zielbereich ein:

1. Markieren Sie die Zeile, die die Spaltenüberschriften enthält (Zeile 2), damit Sie daraus die Überschriftentexte übernehmen können.

2. Geben Sie den Befehl **Kopieren** aus dem Menü **Bearbeiten**.

3. Markieren Sie die Zeile, die die Überschriften aufnehmen soll (hier Zeile 13).

4. Schließen Sie den Befehl ab. Excel kopiert die Spaltenüberschriften komplett in den markierten Bereich (Bild 9.19).

5. Markieren Sie die Spaltenüberschriften des Zielbereichs sowie genügend viele Zeilen darunter, damit der Zielbereich die gewünschten Datensätze aufnehmen kann.

6. Geben Sie den Befehl **Zielbereich festlegen** aus dem Menü **Daten**.

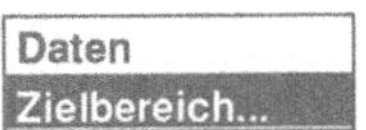

Bild 9.19 Anlegen eines Zielbereiches

Excel hat den von Ihnen markierten Bereich als Zielbereich festgelegt. In Abschnitt 9.6.8 beschreiben wir, wie Excel die Datensätze, die Ihre Suchkriterien erfüllen, in diesen Bereich kopiert.

Sie müssen in den Zielbereich nicht alle Überschriften der Ursprungstabelle übernehmen. Excel wird dann von den Datensätzen, die die Suchkriterien erfüllen, nur die entsprechenden Zellen kopieren. Auch kann der Zielbereich Überschriften enthalten, die nicht in der Ursprungstabelle enthalten sind. Diese Spalten bleiben dann beim Kopieren leer. Zur besseren Übersicht können Sie

diesen neuen Tabellenbereich noch mit einer Überschrift versehen.

9. 6. 8 Kopieren von Zeilen und Spalten in die- selbe Tabelle

Daten in die- selbe Tabelle kopieren

An dem Beispiel der Kundendatei aus Abschnitt 9.4 lesen Sie, wie Sie eine Datenbanksuche durchführen und wie Sie Daten, die Ihre Suchkriterien erfüllen, in Tabellenbereiche derselben Tabelle ko- pieren können.

Wir werden in diesem Beispiel eine UND-Verknüpfung und eine ODER-Verknüpfung vornehmen. Nach den Vorarbeiten der Ab- schnitte 9.6.5 sieht Ihre Tabelle wie Bild 9.20 aus.

	1	2	3	4	5	6	7	8	9	10
2	KdNr	Anr	Nachname	Vorname	Tag	Mon	Jahr	Straße Nr.	PLZ	Ort
3	200	2	Müller	Erna	17	3	1981	Hohe Str. 99	3078	Stolzenau
4	400	2	Schulze	Anna	29	4	1964	Kurze Str.1	4190	Kleve
5	250	1	Richter	Hans	2	10	1932	Breiter Weg 1	3170	Gifhorn
6	100	1	Meier	Egon	12	12	1949	Lange Str. 13	3070	Nienburg
7										
8	Kriterienbereich									
9	KdNr	KdNr	Nachname	Vorname	Tag	Mon	Jahr	Straße Nr.	PLZ	Ort
10									>3100	
11										
12	Zielbereich									
13	KdNr	Anr	Nachname	Vorname	Tag	Mon	Jahr	Straße Nr.	PLZ	Ort
14										
15										
16										

Bild 9.20 Kundentabelle zum Kopieren von Daten vorbereitet

Die Aufgabe

Sie werden nun damit beginnen, Ihre Suchkriterien zu entwerfen. Die Aufgabe ist, alle Personen zu suchen, die vor 1940 **oder** nach 1970 geboren sind **und** deren Postleitzahl kleiner als 3100 ist.

Die Suchkriterien lauten also wie folgt:

```
PLZ <3100 UND (Jahr<1940 ODER Jahr>1970)
```

Achten Sie bei der Festlegung solcher verknüpfter Suchkriterien unbedingt auf Klammersetzung. Sie werden ansonsten nicht die gewünschten Ergebnisse erzielen. Üben Sie daher an anschaulichen Beispielen wie der Kundenstammdatei das Festlegen von Suchkriterien, da Sie hier die Ergebnisse leicht überprüfen können.

Tragen Sie diese Kriterien in den Kriterienbereich ein wie in Bild 9.21. Sie müssen den Suchkriterienbereich neu definieren, da Sie im vorigen Abschnitt nur eine Zeile des Bereiches markiert heben.

8	Kriterienbereich								
9	KdNr	KdNr Nachname	Vorname	Tag	Mon	Jahr	Straße Nr.	PLZ	Ort
10						<1940		<3100	
11						>1970			

Bild 9.21 Kriterienbereich der Aufgabe

Zur Sicherheit sollten Sie vor der eigentlichen Suche überprüfen, ob die Namen noch richtig vergeben sind und ggf. den Datenbankbereich, den Kriterienbereich und den Zielbereich neu festlegen.

Geben Sie zum Kopieren der Daten Excel den Befehl **Suchen und Kopieren** aus dem Menü **Daten.** Sie sehen ein Fenster wie in Bild 9.22, in dem Sie gefragt werden, ob Sie Duplikate haben möchten oder nicht. Wählen Sie die Option «Keine Duplikate» nicht, so werden gleichlautende Datensätze mehrmals angezeigt.

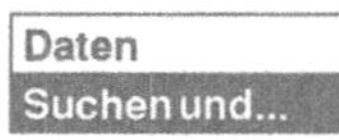

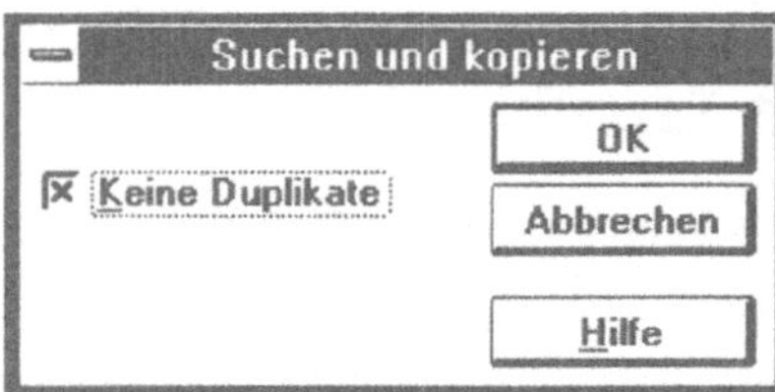

Bild 9.22 Kontrollfrage

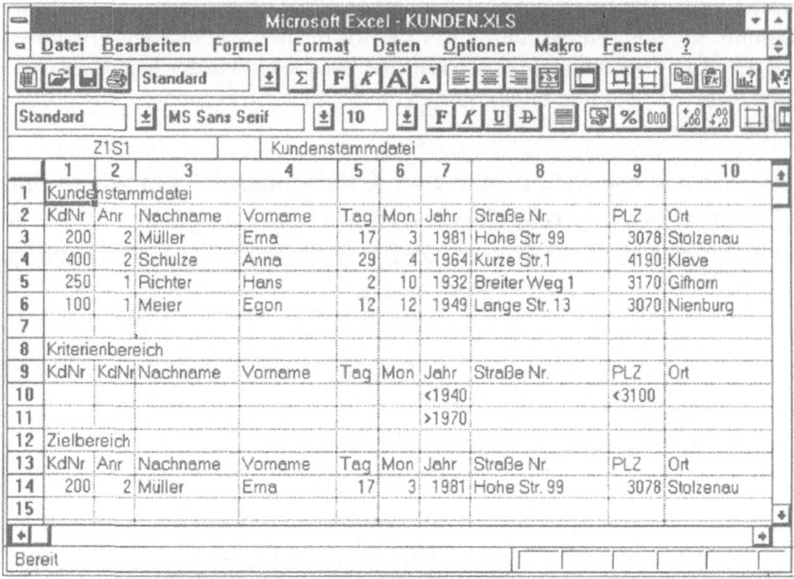

Bild 9.23 Kopierte Daten im Zielbereich

Lassen Sie sich Duplikate ausgeben, so werden identische Datensätze («Dubletten») mehrmals im Zielbereich ausgegeben. Excel
kopiert nun die entsprechenden Datensätze in den Zielbereich
(Bild 9.23).

9. 6. 9 Kopieren von Zeilen und Spalten in eine andere Tabelle

Kopieren in eine andere Tabelle

Sie können sich das Ergebnis einer Datenbanksuche auch in einer
anderen Tabelle anzeigen lassen. Dazu verknüpfen Sie einfach
einen Bereich dieser Tabelle mit dem Zielbereich oder einem Teil
des Zielbereichs der Ursprungstabelle. Legen Sie also als erstes
wie eben beschrieben einen Zielbereich in Ihrer Ursprungstabelle
fest.

Bearbeiten Verknüpfung...

Sie müssen diesen Bereich mit der Tabelle, in die Sie das Ergebnis
übertragen möchten, verbinden. Sie erledigen dies, indem Sie den
Zielbereich kopieren und mit dem Befehl **Verknüpfung einfügen**
aus dem Menü **Bearbeiten** in die Zieltabelle einsetzen.

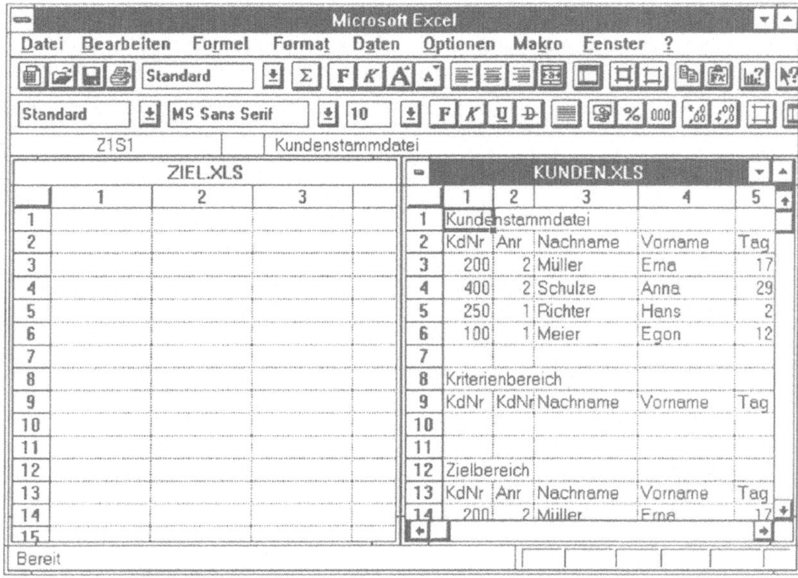

Bild 9.24 Kunden- und Zieltabelle zusammen auf dem Bildschirm

Öffnen Sie zur Vorbereitung eine Tabelle, die die Ergebnisse der Suche aufnehmen soll, z.B. eine Tabelle ZIEL.XLS. Lassen Sie sich am besten mit dem Befehl **Anordnen** aus dem Menü **Fenster** beide Tabellen unterteilt nebeneinander auf dem Bildschirm anzeigen (Bild 9.24).

Verknüpfen Sie den Zielbereich der Datentabelle mit dem Zielbereich der anderen Tabelle, um die gewünschten Daten in die andere Tabelle zu kopieren.

Zielbereich und Tabelle verknüpfen

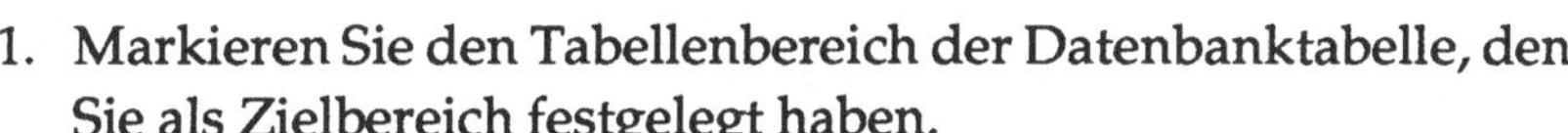

1. Markieren Sie den Tabellenbereich der Datenbanktabelle, den Sie als Zielbereich festgelegt haben.

2. Geben Sie den Befehl **Kopieren** aus dem Menü **Bearbeiten**. Um den markierten Bereich erscheint einen Laufrahmen.

3. Wechseln Sie nun in die Tabelle, die das Ergebnis der Suche aufnehmen soll.

4. Zeigen Sie hier auf die linke obere Zelle des gewünschten Zielbereichs und geben Sie den Befehl **Verknüpfung einfügen** aus dem Menü **Bearbeiten**.

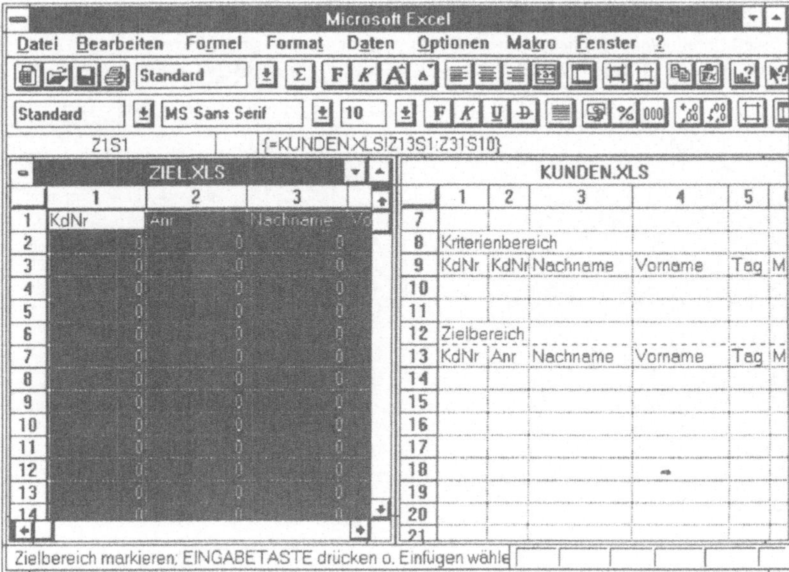

Bild 9.25 Verknüpfen zweier Tabellenbereiche

Bild 9.26 Kopieren der Zieldaten in die andere Tabelle

Excel wird die Spaltenüberschriften eintragen und in die leeren
Zellen Nullen (Bild 9.25). Sie können die Ausgabe der Nullen mit

dem Befehl **Bildschirmanzeige** aus dem Menü **Optionen** unterdrücken, indem Sie hier die Auswahl **Nullwerte** löschen.

Geben Sie erneut den Befehl **Suchen und kopieren** aus dem Menü **Daten** und beobachten Sie, wie Excel die Daten auch in die Tabelle ZIEL.XLS kopiert (Bild 9.26).

9. 6. 10 Statistische Funktionen in Datenbanken

Überblick

Excel bietet zahlreiche statistische Funktionen, mit denen Sie Ihre Datenbank auswerten können. Sie haben dabei gegenüber den allgemeinen statistischen Funktionen den Vorteil, daß Sie Ihre Auswertung an die von Ihnen festgelegten Suchkriterien und einen von Ihnen festgelegten Tabellenbereich binden können. Einen Überblick über die Statistischen Datenbankfunktionen zeigt die Tabelle 12 im Anhang.

Statistik in Datenbanken

Beispiel: die Datenbankfunktion DBANZAHL()

Die Verwendung der Datenbankfunktionen können Sie am Beispiel der Datei KUNDEN.XLS nachvollziehen. Die Datenbankfunktion **DBANZAHL**(Datenbank; Feld; Suchkriterien) ergibt als Ergebnis die Anzahl der Datensätze, die die Suchkriterien erfüllen **und** Zahlen als Zellinhalt im von Ihnen angegebenen Feld haben. Nehmen wir an, 5 Datensätze erfüllen die von Ihnen gewählten Suchkriterien und enthalten auch Zahlen als Zellinhalt. Die Funktion DBANZAHL() liefert dann als Ergebnis 5. Enthalten nur 3 der 5 Zellen, die die Suchkriterien erfüllen, Zahlen als Zellinhalte, so erhalten Sie als Ergebnis 3.

Wozu ist die Funktion gut?

Laden Sie zur Vorbereitung die Datei KUNDEN.XLS. Nun müssen Sie in Ihrer Tabelle eine Zelle bereitstellen, in das Sie die Formel eintragen können und um dort später das Ergebnis der Datenbankfunktion zu sehen.

Tragen wir also in die Zelle Z15S1 als Spaltenüberschrift «Anzahl» ein. Da es sich um eine Datenbankfunktion handelt, müssen Sie noch einige Vorarbeiten leisten. Legen Sie den Bereich der

Tabelle, den Sie als Datenbank nutzen wollen, als Datenbank fest
(siehe Abschnitt 9.6.3).

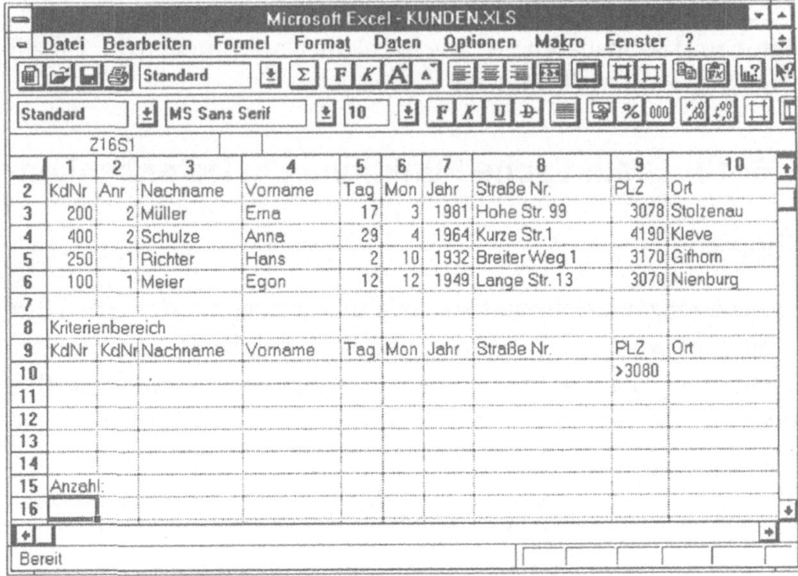

Bild 9.27 Kundentabelle mit der Funktion DBANZAHL()

Bild 9.28 Ergebnis der Funktion DBANZAHL()

Richten Sie einen Kriterienbereich ein, um die von Ihnen gewünschten Suchkriterien einzutragen (siehe Abschnitt 9.6.5). Geben Sie als Suchkriterium ein, daß die Postleitzahl größer als 3080 sein soll. Wenn Sie an der Anzahl der Datensätze interessiert sind, die diese Bedingung erfüllen, so tragen Sie in Zeile 16 Spalte 1 folgende Formel ein:

```
=DBANZAHL(Datenbank;"PLZ";Suchkriterien).
```

Sie erhalten nun eine Tabelle wie in Bild 9.28 Das Ergebnis ist die Zahl 2 in Z16S2.

9. 7 Abrufen von Tabellenfeldern über einen Index

9. 7. 1 Überblick

Bei vielen Anwendungen können Sie Arbeit sparen, wenn Sie Daten aus vorhandenen Dateien übernehmen können.

Aus Excel-Tabellen können Sie mit zwei verschiedenen Methoden Daten abrufen:

Daten abrufen...

- über einen INDEX (Inhalt dieses Abschnitts)
- über einen ganzzahligen Suchbegriff (Abschnitt 9.8)

Mit der Funktion INDEX() rufen Sie einen Tabelleninhalt über die relative Lage der Zelle in Bezug auf den angegebenen Tabellenbereich ab. Die folgenden Beispiele sollen die Verwendung dieser Funktion erläutern. Umfaßt der Tabellenbereich nur eine Zeile oder eine Spalte, so genügt die Angabe einer Zahl zur Auswahl einer Zelle der Zeile bzw. Spalte.

Die Angabe der markierten Zelle der Grafik 3 lautete:

```
INDEX(Z4S1:Z4S7;3)
```

Der Tabellenbereich kann auch eine Spalte umfassen. Die Angabe der Zelle der Grafik 4 lautete:

```
INDEX(Z1S3:Z8S3;4)
```

Umfaßt der Tabellenbereich mehrere Zeilen und Spalten, so sind zur Angabe der gewünschten Zelle zwei Zahlen notwendig.

Die erste Zahl gibt die Zeilen an, die die gewünschte Zelle von der linken oberen Zelle des Tabellenbereiches entfernt ist, die zweite die Zahl der Spalten. Zur Veranschaulichung dient Grafik 5.

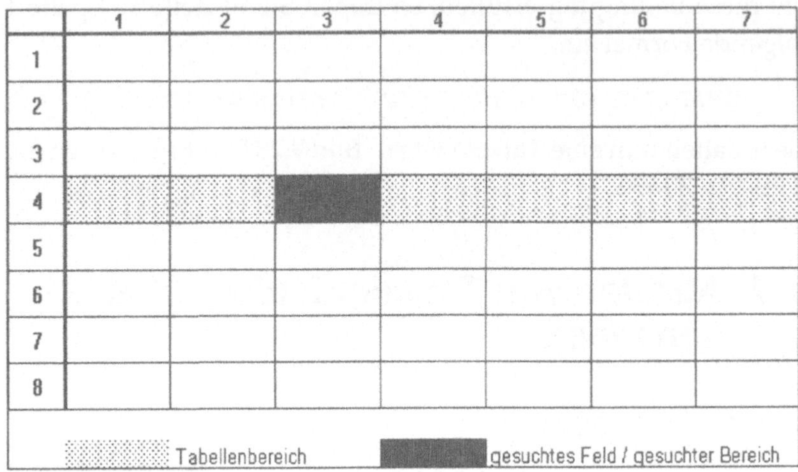

Grafik 9.3 Eine Zeile als Suchbereich

Grafik 9.4 Eine Spalte als Suchbereich

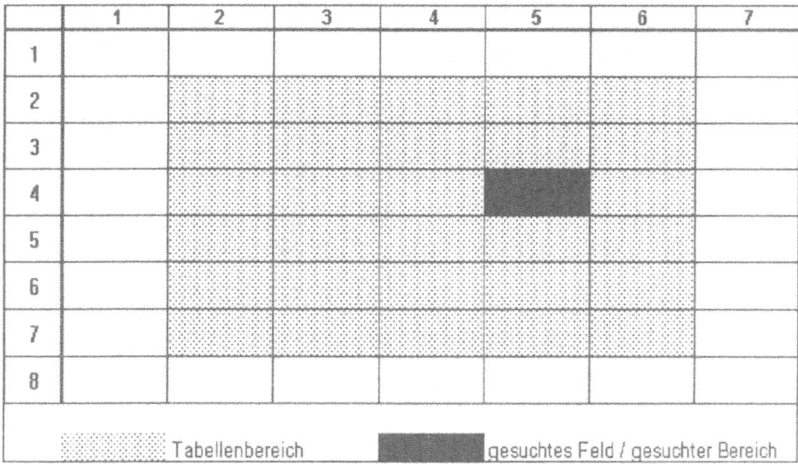

Grafik 9.5 Zweidimensionaler Suchbereich

Die Angabe der Zelle lautete:

```
INDEX(Z2S2:Z7S6;3;4)
```

Beachten Sie, daß Excel Ihnen zwei verschiedene Formen der INDEX()-Funktion anbietet:

1) INDEX(Bezug;Zeile;Spalte;Bereich)

   Diese Funktion liefert als Ergebnis, wenn man Sie mit anderen Funktionen verknüpft, die Zellen, zu denen der Bezug hergestellt wird. Umfaßt der Bezug mehrere Tabellenbereiche, so müssen Sie mit der Angabe Bereich mitteilen, zu welchem Bereich Sie einen Bezug herstellen wollen.

2) INDEX(Array;Zeile;Spalte)

   Diese INDEX()-Funktion liefert als Ergebnis den Inhalt der Zelle, zu der ein Bezug hergestellt wird. Sie können diese Funktion nur bei zusammenhängenden Tabellenbereichen verwenden. Wir verwenden hier diese Version, da es sich bei unseren Beispielen um rechteckige Bereiche handelt und hier die Anwendung dieser Funktion einfacher ist.

9. 7. 2 Wirkungsweise

So arbeitet
die INDEX()-
Funktion

Wenn Sie mit der Funktion **INDEX**(Array;Zeile;Spalte) auf eine Zelle zugreifen wollen, müssen Sie

1. den Tabellenbereich, in dem eine Zelle gesucht werden soll, durch einen Namen oder Zeilen- und Spaltennummern und

2. innerhalb dieses Bereichs die relative Zeilen- und/oder Spaltennummer der Zelle angeben.

Ist der angegebene Tabellenbereich

* eine Zeile, so zählen Sie ab Bereichsbeginn die Spalten ab, und geben Sie die so erhaltene Nummer als Index an,

* eine Spalte, so geben Sie die relative Zeilennummer als Index an und

* zweidimensional, so müssen Sie die Lage durch einen relativen Zeilen- *und* einen Spaltenindex angeben.

Excel zählt beim Zugriff im angegebenen Tabellenbereich die Zellen ab und liefert den gewünschten Zellinhalt. Im Beispiel zur Umsatzauswertung eines Reisebüros ist für den Tabellenbereich Z5S2:4 der Name «Bahnreisen» vereinbart. Um den Umsatzwert des Monats «März», also der dritten Spalte dieses Bereichs, zu erhalten, verwenden Sie die Funktion

```
INDEX(Bahnreisen;3).
```

Wenn Sie Z3:7S2:4 auf den Namen «Umsätze» taufen, liefert

```
INDEX(Umsätze;1;3)
```

den gleichen Wert (5000 DM).

9. 7. 3 Automatischer Abruf von Anrede und Grußformel

Textverarbei-
tung rationali-
sieren

Eine Einsatzmöglichkeit bei der Textverarbeitung ist die Rationalisierung der Erfassung der Anrede und der Grußformel. Sie können bei dem Schreiben von Briefen mit Textvariablen (Abschnitt 8.3) die Eingabe der Texte für Anrede («Herrn», «Frau») und die Grußformel («Sehr geehrter Herr» und «Sehr geehrte Frau») durch Eingabe eines Anredeschlüssels (z. B. 1 für Herr, 2 für Frau) automatisieren. Dazu legen Sie einen Tabellenbereich an, in dem Sie die obigen Texte ablegen, um sie dann - abhängig vom eingegebenen Anredeschlüssel - im Brief abzurufen.

Verbessern Sie nun den Briefvordruck aus Abschnitt 8.3:   Vorarbeiten

- laden Sie das Formular VORDRVAR.XLS (Abschnitt 8.3),

- legen Sie für die Spalten 3 bis 6 die Spaltenbreiten 16, 26, 10 und 22 fest,

- löschen Sie zur Vorbereitung die Zellen Z7S3:4,

- ändern Sie in Z1S3 die Eingabeaufforderung auf «Anredeschlüssel» und ebenso den Namen von Z1S4.

	3	4	5	6
1	Anredeschlüssel	2	Herrn	Sehr geehrter Herr
2	Nachname	Müller	Frau	Sehr geehrte Frau
3	Vorname	Andrea		
4	Straße Nr.	Lange Str. 300		
5	PLZ	8700		
6	Ort	Würzburg		
7				
8	Ihre Zeichen	Mü	Mü	
9	Ihre Nachricht	13.07.1992	13.07.92	
10	Unser Zeichen	Grö 142	Grö 142	
11	Datum	17.07.1992		
12	Betreff	EXCEL		

Bild 9.29 Veränderte Eingabemaske

Tragen Sie danach in die Spalte 5 untereinander ab Zeile 1 die Texte «Herrn» und «Frau» ein und in die Spalte 6 Zeilen 1 bis 2 die Texte «Sehr geehrter Herr» und «Sehr geehrte Frau». Vergeben Sie für den Tabellenbereich Z1:2S5 den Namen «Anrede» und für den Tabellenbereich Z1:2S6 den Namen «Grußformel», und geben Sie zum Testen in Z1S4 die Ziffer 2 ein. Vergleichen Sie jetzt den Bildschirmausschnitt Z1:12S3:6 mit dem Bild 9.29.

So rufen Sie anschließend im Brief die richtige Anrede ab:

1. Markieren Sie Z7S1. Ersetzen Sie die Formel «=Anrede» durch «=INDEX(Anrede;Anredeschlüssel)».

2. Schließen Sie den Befehl ab.

Bild 9.30 Ausdruck des Briefes

Verfolgen Sie, wie schnell Excel nun den Text «Frau» in Z7S1 überträgt, wenn Sie in die Zelle «Anredeschlüssel» als Test den Schlüssel «2» eingetragen haben.

Tragen Sie anschließend in Z20S1 die Verarbeitungsvorschrift

```
=INDEX(Grußformel;Anredeschlüssel)&" "&Nach-
name&","
```

ein, und beobachten Sie, wie Excel den richtigen Text «Sehr geehrte Frau Müller,» als Zellinhalt erneut einträgt.

Testen Sie die Funktionsfähigkeit Ihrer Änderung durch Eingabe des Anredeschlüssels 1 in der Zelle Z1S4, und vergleichen Sie Ihre Lösung mit den Bildern 9.30 (Ausdruck des Briefes) und 9.31 (Ausschnitt des Briefs mit Formeln). Speichern Sie die Tabelle anschließend unter dem Namen VORDRVA2.XLS. Sie finden diese Datei auf der Beispieldiskette im Verzeichnis «\K09».

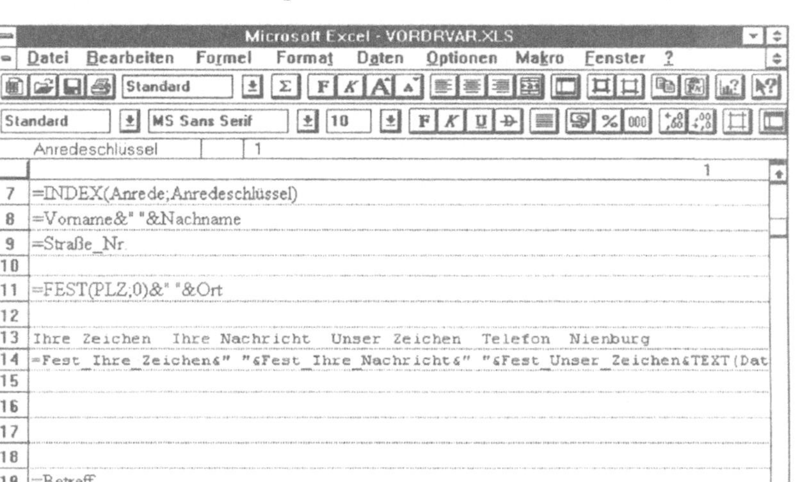

Bild 9.31 Ausschnitt des Briefes mit Formeln

9. 7. 4 Plausibilitätsprüfung eines Datums

Eingaben prüfen

Im Abschnitt 6.4.1 konnten Sie eine einfache Form der Plausibilitätsprüfung kennenlernen, bei der z. B. bei den Tagen eines Monats nur geprüft wurde, ob sie im Bereich 1 bis 31 lagen. Diese Prüfung weist den 30. Februar nicht als falsch zurück. Um einen eingegebenen Tag abhängig vom Monat zu überprüfen, können Sie die Länge der Monate in eine Tabelle schreiben und dann bei jedem Monat zur Überprüfung die Länge aus der Tabelle entnehmen.

Die Tabelle

Tragen Sie in ein neues Dateifenster die Inhalte der folgenden Tabelle ein, und vergeben Sie die in Tabelle 9.4 aufgelisteten Namen.

Adresse	Inhalt	Name
Z1S1	Plausibilitäts- prüfung der Eingabe	
Z2S1	Datumseingabe	
Z2S4	Datumsprüfung	
Z3S3	Wert	
Z4S1	Jahr JJ:	
Z5S1	Monat MM:	
Z6S1	Tag TT:	
Z4S3	1991	Jahr
Z5S3	2	Monat
Z6S3	31	Tag
Z4S5	Jahr	
Z5S5	Monat	
Z6S5	Tag	
Z8:19S2	31, 29, ..	Anzahltage

Tabelle 9.4 Eingaben der Plausibilitätsprüfung

Legen Sie die Breite der Spalten wie in Tabelle 9.5 beschrieben fest. Tragen Sie jetzt in die Zeilen 4 und 5 die Ihnen aus dem Abschnitt 7.4.1 bekannten Verarbeitungsvorschriften für «Jahr» und «Monat» ein.

Spalte	Breite
1	Standard
2	3
3	6
4	25
5	6
6	Standard

Tabelle 9.5 Spaltenbreiten der Plausibilitätsprüfung

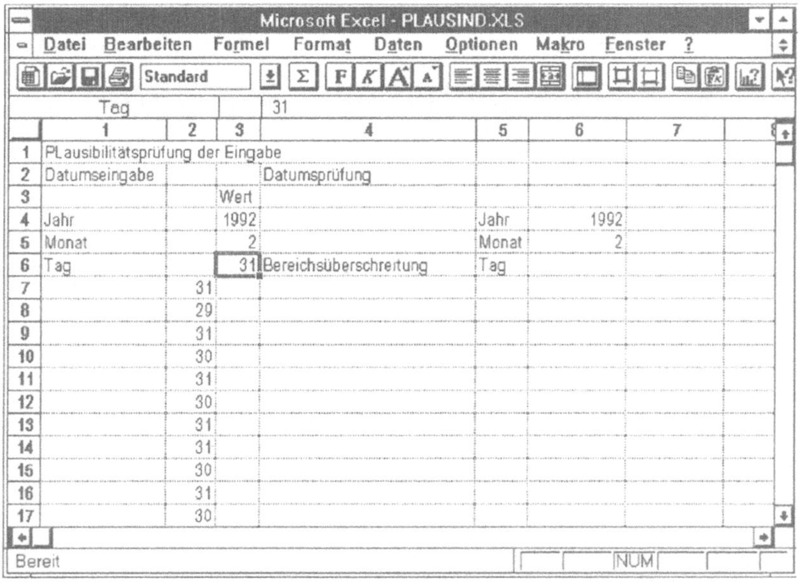

Bild 9.32 Plausibilitätsprüfung mit Hilfe einer INDEX-Funktion

In Z6S3 tragen Sie die Formel

```
=WENN(ODER(Tag<1;Tag>INDEX(Anzahltage;Mo-
nat));"Bereichsüberschreitung";" ")
```

ein und in Z6S5 die Formel

```
=WENN(ODER(Tag<1;Tag>INDEX(Anzahltage;Mo-
nat));" ";Tag)
```

Sie sehen jetzt, warum in der Tabelle die Reihenfolge Jahr, Monat, Tag gewählt wurde: damit bei der Prüfung für den Tag der Monat bereits bekannt ist.

Schaltjahre

Wenn Sie den 29. Februar nur in Schaltjahren zulassen wollen, ersetzen Sie einfach in Z8S2 die Zahl 29 durch die Formel

```
=WENN(REST(Jahr;4)=0;29;28)
```

Diese Formel teilt das Jahr durch 4. Da bei Schaltjahren dieser Rest 0 ist, soll dann der Februar 29 Tage haben, sonst 28.

Vergleichen Sie Ihre Tabelle nun mit Bild 9.32 und mit dem Ausdruck mit Formeln in Bild 9.33. Sie können nach dem Testen der Tabelle die Spalte 2 mit den Tagen der jeweiligen Monate ausblenden.

9. 8 Abruf über ganzzahlige Schlüssel

9. 8. 1 Überblick und Wirkungsweise

Was sind ganzzahlige Schlüssel?

Aus Tabellen, die nach einem ganzzahligen Schlüsselfeld sortiert sind, können Sie Zellen über diesen Schlüssel und eine Bereichsangabe abrufen.

Sie verwenden dazu die Funktion

```
VERWEIS(Suchkriterium;Matrix)
```

Der Schlüssel gibt an, welche Tabellenzeile ausgewählt wird. Ist der Schlüssel in der Tabelle nicht fortlaufend und wird ein nicht vorhandener Suchbegriff abgerufen, so wählt Excel den nächstgrößeren vorhandenen Schlüssel aus.

Die Bereichsangabe muß einen Namen oder Zeilen- und Spaltenangaben enthalten. Die Zeilen- oder Spaltenangaben müssen

- Zeilen umfassen, in denen der Suchbegriff angewandt werden soll und

- von der Spalte, in der der Schlüssel steht, bis zu der Spalte, in der die abzurufende Zelle steht, reichen.

PLAUSIND.XLS

PLausibilitätsprüfung der Eingabe			
Datumseingabe			Datumsprüfung
		Wert	
Jahr		1992	=WENN(ODER(Jahr<1990;Jahr>2000);"Bereichsüberschreitung";" ")
Monat		2	=WENN(ODER(Monat<1;Monat>12);"Bereichsüberschreitung";" ")
Tag		31	=WENN(ODER(Tag<1;Tag>INDEX(Anzahltage;Monat));"Bereichsüberschreitung";" ")
	31		
	=WENN(REST(Jahr;4)=0;29;28)		
	31		
	30		
	31		
	30	Jahr	=WENN(ODER(Jahr<1990;Jahr>2000);" ";Jahr)
	31	Monat	=WENN(ODER(Monat<1;Monat>12);" ";Monat)
	31	Tag	=WENN(ODER(Tag<1;Tag>INDEX(Anzahltage;Monat));" ";Tag)
	30		
	31		
	30		
	31		

Bild 9.33 Ausdruck der Plausibilitätsprüfung

	1	2	3	4	5	6	7
1		100					
2		200					
3		300					
4		400					
5							
6		800					
7		820					
8		830					

Tabellenbereich   ganzzahliges Schlüsselfeld

Grafik 9.6 Verwendung der Funktion VERWEIS()

Enthält der gewählte Bereich mehr Spalten als Zeilen, so sucht Excel in der ersten Zeile nach dem Suchkriterium. Sind in dem Bereich, in dem gesucht werden soll, mehr Zeilen als Spalten, so sucht Excel in den Spalten nach dem Suchkriterium. Daher haben wir mehr Zeilen markiert, als die Tabelle eigentlich umfaßt.

9. 8. 2   Abruf eines Geburtsjahres über die Kundennummer

Das
Geburtsjahr
abrufen

Damit Sie nicht so viele neue Formulare einrichten müssen, verwenden wir zur Erklärung der Wirkungsweise die Ihnen bereits bekannte Kundendatei (Abschnitt 9.4). Anschließend können Sie nachvollziehen, wie Sie in Briefen Kundendaten aus Ihrer Kundatei abrufen können. Hierzu verwenden Sie wieder die Kundendatei aus dem Abschnitt 9.4 und den Brief mit variablen Daten aus dem Abschnitt 8.3. Wir wollen hier über die Kundennummer das Geburtsjahr abrufen.

Zur Vorbereitung laden Sie die Kundenstammdatei mit Geburtstagen (KUNDEN.XLS), sortieren die Datei mit dem Werkzeug zum Sortieren aus der Werkzeug-Symbolleiste oder mit dem Befehl **Sortieren** aus dem Menü **Daten** wieder nach Kundennummern und fügen mit dem Befehl **Zellen einfügen** aus dem Menü **Bearbeiten** vor der Zeile 2 drei Leerzeilen ein.

In der Zeile 3 soll jetzt nach Eingabe einer Kundennummer das
Geburtsjahr des Kunden ausgegeben werden. Tragen Sie in Z3S1
den Text «KdNr:» und in Z3S3 den Text «Geburtsjahr:» ein. Jetzt
wird Ihr Excel-Fenster wie in Bild 9.34 aussehen.

Bild 9.34 Vorarbeiten für den automatischen Abruf

Vergeben Sie für die Zelle Z3S2 zur Festlegung des Suchbegriffs
den Namen «Kundennummer», und für Z6:20S1:7 zur Festlegung
des Tabellenbereichs, in dem gesucht werden soll, den Namen
«Geburtsjahr».

Beachten Sie, daß Sie als Suchbereich die äußeren Spaltengrenzen (S1 für die
Spalte, in der die dem Suchbegriff entsprechende Ganzzahl gesucht wird, und
S7 für die Spalte, in der die gesuchten Werte stehen) angeben müssen.

Tragen Sie in Z3S4 die Suchfunktion

```
=VERWEIS(Kundennummer;Geburtsjahr)
```

ein. Solange Sie in Z3S2 keinen Suchbegriff eintragen, wird Excel
die Fehlermeldung **#NV** (Nicht verfügbar) ausgeben (Bild 9.35).
Speichern Sie die so erhaltene Tabelle unter dem Namen
KDABRUF.XLS.

	1	2	3	4
1	Kundenstammdatei			
2				
3	KdNr.		Geburtsjahr.	#NV
4				

Bild 9.35 Fehlermeldung #NV

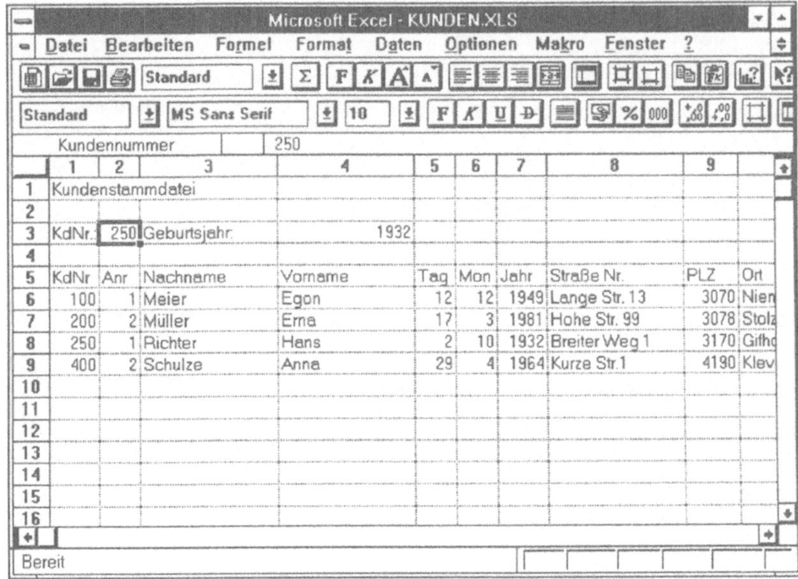

Microsoft Excel - KUNDEN.XLS

	1	2	3	4	5	6	7	8	9
1	Kundenstammdatei								
2									
3	KdNr.	250	Geburtsjahr.	1932					
4									
5	KdNr	Anr	Nachname	Vorname	Tag	Mon	Jahr	Straße Nr.	PLZ	Ort
6	100	1	Meier	Egon	12	12	1949	Lange Str. 13	3070	Nien
7	200	2	Müller	Erna	17	3	1981	Hohe Str. 99	3078	Stol
8	250	1	Richter	Hans	2	10	1932	Breiter Weg 1	3170	Gifh
9	400	2	Schulze	Anna	29	4	1964	Kurze Str.1	4190	Klev
10									
11									
12									
13									
14									
15									
16									

Bereit

Bild 9.36 Abruf des Geburtsjahres über die Kundenummer

Sobald Sie eine Kundennummer, z. B. «250», in Z3S2 eintragen, wird Excel wie in Bild 9.36 das Ergebnis - hier «1932» - in Z3S4 ausgeben. Dieses Ergebnis zeigt Excel auch bei jeder Zahl, die kleiner als die nächste Kundennummer (400) ist.

9. 8. 3 Serienbriefe mit variablen Daten

Vorbemerkung und Vorarbeiten

Die Vorteile von Serienbriefen

In diesem Abschnitt erfahren Sie, wie Sie Serienbriefe mit variablen Adressen aus Ihrer Kundendatei mischen können. Sie geben dann die Kundennummer des Kunden ein, dem Sie schreiben wollen, und Excel trägt die Adreßdateien automatisch in den Brief ein. Sie müssen von der Datei, in der Sie den Brief schreiben, auf die Daten der Kundentabelle zurückgreifen können. Das können Sie auf zwei verschiedene Arten erreichen:

1. Sie laden die Kundentabelle in das Dateifenster der Tabelle, mit der Sie den Brief erstellen. Sie können dann auf die Kundendaten zurückgreifen. Damit Änderungen in der Kundendatei auch in der Tabelle mit dem Briefvordruck berücksichtigt werden, kopieren Sie die Kundendatei in die Tabelle mit dem Briefvordruck und verknüpfen dabei die beiden Dateien. Da dies für den Einstieg die übersichtlichere, wenn auch etwas umständlichere Methode ist, werden wir sie vor der nächsten, eleganteren, zeigen.

   Vorarbeiten

2. Sie können auch auf die Daten der Kundentabelle zurückgreifen, ohne diese Tabelle auf dem Tabellenblatt des Briefvordrucks geladen zu haben. Sie verwenden dann in den Formeln der Briefvordrucktabelle externe Bezüge. Dies ist Inhalt des nächsten Abschnitts (9.9).

Kopieren Sie die Kundendatei in die Tabelle mit dem Briefvordruck. Hierzu müssen Sie die beiden Dateien verknüpfen. Dies geschieht mit dem Befehl **Kopieren** aus dem Menü **Bearbeiten** und mit dem Befehl **Verknüpfung einfügen** aus dem Menü **Bearbeiten.**

Um die Formel, die Excel bei der Befehlsausführung erstellt, übersichtlicher zu gestalten, geben Sie dem zu verknüpfenden Bereich zuerst einen Namen. Geben Sie in unserem Beispiel dem Bereich Z1:60S1:10 der Datei KUNDEN.XLS den Namen «Kundenstammdatei». Öffnen Sie anschließend die Tabelle, in die die verknüpfte Datei kopiert werden soll, also den Vordruck VORDRVA2.XLS.

Formeln vereinfachen...

Lassen Sie sich für den Kopiervorgang beide Tabellen anzeigen. Sie geben dazu Excel den Befehl **Anordnen** aus dem Menü **Fenster.** Sollten Sie noch weitere Dateien geöffnet haben, wird Excel Ihnen auch diese anzeigen. Um den Bildschirm nicht zu verwirrend zu gestalten, schließen Sie diese anderen Anwendungen, und geben Sie anschließend nochmals den Befehl **Anordnen.** Sie sehen dann ein Excel-Fenster wie in Bild 9.37.

Löschen Sie in der Tabelle VORDRVA2.XLS den alten Eingabe-
bereich (Z1:7S3:4), und verschieben Sie die Anredetexte aus dem
Tabellenbereich Z1:2S5:6 in den Bereich Z1:2S3:4 (mit der Ziehen-
und-Ablegen-Funktion (DRAG AND DROP) oder mit dem Befehl
Ausschneiden aus dem Menü **Bearbeiten**). Tragen Sie in Z7S3
der Tabelle die Eingabeaufforderung «Kundennummer» ein. Die
jetzt nicht mehr passenden Zellnamen können Sie später korrigieren.

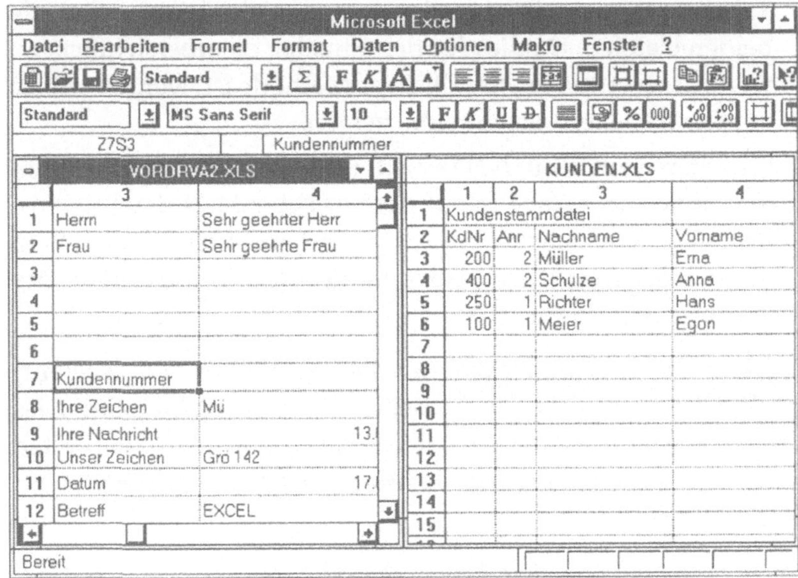

Bild 9.37 Kunden- und Artikeldatei auf dem Bildschirm

Verknüpfen der Kunden-Datei mit dem Briefvordruck

Verknüpfen Sie die Datei Kunden mit dem Briefvordruck.

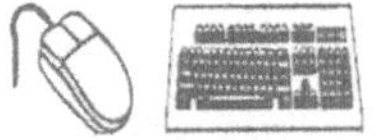

1. Markieren Sie in der Tabelle KUNDEN.XLS den Tabellenbereich, mit dem die Tabelle VORDRVA2.XLS verknüpft werden soll (Z1:20S1:10).

2. Geben Sie den Befehl **Kopieren** aus dem Menü **Bearbeiten**. Sie
   sehen nun einen Laufrahmen um den markierten Bereich.

3. Schalten Sie zur Tabelle VORDRVA2.XLS um, und zeigen Sie mit dem Zellzeiger auf die linke obere Zelle des Tabellenbereiches, der die verknüpften Daten aufnehmen soll (hier Z1S6).

4. Geben Sie den Befehl **Verknüpfung einfügen** aus dem Menü **Bearbeiten**. Nach einem kurzen Moment sehen Sie, wie Excel die Daten der Tabelle KUNDEN.XLS in den gewünschten Tabellenbereich einträgt.

Bearbeiten
Verknüpfung...

Excel läßt die Vereinbarungen der Spaltenbreite aus dem Quellformular unberücksichtigt und stellt alle Spalten in Standardbreite dar. Schalten Sie im Dialogfeld **Optionen Bildschirmanzeige** die Anzeige von Nullwerten aus, und vergleichen Sie Ihren Bildschirm mit Bild 9.38.

Wenn Sie die Dateiinhalte wie in der Originaldatei lesen wollen, wählen Sie für die Spalten 6 bis 15 die Breiten 5, 4, 15, 15, 15, 4, 4, 5, 5, 15. Für die weiteren Arbeitsvorgänge sind die Spaltenbreiten ohne Bedeutung.

Korrekturen
nach der Ver-
knüpfung

	6	7	8	9	10	11
1	Kundenstammdatei					
2	KdNr	Anr	Nachname	Vorname	Tag	Mon	Jah
3	200	2	Müller	Erna	17	3	
4	400	2	Schulze	Anna	29	4	
5	250	1	Richter	Hans	2	10	
6	100	1	Meier	Egon	12	12	
7						
8						
9						
10						
11						
12						
13						

Zelle Z1S6: {=KUNDEN.XLS!Z1S1:Z20S10}

Bild 9.38 Verknüpfte Kundendatei mit "falschen" Spaltenbreiten

Achten Sie aber darauf, daß Ihre Kundenstammdatei aufsteigend nach Kundennummern sortiert ist. Falls nicht, schalten Sie um in die Kunden-Datei, sortieren diese, und schalten wieder zurück in die Datei VORDRVA2.XLS.

Excel wird die Veränderungen der Originaldatei KUNDEN.XLS im verknüpften Bereich schon nachvollzogen haben.

Abruf eines Datensatzes mit der Funktion VERWEIS

Die Funktion VERWEIS()

Jetzt müssen Sie Verarbeitungsvorschriften eintragen und die Namen, auf die sich die Verarbeitungsvorschriften beziehen, vergeben. Vereinbaren Sie die folgenden Namen:

Name	Tabellenbereich
Kundennummer	Z8S4
Anredeschlüssel	Z3S6:Z20S7
Nachname	Z3S6:Z20S8
Vorname	Z3S6:Z20S9
StraßeNr	Z3S6:Z20S13
PLZ	Z3S6:Z20S14
Ort	Z3S6:Z20S15

Tabelle 9.6 Namen in der Kundentabelle

Beim Eintragen der Namen können Sie Bereichsangaben der bereits im Briefvordruck vorhandenen Namen ändern oder die alten Namen löschen und neue mit neuer Bereichsangabe eingeben.

Für den Zugriff über die Funktion VERWEIS müssen hier - wie im letzten Abschnitt beschrieben - immer die äußeren Spaltennummern angegeben werden: in der linken äußeren Spalte stehen die Werte, die durchsucht werden, und in der rechten äußeren Spalte die Ergebniswerte.

Danach können Sie die Verarbeitungsvorschriften eintragen. Nur eine Verarbeitungsvorschrift ist nicht zusammengesetzt. Tragen Sie in Z9S1 ein:

```
=VERWEIS(Kundennummer;Straße_Nr.).
```

Wenn Sie in der Zelle Z8S4 noch keine Kundennummer eingetragen haben, muß Excel jetzt den Fehler **#NV** (Nicht verfügbar) melden (Bild 9.39). Geben Sie jetzt zum Ausprobieren die Kundennummer 200 ein. Wenn Sie die gleichen Daten - wie hier beschrieben - verwenden, werden Sie daraufhin in Z12S1 den Inhalt «Hohe Str.99» sehen, den Excel sofort aus der Kundendatei entnommen hat.

Tragen Sie jetzt die zusammengesetzten Verarbeitungsvorschrif- Die Formeln...
ten für den Namen (Z8S1) und den Ort (Z11S1) ein:

```
Z8S1:  =VERWEIS(Kundennummer;Vorname)&" "&
VERWEIS(Kundennummer;Nachname)
Z11S1: =VERWEIS(Kundennummer;PLZ)&" "& VER-
WEIS(Kundennummer;Ort)
```

Verfolgen Sie, wie Excel die Dateiinhalte in die Zellen überträgt.

In Z7S1 soll die Anrede eingetragen werden. In der Kundendatei
sind die Anredeschlüssel gespeichert und in dem Tabellenbereich
Z1:3S3 die Anredetexte. Für den Tabellenbereich Z1:2S3 brauchen
Sie den Namen «Anrede» nicht neu zu vergeben, da Excel die
entsprechenden Bezüge bei dem Verschieben aktualisiert hat.
Wenden Sie jetzt in Z7S1 die Funktion INDEX (Abschnitt 9.7)
zusammen mit der Funktion VERWEIS an:

```
=INDEX(Anrede;VERWEIS(Kundennummer;Anrede-
schlüssel))
```

Diese Verarbeitungsvorschrift sucht zunächst mit der Funktion
VERWEIS(Kundennummer;Anredeschlüssel) den Anredeschlüs-
sel, der zu der Kundennummer gehört, und greift dann über den
Anredeschlüssel mit der Funktion INDEX auf die zugehörige
Anrede zu.

Für den Tabellenbereich Z1:2S4 hat Excel den Namen «Grußformel» übernommen. Tragen Sie in Z20S1 diese Verarbeitungsvorschrift ein:

```
=INDEX(Grußformel;VERWEIS(Kundennummer;Anre-
deschlüssel))&" "&VERWEIS(Kundennummer;Nach-
name)&","
```

Danach müßte der Bereich Z7:20S1 Ihrer Tabelle wie Bild 9.40
aussehen. Die Formeldarstellung dieses Bereiches sehen Sie in
Bild 9.41.

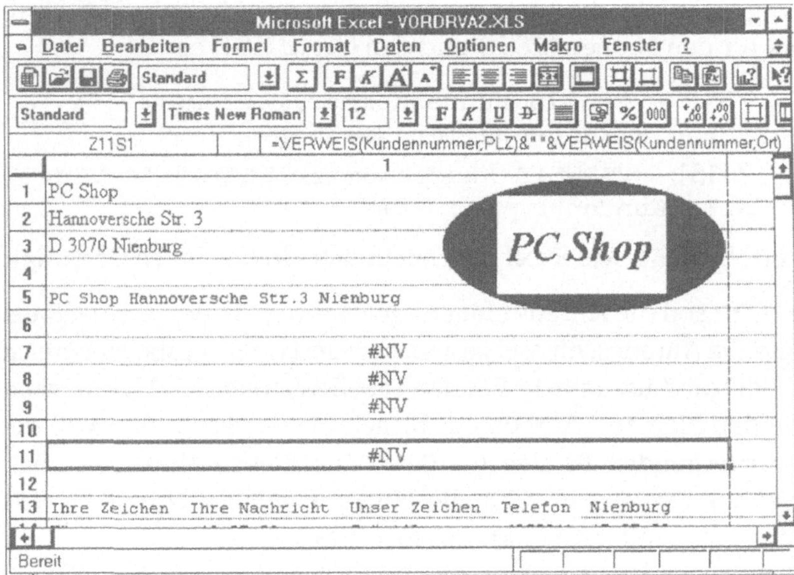

Bild 9.39 Fehlermeldung «#NV» bei fehlender Kundennummer

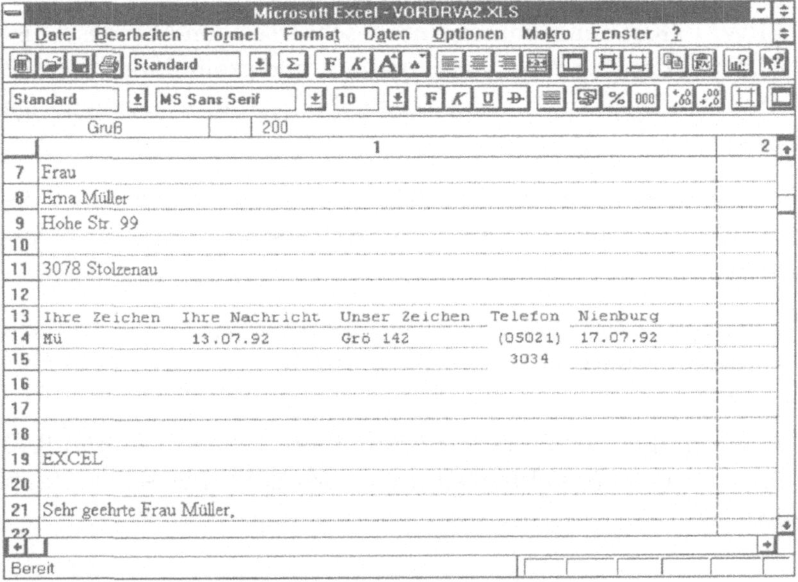

Bild 9.40 Automatisches Abrufen der Kundendaten

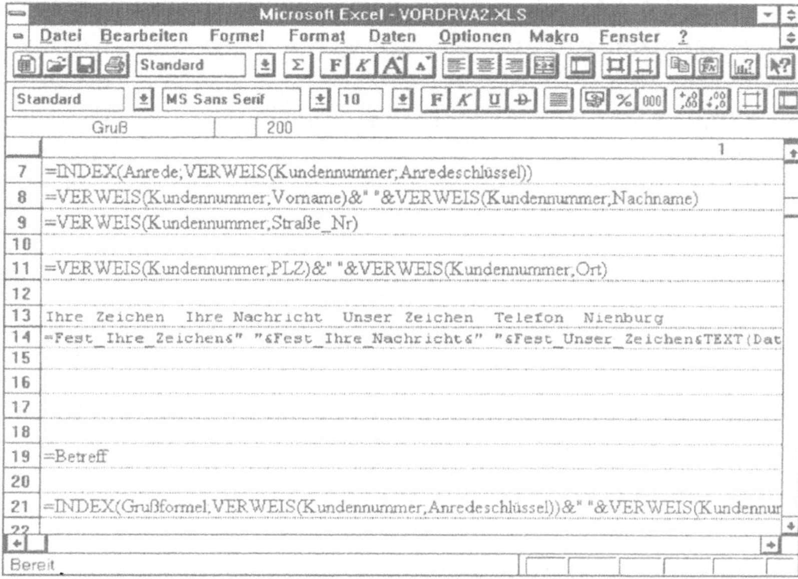

Bild 9.41 Tabellenausschnitt mit Formeln

9. 9 Lieferschein mit externen Bezügen

9. 9. 1 Vorbemerkungen

Wenn Sie bestimmte Daten für mehrere Aufgaben verwenden, ist es sinnvoll, sie nur einmal zu verwalten und zu pflegen und sie bei allen Anwendungen in ihrer jeweils aktuellen Form zu verwenden. Adreßdateien werden Sie vielleicht für den allgemeinen Schriftverkehr, für Angebote, Auftragsbestätigungen, Lieferscheine, Rechnungen, Mahnungen usw. benötigen, Artikeldateien für Angebote, Auftragsbestätigungen, Lieferscheine, Rechnungen, Bestandslisten oder Preislisten. Stammdaten-Dateien können Sie mit Excel einmal anlegen (Abschnitt 9.2) und pflegen (Abschnitt 9.3 bis 9.5) und in allen anderen Arbeitsblättern mit den externen Bezügen abrufen. Sie können die verschiedenen Dateien in einer Arbeitsmappe speichern und so leicht bearbeiten.

Wofür sind externe Bezüge gut?

Wir wollen Ihnen ein vereinfachtes Modell einer Lieferscheinschreibung mit Hilfe externer Bezüge zeigen. Sie müssen in diesem Modell nur in eine Eingabemaske die Kundennummer und einige Angaben zu der Bestellung angeben (Artikelnummer, Lieferscheinnummer, ...). Alle übrigen Daten (Nachname, Anschrift des Kunden, Artikeleinheit, Artikelbezeichnung, ...) fügt Excel automatisch mit Hilfe externer Bezüge aus der Kunden- und der Artikeldatei das Lieferscheinformular ein.

9. 9. 2 Vorbereitende Arbeiten

Die Tabelle einrichten

Um in einem Lieferschein-Dateifenster Artikel- und Kundendaten aus anderen Arbeitsblättern verwenden zu können, müssen diese zunächst angelegt und mit Beispieldaten gefüllt werden. Dazu verwenden Sie das vereinfachte Modell einer tabellarischen Kundenstammdatei aus dem Abschnitt 9.4. Zusätzlich benötigen Sie eine Artikelstammdatei .

Erstellen Sie wie in Bild 9.42 ein Modell einer Artikeldatei als Excel-Tabelle mit den Spalten «Art.Nr.», «Bezeichnung», «Einheit» und «Preis» und den Spaltenbreiten 10, 32, 10, 16 Zeichen für die Spalten 1 bis 4 und dem Formatcode «#.##0,00 DM» für die 4. Spalte.

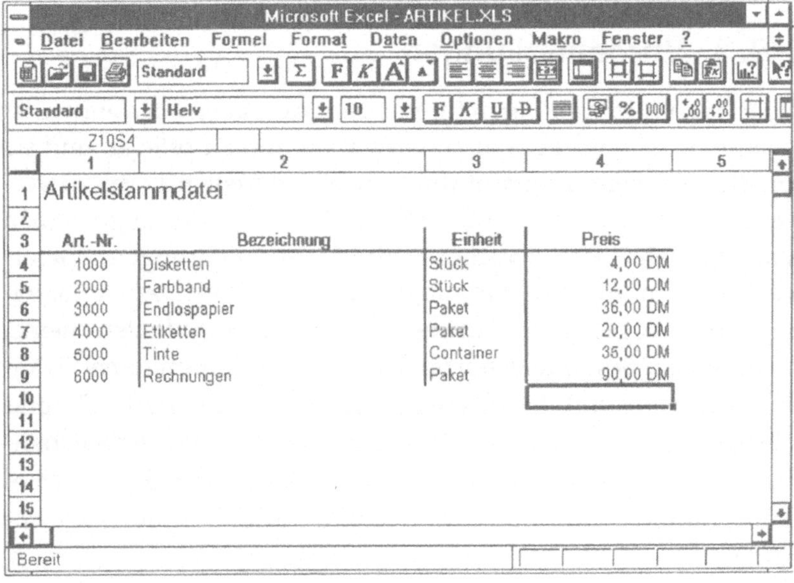

Bild 9.42 Artikelstammdatei

Vergeben Sie für den Tabellenbereich Z1:20S1:3 den Namen «Artikelstammdatei», da für die Lieferscheinschreibung im nächsten Abschnitt zunächst nur dieser Tabellenbereich benötigt wird. Speichern Sie die Tabelle unter dem Namen ARTIKEL.XLS. Sie finden diese Datei auf der Beispieldiskette im Verzeichnis «\K09». Zum Abschluß der Vorbereitungen sollten Sie ein Lieferscheinformular einrichten. Legen Sie für die Spalten 1 bis 4 die Spaltenbreiten 10, 32, 12 und 10 fest.

Tragen Sie in das Modellformular die folgenden Texte ein:

Feld	Text
Z1S1	Eingabemaske
Z2S2	Kundenummer
Z2S5	Herr
Z3S5	Bestelldatum/Nummer
Z3S5	Frau
Z4S2	Lieferscheinnummer
Z5S2	Artikelnummer
Z6S2	Liefermenge
Z12S1	PC Shop
Z13S1	Hannoversche Straße 3
Z14S1	D 3070 Nienburg
Z16S1	PC Shop Hannoversche Str.
	Nienburg
Z24S1	Lieferschein
Z26S1	Kd.-Nr.
Z26S2	Bestelldatum/Nummer
Z26S3	Ls.-Nr.
Z26S4	Ls.-Datum
Z32S1	Art.-Nr.
Z32S2	Artikelbezeichnung
Z32S3	Liefermenge
Z32S4	Einheit
Z48S1	Den ordnungsgemäßen
	Empfang der Ware bestätigt:
Z50S1	Datum:_____________
	Unterschrift:_____________
Z1S5	Herrn
Z2S5	Frau

Tabelle 9.7 Eingaben des Lieferscheins

Wählen Sie als Schriftart für das Lieferscheinformular Times New Roman, Schriftgrad 12. Lediglich die Kurzangabe Ihrer Adresse in Zeile 16 formatieren Sie in Courier New, Schriftgrad 10. Wir verwenden hier für die zu verbindenden Texte wieder keine Proportionalschrift, um die Texte stellengerecht zu verbinden.

Vergleichen Sie Ihre Eingaben mit dem Ausdruck des Beispiels in Bild 9.43.

Vergeben Sie in diesem Vordruck die folgenden Namen:

- Z2:3S5: Anredetext

- für die Zellen der Spalte 3 der Eingabemaske die jeweilige Zeilenüberschrift

Sie müssen nun als Vorbereitung der externen Bezüge noch in den Ursprungsdateien einige Namen vergeben:

Vorbereiten der Kundentabelle Öffnen Sie die Datei KUNDEN und vergeben Sie die folgenden Namen:

Bereich	Name
Z2:20S1:2	KdAnrede
Z2:20S1:3	KdNachname
Z2:20S1:4	KdVorname
Z2:20S1:8	KdStraßeNr
Z2:20S1:9	KdPLZ
Z2:20S1:10	KdOrt

Tabelle 9.8 Namen in der Kundentabelle

Öffnen Sie die Datei ARTIKEL und vergeben Sie für den Tabellenbereich Z4:20S1:2 den Namen «Artikelbezeichnung», für den Bereich Z4:20S1:3 den Namen «Artikeleinheit».

Über die Kundennummer soll Excel auf die Kundenstammdatei zugreifen und über die Artikelnummer auf die Artikelstammdatei. Die Eingabemaske in den ersten Zeilen der Tabelle soll nicht auf dem Ausdruck des Briefes erscheinen, sondern dem Benutzer nur eine bequeme Eingabe ermöglichen. Legen Sie daher vor der ersten Zelle des eigentlichen Lieferscheinformulars (also vor Zeile 12) mit dem Befehl **Seitenumbruch festlegen** aus dem Menü

Optionen einen Seitenumbruch fest. Markieren Sie das Formular Z12S1:Z50S4 und definieren Sie diesen Bereich als Druckbereich.

9. 9. 3 Abruf von Stammdaten mit Hilfe externer Bezüge

Stellen Sie die Lieferscheinschreibung fertig, indem Sie in das Formular Formeln eintragen.

Externe Bezüge

Externe Bezüge haben die folgende Struktur:

```
=Bezugstabelle.xls!Bereichsname oder Adresse
```

Befindet sich die Tabelle, zu der Sie einen Bezug herstellen wollen, im gleichen Verzeichnis wie die aktive Tabelle, so brauchen Sie bei der Eingabe des Dateinamens wie oben keine Pfadbezeichnung einzugeben. Andernfalls muß der Tabellenname den vollständigen Pfad enthalten, da Excel sonst nicht auf die Datei zurückgreifen kann.

In den Zeilen 18, 19, 20 und 22 der Spalte 1 soll die Adresse des Kunden von Excel anhand der eingegebenen Kundennummer eingetragen werden. Geben Sie dazu folgende Formeln ein:

Z18S1:

```
=INDEX(Anredetext;VERWEIS(Kundennummer;KUN-
DEN.xls!KdAnrede))
```

Z19S1:

```
=VERWEIS(Kundennummer;KUNDEN.xls!KdVorna-
me)&" "& VERWEIS(Kundennummer;KUN-
DEN.xls!Kdnachname)
```

Z20 und 22 sind entsprechend mit den Formeln für die «Straße_Nr.», «PLZ» und dem «Ort» des Kunden zu füllen.

PC Shop
Hannoversche Str. 3
D 3070 Nienburg

PC Shop Hannoversche Str. 3070 Nienburg

Frau
Erna Müller
Hohe Str. 99

3078 Stolzenau

Lieferschein

Kd.-Nr.	Bestelldatum/Nummer	Ls.-Nr.	Ls.-Datum
200	12.6.92	200	20.6.92

Art.-Nr.	Artikelbezeichnung	Liefermenge	Einheit
3000	Endlospapier	2	Paket

Den ordnungsgemäßen Empfang der Ware bestätigt:

Datum:_____________________ Unterschrift:_____________________

Bild 9.43 Ausdruck des Lieferscheines

Geben Sie im Lieferscheinformular die folgenden Formeln ein
(das Lieferscheindatum soll hier zur Vereinfachung immer gleich
dem Erstellungsdatum des Lieferscheines sein):

Bereich	Formel
Z28S1	=Kundennummer
Z28S2	=Bestelldatum_Nummer
Z28S3	=Lieferscheinnummer
Z28S4	=JETZT()
Z34S1	=Artikelnummer
Z34S2	=VERWEIS(Artikelnummer; ARTIKEL.XLS!Artikelbezeichnung)

Tabelle 9.9 Formeln des Lieferscheins

Vergeben Sie für Z6S4 ein Datumsformat und speichern Sie die
Tabelle anschließend unter dem Namen LIEFERS1.XLS. Kontrollieren Sie Ihre Eingaben anhand der Formelausgabe der Tabelle
in Bild 9.44. Sie finden diese Datei auf der Beispieldiskette im
Verzeichnis «\K09».

Die Fehlermeldungen «#NV!» in den Zellen mit Verweisen stören
(vgl. Bild 9.39) noch. Sie vermeiden diese über die Eingabe von
WENN()-Funktionen, z.B.:

Z18S1:

```
=WENN(Kundennummer<>0;INDEX(Anredetext;VER-
WEIS(Kundennummer;KUNDEN.xls!KdAnrede));" ")
```

Testen Sie das Lieferscheinformular, indem Sie die Kundennummer 200 und die Artikelnummer 3000 eintragen. Sie erhalten dann
ein Dateifenster wie in Bild 9.45. Beachten Sie in diesem Bild die
vergrößerte Bearbeitungszeile zur Darstellung der gesamten Formel der aktiven Zelle (hier Z19S1).

9. 9. 4 Verknüpfte Dateien öffnen

Sie beziehen sich in der Lieferscheintabelle auf andere Dateien,
hier die Dateien mit den Kunden und den Artikeln. Damit Sie
diese Dateien bei der Arbeit mit dem Lieferschein geöffnet haben

Verknüpfte
Dateien

(zum Beispiel, um einen neuen Kunden in die Kundentabelle einzutragen), können Sie mit Excel verknüpfte Dateien öffnen.

	1	2	3	4
26	Kd.-Nr.	Bestelldatum/Nummer	Ls.-Nr.	Ls.-Datum
27				
28	=Kundennummer	=Bestelldatum_Nummer	=Lieferscheinnummer	=JETZT()
29				
30				
31				
32	Art.-Nr.	Artikelbezeichnung	Liefermenge	Einheit
33				
34	=Artikelnummer	=VERWEIS(Artikelnummer;ARTIKEL.XLS!KundenArtikelbezeichnung)	=Liefermenge	=VERWEIS(Artike

Bild 9.44 Tabelle in Formelausgabe

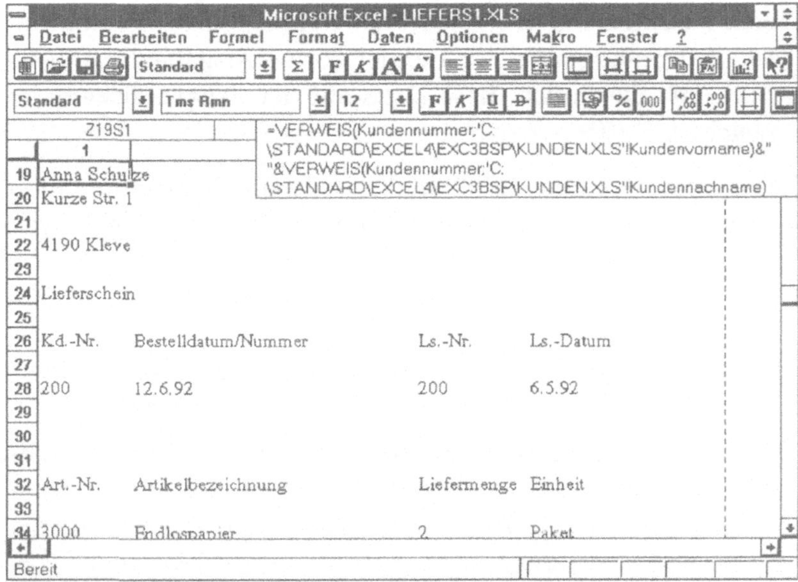

Bild 9.45 Eingabe einer Kunden- und einer Artikelnummer

Öffnen...

Sie öffnen verknüpfte Dateien, indem Sie den Befehl **Verknüpfte Dateien öffnen** aus dem Menü **Datei** geben. Sie können nun, wenn Sie die Tabelle mit mehreren Dateien aus verschiedenen Programmen verknüpft haben, auswählen, welche Verknüpfungen Sie öffnen wollen.

Lassen Sie sich die Dateien am besten alle im Excel-Fenster anzeigen, damit Sie jederzeit einen neuen Kunden oder einen neuen Artikel eintragen können.

9. 10 Übungsaufgabe Rechnungsschreibung

Bauen Sie die Lieferscheinschreibung zu einer Rechnungsschreibung aus. Entwerfen Sie dazu ein neues Rechnungsformular. Ziel der Rechnungsschreibung soll sein, neben den Verweisen in Abschnitt 9.8 auch auf den Preis zurück zu greifen und den Rechnungsbetrag automatisch aus dem Produkt der bestellten Menge mit dem Einzelpreis zu bilden.

Automatisch Rechnungen schreiben

Sie können Sie auch die Mehrwertsteuer extra ausweisen. Eine Lösungsidee hierfür finden Sie auf der Beispieldiskette zu diesem Buch im Verzeichnis «\K09» unter dem Namen RECHN1.XLS.

Auf der Beispieldiskette ist auch ein etwas umfangreicheres Makro zur Steuerung der Kunden-, Artikel-, Lieferschein- und Rechnungsdatei, das wir Ihnen in Kapitel 14 etwas näher beschreiben..

1 Einleitung

2 Vorarbeiten & Vorkenntnisse

3 Die erste Excel-Aufgabe

4 Tabellen gestalten

5 Tabelleninhalte ändern

6 Arbeiten mit Funktionen

7 Excel-Diagramme

8 Textverarbeitung

9 Dateiverarbeitung

10 Mehrdimensionale Tabellenkalkulation

11 Tabellenanalysen

12 Datenaustausch

13 Q+E

14 Ablaufprogrammierung

15 Organisation und Planung von Tabellen

16 Präsentation mit Excel

Anhang

Abschnittsübersicht

Mehrdimensionale Tabellenkalkulation

10 Mehrdimensionale Tabellenkalkulation

10. 1 Vorbemerkung

Tabellen werten Daten nach vorher festgelegten Gesichtspunkten aus. So stellt die Tabelle zur Umsatzauswertung eines Reisebüros die Verkäufe der verschiedenen Sparten in den Monaten Januar bis März dar. Hat das Reisebüro mehrere Filialen, so erstellt jede Filiale am Ende eines Quartals eine solche Tabelle.

Wozu konsolidiert man Dateien?

In Abschnitt 7.9 haben Sie eine Tabelle entworfen, die die Kundenzahl des Reisebüros in Abhängigkeit von der Tageszeit und dem Wochentag darstellt. Manchmal sind Sie nicht an detaillierten Auswertungen interessiert, sondern wollen eine Zusammenfassung der Daten, zum Beispiel den Mittelwert mehrerer Wochen.

Für die Auswertung der Kundenzahl des Reisebüros können Sie natürlich nicht nur eine Woche berücksichtigen, sondern werden den Mittelwert über mehrere Wochen bilden.

Statistik

Dies sind Anwendungsmöglichkeiten des **Daten-Konsolidieren**-Befehls von Excel in Verbindung mit der Gliederungsfunktion. Die Idee dieser Funktion ist ganz einfach:

Man will die Daten verschiedener Tabellen in einer einzigen Tabelle zusammenfassen. Sie können dabei Daten addieren oder mit statistischen Funktionen verknüpfen. Mit Excel können Sie in einer Datei bis zu 255 Quellbereiche aus verschiedenen Dateien verknüpfen. Die Grafik 1 stellt das Prinzip des Konsolidierens dar.

In den folgenden Abschnitten sehen Sie einige Beispiele. Excel gliedert konsolidierte Tabellen automatisch. Wir zeigen Ihnen zunächst in Abschnitt 10.2 die Wirkungsweise der Gliederungsfunktion, bevor wir Daten konsolidieren. Anschließend werden wir Ihnen zeigen, wie Sie in Tabellen 3D-Formeln verwenden, d.h.

Das zeigen wir hier...

Formeln, die sich auf mehrere Arbeitsblätter beziehen. Sie können hiermit ähnliche Ergebnisse erzielen wie mit dem Zusammenfügen (Konsolidieren) von Dateien.

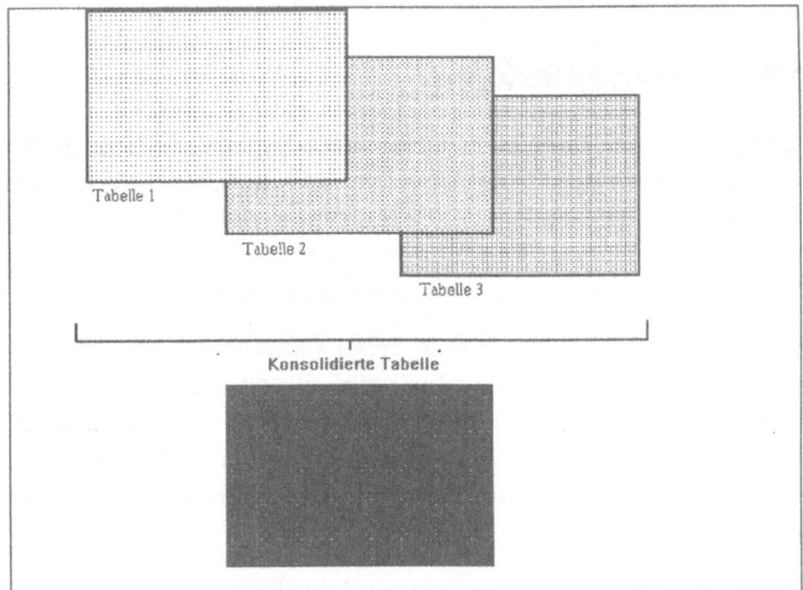

Grafik 10.1 Konsolidieren

Der letzte Abschnitt dieses Kapitels wird sich mit Kreuztabellen beschäftigen. Kreuztabellen werten Excel Datenbanken nach den von Ihnen festgelegten Zeilen- und Spalten aus.

10. 2 Die Gliederungsfunktion

Tabellen gliedern

Sie können mit Excel Ihre Tabelle gliedern. Dies bedeutet, daß Sie einzelne Zeilen oder Spalten herabstufen können, so daß Sie diese nicht immer auf dem Bildschirm sehen.

Sie haben im Verlaufe der Arbeit mit desem Buch eine Umsatztabelle eingerichtet, in der die Umsätze eines Reisebüros für die Monate Januar bis März aufgelistet sind. Daneben enthält die Tabelle die Summe der Umsätze für diese drei Monate sowie die Spartensumme.

Wir wollen Ihnen im folgenden Abschnitt zeigen, wie Sie die Spalten mit der Angabe der einzelnen Monatsumsätze herunterstufen können. Sie sehen dann nur die Spalte «Summe» sowie die Spalten mit den statistischen Auswertungen auf dem Bildschirm.

Mit der Maus können Sie eine Tabelle leicht mit den Symbolen der Werkzeug-Symbolleiste gliedern. Lassen Sie Excel diese Symbolleiste auf dem Bildschirm anzeigen. Sie können sie dazu entweder am linken Bildschirmrand anordnen oder aber die Format-Symbolleiste verbergen und stattdessen die Werkzeug-Symbolleiste einfügen. Mit der Tastatur verwenden Sie einen Tastaturschlüssel.

Stufen Sie mit dem Werkzeug zum Herunterstufen von Zeilen und Spalten die Spalten 2 bis 4 herunter:

Vorgehensweise:

1. Markieren Sie die Spalten, die Sie herunterstufen wollen (hier die Spalten 2 bis 4).

2. Klicken Sie mit der Maus in das Symbol zum Herunterstufen von Tabellenbereichen (Pfeil nach rechts) in der Symbolleiste.

Mit der Tastatur verwenden Sie das Menü **Formel** und den Befehl **Gliederung** oder einfacher eine Tastenkombination:

Vorgehensweise:

1. Markieren Sie die Spalten, die Sie herunterstufen wollen (hier Spalte 2 bis 4).

2. Geben Sie den Tastaturschlüssel ⏴Alt⏵-⏴Umschalt⏵-⏴→⏵-Taste ein.

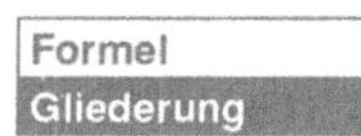

Beobachten Sie, wie Excel die drei markierten Spalten mit einer Gliederung versieht (Bild 10.1). Sie sehen nun über den drei Spalten mit den Umsätzen der Monate Januar, Februar und März eine Linie mit einem Minuszeichen. Um die gewünschten Zeilen zu verbergen, klicken sie einfach in das Minuszeichen. Excel wird die Spalten verbergen und anstatt des Minuszeichens ein Pluszeichen anzeigen (Bild 10.2). Mit der Tastatur verbergen Sie eine

Gliederungsebene oder die gesamte Gliederung mit Hilfe des Befehls **Gliederung** aus dem Menü **Formel**.

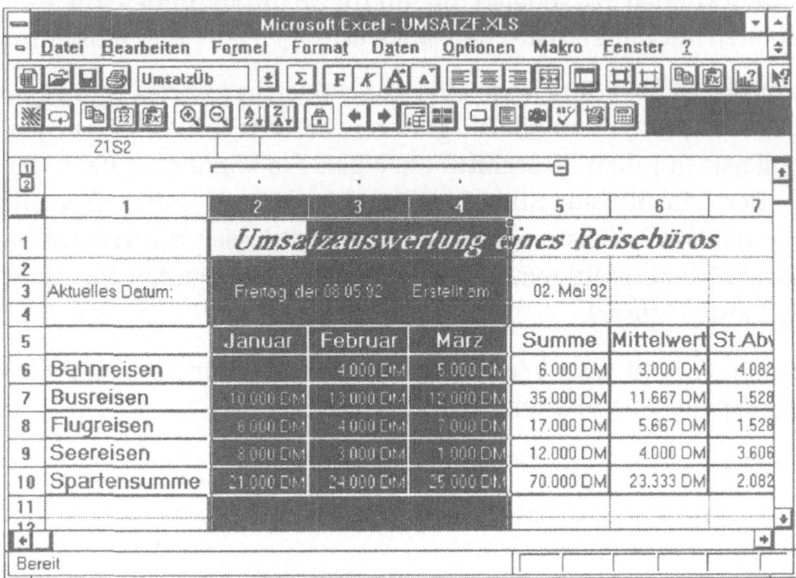

Bild 10.1 Gegliederte Tabelle

	1	5	6	7	8	9	10
1	*Umsatzauswertung eines Reisebüros*						
2							
3	Aktuelles Datum:	02. Mai 92					
4							
5		Summe	Mittelwert	St.Abw.1	St Abw.2	Plan	
6	Bahnreisen	6.000 DM	3.000 DM	4.082 DM	3.536 DM	7.000 DM	
7	Busreisen	35.000 DM	11.667 DM	1.528 DM	1.247 DM	4.000 DM	
8	Flugreisen	17.000 DM	5.667 DM	1.528 DM	1.247 DM	12.000 DM	
9	Seereisen	12.000 DM	4.000 DM	3.606 DM	2.944 DM	6.000 DM	
10	Spartensumme	70.000 DM	23.333 DM	2.082 DM	1.700 DM	29.000 DM	
11							

Bild 10.2 Gegliederte Tabelle mit verborgenen Spalten 2 bis 4

Aufgrund der Gliederungssymbole und der fehlenden Zeilen- bzw. Spaltennummern erkennen Sie leicht, ob Sie eine Tabelle in der gegliederten Ansicht sehen oder ohne Gliederung.

Sie können beim Gliedern unterscheiden, ob die Gliederung rechts oder links neben der Hauptspalte bzw. -zeile erscheinen soll. Sie erreichen dies im Dialogfeld des Befehls **Gliederung** aus dem Menü **Formel** (Bild 10.3). Sie können in diesem Dialogfeld auch Gliederungen erstellen, verändern und mit einem Druckformat versehen, damit Sie das gewünschte Aussehen erhalten.

Gliederungs-
formate

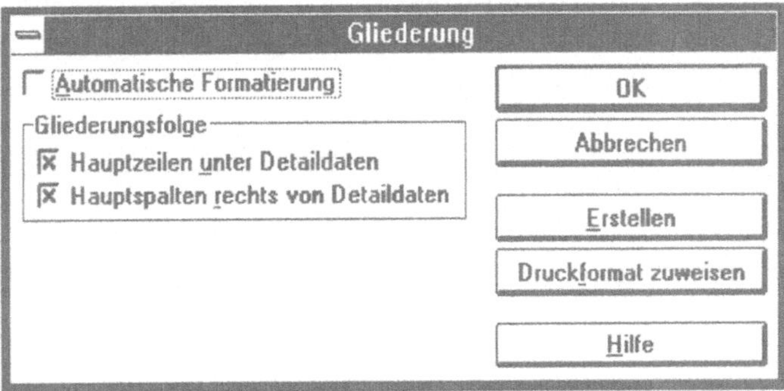

Bild 10.3 Dialogfeld zum Bearbeiten einer Gliederung

Gliederungen verschaffen Ihnen zwar leicht einen Überblick auch über große Tabelle, Sie wollen sie aber vielleicht einmal löschen. Dazu verwenden Sie die Schaltfläche zum Verbergen der erstellten Gliederung aus der Werkzeug-Symbolleiste aus. Excel wird nun die Gliederung verbergen, die Gliederungssymbole am oberen Bildschirmrand löschen und die Tabelle wie gewohnt anzeigen.

10. 3 Bildung eines Gesamtumsatzes

10. 3. 1 Vorbemerkung

Die Umsätze der einzelnen Filialen des Reisebüros sollen nun zum Gesamtumsatz zusammengefaßt werden. Dazu nehmen Sie die bisher verwandte Tabelle zur Umsatzauswertung (UM-SATZ1.XLS) als Umsatz der Filiale 1.

Der Gesamt-
umsatz des
Reisebüros

Wir wollen nun neben dieser Tabelle noch weitere Umsatztabellen einrichten und diese anschließend konsolidieren. Laden Sie dazu als erstes die Tabelle UMSATZ1.XLS. Die Datei befindet sich auf der Beispieldiskette im Verzeichnis «\K07».

Richten Sie sich zwei weitere Tabellen (Bilder 10.4 und 10.5) ein, in die Sie die Umsätze der anderen Filialen eintragen können. Sie können diese Tabellen hierzu entweder neu erstellen und mit den Druckformaten, die Sie sich im Abschnitt 4.7 erstellt haben, formatieren. Eine andere Möglichkeit besteht darin, die Werte der Tabelle UMSATZ1.XLS zu verändern. Dies ist die schnellere Variante, da Sie auf diese Weise die Formeln und Bereichsnamen einfach übernehmen können.

Bild 10.4 Tabelle UMSATZ2

X Markieren Sie also den Datenbereich der Tabelle UMSATZ1.XLS (Z6S2:Z9S4). Geben Sie die neuen Daten ein. Der Zellzeiger wandert nach jeder mit der [Eingabe]-Taste abgeschlossenen Dateneingabe in der Markierung eine Position weiter (siehe auch Abschnitt 3.2.2). Speichern Sie die Tabelle nach der Eingabe der neuen Daten jeweils unter dem neuen Namen und verändern Sie anschließend diese Daten, um die nächste Tabelle zu erstellen.

Microsoft Excel - UMSATZ2.XLS						
Datei Bearbeiten Formel Format Daten Optionen Makro Fenster ?						
Z6S2		5000				
	1	2	3	4	5	6	7
1	*Umsatzauswertung eines Reisebüros*					
2						
3	Aktuelles Datum:	Freitag, der 08.05.92	Erstellt am:	02. Mai 92		
4						
5		Januar	Februar	März	Summe	Mittelwert	St.Ab\
6	Bahnreisen	5.000 DM	3.000 DM	4.000 DM	12.000 DM	6.000 DM	4.082
7	Busreisen	11.000 DM	13.000 DM	10.000 DM	34.000 DM	11.333 DM	1.528
8	Flugreisen	6.000 DM	3.000 DM	6.000 DM	15.000 DM	5.000 DM	1.732
9	Seereisen	7.000 DM	15.000 DM	3.000 DM	25.000 DM	8.333 DM	6.110
10	Spartensumme	29.000 DM	34.000 DM	23.000 DM	86.000 DM	28.667 DM	5.508
11						
12						
13						
Bereit						

Bild 10.5 Tabelle UMSATZ3

Sie sehen in jeder neuen Tabelle automatisch ein Diagramm. Achten Sie bei dem Diagramm darauf, daß die Angabe des Spitzenwertes mit einem Pfeil und dem Kommentar Spitze bei veränderten Daten nicht mehr stimmt, da dies kein dynamischer Teil des Diagramms ist wie die Legenden oder Achsenskalierungen (siehe Kapitel 7). *Automatische erstellte Diagramme*

Um den Arbeitsaufwand beim Erstellen der neuen Tabelle möglichst gering zu halten, wählen wir für die neue Tabelle die gleiche Struktur wie bei den Tabellen der einzelnen Filialen. Wenn Sie dieses wünschen, können Sie aber auch eine andere Tabelle erstellen und die Daten in diese konsolidieren. Die neue Tabelle muß lediglich die entsprechenden Zeilen- und Spaltenüberschriften haben wie die Einzeltabellen, damit die Daten richtig kopiert werden.

10. 3. 2 Vorbereitende Arbeiten

Sie können in benachbarten Zeilen oder Spalten der Zieltabelle nur einen Datenbereich der Quelltabellen konsolidieren. Es ist bei diesem Beispiel also nicht möglich, die Spartenzeilen Bahnreisen, *Die Tabellen vorbereiten...*

Busreisen,... einzeln zu konsolidieren, sondern Sie müssen hier den gesamten Datenbereich, der die drei Monate und die vier Sparten umfaßt, zusammenfassen.

Zur Vorbereitung des Konsolidierens können Sie in den Tabellen der einzelnen Filialen für den gesamten Datenbereich einen Namen vergeben (z.B. den Namen «Datenbereich»). Damit ersparen Sie sich die Angabe von Zelladressen in der Konsolidierungsfunktion. Laden Sie die erste Datei (UMSATZ1.XLS) und vergeben Sie für den Bereich Z6S2:Z9S4 den Namen «Datenbereich».

Wenn Sie in allen Ursprungstabellen einen Namen für den Datenbereich vergeben haben (der Name kann überall dergleiche sein), so können Sie die Zieltabelle erstellen. Sie öffnen dazu die Tabelle UMSATZ1.XLS, löschen den Datenbereich Z6S2:Z9S4 und speichern die Tabelle unter dem Namen UMSQUA1.XLS.

10. 3. 3 Konsolidieren der Daten

Nun können Sie konsolidieren

Sie beginnen mit dem eigentlichen Arbeitsgang des Konsolidierens. Zur Angabe des Zielbereichs zeigen Sie einfach auf die linke obere Zelle dieses Bereichs.

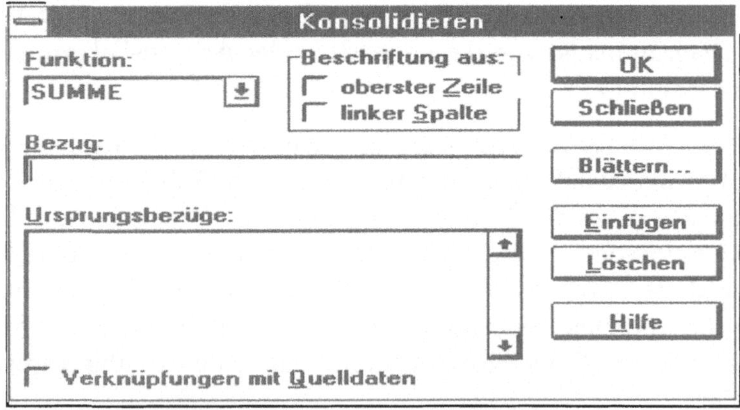

Bild 10.6 Das Dialogfeld **Konsolidieren**

Nach dem Erteilen des Befehls **Konsolidieren** aus dem Menü **Daten** sehen die ein Dialogfeld wie in Bild 10.6. Das Dialogfeld **Daten Konsolidieren** weist die folgenden Eingabemöglichkeiten auf:

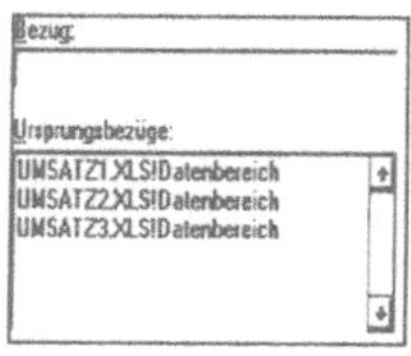

In das Eingabefeld **Bezug** geben Sie die Dateinamen und den jeweiligen Tabellenbereich ein, aus denen die Daten konsolidiert werden sollen oder Sie wählen diesen Namen mit der Schaltfläche Blättern aus einer Dateiliste aus. Die Eingabe erfolgt hier wie beim Erteilen von externen Befehlen (Abschnitt 9.8).

Sie geben in das Feld «Bezug» zuerst den Namen der Datei mit der Erweiterung .XLS ein, anschließend ein Ausrufungszeichen. Wählen Sie den Namen aus der Liste im Dialogfeld **Blättern** aus, so fügt Excel automatisch ein Ausrufungszeichen an den Dateinamen an. Dann tragen Sie den Namen des Tabellenbereiches ein, der konsolidiert werden soll.

Geben Sie bei Tabellen, die nicht im gleichen Verzeichnis gespeichert sind wie die Zieltabelle, den vollständigen Pfad an. Andernfalls wird Excel beim erneuten Öffnen der Zieltabelle nicht auf die Quelltabellen zurückgreifen können, wenn Sie Tabellen verknüpft haben.

Alle Ursprungsbezüge, die Sie eingegeben haben, nimmt Excel in die darunter befindliche Liste auf. Sie wählen dazu in dem Dialogfeld die Schaltfläche **Einfügen**.

Aus der **Funktionsliste** in der linken oberen Ecke des Dialogfelds können Sie auswählen, mit welchen Rechenfunktionen Sie die Daten der verschiedenen Tabellen konsolidieren wollen. Ihnen stehen hier die wesentlichen statistischen und mathematischen Funktionen von Excel zur Verfügung.

Beim Konsolidieren **durch Rubriken** werden, wenn Sie das entsprechende Schaltkästchen auswählen, die Zeilen- bzw. Spaltenüberschriften als Rubrikennamen verwendet. Sie geben dies ein, wenn sich die Quell- und die Zieltabelle in der Struktur unterscheiden. Dies ist ein besonderer Vorteil von Excel gegenüber anderen Tabellenkalkulationsprogrammen.

Konsolidieren über die Position

Lassen Sie beide Schaltkästchen (oberste Zeile, linke Spalte) leer, so konsolidieren Sie **durch Position**. Excel konsolidiert die Daten dann nur aufgrund ihrer Position in der Tabelle und achtet *nicht* auf die Zeilen- oder Spaltenüberschriften. Verwenden Sie diese Option, wenn Ziel- und Quelltabelle die gleiche Struktur besitzen (wie in unserem Beispiel). Dies ist auch bei anderen Tabellenkalkulationsprogrammen wie LOTUS 1-2-3 möglich.

Am unteren linken Rand des Dialogfelds geben Sie ein, ob Sie die Quelldateien mit der Zieltabelle verknüpfen wollen. Dies ist dann sinnvoll, wenn Sie spätere Änderungen in den Ursprungstabellen auch in der konsolidierten Tabelle berücksichtigen wollen.

Beachten Sie, daß Sie bei geschützten Quelldateien bei jedem Zugriff (Laden oder Aktualisieren) die entsprechenden Kennworte eingeben müssen. Andernfalls wird Excel nicht auf diese Daten zurückgreifen.

Konsolidieren Sie die Zieltabelle UMSQUA1.XLS (Gesamtumsatz des Reisebüros) mit Hilfe der einzelnen Tabellen der Filialen. Dies sind die Tabellen UMSATZ1.XLS, UMSATZ2.XLS und UM-SATZ3.XLS, die Sie eben erstellt haben.

Vorgehensweise:

1. Zeigen Sie mit dem Zellzeiger auf die linke obere Zelle des Bereiches, in den die Daten konsolidiert werden sollen (hier Z6S2).

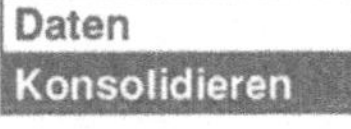

2. Geben Sie den Befehl **Konsolidieren** aus dem Menü **Daten**. Sie sehen das Dialogfeld **Konsolidieren** wie in Bild 10.6.

Blättern in Tabellenlisten

3. Tragen Sie in das Eingabefeld Bezug als ersten Ursprungsbezug «UMSATZ1.XLS!Datenbereich» ein, indem Sie die Schaltfläche **Blättern** wählen und im Dialogfeld **Blättern** wie in Bild 10.7 die Tabelle UMSATZ1.XLS auswählen. Schließen Sie das Dialogfeld und tragen sie hinter den eingefügten Dateinamen und das Ausrufungszeichen den Namen «Datenbereich» ein.

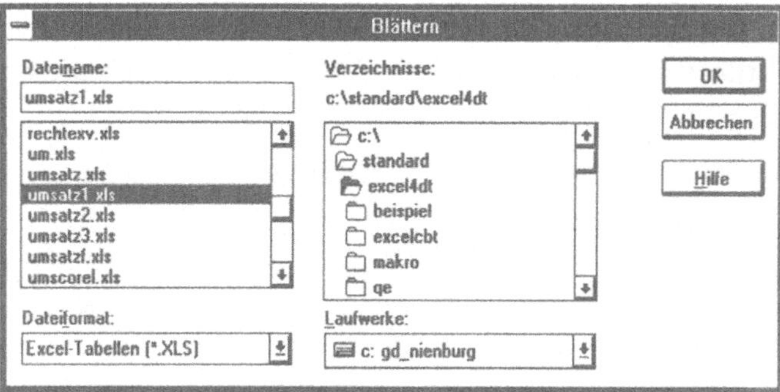

Bild 10.7 Auswahl der ersten Quelltabelle

4. Wählen Sie nun die Schaltfläche **Einfügen**, damit Excel diesen Bezug in die Liste Ursprungsbezüge aufnimmt, ohne das Dialogfeld zu verlassen.

5. Geben Sie auf diese Art den zweiten und den dritten Bezug ein («UMSATZ2.XLS!Datenbereich» und «UMSATZ3.XLS!Datenbereich»).

6. Wählen Sie links unten im Dialogfeld **Konsolidieren** die Option **Verknüpfungen mit Quelldaten**, damit Änderungen in den Ursprungsdateien berücksichtigt werden. Vergleichen Sie Ihr Dialogfeld **Konsolidieren** nun mit Bild 10.8.

7. Schließen Sie nun den Befehl ab. Die Rechenoperation SUMME ist von Excel als Konsolidierungsfunktion voreingestellt.

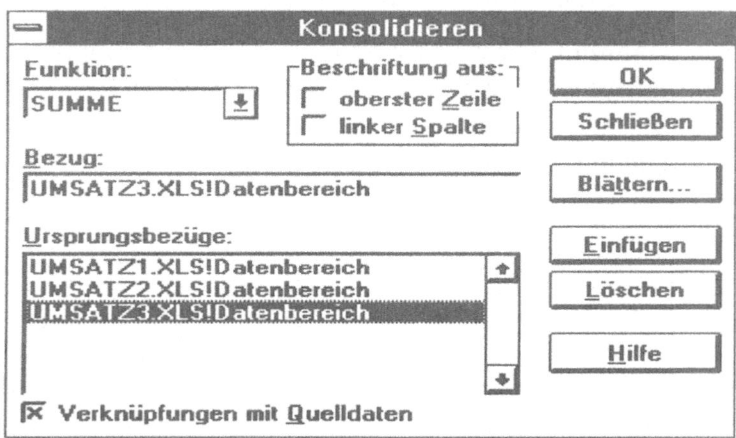

Bild 10.8 Dialogfeld mit allen notwendigen Eingaben

Beobachten Sie nun, wie Excel die entsprechenden Bereiche der Konsolidierungstabelle mit den Daten der Ursprungstabellen füllt (Bild 10.9).

Microsoft Excel - UMSQUA1.XLS

Datei Bearbeiten Formel Format Daten Optionen Makro Fenster ?

UmsatzGes

Z6S2   ='C:\STANDARD\EXCEL4DT\UMSATZ1 XLS'!Z6S2

		1	2	3	4	5	6
	1	*Umsatzauswertung eines Reisebüros*					
	2						
	3	Aktuelles Datum:	Freitag, der 08.05.92	Erstellt am:	02. Mai 92		
	4						
	5		Januar	Februar	März	Summe	Mittelwert	St
⊞	9	Bahnreisen	6.000 DM	12.000 DM	12.000 DM	30.000 DM	15.000 DM	1
⊞	13	Busreisen	30.000 DM	38.000 DM	32.000 DM	100.000 DM	33.333 DM	
⊞	17	Flugreisen	17.000 DM	12.000 DM	22.000 DM	51.000 DM	17.000 DM	
⊞	21	Seereisen	24.000 DM	22.000 DM	6.000 DM	52.000 DM	17.333 DM	
	22	Spartensumme	148.000 DM	156.000 DM	132.000 DM	233.000 DM	145.333 DM	1
	23							
	24							

Bereit

Bild 10.9 Konsolidierte UMSATZ-Tabelle

Diagramm in der Zieltabelle
Die Zieltabelle enthält genauso wie die Ursprungstabellen ein Diagramm zur Auswertung der Umsätze. Excel erstellt sinnvollerweise dieses Diagramm anhand der konsolidierten Daten. Sie sehen den Gesamtumsatz auf diesem Diagramm.

Da das Diagramm sehr viele Datenreihen enthält und somit recht unübersichtlich wird, haben wir im Diagramm-Menü **Format** mit dem Befehl **Hauptdiagramm** die folgenden Einstellungen im Feld «3D» vorgenommen:

Diagrammtiefe: 450 %

Zwischenraum: 200 %

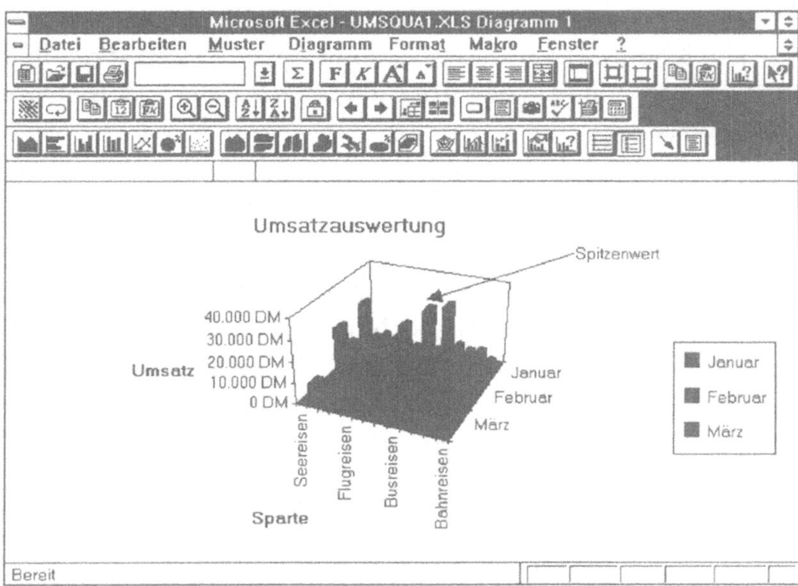

Bild 10.10 Diagramm der Zieltabelle

Wenn Sie weiter mit dem Diagramm arbeiten wollen, müssen Sie nur noch den Pfeil für den Spitzenwert korrigieren, da sich dieser nicht mit dem Diagramm verändert (Bild 10.10).

10. 3. 4 Der Konsolidierungsbildschirm

Sie können mit Excel Ihre Tabelle gliedern, um festzulegen, ob Sie immer die gesamte Tabelle auf dem Bildschirm sehen wollen oder nicht. Bei einer großen Datenfülle ist meist eine Gliederung erforderlich.(s. Abschnitt 10.2).

Mit Gliederungen arbeiten

Haben Sie verschiedene Tabelle konsolidiert, so verstecken sich hinter jeder Zeile oder Spalte der Tabelle viele andere Zeilen oder Spalten (z.B. bis zu 255 Spalten!). In diesem Fall wird die Gliederung der Tabelle zu einer Notwendigkeit, wenn man noch den Überblick behalten möchte. Daher gliedert Excel Ihre Zieltabelle nach dem Konsolidieren automatisch. Dies geschieht nach dem folgenden Prinzip:

Vor jeder Zeile/Spalte, die sich aus verschiedenen Zeilen/Spalten konsolidiert, stehen verborgen die Ursprungsdaten.

Sie sehen an dem linken Bildschirmrand ein kleines Pluszeichen in einer Schaltfläche neben der entsprechenden Zeile (vgl. Bild 10.7). Dies zeigt Ihnen, daß sich hinter dieser Zeile noch mehrere Zeilen verbergen.

Am oberen Rand der Gliederungsspalte, die auch das Pluszeichen enthält, sehen Sie hier zwei Schaltflächen mit den Zahlen 1 und 2. Sie können durch Anklicken dieser Schaltflächen festlegen, wieviel Tabellendaten Sie auf dem Bildschirm sehen wollen. Klikken Sie in die Schaltfläche mit der Nummer 2, sehen Sie alle Daten der drei Ursprungstabellen und der konsolidierten Tabelle auf dem Bildschirm (Bild 10.11). Wir werden dies nun für die Tabelle mit dem Gesamtumsatz des Reisebüros durchführen.

Sie können diesen Schritt nur mit der Maus ausführen.

1. Als Ausgangsbildschirm sehen Sie die Kurzform ohne Ursprungsdaten wie in Bild 10.9.

2. Um nun die Daten der anderen Tabellen auch auf dem Bildschirm zu sehen, klicken Sie mit der Maus in die Schaltfläche mit der «2». Beobachten Sie, wie Excel nun die Tabelle entsprechend vergrößert.

Die Werte der ersten Sparte (Bahnreisen) zeigt Excel nicht an, da die Konsolidierungsfunktion hier das Format der Spaltenüberschriften übernommen hat, also einen Schriftgrad von 12 Pt, fett und zentrierte Ausrichtung. Sie müssen für diesen Bereich also noch das Format anpassen, um einen Bildschirm wie in Bild 10.11 zu sehen. Die Zeilen, die eine Zeilenüberschrift enthalten, beinhalten die konsolidierten Daten. Die Zeilen darüber enthalten jeweils die Urspungsdaten.

Sie sehen, warum es sinnvoll sein kann, eine Tabelle zu gliedern. Zu viele Daten auf dem Bildschirm stören die Übersichtlichkeit doch empfindlich und sorgen für unnötige Verwirrung beim Lesen der Tabelle.

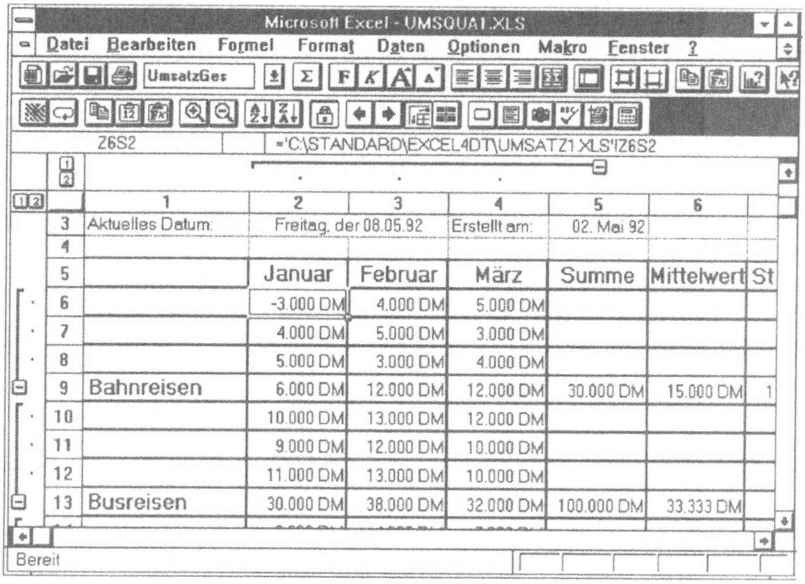
Microsoft Excel - UMSQUA1.XLS
Datei Bearbeiten Formel Format Daten Optionen Makro Fenster ?
UmsatzGes
Z6S2
='C:\STANDARD\EXCEL4DT\UMSATZ1.XLS'!Z6S2
1 2 3 4 5 6
3 Aktuelles Datum: Freitag, der 08.05.92 Erstellt am: 02. Mai 92
4
5 Januar Februar März Summe Mittelwert St
6 -3.000 DM 4.000 DM 5.000 DM
7 4.000 DM 5.000 DM 3.000 DM
8 5.000 DM 3.000 DM 4.000 DM
9 Bahnreisen 6.000 DM 12.000 DM 12.000 DM 30.000 DM 15.000 DM 1
10 10.000 DM 13.000 DM 12.000 DM
11 9.000 DM 12.000 DM 10.000 DM
12 11.000 DM 13.000 DM 10.000 DM
13 Busreisen 30.000 DM 38.000 DM 32.000 DM 100.000 DM 33.333 DM
Bereit

Bild 10.11 Tabelle mit allen Zeilen

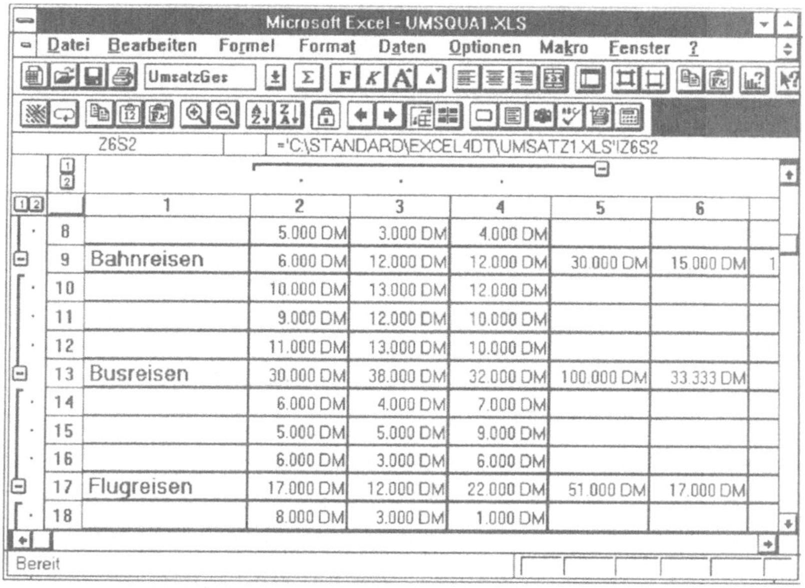
Microsoft Excel - UMSQUA1.XLS
Datei Bearbeiten Formel Format Daten Optionen Makro Fenster ?
UmsatzGes
Z6S2
='C:\STANDARD\EXCEL4DT\UMSATZ1.XLS'!Z6S2
1 2 3 4 5 6
8 5.000 DM 3.000 DM 4.000 DM
9 Bahnreisen 6.000 DM 12.000 DM 12.000 DM 30.000 DM 15.000 DM 1
10 10.000 DM 13.000 DM 12.000 DM
11 9.000 DM 12.000 DM 10.000 DM
12 11.000 DM 13.000 DM 10.000 DM
13 Busreisen 30.000 DM 38.000 DM 32.000 DM 100.000 DM 33.333 DM
14 6.000 DM 4.000 DM 7.000 DM
15 5.000 DM 5.000 DM 9.000 DM
16 6.000 DM 3.000 DM 6.000 DM
17 Flugreisen 17.000 DM 12.000 DM 22.000 DM 51.000 DM 17.000 DM
18 8.000 DM 3.000 DM 1.000 DM
Bereit

Bild 10.12 Blättern in der Tabelle

Beachten Sie, daß Excel die Standardabweichungen der Daten der Ursprungstabellen nicht anzeigt, da Sie in der Konsolidierungstabelle Formeln mit Bereichsnamen eingegeben haben und diese

Namen für die konsolidierten Sparten gelten. Wollen Sie alle statistischen Angaben in dieser Tabelle sehen, so müssen Sie die entsprechenden Formeln eintragen.

In der Tabelle blättern... Wenn Sie nun in der Tabelle nach unten blättern, so verschwinden die Spaltenüberschriften schnell. Gerade bei größeren Tabellen verliert man dann schnell den Überblick, wo man eigentlich ist (Bild 10.12).

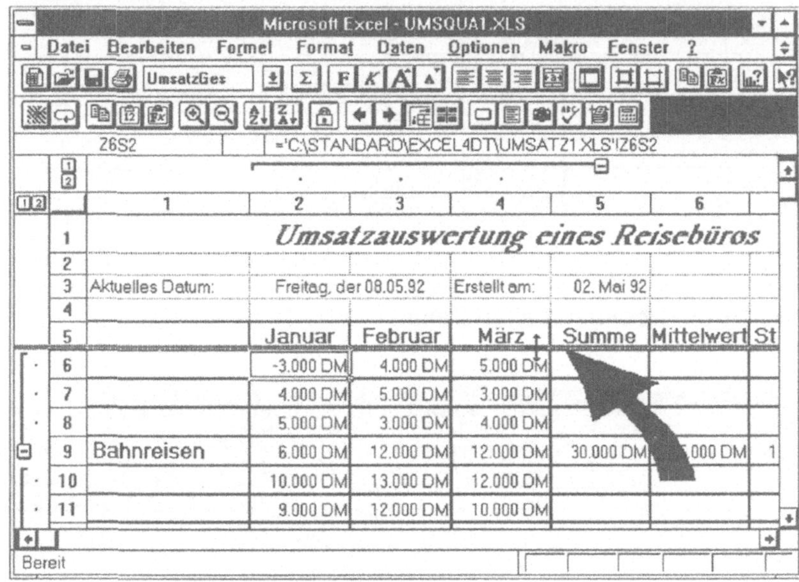

Bild 10.13 Der Fenster-Teiler

Tabellen in Ausschnitte unterteilen Um auch am unteren Rand der Tabelle noch die Spaltenüberschriften zu sehen, unterteilen Sie Ihr Dateifenster waagrecht in zwei Ausschnitte. Sie teilen Ihre Tabelle waagrecht, indem Sie mit der Maus den Bildschirmteiler (den schwarzen Querstrich der senkrechten Bildlaufleiste) an die entsprechende Stelle verschieben (Bild 10.13). Sie brauchen den oberen Ausschnitt nur so hoch zu wählen, daß Sie genau die Spaltenüberschriften sehen können (Bild 10.14). Achten Sie darauf, den Bildlauf in dem Ausschnitt mit den Überschriften nicht zu verstellen, da Sie ansonsten den Nutzen des geteilten Bildschirms verspielen.

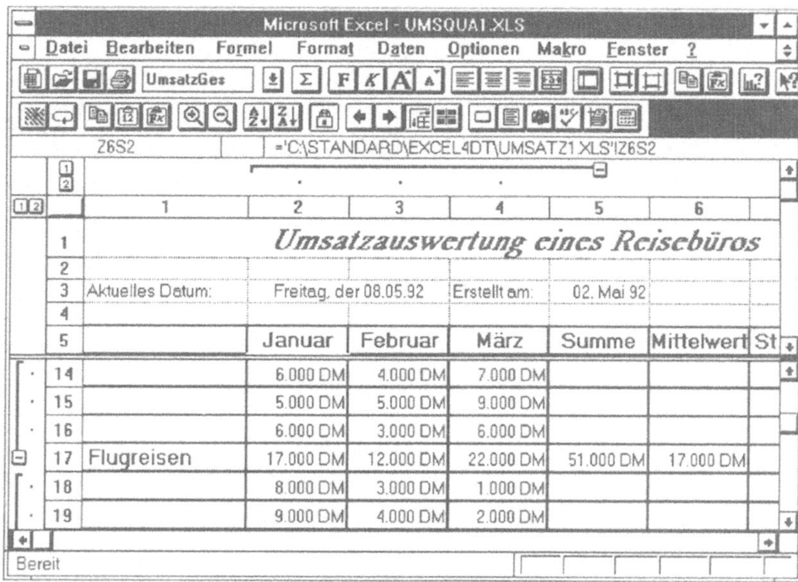

Bild 10.14 Fenster mit zwei Ausschnitten

Blättern Sie im unteren Ausschnitt nach rechts oder links, so wird diese Bewegung im oberen Ausschnitt nachvollzogen. Blättern Sie jedoch nach unten oder oben, so bleibt der obere Ausschnitt davon unberührt.

Sie können zur ursprünglichen Ansicht zurückkehren, indem Sie mit der Maus in das Minuszeichen klicken. Dieser Schritt kann nicht mit der Tastatur vorgenommen werden. Für weitere Details zu der Gliederung (zum Beispiel, ob die Unterebenen vor oder hinter der Hauptebene angezeigt werden sollen) verwenden Sie den Befehl **Gliederung** aus dem Menü **Formel**. Sie können im Dialogfeld **Gliederung** die notwendigen Details eingeben (siehe Abschnitt 10.2).

Zurück zur verkürzten Ansicht

10. 4 Arbeitsmappen und 3D-Formeln

10. 4. 1 Vorbemerkungen

Wir haben im dritten Kapitel schon auf die Möglichkeit von Arbeitsmappen hingewiesen. Mit Arbeitsmappen organisieren Sie bei Excel dreidimensionale Tabellenkalkulation. In einem inhaltsverzeichnis sehen Sie eine Liste alle Dateien der Arbeitsmappe.

Wir werden nun die drei Umsatztabellen und die konsolidierte Umsatztabelle in eine Arbeitsmappe aufnehmen. Anschließend zeigen wir wir Ihnen die Verwendung von 3D Formeln. Mit 3D Formeln können Sie direkt auf Tabellenzellen unterschiedlicher Dateien der Arbeitsmappe zugreifen und diese zum Beispiel summieren.

10. 4. 2 Anlegen einer Arbeitsmappe

Legen Sie sich als erstes eine Arbeitsmappe mit dem Namen UMSATZ an, in die Sie dann die Dateien UMSATZ1.XLS, UMSATZ2.XLS, UMSATZ3.XLS und UMSQUA1.XLS aufnehmen. Excel versieht Arbeitsmappendateien automatisch mit der Dateinamenserweiterung .XLW, so daß keine Namenskonflikte mit der Tabellendatei UMSATZ.XLS auftreten, die wir noch aus dem Kapitel 3 gespeichert haben.

Legen Sie nun eine Arbeitsmappe an, indem Sie den Befehl **Arbeitsmappe speichern** aus dem Menü **Datei** geben. Excel wird Sie zur Eingabe eines Namens auffordern und anschließend alle *geöffneten* Dateien in die Arbeitsmappe aufnehmen. Haben Sie also noch weitere Dateien geöffnet, so müssen Sie diese anschließend mit dem Befehl **Entfernen** wieder aus der Arbeitsmappe entfernen.

Arbeitsmappe anlegen:

1. Geben Sie den Befehl **Arbeitsmappe speichern** aus dem Menü **Datei** (Bild 10.15).

2. Geben sie in dem Dialogfeld **Arbeitsmappe Speichern** den Namen Umsatz ein. Excel wir automatisch die Dateinamenserweiterung .XLW einfügen.

3. Schließen Sie den Befehl ab.

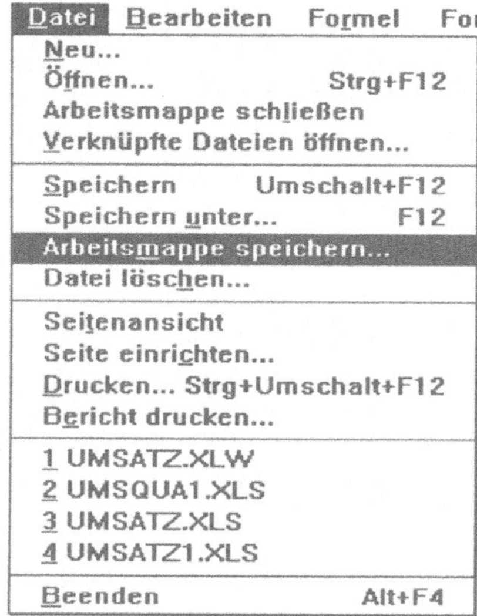

Bild 10.15 Menü **Datei**

Sie sehen das Inhaltsverzeichnis der Arbeitsmappe. Wenn Sie vor der Ausführung des Befehls die Dateien UMSQUA1.XLS und TAB1.XLS geöffnet hatten, so erscheinen darin noch überflüssige Dateien (Bild 10.16).

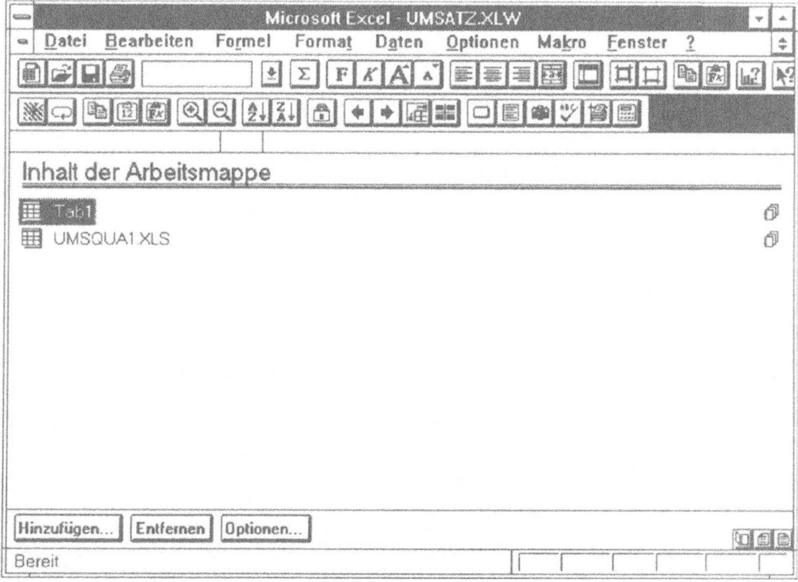

Bild 10.16 Arbeitsmappe mit falscher Datei

Sie können mit der Schaltfläche **Entfernen** Dateien aus der Arbeitsmappe entfernen. Mit der Schaltfläche **Hinzufügen** können Sie weitere Dateien in die Arbeitsmappe aufnehmen oder neue Dateien anlegen, die gleich in die Arbeitsmappe geschrieben werden.

Fügen Sie nun die Dateien UMSATZ1.XLS, UMSATZ2.XLS und UMSATZ3.XLS in die Arbeitsmappe ein, und entfernen Sie die Datei TAB1.XLS aus der Arbeitsmappe, wenn sie diegleiche Ausgangssituation hatten wie wir. Sie sehen anschließend ein Inhaltsverzeichnis wie in Bild 10.17.

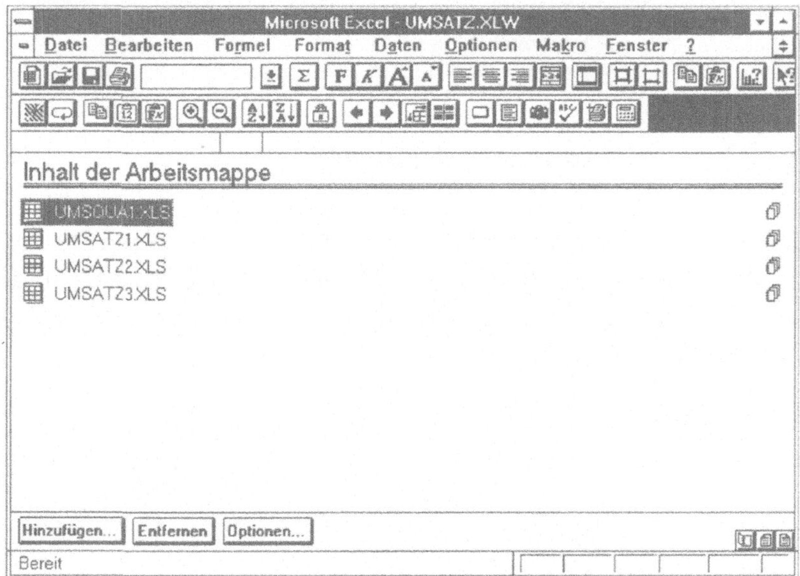

Bild 10.17 Inhaltsverzeichnis der Arbeitsmappe UMSATZ

   Sie können mit den drei Schaltflächen am rechten unteren Rand des Fensters in der Arbeitsmappe blättern. Mit der linken Schaltfläche rufen Sie das Inhaltsverzeichnis auf, mit den anderen beiden blättern Sie nach vorne und zurück .

10. 4. 3 3D-Formeln

Haben Sie verschiedene Tabellendateien in einer Arbeitsmappe gespeichert, können Sie auf diese 3D-Formeln anwenden. 3D-Formeln sind ein Spezialfall von Formeln mit externem Bezug. Sie zeichnen sich dadurch aus, daß Sie sich immer auf ein Tabellenfeld oder einen Tabellenbereich mehrerer Tabellen beziehen.

3D-Formeln haben die folgende Struktur:

```
=FUNKTION([Arbeitsmappendatei.xlw];Erste_Ta-
belle.xls:Letzte_Tabelle.xls!Tabellenbe-
reich)
```

Sie geben zuerst wie gewohnt die Funktion ein, mit der die Daten der verschiedenen Dateien verknüpft werden sollen. Als erstes Argument wird der Name der Arbeitsmappendatei wird in eckige Klammern eingeschlossen eingegeben. Danach folgen die Namen der Tabellen der Arbeitsmappe, auf die die Funktion angewandt werden soll. Schließen Sie die Eingabe mit einem Ausrufungszeichen ab, wie Sie es von externen Bezügen kennen.

3D-Formeln
eingeben

Zuletzt wird der Tabellenbereich der Dateien eingegeben, auf den die Funktion angewandt werden soll. Haben die gewünschten Tabellenbereiche unterschiedliche Namen, so müssen Sie die Tabellendateien mit den jeweiligen Bereichsnamen durch Semikola voneinander getrennt aufzählen.

Wir wollen Ihnen nun anhand der Umsatzauswertung zeigen, wie Sie zum Beispiel mit Hilfe einer 3D Formel leicht den Gesamtumsatz jedes Monats und des Quartals sowie einen mittleren Umsatz der drei verschiedenen Filialen in einer neuen Tabelle auswerten können.

Das Beispiel

Fügen Sie in die Arbeitsmappe eine neue Tabelle ein und tragen in diese Tabelle die Überschriften wie in Bild 10.18 ein. Wir haben diese Tabelle mit den Druckformaten formatiert, die Sie im Kapitel 4 für die Umsatzauswertung angelegt hatten. Diese Druckformate enhielten ein Format für die Überschrift, hier Z1S1:6, («UMSATZÜB»), eines für die Spaltenüberschriften («UMSATZSPÜB»), eines für die Zeilenüberschriften («UMSATZZEIÜB») sowie eines für die gesamte Tabellenfläche («UMSATZGES»).

Vergeben Sie nun noch für den Datenbereich der Tabelle ein Währungsformat, und legen Sie für alle Spalten als Spaltenbreite die Option «Beste Breite» fest. Vergleichen Sie anschließend Ihr Ergebnis mit Bild 10.18.

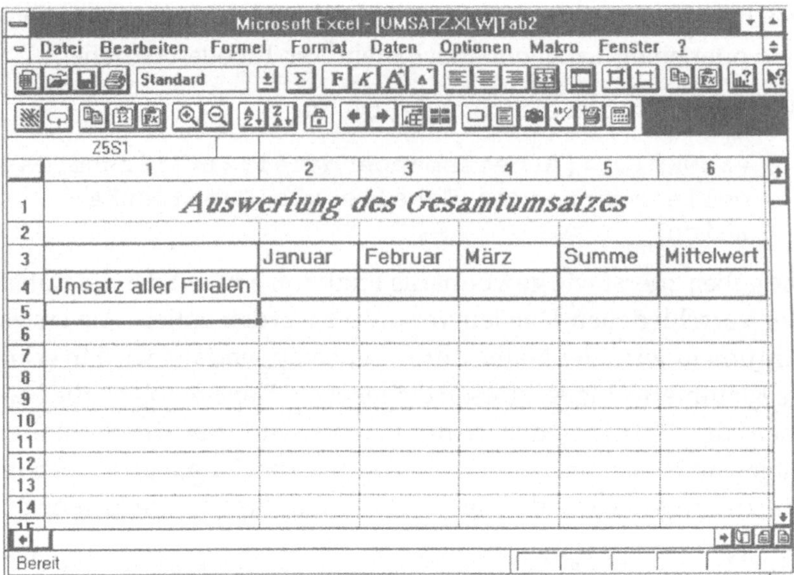

Bild 10.18 Neue Tabelle mit Druckformaten formatiert

Tragen Sie die erste Formel in die Zelle Z4S2 ein, die die Summe der Umsätze des Monats Januar der drei Filialen bildet. Sie haben dazu zwei verschiedene Möglichkeiten:

1) Sie tragen die Formel einfach ein, indem Sie die Funktion und die Bezüge eingeben.

2) Sie können die Formel auch weitestgehend von Excel eintragen lassen, indem Sie die Zellen der Dateien, die Sie summieren wollen, durch Blättern in der Arbeitsmappe auswählen.

Wir werden Ihnen das zweite Verfahren anhand der ersten Formel zeigen:

Eingeben einer 3D Formel:

1. Zeigen Sie auf die Zelle Z4S2 und tragen Sie die Funktion =SUMME() ein, oder wählen Sie sie aus der Liste der Funktionen in der Gruppe **Statistik** aus.

2. Blättern Sie mit der rechten der drei Schaltflächen zum Blättern in der Arbeitsmappe in die Tabelle UMSATZ1.XLS.

3. Zeigen Sie hier auf Z10S2 und beobachten sie, wie Excel den Arbeitsmappenbezug und den ersten Dateibezug in die Formel einträgt (Bild 10.19).

4. Geben Sie ein Semikolon ein, um anzuzeigen, daß noch ein weiterer Bezug folgt.

5. Blättern sie eine Seite weiter und zeigen sie in der Datei UMSATZ2.XLS auch auf Z10S2. Verfahren Sie ebenso mit der Tabelle UMSATZ3.XLS.

6. Schließen Sie den Befehl ab.

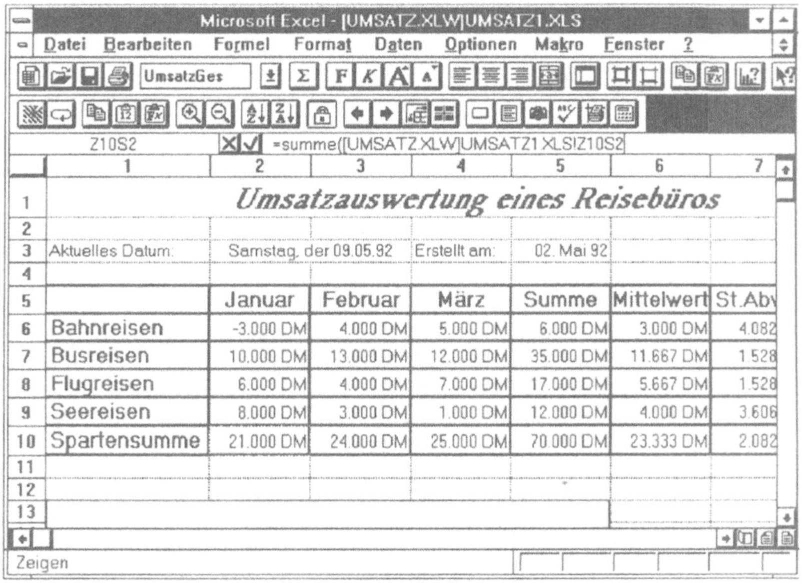

Bild 10.19 Auswahl des ersten Bezuges

Beobachten Sie, wie Excel in der Formel die Bereichsangabe durch einen Doppelpunkt ersetzt und in Z4S2 der neuen Tabelle das Ergebnis einträgt (Bild 10.20). Unterscheiden sich die Tabellenbereiche der Quelltabellen in Name oder Struktur, so wird das Semikolon beibehalten und nicht durch einen Doppelpunkt ersetzt.

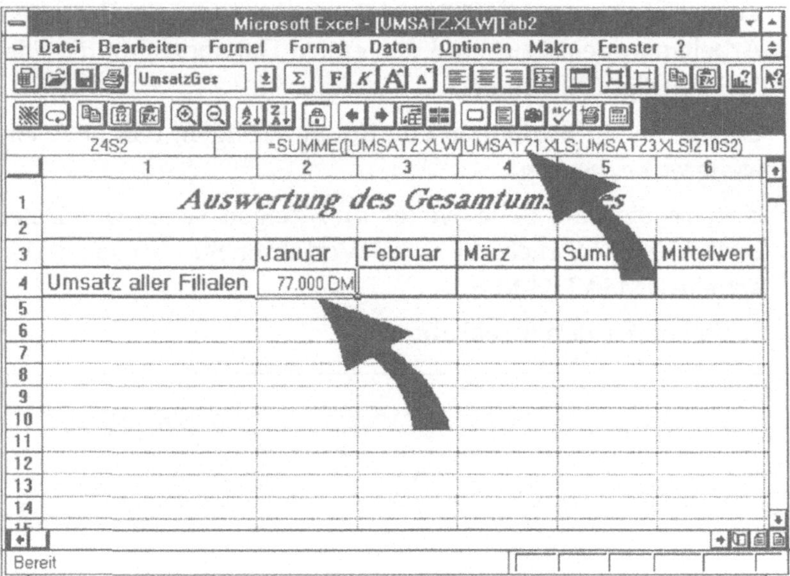

Bild 10.20 Erste 3D-Formel in der neuen Tabelle

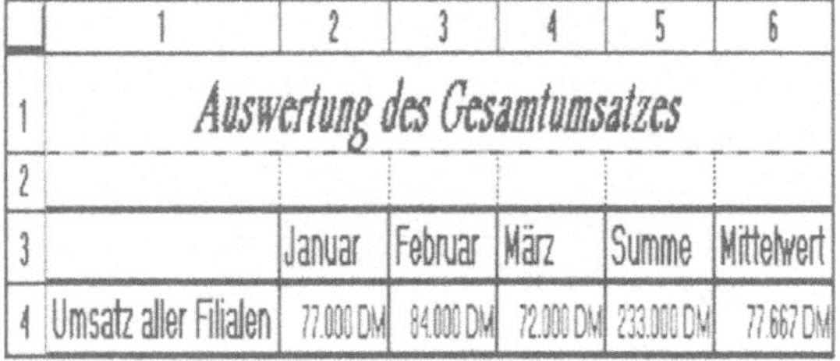

Bild 10.21 Tabelle mit 3D Formeln

Erfassen Sie die Formeln für die Zellen Z4S3:6. Verwenden sie dabei in Z4S6 die Funktion MITTELWERT(). Vergleichen sie ihren Bildschirm mit Bild 10.21. Haben Sie alle Formeln richtig eingegeben und in den vorigen Tabellen die gleichen Werte eingetragen, so können Sie anhand der Werte die Richtigkeit Ihrer Formeln überprüfen. Speichern Sie die Tabelle unter dem Namen GESAMT.XLS. Sie verwenden dazu den Befehl **Speichern unter** aus dem veränderten Menü **Datei** (Bild 10.22) und geben in dem Dialogfeld **Arbeitsmappendatei speichern** den Namen «Gesamt» ein. Excel speichert die Datei in der Arbeitsmappe.

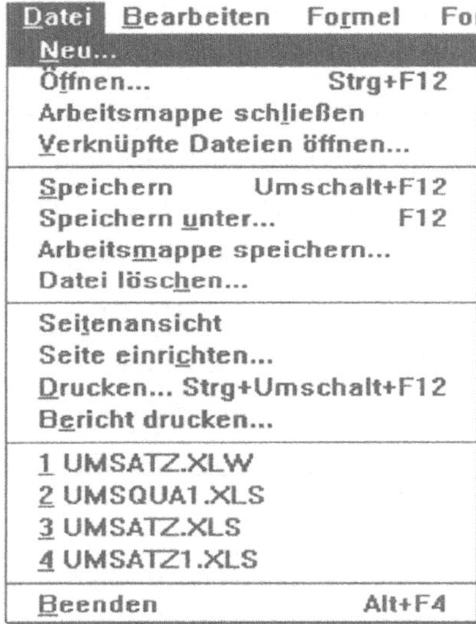

Bild 10.22 Menü **Datei**

Wollen sie die Arbeit mit der Arbeitsmappe beenden, schließen sie die Mappe mit dem Befehl Arbeitsmappe schließen aus dem Menü **Datei**. Sie können mit Hilfe der Schaltfläche Hinzufügen und der Wahl Optionen auch eine Arbeitsmappendatei als gesonderte Datei speichern. Sie können diese Datei dann auch öffnen und bearbeiten, ohne die Arbeitsmappe zu öffnen.

10. 5 Kreuztabellen erstellen

Mit Kreuztabellen fassen Sie Datenbanken, die Sie mit Excel oder mit Datenbankprogrammen erstellt haben, nach bestimmten Rubriken zusammen und summieren, analysieren oder vergleichen anschließend die so zusammengefaßten Werte. Dabei können Sie mit Suchkriterien bestimmen, welche Teilmenge der Datensätze für die Kreuztabelle verwendet werden soll.

Excel bietet Ihnen offensichtlich ein komfortables Werkzeug zum Analysieren von Tabellen und stellt Ihnen zum Einrichten einer Kreuztabelle ähnlich wie beim Erstellen von Diagrammen einen Assistenten zur Verfügung, der Sie durch die verschiedenen Menüs führt. Die Kreuztabelle wird dabei, wenn Sie es nicht anders

Der Kreuztabellen- assistent

festlegen, in eine neue Tabelle geschrieben, um die Daten der Ursprungstabelle zu erhalten.

Erweitern der Kundentabelle

Wir wollen die Kundentabelle aus Abschnitt 9.4 erweitern und mit einer Kreuztabelle das Reiseverhalten der Kunden unter verschiedenen Gesichtspunkten untersuchen. In der Kundentabelle sollen neben den Kundendaten auch die folgenden Daten stehen:

- das Reiseziel der Kunden bzw. Kundinnen aufgegliedert in Nordeuropa, Südeuropa und Fernost,

- das Datum des Antritts der Reise sowie

- der Umsatz, den das Reisebüro mit diesen Kunden/diesen Kundinnen erzielt hat.

Diese Datenfülle soll nun unter den im folgenden beschriebenen Fragestellungen ausgewertet werden:

Die Aufgabe

Die Kunden sollen nach 1940 geboren sein, wir wollen also zuerst einmal die Altersgruppe einschränken. Dies erreichen wir, indem wir das entsprechende Suchkriterium in den Kriterienbereich eintragen.

Nun soll in der Auswertung unterschieden werden, ob es sich um Kunden oder Kundinnen handelte. Dies soll später eine gezieltere Werbung ermöglichen. Desweiteren sollen die Umsätze nach der Rubrik «Reiseziel» geordnet werden, um festzustellen, ob vielleicht Frauen einer Altersgruppe bestimmte Reiseziele bevorzugen.

In der Spalte der Kreuztabelle sollen nicht die einzelnen Daten oder Monate auftauchen, sondern die Daten sollen zur besseren Übersicht quartalsweise zusammengefaßt werden.

Im Wertebereich der Kreuztabelle sollen die Umsätze des Reisebüros erscheinen, um hier besondere Zielgruppe für Werbemaßnahmen herauszusuchen. In der folgenden Grafik verdeutlichen wir Ihnen das Prinzip dieser nicht so ganz einfachen Tabellenanalyse.

Kreuztabellenschema

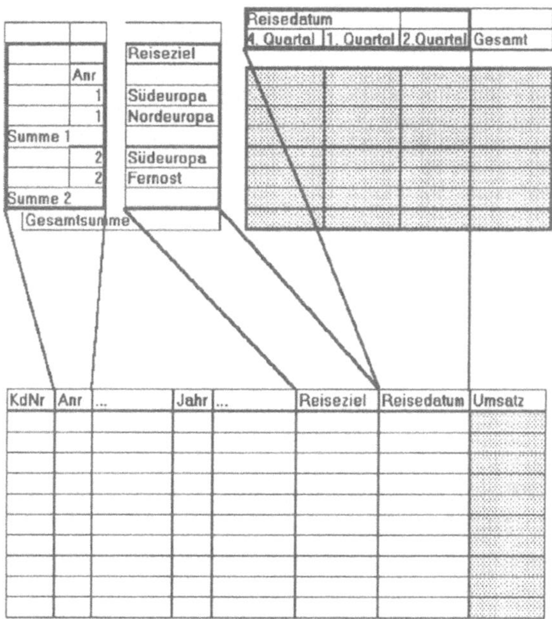

Grafik 10.2 Erstellen einer Kreuztabelle

Richten Sie als erstes die Kundentabelle mit der neuen Struktur ein. Dazu öffnen Sie die Tabelle KUNDEN.XLS und richten hier die neuen Spalten Reiseziel, Reisedatum und Umsatz ein (Bild 10.23). Wir haben hierfür Sie dreißig Datensätze eingegeben.

Sie brauchen sich nicht die Mühe zu machen diese selber einzutragen, sondern Sie öffnen einfach die Tabelle KUNDAUS.XLS auf der Beispieldiskette zu diesem Buch im Verzeichnis «\K10».

	1	2	3	4	5	6	7	11	12	13
1	Kundenstammdatei									
2	KdNr	Anr	Nachname	Vorname	Tag	Mon	Jahr	Reiseziel	Reisedatum	Umsatz
3	100	1	Blank	Peter	23	4	1948	Südeuropa	05.12.1991	1400
4	200	2	Carstens	Ida	4	7	1934	Nordeuropa	05.10.1991	600
5	300	1	Demba	Dirk	5	4	1944	Nordeuropa	03.04.1992	700
6	400	2	Dettendorfer	Lisa	3	1	1946	Fernost	04.02.1992	1200
7	500	1	Dohr	Eberhard	12	9	1956	Fernost	04.03.1992	2300
8	600	2	Dorner	Sibille	15	6	1937	Südeuropa	06.12.1991	1800
9	700	1	Hagemann	Karl-Heinz	8	12	1954	Nordeuropa	29.12.1991	400
10	800	1	Heitmann	Julius	9	11	1942	Nordeuropa	04.01.1992	900
11	900	2	Henkel	Roswitha	15	10	1948	Südeuropa	15.01.1992	400
12	1000	2	Herborg	Johanna	5	6	1943	Fernost	13.02.1992	800
13	1100	1	Meier	Egon	12	12	1949	Nordeuropa	15.04.1992	2000
14	1200	2	Müller	Erna	17	3	1981	Südeuropa	14.12.1991	1000
15	1300	2	Planck	Petra	12	4	1953	Nordeuropa	04.10.1991	300
16	1400	1	Richter	Hans	2	10	1932	Fernost	10.10.1991	500
17	1500	2	Sarstedt	Margareta	2	5	1953	Nordeuropa	05.12.1991	850
18	1600	1	Scheibe	Günter	5	7	1939	Fernost	07.10.1991	950
19	1700	2	Schlüter	Emmi	7	11	1948	Südeuropa	03.02.1992	1000
20	1800	2	Schmidt	Elisabeth	12	9	1930	Nordeuropa	01.01.1992	900

Bild 10.23 Kundentabelle mit neuen Spalten und Daten

Die Such-
kriterien

In dieser Datei ist der Kriterienbereich mit dem Suchkriterium «Jahr >1940» angelegt. Die Datenbank und der Kriterienbereich sind eingerichtet. Sie können dies jedoch auch noch noch einmal eigenhändig vornehmen. Für die Spalten, die bei der Kreuztabelle ausgewertet werden sollen, wurde die Spaltenüberschrift als Name vergeben.

Damit sind alle Vorbereitungen für die Kreuztabelle getroffen. Geben Sie den Befehl **Kreuztabelle** aus dem Menü **Daten**. Sie sehen, nachdem Excel die Namen der Datenbank eingelesen hat, ein Dialogfeld wie in Bild 10.24.

In diesem ersten Dialogfeld auf dem Weg zu der neuen Kreuztabelle können Sie im Moment nur festlegen, ob Sie eine neue Kreuztabelle erstellen oder den Befehl abbrechen wollen. Haben Sie vorher schon Kreuztabellen erstellt und gespeichert, so können Sie diese mit diesem Befehl bearbeiten.

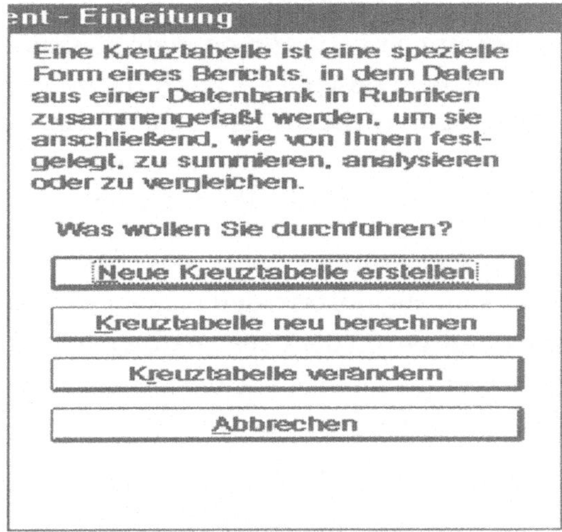

Bild 10.24 Dialogfeld **Einleitung**

Wählen Sie die Schaltfläche **Neue Kreuztabelle erstellen**. Sie
sehen anschließend ein Dialogfeld wie in Bild 10.25.

Bild 10.25 Festlegen der Zeilenrubriken

Hier geben Sie ein, welche der Spaltenüberschriften der Daten- Oberbegriffe
bank als Zeilenüberschriften der Kreuztabelle verwendet werden
soll. Nach diesen Oberbegriffen wird die Kreuztabelle dann sortiert.

**Zeilenüber-
schriften
festlegen**

In unserem Beispiel soll in der Kreuztabelle zuerst unterschieden werden, ob es sich um eine Kundin oder einen Kunden handelt. Wir verwenden den Anredeschlüssel der Kundentabelle. Wählen Sie als erste Zeilenüberschrift die Überschrift «Anr» aus, indem Sie sie in der Liste der Spaltennamen der Datenbank markieren und anschließend die Schaltfläche **Hinzufügen** wählen.

Der zweite Gliederungspunkt sollte das Reiseziel der Kunden/Kundinnen sein. Sie müssen den Namen «Reiseziel» in der Liste der Zellnamen der Datenbank markieren und durch die Schaltfläche **Hinzufügen** in die Liste der Zeilenrubriken aufnehmen. Sie sehen einen Bildschirm wie in Bild 10.25.

Wählen Sie die Schaltfläche **Weiter** am unteren Rand des Dialogfeldes, um in das nächste zu gelangen. Hier legen Sie die Spaltenrubriken der Kreuztabelle fest. Dazu verfahren sie genau wie bei den Zeilenrubriken: Sie markieren den zu übernehmenden Namen in der Liste der Zellnamen der Datenbank (hier den Namen «Reisedatum») und wählen die Schaltfläche **Hinzufügen**.

Wir wollten in der Kreuztabelle jedoch nicht alle Monate oder sogar Tage einzeln aufgelistet haben, sondern die Monate zu Quartalen zusammenfassen. Dies legen sie mit Hilfe der Schaltfläche **Optionen** fest. In dem Dialogfeld **Optionen** (Bild 10.26) können Sie unter anderem bestimmen, ob die Rubriken wie in unserem Beispiel zu Gruppen zusammengefaßt werden sollen oder ob Sie durch eine der aufgelisteten statistischen Funktionen verknüpft werden sollen.

Wählen Sie im Listenfeld «Gruppen« die Angabe «Quartal» aus (Bild 10.26) und schließen Sie dieses Dialogfeld wieder.

Sie sehen das Dialogfeld **Spaltenrubriken,** in dem Sie festlegen können, welche Spalte der Datenbank die Werte enthält, die Excel in die Kreuztabelle eintragen soll. Wählen Sie hier aus der Liste der Namen der Datenbank den Namen «Umsatz» aus und zeigen sie auf die Schaltfläche **Hinzufügen.** Schließen Sie das Dialogfeld, um so die vorgenommenen Einstellungen zu übernehmen..

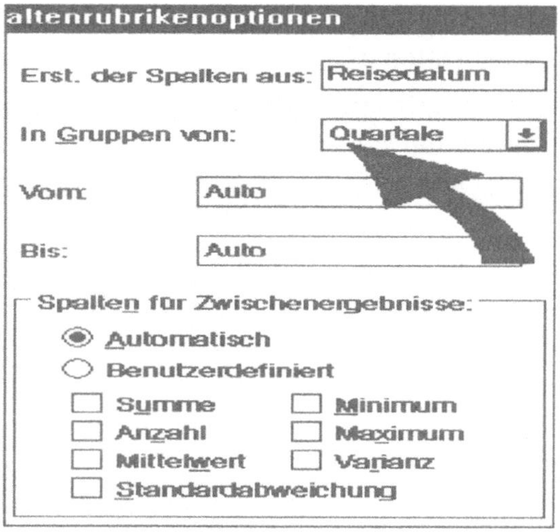

Bild 10.26 Rubrikwerte zusammenfassen

Bild 10.27 Festlegen des Wertebereichs

Sie haben das letzte Dialogfeld erreicht. Hier können Sie, wenn Erstellungs-
Sie die Schaltfläche **Erstellungsoptionen** wählen, noch generelle optionen
Einstellungen vornehmen, wie Excel die Kreuztabelle erstellen
soll (Bild 10.28). Sie können festlegen, ob

- eine Gliederung erzeugt werden soll,
- die Tabelle in eine neue Datei geschrieben wird,

- Zellnamen zur Berechnung in Formeln der Kreuztabelle festgelegt werden sollen und

- Wertezellen zum Doppelklicken zum Anzeigen der Quelldaten erzeugt werden sollen.

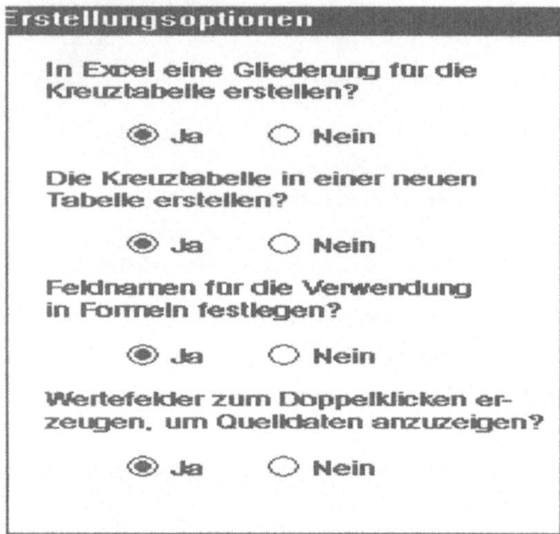

Bild 10.28 Erstellungsoptionen

Übernehmen Sie hier die voreingestellten Optionen und schließen Sie das letzte Dialogfeld, damit Excel endlich die Kreuztabelle erstellt.

Wenn Sie alle Einstellungen wie hier beschrieben vorgenommen haben, müßten Sie eine Kreuztabelle wie in Bild 10.29 erhalten. Sie sehen hier die verwirrende Vielfalt von Daten der Tabelle KUNDAUS.XLS in übersichtlicher Form und nach den gewünschten Kriterien zusammengefaßt.

Das Ergebnis   So können Sie erkennen, daß sowohl bei den weiblichen als auch bei den männlichen Kunden der festgelegte Altersklasse im 4. Quartal öfter nach Nordeuropa gereist wird. Sie können somit also das Kundenverhalten unter verschiedenen Aspekten analysieren und so Ihr Angebot entsprechend ausrichten.

Wenn Sie den Kriterienbereich der Kundentabelle KUND-AUS.XLS verändern, also zum Beispiel die Altersgruppe der Kunden verändern, so können Sie die Kreuztabelle mit der Schaltfläche **Kreuztabelle neu berechnen** im ersten Dialogfeld des

Kreuztabellenassistenten leicht neu erstellen, ohne wieder alle
Eingaben wiederholen zu müssen.

	1	2	3	4	5	6	7
1	Summe von Umsatz	Reisedatum					
2	Anr	Reiseziel	Qrt4	Qrt1.1992	Qrt2	Gesamt	
3	1	Fernost	0	2300	0	2300	
4		Nordeuropa	2900	2100	2700	7700	
5		Südeuropa	1800	0	0	1800	
6	Summe von 1		4700	4400	2700	11800	
7	2	Fernost	750	2000	0	2750	
8		Nordeuropa	2850	0	0	2850	
9		Südeuropa	1000	1400	0	2400	
10	Summe von 2		4600	3400	0	8000	
11	Gesamt		9300	7800	2700	19800	
12							
13							
14							

Formelzeile: Z1S1 =KREUZTABELLE("Summe von Umsatz";"Zusammenfassung:"; Array_für_Werte;WAHR;WAHR;1;WAHR)

Bild 10.29 Von EXCEL erstellte Kreuztabelle

10. 6 Kundenfrequenzanalyse

Sie haben im Abschnitt 7 aus den Daten einer Woche eine Tabelle
zur Auswertung der Kundenzahl eines Reisebüros erstellt. Um
eine solche Auswertung sinnvoll nutzen zu können, muß die
Aufzeichnung der Daten nicht nur über einen so kurzen Zeitraum
erfolgen, sondern mehrere Monate umfassen.

Anhand einer solchen Auswertung könnte beurteilt werden, ob
noch eine zusätzliche Arbeitskraft eingestellt werden muß, und
wann diese in der Filiale anwesend sein sollte. Wir wollen Ihnen
hier wieder den Nutzen der Konsolidierungsfunktion für eine
solche Aufgabe zeigen.

Statistische Mittel

Im zweiten Abschnitt dieses Kapitels haben Sie als Rechenopera-
tion zum Konsolidieren der Daten die Summenfunktion benutzt.
Wie Sie aber schon gesehen haben, enthält Excel eine Reihe von
Rechenfunktionen zum Verknüpfen der Ursprungsdateien. Dazu

gehört auch die Funktion MITTELWERT(), die das arithmetische Mittel einer Zahlenreihe bildet.

Die Vorarbeiten

Als Vorbereitung erstellen Sie sich noch zwei weitere Tabellen mit Kundenzahlen nach dem Muster der Tabelle REISEKU1.XLS. Damit dies nicht in eine unnötige Schreibarbeit ausartet, können Sie wie bei der Umsatzauswertung der Reisebürofilialen verfahren. Laden Sie also die Tabelle REISEKU1.XLS mit den Daten aus dem Abschnitt 7.9 und geben Sie einige neue Testdaten ein (Bild 10.30).

Vergeben Sie in dieser neuen Tabelle noch für den Datenbereich, den wir konsolidieren wollen (also für den Bereich Z3S2:Z8SS9) den Namen «Datenbereich», damit wir in der Konsolidierungsfunktion Bereichsnamen verwenden können. Speichern Sie die neue Tabelle anschließend unter einem anderen Namen (REISEKU2.XLS).

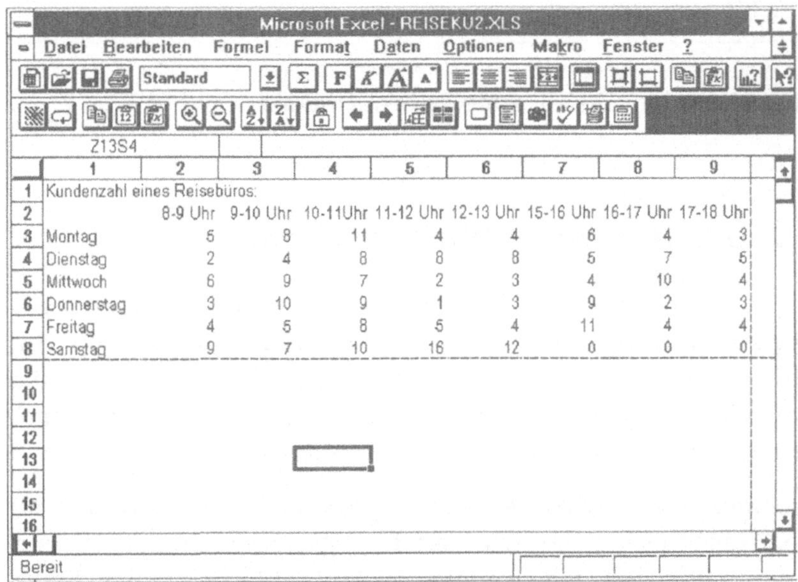

Bild 10.30 Zweite Kundenzahltabelle

Verfahren Sie anschließend ebenso, um die dritte Datentabelle zu erstellen (Bild 10.31), und speichern Sie diese unter dem Namen REISEKU3.XLS.

Vergeben Sie anschließend noch in der ursprünglichen Tabelle REISEKU1.XLS für den Datenbereich den Namen «Datenbereich», und speichern Sie die Tabelle.

Bild 10.31 Dritte Kundenzahltabelle

Um die Konsolidierungstabelle anzulegen, löschen Sie alle Daten in der Tabelle REISEKU1.XLS und speichern die leere Tabelle anschließend unter dem Namen REISEKU.XLS.

Damit haben Sie die wesentlichen Vorarbeiten abgeschlossen und können mit dem Konsolidieren beginnen.

Bereit zum Konsolidieren

Die Quelldateien müssen beim Konsolidieren nicht geladen oder geöffnet sein. Haben Sie die Quelldateien mit einem Kennwort geschützt, so wird Excel Sie während des Konsolidierens nach diesem Kennwort fragen, wenn die entsprechende Quelltabelle nicht geöffnet ist.

Konsolidieren Sie die Daten der Tabelle REISEKU1.XLS bis REISEKU3.XLS in die Tabelle REISEKU.XLS:

1. Zeigen Sie mit dem Zellzeiger auf die erste Zelle des Tabellenbereiches, die die konsolidierten Daten aufnehmen soll (hier Z3S2).

Daten
Konsolidieren

2. Geben Sie den Befehl **Konsolidieren** aus dem Menü **Daten**. Sie sehen das Dialogfeld zum Konsolidieren von Daten.

3. Geben Sie als ersten Ursprung den Tabellennamen REISE-KU1.XLS ein, dann ein Ausrufungszeichen oder wählen Sie diesen Bezug mit Hilfe des Dialogfeldes **Blättern** aus. Anschließend tragen Sie den Namen des Tabellenbereiches, der konsolidiert werden soll ein (hier also den Namen «Datenbereich»).

4. Wählen Sie die Option **Einfügen** aus, um diesen Bezug in die Liste aufzunehmen.

5. Geben Sie die beiden anderen Ursprungsbezüge ein.

MITTEL-
WERT()

6. Sie müssen die Rechenfunktion auswählen, mit der Sie die Tabellendaten verknüpfen wollen (hier **MITTELWERT()**).

7. Wählen Sie nun noch die Option «Verknüpfungen einfügen» aus, damit Änderungen in den Daten der Ursprungsdateien auch in der konsolidierten Tabelle nachvollzogen werden (Bild 10.32).

8. Schließen Sie den Befehl ab, indem Sie die Schaltfläche **Ok** anklicken.

Excel wird je nach der Leistung Ihres Rechners einige Sekunden benötigen, um die Daten zu konsolidieren. Nach Abschluß dieser Arbeit sehen Sie einen Bildschirm wie in Bild 10.33.

Sie können auf die Einzeldaten der Ursprungstabelle zugreifen, indem Sie entweder

- in die Schaltfläche mit der Nummer 2 oder

- neben der Zeile, zu der Sie alle Daten sehen wollen, in das Pluszeichen klicken.

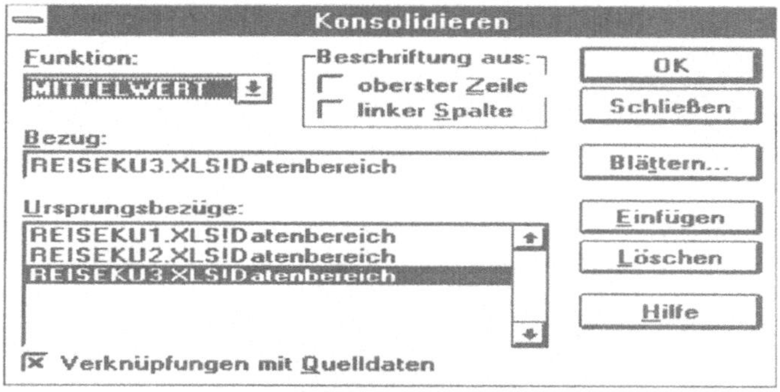

Bild 10.32 Dialogfeld vor dem Abschließen

Vergeben Sie für den Datenbereich ein Zahlenformat mit weniger Nachkommastellen, um die Tabelle übersichtlicher zu gestalten.

Vergleichen Sie das von Excel automatisch aus den konsolidierten Daten erstellte Diagramm mit Bild 10.34.

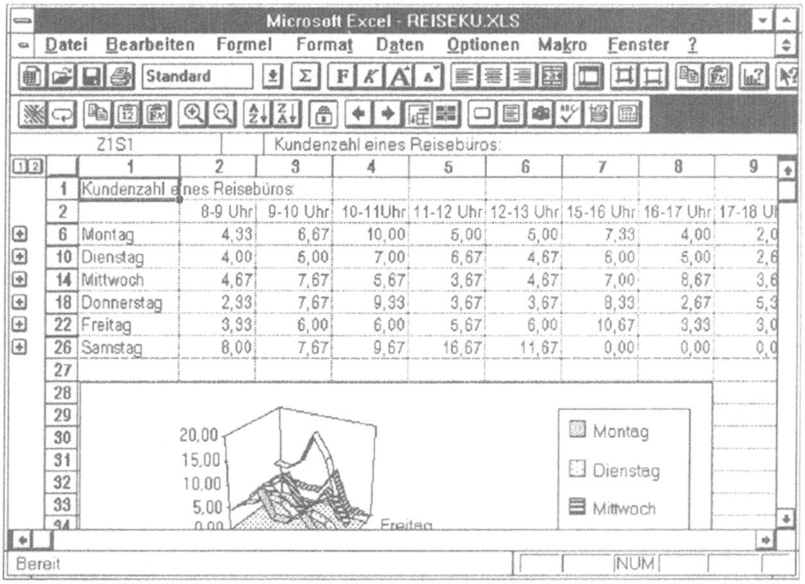

Das Diagramm

		8-9 Uhr	9-10 Uhr	10-11Uhr	11-12 Uhr	12-13 Uhr	15-16 Uhr	16-17 Uhr	17-18 U
6	Montag	4,33	6,67	10,00	5,00	5,00	7,33	4,00	2,0
10	Dienstag	4,00	5,00	7,00	6,67	4,67	6,00	5,00	2,6
14	Mittwoch	4,67	7,67	5,67	3,67	4,67	7,00	8,67	3,6
18	Donnerstag	2,33	7,67	9,33	3,67	3,67	8,33	2,67	5,3
22	Freitag	3,33	6,00	6,00	5,67	6,00	10,67	3,33	3,0
26	Samstag	8,00	7,67	9,67	16,67	11,67	0,00	0,00	0,0

Bild 10.33 Konsolidierte Kundenzahltabelle

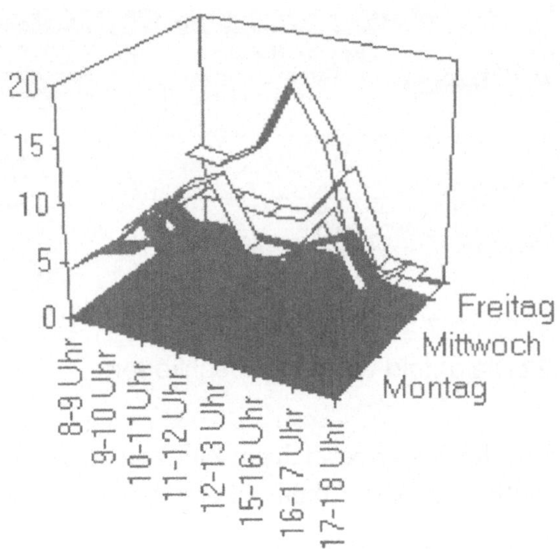

Bild 10.34 Diagramm der konsolidierten Tabelle

Jetzt können Sie anfangen, die Grafik betriebswirtschaftlich zu interpretieren.

Abschnittsübersicht

Tabellenanalysen

11 Tabellenanalysen

11. 1 Vorbemerkungen

Sie haben in den bisherigen Abschnitten gesehen, wie Sie Problemstellungen in Tabellenform umsetzen und diese Tabellen mit Excel erstellen können. In den Tabellen haben Sie Daten erfaßt und mit Formeln und Funktionen aus den gegebenen Daten ein Ergebnis berechnet. Im folgenden Abschnitt wollen wir den umgekehrten Weg beschreiten, d.h., wir wollen ein oder mehrere Ergebnisse vorgeben und uns die verschiedenen Situationen, die dadurch entstehen, von Excel ausgeben lassen. Dies wird auch als WAS-WÄRE-WENN-Analysen bezeichnet.

Sie können nun von Excel einzelne Variablen verändern lassen und somit verschiedene Alternativen durchspielen, bis Sie für Ihre Variablen die optimal mit den Vorgaben übeinstimmenden Werte erhalten.

Excel stellt Ihnen zur Analyse von Tabellen verschiedene Befehle zur Verfügung:

Bei der Zielwertsuche können Sie von Excel eine Zelle der Tabelle solange verändern lassen, bis eine von dieser Zelle abhängige Größe den von Ihnen festgelegten Werte erreicht. Dies ist schon eine einfache Form eines WAS-WÄRE-WENN-Szenarios. **Die Zielwertsuche**

Mehrfachoperationen mit einer oder zwei Variablen spielen eine von Ihnen festgelegte Anzahl von Alternativen durch und geben Ihnen die Ergebnisse in einem vorher festgelegten Bereich aus. Sie können mit der Funktion SVERWEIS() gezielt auf bestimmte Ergebnisse des manchmal recht großen Mehrfachoperationsbereiches zurückgreifen. **Mehrfachoperationen**

In den Werkzeugen Solver und Szenario-Manager finden Sie die Optimierung der oben gezeigten einfachen Tabellenanalysemethoden. Sie können hier nicht nur eine bestimmte Anzahl von Szenarien durchspielen, sondern Sie legen einfach einen Rahmen fest, in dem Excel suchen soll und lassen sich von Ergebnissen **Szenario-Manager und der Solver** "überraschen". Mit Hilfe des Solvers können Sie sogar auf die Suchmethode Einfluß nehmen.

Analysis Tools

Die Analysis Tools sind eine Reihe von integrierten Makros, welche die Werte Ihrer Tabelle einigen mathematischen Analysen unterziehen, wie zum Beispiel F-Tests, einer besonderen Form der statistischen Analyse oder einer FOURIER-Transformation, also der Berechnung der realen und imaginären Koeffizienten einer Reihendarstellung der Werte durch eine Summe von Sinus- und Cosinus-Funktionen. Da es sich hierbei um sehr spezielle mathematische Anwendungen handelt, werden wir dies hier nicht beschreiben.

11. 2 Zielwertsuche

11. 2. 1 Überblick und Funktionen

Datumsfunktionen und Zinsrechnung

Excel bietet Ihnen einfache Möglichkeiten zur Verarbeitung von Zeit- und Kalenderdaten. Im folgenden werden diese dargestellt, an dem Beispiel einer einfachen Zinsrechnung veranschaulicht und anschließend mit einer Zielwertsuche verbunden.

Kalenderdaten

Excel stellt das Datum intern als Ganzzahl dar. Der 1. Januar 1900 ist der Tag Nummer 1 und der 31. Dezember 2078 der Tag Nummer 65380. Die Tageszeit wird intern als Dezimalzahl zwischen 0 und 1 dargestellt. Die Zahl 0 entspricht Mitternacht, 0,5 entspricht 12.00 Uhr mittags und 0,999 ist schon fast wieder Mitternacht. In der Excel-Tabelle können Sie zwischen verschiedenen Darstellungsformen von Datum und Zeit wählen.

11. 2. 2 Zinsrechnung mit Datumsfunktionen

Rechnen und Textverarbeitung

Bei Excel können Sie Zahlen- und Datumsverarbeitung miteinander verbinden. Sie können damit für die Zinsrechnung aus Auszahlungsdatum und Rückzahlungsdatum die Laufzeit nach den Regeln der kaufmännischen Zinsrechnung ermitteln.

Das Beispiel

An einer Tabelle zum Erstellen einer Zinsrechnung sehen Sie hier die Verwendung von Datumsfunktionen. Sie berechnen in diesem Beispiel den Zinsbetrag, indem Sie lediglich das Auszahlungs- und das Rückzahlungsdatum sowie den Zinssatz und den Kapitalbetrag eingeben. Excel berechnet den Zeitraum und daraus den Zinsertrag.

Erstellen Sie bitte eine Excel-Tabelle mit den Textüberschriften und Zahleneingaben wie in Bild 11.1. Wir haben hier die Spaltenbreiten 13,71 und 14,14 gewählt, die Zellen Z1S3 und Z11S3 als Währung sowie die Zelle Z3S2 in Prozentangabe formatiert und den Schriftgrad 12 der Schriftart Helvetica ausgewählt. **Eine Beispieltabelle**

Geben Sie jetzt in Z5S3 das Auszahlungsdatum 12.04.90 wie in Bild 11.1 ein. Excel interpretiert diese Eingabe wie im Bild 11.2 in der knappest möglichen Form, T.MM.JJ. Geben Sie in Z7S3 das Rückzahlungsdatum 17.09.91 ein und vergeben Sie die Namen «aus» und «rück» für die Zellen Z5S3 und Z7S3.

	1	2	3
1	Kapital	W:	10.000 DM
2			
3	Zinssatz	W:	12%
4			
5	Auszahlung	W:	12.04.1990
6			
7	Rückzahlung	W:	
8			
9	Laufzeit	W:	
10			
11	Zinsbetrag	W:	

Bild 11.1 Gerüst der Zinsrechnung

Berechnen Sie nun als erstes die Laufzeit, indem Sie in die Zelle Z9S3 die folgende Verknüpfung der Datumsfunktionen eintragen: **Berechnung der Laufzeit**

```
=TAG(rück)-TAG(aus)+30*(MONAT(rück)-MO-
NAT(aus))+360*(JAHR(rück)-JAHR(aus))
```

Bei der kaufmännischen Zinsrechnung können Sie nicht einfach die Tage nach der Regel «=RÜCK-AUS» voneinander abziehen, da in diesem Anwendungsbereich gerundet gerechnet wird. Alle Monate haben hier 30 Tage, auch der Februar.

Vergeben Sie die Namen Kapital, Zinssatz und Laufzeit für die Zellen Z1S3, Z3S3 und Z9S3.

Berechnung der Zinsen

Anschließend tragen Sie in Z11S2 noch die Formel

```
=Kapital*Zinssatz*Laufzeit/360
```

ein.

Bild 11.2 Zinsermittlung

Sie haben nun das Gerüst einer Zinsrechnung gelöst (Bild 11.2). Geben Sie die Tabelle zur Kontrolle noch in Formelausgabe mit Zeilen- und Spaltennummern auf Ihrem Drucker aus. Speichern sie die Tabelle unter dem Namen ZINSRECH.XLS. Sie finden diese Datei auf der Beispieldiskette im Verzeichnis «\K11».

11. 2. 3 Zielwertsuche

Vorrangige und abhängige Zellen

Die Idee der Zielwertsuche ist sehr einfach. In einer Tabelle wollen wir jetzt den Rechenweg umkehren und wissen, bei welchem Wert einer vorrangigen Zelle eine abhängige Zelle einen bestimmten Zielwert annimmt. Mit Hilfe der Zielwertsuche lassen Sie Excel in die vorrangige Zelle solange neue Werte einsetzen, bis der von Ihnen angegebene Wert der abhängigen Zelle erreicht ist.

Wir wollen die Zielwertsuche am Beispiel der Zinsrechnung aus dem vorigen Abschnitt anwenden, indem wir Excel nach dem Zinssatz suchen lassen, der bei vorgegebener Laufzeit den von uns gewählten Zinsbetrag ergibt. Laden Sie zur Vorbereitung die Tabelle ZINSRECH.XLS.

Die vorrangige Zelle («Veränderbare Zelle») ist in diesem Beispiel die Zelle zur Eingabe des Zinssatzes (Z3S3), die abhängige Zelle («Zielzelle») ist die Zelle mit dem Zinsbetrag (Z11S3).

Rufen Sie die Zielwertsuche auf, indem Sie den Befehl **Zielwert-suche** aus dem Menü **Formel** geben.

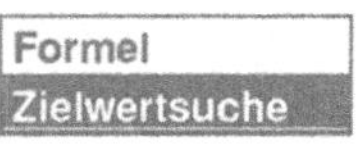

Bild 11.3 Dialogfeld zur Zielwertsuche

Tragen Sie in diesem Dialogfeld als «Veränderbare Zelle» die Zelle Z3S3 (Zinssatz) ein und als «Zielzelle» die Zelle Z11S3 (Zinsbetrag). Geben Sie als Zielwert 2000 ein. Sie sehen ein Dialogfeld wie in Bild 11.3. Schließen Sie den Befehl ab.

Excel verändert den Zinssatz solange, bis der Zielwert mit einer bestimmten Genauigkeit erreicht ist. Sie sehen dann einDialogfeld **Status der Zielwertsuche** wie in Bild 11.4. Hier zeigt Excel Ihnen in dem neuen Dialogfeld das gefundene Ergebnis und Sie können entscheiden, ob Sie dieses Ergebnis in die Tabelle aufnehmen wollen oder nicht.

Die Zielwertsuche beginnt...

Bild 11.4 Nachfrage nach der Zielwertsuche

Wollen Sie das Ergebnis übernehmen, so wählen Sie in diesem Dialogfeld die Schaltfläche **OK** aus. Excel wird dann die Tabelle entsprechend der Zielwertsuche verändern. Wie Sie sehen, benötigten Sie einen Zinssatz von 14%, um den gewünschten Zinsbetrag zu erhalten.

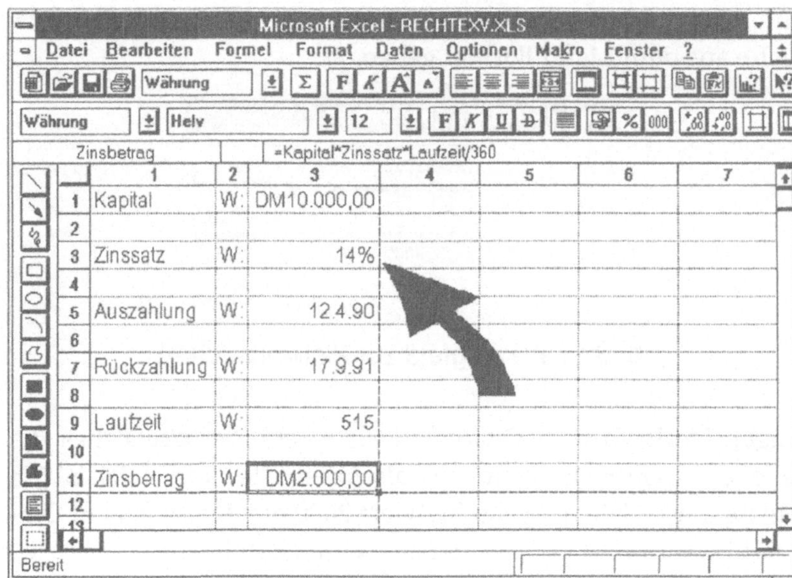

Bild 11.5 Bildschirm mit Ergebnis der Suche

11. 3 Mehrfachoperationen

11. 3. 1 Vorbemerkungen

Viele
Ausgangs-
werte

Mit Hilfe von Mehrfachoperationen spielen Sie eine festgelegte Anzahl von Alternativen durch, indem Sie von Excel in die Zelle einer unabhängigen Variablen nacheinander verschiedene Werte eintragen lassen, die Sie vorher in einen Tabellenbereich eingetragen haben. Sie lassen sich dann in diesem Tabellenbereich als Ergebnis zu der jeweiligen unabhängigen Variablen den von Excel berechneten Wert der abhängigen Zelle ausgeben.

Haben Sie zwei zu verändernde Variablen gewählt, so muß die eine in einer Zeile und die andere in einer Spalte des Mehrfachoperationsbereichs stehen. Excel gibt dann die Ergebnisse der Mehrfachoperation in dem durch die Variablen aufgespannten zweidimensionalen Tabellenbereich aus.

Bild 11.6 Mehrfachoperation mit einer Variablen

Wir zeigen ihnen im folgenden Beispiel, wie sie mit Hilfe von Mehrfachoperationen analysieren, wie sich der Zinsbetrag der Zinsrechnung aus dem Beispiel des obigen Abschnitts

Das Beispiel

- einmal in Abhängigkeit von unterschiedlichen Laufzeiten und (11.3.2)

- einmal in Abhängigkeit von unterschiedlichen Laufzeiten *und* Zinssätzen (11.3.3) verändert.

11. 3. 2 Mehrfachoperationen mit einer Variablen

Wir wollen eine Übersicht über die Ergebnisse bei verschiedenen Eingabewerten für die Laufzeiten erstellen. Die Laufzeiten verändern wir, indem wir eine Liste von Rückzahlungsdaten in eine Spalte eintragen und anschließend von Excel die entsprechenden Zinsbeträge dazu ausgeben lassen.

Unterschiedliche Laufzeiten

Öffnen Sie die Tabelle ZINSRECH.XLS, falls Sie sie nach dem letzten Abschnitt geschlossen haben sollten. Geben Sie nun neben der eigentlichen Tabelle in die Spalte 5 beginnend mit Zeile 5 die neuen Rückzahlungsdaten ein (Bild 11.7). Aus dieser Spalte wählt Excel anschließend dann nacheinander die Werte aus, die in Z7S3 eingesetzt werden.

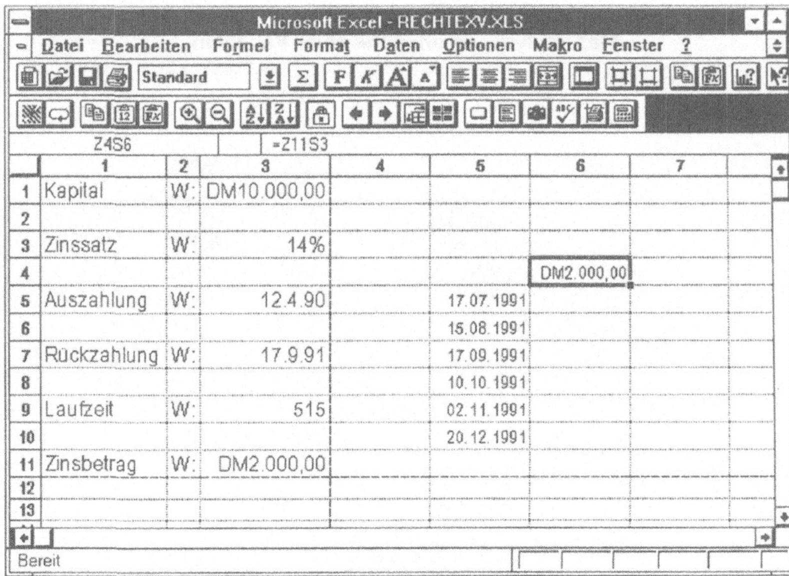

Bild 11.7 Zinsrechnung mit neuer Spalte für die Mehrfachoperation

Geben Sie noch in die Zelle Z4S6 die Formel «=Z7S3» ein, damit Excel in die Zeilen darunter die neuen Zinsbeträge für die neuen Laufzeiten einträgt.

Markieren Sie den Bereich Z4S5:Z10S6, bevor Sie den Befehl **Mehrfachoperationen** aus dem Menü **Daten** auswählen, damit Excel die Spalte mit den einzusetzenden Werten und den Bereich für die Ausgabe des Ergebnisses (hier die verschiedenen Zinsbeträge) kennt.

Mehrfachoperation ausführen

1. Markieren sie den Bereich Z4S5:Z10S6, also den Bereich, der die Ergebnisse der Mehrfachoperationen aufnehmen soll und die Spalte mit den Mehrfachoperationswerten enthält.

2. Geben Sie den Befehl **Mehrfachoperationen** aus dem Menü **Daten**.

3. Tragen Sie in das Dialogfeld **Mehrfachoperation** in das Feld «Werte aus Spalte» den Bereichsnamen «Rück» ein (Bild 11.8) oder wählen sie mit der Maus die Zelle Z7S3 aus. Sie wählen hier die Option «Werte aus Spalte», da sie die verschiedenen Rückzahlungsdaten in eine Spalte des markierten Tabellenbereiches geschrieben haben.

Bereichs-namen eintragen

4. Schließen Sie den Befehl ab.

Beobachten Sie, wie Excel in die Spalte neben den Rückzahlungsdaten die entsprechenden Zinsbeträge einträgt (Bild 11.9).

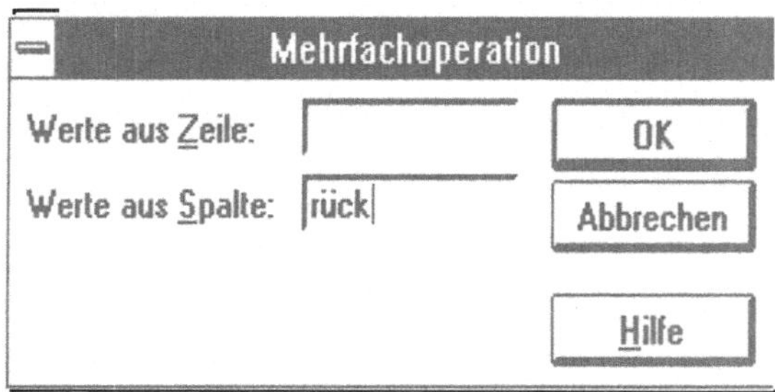

Bild 11.8 Dialogfeld Mehrfachoperationen

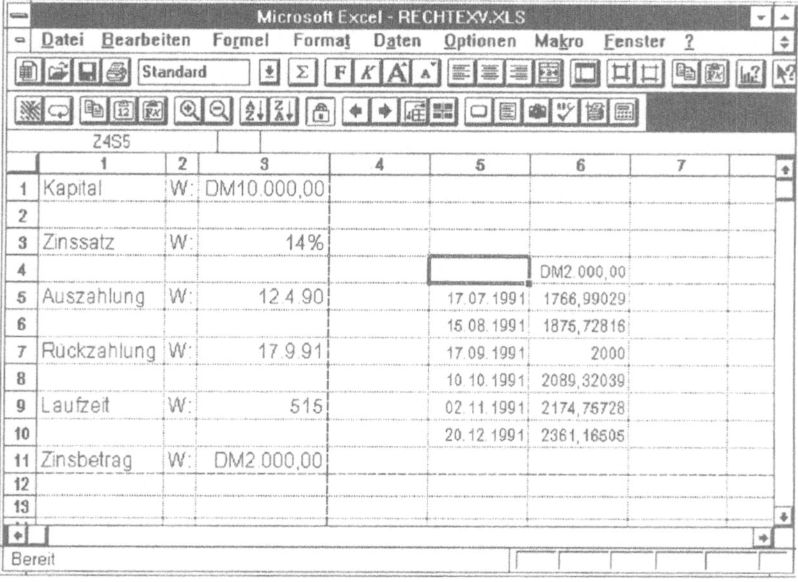

Bild 11.9 Ergebnis der Mehrfachoperation mit einer Variablen

11. 3. 3 Mehrfachoperationen mit zwei Variablen

Wir haben im vorigen Abschnitt einen Eingabewert, das Rückzahlungsdatum, verändert. Sie können aber auch die Veränderungen der Ergebnisse der Zinsrechnung für zwei veränderliche Eingabewerte von Excel berechnen lassen. Dazu verwenden Sie eine Mehrfachoperation mit zwei Variablen.

Sie schreiben dazu die zu verändernden Variablen in eine Zeile und eine Spalte eines zweidimensionalen Tabellenbereiches, des sogenannten Mehrfachoperationsbereichs. In diesen Bereich trägt Excel die verschiedenen Ergebnisse der abhängigen Variable ein.

Zwei
Veränderliche

Wir wollen in unserem Beispiel nun sowohl die Laufzeit als auch den Zinssatz verändern und den Einfluß dieser Veränderungen auf den Zinsbetrag beobachten.

Füllen Sie die Zeile 4 der Tabelle ZINSRECH.XLS ab Spalte 6 mit verschiedenen Zinssätzen. Legen Sie fest, welche abhängige Zelle als Ergebnis im Mehrfachoperationsbereich ausgegeben werden soll. Dazu tragen Sie in die linke obere Zelle des Mehrfachoperationsbereichs einen absoluten oder relativen Zellbezug auf die gewünschte Zelle ein (hier in Z4S5 den Bezug «=Z11S3»).

Den Ausgabebereich einrichten

Kopieren Sie den Inhalt der Zelle Z4S6 in Z4S5 und tragen sie anschließend in den Bereich Z4S6:Z4S10 Zinssätze 0,11 bis 0,15 in Schritten von 0,01 ein. Sie können zur besseren Übersicht für diesen Tabellenbereich ein Prozentformat vergeben.

Führen Sie nun die Mehrfachoperation mit zwei Variablen aus:

Mehrfachoperation mit zwei Variablen

1. Markieren Sie den Zielbereich der Mehrfachoperation, der auch die Werte der zu verändernden Zellen beinhaltet (hier Z4S5:Z10S10).

2. Wählen Sie **Mehrfachoperation** aus dem Menü **Daten**.

3. Tragen Sie in das Feld «Werte aus Zeile» den Bereichsnamen «Zinssatz» und in das Feld «Werte aus Spalte» den Bereichsnamen «rück» ein.

4. Schließen Sie den Befehl ab.

Sie sehen nun wie in Bild 11.10 die Tabelle mit dem gefüllten Das Ergebnis
Mehrfachoperationsbereich. Sie können in dieser Tabelle leicht
ablesen, welcher Rückzahlungstermin bei welchem Zinssatz welchen Zinsbetrag ergibt.

Microsoft Excel - MEHRFACH.XLS

Datei Bearbeiten Formel Format Daten Optionen Makro Fenster ?

Z4S5   =Z11S3

	5	6	7	8	9	10
4	DM2.000,00	11%	12%	13%	14%	15%
5	17.07.1991	1.390 DM	1.517 DM	1.643 DM	1.769 DM	1.896 DM
6	15.08.1991	1.476 DM	1.610 DM	1.744 DM	1.878 DM	2.013 DM
7	17.09.1991	1.574 DM	1.717 DM	1.860 DM	2.003 DM	2.146 DM
8	10.10.1991	1.644 DM	1.793 DM	1.943 DM	2.092 DM	2.242 DM
9	02.11.1991	1.711 DM	1.867 DM	2.022 DM	2.178 DM	2.333 DM
10	20.12.1991	1.858 DM	2.027 DM	2.196 DM	2.364 DM	2.533 DM
11						
12						
13						
14						

Bereit   NUM

Bild 11.10 Ergebnis der Mehrfachoperation

Mit Hilfe der Funktion SVERWEIS() können Sie durch Angabe Die Funktion
eines Spaltenindexes gezielt auf einzelne Ergebnisse des Mehr- SVERWEIS()
fachoperationsbereiches zugreifen und so zum Beispiel den Zinsbetrag bei einer bestimmten Laufzeit und einem bestimmten
Zinssatz abrufen.

11. 4 Der Szenario-Manager

Mit Hilfe des Excel-Szenario-Managers können Sie eine Tabellenanalyse, wie wir sie oben mit Hilfe von Mehrfachoperationen
ausgeführt haben, komfortabler und anschaulicher gestalten. Mit
Szenarien sind hier verschiedene Alternativen in einer Tabelle
gemeint. Sie geben hier einfach die zu verändernde Zelle bzw. die
zu verändernden Zellen sowie Werte für diese Zellen an. Sie
können sich nun "auf Knopfdruck"

- in Ihrer Tabelle das Ergebnis des Szenarios anschauen,

- einen Bericht des Szenarios drucken oder

- alle Szenarien sowie deren Auswirkungen auf abhängige Zellen der Tabelle in einer weiteren Tabelle anzeigen lassen.

Mit Hilfe des Szenario-Managers können Sie sich auch das Ergebnis einer Analyse, die Sie mit dem Excel Solver durchgeführt haben, komfortabel anzeigen und einen Bericht ausdrucken lassen. Dies werden wir Ihnen im folgenden Abschnitt beschreiben.

Der Szenario-Manager

Hier wollen wir zunächst den Szenario-Manager anhand des Beispiels zur Zinsrechnung erproben. Geben Sie dazu als erstes den Befehl **Szenario-Manager** aus dem Menü **Formel**. Sie sehen nun das erste Dialogfeld des Szenario-Managers (Bild 11.11), in dem Sie festlegen können, welche Zellen Ihrer Tabelle die veränderbaren Zellen sind. Excel akzeptiert hier bis zu 9 veränderbare Zellen. Geben Sie mehr als neun ein, so können Sie die letzten Zellen nur verändern, indem Sie in der Tabelle jeweils eine andere Zahl eintragen.

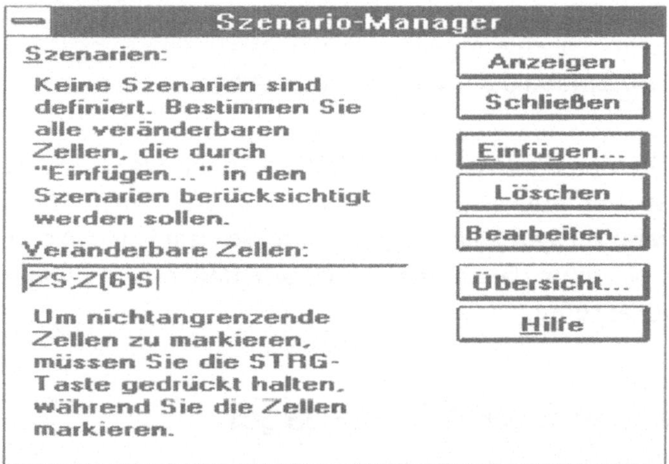

Bild 11.11 Erstes Dialogfeld des Szenario-Managers

Wir wollen in diesem Beispiel den Zinssatz und die Laufzeit verändern. Wählen Sie also als veränderbare Zellen die Zellen Zinssatz und Laufzeit aus. Haben Sie wie in unserem Beispiel für die Zellen Namen vergeben, so wird Excel die Namen im Szenario-Manager anzeigen. Andernfalls sehen sie die entsprechenden Adressen.

Wählen Sie die Schaltfläche **Einfügen**, um Szenarien einzufügen. Dies bedeutet, daß Sie in einem neuen Dialogfeld (Bild 11.12) Werte für die veränderbaren Zellen eingeben und sich von Excel komfortabel anzeigen lassen, was die jeweilige Veränderung bewirkt.

Einfügen des Szenarios

Wir wollen hier nur zwei ganz einfache Szenarien erstellen, um die Wirkungsweise des Befehls zu erläutern. Wie sie in Bild 11.12 sehen, hat Excel für die veränderbaren Zellen den jeweiligen aktuellen Wert der Tabelle voreingestellt.

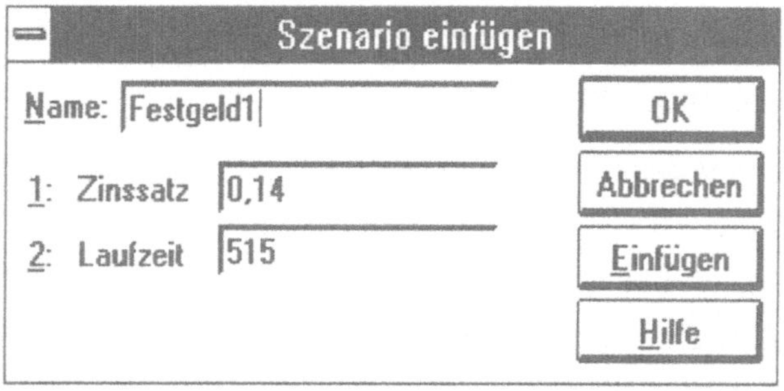

Bild 11.12 Dialogfeld zum Einfügen von Szenarien

Erstellen Sie zwei Szenarien, eines mit den Werten der Tabelle und eines mit einer um 30 Tage verlängerten Laufzeit. Das erste soll den Namen «Festgeld1» erhalten, das zweite den Namen «Festgeld2».

Erstellen von Szenarien

Geben Sie das erste Szenario ein, indem sie den Namen «Festgeld1» in das Textfeld «Name» eintragen und die Schaltfläche **Einfügen** wählen. Sie fügen ein Szenario ein, ohne das Dialogfeld zum Einfügen von Szenarien zu schließen. Geben Sie nun das zweite Szenario ein, indem Sie den Namen «Festgeld2» in das Textfeld «Name» und als Laufzeit hier 545 eintragen, also 30 Tage mehr als vorher (Bild 11.13).

Fügen Sie das neue Szenario ein und schließen Sie das Dialogfeld, indem Sie die Schaltfläche **OK** anklicken.

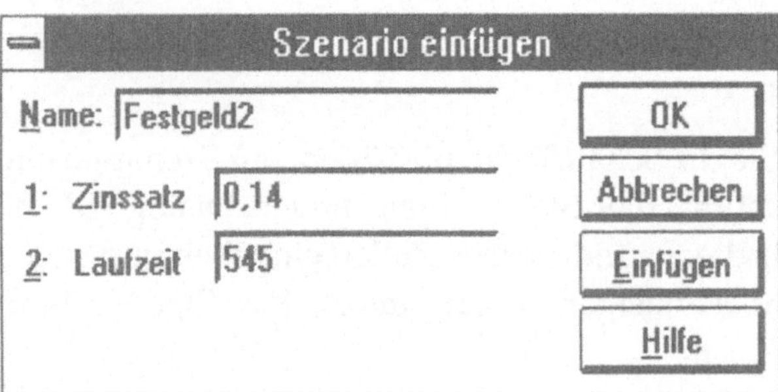

Bild 11.13 Zweites Szenario

Ausgabe des Szenarios

Sie werden nun wieder das etwas veränderte erste Dialogfeld des Szenario-Managers mit einer Liste der erstellten Szenarien sehen. Sie haben hierin den Befehl zum Einfügen eines Szenarios erteilt.

Ihnen stehen noch Befehle zum

- Anzeigen des in der Liste markierten Szenarios,
- Löschen einzelner Szenarien,
- Bearbeiten des in der Liste markierten Szenarios und
- Erstellen einer Übersicht über die bisher eingegebenen Szenarien zur Verfügung..

Wählen Sie ein Szenario aus der Liste aus und geben den Befehl **Anzeigen**, so wird Excel die Werte des Szenarios in die veränderbaren Zellen der Tabelle eintragen und die Tabelle anschließend anzeigen.

Szenarien löschen

Wollen sie ein Szenario löschen, so wählen Sie es aus der Liste aus und geben den Befehl **Löschen**. Mit Hilfe des Befehls **Bearbeiten** können Sie das in der Liste markierte Szenario bearbeiten, d.h. sie können andere Werte für die veränderbaren Zellen eintragen.

Der Übersichtsbericht

Wir wollen Ihnen hier den Befehl **Übersicht** zeigen, da Sie mit diesem Befehl leicht einen Überblick über alle bisher von Ihnen zu der aktiven Tabelle erstellten Szenarien erhalten.

Geben Sie in dem Dialogfeld des Szenario-Managers den Befehl **Übersicht**. Sie werden als erstes im Dialogfeld **Übersichtsbericht** zur wahlfreien Eingabe der Zellen bzw. der Zelle aufgefordert, die als Ergebniszellen in der Übersicht angezeigt werden sollen. Excel schlägt an dieser Stelle automatisch immer die Zelle oder

die Zellen vor, die von den veränderbaren Zellen abhängen. In
unserem Beispiel ist dies die Zelle Zinsbetrag (Bild 11.14).

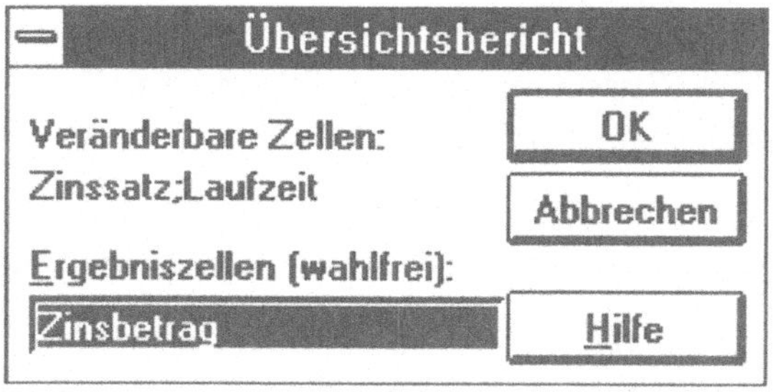

Bild 11.14 Festlegen des Ergebniszellen

Excel zeigt nun in der Statuszeile an, daß eine Übersichtstabelle
erstellt wird, in die alle Szenarien sowie die Auswirkungen auf
die von Ihnen festgelegten Ergebniszellen angezeigt werden. In
einer neuen Datei zeigt Excel eine gegliederte Tabelle wie in Bild
11.15, in der die zwei eingegebenen Szenarien und die Auswirkungen eingetragen sind.

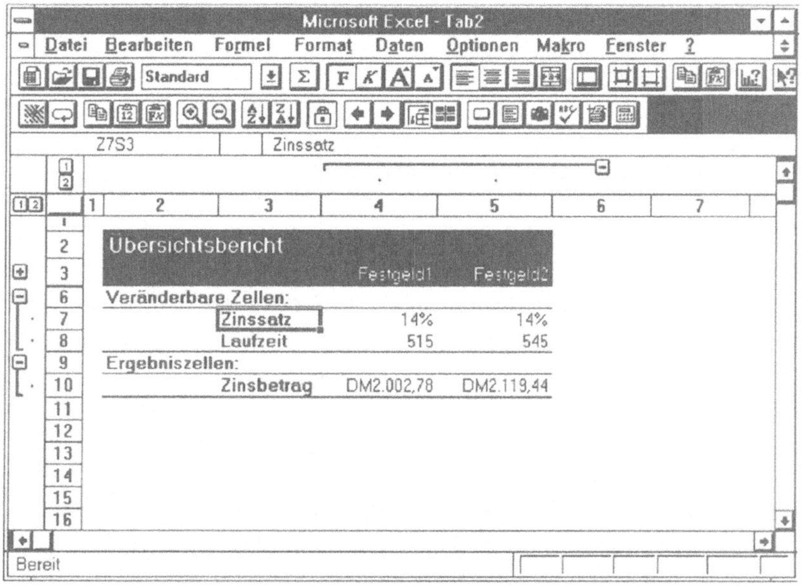

Bild 11.15 Übersichtsbereicht des Szenarios

In der verborgen formatierten Zeilengliederung stehen das Erstellungsdatum des Szenarios und der Name des Anwenders, der das

Szenario erstellt hat. Excel übernimmt hier den Namen der Firma bzw. der Person, auf die die Excel-Kopie lizensiert ist.

Darunter befinden sich eine Liste der veränderbaren Zellen des Szenarios (hier Zinssatz und Laufzeit) und eine Liste der Ergebniszellen (hier Zinsbetrag).

Beachten Sie, daß der erstellte Bericht nicht dynamisch ist. Bei Veränderungen in einzelnen Szenarien müssen Sie eine neue Übersicht erstellen.

Einen Bericht drucken

Excel besitzt die neue Funktion **Bericht drucken**. Sie können hiermit ein bestimmtes Szenario in einer bestimmten, im **Ansichten-Manager** festgelegten Ansicht drucken.

Haben Sie mit dem Szenario-Manager in einer umfangreichen Tabelle Veränderungen einzelner Werte durchgespielt, so können Sie sich einen Bericht die Tabelle mit den neuen Werten ausdrucken lassen. Sie erhalten sich auf diese Weise immer die Ursprungstabelle mit den dort eingetragenen Werten. Das Drucken eines Berichtes bietet sich bei großen Tabelle mit vielen von den veränderbaren Zellen abhängigen Werten an.

11. 5 Der Solver

11. 5. 1 Wozu dient der Solver?

Die Tabellenanalyse aus Abschnitt 11.4 war wegen der linearen Beziehung zwischen der abhängigen Größe und den Variablen sehr einfach. Mit einer Erhöhung des Zinssatzes und einer Verlängerung der Anlagedauer erhöht sich der Zinsbetrag proportional.

Nichtlineare Analysen

In vielen Fällen besteht jedoch kein linearer Zusammenhang zwischen der unabhängigen und der abhängigen Größe. In diesem Fällen sucht man nach einer Optimierung, d.h. man versucht, ein Minimum oder Maximum der den Variablenzusammenhang beschreibenden Funktion zu finden. Es kann auch vorkommen, daß die Beziehung zwischen den Variablen und der abhängigen Größe nicht so leicht zu durchschauen ist, so daß man mit einer einfachen Mehrfachoperation noch nicht das gewünschte Ergebnis erzielt.

Hier hilft Ihnen der Excel Solver weiter, da Sie hiermit umfangreichere und gezieltere Analysen erstellen können. Zum Auswerten der Analysen können Sie dann auf den Szenario-Manager zurückgreifen und sich so die Ergebnisse anzeigen lassen.

11. 5. 2 Einsatz des Solvers

Wir wollen Ihnen nun anhand eines kleinen Kalkulationsbeispiels die Verwendung des Excel Solvers zeigen. Ein Betrieb ist bei einer vorgegebenen Produktionsmenge x und bei einem festen Marktpreis an der optimalen Kombination der Produktionsverfahren interessiert. Man möchte also wissen, ob man mit einer arbeits- oder mit einer kapitalintensiven Produktion bessere Ergebnisse erzielt.
Das Beispiel

Das Problem wird unter den unten angeführten Voraussetzungen beschrieben durch die Formel:
Die Formel

```
K=Arb_Stund*Satz_A+Masch_Stund*Satz_M+Geb_
Kapital*(Zinssatz+Abschr_Satz)
```

wobei

- Arb_Stund die Arbeitsstunden der Arbeitnehmer im Produktionsverfahren sind,

- Satz_A der Entlohnungssatz der Arbeiter pro Stunde ist,

- Masch_Stund die Arbeitsstunden der Maschine(n) im Produktionsverfahren sind,

- Satz_M der Mietmaschinensatz pro Arbeitsstunde,

- Zinssatz der Zinssatz und

- Abschr_Satz der Abschreibungssatz.

Bei der nun folgenden Beurteilung, ob ein kapitalintensiver oder ein arbeitsintensiver Produktionsprozeß günstiger ist, gehen wir vereinfachend davon aus, daß die Kosten der Arbeiter und der Maschinen pro Arbeitsstunde auch bei sich verändernder Stundenzahl konstant bleiben.

Die Produktionsleistung der Maschinen soll mit steigender Arbeitsstundenzahl etwas stärker ansteigen als die der Arbeiter (Rentabilität großer Maschinen). Hierauf beruht die Formel in den

Zellen zur Angabe der Leistung der Maschinen und der Arbeiter in unserem Beispiel.

Produktions-funktion

Damit der Solver ein Minimum oder Maximum finden kann, muß die untersuchte Funktion stetig sein. Dies bedeutet, daß für die Analyse alle Werte für die Arbeits- und die Maschinenstunden zugelassen werden. Dies ist aber in der Praxis nicht der Fall, da die Verhältnisse zwischen Maschinen- und Arbeitsstunden durch die Produktionsfunktion festgelegt sind.

Zur Lösung dieses bei Kalkulationsanalysen häufig auftretenden Problems verfahren Sie wie folgt: Sie lassen den Solver bei allen zugelassenen Arbeits- und Maschinenstunden ein Minimum der Kostenfunktion finden. Von diesem Ergebnis ausgehend können Sie nun die Stundenverteilung leicht verändern, so daß Sie in der Produktionsfunktion zugelassene Werte erhalten.

Tragen sie nun mit Hilfe der Darstellungen in den Bildern 11.16 und 11.17 die Texte, Werte und Formeln in die Tabelle ein und vergeben Sie die in Tabelle 11.1 aufgelisteten Namen.

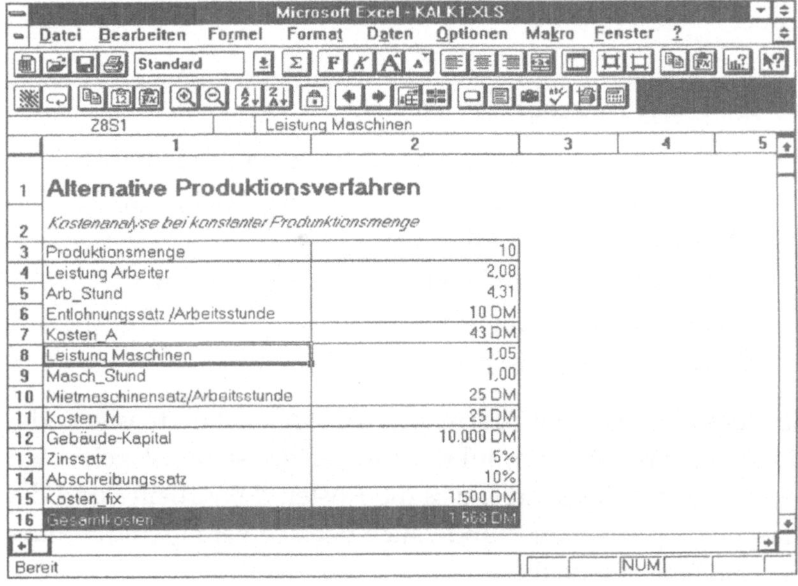

Bild 11.16 Kalkulationstabelle in Wertedarstellung

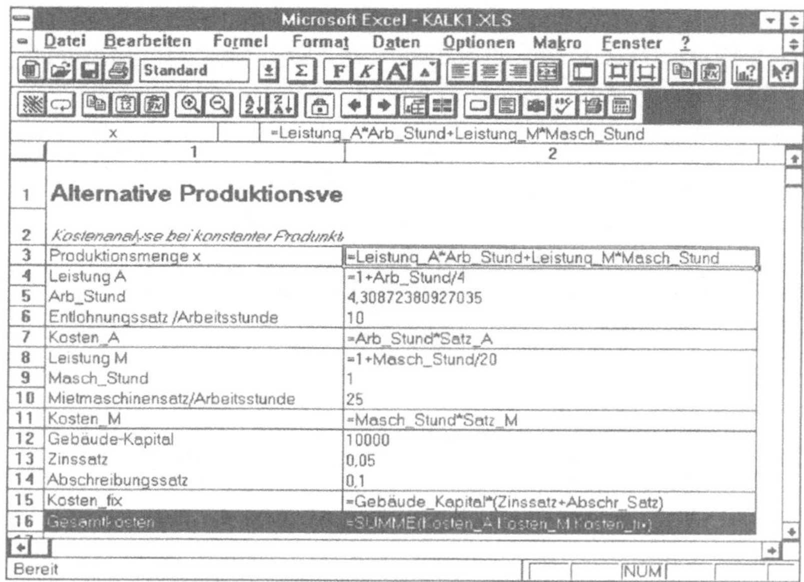

Bild 11.17 Kalkulationstabelle in Formeldarstellung

Zelle	Name
Z3S2	Prod_Menge
Z4S2	Leistung_A
Z5S2	Arb_Stund
Z6S2	Satz_A
Z7S2	Kosten_A
Z8S2	Leistung_M
Z9S2	Masch_Stund
Z10S2	Satz_M
Z11S2	Kosten_M
Z12S2	Gebäude_Kapital
Z13S2	Zinssatz
Z14S2	Abschr_Satz
Z15S2	Kosten_fix
Z16S2	Gesamtkosten

Tabelle 11.1 Namen in der Kalkulationstabelle

Speichern Sie die Tabelle unter dem Namen KALK1.XLS. Haben
Sie diese Eingaben abgeschlossen, so können Sie mit der Tabellenanalyse mit Hilfe des Excel Solvers beginnen. Dazu müssen Sie
sich vorerst überlegen, welche Zellen in dem Beispiel die variab-

len Zellen sind, welche Zelle den Zielwert aufnehmen soll, welchen Wert der Zielwert annehmen soll und ob sie irgendwelche Nebenbedingungen festlegen wollen.

Die Aufgabe Wir wollen hier die Kosten bei gegebener Produktionsmenge minimieren, und zwar durch Veränderung des Arbeitseinsatzes der Maschinen und Arbeiter. Die Zelle «Gesamtkosten» soll also durch Veränderung der Zellen Arb_Stund und Masch_Stund ein Minimum annehmen. Berücksichtigen Sie hierbei, daß auch die Zellen Leistung_A und Leistung_M von Arb_Stund bzw. Masch_Stund abhängig sind und somit auch während der Analyse verändert werden.

Sie müssen die folgenden Nebenbedingungen berücksichtigen:

*   Die Produktionsmenge x soll konstant bei 10 bleiben.
*   Die Werte der Zellen Arb_Stund und Masch_Stund müssen positv sein.

Aufrufen des Solvers Sie haben nun alle erforderlichen Vorarbeiten und Überlegungen zur Tabellenanalyse mit Hilfe des Excel Solvers abgeschlossen und können den Solver aufrufen. Dazu geben sie aus dem Menü **Formel** den Befehl **Solver**. Sie sehen nun das Dialogfeld des Solvers wie in Bild 11.18. Hier können Sie die oben aufgeführten Festlegungen und Bedingungen eintragen.

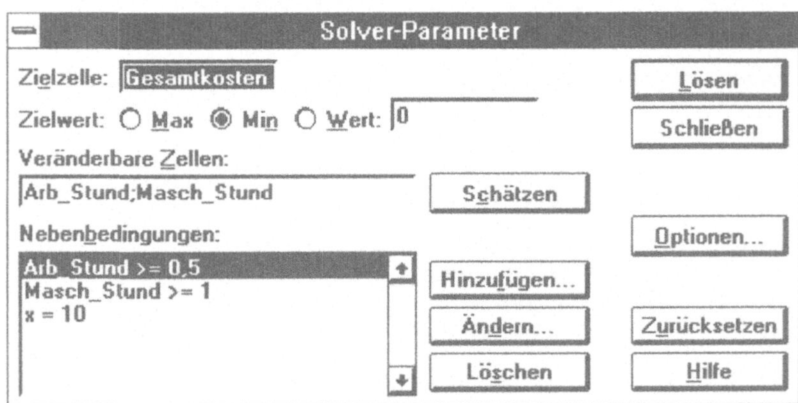

Bild 11.18 Dialogfeld der Solvers

Definieren Sie nun die erste Tabellenanalyse:

1. Tragen sie in die Optionen «Zielzelle», «Zielwert» und «Veränderbare Zellen» wie in Bild 11.18 zu sehen die oben beschriebenen Festlegungen ein.

2. Geben Sie nun die Nebenbedingungen ein, indem Sie das Listenfeld «Nebenbedingungen» markieren und die Schaltfläche **Hinzufügen** wählen. Dort geben Sie die Bedingungen wie in Bild 11.19 ein. Damit Sie nicht immer wieder das Dialogfeld zur Eingabe der Nebenbedingungen öffnen müssen, wählen Sie nach der Eingabe der ersten und zweiten Bedingung in diesem Dialogfeld die Schaltfläche **Hinzufügen**.

Nebenbedingungen eingeben

3. Wählen Sie nun die Schaltfläche **Lösen** im Dialogfeld Solver, um die Tabellenanalyse zu starten.

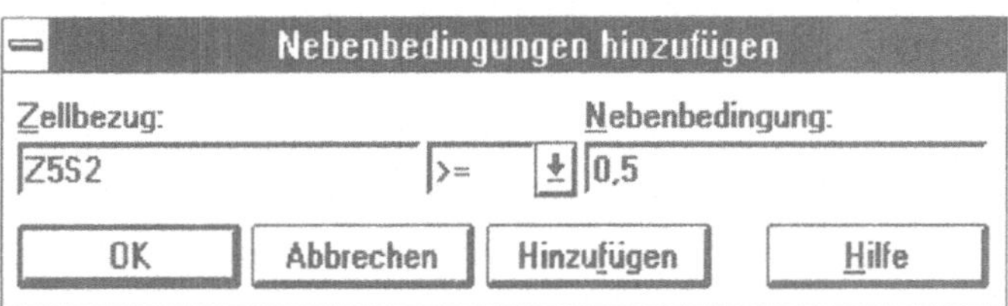

Bild 11.19 Hinzufügen einer Nebenbedingung

Excel zeigt in der Statuszeile an, welche Werte die Zielzelle gerade annimmt und schon nach wenigen Sekunden werden Sie ein Dialogfeld **Ergebnis** wie in Bild 11.20 sehen, in dem Ihnen mitgeteilt wird, daß die Suche nach einer Lösung erfolgreich war.

Das Ergebnis

Bild 11.20 Dialogfeld nach erfolgreichem Solvereinsatz

Bedenken Sie bei der Bewertung der Lösung, daß Sie sich noch mit der Produktionsfunktion anhand der erhaltenen Lösungs-

menge eine mögliche Kombination von Arbeits- und Maschinen-
einsatz heraussuchen müssen.

Sie haben verschiedene Möglichkeiten. Sie können

- Excel die Lösung in die Tabelle einsetzen und die veränderte
  Tabelle verwenden.

- einen Antwortbericht erstellen lassen, der Ihnen die Bedingungen und Ergebnisse der Suche dokumentiert,

- einen Empfindlichkeitsbericht erstellen, der Ihnen Genauig-
  keiten und Angaben über die einschränkenden Nebenbedingungen ("Lagrange-Parameter") anzeigt,

- einen Grenzenbericht erstellen, der Ihnen im wesentlichen
  statistische Auswertungen der Tabellenanalyse aufzeigt und

- die Tabellenanalyse in einem Szenario speichern, um Sie hier
  mit dem Szenario-Manager, wie im vorigen Kapitel beschrieben, zu bearbeiten und einen Bericht in einer bestimmten
  Ansicht zu drucken.

Wählen Sie hier die Option **Antwortbericht**, die in unserem Beispiel die interessanten Ergebnisse zusammenfaßt. Auf der Beispieldiskette zu diesem Buch finden Sie außerdem alle andern
Berichte dieser Analyse als einzelne Dateien im Verzeichnis
«\K11» (KALKANT.XLS, KALKEMPF.XLS, KALKGRE.XLS).

Bei der Beurteilung des im Antwortbericht gezeigten Ergebnisses
können Sie ausgehend von der besten Arbeits- und Maschinen-
stunden-Verteilung mit den zugelassenen Verteilungen die für
Sie realisierbare Ergebnis heraussuchen.

11. 5. 3 Wenn der Solver nicht die gewünschten Ergebnisse erzielt

Solver-
Details

Die Solveranalyse, die Sie eben durchgeführt haben, lieferte
schnell ein sinnvolles Ergebnis. Dies muß nicht immer so sein, da
wir hier natürlich das Beispiel und die Nebenbedingungen so
gewählt haben, daß der Solver bei dem verwendeten Analyse-
Verfahren eine Lösung finden kann. Da dies nicht immer so sein
wird, wollen wir ihnen an dieser Stelle Tips geben, wie sie erfolgreich mit dem Excel Solver arbeiten können.

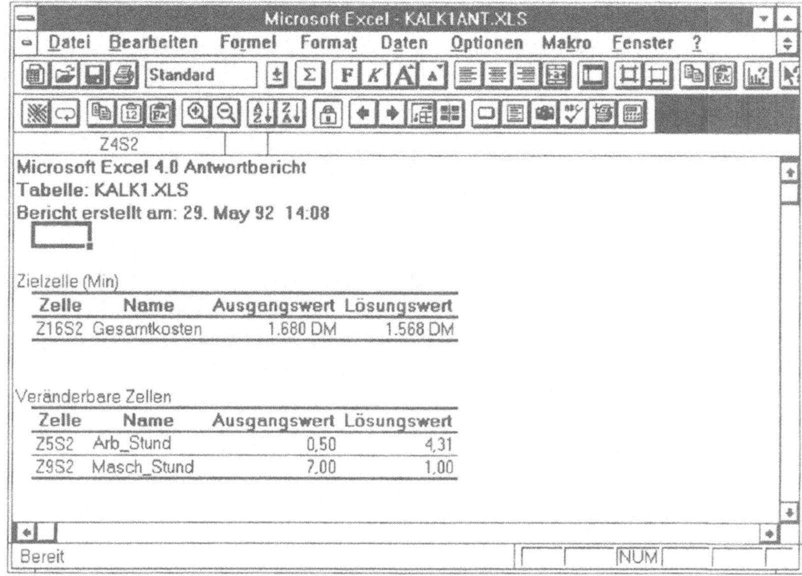

Bild 11.21 Anwortbericht eines Szenarios

Formulierung der Nebenbedingungen

Formulieren Sie wie in unserem Beispiel auch Nebenbedingungen, wenn Sie für die Veränderlichen oder davon abhängige Zellen Einschränkungen festlegen können. Dieses verhilft Ihnen nicht nur zu einem sinnvollen Ergebnis, sondern erleichtert dem Solver das Finden lokaler Maxima oder Minima oder von Nullstellen.

Eine Fülle weiterer Einstellmöglichkeiten bietet Ihnen das Dialogfeld **Optionen**, das Sie vom Dialogfeld des Solvers aus aufrufen können. Die Standardeinstellungen führen bei den meisten Analysen zu den gewünschten Ergebnissen. Manchmal kann es jedoch sinnvoll sein, einige Veränderungen vorzunehmen. Dazu beschreiben wir im folgenden kurz mögliche Probleme und deren Lösungsmöglichkeiten.

Die Solver-Optionen

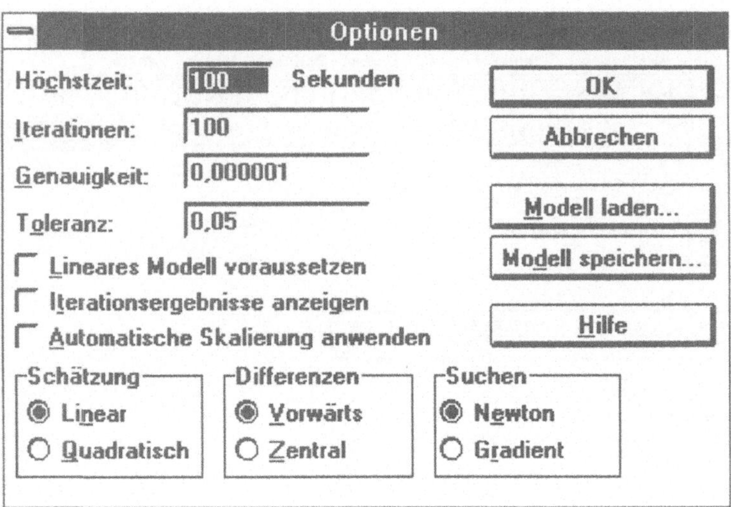

Bild 11.22 Dialogfeld zum Einstellen der Optionen

Sie analysieren ein lineares Modell

Sind in Ihrem zu analysierenden Modell nur lineare Bezüge vorhanden, so kann es vorkommen, daß der Solver in der Standardeinstellung keine konvergierenden Werte für die Zielzelle findet. In diesem Fall können Sie mit Hilfe der Option «Lineares Modell» vielleicht eine Lösung finden, wenn sie existiert.

Stark voneinander abweichende veränderbare und Zielzellen

Wenn Ziel- und veränderbare Zellen derart stark voneinander abweichen, kann es bei der vorgegebenen Zahl von Iterationen (100) vorkommen, daß der Excel Solver keine Lösung findet. Wählen sie in diesem Fall die Option **Automatische Skalierung,** bei der Excel seine Iterationen anpaßt und in größeren Schritten sucht.

Stark nichtlineares Modell

Grenzen des Solvers

Der Excel Solver schätzt bei der Suche aufgrund eines Wertes durch Bildung der Tangente in einem festgelegten Intervall den nächsten Wert. Dieser wird anschließend zur Bestimmung von Nullstellen (Schnittpunkte mit der Rubrikenachse) oder Extremstellen (Maxima und Minima) mit dem "wirklichen" Wert verglichen. Bei stark nichtlinearen Modellen kann die Schätzung des nächsten Wertes durch einfaches Bilden der Tangente manchmal nicht ausreichen, um konvergierende Werte zu finden. Versuchen Sie in diesem Fall die quadratische Schätzung des Folgewertes.

Ebenso kann es bei in einem gegebenen Intervall stark nichtlinearen Funktionen schwierig sein, mit Hilfe des Newtonschen Tangentenverfahrens, das vom Solver in einer leicht abgewandelten Form standardmäßig verwendet wird, eine Lösung zu finden. Sie können dann in dem Optionsfeld «Suchen» die Option «Gradient» auswählen, die nach einer konjugierten Gradientenmethode sucht und hier vielleicht eher ein Ergebnis liefert.

Das Ergebnis entspricht nicht der geforderten Genauigkeit

Der Excel Solver differenziert beim Bilden der partiellen Diffenrenzen immer nach vorne, wählt also einen Wert $x+\Delta x$. Dies kann dazu führen, daß immer wieder an der Zielstelle vorbeidifferenziert" wird. Versuchen Sie hier, die Ergebnisse mit Hilfe der Methode des zentralen Differenzierens zu verbessern. Sie sollten diese Methode jedoch nicht von Anfang an wählen, da sie mehr Neuberechnungen und somit mehr Zeit braucht.

Das Ergebnis entspricht nicht Ihren Erwartungen

Bei nichtlinearen Funktionen findet der Solver nur lokale Extrema oder Nullstellen. Hat die Suche also noch nicht das von Ihnen erwartete oder kein sinnvolles Ergebnis, so sollten Sie vielleicht die Grenzen einschränken. Das kann doch nicht stimmen...

Unstetigkeitsstellen

Der Excel Solver wird keine Ergebnisse liefern, wenn zwischen dem Startwert und dem Zielwert der unabhängigen Größe Unstetigkeitsstellen der Funktion auftreten, also etwa eine Zahl im Nenner der abhängigen Größe im Verlauf der Suche Null wird. Achten Sie darauf bei der Eingabe der Nebenbedingungen.

1. Die Umsatzfunktion lautet $U=p(x)*x$, wobei $p(x)$ die Preisfunktion und x die Produktmenge darstellen. Liegt eine Preisfunktion $p(x)=160-10*x$ zugrunde, so stellt die Umsatzfunktion eine quadratische Funktion dar. Versuchen Sie, das Maximum der Umsatzfunktion zu finden und lassen Sie sich die Umsatzfunktion in Form eines Diagramms anzeigen.

Dieses Beispiel ist als UMSFKT.XLS und der Antwortbericht der Solveranalyse als UMSANTW.XLS auf der Beispieldiskette gespeichert.

2. Finden Sie Nullstellen der Funktionen $U=180-23*x+25*x^2-5*x^3$ (x=5,38671) mit Hilfe des Solvers.

3. Schreiben Sie die Zinsberechnung zu einem Festgeldangebot um. Sie erstellen dazu einen Briefvordruck für ein Festgeldangebot und übernehmen hierin die Daten der Zinsrechnungstabelle.

1 Einleitung

2 Vorarbeiten & Vorkenntnisse

3 Die erste Excel-Aufgabe

4 Tabellen gestalten

5 Tabelleninhalte ändern

6 Arbeiten mit Funktionen

7 Excel-Diagramme

8 Textverarbeitung

9 Dateiverarbeitung

10 Mehrdimensionale Tabellenkalkulation

11 Tabellenanalysen

12 Datenaustausch

13 Q+E

14 Ablaufprogrammierung

15 Organisation und Planung von Tabellen

16 Präsentation mit Excel

Anhang

Abschnittsübersicht

Datenaustausch

12 Datenaustausch

12. 1 Überblick

Anwender, die mehrere Standardsoftwarepakete nutzen, wollen Daten zwischen diesen austauschen. Man unterscheidet im wesentlichen zwei verschiedene Arten des Datenaustausches:

Welche Möglichkeiten gibt es?

* Statischer Datenaustausch
* Dynamischer Datenaustausch

Bei einem statischen Datenaustausch verarbeiten Sie z.B. Quelldaten aus einer Excel-Tabelle mit einem anderen Anwendungsprogramm. Dazu müssen Sie die Quelldaten in einem Format speichern, das das Zielprogramm lesen kann. Nehmen Sie später Änderungen in der Quelltabelle vor, so werden diese Änderungen nicht automatisch berücksichtigt. Diese Form des Datenaustausches bietet sich also nur an, wenn Sie an einem ganz bestimmten Zustand der Tabelle interessiert sind. Excel bietet zahlreiche Formate an, die den Datenaustausch mit

Statischer Datenaustausch

* anderen Tabellenkalkulationsprogrammen wie Multiplan oder Lotus 1-2-3 und 1-2-3/W,
* Datenbanken wie dBASE und
* Textsystemen wie Word oder Word für Windows 2.0 abdekken.

Sie speichern eine Datei in einem bestimmten Dateiformat, indem Sie in dem Menü **Datei** den Befehl **Speichern unter** und hier das Listenfeld **Dateiformat** auswählen und dann aus der Liste wie in Bild 12.1 das entsprechende Format aussuchen. In Ihrem anderen Anwendungsprogramm laden Sie dann diese Datei. Im Anhang II dieses Buches finden Sie eine Liste der Excel-Dateiformate und ihre Verwendung.

Datei
Speichern unter

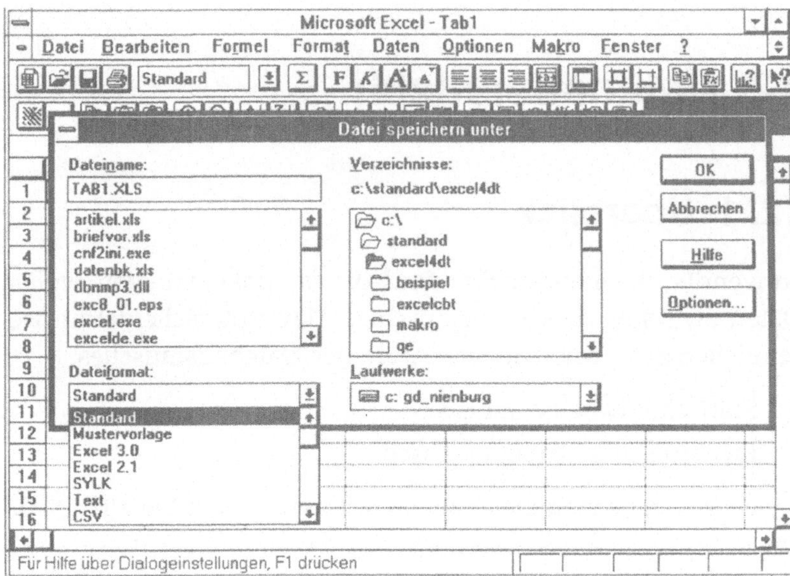

Bild 12.1 Auswahl von Dateiformaten beim Speichern

Dynamischer Datenaustausch

Wesentlich flexibler als die statische Form des Datenaustausches ist der dynamische Datenaustausch (sog. DDE, dynamic data exchange). Das Prinzip dieses Datenaustausches ist es, eine Tabelle nicht auf einem gewissen Stand "einzufrieren" und an andere Anwendungen zu übergeben, sondern dort eine stets aktuelle Version einzubinden.

Die OLE-Funktion

Zusätzlich zum DDE bietet Excel noch eine neue Funktion, die jedoch nur für andere Windows 3.1 Anwendungen zur Verfügung steht, die sogenannte OLE-Funktion (Object Linking and Embedding). Haben Sie eine Excel-Tabelle mit einer anderen Windows-Anwendung verbunden, so können Sie durch Doppelklick in diese eingefügte Tabelle zu Excel umschalten. Ebenso können Sie, wenn Sie unter Excel einen Text aus einem Windows-Textsytem eingefügt haben, durch Doppelklick in diesen Text im entsprechenden Textsystem umschalten. Die dazugehörige Datei ist dann schon geladen und Sie können nun bequem Änderungen vornehmen.

Erinnern Sie sich in diesem Zusammenhang bitte an das Umschalten aus einem Diagramm im Tabellenfenster zu den Diagramm-Menüs (Kapitel 7). Dies geschieht nach dem gleichen Prinzip.

Die OLE-Funktionen bieten zur Zeit leider nur Excel und einige Windows-Anwendungen wie zum Beispiel Word für Windows 2.0 oder einige Windows-Tools.

Beim Öffnen von Dateien unterscheidet Excel wegen der unterschiedlichen Zeichensätze zwischen drei verschiedenen Dateiursprüngen (Bild 12.2):

Dateiformate beim Öffnen

- Macintosh-Dateien,

- Dateien, die unter Windows 3.x erstellt wurden (ANSI-Zeichensatz) und

- DOS- oder OS/2-Dateien (ASCII-Zeichensatz).

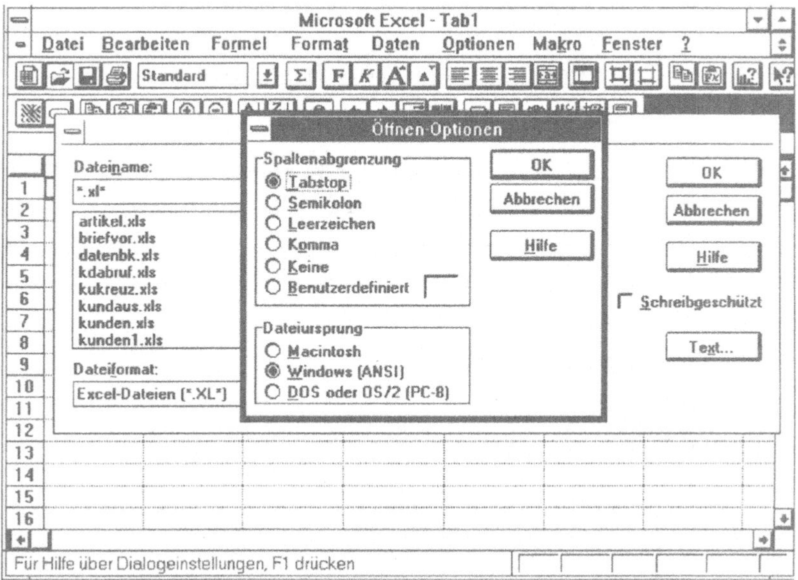

Bild 12.2 Dialogfeld **Öffnen-Optionen**

Wir werden Ihnen im folgenden zeigen, wie Sie Daten zwischen Excel und

- anderen Tabellenkalkulationsprogrammen (12.2),

- Datenbanken (12.3),

- Textsystemen (12.4),

- Pascal unter Windows (12.5)

austauschen können.

12. 2 Datenaustausch mit anderen Tabellenkalkulationsprogrammen

12. 2. 1 Vorbemerkung

So einfach
geht's...

Der Datenaustausch zwischen Excel und anderen Tabellenkalkulationsprogrammen weist kaum Probleme auf. Sie müssen die Tabelle in der entsprechenden Anwendung nur im richtigen Format speichern.

Daher werden wir im folgenden nur sehr kurz darauf eingehen und auf Besonderheiten hinweisen.

12. 2. 2 Datenaustausch mit früheren Excel-Versionen

Austausch
mit älteren
Excel-
Versionen

Wollen Sie eine mit Excel erstellte Datei mit früheren Versionen von Excel weiterverarbeiten, so müssen Sie dies beim Speichern der Datei unter Excel berücksichtigen. Speichern Sie hier die Datei nicht im Excel Format, sondern wählen Sie im Menü **Datei speichern unter** im Listenfeld **Dateiformat** das Format Excel 2.x bzw. Excel 3.0 zum Austausch mit älteren Excel-Versionen.

Andernfalls kann es zu Schwierigkeiten beim Laden der Datei unter Excel 2.x kommen.

12. 2. 3 Datenaustausch mit Multiplan

Austausch
mit Multiplan

Excel und Multiplan können Dateien direkt untereinander austauschen. Sie können eine mit Excel erstellte Datei im Format SYLK speichern und dann in Multiplan laden. Wollen Sie eine Multiplan-Datei mit Excel weiterverarbeiten, so speichern Sie die Datei unter Multiplan im Excel-Format.

Bedenken Sie, daß Multiplan 4.2 Tabellen im Excel 2.x Format speichert und noch nicht als Excel 3.0 oder Excel 4.0 Datei. Sie laden eine solche Datei aber wie jede andere Excel-Datei. Wir wollen Ihnen nun kurz zeigen, wie Sie Daten von Excel nach Multiplan austauschen und umgekehrt.

Laden Sie dazu die Datei Artikel aus Abschnitt 9. Speichern Sie diese Datei anschließend im SYLK-Format (Bild 12.3). Da Sie ein anderes Format verwenden, können Sie den Namen Artikel beibehalten.

Von Excel nach Multiplan...

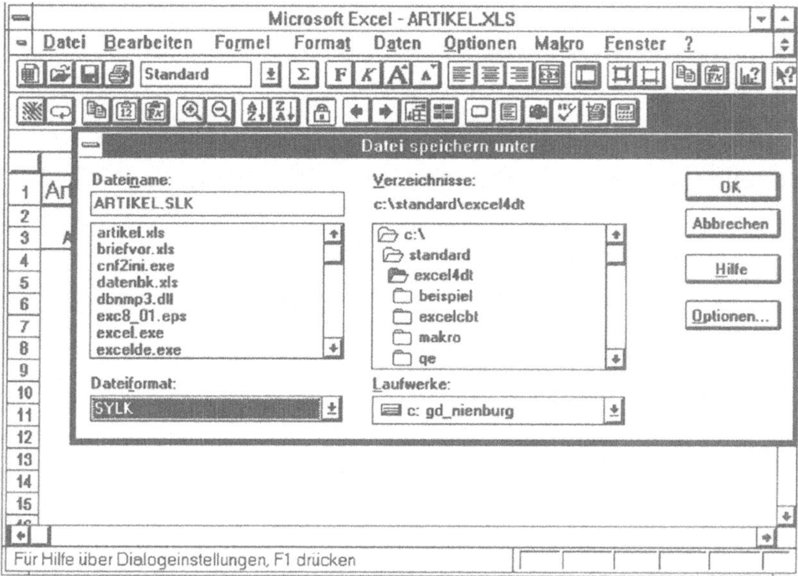

Bild 12.3 Speichern im SYLK-Format

Bild 12.4 Einstellen des Formats Symbolisch

Sie können diese Datei in ein Multiplan Arbeitsblatt einlesen, wenn Sie dort das Format "Symbolisch" eingestellt haben. Starten

Sie also Multiplan und stellen Sie mit dem Befehl **Übertragen Optionen** als Übertragungsformat "Symbolisch" ein (Bild 12.4). Sie können nun mit dem Befehl **Übertragen Laden** die Excel-Datei einfach laden, indem Sie den Dateinamen aus der Liste auswählen. Vergleichen Sie anschließend Ihren Bildschirm mit Bild 12.5.

Von Multiplan
nach Excel...

Ebenso einfach ist der Datenaustausch von Multiplan nach Excel, da Sie unter Multiplan Dateien im Excel 2.1-Format speichern können.

Erstellen Sie mit Multiplan eine kleine Beispieltabelle (Bild 12.6).

```
+-----------------------------------------------------------------------+
|-1         1              2                  3          4               |
|     1 Artikels                                                         |
|     2                                                                  |
|     3 Art.-Nr.        Bezeichnung           Einheit     Preis          |
|     4     1000  Disketten                   Stück          4,00 DM     |
|     5     2000  Farbband                    Stück         12,00 DM     |
|     6     3000  Endlospapier                Paket         36,00 DM     |
|     7     4000  Etiketten                   Paket         20,00 DM     |
|     8     5000  Tinte                       Container     35,00 DM     |
|     9     6000  Rechnungen                  Paket         90,00 DM     |
|    10                                                                  |
|    11                                                                  |
|    12                                                                  |
|    13                                                                  |
|    14                                                                  |
|    15                                                                  |
|    16                                                                  |
|    17                                                                  |
|    18                                                                  |
+------------------------------ ARTIKEL.SLK ----------------------------+
BEFEHL: Text Ausschnitt Bewegen Druck Einfügen Format Gehezu Hilfe Kopie Löschen
 Name Ordnen Pfad Quitt Radieren Schutz Übertragen Verändern Wert Xtern Zusätze
Eingabe von Text in die Tabelle!
Z3S4       "Preis"                ? !  100% frei      NF         ARTIKEL.SLK
```

Bild 12.5 EXCEL Tabelle unter Multiplan

```
+-----------------------------------------------------------------------+
|-1        1       2       3       4       5       6       7            |
|     1 Testdatei zum Datenaustausch mit Excel 4.0                      |
|     2                                                                  |
|     3 Produkt 1 Produkt 2 Produkt 3 Summe                             |
|     4    2000     3000     4000     9000                              |
|     5                                                                  |
|     6                                                                  |
|     7                                                                  |
|     8                                                                  |
|     9                                                                  |
|    10                                                                  |
|    11                                                                  |
|    12                                                                  |
|    13                                                                  |
|    14                                                                  |
|    15                                                                  |
|    16                                                                  |
|    17                                                                  |
|    18                                                                  |
+------------------------------ MPTEST.XLS -----------------------------+
BEFEHL: Text Ausschnitt Bewegen Druck Einfügen Format Gehezu Hilfe Kopie Löschen
 Name Ordnen Pfad Quitt Radieren Schutz Übertragen Verändern Wert Xtern Zusätze
Eingabe von Text in die Tabelle!
Z4S4       ZS(-3)+ZS(-2)+ZS(-1)   ? !  100% frei      NF         MPTEST.XLS
```

Bild 12.6 Beispieltabelle unter Multiplan

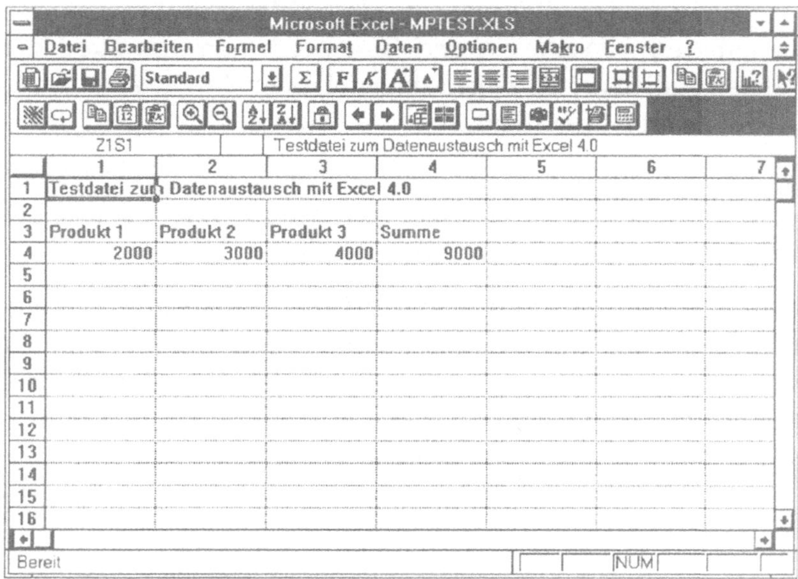

Bild 12.7 Beispieltabelle unter EXCEL

Speichern Sie in Multiplan diese Tabelle im Excel-Format, indem Sie dieses Format im Speicher-Menü einstellen. Starten Sie Excel und laden Sie die mit Multiplan erstellte Datei wie eine Excel-Datei. Vergleichen Sie Ihr Ergebnis hiernach mit Bild 12.7, wenn Sie für den Austausch die gleiche Tabelle verwendet haben.

12. 2. 4 Datenaustausch mit Lotus 1-2-3/W

Allgemeines

Dem Datenaustausch zwischen Lotus 1-2-3 (sowohl 1-2-3/W als auch der zeichenorientierte Version) und Excel wurde von Microsoft besondere Aufmerksamkeit gewidmet. Daher ist es problemlos möglich, Lotus 1-2-3 Dateien in Excel im 1-2-3 Format zu laden und Excel-Dateien nach Lotus zu exportieren, d.h. in Lotus-Formaten zu speichern. Sie können hier sowohl Dateien der zeichenorientierten Version von 1-2-3 als der 1-2-3 Version für Windows (1-2-3/W) verwenden.

Sie können Lotus 1-2-3-Dateien genau wie eine Excel Tabelle öffnen, ohne vorher irgendwelche Einstellungen vorzunehmen.

Öffnen einer
1-2-3/W-Datei

Sie geben dazu lediglich im Menü **Datei Öffnen** als Dateinamenserweiterung «.WK*» ein und lassen sich nun von Excel die Dateien auflisten. Wir zeigen Ihnen hier den Austausch mit der 1-2-3 Version 1.1 für Windows.

Wollen Sie diese Tabelle nach dem Bearbeiten unter Excel wieder im Lotus 1-2-3 Format speichern, so geben Sie einfach den Befehl **Speichern** aus dem Menü **Datei**.

Importieren und Umwandeln

Wollen Sie eine eine Excel-Datei im Lotus Format speichern, so müssen Sie vor dem Speichern, wie in den vorigen Kapiteln beschrieben, im Dialogfeld **Datei Speichern unter** das entsprechende Format im Listenfeld **Dateiformat** einstellen. Excel unterscheidet hier die folgenden Lotus 1-2-3 Formate:

Dateiformat	Lotus 1-2-3 Version
WKS	1A, Symphonie
WK1	2.0, 2.01, 2.2
WK3	3.0, 1-2-3 für Windows

Tabelle 12.1 LOTUS Dateiformate

Probleme beim Datenaustausch

Alles wird nicht übertragen...

Lotus 1-2-3 und Excel verwenden einige unterschiedliche Funktionen und Formelschreibweisen. Außerdem unterscheiden sich die beiden Programme bei der Verknüpfung und Konsolidierung von Tabellen. Eine Excel-Tabelle kann bis zu 16384 Zeilen aufnehmen, ein Lotus 1-2-3/W-Arbeitsblatt jedoch nur die Hälfte, 8192.

Diese Probleme werden von der jeweiligen Anwendung, also entweder Lotus 1-2-3 oder Excel, zum Teil umgangen. So werden zum Beispiel 3D-Tabellen von Lotus 1-2-3 unter Excel 4.0 als einzelne Tabellen in eine Arbeitsmappe geladen. Dies bedeutet, daß Excel 4.0 für jede importierte 1-2-3/W Datei eine Arbeitsmappe anlegt und die entsprechenden Arbeitsblätter in diese Arbeitsmappe schreibt. Formeln, die nicht gelesen werden können, werden in aller Regel durch den entsprechenden Wert ersetzt.

Das Excel-Handbuch liefert hier eine Aufstellung möglicher Probleme und deren Lösung. Schauen Sie bei Detailproblemen bitte dort nach.

Wir wollen Ihnen im folgenden an einem einfachen Beispiel zeigen, wie eine Lotus 1-2-3/W-Tabelle unter Excel aussieht und umgekehrt. Wenn Sie die Version 1.1 von Lotus 1-2-3 für Windows besitzen, so können Sie diese Schritte nachvollziehen.

Datenaustausch von Excel nach Lotus

Laden Sie unter Excel die Artikeldatei (Abschnitt 9.8), und speichern Sie sie anschließend mit dem Befehl **Speichern unter** aus dem Menü **Datei** in dem Format Ihrer Lotus-Version (hier «.WK3»). Excel schreibt hierbei auch die Formatdatei ARTIKEL.FM3. Aus dieser Datei entnimmt 1-2-3/W die Formatierungen der Tabelle.

Excel Tabelle unter Lotus

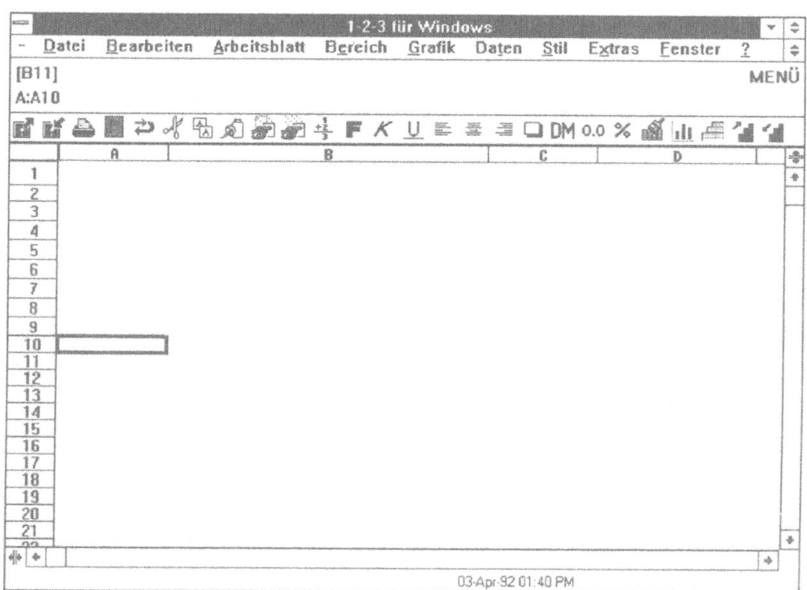

Bild 12.8 LOTUS 1-2-3/W Bildschirm

Starten Sie nun Lotus 1-2-3/W. Sie sehen einen Bildschirm wie in Bild 11.8. Öffnen Sie nun die Artikeldatei wie jede andere Lotus 1-2-3/W Datei. Danach sehen Sie einen Bildschirm wie in Bild 12.9.

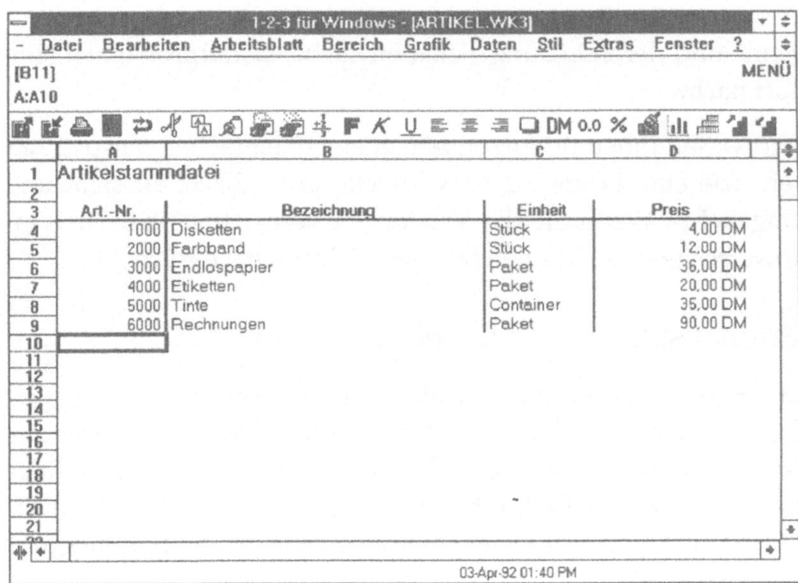

Bild 12.9 Artikeldatei unter LOTUS 1-2-3/W

Datenaustausch von Lotus 1-2-3/W nach Excel

1-2-3/W
Tabelle unter
Excel

Wollen Sie eine mit 1-2-3/W erstellte Datei unter Excel weiterverarbeiten, so können Sie sie mit 1-2-3/W wie gewohnt speichern und anschließend in Excel einlesen.

Schreiben Sie sich eine kleine Beispieldatei unter 1-2-3/W, die möglichst auch ein paar Formeln oder Formate enthält. Wir haben hier die Artikeldatei noch einmal unter 1-2-3/W eingegeben (Bild 12.9), als 1-2-3/W Datei gespeichert und anschließend unter Excel geladen (Bild 12.10).

Geben Sie den Befehl **Öffnen** aus dem Menü **Datei** und tragen Sie als Dateinamenserweiterung «.WK*» ein. Wählen Sie nun Ihre 1-2-3/W-Datei aus der Liste aus (denken Sie an das richtige Verzeichnis!). Sie sehen dann einen Bildschirm wie in Bild 12.10.

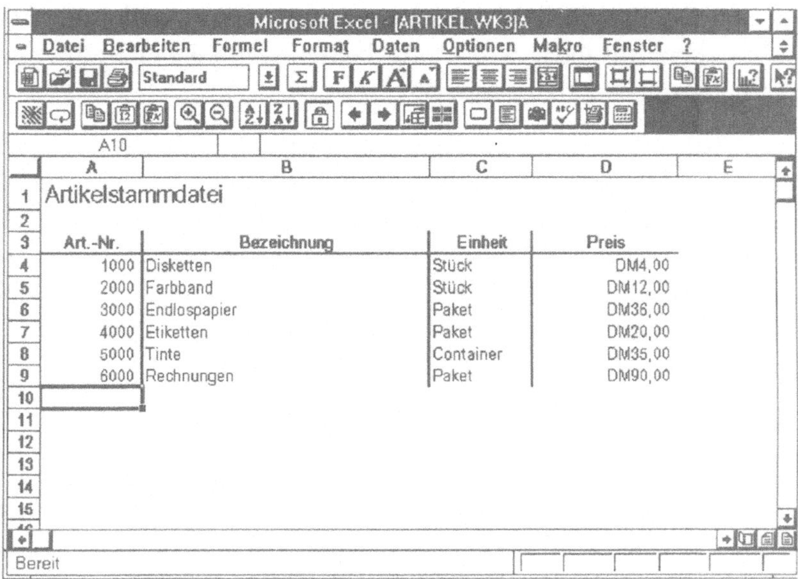

Bild 12.10 1-2-3/W Datei unter EXCEL

Makros übertragen

Für die Verwendung von 1-2-3-Makros unter Excel gibt es ein spezielles Zusatzprogramm, den Makrotranslator. Dieses Programm hilft Ihnen beim Übersetzen von 1-2-3 Makros. Sie finden diesen Makroübersetzer im Excel-Fenster bei den Zusatzprogrammen von Excel.

Ein übersetztes Makro können Sie dann unter Excel mit dem Befehl **Makro ausführen** starten, wenn Sie die Makrodatei vorher geöffnet haben.

12. 3 Datenaustausch zwischen Datenbanken und Excel

12. 3. 1 Vorbemerkung

Sie können Tabellen, die Sie mit Excel erstellt haben, mit Datenbanken wie dBASE, Oracle, Microsoft SQL Server und OS/2 2.0 Extended Edition Database Manager weiterverarbeiten. Ebenso

Welche Datenbanken?

können Sie Datenbanken, die Sie mit diesen Anwendungen erstellt haben, mit Excel weiterverarbeiten, wenn Sie nicht die Kapazität von Excel übersteigen.

Q+E

Zum Laden von Datenbanken der oben aufgeführten Systeme bietet Excel Ihnen eine Hilfe, Q + E. Dieser Editor hilft Ihnen beim Laden von Datenbanken. Sie lesen im folgenden Abschnitt, wie Sie Excel Dateien mit dBASE weiterverarbeiten und danach, wie Sie eine dBASE Datei über Q+E in Excel einlesen können. In Kapitel 13 beschreiben wir Q+E ausführlicher.

12. 3. 2 Excel-Tabellen mit dBASE verarbeiten

dBASE
Dateien

Sie können Excel-Tabellen, die einen Datenbankbereich enthalten, in einem dBASE-Format speichern und anschließend mit dBASE weiterverarbeiten. Wie Sie eine Datenbank unter Excel anlegen, haben Sie in Abschnitt 9.6 gelesen.

Haben Sie in der Excel-Tabelle vor dem Speichern im dBASE-Format keinen Datenbankbereich festgelegt, so nimmt Excel kein Datenbankformat an.

Laden Sie die Excel Tabelle KUNDEN.XLS. Geben Sie den Befehl **Speichern unter** aus dem Menü **Datei**. Wählen Sie aus dem Menü «Optionen» das Format «.DBF» zum Austausch mit dBASE IV aus, und schließen Sie den Befehl ab. Sie können den Namen «KUNDEN» ohne Probleme beibehalten, da Excel nun ja eine andere Erweiterung (.DBF) einfügt.

```
                                              Num
+-------------------------------------------------------------------------------+
!KDNR !ANR !NACHNAME        !VORNAME        !TAG !MON !JAHR !STRABE_NR.      !PLZ!
%-----+----+----------------+---------------+----+----+-----+----------------+---A
!  100!   1!Meier           !Egon           !  12!  12! 1949!Lange Str. 13   !  3!
!  200!   2!Müller          !Erna           !  17!   3! 1981!Hohe Str. 99    !  3!
!  250!   1!Richter         !Hans           !   2!  10! 1932!Breiter Weg 1   !  3!
!  400!   2!Schulze         !Anna           !  29!   4! 1964!Kurze Str.1     !  4!
+-------------------------------------------------------------------------------+
```

Bild 12.11 dBASE IV: Kundendatei

Öffnen Sie nun dBASE IV. Sie befinden sich nun im Regiezentrum von DBASE. Geben Sie den Befehl **Datei aufnehmen** aus dem Menü **Katalog,** um die Datei KUNDEN.DBF in den Katalog aufzunehmen. Sie müssen dazu in dem Fenster zur Pfadauswahl den Excel-Pfad auswählen. Haben Sie die Datei in den Katalog aufgenommen, so lassen Sie sie sich anzeigen. Sie sehen dann einen dBASE-Bildschirm wie in Bild 12.11

12. 3. 3 Datenaustausch von dBASE nach Excel

Sie können mit dBASE erstellte Dateien mit Excel weiterverarbeiten. Als Vermittler beim Datenaustausch verwenden Sie hier Q+E, das Datenbankprogramm von Excel. Erstellen Sie unter dBASE eine kleine Beispieldatei wie in Bild 12.12. Öffnen Sie das Programm Q+E. Sie sehen nun einen Bildschirm wie in Bild 12.13.

Geben Sie nun den Befehl **Öffnen** aus dem Menü **Datei.** Sie wählen aus, wie die zu öffnende Datei heißt, und mit welchem Programm die Datei erstellt wurde. Welche Formate Q+E hier akzeptiert hängt davon ab, ob Sie es mit allen Treibern installiert haben oder nicht (vgl. Anhang II). Geben Sie hier den Namen Ihrer dBASE Datei ein und wählen Sie als Ursprung «dBASE Datei». Sie sehen die dBASE-Datei unter Q+E wie in Bild 12.14.

```
 Layout    Verwaltung   Hinzufügen   Suchen    Ende                22:17:19
 +-----------------------------------------------------+ Byte frei:   3971
 : Num : Feldname      : Feldtyp      : Länge : Dez : Index :
 â------I--------------I--------------I-------I-----I-------A
     1 : ARTIKEL       : Zeichen      :   10  :     :   N   :
     2 : ARTNR         : Numerisch    :    4  :  0  :   N   :
     3 : BEZEICHN      : Zeichen      :   10  :     :   N   :
     4 : PREIS         : Numerisch    :    5  :  2  :   N   :








 +-----------------------------------------------------+
 dB-Datei:C:\dbase\DBART           :Feld 1/4      :            :   Num
        Geben Sie den Feldnamen ein - Feld einfügen/löschen: STRG-N/STRG-U
 Feldnamen müssen mit Buchstaben beginnen und können Ziffern/Unterstr. enthalten
```

Bild 12.12 dBASE IV: Beispieldatei zum Datenaustausch

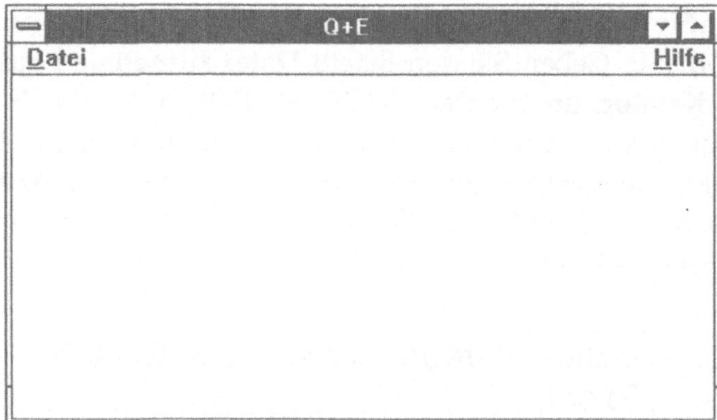

Bild 12.13 Q+E nach dem Start

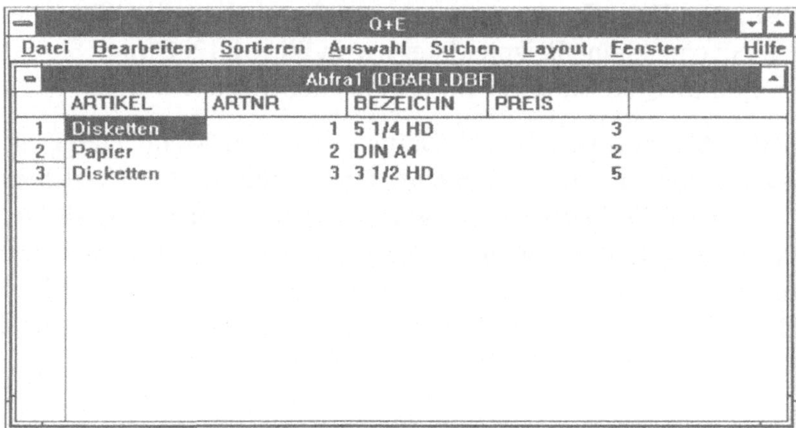

Bild 12.14 Q+E: Importierte dBASE Datei

Speichern im
Excel Format

Wir wollen die Datei nun im Excel-Format speichern, bevor wir sie in Excel einlesen. Dazu geben Sie Q+E den Befehl **Speichern unter** aus dem Menü **Datei**. Wählen Sie als Dateiformat «Excel Datei» aus, und geben Sie als Namen für Ihre Datei «DBART» ein. Q+E wird automatisch die Erweiterung «.XLS» einfügen.

Schalten Sie nun zu Excel um, und öffnen Sie hier die unter Q+E gespeicherte Tabelle. Sie sehen dann ein Ergebnis wie in Bild 12.15.

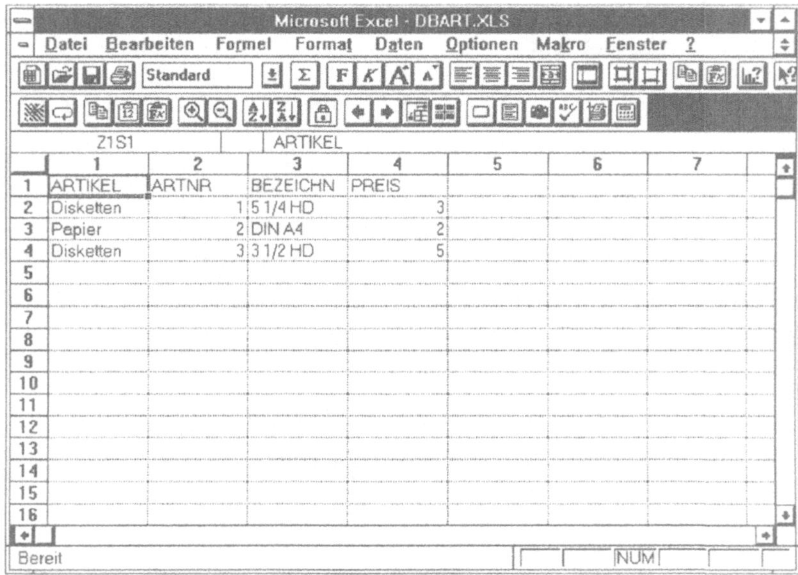

Bild 12.15 Excel: dBASE Datei

12. 4 Kopplung von Excel-Tabellen mit Textsystemen

12. 4. 1 Vorbemerkung

Excel bietet Ihnen zwar viele Möglichkeiten, die Ausgabe Ihrer Tabelle zu beeinflussen. Wenn Sie jedoch einen Bericht mit einem Textsystem schreiben und hier aktuelle Tabellen einfügen wollen, können Sie Excel-Tabellen mit Textsystemen verbinden. Wir zeigen Ihnen im folgenden den Datenaustausch mit zwei Microsoft Textverarbeitungsprogrammen, mit MS Word 5.5 und mit MS Word für Windows 2.0.

Wozu Excel-Tabellen in Textsysteme einfügen?

Der statische Datenaustausch mit Textverarbeitungsprogrammen erfolgt wie der Austausch mit anderen Tabellenkalkulationsprogrammen. Wir haben diese Variante bereits in Abschnitt 4.12 beschrieben.

Daher werden wir hier nur den dynamischen Datenaustausch beschreiben.

12. 4. 2 Kopplung von Excel-Tabellen mit MS Word 5.5

Mit Word 5.5 arbeiten

Zum Datenaustausch mit MS Word 5.5 speichern Sie die Excel-Tabelle im Dateiformat «Excel 2.1» und fügen sie in MS Word 5.5 mit dem Befehl **Datei** aus dem Menü **Einfügen** ein. Sie können hier auswählen, ob Sie die Datei verknüpfen wollen oder nicht. Verknüpfen Sie die Excel-Tabelle mit dem Word 5.5-Dokument, so können Sie sie mit der Option «Verknüpfung aktualisieren» im Word 5.5-Dialogfeld **Datei** jederzeit aktualisieren.

12. 4. 3 Einfügen von Excel-Tabellen in Word für Windows-Dokumente

Präsentation mit Word für Windows

Die neue Version Word für Windows 2.0 und Excel 4.0 bieten Ihnen mit Hilfe der OLE-Funktion eine besonders einfache Form des Datenaustausches an. Sie kündigen in der aktiven Anwendung (also zum Beispiel in Word für Windows) an, daß Sie nun ein Objekt aus einer anderen Anwendung (also zum Beispiel Excel) einfügen wollen. Word für Windows schaltet nun zu Excel um und öffnet hier, wenn Sie als Objekt eine Excel-Tabelle angemeldet haben, ein neues Tabellenarbeitsblatt. Sie können hier eine Tabelle einrichten, formatieren oder mit anderen Tabellen verbinden.

Anschließend speichern sie die neue Tabelle und schalten zu Word für Windows um. Hier wird automatisch die erstellte Tabelle eingefügt. Änderungen können leicht vorgenommen werden, indem Sie in die Tabelle doppelklicken und so wieder zu Excel umschalten.

Auf die gleiche Weise können Sie auch Excel-Diagramme und Makrovorlagen (zur Dokumentation) in Word für Windows einfügen sowie Word für Windows Texte in Excel.

Wir werden Ihnen hier zeigen, wie Sie eine Excel Tabelle (hier die Tabelle UMSATZF.XLS zur Auswertung des Umsatzes eines Reisebüros) und ein Diagramm (hier die Auswertung der Kundenzahl des Reisebüros) in ein Word für Windows-Dokument einfügen.

Öffnen Sie hierzu in Word für Windows ein neues Dokument und Das Beispiel
schreiben Sie vielleicht erst einmal einen Text Ihrer Wahl, in den
die Tabelle dann eingefügt werden soll. Wir haben in unserem
Beispiel einen Brief der Reisebürofiliale an die Hauptstelle entworfen, in dem der Umsatz des letzten Quartals sowie die Kun-
denzahlauswertung dargestellt werden.

Fügen Sie die Tabelle UMSATZF.XLS in das Dokument ein:

Einfügen einer Tabelle in Word für Windows

1. Geben Sie in Word für Windows den Befehl **Objekt** aus dem
   Menü **Einfügen**. Sie können im Dialogfeld **Objekt** wie in Bild
   12.16 auswählen, aus welcher Windows Anwendung Sie ein
   Objekt einfügen wollen.

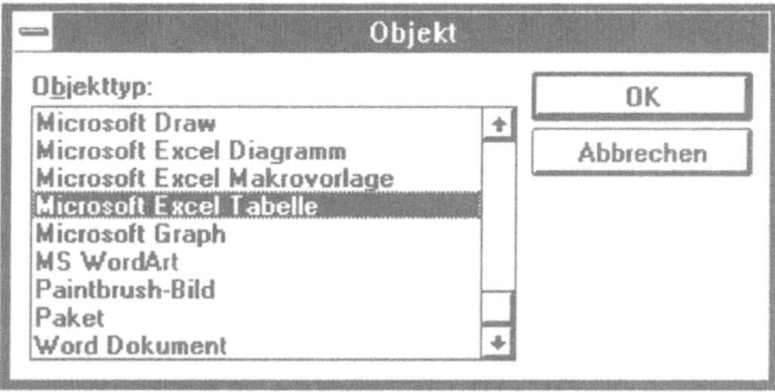

Bild 12.16 Word für Windows: Dialogfeld **Objekt**

2. Markieren Sie hier die Auswahl «Microsoft Excel Tabelle» und
   wählen Sie die Schaltfläche **OK** aus. Windows wird nun zu
   Excel umschalten und hier ein neues Arbeitsblatt mit dem
   Namen «Tabelle in Dokument 2» öffnen, wenn Ihr Word für
   Windows-Dokument den Namen «Dokument 2» trägt.

3. In dieses Arbeitsblatt geben Sie dann die Tabelle ein oder Sie
   kopieren wie in unserem Fall den Inhalt einer schon bestehenden hierein. Sie sehen dann einen Bildschirm wie in Bild 12.17.

4. Um diese Tabelle zu speichern, geben Sie den Befehl **Kopie
   Speichern** aus dem etwas veränderten Menü **Datei** und geben
   hier einen Namen ein, zum Beispiel den Namen UM-
   SATZW.XLS.

5. Schalten Sie nun wieder zu Word für Windows um und beobachten Sie, wie die Excel Tabelle in das Dokument eingefügt wird (Bild 12.18).

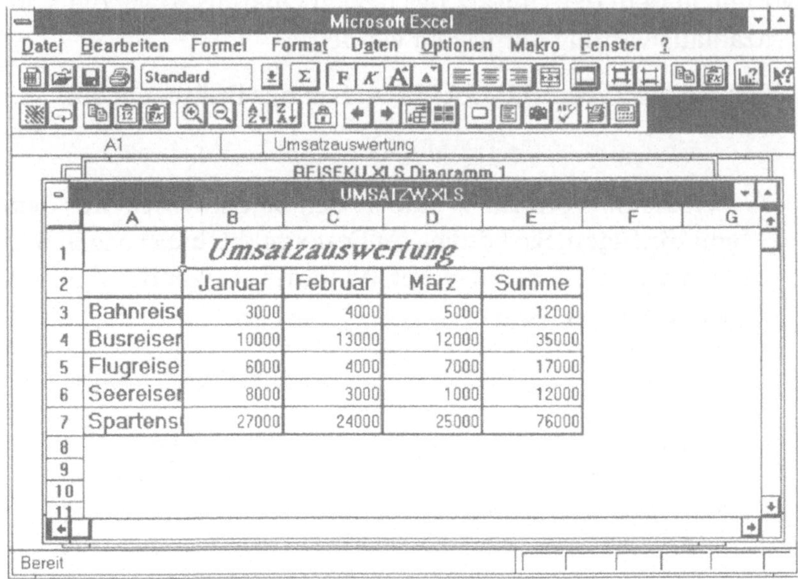

	A	B	C	D	E	F	G
1		Umsatzauswertung					
2		Januar	Februar	März	Summe		
3	Bahnreis	3000	4000	5000	12000		
4	Busreiser	10000	13000	12000	35000		
5	Flugreise	6000	4000	7000	17000		
6	Seereiser	8000	3000	1000	12000		
7	Spartens	27000	24000	25000	76000		
8							
9							
10							
11							

Bild 12.17 Erstellen der EXCEL Tabelle

Achten sie darauf, daß Sie bei Word für Windows im Menü **Ansicht** den Befehl **Druckbild** ausgewählt haben, da ansonsten keine eingefügten Objekte auf dem Bildschirm angezeigt werden. Sie sehen in der Konzeptansicht nur den Rahmen des an dieser Stelle plazierten Objektes.

Sie können leicht Veränderungen in der Excel-Tabelle vornehmen und im Word für Windows-Dokument berücksichtigen, indem Sie in die Excel Tabelle auf dem Word für Windows-Dokument doppelklicken und so zu Excel umschalten. Wenn Sie eine Änderung in der Excel-Tabelle vornehmen und den Befehl **Aktualisieren** aus dem veränderten Excel-Menü **Datei** wählen, werden Sie nach dem Umschalten zu Word für Windows sofort die aktualisierte Tabelle sehen.

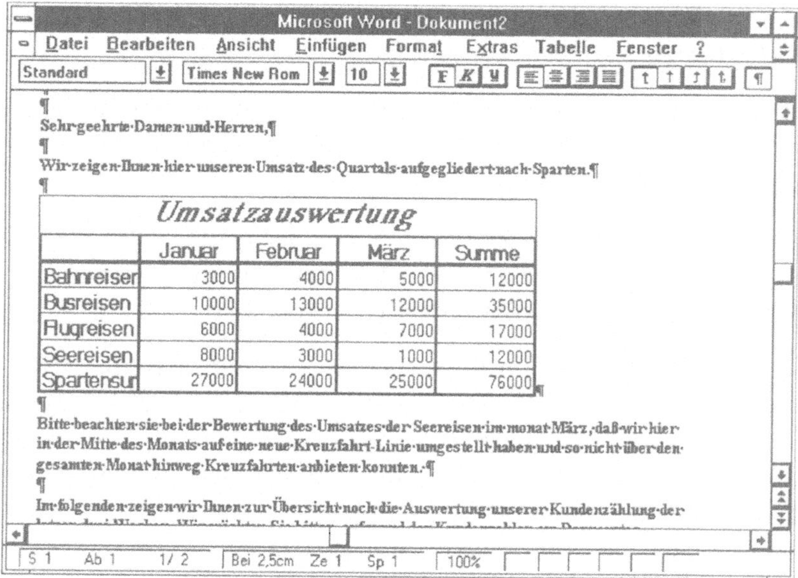

Bild 12.18 Word: Eingefügte EXCEL Tabelle

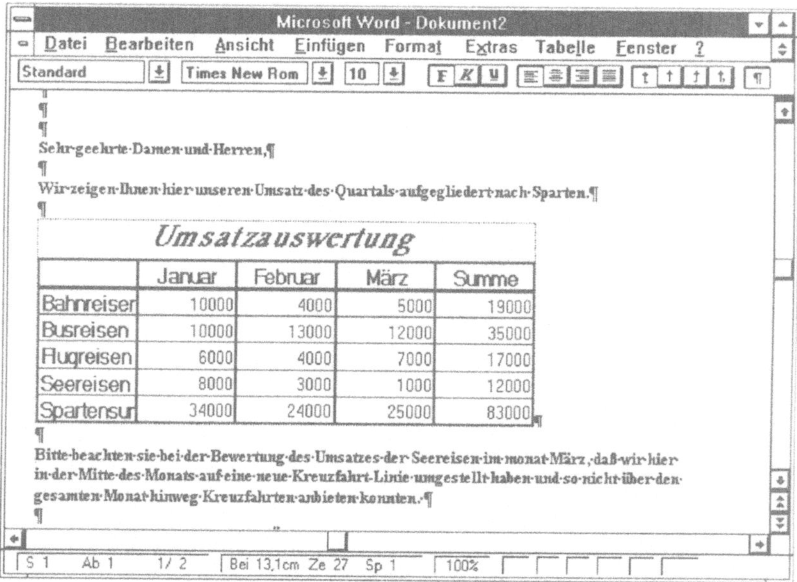

Bild 12.19 Word: Aktualisierte EXCEL-Tabelle

Schalten Sie zum Testen zu Excel um, indem sie auf die Tabelle doppelklicken. Geben Sie hier nun als Umsatz im Monat Januar unter der Sparte Bahnreisen die Zahl «10000» ein. Wählen sie anschließend aus dem veränderten Excel-Menü **Datei** den Befehl **Aktualisieren.**

Aktualisieren Schalten Sie nun wieder zu Word für Windows um und beobachten Sie, daß hier schon die aktualisierte Version der Tabelle angezeigt wird (Bild 12.19).

Ebenso wie Tabellen können Sie auch Diagramme oder Makrovorlagen in Word für Windows Dokumente einschließen und so präsentationsfähige Dokumentationen erstellen.

Makrovorlagen und Diagramme Die Befehlsfolge zum Einfügen von Diagrammen oder Makrovorlagen entspricht der des Einfügens von Tabellen. Haben Sie das Einfügen eines Diagramms im Dialogfeld zum Einfügen von Objekten unter Word für Windows angekündigt, so öffnet Windows beim Starten von Excel automatisch eine neue Diagrammdatei, in die Sie dann das gewünschte Diagramm laden oder kopieren können.

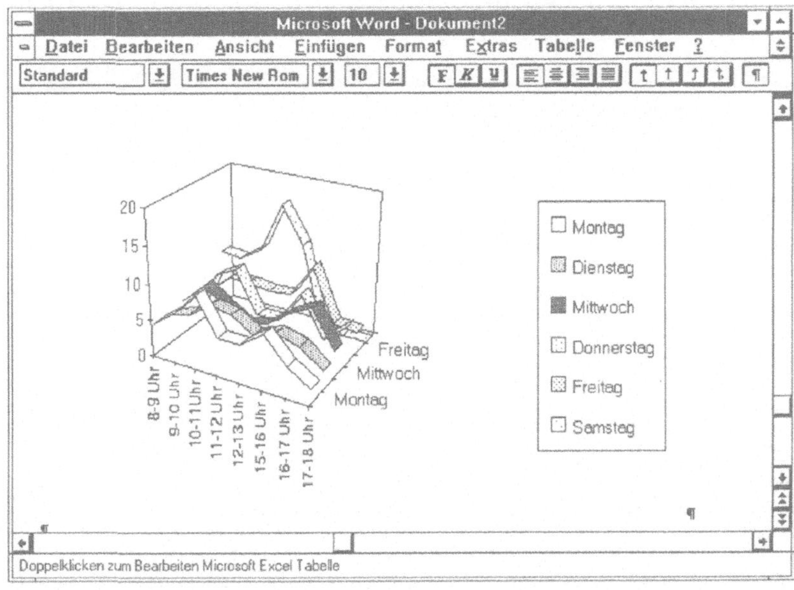

Bild 12.20 Word: Eingefügtes EXCEL-Diagramm

Sie speichern auch diese Datei wieder unter Excel und schalten wie oben zu Word für Windows um. Wir haben in unserem Beispiel in den Brief mit der Umsatzauswertung noch das Diagramm zur Auswertung der Kundenzahl des Reisebüros eingefügt (Bild 12.20). Sie finden die Datei auf der Beispieldiskette unter dem Namen UMSATZ.DOC im Verzeichnis «\K12».

Sie können durch Doppelklicken auf das Diagramm wieder zu Excel umschalten und so Veränderungen vornehmen.

12. 4. 4 Einfügen von Word-Dokumenten in Excel-Tabellen

Mit der OLE-Funktion können Sie nicht nur Excel-Dateien in ein Textsystem wie Word für Windows einbinden, sondern auch Word für Windows-Texte in ein Excel-Dokument einfügen.

Excel wird den eingefügten Text dann in ein Textfeld schreiben und hierbei die Formatierungen, die sie unter Word für Windows vorgenommen haben, übernehmen.

Dies ist der umgekehrte Weg, den Sie eben verfolgt haben: Sie haben eben zum Erstellen eines Briefes Excel-Tabellen und Diagramme in einen Word für Windows-Text eingefügt. Sie können diesen Brief natürlich auch erstellen, indem Sie umgekehrt den Text mit Word für Windows verfassen und anschließend in das Excel-Dokument einfügen.

Wir haben Ihnen hier diesen Weg jedoch nicht beschrieben, da das Einfügen von Excel-Dokumenten in Word für Windows einfacher, vielfältiger in den Gestaltungsmöglichkeiten und wartungsfreundlicher ist als der umgekehrte Weg.

Die Befehlsausführung beim Einbetten eines Objektes einer anderen Windows-Anwendung haben wir Ihnen schon in Abschnitt 7.12 beim Verändern eines Excel Diagramms mit Paintbrush gezeigt.

12. 5 Austausch mit Pascal für Windows

12. 5. 1 Vorbemerkung

Dieser Abschnitt zeigt, wie Sie zwischen Pascal für Windows von Borland und Excel von Microsoft Daten austauschen können. Die hier beschriebenen Verfahren sind mit kleinen Änderungen auch Das zeigen wir hier für andere Pascal-Dialekte und von der Idee her auch für andere Programmiersprachen zu verwenden. In Abschnitt 12.5.2 wird die Übertragung einer Excel-Datei nach Pascal dargestellt, in Abschnitt 12.5.3 die Umwandlung von Pascal- in Excel-Dateien.

12. 5. 2 Von Excel nach Pascal

Die Arbeits-schritte

Die Übertragung einer Excel-Datei nach Pascal kann in zwei Schritte zerlegt werden. Im ersten Schritt wird eine Excel-Datei in den Zellformaten vorbereitet und im CSV-Textdateiformat gespeichert. Im CSV-Format liegen Dateien als Textdateien vor. Die Datensätze (Zeilen) sind durch Carriage Return Line Feed (Wagenrücklauf mit Zeilenvorschub) getrennt, die Zellen (Spalten) durch Semikola. Im zweiten Schritt wandelt ein Pascal-Programm diese Datei in das bei Pascal übliche Aufzeichnungsformat um.

Excel-Datei erstellen

Erstellen Sie nun zuerst eine Excel-Datei wie in Bild 12.21. Sie können dazu entweder die Daten eingeben oder aus der Artikeldatei aus Abschnitt 9.9 alle Formatierungen und die Spaltenüberschriften löschen.

Speichern Sie diese Datei nun im CSV-Dateiformat. Dazu gehen Sie wie folgt vor:

Vorgehensweise:

1. Geben Sie den Befehl **Speichern unter** aus dem Menü **Datei**.
2. Wählen Sie die Schaltfläche **Optionen** aus und stellen Sie im Listenfeld Dateiformate das Format «CSV» ein. Geben Sie als Dateinamen «ARTIKEL» ein.
3. Schließen Sie den Befehl ab.

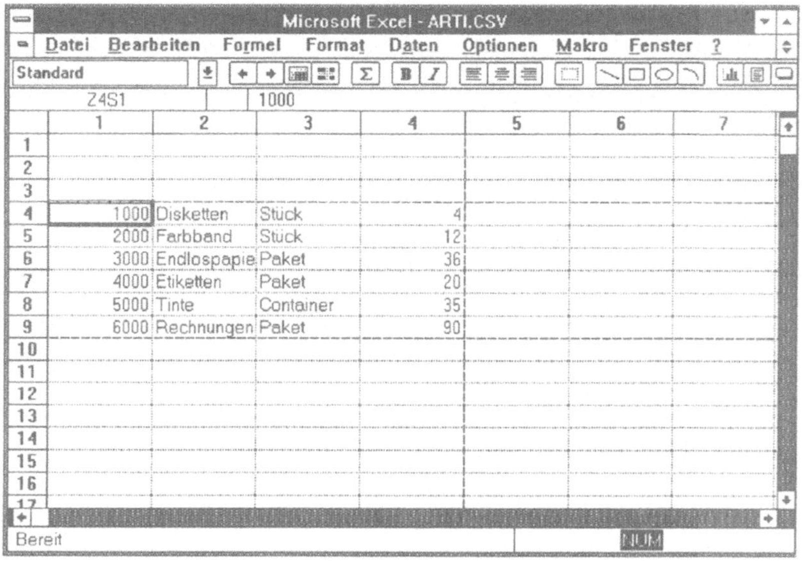

Bild 12.21 Artikeldatei zum Datenaustausch mit Pascal

Betrachten Sie Ihr Ergebnis zur Kontrolle mit dem Windows-Editor. Sie sehen dann einen Bildschirm wie in Bild 11.22. Beachten Sie, daß die einzelnen Spalten der Tabelle nur noch durch Semikola voneinander getrennt sind.   Ergebnis auf dem Editor

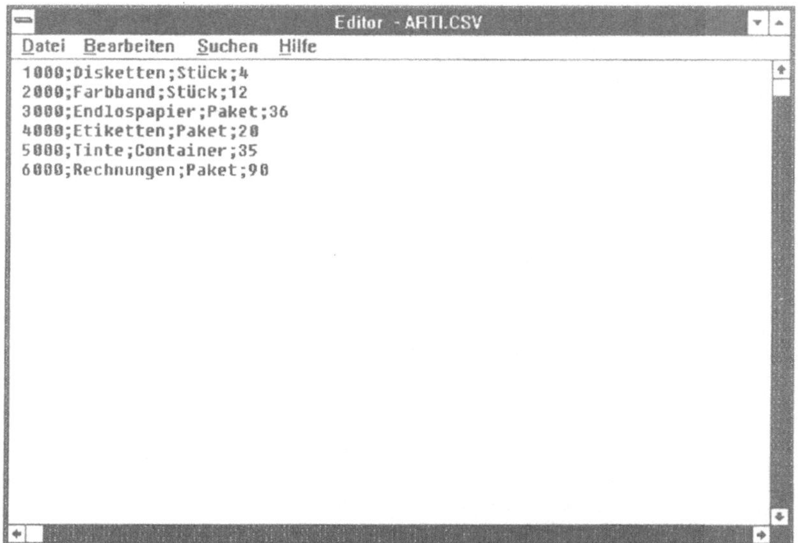

Bild 12.22 Artikeldatei in dem Windows Editor

Das Pascal-
Programm

Sie können diese Datei nun mit Hilfe eines Pascal-Programms, das die Daten in das Pascal-Dateiformat umwandelt, einlesen. Sie finden dieses Programm auch auf der Beispieldiskette im Verzeichnis «\K12».

```
PROGRAM Artikeldatei_Transformieren
{wandelt Textdatei mit Feldtrenner Semikolon in Pascal Datei um}

USES WinCrt  {Bibliothek für Bildschirmfunktionen unter Windows}

TYPE
    tSatz = RECORD
            Nummer : integer
            Name   : string[32]
            Einheit: string[10]
            Preis  : real
          END
    tDatei = FILE OF tSatz

VAR
    Artikel       : tSatz
    ArtDatei      : tDatei
  ArtDateiText  : text
    Dateiname     : string[30]
    Eingabe       : string[80]
    Nummer        : string[10]
  Fehlerart     : integer
  Stelle        : integer

PROCEDURE Umwandeln
  BEGIN
    {Artikel.Nummer herausfiltern}
    {Position des  suchen}
    Stelle:=pos('',Eingabe)
    {Bis Position des  in Feld Nummer kopieren}
    Nummer:=copy(Eingabe,1,Stelle-1)
    {Zeichenkette in Ganzzahl umwandeln}
    val (Nummer, Artikel.Nummer, Fehlerart)
    {Teilstring löschen }
    delete(Eingabe,1,Stelle)

    {Artikel.Name herausfiltern}
    {Position des  suchen}
    Stelle:=pos('',Eingabe)
    {Bis Position des  in Feld Artikel.Name
    kopieren}
    Artikel.Name:=copy(Eingabe,1,Stelle-1)
    {Teilstring löschen }
    delete(Eingabe,1,Stelle)

    {Artikel.Einheit herausfiltern}
    {Position des  suchen}
    Stelle:=pos('',Eingabe)
    {Bis Position des  in Feld Artikel.Einheit
    kopieren}
    Artikel.Einheit :=copy(Eingabe,1,Stelle-1)
    {Teilstring löschen }
    delete(Eingabe,1,Stelle)

    {Artikel.Preis herausfiltern}
    {Rest der Zeichenkette in Real Zahl umwandeln}
```

```
    val (Eingabe, Artikel.Preis, Fehlerart)
  END

BEGIN          {Hauptprogramm}
  clrscr
  write ('Name der Hilfsdatei: ') readln
  (Dateiname)
  assign (ArtDateiText, Dateiname)
  reset (ArtDateiText)
  writeln
  write ('Name der Artikeldatei: ')
  readln(Dateiname)
 assign (ArtDatei, Dateiname) rewrite (Artdatei)
  clrscr
  writeln
  while not EOF (ArtDateiText) do
    BEGIN
      readln (ArtDateiText, Eingabe)
      {so wie in der nächsten Zeile bekommt Pascal
       die DATEN}
       writeln ('Original  : ',Eingabe)
       Umwandeln
      {so wie in den nächsten Zeilen sehen die Daten
       nachher aus}
       write   ('Umwandlung: ',Artikel.Nummer:10,' ',
       Artikel.Name,' ')
       writeln (Artikel.Einheit,' ',Artikel.Preis
               :10:2)
       writeln
      {in Pascal Datei schreiben}
       write (ArtDatei, Artikel)
    END
  close (ArtDatei)
END.
```

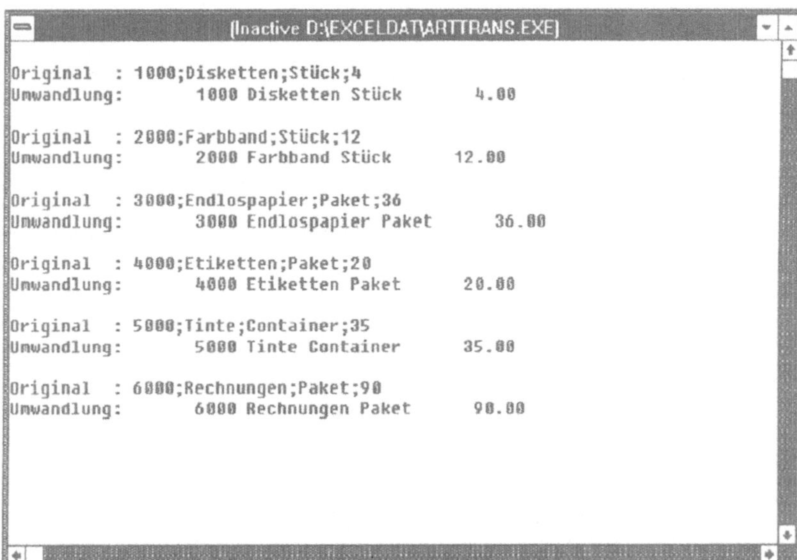

Bild 12.23 Umwandlung unter Pascal

Die Daten transformieren	Starten Sie das Programm und geben Sie den Namen der Hilfsdatei (hier z. B. ARTKEL.CSV) und den der Artikeldatei unter Pascal (ARTI.ART) ein. Sie sehen dann einen Bildschirm wie in Bild 11.23. Dieses Pascal-Programm veranschaulicht die Umwandlung, indem jeder Datensatz zweimal angezeigt wird:

- so, wie Pascal ihn liest und

- so, wie Pascal ihn umgewandelt hat.

Nach dem Umwandeln werden die Daten satzweise im Pascal-Format in die Pascal-Datei geschrieben.

12. 5. 3 Datenübertragung von Pascal nach Excel

Von Pascal nach Excel...	Bevor wir die Pascal-Datei umwandeln, erzeugen wir zuerst mit einem einfachen Erfassungsprogramm eine Beispieldatei im Pascal-Dateiformat. Danach wird die Pascal-Datei mit einem Pascal-Umwandlungsprogramm in eine Textdatei umgewandelt, deren Spalten durch Semikola voneinander getrennt sind. Wir zeigen Ihnen das Zwischenergebnis mit dem Editor. Diese Datei wird dann in einem letzten Arbeitsschritt als CSV-Datei in Excel eingelesen und dort im Excel Standardformat gespeichert.

Geben Sie zuerst das folgende einfache Erfassungsprogramm ein oder laden Sie es von der Beispieldiskette:

```
PROGRAM Artikeldatei_Einrichten

USES WinCrt {Bibliothek für Bildschirmfunktionen un-
ter Windows}

TYPE
    tSatz = RECORD
            Nummer  : integer
            Name    : string[30]
            Einheit : string[10]
            Preis   : real
       END
    tDatei = FILE OF tSatz

VAR
    Artikel    : tSatz
    ArtDatei   : tDatei
    Dateiname  : string[30]
    Antwort    : char

PROCEDURE Erfassen
  BEGIN
    repeat
```

```
      clrscr
      with Artikel do
         BEGIN
            writeln
       write ('Artikelnummer: ') readln (Nummer)
            writeln
             write ('Artikelname: ')   readln (Name)
            writeln
               write ('Einheit: ')      readln (Einheit)
            writeln
          write ('Preis: ')         readln (Preis)
         writeln
       END
     write ('Alles richtig? (J/N)')
     Antwort := readkey write (Antwort)
   until Antwort IN ['j','J']
 END

BEGIN                    {Hauptprogramm}
  clrscr
  write ('Name der Datei: ') readln (Dateiname)
  assign (ArtDatei, Dateiname)
  rewrite (ArtDatei)
  repeat
    Erfassen
    write (ArtDatei, Artikel)
    clrscr
    write ('Weitere Eingaben? (J/N)')
    Antwort := readkey write (Antwort)
  until Antwort IN ['n','N']
  close (ArtDatei)
END.
```

Starten Sie das Programm und geben Sie als Dateinamen AR-TEIN.ART ein. Tragen Sie Testdaten wie in Bild 11.24 ein.

Die Daten erfassen

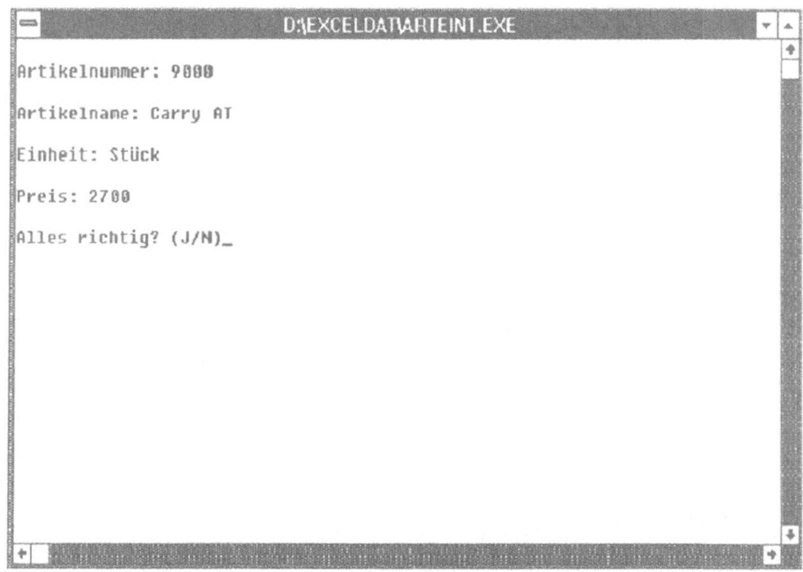

Bild 12.24 Eingabe von Daten unter Pascal

Als nächstes wandeln Sie die Sie eingegebenen Daten mit Hilfe eines Pascal Programms in eine durch Semikola getrennte Datei um.

Die Daten umwandeln

Zur Umwandlung der Pascal-Daten in das Textdateiformat «CSV» (vgl. Abschnitt 12.5.2) müssen Sie einzelnen Datensätze (Zeilen) durch Carriage Return Line Feed und die Zellen (Spalten) der Datensätze durch Semikola voneinander getrennt werden. Dazu dient das folgende Pascal-Programm. Sie finden dies Programm auf der Beispieldiskette.

```pascal
PROGRAM Artikeldatei_Umwandeln

USES WinCrt

TYPE
    tSatz = RECORD
            Nummer  : Integer
            Name    : string[30]
            Einheit : string[10]
            Preis   : real
        END
    tDatei = FILE OF tSatz

VAR
    Artikel      : tSatz
    ArtDatei     : tDatei
    ArtDateiText : Text
    Dateiname    : string[30]


PROCEDURE Umwandeln
  BEGIN
    with Artikel do
      BEGIN
        write   (ArtDateiText, Nummer:7, '')
        write   (ArtDateiText, Name,      '')
        write   (ArtDateiText, Einheit,   '')
        writeln (ArtDateiText, Preis:10:2   )
      END
  END

BEGIN                 {Hauptprogramm}
  clrscr
  write ('Name der Artikeldatei: ')
  readln (Dateiname)
  assign (ArtDatei, Dateiname)
  reset (ArtDatei)
  writeln
  write ('Name der Hilfsdatei: ')
  readln (Dateiname)
  assign (ArtDateiText, Dateiname)
  rewrite (ArtDateiText)
  while not EOF (ArtDatei) do
    BEGIN
      read (ArtDatei, Artikel)
      Umwandeln
    END
  close (ArtDateiText)
END.
```

Bild 12.25 Eingabe der Dateinamen

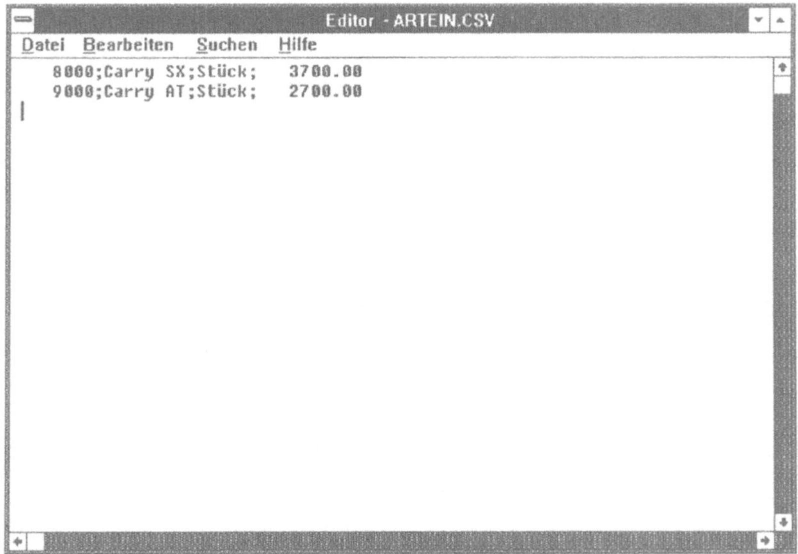

Bild 12.26 Editor mit umgewandelter Artikeldatei

Starten Sie dieses Programm, geben Sie als Dateinamen den Namen der Pascal-Datei (ARTEIN.ART) und als Namen der Hilfsdatei zum Beispiel ARTEIN.CSV ein (Bild 11.25). Betrachten Sie Ihr Ergebnis anschließend wie in Bild 11.26 mit dem Editor.

Pascal-Datei in Excel einlesen

Sie können diese Datei nun als CSV-Datei in Excel einlesen und dort unter dem Excel Standardformat speichern. Die Preise in Spalte 4 der Tabelle werden nicht rechtsbündig ausgegeben, da wir unter Pascal die Breite dieser Spalte festlegen mußten, um eine Exponentialdarstellung zu vermeiden. Vergleichen Sie nun Ihren Bildschirm mit Bild 11.27.

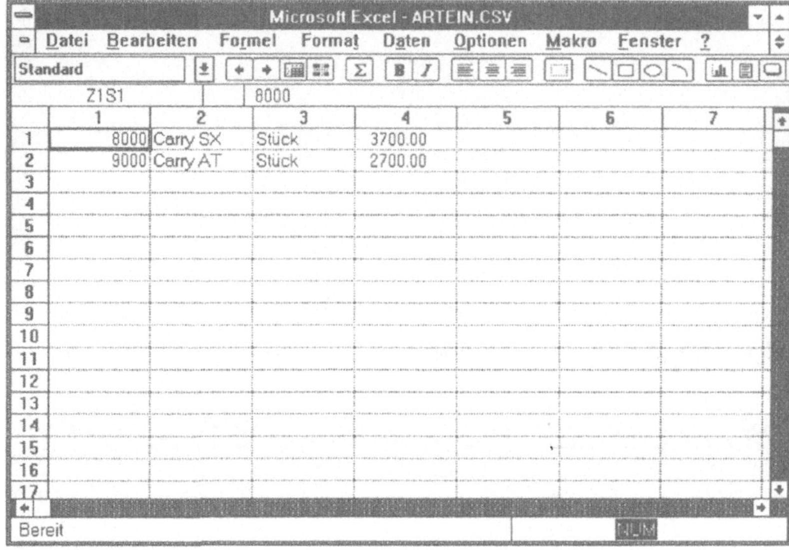

Bild 12.27 Umgewandelte Pascal-Datei unter Excel

1 Einleitung

2 Vorarbeiten & Vorkenntnisse

3 Die erste Excel-Aufgabe

4 Tabellen gestalten

5 Tabelleninhalte ändern

6 Arbeiten mit Funktionen

7 Excel-Diagramme

8 Textverarbeitung

9 Dateiverarbeitung

10 Mehrdimensionale Tabellenkalkulation

11 Tabellenanalysen

12 Datenaustausch

13 Q+E

14 Ablaufprogrammierung

15 Organisation und Planung von Tabellen

16 Präsentation mit Excel

Anhang

Abschittsübersicht

Das Datenbankprogramm Q+E

13 Das Datenbankprogramm Q+E

13. 1 Dateien und Datenbanken

In diesem Abschnitt möchten wir Ihnen das Datenbankprogramm Q+E vorstellen. Mit Q+E können Sie Dateien verwalten und Schnittstellen zu anderen Datenbankprogrammen (dBASE, ORACLE, Informix, Microsoft SQL Server und Extended Edition Database Manager OS/2) nutzen. Wir haben Q+E in Abschnitt 12.3 für den Datenaustausch zwischen Excel und Datenbanken verwendet.

In der Welt der Datenbanken finden Sie verschiedene Begriffe für aus Benutzersicht ähnliche Datenstrukturen.

Tabellenkalkulation	Dateiverwaltung (dBASE)	relationale Datenbanken (Oracle, Informix)
Tabelle	Datei	Tabelle
Zeile	Datensatz	Zeile
Spalte	Feldname	Attribut
Zelle	Feld	Feld

Tabelle 13.1 Begriffe

Ein einfaches Beispiel für eine Datenbank ist die Kundendatei aus Abschnitt 9.4.

Q+E ist ein Produkt von Pioneer und wird von Microsoft nur in einer verkleinerten Version zusammen mit Excel ausgeliefert. In Deutschland wird Q+E von DAT in drei Versionen vertrieben: den in Excel verfügbaren Editor, eine Datenbank-Bibliothek und eine Q+E Datenbank für Visual Basic. Mit Hilfe der Datenbank-Bibliothek kann über eine Makro-, Scipt- oder Programmiersprache jeder Software, die eine dynamische Link-Bibliothek aufrufen kann, auf SQL- und nicht-SQL-Datenbanken zugegriffen werden. Q+E für Visual Basic ist ein Datenbank-Management-System, mit dem Sie objektorientiert in Visual Basic programmieren können.

Was Q+E eigentlich kann

 Achten Sie beim Datenaustausch zwischen Excel bzw. Q+E und Dateiverwaltung oder Datenbanken darauf, daß diese Anwendungen verschiedene Zeichensätze verwenden. Dies führt sonst zu unerwarteten Resultaten beim Sortieren der Daten.

13. 2 Was ist Q+E?

Was ist Q+E?   Excel beinhaltet bei vollständiger Installation (s. Anhang I) eine Version des Datenbankprogramms Q+E.

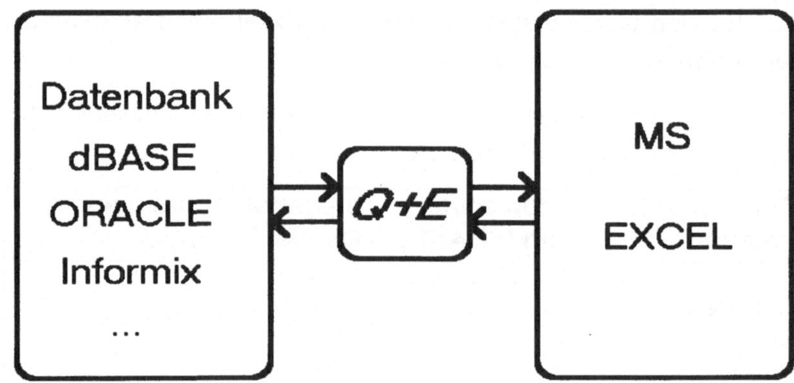

Mit Hilfe dieses Programmes können Sie Datenbanken erstellen oder mit Datenbankprogrammen erstellte Dateien weiterverarbeiten. Da Datenbanken ein etwas anderes Konzept verfolgen als Tabellenkalkulationsprogramme wie Excel, kann es von Vorteil sein, Datenbanken mit Q+E und nicht direkt mit Excel weiterzuverarbeiten. Eine in Q+E eingelesene Datei können Sie von dort leicht im Excel-Format «.XLS» speichern und dann in Excel einlesen. Dies haben Sie schon im vorigen Kapitel kennengelernt. Umgekehrt können Sie mit Excel erstellte Dateien mit dem Datenbankprogramm Q+E verarbeiten.

Wir werden Ihnen im folgenden die Besonderheiten von Q+E zeigen. Sie werden mit Q+E eine Datei erstellen, diese bearbeiten und anschließend in Excel einlesen.

Die mit Excel ausgelieferte Version von Q+E ersetzt jedoch kein Datenbankprogramm wie dBASE, Super BASE, ORACLE oder Informix. Es soll vielmehr als Brücke von Excel zu diesen Anwendungen dienen.

13. 3 Starten von Q+E und Einrichten einer Datei

Wir wollen nun das Datenbankprogramm Q+E starten und anschließend eine kleine Datenbank anlegen. Dazu legen Sie bei Datenbanken erst die Struktur der Datenbank fest, bevor Sie Daten eintragen können.

Q+E besitzt im Excel Gruppenfenster des Programm-Managers ein eigenes Symbol. Sie können Q+E also einfach starten, indem Sie dieses Symbol entweder mit der Maus doppelt anklicken oder mit den Tabulatortasten auswählen und die $\boxed{\texttt{Eingabe}}$-Taste drücken. Q+E läßt sich natürlich auch vom Dateimanager oder von einer anderen Programmgruppe aus starten.

Q+E starten...

Nach dem Start von Q+E sehen Sie ein Fenster wie in Bild 13.1. In dieses fenster tragen Sie Ihre Daten ein. Die Dateneingabe ist allerdings erst möglich, wenn Sie eine Datenbankstruktur festgelegt haben. Dies unterscheidet Datenbanken von Tabellenkalkulationsprogrammen.

Bei Datenbankprogrammen wie Q+E müssen Sie vorher festlegen,

Was ist eine Dateistruktur?

- wie die einzelnen Datenfelder bezeichnet werden sollen,
- welchen Datentyp sie aufnehmen sollen,
- welche Breite sie haben und
- wieviel Dezimalstellen (nur bei numerischen Feldern) angezeigt werden sollen.

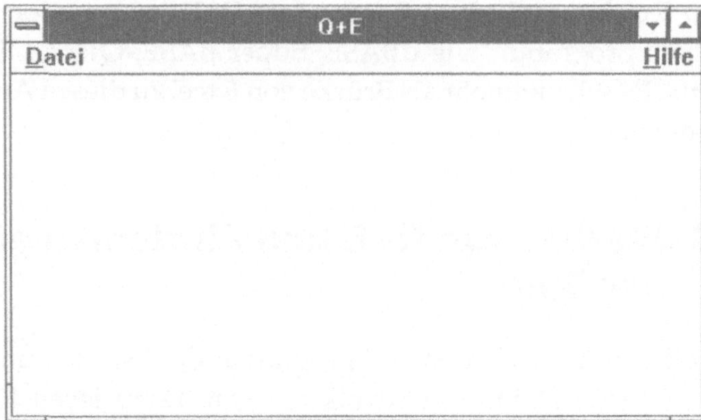

Bild 13.1 Q+E nach dem Start

Ohne diese Angaben können Sie Ihre Datenbank nicht mit Daten füllen. Sie können eine einmal festgelegte Struktur für mehr als nur eine Datenbank verwenden, da Q+E diese getrennt von der eigentlichen Datenbank verwaltet. Da wir als Treiber für Q+E den dBASE-Treiber installiert haben, versieht Q+E die Datei mit der Erweiterung .DBF.

Wir wollen eine neue Datenbankstruktur definieren. Sie können dabei wie in Bild 13.2 verschiedene Quellen für Ihre Datei angeben. Welche Quellen Sie hier auswählen können, hängt davon ab, welche Treiber Sie installiert haben (siehe Anhang).

Beachten Sie, daß die verschiedenen Dateiformate auch verschiedene Strukturen unterstützen. Wir werden hier alle Datenbankeingaben für dBASE-Dateien vornehmen.

Vorgehensweise:

1. Geben Sie den Befehl **Definieren** aus dem Q+E-Menü **Datei**. Sie sehen ein Dialogfeld wie in Bild 13.2.

2. Geben Sie nun den Namen «KUNDEN» für Ihre Datenbankstruktur ein.

3. Wählen Sie die Option «neu», um Q+E anzuzeigen, daß Sie eine neue Datenbankstruktur anlegen wollen.

Innerhalb der zur Definition der Dateistruktur vorhandenen Spalten können Sie entweder mit der Tabulatortaste oder mit

Hilfe der Maus hin- und herwandern, um die erforderlichen Spezifikationen einzugeben.

Mit dem Erstellen einer Datenbankstruktur weisen Sie jedem Feld der Datenbank einen bestimmten Datentyp zu. Q+E kennt die folgenden dBASE-Datentypen:

Feldtyp	Erläuterung
Datum:	Das Feld enthält ein Datum. Im Gegensatz zu Excel können Sie die Darstellung des Datums nicht beeinflussen.
Gleit:	Zahlenfeld in Gleitkommaschreibweise.
Logisch:	Enthält einen Wahrheitswert.
Memo:	Enthält einen Verweis auf einen umfangreicheren Text in einer anderen Datei.
Numerisch:	Zahlenfeld mit fester Anzahl an Nachkommastellen (Festkomma).
Zeichen:	Zeichenfelder enthalten Buchstaben- oder Zahlenfolgen.

Tabelle 13.2 dBASE-Datentypen in Q+E

Wir wollen die Kundendatei, die Sie schon aus dem 9. Kapitel kennen, hier noch einmal mit Q+E erstellen, damit Sie direkt die Vor- und Nachteile des jeweiligen Systems vergleichen können.

Kundendatenbank erstellen

Bild 13.2 Q+E: dBASE-Datenbankstruktur definieren

So geben Sie die Kundendatenbank unter Q+E ein:

Vorgehensweise:

1. Geben Sie den Namen des ersten Feldes der Datenbank ein (hier KdNr).

2. Zeigen Sie auf die nächste Spalte. Sie sehen ein Auswahlfenster am rechten Rand der Zeile (Bild 13.3).

3. Wählen Sie hier den Datentyp «Numerisch» aus.

4. Zeigen Sie auf das nächste Eingabefeld und geben Sie als Breite des Feldes 5 Zeichen ein.

5. Geben Sie als Anzahl der Dezimalstellen 0 ein.

6. Zeigen Sie auf die folgende Zeile, um das nächste Datenfeld zu definieren.

Vorgehensweise:

1. Geben Sie in das erste Feld den Namen des Datenfeldes ein (hier KdNr).

2. Gehen Sie mit der Tabulatortaste in die nächste Spalte. In dieser Spalte tragen Sie den Datentyp ein. Sie sehen ein Auswahlfenster der Datentypen wie in Bild 13.3.

Datenbank-struktur

3. Wählen Sie das Format «Numerisch» aus, indem Sie ein «n» eingeben.

4. Gehen Sie mit der Tabulatortaste auf die Spalte «Breite» und geben Sie als Breite des Feldes 5 Zeichen ein.

5. In der Spalte «Dezimal» tragen Sie als Anzahl der Dezimalstellen 0 ein.

6. Um das nächste Feld einzugeben, schließen Sie die Eingaben mit der ⌷Eingabe⌷-Taste ab.

Geben Sie auf die gleiche Weise die in der Tabelle dargestellten Strukturen ein.

Achten Sie darauf, daß Q+E bei Zeichenfeldern keine Eingabe in der Spalte «Dezimal» akzeptiert. Bei der Eingabe der Feldnamen dürfen Sie keine Sonderzeichen oder Umlaute verwenden. Wenn Sie genau wie wir als Dateityp dBASE gewählt haben, so werden Sie feststellen, daß sich das Datumsfeld nicht in der Breite verändern läßt.

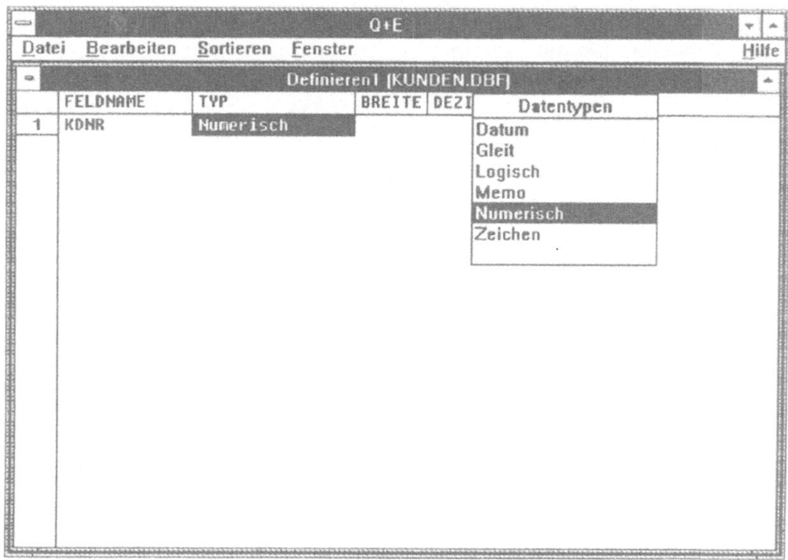

Bild 13.3 Q+E: Auswahl eines dBASE-Datentyps

Feldname	Typ (Dezimal)	Breite
KdNr	numerisch (0)	5
Anr	numerisch (0)	4
Nachname	Zeichen	15
Vorname	Zeichen	10
Geb	Datum	-
Strasse	Zeichen	15
PLZ	Numerisch (0)	5
Ort	Zeichen	15

Tabelle 13.3 dBASE-Datenbankstruktur

Vergleichen Sie nun Ihren Bildschirm mit Bild 13.4. Speichern Sie Ihre Datenbankstruktur anschließend unter dem Namen «KUN-DEN». Sie finden diese Datenbankstruktur auch auf der Beispieldiskette im Verzeichnis «\K13».

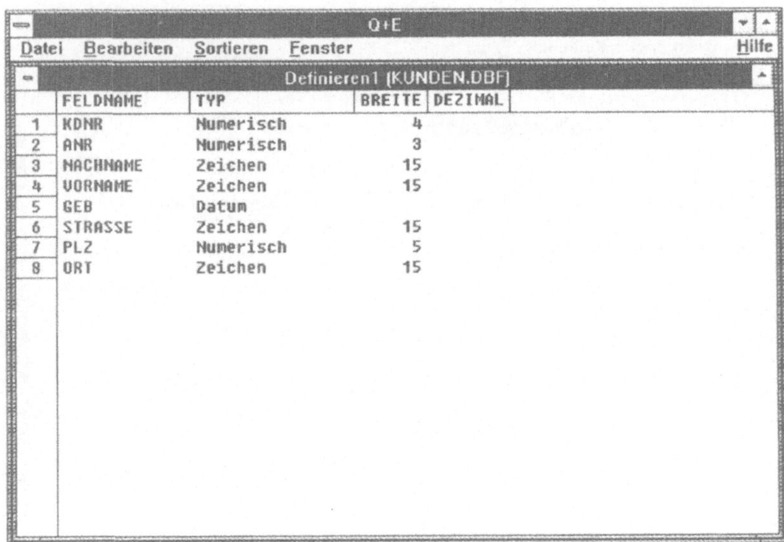

Bild 13.4 Q+E: Fertige dBASE-Datenbankstruktur

13. 4 Daten erfassen

Daten
eintragen

Wir wollen in die Datenbank Daten eintragen. Dazu öffnen Sie die soeben gespeicherte dBASE-Datenbankstruktur. Dies ist auch dann notwendig, wenn Sie das Fenster noch geöffnet haben, da Q+E beim Befehl **Öffnen** aus dem Menü **Datei** in den Abfrage-Modus umschaltet, in dem Sie Daten eingeben können.

Als Beispieldaten werden wir die Daten der KUNDEN Tabelle aus Kapitel 9 verwenden, damit Sie direkt die Möglichkeiten von Excel und Q+E vergleichen können.

Wenn Sie die Datei Kunden mit dem Befehl **Öffnen** geöffnet haben, sehen Sie ein Ergebnis wie in Bild 13.5 mit einem veränderten Menü.

Datenbank
zum Bearbei-
ten freigeben

Sie können im Abfragefenster von Q+E Datenbanken erst füllen, wenn Sie das Bearbeiten der Datenbank erlaubt haben. Dies soll Sie vor dem versehentlichen Ändern von Datenbanken schützen.

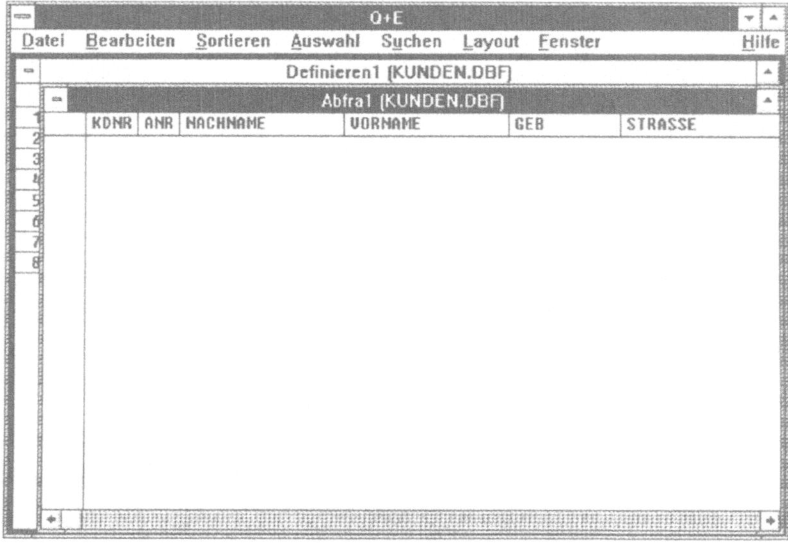

Bild 13.5 Q+E Fenster zum Erfassen von Daten

Wir wollen nun das Bearbeiten der Datenbank ermöglichen:

Vorgehensweise:

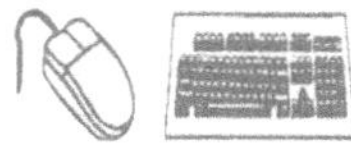

1. Geben Sie den Befehl **Bearbeiten erlaubt** aus dem Q+E-Menü
   Bearbeiten.

Sie können nun die Datensätze in die Datenbank eintragen.

Q+E verwendet für die Dateneingabe eine Datenmaske, wie Sie sie schon im Abschnitt 9.3 bei den Datenbankfunktionen kennengelernt haben. Um die Datenmaske aufzurufen und Daten zu erfassen, geben Sie den Befehl **Datensätze hinzufügen** aus dem Menü **Bearbeiten**. Sie sehen nun eine nach Ihrer Datenbankstruktur erstellte Datenmaske (Bild 13.6).

Daten eingeben

Verwenden Sie als Vorlage für die Inhalte der Felder entweder das Bild 9.6 oder aber einen Ausdruck der Kundentabelle aus Kapitel 9.

Achten Sie darauf, daß wir hier in der Datenbank das Geburtsdatum in eine Spalte eintragen wollen und nicht in einzelne Felder aufgliedern. Vergleichen Sie ihre Datenbank anschließend mit Bild 13.7.

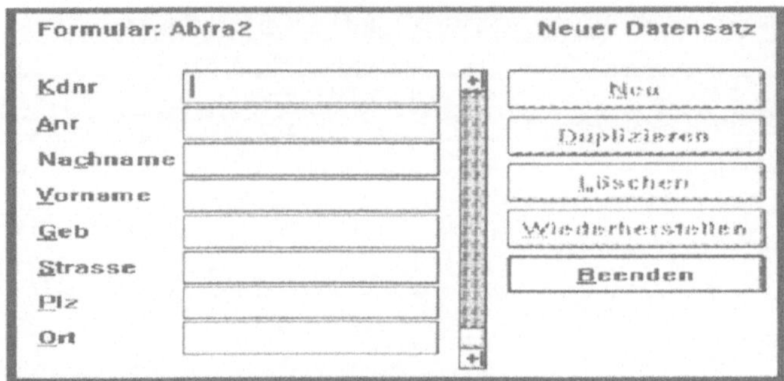

Bild 13.6 Q+E: Datenmaske

Sie haben nun eine kleine Datenbank erstellt. Im folgenden zeigen wir Ihnen, wie Sie mit Q+E mit dieser Datenbank arbeiten können. Sie können die Daten sortieren oder bestimmte Daten suchen, wie Sie es auch schon bei der Dateiverarbeitung mit Excel kennengelernt haben.

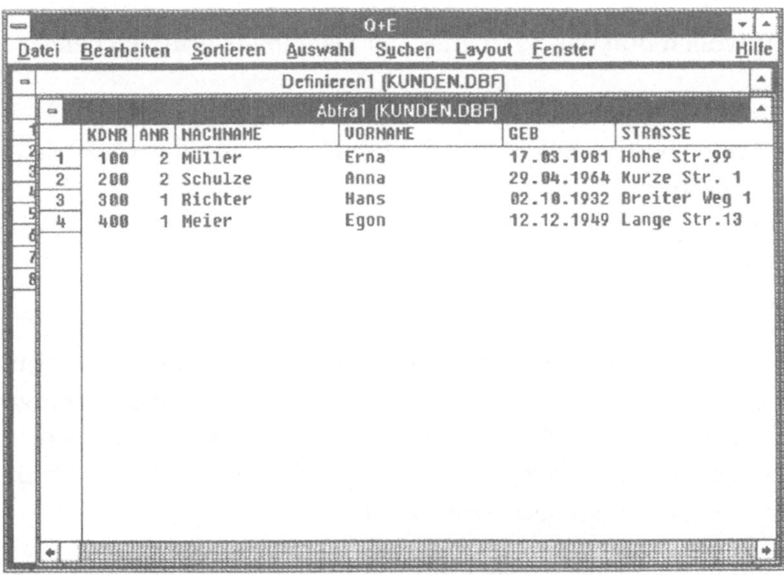

Bild 13.7 Q+E: Datenbank Kunden nach dem Füllen

13. 5 Sortieren von Datenbanken

13. 5. 1 Auswahl eines Schlüsselfeldes

Sie können mit Q+E die Daten Ihrer Datenbank sortieren. Im Gegensatz zu Excel können Sie Q+E jedoch nur einen Sortierschlüssel angeben.

Sie sortieren die Datensätze Ihrer Datenbank, indem Sie ein Feld der Spalte, nach der Sie sortieren wollen, markieren und anschließend den Sortierbefehl erteilen.

Wir wollen nun die Datenbank aufsteigend nach dem Alter sortieren.

Vorgehensweise:

1. Markieren Sie die Spalte «Geb», indem Sie mit dem Mauszeiger in die Spaltenüberschrift klicken.

2. Geben Sie nun den Befehl **Aufsteigend** aus dem Menü **Sortieren**.

Sortierschlüssel festlegen

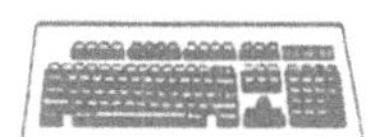

Vorgehensweise:

1. Markieren Sie ein Feld der Spalte, indem Sie mit den Tabulatortasten auf dieses Feld wandern.

2. Geben Sie nun den Befehl **Aufsteigend** aus dem Menü **Sortieren**.

Sie sehen eine sortierte Datenbank wie in Bild 13.8.

Wenn Sie die Datenbank wieder im Originalzustand sehen wollen, so müssen Sie den Befehl **Originalzustand** aus dem Menü **Sortieren** geben. Q+E zeigt Ihnen die Datenbank dann wieder in der ursprünglichen Form an.

13. 5. 2 Sortieren über einen INDEX

Sie können bei Q+E wie bei dBASE zum Sortieren der Datenbank auch einen INDEX verwenden.

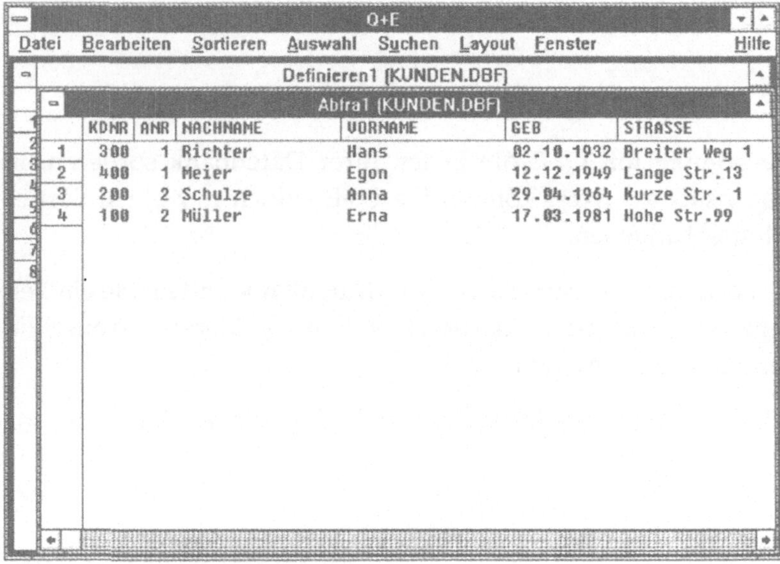

Bild 13.8 Q+E: Sortierte Datenbank

Was ist ein
INDEX?

In einem INDEX legen Sie fest, nach welchem Datenfeld und in welcher Reihenfolge die Datenbank bearbeitet werden soll. Diesen INDEX speichern Sie dann in einer zusätzlichen Datei. Auf diese Weise können Sie sich mehrere INDEX-Dateien anlegen, in denen Sie verschiedene Sortierschlüssel speichern.

Wir wollen uns nun einen INDEX anlegen, der die Datenbank nach dem Nachnamen und dem Vornamen sortiert. Einen INDEX legen Sie, wie die Struktur einer Datenbank, im **Definieren-Fenster** fest.

Schalten Sie in das **Definieren-Fenster** um. Sie können dazu das Q+E-Menü **Fenster** verwenden oder mit dem Mauszeiger in das **Definieren-Fenster** klicken. Haben Sie dieses Fenster nicht mehr geöffnet, so geben Sie den Befehl **definieren** aus dem Q+E-Menü **Datei**. Sie sehen wieder den Bildschirm zum Definieren. Einen INDEX legen Sie mit Hilfe des Befehls **Index definieren** aus dem Q+E-Menü **Datei** an.

Index definieren

Die Eingabe und Auswahlfelder des Dialogfelds haben die in Tabelle 13.4 dargestellten Bedeutungen und Wirkungen.

Feld	Bedeutung
Dateiname:	legt den Namen der Index-Datei fest
Tag-Name:	Name des Sub-Index, d.h. einer alten Index-Datei (.NDX) und eines alten Index-Ausdrucks
Ausdruck:	Schlüsselfeld oder -felder zum Sortieren in unserem Beispiel verknüpfen Sie die Felder «Nachname» und «Vorname» mit einem Pluszeichen
Keine Duplikate:	legt fest, daß der Index keine doppelten Datensätze enthalten soll; dies entspricht dem dBASE Befehl **set unique on**

Tabelle 13.4 Elemente des Dialogfeldes zum Definieren eines Indexes

Legen Sie nun einen Index an:

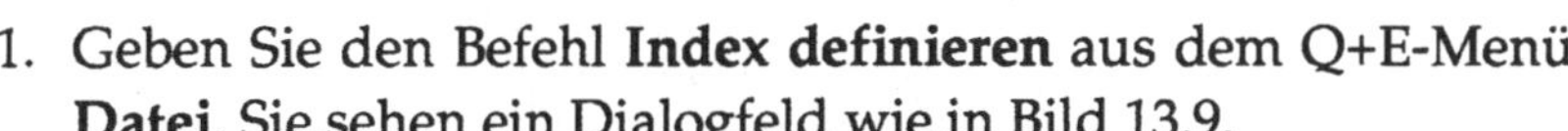

1. Geben Sie den Befehl **Index definieren** aus dem Q+E-Menü **Datei**. Sie sehen ein Dialogfeld wie in Bild 13.9.

2. Tragen Sie zuerst einen Namen für den Index ein (z.B. «Name»).

3. Geben Sie zwei Felder darunter den Namen des Sortierschlüssels ein (hier NACHNAME+VORNAME).

4. Schließen Sie den Befehl ab.

5. Speichern Sie den INDEX anschließend mit dem Befehl **Index speichern** aus dem Menü **Datei**.

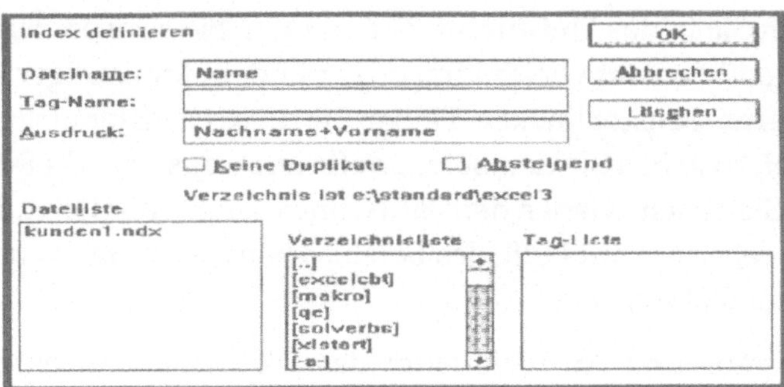

Bild 13.9 Q+E: Definieren eines INDEX

Schalten Sie nun wieder in das Abfragefenster um, damit Sie den INDEX anwenden können. Geben dazu in dem Abfrage-Menü den Befehl **Index Öffnen** aus dem Q+E-Menü **Datei**. Um die Datenbank nach dem INDEX zu sortieren, geben Sie den Befehl **Anwenden** aus dem Q+E-Menü **Index**. Vergleichen Sie Ihren Bildschirm mit Bild 13.10.

Wählen Sie aus der Liste den INDEX «Vorname» aus. Q+E sortiert nun Ihre Datenbank nach den Nachnamen und Vornamen der Kunden in aufsteigender Reihenfolge.

Wenn Sie Ihre Datenbank direkt vorher mit dem Q+E-Menü **Sortieren** sortiert haben, so müssen Sie zuerst im Q+E-Menü **Sortieren** den Befehl **Originalzustand** wählen. Andernfalls werden Sie nur die Sortierfolge der Befehle des Q+E-Menüs **Sortieren** sehen.

Wenn Sie einen INDEX angewandt haben, so ist der nach dem INDEX sortierte Zustand der Datenbank der "Originalzustand". Wollen Sie die Datenbank wieder im Ausgangszustand vorliegen haben, so müssen Sie die INDEX-Datei schließen. Dazu verwenden Sie den Befehl **Index-Schließen** aus dem Q+E-Menü **Datei**.

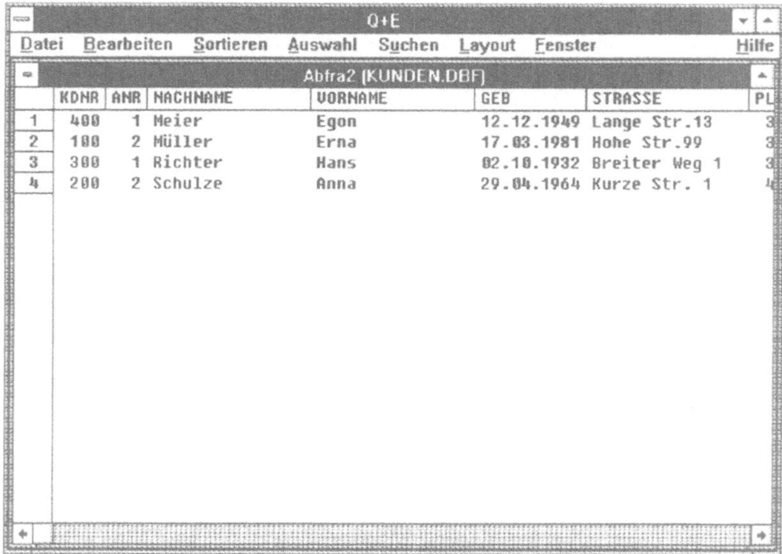

Bild 13.10 Q+E: Nach «Nachname+Vorname» sortierte Datenbank

13. 6   Datenaustausch mit Excel

13. 6. 1   Datenaustausch zwischen Excel und Q+E

Da Q+E ein Zusatzprogramm von Excel ist, können Sie bequem
Daten zwischen diesen beiden Programmen austauschen.

Sie können unter Q+E Excel-Dateien laden und als Datenbank
bearbeiten sowie mit Q+E erstellten Datenbanken im Excel 4.0
Format speichern und dann mit Excel weiterverarbeiten. Sie wäh-
len diese Speicher-/Ladeoptionen im Abfragefenster mit dem
Befehl **Speichern unter** bzw. mit **Öffnen** aus dem Q+E-Menü
Datei aus.

Dateien öffnen und speichern

Wir werden Ihnen anhand der Kundendatei aus Kapitel 9 zeigen,
wie eine Excel-Tabelle unter Q+E aussieht.

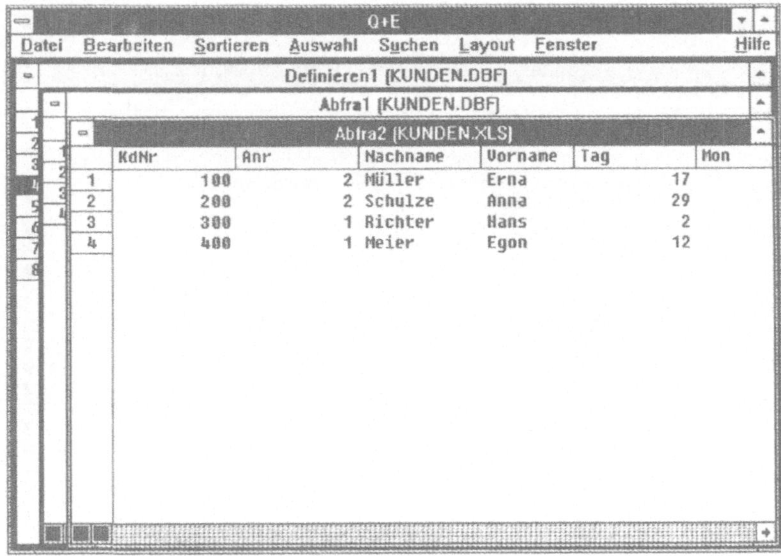

Bild 13.11 Q+E: Kundendatei

Laden der
Excel-Kun-
dendatei

Geben Sie dazu den Befehl **Öffnen** aus dem Menü **Datei**. Geben Sie den Dateinamen KUNDEN.XLS entweder direkt ein oder wählen Sie die Datei aus der Liste aus. Sie sehen nun, wie in Bild 13.11, die Datei Kunden auf dem Bildschirm. Diese können sie nun mit Q+E bearbeiten.

Abschnittsübersicht

Ablaufprogrammierung

14 Ablaufprogrammierung

14. 1 Vorbemerkungen

Mit Excel können Sie ähnlich wie mit klassischen Programmiersprachen Abläufe programmieren. Ebenso wie dort sind die
Sprachelemente Fallunterscheidung, Wiederholung und Unter-
programmaufruf vorhanden. Als Sprachelemente treten spezielle
Programmierbefehle und Excel-Befehle auf.

Ablaufprogramme können Ihnen wiederkehrende Arbeiten erleichtern und ermöglichen Ihnen, Excel ganz speziell für Ihr
Problem zu konfektionieren. Programmieren mit Excel ist nicht
so einfach wie das Eingeben von Daten und Sie sollten sich schon
ein bißchen mit Excel auskennen, bevor Sie sich an die Ablaufprogrammierung mit Excel heranwagen.

Microsoft nennt ablauforientierte Excel-Programme «Makros». Was ist ein
Eine Übersicht über alle Makrobefehle entnehmen Sie bitte dem "Makro"?
Handbuch oder dem Hilfe-Menü.

Wir können Ihnen im Rahmen dieses Buches nur die Idee der Makroerstellung
anhand einfacher Beispiele zeigen. Wollen Sie sich eingehender mit Makros
beschäftigen, so verweisen wir auf das Buch "Makroprogrammierung mit Excel
4.0", erschienen im Verlag VIEWEG 1992.

Sie schreiben Makros unter Excel in einer eigens dafür vorgese- Makrodateien
henen Makrovorlage und speichern das fertige Makro in einer
eigenen Datei. Makrodateien versieht Excel mit der Erweiterung
«.XLM» (Tabellendateien erhalten die Erweiterung «.XLS»).

Es gibt zwei verschiedene Arten von Makros, deren Unterschied Funktions-
vielleicht nicht auf den ersten Blick ersichtlich sein mag: und Befehls-
                                                                     makros

•   Funktionsmakros (Bild 14.1)

•   Befehlsmakros (Bild 14.2)

Funktionsmakros stellen eine Verknüpfung von Excel Tabellen- Funktions-
funktionen dar. Sie werden daher auch als "Benutzerdefinierte makros
Funktionen" bezeichnet. Sie rufen ein Funktionsmakro auf, indem

Sie den Namen des Makros wie eine Excel Tabellenfunktion in die Zelle eintragen, das das Ergebnis aufnehmen soll.

Befehls-makros

Befehlsmakros sind Ablaufprogramme und stellen eine Verkettung von Excel-Befehlen und Funktionen mit Programmierbefehlen dar. Diese Makros werden mit dem Befehl **Makro ausführen** von Excel aus gestartet.

Sprach-elemente

Beide Makros können Elemente wie Rücksprungbefehle oder Schleifen enthalten. Während Funktionsmakros noch recht leicht zu durchschauen und einfach zu erstellen sind, können Befehlsmakros recht komplexer Natur sein. Jedes Makro und Unterprogramm endet mit einem Rücksprungbefehl, der die Steuerung an den Anfang des Makros zurückgibt.

Zur Vereinfachung der Erstellung eines Befehlsmakros bietet Excel den Makrorekorder. Sie müssen beim Einsatz des Rekorders nicht alle Teile des Makros eingeben, sondern können die entsprechenden Befehle einfach ausführen und von Excel aufzeichnen lassen. Das so erstellte Makro können Sie nun bearbeiten oder gleich übernehmen.

	1	2
1	Kugelvolumen	Name des Makros
2	=ARGUMENT("Radius")	Eingabe des Radius
3	=4/3*PI()*(Radius)^3	Formel zur Volumenberechnung
4	=RÜCKSPRUNG(Z3S1)	Gibt das Volumen aus
5		

Bild 14.1 Beispiel eines Funktionsmakros

	1	2
1	Befehlsmakro Währungsformat	
2	Währung (w)	Festlegen eines Währungsformates
3	=FORMAT.ZAHLENFORMAT("#.##0,00 DM"	Zahlenformat festlegen
4	=RÜCKSPRUNG()	Zurück zur Tabelle
5		
6		

Bild 14.2 Beispiel eines Befehlsmakros

Sie können mit Hilfe von Makros Dialogfelder mit der gleichen Struktur wie Excel-Dialogfelder erstellen. Hierfür verwenden Sie den Dialog-Editor, mit dem Sie leicht ein eigene Dialogfelder aufbauen können (s. Abschnitt 14.6).

Folgen von Befehlseingaben können Sie vereinfachen, indem Sie in die Tabelle eine Schaltfläche einfügen und diese mit Makros belegen. Zur Ausführung der Makros müssen Sie dann die Schaltflächen anklicken oder mit der Tastatur auswählen.

Im Lieferumfang von Excel ist eine Makrobibliothek enthalten, die vorgefertigte Makros enthält. Um diese Makrobibliothek bei der Installation von Excel auf Ihre Festplatte zu kopieren, müssen Sie bei der Installation die Schaltfläche **Makro** wählen (siehe Anhang I). Alle Makrodateien, die sich im Verzeichnis «\MA-KRO» befinden, werden beim Starten von Excel automatisch ausgeführt. Dies sind die Makros zur Steuerung des Solvers, des Kreuztabellenassistenten, einige zusätzliche Tabellenfunktionen sowie der Ansichten- und Szenario-Manager.

Weitere Makros zur Tabellenanalyse, zum Tabellenvergleich, Makrotest u.a. befinden sich in den Unterverzeichnissen des Verzeichnisses «\MAKRO». Sie können diese Makros immer beim Start von Excel zur Verfügung stellen, indem Sie sie mit dem Add-In-Manager in Excel einfügen.

Eine Übersicht über alle Makrobibliotheksdateien haben Sie sich schon im Kapitel 2 in der Übungsaufgabe in einen Windows-Texteditor kopiert und von dort ausgedruckt. Sollten Sie dies noch nicht nachvollzogen haben, so können Sie sich an dieser Stelle eine Übersicht über die Makrobibliothek aus der Hilfe ausdrucken.

Wir werden Ihnen im folgenden anhand einfacher Beispiele den Einsatz von Makros zeigen.

Dialogfelder entwerfen

Eingaben vereinfachen

Die Makrobibliothek

14. 2 Ein Funktionsmakro

14. 2. 1 Vorbemerkung

Ein Funktionsmakro stellt eine Zusammenstellung von Excel-Funktionen dar und wird daher häufig auch als "Benutzerdefi-

Was ist ein Funktionsmakro?

nierte Funktion" bezeichnet. Anstatt komplizierte Funktionen in einer Tabelle immer wieder einzugeben, erstellen Sie ein Funktionsmakro und rufen an der entsprechenden Stelle in der Tabelle nur noch dieses Makro auf.

Wir wollen Ihnen anhand eines kleinen Beispiels zeigen,

- wie Sie ein Funktionsmakro erstellen und
- wie Sie dieses Makro anschließend verwenden.

Eingabe   Sie geben ein Funktionsmakro in der Makrovorlage ein. Im Unterschied zu einem Befehlsmakro können Sie ein Funktionsmakro jedoch nicht mit Hilfe des Befehls **Makro ausführen** starten, sondern Sie rufen es wie eine Formel in dem Tabellenfeld auf, in dem das Ergebnis des Makros erscheinen soll.

In Bild 14.1 haben wir ein sehr einfaches Beispiel eines Funktionsmakros abgebildet. Sehen Sie nun, wie Sie dieses Makro eingeben und verwenden können.

14. 2. 2 Eingabe eines Funktionsmakros

Ein Funktionsmakro eingeben   Sie geben ein Funktionsmakro in der Makrovorlage ein und speichern es von dort aus anschließend in einer Makrodatei. Öffnen Sie als erstes den Makrobildschirm, indem Sie den Befehl **Neu** aus dem Menü **Datei** geben und aus dem Dialogfeld die Option **Makrovorlage** auswählen. Sie sehen die Makrovorlage (vgl. Bild 14.10). Hier können Sie nun das Makro einfach eingeben.

Das Makro im einzelnen   Das Makro soll nach Eingabe des Radius das Volumen einer Kugel berechnen. Die Texte der zweiten Spalte (vgl. Bild 14.1) stellen nur Erläuterungen dar und haben keinen Einfluß auf den Ablauf und die Arbeitsweise des Makros.

In der Zelle Z1S1 steht der Name des Makros. Das Makro endet mit dem Rücksprungbefehl. Dieser bewirkt im Falle eines Funktionsmakros, daß das Ergebnis der Berechnung in der Tabelle ausgegeben wird.

In der zweiten Zeile steht die Funktion ARGUMENT(). Mit Hilfe dieser Funktion legen Sie die Argumente fest, die eingegeben werden müssen, damit Excel das Makro ausführen kann (hier nur die Variable «Radius»).

In der dritten Zeile steht die Funktion, die auf die «Variable» angewandt werden soll. Hier ist dies die Berechnung des Kugelvolumens nach der Formel «V=(4/3)*PI()*(Radius)^3».

Haben Sie das Makro in die Makrovorlage eingegeben, so müssen Sie einen Namen vergeben. Sie vergeben den Namen dabei nicht für das gesamte Makro, sondern nur für die erste Zeile. Dabei ist hiermit die erste Zeile des eigentlichen Makros gemeint, also in unserem Beispiel die Zeile 2. In der Zeile 1 steht nur die Überschrift. Der besseren Übersicht halber sollten Sie als Namen die Makroüberschrift verwenden.

Sie legen den Namen wie für ein Tabellenfeld mit dem Befehl **Namen festlegen** aus dem Menü **Formel** fest. Speichern Sie das Makro unter einem möglichst bezeichnenden Namen, um es sinnvoll in der Tabelle einsetzen zu können (z.B. KUGEL.XLM).

14. 2. 3 Aufruf eines Funktionsmakros

Sie rufen ein Funktionsmakro direkt in der Zelle auf, die anschließend das Berechnungsergebnis aufnehmen soll. Sie tragen dazu in diese Zelle den Dateinamen, den Namen des Makros und das oder die notwendigen Argumente ein.

Starten des Funktionsmakros

Öffnen Sie nun ein beliebiges Tabellenblatt. Tragen Sie in eines der Tabellenfelder folgende Formel ein:

```
=KUGEL.XLM!Kugelvolumen(2)
```

Diese Formel ruft das Funktionsmakro KUGEL auf und berechnet mit dessen Hilfe das Volumen einer Kugel mit dem in Klammern angegebenen Radius. Als Ergebnis werden Sie in dem Tabellenfeld 33,510 sehen (Bild 14.3).

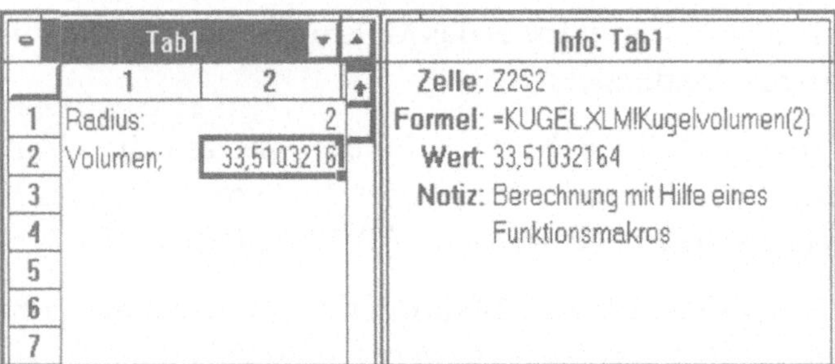

Bild 14.3 Berechnung mit Hilfe eines Funktionsmakros

Als Übung können Sie umfangreichere Funktionsmakros erstellen, die mehr als nur ein Argument besitzen.

14. 3 Verwendung des Makrorekorders

14. 3. 1 Allgemeines

Die Idee des
Makrorekor-
ders

Sie haben bei Excel zwei Möglichkeiten, ein Befehlsmakro einzugeben. Sie können es direkt in der Makrovorlage eingeben oder
Sie zeichnen das Makro auf, d.h.

* *Sie* führen die Befehlsfolge, die Sie in einem Makro festhalten
  wollen aus und

* *Excel* setzt für Sie diese Befehlsfolge in ein Makro um.

Bezüge in
Makros

Auf diese Weise erstellte Makros können Sie direkt übernehmen
oder als Teil eines anderen Makros verwenden, um sich Schreibarbeit und Schreibfehler zu ersparen.

Es gibt zwei verschiedene Möglichkeiten, ein Makro aufzuzeich-
nen,

* relative Aufzeichnung und

* absolute Aufzeichnung.

Bei der *absoluten Aufzeichnung* verwendet Excel in dem erstellten
Makro absolute Zellbezüge, bei der *relativen Aufzeichnung* entsprechend relative Zellbezüge, wenn Sie während der Aufzeichnung Zellbezüge angeben. Sie können zwischen diesen beiden

Möglichkeiten auch noch während der Aufzeichnung eines Makros hin- und herschalten.

Voreingestellt ist die absolute Aufzeichnung eines Makros, die wir im folgenden verwenden werden.

Sie haben beim Erstellen der Tabelle UMSATZ.XLS (s. Abschnitt 3.2ff) feststellen können, daß Excel ein etwas anderes Währungsformat eingestellt hat, als wir gewohnt sind (DM vor dem Betrag). Sie können hier auf zweierlei Weise Abhilfe schaffen:

- Sie legen sich ein entsprechendes Druckformat an, das DM hinter den Betrag schreibt, und nehmen dieses in die Liste der Formatvorlagen unter Excel auf. Dies ist in Abschnitt 4.7.6 beschrieben.
- Sie schreiben ein kleines Makro, «WÄHRUNG», welches das Format «#.##0,00 DM» für Sie einstellt. So werden wir hier verfahren.

Im Abschnitt 14.4 werden Sie sehen, wie Sie dieses Makro dann über eine selbstdefinierte Schaltfläche abrufen können.

14. 3. 2 Ein Makro aufzeichnen

Wir wollen nun das erste Makro aufzeichnen. Mit diesem Makro können Sie dann automatisch ein Währungsformat vergeben. Das Makro können Sie anhand der nicht formatierten Umsatztabelle aus Kapitel 3 dieses Buches ausprobieren. Es handelt sich bei diesem Makro um ein Befehlsmakro. Wir können also den Makrorekorder verwenden.

Das Makro aufzeichnen

Öffnen Sie alo zunächst die Datei UMSATZ.XLS. Diese Datei ist auf der Beispieldiskette im Verzeichnis «\K03» gespeichert.

Gehen Sie zur Aufzeichnung des Makros wie folgt vor:

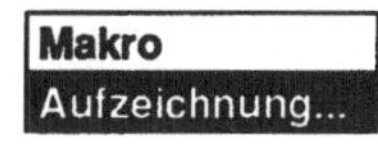

1. Öffnen Sie eine beliebige Tabelle. Wir haben hier eine nicht formatierte Version der Umsatztabelle gewählt.

2. Geben Sie den Befehl **Aufzeichnung beginnen** aus dem Menü **Makro** oder wählen Sie Schaltfläche zum Aufzeichnen eines Makros aus. Sie sehen ein Fenster wie in Bild 14.4.

3. Geben Sie dem Makro einen möglichst kennzeichnenden Namen (z.B. «Währung»). Wenn Sie wollen, können Sie auch noch einen Tastaturschlüssel eingeben, über den Sie das Makro später wieder aufrufen können.

   Wählen sie hier noch die Option «Neue Makrovorlage» aus, damit Excel das Makro in einer neuen Makrovorlage speichert.

4. Schließen Sie den Befehl ab.

5. Geben Sie nun wie gewohnt die Schrittfolge zum Vergeben des Formates «#.##0,00 DM» ein (Befehl **Zahlenformat** aus dem Menü **Format,** Eingabe des Formates und Abschluß des Befehls).

6. Beenden Sie nun die Makroaufzeichnung, indem Sie die Schaltfläche zum Beenden der Makroaufzeichnung auswählen oder den Befehl **Aufzeichnung beenden** aus dem Menü **Makro** geben.

Haben Sie das Makro in der globalen Makrovorlage gespeichert, so können sie es dort bearbeiten und in die gewünschte Makrovorlage kopieren. Sie können es aber auch, wenn sie nicht an der Makrodatei interessiert sind, in der globalen Makrovorlage gespeichert lassen und immer von dort aus starten.

Laden Sie nun die Tabelle, in der Sie das Makro anwenden wollen (hier die gleiche Tabelle). Markieren Sie die erste Zeile der Tabelle und starten Sie das Makro «Währung». Achten Sie darauf, daß die Makrodatei vor dem Ausführen geöffnet sein muß. Ansonsten kann Excel nicht darauf zurückgreifen.

In Bild 14.5 sehen Sie drei verschiedene Möglichkeiten, wie das Makro Währung abgespeichert sein kann:

In der Globalen Makrovorlage GLOBAL.XLM, in einer neuen Makrodatei MAKRO2.XLM oder in einer schon bestehenden Makrodatei WÄHRG1.XLM.

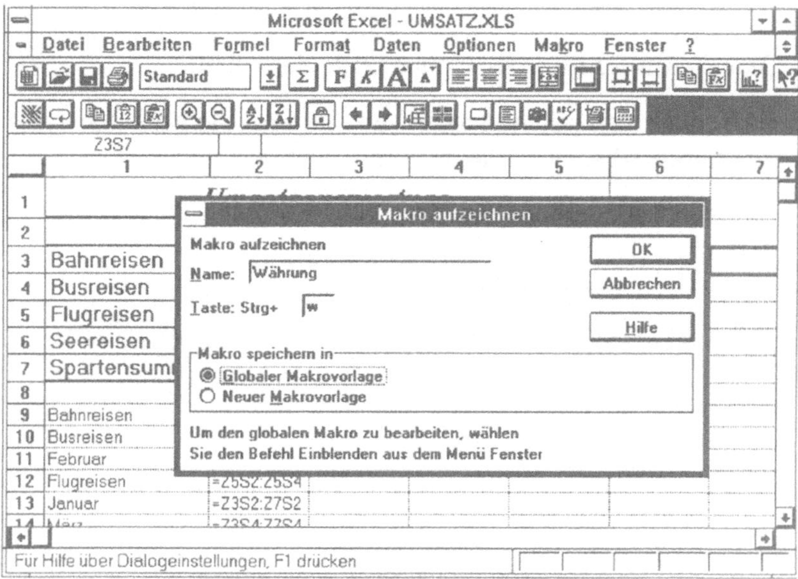

Bild 14.4 Dialogfeld zum Aufzeichnen

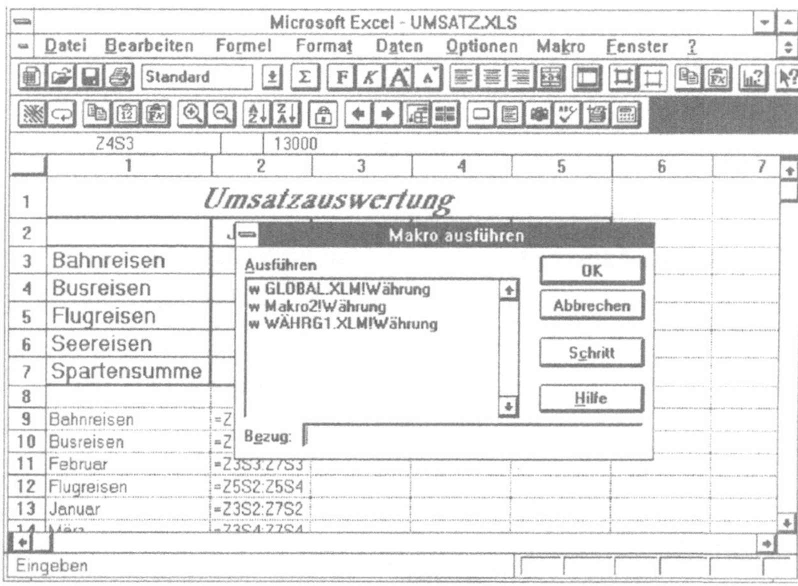

Bild 14.5 Auswahl des Makros Währung

Formatieren sie nun einige Zahlen der Umsatztabelle mit Hilfe des Makros:

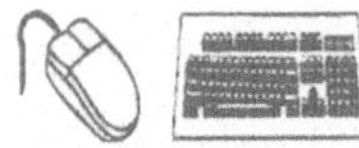
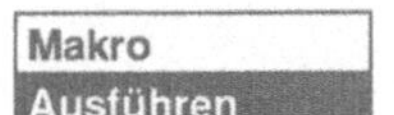

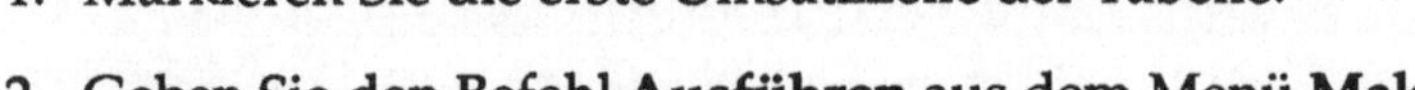

1. Markieren Sie die erste Umsatzzeile der Tabelle.

2. Geben Sie den Befehl **Ausführen** aus dem Menü **Makro** oder wählen sie die Schaltfläche zum Ausführen von Makros aus.

3. Wählen Sie aus dem Fenster (Bild 14.5) das Makro Währung aus.

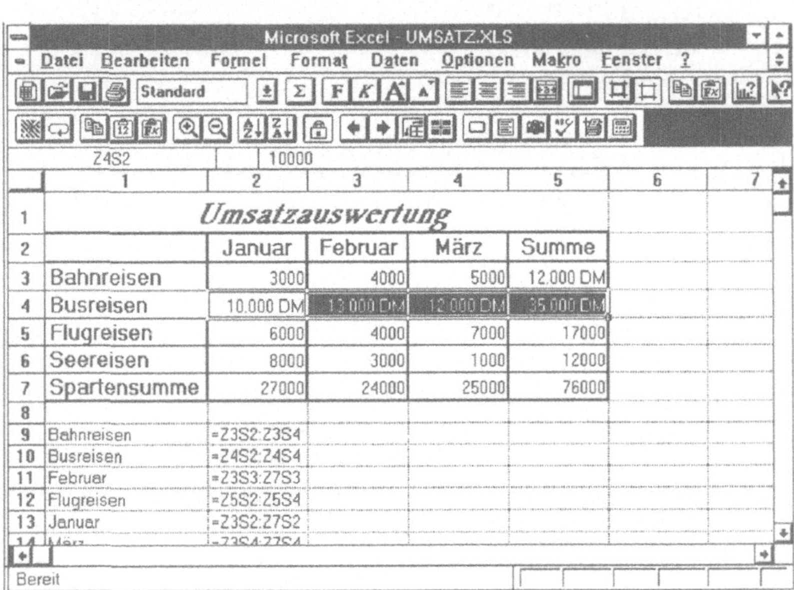

Bild 14.6 Umsatztabelle nach dem Ausführen des Makros

14. 4 Schaltflächen mit Makros belegen

Vereinfachen von Eingaben mit Schaltflächen

Sie haben soeben gesehen, wie Sie einfache Makros erstellen können, die Ihnen häufig auftretende Arbeitsabläufe abnehmen. Das Aufrufen des Makros «Währung» erfolgte in Abschnitt 14.3 noch etwas umständlich, so daß Ihnen die Arbeitserleichterung vielleicht nicht ganz offensichtlich war.

Frei belegbare Schaltflächen ermöglichen Ihnen, durch einfaches Anklicken dieser Fläche mit der Maus ein Makro auszuführen.

Wir wollen eine Schaltfläche «Währung» einrichten und so mit einem Makro belegen, daß durch Auswahl der Schaltfläche der vorher markierte Tabellenbereich mit unserem Währungsformat versehen wird.

Damit Sie die Schaltfläche leicht mit der Maus definieren können, sollten Sie sich am besten die Werkzeug-Symbolleiste anzeigen lassen oder aber wie in Bild 14.7 diese Schaltfläche der Makro-Symbolleiste hinzufügen.

Die richtige Symbolleiste

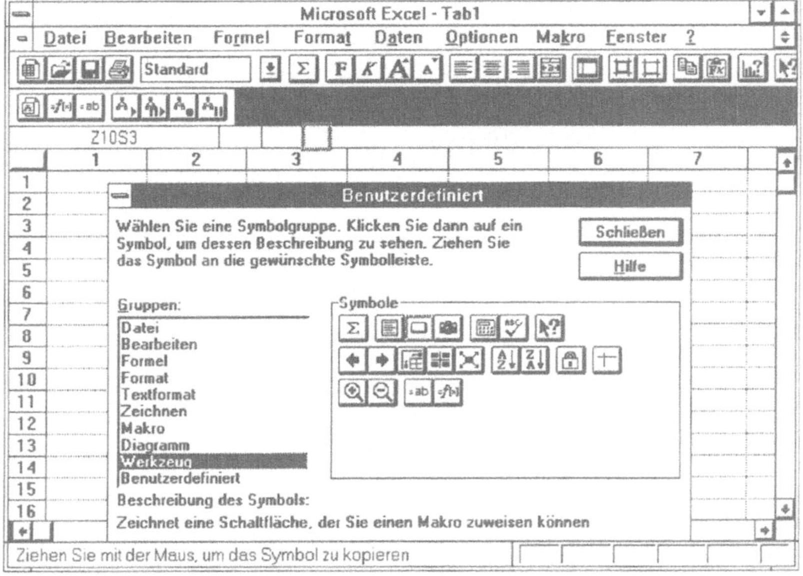

Bild 14.7 Hinzufügen einer Schaltfläche zur Symbolleiste

Sie können diese Schritte nur nachvollziehen, wenn Sie ein Zeigeinstrument besitzen.

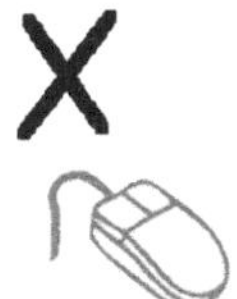

Vorgehensweise:

1. Klicken Sie mit der Maus in der Symbolleiste in die Schaltfläche mit dem Knopf («Schaltflächenwerkzeug»).

2. Markieren Sie den Tabellenbereich, der die Schaltfläche aufnehmen soll (es reicht eine Zelle). Excel richtet nun eine Schaltfläche ein und versieht diese mit dem Namen «Schaltfläche». Außerdem erscheint auf dem Bildschirm ein Dialogfeld, in dem Sie eingeben sollen, mit welchem Makro Excel die Schaltfläche belegen soll (Bild 14.8).

3. Geben Sie hier das Makro WÄHRG.XLM ein oder wählen Sie
   es aus der Makroliste aus.

4. Schließen Sie den Befehl ab.

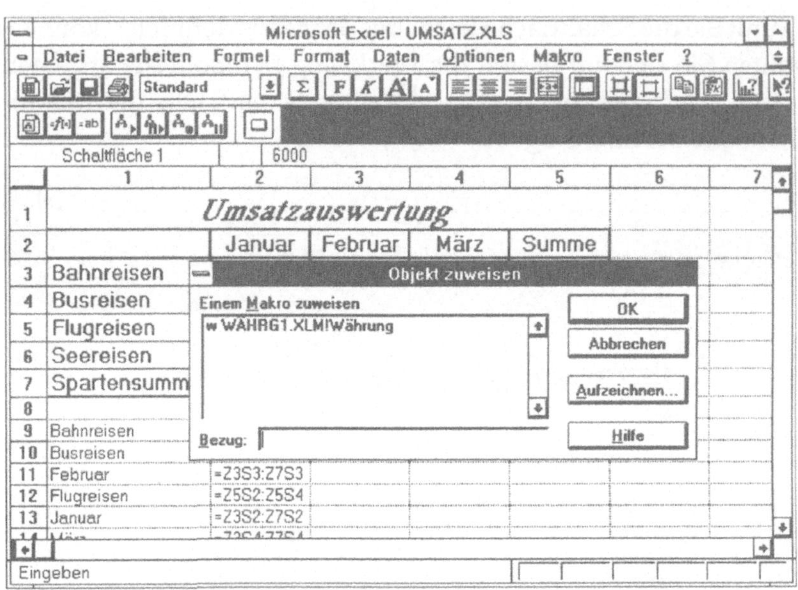

Bild 14.8 Belegen einer Schaltfläche mit einem Makro

Sie können für die markierte Schaltfläche die Aufschrift «Währung» vergeben, indem Sie diese in der Bearbeitungszeile eintragen.

Die Schalt-
fläche ver-
wenden

Vergeben Sie nun für den Rest der Werte der Tabelle das Währungsformat, indem Sie den entsprechenden Bereich markieren
und in die Schaltfläche klicken. Zum Klicken in die Schaltfläche
wird der Mauszeiger zu einer kleinen Hand (Bild 14.9).

Schaltfläche
entfernen

Wenn Sie eine solche Schaltfläche wieder löschen wollen, so
müssen Sie sie markieren und anschließend mit der Entf-Taste
löschen. Sie markieren eine Schaltfläche mit der Maus, indem Sie
einfach auf die Schaltfläche klicken. Excel hat diese nun markiert
und Sie können sie mit der Entf-Taste löschen.

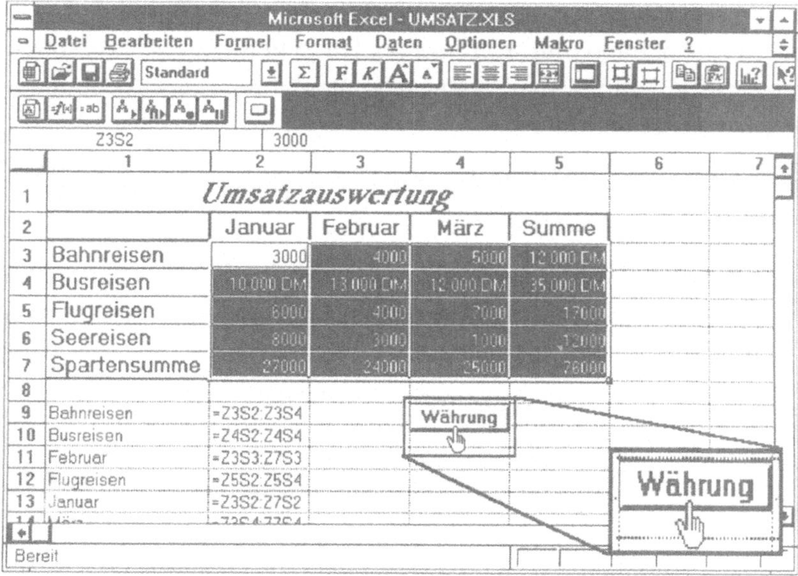

Bild 14.9 Mauszeiger zum Klicken in die Schaltfläche

Neben Schaltflächen können Sie auch Symbole der Symbolleisten mit eigenen Makros belegen und sich so eine eigene Symbolleiste einrichten. Mit dieser Symbolleiste können Sie dann häufig wiederkehrende Befehle per Knopfdruck ausführen und sich so die Arbeit mit Excel komfortabler gestalten. Sie belegen ein Symbol mit einem Makro, indem Sie das Makro erstellen und anschließend den Befehl **Symbol zuweisen** aus dem Menü **Makro** geben.

Symbole mit Makros belegen

14. 5   Arbeiten mit der Makrovorlage

14. 5. 1   Automatische Eingabeaufforderung

Wenn Sie umfangreichere Makros selbst erstellen wollen, so können Sie diese oft nicht vollständig mit dem Makrorekorder aufzeichnen. Zur Eingabe dieser Makros verwenden Sie die sogenannten Makrovorlagen. Dies sind Arbeitsblätter ähnlich wie Tabellen, die jedoch breitere Spalten haben und mit der Namenserweiterung «.XLM» gespeichert werden.

Das Makro in einer Makrovorlage hat einen Aufbau wie in Bild 14.10.

In die erste Zeile schreiben Sie den Namen des Makros, darunter die Makrobefehle und -funktionen. Diese können eine oder mehrere Spalten einnehmen. Weitere Spalten können für Kommentare verwendet werden.

Das Beispiel

Sie werden nun am Beispiel der Plausibilitätsprüfung aus Abschnitt 9.7.4 sehen, wie Sie

- mit einem Makro automatisch die richtige Tabelle öffnen und

- Eingabeaufforderungen mit der Makrofunktion EINGABE() herstellen.

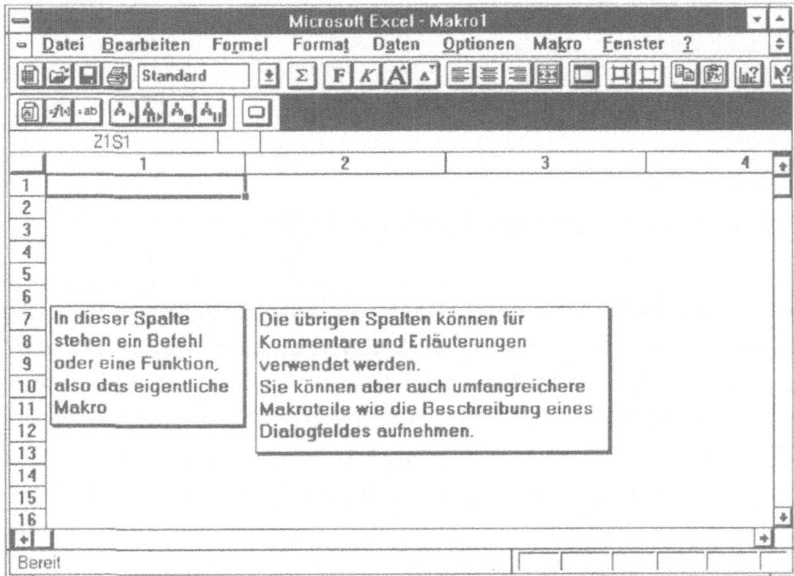

Bild 14.10 Die Makrovorlage

Planen eines Makros

Sie sollten sich auch schon bei kleinen Makros angewöhnen, diese nicht direkt am PC zu schreiben, sondern vorher in Dokumentationstechniken wie einem Flußdiagramm zu planen. Dies ist bei komplizierteren Zusammenhängen sehr hilfreich und kann so mit einfachen Beispielen geübt werden. Die wichtigsten Symbole solcher Flußdiagramme sehen Sie in Bild 14.11.

Bild 14.12 zeigt das Flußdiagramm des oben geschilderten Problems.

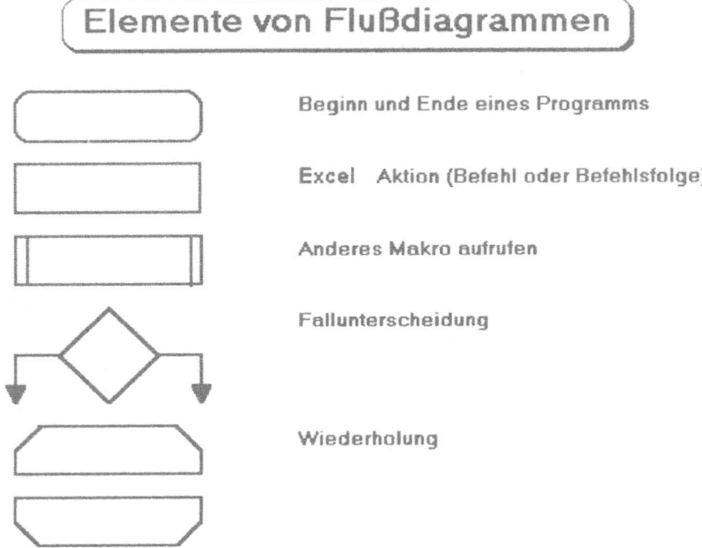

Bild 14.11 Elemente von Flußdiagrammen

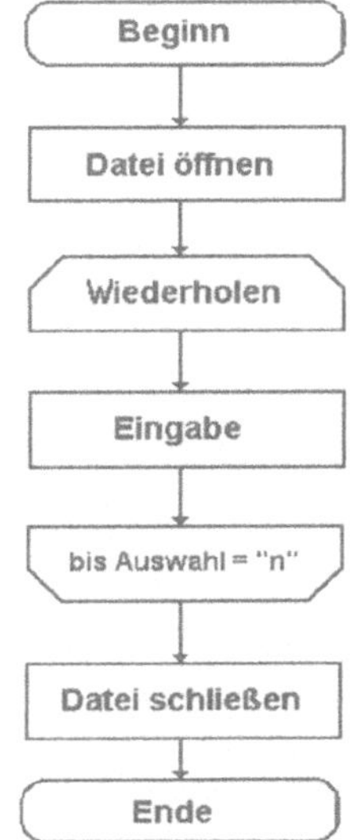

Bild 14.12 Flußdiagramm unseres Problems

Sie verwenden hier die folgenden Makrobefehle:

ÖFFNEN(*Dateiname*): öffnet die angegebene Datei

AUSWÄHLEN(*Zelle*): wählt die angegebene Zelle aus.

FORMEL(*Formel;Bezug*): Trägt in die Zelle Bezug die eingegebene Formel ein. Die Formel kann auch eine Zahl, ein Text oder ein Wahrheitswert sein. Lassen Sie den Bezug frei, so trägt Excel die Formel in die aktive Zelle ein.

EINGABE(*Aufforderungstext;Typ;Überschrift;*
Vorgabe;x_Position;y_Position):

Eingaben vereinfachen

Diese Funktion öffnet an der durch x_Position und y_Position festgelegten Stelle ein Eingabefenster mit der eingegebenen Überschrift. Sie können in das Fenster einen Aufforderungstext eintragen und in das Eingabefeld eine Vorgabe, die der Benutzer übernehmen kann. Wenn Sie wollen, können Sie mit «Typ» den Typ der Eingaben, die Excel akzepiert, einschränken. Die Typangabe erfolgt mit Zahlencodes:

Zahlencode	Datentyp
0	Formel
1	Zahl
2	Text
4	Wahrheitswert
8	Bezug
16	Fehlerwert
64	Matrix

Tabelle 14.1 Zahlencodes des Eingabebefehls

DATEI.SCHLIESSEN(*Datei_speichern*): Schließt die aktive Datei. Ist der Wahrheitswert *Datei_speichern* wahr, so wird die Datei gespeichert, ist er falsch, dann nicht. Wenn Sie diesen Wert offen lassen, fragt Excel an der entsprechenden Stelle, ob Sie die Datei speichern wollen.

Warten(*Zahl*): Hält die Ausführung des Makros solange an, wie mit der Ganzzahl angegeben.

SOLANGE(*Wahrheitswert_Prüfung*): Diese Funktion startet eine **SOLANGE WEITER** Schleife und führt diese solange aus, bis der Wahrheitswert falsch ist.

Nach der Eingabe der Formeln sieht das Makro zu unserem Beispiel wie in Bild 14.13 aus.

	1	2
1	plaus (p)	Automatische Eingabe zur Plausibilitätsprüfung
2	=ÖFFNEN("PLAUSIND.XLS")	Öffnet die Datei Plausind.xls
3	=VOLLBILD(WAHR)	Vergrößert den EXCEL Bildschirm auf Vollbild
4	=SOLANGE(FORMEL.ZUORDNEN("Z10S4")<>"n")	Startet SOLANGE-WEITER-Schleife
5	=AUSWÄHLEN("Z4S3")	Geht zu Feld Z4S3
6	=FORMEL(EINGABE("Jahr eingeben:";1;"Jahr";;0;100))	ruft das Eingabefenster für das Jahr auf
7	=AUSWÄHLEN("Z5S3")	geht zu Z5S3
8	=FORMEL(EINGABE("Monat eingeben:";1;"Monat";;0;100);	ruft das Eingabefenster für den Monat auf
9	=AUSWÄHLEN("Z6S3")	geht zu Z6S3
10	=FORMEL(EINGABE("Tag eingeben:";1;"Tag";;0;100))	ruft das Eingabefenster für den Tag auf
11	=AUSWÄHLEN("Z10S4")	geht zu Z10S4
12	=FORMEL(EINGABE("Nocheine Prüfung (j/n)?";2;"Nochma	ruft das Eingabefenster der Schleife auf
13	=WEITER()	Beendet Schleife
14	=DATEI.SCHLIESSEN(FALSCH)	Schließt die Datei ohne zu speichern
15	=RÜCKSPRUNG()	Springt zurück zum Makro

Bild 14.13 Makro zur automatischen Eingabe

Geben Sie nun das Makro ein:

Vorgehensweise:

1. Öffnen Sie eine Makrovorlage. Sie geben dazu den Befehl **neu** aus dem Menü **Datei**. Wählen Sie die Option «Makrovorlage» aus.

2. Schließen Sie den Befehl ab. Sie sehen nun ein leeres Makro-Dateifenster (vgl. Bild 14.11).

3. Geben Sie nun ein Makro wie in Bild 14.13 ein.

4. Speichern Sie das Makro anschließend unter dem Namen «PLAUS». Excel ergänzt die Erweiterung «.XLM» automatisch.

Starten Sie nun Ihr Makro, indem Sie die Makrodatei öffnen und das Makro ausführen oder in der Makrovorlage den festgelegten Tastenschlüssel eingeben. Sie finden die Makrodatei auch auf der Beispieldiskette im Verzeichnis «\K14».

Beobachten Sie die angenehme Führung durch die Datumsprüfung und die nötigen Eingaben durch das programmierte Makro (Bild 14.14).

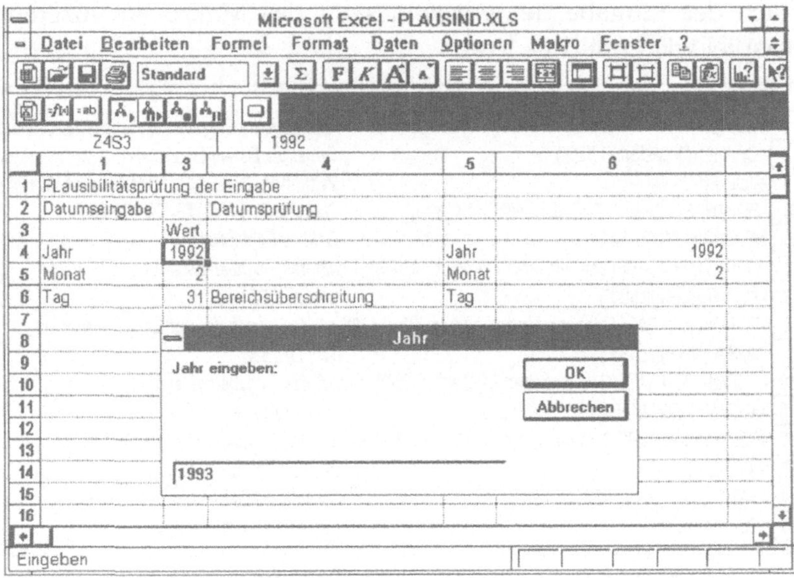

Bild 14.14 Eingabebildschirm des Makros

14. 5. 2 Autoexec-Makros

Automatisch
startendes
Makro

Sie haben eben erlebt, wie Sie ein einfaches Makro schreiben, das Ihnen die Eingabe des Datums bei der Plausibilitätsprüfung vereinfacht. Umständlich an dem gewählten Verfahren war nur noch, daß Sie nach dem Öffnen der Makrodatei das Makro noch ausführen mußten.

Da die Plausibilitätsprüfung aber ja im wirklichen Einsatz nur der Teil einer Eingabe mehrerer Daten sein soll, wäre es am günstigsten, wenn man an der entsprechenden Stelle nur noch diese Makrodatei aufrufen müßte und das Makro automatisch ausgeführt würde.

Dies können Sie mit Hilfe von Autoexec-Makros erreichen. Dies sind Makros, die beim Öffnen der Makrodatei gleich ausgeführt werden.

14. 6 Dialogfelder selbst entwerfen

14. 6. 1 Überblick

Dialogfelder sind die Fenster, die Excel zum Dialog mit dem Benutzer öffnet. Sie können Elemente wie Schaltflächen, Listenfelder, Auswahl- und Eingabefelder enthalten. In den bisherigen Abschnitten haben Sie Dialogfelder als Fenster zu Befehlen kennengelernt. Sie haben erfahren, wie Sie Daten in diese Fenster eintragen oder aus diesen auswählen können.
Was sind Dialogfelder?

Sie können Dialogfelder mit Hilfe des Dialog-Editors unter Excel selbst entwerfen und in ein Makro einbauen. Auf diese Weise erstellen Sie sich eigene, auf Ihre Anwendung zugeschnittene Eingabe- oder Auswahlfenster mit den oben angeführten Elementen. Sie erhalten in diesem Abschnitt einen Überblick über die Elemente dieser Dialogfelder und das Edieren eines Dialogfeldes. Im Abschnitt 14.6.3 werden Sie an einem einfachen Beispiel ein eigenes Dialogfeld zur Automatisierung der Dateneingabe entwerfen.
Dialogfelder selber entwerfen

14. 6. 2 Der Dialog-Editor

Zum Erstellen von Dialogfeldern bietet Excel einen speziellen Editor, den Dialog-Editor. Sie können hier die Dialogfelder einrichten, in der Größe verändern und die verschiedenen Elemente einfach aus Listen auswählen. Sie ordnen den Listenfeldern und Schaltflächen mit Hilfe von Makros eine Funktion zu.
Gestalten und Funktionalität zuordnen

Sie starten den Dialog-Editor mit Hilfe des Dialog-Editor Symbols im Excel Gruppenfenster des Programm-Managers oder indem Sie im System-Menü den Befehl **Ausführen** geben und hier die Option **Dialogeditor** auswählen. Nach dem Start sehen Sie ein Fenster wie in Bild 14.15.

In der Mitte des Fensters sehen Sie den Rahmen des Dialogfeldes, das Sie gestalten können. Sie können die Größe dieses Rahmens verändern.
Rahmen des Dialogfeldes

Bild 14.15 Dialog-Editor nach dem Start

 Mit der Maus zeigen Sie dazu auf den Rand des Rahmens und ziehen diesen auf die gewünschte Größe (Bild 14.16).

 Mit der Tastatur verändern Sie die Größe des Fensters, indem Sie die (Umschalt)-Taste gedrückt halten und anschließend mit den Richtungstasten das Feld vergrößern oder verkleinern.

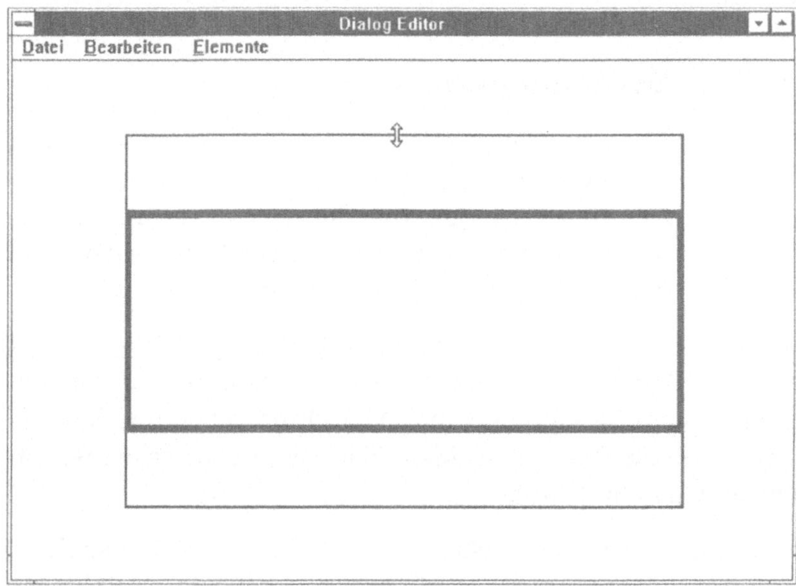

Bild 14.16 Verändern der Größe des Dialogfensters

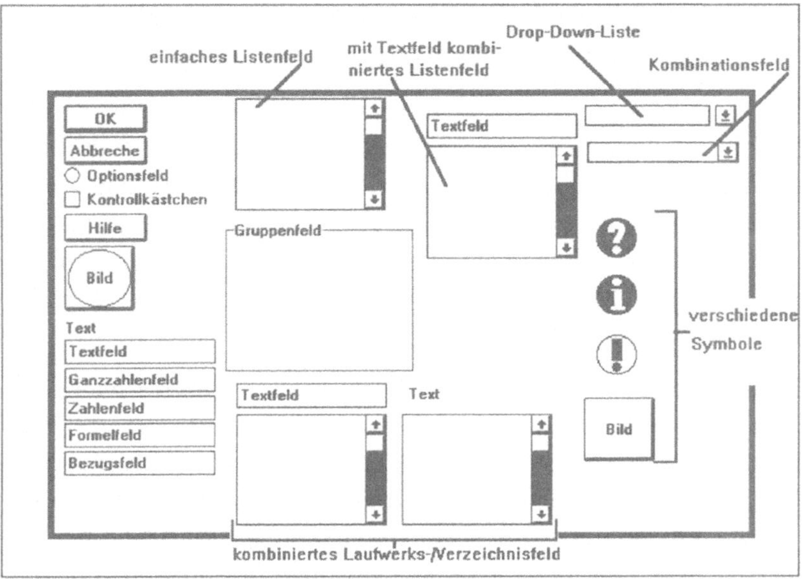

Bild 14.17 Elemente eines Dialogfeldes

Sie können nun in dieses Fenster die gewünschten Dialogfeldele- Die Elemente
mente eintragen. Damit Sie einen Überblick über die Vielzahl der eines Dialog-
möglichen Dialogfeldelemente erhalten, haben wir ein Dialogfeld feldes
entworfen, das die verschiedenen Elemente enthält (Bild 14.17).
Die erläuternden Texte wurden zum Teil von uns eingefügt und
sind nicht Bestandteil der Dialogfeldelemente.

14. 6. 3 Automatisierung der Dateneingabe mit Makros

In diesem Abschnitt wollen wir anhand einer Anwendung aus Warum
dem Bereich Datenerfassung die Verwendung von Dialogfeldern Dialogfelder
und Dialogfeld-Elementen zeigen. Sie werden an diesem Beispiel entwerfen?
die Vorteile von benutzerdefinierten Eingabemasken kennenlernen.

Wollen Sie einen großen Datenbestand auswerten, so wird die
Eingabe der Daten schnell zu einem großen Arbeitsaufwand. Vor
allem müssen Sie bei Zellen, die nur bestimmte Einträge aufnehmen sollen, die erlaubten Einträge kennen (zum Beispiel die
Mengeneinheit bei der Artikeldatei aus Kapitel 9).

Wenn Sie Ihre Tabelle als Datenbank definieren und dann die Dateneingabe mit Hilfe einer Datenmaske erledigen, schützt Sie dies noch nicht vor Fehleingaben.

Auswahl aus Listen anstatt Eingabe

Mit benutzerdefinierten Dialogfeldern können Sie dieses Problem lösen. Sie können in diesen Dialogfeldern nicht nur Eingabefelder einrichten, in die Daten eingegeben werden können, sondern auch Schaltflächen, Options- und Listenfelder, die dem Anwender die Auswahl aus einer Liste erlaubter Eingaben anstatt der Eingabe ermöglichen.

Was wollen wir tun?

Sie haben im Abschnitt 14.6 das Prinzip kennengelernt, nach dem Sie Dialogfelder entwerfen können. Wir wollen hier nun am Beispiel der Artikeldatei aus Kapitel 9 ein Eingabefeld entwerfen. Anschließend werden wir ein kleines Makro schreiben, das dieses Eingabefeld steuert. Mit Hilfe dieses Dialogfeldes können Sie dann Daten in die Artikel Tabelle eintragen.

14. 6. 4 Das Dialogfeld entwerfen

Entwerfen des Dialogfeldes

Entwerfen Sie nun zuerst das Dialogfeld, das uns die Dateneingabe erleichtern soll. Öffnen Sie hierzu den Dialog-Editor, indem Sie im Programm-Manager das entsprechende Symbol auswählen oder mit Hilfe des System-Menüs in das Dialog-Editor-Fenster umschalten. Sie sehen dann einen Bildschirm wie in Bild 14.18.

Dialogfelder vergrößern

Vorab sollten Sie das Dialogfeld ein wenig vergrößern. Sie halten sich dann weitere Gestaltungsmöglichkeiten offen.

Elemente von Dialogfeldern

Sie versehen das noch das leere Feld mit den gewünschten Elementen, indem Sie das Menü **Elemente** wählen, die entsprechende Elementgruppe auswählen und anschließend das gewünschte Element aus der Gruppe aussuchen. Wir wollen hier zwei Ganzzahlenfelder, ein Textfeld, ein Gruppenfeld mit Optionsschaltflächen sowie die Schaltflächen zum Bestätigen und Abbrechen der Eingabe einfügen.

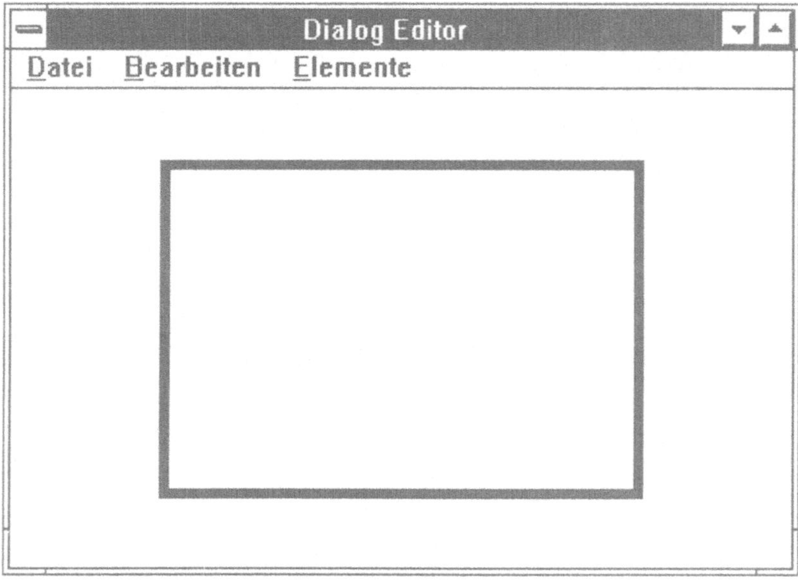

Bild 14.18 Dialog Editor

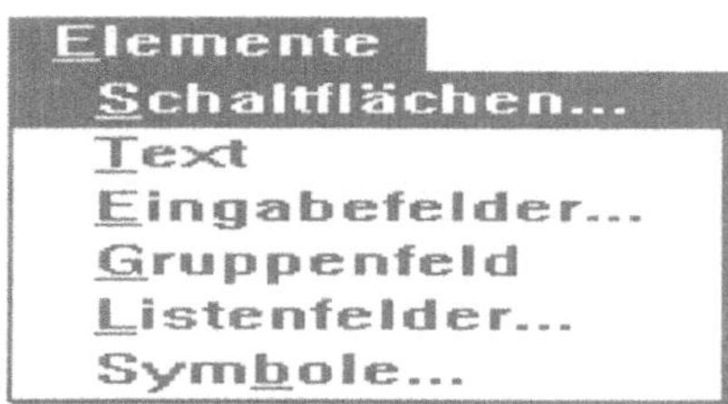

Bild 14.19 Menü **Elemente**

Fügen Sie nun als erstes Element eine Schaltfläche OK in das
Dialogfeld ein:

1. Wählen Sie das Menü **Elemente**. Sie sehen dann ein Menü wie
   in Bild 14.19.

2. Wählen Sie die Elementgruppe **Schaltflächen** aus.

3. Zeigen Sie in der Liste wie in Bild 14.20 auf die Schaltfläche
   OK, und schließen Sie den Befehl ab.

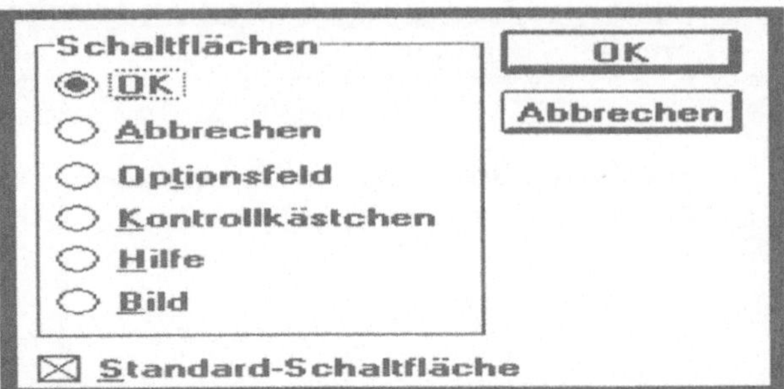

Bild 14.20 Auswahl der Schaltfläche OK

Elemente
verschieben

Excel zeigt nun das gewählte Element auf dem Dialogfeld an. Sie können die Position eines Elementes mit der Maus oder mit den Richtungstasten verändern, wenn Sie es markiert haben. Das zuletzt eingefügte Element ist von Excel immer automatisch markiert.

Beim Verändern der Position des Elementes verändert sich der Mauszeiger, wie Sie es in Bild 14.21 sehen. Sie können das Element (hier die Schaltfläche OK) dann an die gewünschte Stelle des Fensters veschieben.

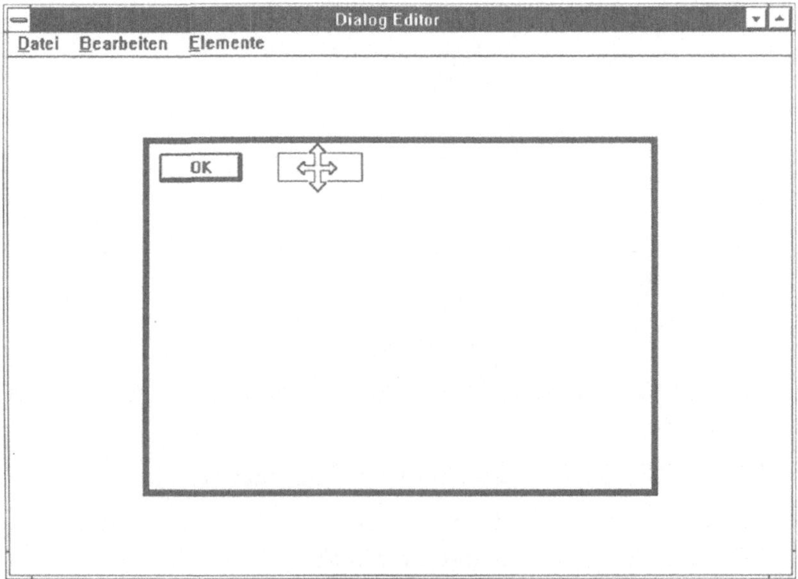

Bild 14.21 Verschieben eines Elements

Entwerfen Sie nun ein Dialogfeld, wie Sie es in Bild 14.22 sehen. Dieses Dialogfeld beinhaltet die folgenden Elemente:

Verschiedene Elemente:

Element(Nr)	Funktion in unserem Makro
Text(5)	Überschriften zu den einzel-nen Elementen
Schaltfläche(1;2)	«OK»: Abschließen der Ein-gabe und Übernahme der Da-ten «Abbrechen»: Verlassen des Dialogfeldes, ohne die Eingaben zu übernehmen
Optionsfeld(12)	Eingabe der Mengeneinheit
Optionen-Gruppenfeld (14)	Soll nur die Eingabe einer Mengeneinheit des Artikels ermöglichen
Ganzzahlenfeld (7)	Eingabe der Artikelnummer
Zahlenfeld (8)	Eingabe des Preises
Textfeld (6)	Eingabe der Artikelbezeich-nung

Tabelle 14.2 Dialogfeldelemente unseres Beispiels

Sie können die Texte der Textfelder und der Optionsfelder einge-ben, indem Sie diese Felder markieren und anschließend den Text eingeben. Texte sind aber nicht die einzigen Erläuterungen, die jedes der Felder kennzeichnen. Sie können einem Feld auch Start-werte zuordnen und Abkürzungstasten festlegen, mit denen Sie später das Element im Dialogfeld ansteuern können.

Legen Sie nun eine Abkürzungstaste für das Element «Bezeich-nung» mit der Maus fest:

Abkürzungs-tasten

1. Klicken Sie doppelt in das Element, dessen Eigenschaften Sie verändern oder festlegen wollen (hier «Bezeichnung»).

2. Sie sehen ein Dialogfeld wie in Bild 14.23 zur Eingabe der Elementeigenschaften.

Elementei-genschaften...

3. Geben Sie in dem Feld «Text» vor dem Buchstaben, den Sie als Abkürzungstaste kennzeichnen wollen, ein &-Zeichen ein.

4. Schließen Sie den Befehl ab.

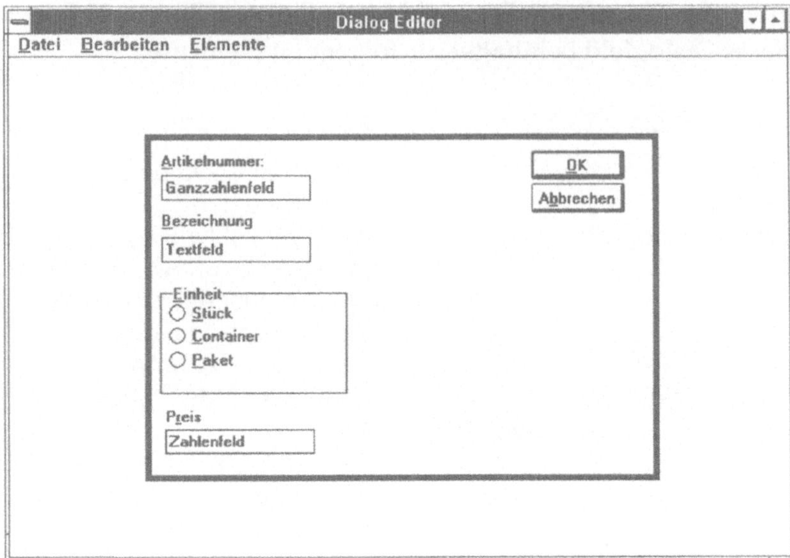

Bild 14.22 Dialogfeld zur Dateneingabe

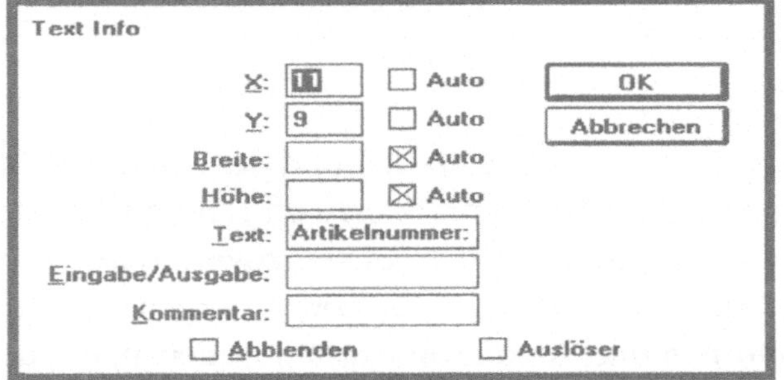

Bild 14.23 Elementeigenschaften festlegen

So verändern Sie Eigenschaften eines Elementes mit der Tastatur:

1. Markieren Sie das Element «Bezeichnung».

2. Geben Sie den Befehl **Info** aus dem Menü **Bearbeiten**. Sie sehen nun einen Bildschirm wie in Bild 14.23.

3. Geben Sie in dem Feld «Text» vor dem «A» des Wortes «Artikelnummer» ein &-Zeichen ein, um diesen Buchstaben als Abkürzungstaste festzulegen.

4. Schließen Sie den Befehl mit der ⌈Eingabe⌋-Taste ab.

Sie können diese Einstellungen auch noch in der Makrovorlage korrigieren. Daher müssen Sie sich jetzt noch nicht mit diesen Details aufhalten.

Um das Dialogfeld in die Makrovorlage zu kopieren, müssen Sie es markieren und mit dem Befehl **Kopieren** aus dem Menü **Bearbeiten** in die Zwischenablage kopieren. Aus der Zwischenablage können Sie es dann in die Makrovorlage einfügen.

Kopieren in die Zwischenablage

Umgekehrt verfahren Sie, wenn Sie ein schon mit der Makrovorlage bearbeitetes Dialogfeld wieder mit dem Dialogeditor verändern wollen.

Kopieren Sie das Dialogfeld in die Zwischenablage.

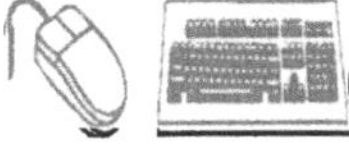

1. Geben Sie den Befehl **Dialogfeld auswählen** aus dem Menü **Bearbeiten**.

2. Geben Sie nun den Befehl **Kopieren** aus dem Menü **Bearbeiten**, um das Dialogfeld in die Zwischenablage zu kopieren.

Sie können das Dialogfeld nun in ein Excel Makro einbinden.

14. 6. 5 Ein Makro zuweisen

Dialogfelder müssen in Makros eingebunden werden, damit Sie sie unter Excel verwenden können. Auf diese Weise können Sie benutzerdefinierte Dialogfelder schaffen, die Excel an Ihre ganz speziellen Anforderungen anpaßt.

Ein Makro erstellen

Wir wollen das Dialogfeld, das wir in Abschnitt 14.7.2 mit dem Dialogeditor entworfen haben, in eine Excel Makrovorlage einlesen und dort mit einem Makro verbinden. Dazu schalten Sie als erstes zu Excel um und öffnen dort eine Makrovorlage.

Das Dialogfeld einlesen

Ein Dialogfeld nimmt in der Makrovorlage viel Raum ein. Daher sollten Sie es nicht unbedingt in der linken oberen Ecke einlesen, sondern etwas außerhalb des eigentlichen Makros.

Wir wollen nun das Dialogfeld einlesen:

1. Markieren Sie die linke obere Zelle des Bereiches, der das Dialogfeld aufnehmen soll (hier Z6S2).

2. Geben Sie den Befehl **Einfügen** aus dem Menü **Bearbeiten**.

Excel wird nun die Informationen des Dialogfeldes in die Makrovorlage einfügen. Verwenden Sie zur Dokumentation des Dialogfeldes in der Makrovorlage die Überschriften wie in Bild 14.24. Dies erleichtert Ihnen später die Änderung der Eigenschaften der Elemente von der Makrovorlage aus.

Die einzelnen Spalten haben die folgenden Bedeutungen:

Spalte	Bedeutung
Element:	legt mit einem Zahlencode fest, um welches Element es sich handelt
xy:	legt die Spalten- und Zeilenposition des Elements im Dialogfeld fest
Breite;Höhe:	gibt die Breite bzw. Höhe des Elements an
Text:	Text, der dem Element zugeordnet ist. Sie geben in dieser Spalte wie unter dem Dialog-Editor die Abkürzungstasten der einzelenen Elemente durch &-Zeichen an
Ein-/Ausgabe:	In Spalte erscheinen die Eingaben, die Sie beim Verwenden der Dialogfelder eintragen. Sie greifen innerhalb eines Makros auf diese Eintragungen zurück, indem Sie diese Feldinhalte auswählen.

Tabelle 14.3 Aufbau des Dialogfeldes

In der ersten Zeile des Dialogfeldes ist die Größe des Fensters festgelegt. In der Spalte «Text» der ersten Zeile können Sie einen Titel für das Dialogfeld eintragen. Legen Sie nun den Titel «Artikel eingeben» und mit Hilfe von &-Zeichen die Abkürzungstasten wie in Bild 14.25 fest, falls Sie dies noch nicht in dem Dialog-Editor vorgenommen haben.

	5	6	7	8	9	10	11	
2	Element	x	y	Breite	Höhe	Text	Eingabe/Ausgabe	
3				522	244			
4	1	342	21	99		&OK		
5	2	344	56	99		A&bbrechen		
6	5	11	9			&Artikelnummer:		
7	7	11	24	160				
8	5	9	56			&Bezeichnung:		
9	6	10	74	160				
10	14	10	111	200	73	&Einheit:		
11	11							
12	12					&Stück	Stück	
13	12					&Container	Container	
14	12					&Paket	Paket	
15	5	16	198			P&reis		
16	8	16	213	160				
17	8	16	213	160				

Bild 14.24 Dialogfeld in der Makrovorlage

	5	6	7	8	9	10	11
2	Element	x	y	Breite	Höhe	Text	Eingabe/Ausgabe
3				522	244	Artikel eingeben	
4	1	342	21	99		&OK	
5	2	344	56	99		A&bbrechen	
6	5	11	9			&Artikelnummer:	
7	7	11	24	160			
8	5	9	56			&Bezeichnung:	
9	6	10	74	160			
10	14	10	111	200	73	&Einheit:	
11	11						
12	12					&Stück	
13	12					&Container	
14	12					&Paket	
15	5	16	198			P&reis	
16	8	16	213	160			
17	8	16	213	160			

Bild 14.25 Dialogfeld mit allen Eingaben

Um das Dialogfeld im Makro aufrufen zu können, müssen Sie Dialogfelder
hierfür noch einen Namen vergeben. Legen Sie mit dem Befehl benennen
Namen festlegen aus dem Menü **Formel** den Namen «Eingabefeld» für das Dialogfeld fest.

Sie können nun das Makro programmieren, das Ihr Dialogfeld steuert. Sie verwenden dazu ein Makro, wie Sie es in Bild 14.26 sehen. Dem Makro liegt die folgende Idee zugrunde:

Die Idee des Makros

Sie zeigen mit dem Zellzeiger auf die erste Zelle der Zeile, in die Sie einen neuen Datensatz eingeben wollen. Nun rufen Sie das Makro auf und geben in dem Dialogfeld **Artikel eingeben** die gewünschten Daten ein. Nach dem Abschluß der Eingaben trägt Excel die Texte und Werte in die Tabelle ein und beendet das Makro. Um einen weiteren Datensatz einzugeben, zeigen Sie auf die erste Zelle der nächsten Zeile und rufen das Makro erneut auf. Wir haben keine automatische Abfrage in das Makro aufgenommen.

Das Makro im einzelnen

Die einzelnen Elemente des Makros sind ihnen schon bekannt. Die Funktion DIALOGFELD() ruft das eingefügte Dialogfeld auf dem Excel Bildschirm auf.

	1	2
1	Artikeleingabe (e)	
2	=DIALOGFELD(Eingabe)	öffnen des Dialogfeldes
3	eingeben	Makro Eingeben
4	=FORMEL(Nummer)	Eingabe der Nummer in das aktive Feld
5	=AUSWÄHLEN("ZS(+1)")	nächstes Feld der Tabelle auswählen
6	=FORMEL(Bezeichnung)	Bezeichnung eingeben
7	=AUSWÄHLEN("ZS(+1)")	nächstes Feld der Tabelle auswählen
8	=FORMEL(INDEX(Art_Einheit;Einheit))	Artikeleinheit eingeben
9	=AUSWÄHLEN("ZS(+1)")	nächstes Feld der Tabelle auswählen
10	=FORMEL(Preis)	Preis eintragen
11	=RÜCKSPRUNG()	Dialogfeld schließen

Bild 14.26 Makro zum Dialogfeld

Vergeben Sie für die erste Zeile des Makros den Namen «Artikeleingabe» und legen Sie in dem Dialogfeld fest, daß es sich um ein Befehlsmakro handelt. Geben Sie als Tastaturschlüssel ⒠ ein, um das Makro und damit das Dialogfeld einfach aufrufen zu können.

Um mit der INDEX-Funktion auf die Mengeneinheit zurückgreifen zu können, müssen Sie diese z.B. in Spalte 12 nochmals eingeben, da das Makro nicht auf die Mengenangaben selbst zurückgreift. In Spalte 11 erscheint nur eine Zahl, die angibt, welches Optionsfeld ausgewählt wurde. Würden Sie mit der INDEX-Funktion auf die Eintragungen in der Spalte 10 zurückgreifen, so würden auch die &-Zeichen aus dem Dialogfdeld in Ihrer Tabelle ausgegeben werden.

Vergeben Sie nun in der Makrovorlage die folgenden Namen:

Zeile	Spalte	Name(*Option*)
1	1	Artikeleingabe (*Befehl*)
3	1	eingeben (*Befehl*)
7	11	Nummer
9	11	Bezeichnung
11	11	Einheit
11-14	12	Art_Einheit
16	11	Preis

Tabelle 14.4 Namen der Makrovorlage

Sie haben nun alle erforderlichen Eingaben getätigt, um mit dem Dialogfeld arbeiten zu können.

Normalerweise würde nun eine eingehende Prüfung des Makros folgen, zum Beispiel, indem Sie es schrittweise ausführen. Erfahrungsgemäß kommen vor allem in umfangreicheren Makros schnell einmal Fehler vor, die dann zu unerwünschten Resultaten führen.

Speichern Sie das Makro und wechseln Sie als nächstes zum Excel-Tabellenbildschirm, um das Makro anzuwenden

Wir wollen das eben erstellte und in ein Makro eingebundene Dialogfeld anhand der Artikel-Datei, für die es erstellt wurde, ausprobieren. Öffnen Sie dazu die Tabelle ARTIKEL.XLS.

Das Dialogfeld verwenden

Sie finden diese Datei auf der Beispieldiskette im Verzeichnis «\K09». Vergleichen Sie das Excel-Anwendungsfenster nach dem Öffnen der Datei mit Bild 14.27.

Zeigen Sie auf die erste Zelle der Zeile, die den neuen Datensatz aufnehmen soll. Rufen Sie das Makro auf, das das Dialogfeld steuert, indem Sie entweder den Tastenschlüssel Strg-e eingeben oder das Makro mit dem Befehl **Ausführen** aus dem Menü **Makro** starten.

Makro
Ausführen

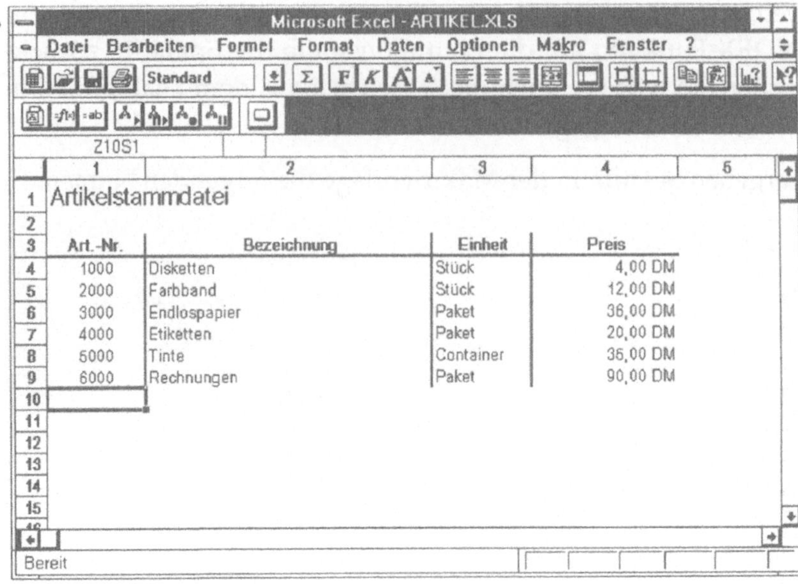

Bild 14.27 Artikel-Datei

Beachten Sie, daß die Makrovorlage bei beiden Varianten geöffnet sein muß. Andernfalls wird Excel nicht auf das Makro zurückgreifen.

Testen des Dialogfeldes

Sie sehen nach dem Start des Makros ein Fenster wie in Bild 14.28 mit dem selbst gestalteten Dialogfeld. Sie können in diesem Dialogfeld nun die gewünschten Daten eingeben.

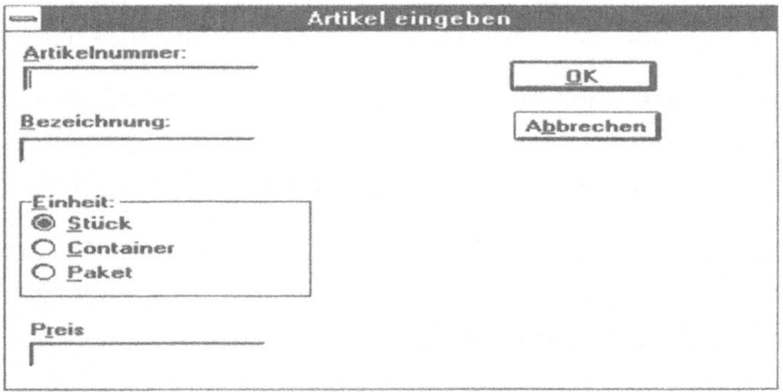

Bild 14.28 Dialogfeld auf dem Bildschirm

Die Einheit des Artikels brauchen Sie nur auszuwählen. Achten Sie darauf, daß Sie in das Ganzzahlenfeld «Artikelnummer» auch nur ganze Zahlen eingeben. Excel wird die Eingabe ansonsten nicht akzeptieren.

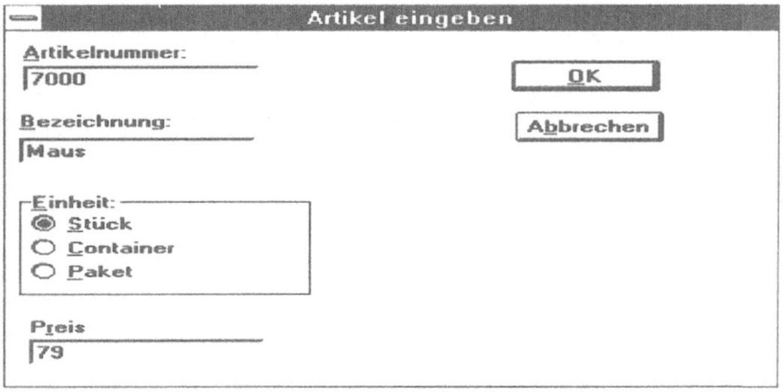

Bild 14.29 Eingabe eines neuen Artikels

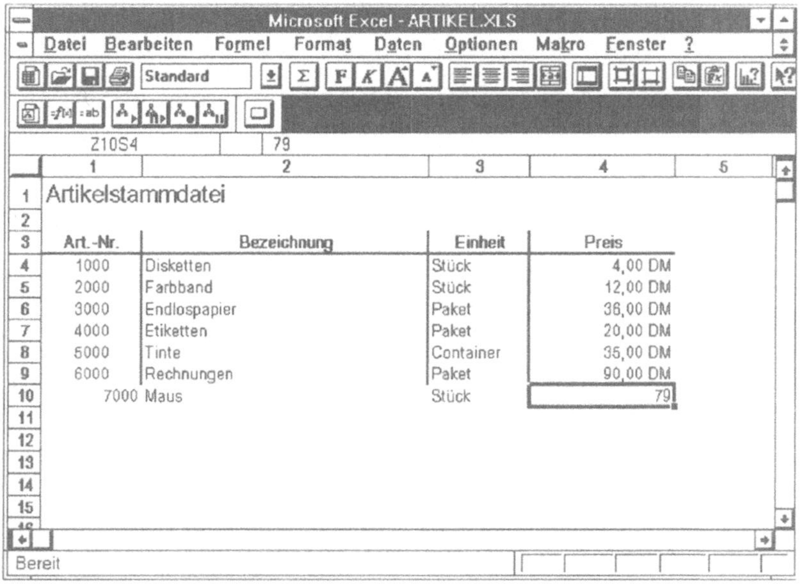

Bild 14.30 Neuer Datensatz

Haben Sie erlaubte Eingaben wie in Bild 14.29 gewählt, so sehen Sie nun, wie Excel nach Abschluß des Dialogfeldes die Texte und Werte in die Tabelle einträgt (Bild 14.30). Die Eingaben erscheinen nicht formatiert auf dem Bildschirm, da Sie sie unterhalb der bisherigen Tabelle eingegeben haben. Sie können dies aber nun nachholen und am besten die entsprechenden Formate auch gleich für einige weitere Zeilen festlegen. Sie sehen dann einen Bildschirm wie in Bild 14.31.

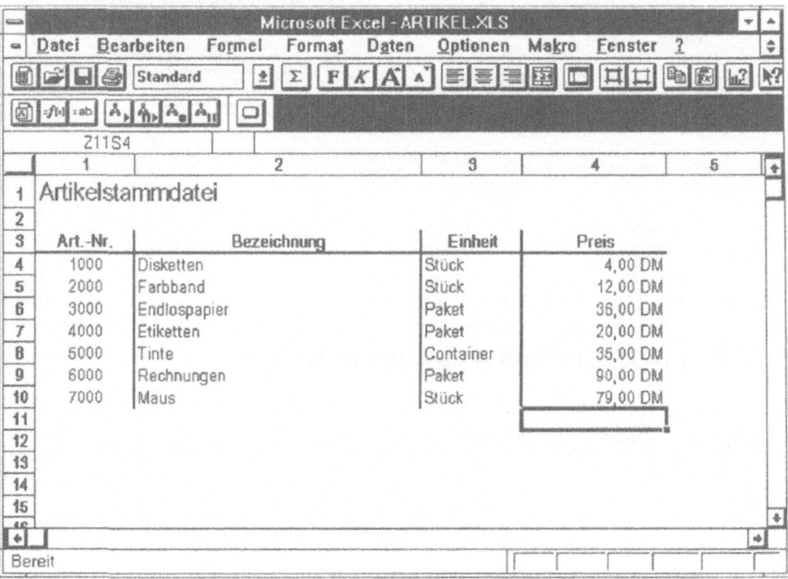

Bild 14.31 Artikeltabelle mit einheitlicher Gestaltung

1 Einleitung

2 Vorarbeiten & Vorkenntnisse

3 Die erste Excel-Aufgabe

4 Tabellen gestalten

5 Tabelleninhalte ändern

6 Arbeiten mit Funktionen

7 Excel-Diagramme

8 Textverarbeitung

9 Dateiverarbeitung

10 Mehrdimensionale Tabellenkalkulation

11 Tabellenanalysen

12 Datenaustausch

13 Q+E

14 Ablaufprogrammierung

15 Organisation und Planung von Tabellen

16 Präsentation mit Excel

Anhang

Abschnittsübersicht

Organisation und Planung von Tabellen

15 Organisation und Planung von Tabellen

15. 1 Überblick

Sie haben in den vorangehenden Kapiteln des Buches die wichtigsten Leistungsmerkmale von Excel anhand leicht nachvollziehbarer Beispiele kennengelernt. Die notwendigen Tabellen haben wir für Sie geplant und strukturiert.

Sie werden nun, wie schon in den Übungsaufgaben, eigene Tabellen entwerfen und eigene Aufgabenstellungen mit Excel lösen.

In diesem Abschnitt haben wir für Sie grundsätzliche Regeln festgehalten, die sich beim Erstellen von Tabellen bewährt haben. Ferner weisen wir hier auf die umfangreichen Dokumentations- und Organisationshilfen von Excel hin, mit deren Hilfe Sie effektiv mit Ihren Tabellen arbeiten können.

Die einzelnen Abschnitte haben den folgenden Inhalt:

Was lesen Sie hier?

- Abschnitt 15.2 beschäftigt sich mit der Planung einer Tabelle.
- Die Dokumentationstechniken mit Excel erleben Sie in Abschnitt 15.3.
- Bei größeren Tabellen wird rationelles Arbeiten mit Excel immer wichtiger. Dies ist Inhalt des Abschnittes 15.4.
- Abschnitt 15.5 zeigt Ihnen, wie Sie Ihre Tabelle für andere Anwender konfektionieren.
- Die Möglichkeiten der Speicheroptimierung sind Thema des Abschnittes 15.6.

15. 2 Planung von Tabellen

Mit Hilfe von Tabellenkalkulationsprogrammen wie Excel können Sie sehr komplexe und umfangreiche Tabellen erstellen und auf diese Weise auch anspruchsvolle Aufgabenstellungen lösen.

Wozu Tabellen planen?

Voraussetzung für eine zufriedenstellende Lösung ist eine genaue Planung der Tabelle. Wenn Sie versuchen, einfach "loszuschreiben", werden Sie bei komplexeren Aufgaben nicht immer direkt ans Ziel gelangen.

Was muß man planen? Sie sollten Ihre Tabelle daher vor dem Erstellen mit Excel genau planen, entweder mit Hilfe eines Textprogramms, eines Programmablauf- oder Datenflußplans oder mit Papier und Bleistift. Bei der Planung der Tabelle sollten Sie mindestens die folgenden Stichworte bzw. Teilbereiche bearbeiten:

- Ziel der Tabelle,

- Art und Umfang der Daten, die in die Tabelle aufgenommen werden sollen,

- Aufgliederung der Daten in Einzelprobleme,

- wichtige und umfangreiche Funktionalitäten, die in der Tabelle vorkommen werden,

- Bezüge auf andere Tabellen, entweder schon vorhandene oder neu zu erstellende,

- systematische Namensvergabe sowie

- Gliederung der Verzeichnisse, in denen die Tabellen gespeichert sind, wenn mehrere Tabellen erstellt werden sollen.

Haben Sie sich mit Hilfe dieser Stichworte eine Vorstellung von den Strukturzusammenhängen und den Leistungsmerkmalen Ihrer Tabellen geschaffen, so können Sie nun die Tabellen erstellen.

Namen in der Tabelle Achten Sie beim Vergeben von Namen in der Tabelle sowie für die Tabelle bzw. Tabellen darauf, daß die Namen systematisch vergeben und möglichst selbsterklärend sind. Dadurch werden Ihre Tabellen lesbarer und Sie können leichter Veränderungen vornehmen.

15. 3 Dokumentation und Organisation

Die Tabelle dokumentieren... Haben Sie Ihre Tabelle erstellt, so ist es wichtig sicherzustellen, daß Sie die Struktur der Tabelle auch noch in Zukunft verstehen und nicht nur direkt nach dem Erstellen. Dazu stellt Ihnen Excel eine Vielzahl von Dokumentations- und Organisationshilfen zur Verfügung.

Sie sollten auf diese Hilfe unbedingt zurückgreifen, da Sie ansonsten gerade bei größeren Tabellen schnell den Überblick verlieren. Sie könnten dann Probleme beim Bearbeiten und Verändern der Tabellen bekommen.

Eine wichtige Dokumentationshilfe ist der Befehl **Formel Notiz**. Mit Hilfe dieses Befehls können Sie zu einer Zelle Notizen schreiben, die nicht in der Tabelle erscheinen. Sie können diese Notizen entweder mit Hilfe des Befehls **Formel Notiz** oder besser mit Hilfe der Info-Menüs abrufen (Abschnitt 3.9).

Mit Hilfe von Notizen erläutern Sie die Idee und Wirkungsweise von Formeln oder Sie notieren sich zu einzelnen Zellen Bemerkungen. Verwenden Sie in einer Tabelle Fernbezüge oder externe Bezüge, so ist es sinnvoll, diese Bezüge kurz zu erläutern und in die Notiz zu schreiben, welche Tabellen oder Elemente anderer Anwendungen sich hinter dem Bezug verbergen.

Beim Erstellen der Tabelle mag Ihnen dies noch überflüssig und als unnötiger Arbeitsaufwand erscheinen. Wollen Sie die Tabelle aber einige Tage oder Wochen nach dem Erstellen verändern, so erleichtern Ihnen oder Ihren Kollegen diese Bemerkungen die Arbeit ganz erheblich.

Textfelder (s. Abschnitt 7.8 und 8.2) verwenden Sie für Kommentare zu einzelnen Zellen oder Tabellenbereichen, die in der Tabelle sichtbar sind. Dies hat gegenüber der Notiz den Vorteil, daß Sie den Kommentar, zum Beispiel eine Anweisung, welche Eingaben Sie tätigen müssen, nicht erst aufrufen müssen. Sie sollten Textfelder vor allem dann verwenden, wenn auch andere Personen mit Ihrer Tabelle arbeiten sollen.

In Makros schreiben Sie, wie Sie es in Kapitel 14 gesehen haben, die Kommentare zu den Makrobefehlen direkt neben die Befehle. Sie sollten auf diese Weise zumindest verschachtelte und umfangreichere Teile des Makros erläutern, damit Sie es auch noch zu einem späteren Datum nachvollziehen und verändern können.

Verwenden Sie in einer Tabelle nach Möglichkeit Formeln mit Bereichsnamen oder wenigstens mit absoluten Zelladressen, da sich diese einfacher dokumentieren lassen als Formeln mit relativen Zellbezügen.

Fenster
Neues Fenster

Zur Kontrolle können Sie die Tabelle gleichzeitig in Formel- und in Wertedarstellung im Arbeitsbereich sehen. Sie erreichen dies mit Excel, indem Sie mit Hilfe des Befehls **Neues Fenster** aus dem Menü **Fenster** zu einer Datei zwei oder mehr Fenster öffnen.

Sie können nun in einem Fenster die Formeldarstellung wählen und in einem anderen Fenster die Wertedarstellung. Auf diese Weise vergleichen Sie direkt "Ursache" (Formel und Bezug) und "Wirkung" (Wert/Ergebnis). Dies erleichtert Ihnen das Auffinden möglicher logischer Fehler.

Fenster fixieren

Ist Ihre Tabelle breiter oder länger, als der Bereich, den Sie auf Ihrem Bildschirm sehen können, so verschwinden beim Blättern nach rechts bzw. unten die Zeilen- bzw. Spaltenüberschriften. Sie können dann die einzelnen Einträge nicht mehr zuordnen.

Um dies zu vermeiden, fixieren Sie die Zeilen- bzw. Spaltenüberschriften der Tabelle im Fenster. Sie blättern dann nur noch in dem nicht fixierten Teil der Tabelle und können so die Tabelleneintragungen eindeutig zuordnen. Sie fixieren einzelne Bereiche des Tabellenfensters mit Hilfe der senkrechten oder waagrechten Bildschirmteiler (Abschnitt 10.3.4).

Tabellen prüfen

Sollte die Tabelle nicht die gewünschten Ergebnisse liefern, so müssen Sie die eingegebenen Formeln, Bezüge und Zellen prüfen. Excel bietet Ihnen hierzu eine ganze Reihe von Hilfsmitteln an:

Inhalte auswählen

- Suchen von Fehlerwerten mit Hilfe des Befehls **Formel Inhalte auswählen**
- Suche nach Abweichungen in der Tabelle
- Überprüfen der Formel und der Abhängigkeiten mit Hilfe des Befehls **Formel Inhalte auswählen** oder mit Hilfe des Infofensters

Das Infofenster

Mit Hilfe des Infofensters können Sie sich zu jeder Zelle der Tabelle Zusatzinformationen angeben lassen, wie vorrangige und abhängige Zellen. Abhängige Zellen sind Zellen, die einen Bezug auf die aktive Zelle enthalten, vorrangige Zellen kommen als Bezug in der aktiven Zelle vor.

Wenn Sie Infofenster und Tabellenfenster gemeinsam auf dem Bildschirm anordnen, so können Sie direkt die Angaben des

Infofensters an der Tabelle überprüfen und so eventuelle Fehler aufdecken.

Durch falsche Bereichsangaben oder durch Verschieben von Namen nach dem Löschen von Zellen können schnell Zirkelbezüge auftreten, die Excel nicht auflösen kann. Sie erhalten die entsprechende Fehlermeldung direkt in der Statuszeile des Excel-Bildschirms. Solche Zirkelbezüge können am einfachsten mit Hilfe des Infofensters aufgelöst und anschließend beseitigt werden.

Zirkelbezüge auflösen

Von wichtigen Tabellen sollten Sie sich Sicherungskopien erstellen. Damit können Sie auf vorherige Versionen zurückgreifen, wenn Ihnen grobe Fehleingaben in einer Tabelle unterlaufen. Sie veranlassen Excel zum Erstellen einer Sicherungskopie mit Hilfe des Befehls **Datei Speichern unter**. Excel fügt als Erweiterung der Sicherungskopie automatisch «.BAK» ein.

Sicherungskopien

Achten Sie hierbei jedoch darauf, daß Diagramm- und Tabellendateien bei Namensgleichheit in der Sicherungskopie nicht mehr unterschieden werden können, da sie eine einheitliche Erweiterung aufweisen. Um das gegenseitige Überschreiben zu verhindern, müssen Sie hier *selbst* unterschiedliche Namen eingeben.

. 4 Rationalisieren der Arbeit mit Tabellen

ſ aʋellen wachsen schnell, füllen immer mehr Speicher und werden immer langsamer. Außerdem werden Eingaben oder Veränderungen der Tabelle zeitaufwendiger und komplizierter. Dies können Sie beeinflussen, wenn Sie Ihre Tabelle und die Eingaben geschickt gestalten. Wir werden Ihnen im folgenden einige Beispiele dazu zeigen.

Tabellen wachsen...

Häufig verwenden Sie bei der Arbeit mit Excel nicht nur eine Tabelle, sondern mehrere. Damit Sie nach einer Unterbrechung der Arbeit nicht wieder alle Tabellen einzeln öffnen müssen, können Sie mit Excel eine Liste aller geöffneten Tabellen als Arbeitsmappe speichern. Sie vergeben für die Arbeitsmappe einen eigenen Namen, den Excel automatisch mit der Erweiterung «.XLW» versieht.

Die Arbeit unterbrechen

Öffnen Sie den Arbeitsbereich wieder, so öffnet Excel alle Dateien, die in der Liste des Arbeitsbereiches gespeichert sind.

Mehrfach-eingaben

Wenn Sie bestimmte Eintragungen in mehreren Tabellen vornehmen müssen, so können Sie die entsprechenden Bereiche der Tabellen verknüpfen, so daß Eingaben in einer Tabelle in den anderen nachvollzogen wird.

Beim Datenaustausch zwischen Tabellen sollten Sie den dynamischen Datenaustausch dem statischen vorziehen, wenn Sie nicht nur an einem bestimmten Stand einer Tabelle interessiert sind.

Mehrfach-auswahl

Sie können mit Excel verstreut liegende Tabellenbereiche markieren, um zum Beispiel Formate festzulegen oder komplexere Bezüge einzugeben. Sie können mit Hilfe der `Strg`-Taste und der Maus bzw. den Richtungstasten die aktive Zelle innerhalb dieser Mehrfachauswahl verschieben. Dabei löschen Sie keine der vorgenommenen Markierungen.

Sie halten dazu die `Strg`-Taste gedrückt und zeigen mit der Maus oder mit den Richtungstasten auf die Zelle, die Sie aktivieren wollen.

Buchhalter-tastatur

Sie können Excel auf die von Rechenmaschinen bekannte "Buchhalter-Tastatur" einstellen. Dazu wählen Sie im Dialogfeld **Optionen Arbeitsbereich** die Option «Feste Dezimalstellen» aus. Sie brauchen nun kein Komma mehr einzugeben, sondern nur noch die richtige Zahlenfolge.

Automatische Texteingabe

Wollen Sie in eine Zelle das aktuelle Datum, die aktuelle Uhrzeit oder den Wert bzw. die Formel der darüberliegenden Zelle eintragen, so können Sie diese Eingaben mit Hilfe von Tastaturschlüsseln automatisieren. Verwenden Sie `Strg`-`;`, um das aktuelle Datum einzufügen, `Strg`-`:` für die aktuelle Uhrzeit. Der Schlüssel `Strg`-`'` kopiert die Formel aus der Zelle über der aktiven Zelle, der Schlüssel `Strg`-`"` den Wert.

Optionen Arbeitsbereich

Wollen Sie eine Spalte mit Daten füllen, so legen Sie mit Hilfe des Befehls **Optionen Arbeitsbereich** fest, daß die Markierung der aktiven Zelle nach dem Drücken der `Eingabe`-Taste nach unten verschoben wird.

Zur Eingabe großer Datenmengen bietet sich die Verwendung einer Datenmaske an. Sie können hier entweder die Datenmaske verwenden, die Excel automatisch mit Hilfe des Befehls **Daten Maske** erstellt (s. Abschnitt 9.3), oder Sie erstellen sich eine eigene mit Hilfe eines Makros (s. Abschnitt 14.7).   Datenmasken

Wenn Sie eine bestimmte Formel innerhalb einer Tabelle häufiger verwenden, so können Sie dieser Formel entweder einen Namen zuweisen oder diese Formel in ein Funktionsmakro schreiben, damit Sie sie nicht immer wieder eingeben müssen.   Formeln vereinfachen

Das Erstellen eines Funktionsmakros haben Sie in Abschnitt 14.1 erlebt. Sie weisen einer Formel einen Namen zu, indem Sie den Befehl **Formel Namen festlegen** geben, einen Namen eintragen und in dem Feld «Zugeordnet zu» des Dialogfeldes keinen Zellbezug, sondern die Formel eintragen. Achten Sie darauf, daß Sie die Formel wie im Tabellenblatt mit einem Gleichheitszeichen beginnen, damit Excel sie als solche erkennt.

Wollen Sie bestimmte Formate in mehreren Tabellen verwenden, so können Sie sich Druckformate anlegen, wie wir es in Abschnitt 4.7.6 beschrieben haben. Sie können die Formate dann mit Hilfe des Namens des Druckformates vergeben.   Druckformate

Wenn Sie eine bestimmte Tabellenstruktur festhalten wollen, so können Sie diese in einer Mustervorlage speichern. Mustervorlagen erhalten bei Excel die Erweiterung «.XLT». Sie öffnen eine Mustervorlage wie jede andere Tabelle. Beachten Sie, daß Sie beim Speichern einer mit einer Mustervorlage erstellten Tabelle mit Hilfe des Befehls **Datei Speichern unter** einen Tabellennamen mit der Erweiterung «.XLS» festlegen müssen.   Mustervorlagen

Sie können Zellen bei Excel nicht nur mit Hilfe von Namen angeben, die für diese Zelle direkt vergeben wurden, sondern auch als Mengenoperation mit Hilfe der Schnitt- oder Vereinigungsmenge des Namens der Spalte und des Namens der Zeile. Achten Sie darauf, daß Sie zuerst den Namen der Spalte und dann den Namen der Zeile angeben müssen. Damit Excel diesen Bezugsoperator als Schnittmenge der Spalte und der Zeile erkennt, müssen Sie zwischen Spalten- und Zeilennamen ein Leerzeichen eingeben. Geben Sie einen Doppelpunkt ein, so bezeichnen Sie

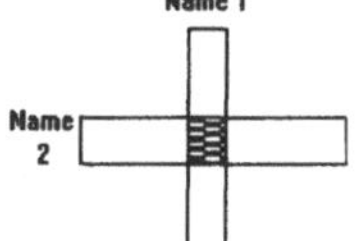

einen Tabellenbereich, mit einem Semikolon bezeichnen Sie die Vereinigungsmenge der angegebenen Zeilen und Spalten.

Suchen in großen Tabellen

Wenn Sie in größeren Tabellen Änderungen vornehmen wollen, oder bestimmte Inhalte suchen, so sollten Sie die Hilfe der Befehle **Formel Inhalte auswählen**, **Formel Suchen** und **Formel Ersetzen** nutzen. Mit dem Befehl Inhalte auswählen markieren Sie nur bestimmte Zellinhalte (Formeln, Fehlerwerte,...).

Die Befehle **Suchen** und **Ersetzen** suchen nach bestimmten Werten oder Texten und ersetzen diese ggf. durch einen neuen Text. Dies erspart Ihnen vor allem bei umfangreichen Tabellen viel Arbeit und auch Fehler.

Arbeitsgruppen

Arbeiten Sie mit mehreren Personen an einer Tabelle, so sollten Sie sich eine Arbeitsgruppe einrichten, damit Veränderungen, die eine der Personen an der Tabelle vornimmt, auch in den Tabellen der anderen berücksichtigt wird. Das Erstellen eines Arbeitsgruppe ist eine besondere Variante des Verknüpfens von Tabellen.

Sie legen eine Gruppe von Tabellen als Arbeitsgruppe fest, indem Sie den Befehl **Gruppe bearbeiten** aus dem Menü **Optionen** geben und die gewünschten Tabellennamen im Listenfeld markieren.

Ändern Sie nun Inhalte oder Formate in einer der Tabellen der Arbeitsgruppe, so werden die entsprechenden Änderungen in den anderen Tabellen nachvollzogen. Beachten Sie hierbei, daß Ihnen beim Bearbeiten einer Gruppendatei nicht alle Excel-Befehle zum Formatieren und Bearbeiten einer Tabelle zur Verfügung stehen.

Arrayformeln

Wollen Sie eine Formel für einen Tabellenbereich und nicht nur für eine einzelne Zelle eingeben, so sollten Sie eine Arrayformel verwenden. Arrayformeln geben Sie wie einfache Formeln ein, Sie schließen sie aber nicht einfach mit der `Eingabe`-Taste ab, sondern durch Betätigen von `Strg`-`Umschalt`-`Eingabe`-Taste.

Excel kennzeichnet eine Arrayformel dadurch, daß es sie in geschweifte Klammern einschließt. Die Klammern werden automatisch eingefügt, wenn Sie die Formel mit dem Tastenschlüssel `Strg`-`Umschalt`-`Eingabe`-Taste abgeschlossen haben. Geben

Sie diese Klammern nicht direkt mit der Tastatur ein, da Excel die Eingabe sonst als Text auffaßt. Arrayformeln sparen gegenüber der wiederholten Eingabe einer Formel Speicherplatz (vgl. Abschnitt 15.6).

Sie können auch Mehrfacheingaben tätigen, indem Sie die Eingabe mit der Tastenkombination `Strg`-`Eingabe`-Taste abschließen. Excel trägt dann die Formel in alle Zellen ein, versieht Sie jedoch nicht mit einer geschweiften Klammer. Dies hat den Vorteil, daß Sie die Formeln der einzelnen Zellen unabhängig voneinander bearbeiten können. Sie verbrauchen gegenüber einer "echten" Arrayformel jedoch mehr Speicherplatz.

15. 5 Konfektionieren von Anwendungen

Sie können Ihre Tabelle für andere Anwender konfektionieren, d.h., Sie können Eingaben vereinfachen und die Tabelle auch für fremde Personen lesbar gestalten. Die bedienerfreundlichste Möglichkeit des Konfektionierens ist das Erstellen von Makros, benutzerdefinierten Dialogfeldern und eigenen Menüs. Sie können sich auf diese Weise eine eigene Anwendung innerhalb von Excel schaffen. Einen Einblick in diese Verfahren haben Sie in Kapitel 14 bekommen.

Was ist Konfektionieren?

Sie können sich auch eigene Symbolleisten erstellen, die genau die Symbole enthalten, die die von Ihnen am meisten benötigten Befehle abdecken.

Microsoft 4.0

Außerdem können Sie, ebenso wie Sie Schaltflächen auf dem Tabellenblatt mit Makros belegen können, auch Symbole mit Makros belegen und so Befehlsfolgen einfach auf Tastendruck ausführen.

Um einen möglichst großen Bereich der Tabelle auf dem Bildschirm zu sehen, können Sie die Menüleiste, die Symbolleiste und die Statuszeile ausblenden. Dies bietet sich dann an, wenn nur Eingaben vorgenommen werden müssen, aber keine Befehle eingegeben werden sollen.

Den Arbeitsbereich vergrößern

Sie können Dateien mit Hilfe des Befehls **Datei Speichern unter** (Abschnitt 3.8) oder einzelne Zellen der Tabelle mit Hilfe des

Tabellen und Zellen schützen

Befehls **Format Zellschutz** schützen. Sie versehen die entsprechenden Teile dann mit einem Kennwort.

Zugriffs- und Schreibschutz

Dabei bietet Excel Ihnen die Möglichkeit, zwischen einem Zugriffsschutz und einem Schreibschutz zu unterscheiden. Bei einem Zugriffsschutz kann die Datei ohne Eingabe des richtigen Kennwortes nicht auf dem Bildschirm angezeigt werden, bei einem Schreibschutz können die Daten zwar gelesen aber nicht verändert werden.

Beim Erstellen von Makros können Sie Namen verbergen. Diese Namen erscheinen dann in keiner Namensliste und können nicht mit Hilfe des Befehls **Formel Gehezu** aufgerufen werden. Sie verwenden verborgene Namen zum Speichern von Werten und Formeln, die die Benutzer des Makros nicht sehen sollen.

Startdateien

Soll beim Start von Excel immer eine bestimmte Datei geladen werden, so schreiben Sie diese Datei in das Unterverzeichnis «XLSTART» Ihres Excel-Verzeichnisses. Excel hat dieses Unterverzeichnis «XLSTART» automatisch bei der Installation angelegt. Sie ersparen den Anwendern auf diese Weise das Laden der richtigen Datei oder Dateien.

15. 6 Speicheroptimierung

Rechnerleistung...

Jeder Rechner hat nur eine begrenzte Speicherkapazität und eine begrenzte Rechnerleistung. Bei großen Anwendungen sollten Sie sich angewöhnen, nicht unnötig Speicherplatz zu verschwenden. Excel bietet Ihnen einige Möglichkeiten zum Sparen von Speicher, die wir Ihnen im folgenden beschreiben wollen.

Tabellengestalt verändern

Schlanke lange Tabellen verbrauchen bei Excel weniger Speicherplatz als kurze breite Tabellen. Haben Sie eine breite Tabelle erstellt, die viel Speicher belegt, so können Sie mit Hilfe der Befehle **Bearbeiten Kopieren** und **Bearbeiten Inhalte einfügen** Tabellenbereiche an der Hauptdiagonalen spiegeln, wenn Sie im zweiten Befehl die Option «Transponieren» auswählen. Dabei werden Zeilen zu Spalten und Spalten zu Zeilen. Beachten Sie, daß Sie einen Tabellenbereich immer nur in einen leeren Bereich der Tabelle kopieren können.

Wir haben bei der Rationalisierung der Eingaben schon die Arrayformeln angesprochen. Arrayformeln haben neben der Vereinfachung der Eingabe auch den Vorteil, daß Sie Speicherplatz sparen, da die Formel nur in eine Zelle geschrieben werden muß.

Arrayformeln

Vermeiden Sie generell Leerzeilen oder Spalten, gestalten Sie Ihre Tabelle mit Hilfe der Spaltenbreite oder Zeilenhöhe. Dies nimmt weniger Speicherplatz ein als leere Zeilen oder Spalten.

Leere Tabellenbereiche

Werte nehmen weniger Speicherplatz ein als Formeln. Kopieren Sie daher feststehende Werte, anstatt Formeln mit Verweisen zu verwenden.

Werte und Formeln

Geben Sie in Formeln, wenn möglich, ganze Zeilen oder Spalten als Bezug ein, da diese weniger Speicherplatz belegen als Tabellenbereiche.

Wenn Sie Zahlen einen Text (Währung oder Einheit) zuordnen wollen, so legen Sie dafür ein Format fest und schreiben Sie den Text nicht in angrenzende Zellen. Formatieren Sie nicht unnötig viele Leerzellen, da auch dies Speicherplatz verschwendet.

Formate festlegen

Arbeiten Sie mit mehreren kleinen Tabellen und externen Bezügen anstatt mit einer riesigen Tabelle. Diese lassen sich dann nicht nur einfacher pflegen, sondern sparen auch Speicherplatz.

Kleine Tabellen verwenden

Beim Importieren von Lotus Dateien der zeichenorientierten Version mit Bindestrichen oder Gleichheitszeichen als Rahmen löschen Sie diese, und geben Sie stattdessen mit dem Befehl **Format Rahmen** einen Rahmen ein.

Lotus Import

Manche dieser Empfehlungen haben wir aus Gründen der Übersichtlichkeit in den Beispieltabellen zu diesem Buch nicht befolgt.

Abschnittsübersicht

Präsentation mit Excel

16 Präsentation mit Excel

16. 1 Vorbemerkungen

Ein Anwendungsbereich moderner grafikorientierter Anwendungsprogramme ist die ansprechende Präsentation der Ergebnisse. Dies beinhaltet sowohl die vielfältigen Gestaltungen von Tabellen und Texten, die Auswertung und Darstellung von Daten in übersichtlichen Diagrammen als auch das Erstellen einer Präsentation oder Show.

Bisher mußten Sie auf andere Anwendungen zurückgreifen, um Excel-Tabellen und -Diagramme in eine Show einzubinden. Mit der neuen Excel Version 4.0 steht Ihnen auch eine sogenannte Diavorlage zur Verfügung, mit deren Hilfe Sie einfache Shows aus Excel-Tabellen und -Diagrammen erstellen können.

Sie sollten hierbei aber immer die folgenden zwei Argumentationen gegeneinander abwägen:

- Das Erstellen einer Show mit Excel ist sehr einfach und weist keine Probleme beim Datenaustausch auf.

- Auf der anderen Seite sind die Gestaltungsmöglichkeiten einer integrierten Anwendung wie Excel gegenüber einem reinen Präsentationsprogramm wie Object-Script, Fx Show Partner oder Havard Graphics geringer.

Sie sollten hier also immer die Einfachheit der Gestaltung und die Anforderungen an die Perfektion der Show gegeneinander abwägen.

16. 2 Erstellen einer Show mit Excel

Sie erstellen eine SHOW mit Excel in einer neuen Vorlage. Sie wählen dazu in dem Dialogfeld des Befehls **Datei neu** die Option **Dias** aus. In diese Vorlage kopieren sie nun über die Windows-Zwischenablage Tabellen, Tabellenbereiche, Diagramme oder

Die Diashow Vorlage

mit Excel oder anderen Grafikprogrammen erstellte Freihandgrafiken.

Diese Bilder fügen Sie zu einer Show zusammen und können in von Ihnen eingegebenen Zeitabständen mit frei wählbaren Übergängen angezeigt werden.

Wir wollen Ihnen hier einen Einblick vermitteln, indem wir eine Show mit verschiedenen Tabellen zur Umsatzauswertung der Reisebürofilialen erstellen.

Das Beispiel   Diese Show soll aus den folgenden Elementen bestehen:

* Einleitungsbildschirm: Was wird im folgenden dargestellt?

* Umsatzauswertung des gesamten Reisebüros als Tabelle

* Umsatzauswertung der ersten Filiale als Tabelle und Diagramm

* Abschluß

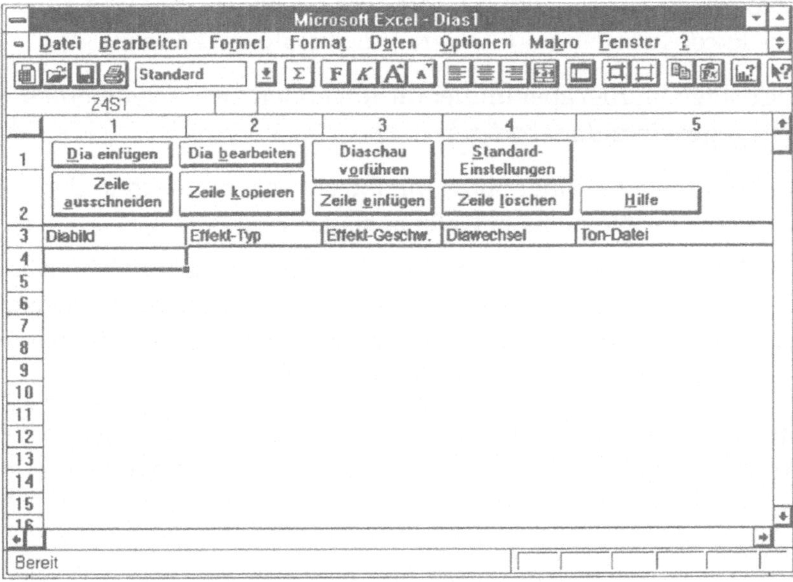

Bild 16.1 Arbeitsblatt zum Erstellen einer Show

Um dies zu verwirklichen, können sie zum Teil auf die schon formatierten Tabellen und Diagramme zurückgreifen. Sie müssen aber auch einige Bilder neu erstellen.

Öffnen Sie nun als erstes ein Arbeitsblatt zum Erstellen einer Diashow, indem Sie den Befehl **neu** aus dem Menü **Datei** geben und im erscheinenden Dialogfeld die Option «Dias» auswählen. Sie sehen nun einen Bildschirm wie in Bild 16.1.

Ein Diashow-Tabellenarbeitsblatt enthält am oberen Rand Schaltflächen mit den folgenden Befehlen:

Die Diashow-Vorlage

Dia einfügen:	Mit dieser Schaltfläche können Sie den Inhalt der Windows Zwischenablage als Dia in die Show einfügen.
Dia bearbeiten:	Sie können nun in einem Dialogfeld die Einstellungen, die für das aktuelle Dia vorgenommen wurden, bearbeiten.
Diashow vorführen:	Startet die Diashow in der von ihnen festgelegten Form
Standardeinstellungen:	Hier können Sie die Übergänge von einem zum nächsten Dia einstellen (Überblenden, nach oben, unten, ... rausschieben, ...), bestimmen, ob automatisch oder manuell zum jeweils nächsten Dia gewechselt werden soll und ob Tonnotizen (s.u.) eingefügt werden sollen.

Darunter befinden sich Schaltflächen zum Bearbeiten der Diavorlage, also zum Löschen, Einfügen, Ausschneiden und Kopieren von Zeilen.

Die Diashow-Vorlage enthält die folgenden Spalten:

Diabild:	hier wird das jeweilige Dia angezeigt.
Effekt-Typ:	hier sehen Sie den Effekt-Typ, mit dem von diesem zum nächsten Dia gewechselt werden soll.
Effekt-Geschw.:	zeigt die Geschwindigkeit des Wechsels als Dezimalzahl zwischen 0 und 10 an.

Diawechsel:	zeigt an, ob der Diawechsel automatisch oder manuell erfolgen soll; bei einem automatischen Wechsel erscheint eine Zahl zur Angabe der Geschwindigkeit der Bildabfolge
Tonnotiz:	zeigt an, ob und welche Tonnotiz zum jeweiligen Dia eingespielt werden soll

Um Tonnotizen in Diashows einzufügen, müssen Sie Ihren Rechner dafür mit einer Sound-Karte ausgerüstet und die entsprechenden Installationen im Windows-Klangrekorder vorgenommen haben.

Erstellen Sie nun ein Anfangsbild. Dazu öffnen Sie eine neue Tabelle und gestalten wie in Bild 16.2 in einem Textfeld ein Anfangsbild. Wir haben dazu die Symbolleiste Zeichnen angezeigt, damit wir leicht Textfelder einfügen und bearbeiten können.

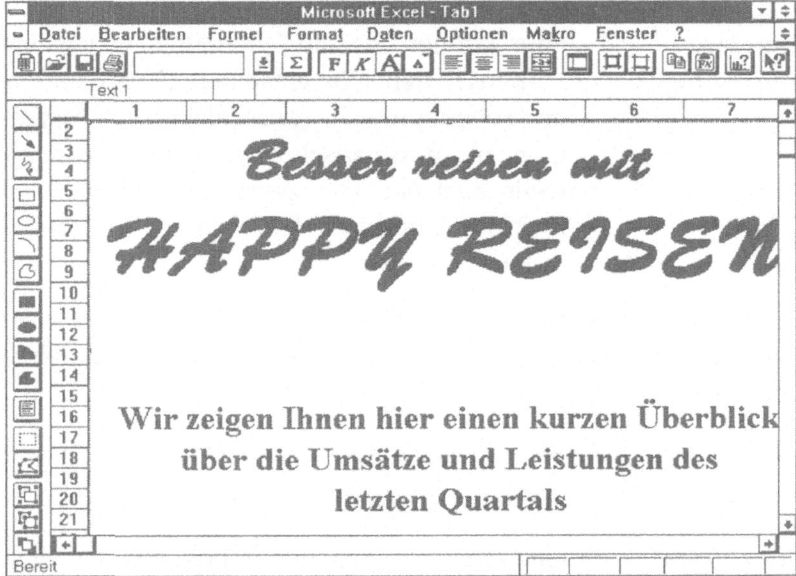

Bild 16.2 Anfangsbild der Show

Sie können dieses Bild nun in die Diashow einfügen. Dabei müssen Sie beachten, daß nur Tabellen- oder Diagrammbereiche in eine Diashow eingefügt werden können, keine Objekte. Sie müssen nun also das Objekt, hier das Textfeld, in die Zwischenablage kopieren, indem Sie den Tabellenbereich unter dem Objekt markieren und ausschneiden.

Verbergen Sie die Gitternetzlinien, damit diese hier nicht stören. Schneiden Sie nun den Tabellenbereich unter dem Textfeld mit dem Befehl **Ausschneiden** aus dem Menü **Bearbeiten** aus und wechseln Sie in das Fenster der Diashow.

Wählen Sie hier die Schaltfläche **Dia einfügen**. Excel wird das gewünschte Dia einfügen und sofort das Dialogfeld zum Verändern der Standardeinstellungen aufrufen (Bild 16.3).

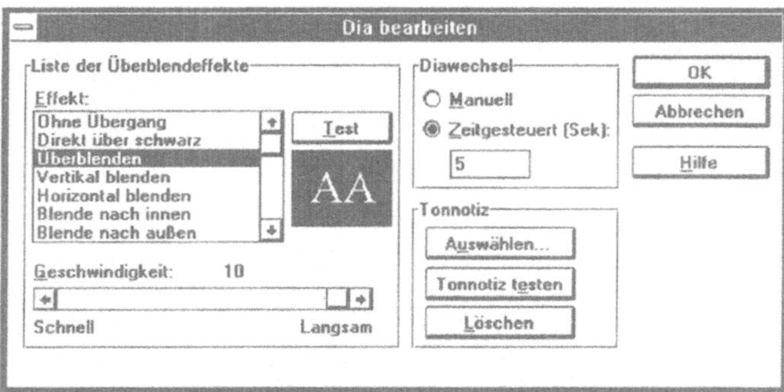

Bild 16.3 Verändern der Standardeinstellungen

Geben Sie als Effekt **Überblenden** ein und als Wechselgeschwindigkeit der Bilder 5 Sekunden (Bild 16.3). Schließen Sie das Dialogfeld und beobachten Sie, wie Excel die Einstellungen in die Tabelle einträgt. Sie können die Einstellungen auch direkt in der Tabelle ändern, wenn Sie die einzelnen Begriffe und Zeiteinteilungen kennen.

Von Dia zu Dia überblenden

Vergleichen Sie, wenn Sie die gleichen Eingaben vorgenommen haben, Ihr Dia-Fenster mit Bild 16.4.

Als nächstes soll nun die Tabelle zur Umsatzauswertung des gesamten Reisebüros angezeigt werden. Dazu öffnen Sie die Tabellendatei UMSQUA1.XLS. Markieren sie hier den Tabellenbereich Z1S1:Z10S8 und geben Sie den Befehl **Kopieren** aus dem Menü **Bearbeiten**. Sie sehen nun einen Bildschirm wie in Bild 16.5.

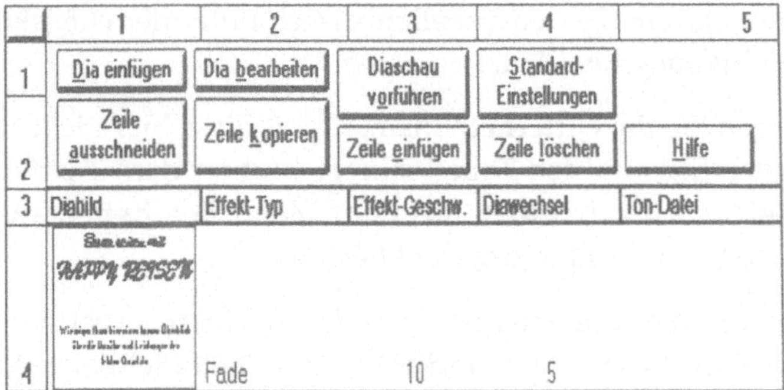

Bild 16.4 Erstes eingefügtes Dia

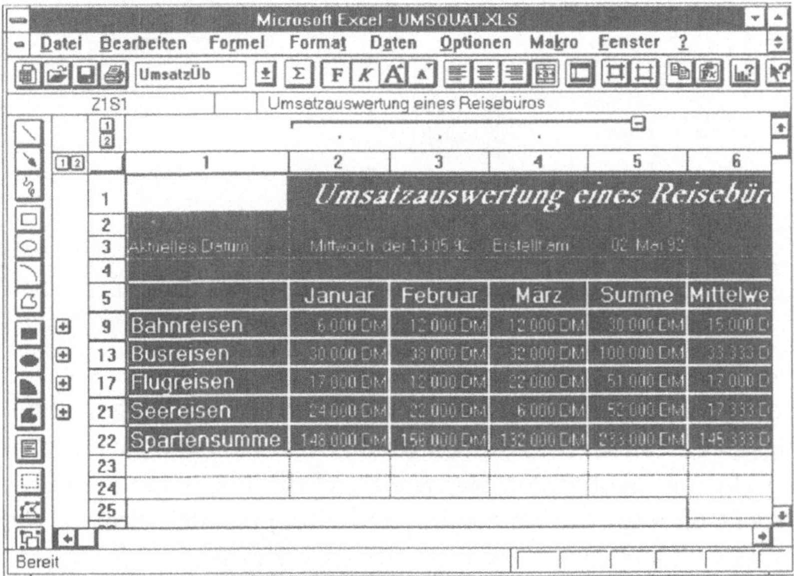

Bild 16.5 Kopieren einer Tabelle

Schalten Sie zum Diashow Fenster um und fügen Sie das neue Dia ein. Wählen Sie die gleichen Standardeinstellungen wie vorher, und vergleichen Sie nach dem Abschluß des Befehls Ihren Bildschirm mit Bild 16.6.

Wir wollen das Diagramm und die Tabelle der Umsatzauswertung der ersten Filiale zusammen mit Erläuterungen als drittes und viertes Dia einfügen.

Öffnen Sie hierzu die Tabelle UMSATZ1.XLS und verändern Sie
sie wie in Bild 16.7.

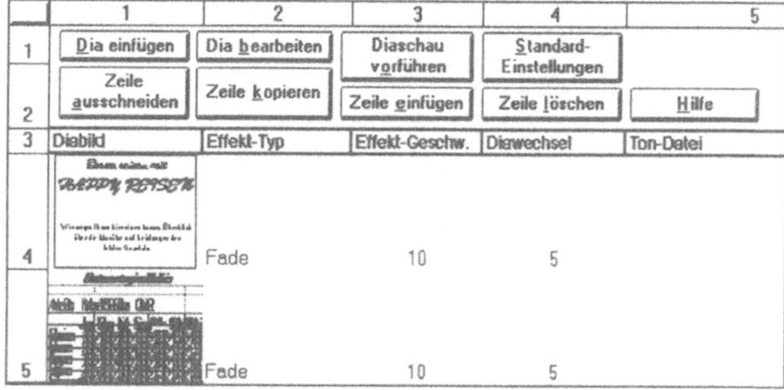

Bild 16.6 Tabelle als zweites Dia eingefügt

Fügen Sie das Diagramm ein, indem Sie den Tabellenbereich
unterhalb dieses Objektes markieren und vergleichen Sie Ihr
Diashow-Fenster anschließend mit Bild 16.8.

Diagramm
einfügen

Bild 16.7 Veränderte Umsatztabelle

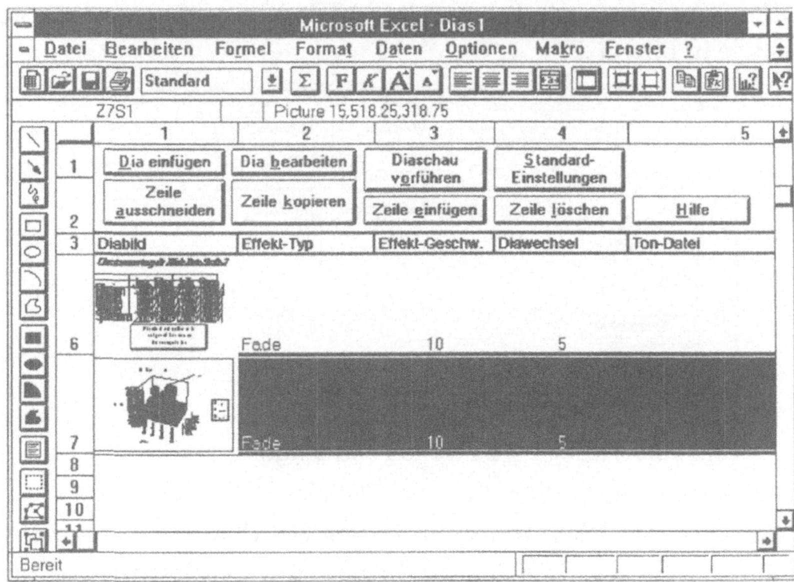

Bild 16.8 Diashow nach dem Einfügen neuer Dias

Fertigstellen des Bildes

Sie könnten wie in Bild 16.9 ein Abschlußbild entwerfen. Wir haben dazu einfach einige Texte mit dem Befehl **Ausrichtung** aus dem Menü **Format** senkrecht auf dem Bildschirm ausgerichtet und in die Mitte den Namen des Reisebüros geschrieben.

Sie sehen nach dem Einfügen einen Bildschirm wie in Bild 16.10. Anschließend können Sie die Show mit Hilfe der Schaltfläche **Diashow vorführen** starten.

Ablauf der Show

Nachdem Sie den Befehl zum Starten der Show gegeben haben, werden Sie wie in Bild 16.11 gefragt, ob die Show solange wiederholt werden soll, bis Sie die Esc-Taste drücken, und mit welchem Bild die Show beginnen soll.

Brechen Sie die Show mit der Esc-Taste ab, so werden Sie wie in Bild 16.12 gefragt, ob Sie die Show abbrechen oder zu einem bestimmten Dia gehen wollen.

Bild 16.9 Abschlußbild der ersten Show

	1	2	3	4	5
1	Dia einfügen	Dia bearbeiten	Diaschau vorführen	Standard-Einstellungen	
2	Zeile ausschneiden	Zeile kopieren	Zeile einfügen	Zeile löschen	Hilfe
3	Diabild	Effekt-Typ	Effekt-Geschw.	Diawechsel	Ton-Datei
7		Fade	10	5	
8		Fade	10	5	

Bild 16.10 Die letzten beiden Zeilen der fertigen Show

Diaschau vorführen

X Diaschau wiederholen bis 'ESC' gedrückt wird.   OK

Beginnen mit Dia Nr.: 1   Abbrechen

1   5   Hilfe

Bild 16.11 Dialogfeld zum Starten einer Show

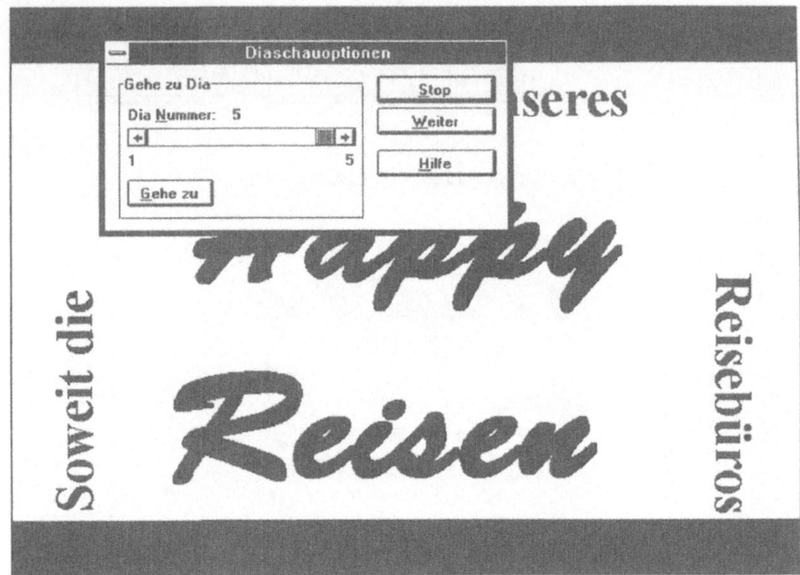

Bild 16.12 Nachfrage beim Abbruch einer Show

16. 3 Erstellen einer Show mit Object-Script und Excel

16. 3. 1 Überblick

Zur Programmierung von Windows-Anwendungen durch die Anwender selbst, sind zahlreiche grafikorientierte Oberflächen entstanden. Diese verfügen oft über Schnittstellen zu Datenbanken und Tabellenkalkulationsprogrammen wie Excel.

Was ist
Object Script

Object Script von Matesys ist ein Windows-Programmierumgebung, mit der Sie auf einfache Weise mit Hilfe des DDE (Dynamischer Datenaustausch) z. B. Excel Tabellen oder Grafiken mit anderen Grafikelementen wie Landkarten, Skizzen und Bildern verbinden können.

Sie können so eine kleine Show aufbauen, in deren Verlauf Sie auf Tabellen und Grafiken von Excel und auf Dateien anderer Windows-Anwendungen zurückgreifen.

Unser Beispiel soll so aussehen:

Wir richten ein Fenster ein, auf dem eine Europakarte und eine kleine Tabelle zu sehen sind. Wenn Sie in den Namen eines Landes der Karte klicken, so sollen in die Tabelle neben der Karte die entsprechenden Umsatzdaten des angeklickten Landes geladen und angezeigt werden. Die Daten erhält Object Script aus der Excel-Tabelle, mit der Sie Ihr Show-Fenster verbunden haben.

Das Beispiel

Für dieses Beispiel sind die folgenden Schritte notwendig:

Die notwendigen Arbeiten

- Erstellen einer Excel-Tabelle, die die Umsätze des Reisebüros geordnet nach Monaten und Reiseländern darstellt (Abschnitt 16.4.1),
- Einrichten des Show-Fensters in Object Script, das die Landkarte und eine Tabelle zur Aufnahme der Daten enthält (Abschnitt 16.4.2) und
- Verknüpfen der Excel Tabelle mit dem Show-Fenster über DDE (Abschnitt 16.4.3).

Danach können Sie die Show verwenden (Abschnitt 16.4.4).

16. 3. 2 Erstellen der Excel Tabelle

Erstellen Sie eine einfache Excel Tabelle, die die Umsätze des Reisebüros aufgegliedert nach Ländern und Monaten darstellt. Geben Sie anschließend Testdaten ein wie in Bild 16.13. Legen Sie für den Tabellenbereich Z4S2:Z7S4 den Formatcode «#.##0 DM» fest. Speichern Sie die Tabelle anschließend im Excel 3.0 Dateiformat. Vergeben Sie die folgenden Namen:

Die Excel Tabelle erstellen

Bereich	Name
Z4S1:Z4S4	BRD
Z5S1:Z5S4	Frankreich
Z6S1:Z6S4	Spanien
Z7S1:Z7S4	Italien

Tabelle 16.1 Namen der Beispieltabelle

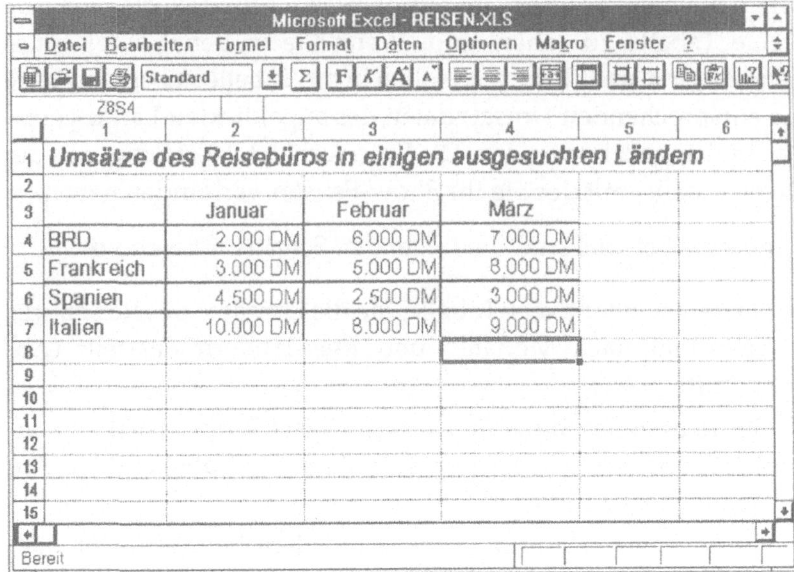

Bild 16.13 EXCEL Tabelle mit Umsätzen

16. 3. 3 Vorbereiten des Show-Fensters

Das Show-Fenster einrichten

Sie richten das Show-Fenster mit Hilfe des Editors von Object Script ein. Die Karte von Mitteleuropa lesen Sie aus dem Album der Minialbum-Grafikdateien in das Show-Fenster ein.

Starten Sie entweder mit Hilfe des Programm- oder des Datei-Managers das Minialbum von Object Script, um dort die richtige Grafikdatei auszuwählen. Nach dem Start des Minialbums sehen Sie einen Bildschirm wie in Bild 16.14.

Um die Grafikdatei (hier die Europakarte) vom Minialbum in den Editor von Object Script einzufügen, müssen Sie die Datei zuerst in die Zwischenablage kopieren und anschließend von dort aus in Ihr Show-Fenster einfügen. Wählen Sie die Grafikdatei Nummer 8 aus und kopieren Sie sie in die Zwischenablage.

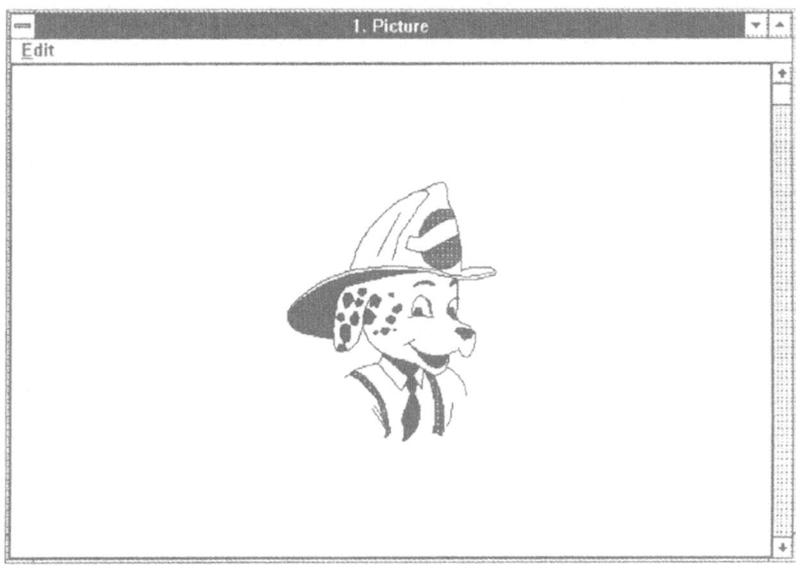

Bild 16.14 Object Script: Minialbum

Dazu sind die folgenden Schritte notwendig:

Vorgehensweise:

1. Wählen Sie im MINIALBUM die gewünschte Datei aus (hier
   8. Picture).

2. Geben Sie den MINIALBUM Befehl **Cut** aus dem Menü **Edit**.

Starten Sie nun den Editor von Object Script, um die Grafikdatei Object Script
aus der Zwischenablage hier einzufügen. Sie sehen dann einen starten
Bildschirm wie in Bild 16.15. Auf diesem "Arbeitsblatt" entwerfen
Sie die Fenster Ihrer Show.

Wir wollen jetzt die Europakarte auf diesen Bildschirm kopieren. Die Karte ein-
Beachten Sie, daß Sie im Object Script Editor zuerst einige Einstel- fügen
lungen vornehmen müssen, bevor Sie die Grafikdatei einfügen
können.

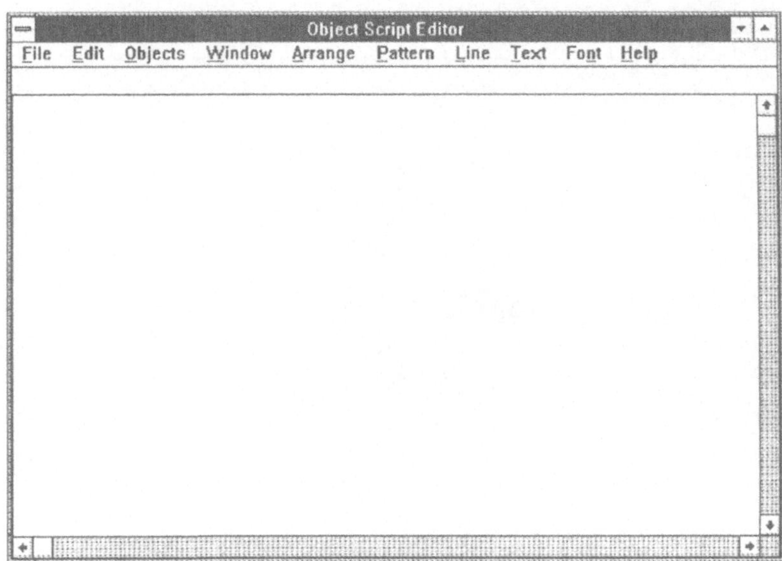

Bild 16.15 Object Script Editor nach dem Start

Im einzelnen sind die folgenden Schritte notwendig:

Vorgehensweise:

1. Geben Sie den Object Script Befehl **Picture/Text Box** aus dem Menü **Objects**.

2. Legen Sie mit dem veränderten Mauszeiger durch Auf- oder Zuziehen eines rechteckigen Bereiches fest, wo das Bild plaziert werden soll (es kann aber auch später noch verschoben werden).

5. Geben Sie jetzt den Object Script-Befehl **Select** aus dem Menü **Objects**.

6. Klicken Sie die Picture/Text Box, die Sie soeben erstellt haben, an und geben Sie den Object Script-Befehl **Paste** aus dem Menü **Edit**, um die Grafikdatei in die Box einzufügen.

Die Landkarte auf dem Bildschirm

Beobachten Sie, wie Ihre Landkarte auf dem Bildschirm eingefügt wird (Bild 16.16). Nun wollen wir einigen Ländern der Karte mit Hilfe von Textboxen Namen zuordnen, da wir später über diese Namen auf die Excel Tabellendaten zurückgreifen wollen.

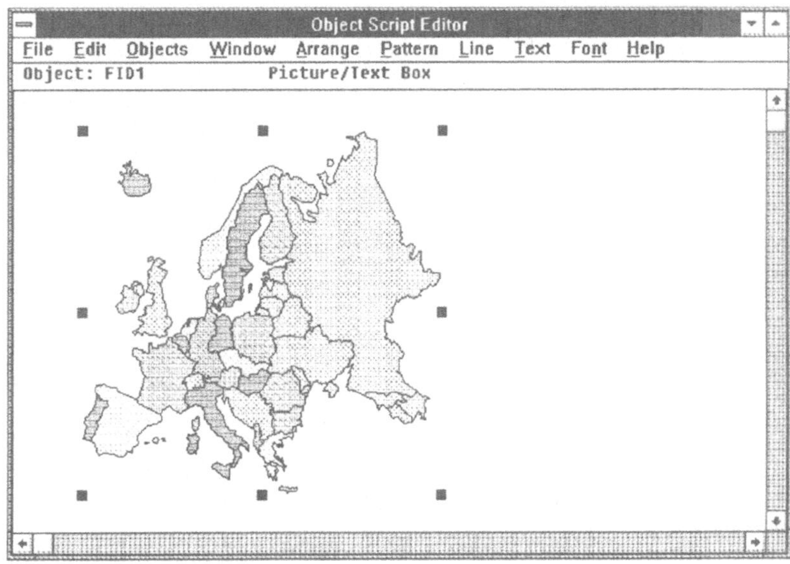

Bild 16.16 Object Script Editor: Landkarte

Sie fügen Namen in die Karte ein, indem Sie an der gewünschten Namen
Stelle jeweils eine Picture/Text Box aufziehen und anschließend einfügen
den erforderlichen Text in das Object-ID-Dialogfeld zu dieser Box
eintragen:

Vorgehensweise:

1. Geben Sie den Object Script-Befehl **Picture/Text Box** aus dem
   Menü **Objects**.

2. Ziehen Sie nun mit der Maus über der BRD eine Textbox auf,
   die groß genug ist, um den Text «BRD» aufzunehmen.

3. Haben Sie die Maustaste losgelassen, so sehen Sie einen mar- Bereich markierten Bereich an dieser Stelle. Klicken Sie nun doppelt in kieren
   diesen Bereich, um das Object ID Dialogfeld zu dieser Textbox
   aufzurufen (Bild 16.17).

4. Geben Sie hier in das Feld **Initial Text** ("Anfangstext") die
   Bezeichnung des Landes ein (hier «BRD»).

5. Schließen Sie den Befehl ab.

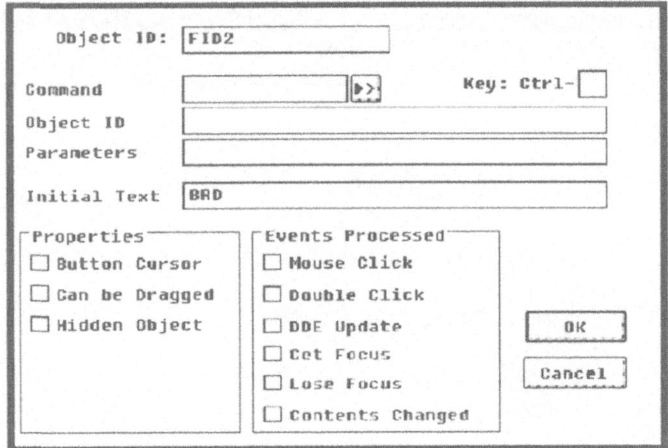

Bild 16.17 Object Script: Dialogfeld zu einer Textbox

Vergeben Sie auf die gleiche Weise die "Anfangstexte" für die Länder Frankreich, Spanien und Italien. Sie sehen nun einen Bildschirm wie in Bild 16.18.

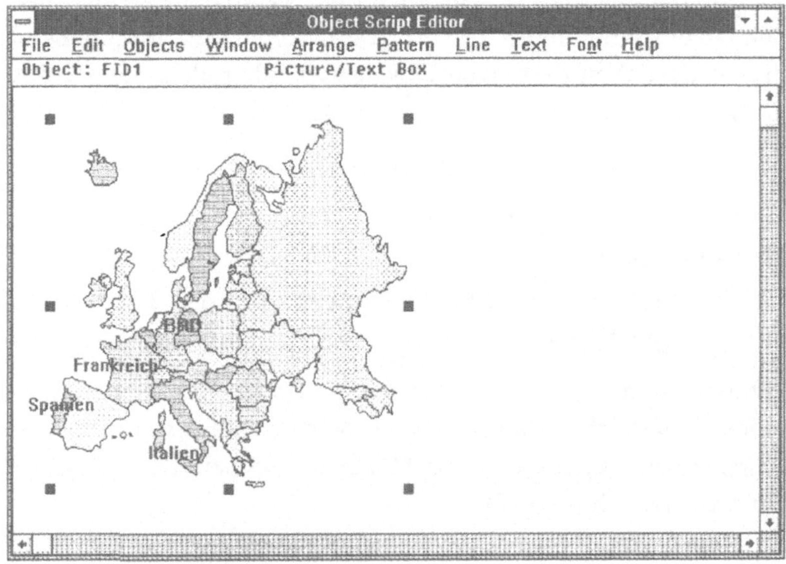

Bild 16.18 Object Script: Karte mit Ländernamen

Tabelle
einfügen

Nun wollen wir die Tabelle in das Fenster einfügen. Dazu verwenden Sie den Object Script-Befehl **Table** aus dem Menü **Ob-**

jects. Achten Sie beim Aufziehen der Tabelle darauf, daß Sie vier Spalten vollständig in dieser Tabelle sehen können. Sonst müssen Sie während der Show in der Tabelle blättern, um alle Daten sehen zu können.

Vorgehensweise:

1. Geben Sie den Object Script Befehl **Table** aus dem Menü **Objects**..

2. Ziehen Sie mit dem veränderten Mauszeiger einen rechteckigen Bereich auf, der anschließend die Tabelle aufnehmen soll.

Wenn Sie die Maustaste losgelassen haben, wird Object Script wie in Bild 16.19 eine Tabelle an der entsprechenden Stelle einfügen.

Sie haben nun das Grundgerüst Ihres Show Fensters erstellt. Im folgenden Abschnitt können Sie lesen, wie Sie die einzelnen Elemente des Fensters mit Leben füllen. Das Grundgerüst ist fertig

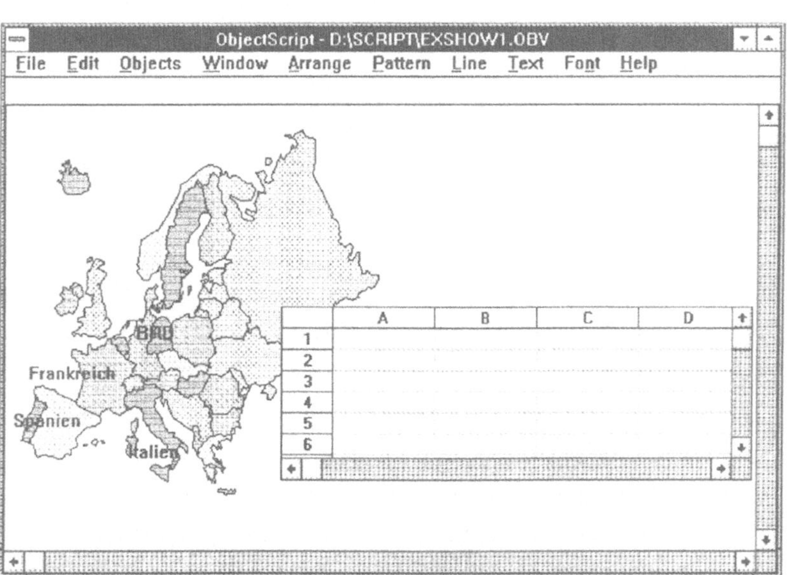

Bild 16.19 Object Script Editor: Eingefügte Tabelle

16. 3. 4 Verknüpfen mit der Excel-Tabelle

Die Verknüp-
fungen
einfügen

Ziel unserer Show sollte es sein, daß durch Klicken in einen Ländernamen der Karte in die leere Tabelle die Daten der Excel Tabelle eingetragen werden, die zu dem jeweiligen Land gehören. Dazu müssen wir nun die beiden Dateien, Object Script-Show-Fenster und Excel-Tabelle, miteinander über DDE (Dynamischer Datenaustausch) verknüpfen.

Sie legen diese Verknüpfungen in dem Objekt Script-Object-ID-Dialogfeld fest, das Sie schon zum Eintragen des Textes in die Textbox verwendet haben. Die Verknüpfung erfolgt wie folgt:

Objekte und
Tabellen
verbinden

Sie verbinden den Text eines Landes mit dem entsprechenden Bereich der Excel-Tabelle mit Hilfe des Object Script-Befehls **EX-CELREQUEST** ("Anfordern von Excel-Daten"). Sie ordnen der Tabelle als **Object-ID** den Namen «Tabelle» zu, damit Sie die Textboxen mit dem Objekt «Tabellež» verbinden und somit von dort aus auf die Tabelle zurückgreifen können.

So verfahren Sie im einzelnen:

Vorgehensweise:

1. Klicken Sie den ersten Text der Karte doppelt an (z.B. «BRD»). Sie sehen nun wieder ein Object-ID-Dialogfeld wie in Bild 16.17.

EXCEL-
REQUEST

2. Wählen Sie nun aus der Liste **Command** den Befehl **EXCEL-REQUEST** aus, um die Verknüpfung zu einer Excel Tabelle anzukündigen.

3. Tragen Sie in das Feld **Object ID** den Namen «Tabelle» ein.

4. In das Feld Parameter tragen Sie den Namen der Excel-Tabelle mit vollständigem Pfad und die Bezeichnung des Tabellenbereiches, den Sie verknüpfen wollen, ein. Der Dateiname und die Bereichsangabe werden in Object Script wie bei Formeln mit externem Bezug unter Excel durch ein Ausrufungszeichen voneinander getrennt.

5. Wählen Sie nun noch die Kontrollkästchen **Button Cursor** ("Schaltfläche") und **Mouse Click** aus, damit Sie durch Klicken in den Ländernamen die Verknüpfung zu Excel herstellen können. Vergleichen Sie anschließend Ihr Dialogfeld mit Bild 16.20.

6. Schließen Sie den Befehl ab.

Bild 16.20 Object Script: Dialogfeld zur Textbox BRD

Verfahren Sie auf die gleiche Weise mit den anderen Staaten. Sie müssen nur immer an die richtige Bezeichnung des Tabellenbereiches denken, mit dem Sie den Text verknüpfen wollen.

Geben Sie nun der Tabelle noch den Namen «Tabelle» und legen zur besseren Dokumentation die richtigen Spaltenüberschriften fest. *Die Tabelle benennen*

Dazu rufen Sie durch Doppelklick in die Object Script-Tabelle das Table-ID-Dialogfeld auf und geben hier die erforderlichen Namen und Überschriften ein.

Vorgehensweise:

1. Klicken Sie doppelt in die Object Script-Tabelle.

2. Tragen Sie als **Table ID** «Tabelle» ein.

3. Geben Sie als **Column Titles** die Spaltenüberschriften der Excel Tabelle ein (also ein leeres Feld, Januar, Februar, März). Vergleichen Sie Ihr Dialogfeld mit Bild 16.21.

4. Schließen Sie den Befehl ab.

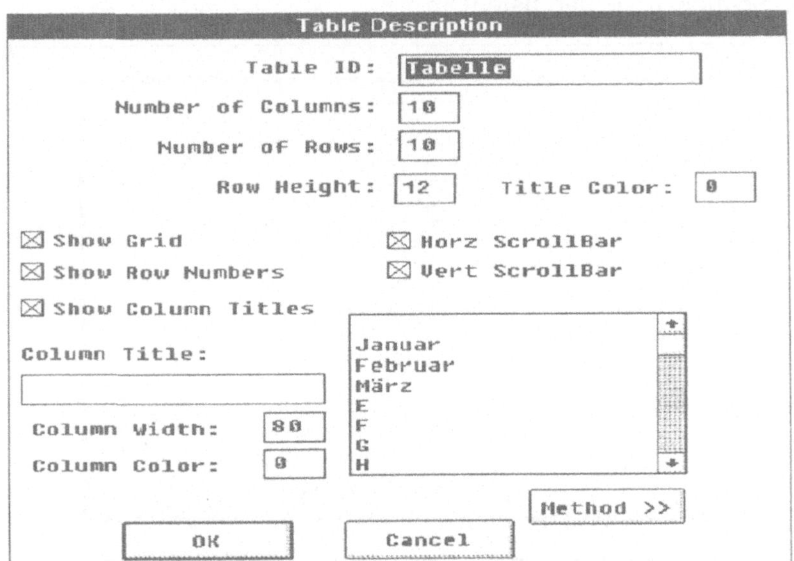

Bild 16.21 Object Script: Dialogfeld der Tabelle

Nun ist Ihr Show-Fenster fertig. Speichern Sie sie im Object Editor unter dem Namen EXSHOW1. Im folgenden Abschnitt erfahren Sie, wie Sie die Show starten und testen können.

16. 3. 5 Testen der Show

Die Show starten

Nun wollen wir die Show starten. Dazu müssen Sie im Object Script Editor in den Test Mode umschalten. In diesem Mode lassen Sie Shows vom Editor aus laufen und können sie so testen.

Window Test Mode

Laden Sie die Datei EXSHOW1 und geben Sie den Object Script-Befehl **Test Mode** aus dem Menü **Window**. Object Script schaltet auf eine Vollbilddarstellung um. Sie können ausprobieren, ob Sie auch wirklich durch Klicken in einen Namen der Karte die entsprechenden Informationen erhalten. Klicken Sie dazu in den Namen BRD und vergleichen Sie Ihren Bildschirm mit Bild 16.22.

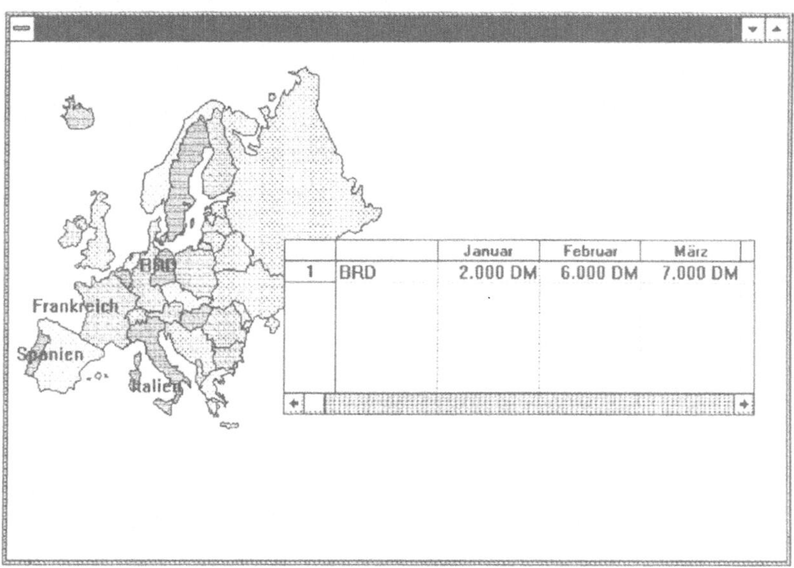

Bild 16.22 Object Script: Fertige Show mit den Daten der BRD

Abschnittsübersicht

Anhang

I Anhang

I. 1 Installation

Excel wird mit einem Installationsprogramm «SETUP.EXE» aus- Excel einrich-
geliefert, das Ihnen die Installation auf der Festplatte erleichtert. ten
Dieses Installationsprogramm finden Sie auf der Installationsdiskette (Diskette 1).

Zum Starten des Installationsprogrammes verwenden Sie entweder den Datei- oder den Programm-Manager. Starten Sie in beiden Fällen zuerst Windows und legen Sie die Installationsdiskette
in ein Laufwerk ein. Öffnen Sie hier den Dateimanager, wählen
Sie das Laufwerk aus, in das Sie die Diskette eingeschoben haben
und starten Sie das Programm «SETUP.EXE». Dazu klicken Sie
entweder mit der Maus doppelt in den Programmnamen in der
Liste, oder Sie wählen diesen Namen mit den Richtungstasten aus
und betätigen die Eingabe -Taste (Bild I.1).

Sie können das Installationsprogramm auch direkt vom Programm-Manager aus starten, indem Sie hier den Befehl **Ausführen** wählen.

Sie befinden sich nun im Installationsprogramm von Excel, mit
dem Sie menügesteuert Excel installieren können. Sie legen mit
der Installation fest,

- in welchem Verzeichnis und mit welcher Lizensierung Sie
  Excel installieren wollen,

- ob Sie Excel vollständig mit allen Zusatzprogrammen installieren wollen und

- ob Sie die spezielle Hilfe für Lotus 1-2-3-Benutzer installieren
  wollen.

Beachten Sie, daß Sie zur vollständigen Installation von Excel mindestens 11   
MB Speicherplatz auf Ihrer Festplatte frei haben müssen. Excel zeigt Ihnen den
Speicherplatz auf Ihrer Platte daher vor der Installation an. Haben Sie diesen
Platz nicht mehr zur Verfügung, so müssen Sie auf Ihrer Festplatte Platz

schaffen oder auf einige der zusätzlichen Anwendungsprogramme von Excel verzichten. Die Minimalinstallation von Excel 4.0 benötigt noch 5 MB.

Wir werden Ihnen im folgenden kurz den Verlauf einer Installation von Excel 4.0 mit allen Zusatzprogrammen und -hilfen zeigen. Das Installationsprogramm von Excel ist sehr einfach zu verstehen. Sie brauchen für dieses Installationsprogramm nicht unbedingt eine Maus, sondern können es auch mit der Tastatur steuern.

Im Installationsprogramm müssen Sie nur Informationen eingeben und diese dann abschließen, indem Sie

* mit der Maus in die Schaltfläche «Ok» klicken oder

* die [Eingabe]-Taste bestätigen.

Starten des Installationsprogramms Starten Sie das Programm am besten vom Dateimanager aus (siehe auch 2.3.2). Nun sehen Sie ein erstes Eingabefenster, in das Sie Ihren Namen und eventuell Ihren Firmennamen eintragen können. Dieser Name erscheint dann immer beim Start von Excel, um anzuzeigen, daß dieses Software-Produkt auf Ihren Namen lizensiert ist.

Bild I.1 Starten der Installation vom Dateimanager aus

Im nächsten Fenster werden Sie aufgefordert, das Verzeichnis einzugeben, in das Excel installiert werden soll (Bild I.2). Geben Sie hier den vollständigen Pfad ein.

Excel läßt als Hauptverzeichnis für das Programm nur ein Unterverzeichnis eines bestehenden Verzeichnisses zu, also keine "UnterUnterverzeichnisse". 

Excel überprüft nun den freien Speicherplatz auf Ihrer Platte und zeigt Ihnen diesen im folgenden immer dann an, wenn Sie auswählen müssen, ob Sie bestimmte Optionen installieren wollen oder nicht.

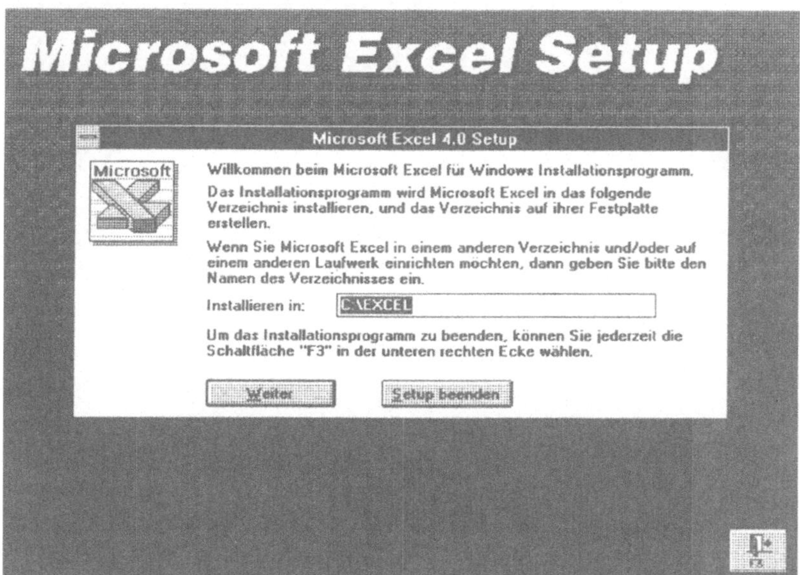

Bild I.2 Auswahl des Verzeichnisses

Sie legen nun fest, mit welchen Zusatzprogrammen Sie Excel installieren wollen (Bild I.3). Dazu können Sie zwischen den Optionen

Die Zusatzprogramme

- Vollständige Installation,
- Benutzerdefinierte Installation und
- Minimalinstallation

wählen. Bei der vollständigen Installation werden alle Zusatzprogramme sowie alle Treiber und Anwendungen installiert. Wenn Sie genügend Platz auf Ihrer Festplatte haben, sollten Sie diese

Option wählen, da wir im Buch auf die Zusatzprogramme zu sprechen kommen.

Haben Sie nicht genug Platz auf der Platte, so können Sie entweder die Minimalinstallation wählen oder aber, wenn Sie noch deutlich mehr als 5 MB zur Verfügung haben, mit Hilfe der benutzerdefinierten Installation einige wichtige Zusatzprogramme auswählen und auf der anderen Seite auf einige der Treiber von Q+E verzichten.

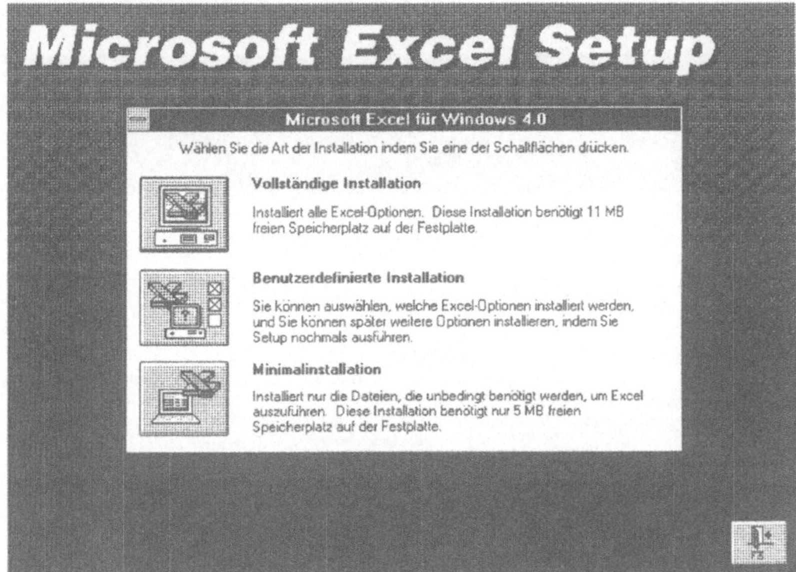

Bild I.3 Installationsoptionen

Da bei den Installationsoptionen «Vollständige Installation» und «Minimalinstallation» keiner weiteren Auswahlen erforderlich sind, zeigen wir Ihnen hier die benutzerdefinierte Installation. Sie können hier wie in Bild I.4 auswählen, welche der Zusatzprogramme Sie installieren wollen. Im folgenden geben wir Ihnen einige Erläuterungen zu den verschiedenen Zusatzprogrammen von Excel:

- Das Excel-Lernprogramm verschafft Ihnen einen schnellen Überblick über die neuen Möglichkeiten von Excel.

- Der Dialog-Editor dient zum Entwerfen eigener Dialogfelder, die Sie anschließend in ein Makro einfügen können (siehe Abschnitt 14.6).

- Mit Hilfe des Makro-Übersetzers können Sie mit Lotus 1-2-3 erstellte Makros in Excel Makro übersetzen und anschließend mit Excel verwenden.

- In den Bibliotheksdateien finden Sie Beispieldateien sowie vorgefertigte Makros, mit denen Sie zum Beispiel "Was wäre wenn" Analysen durchführen können (siehe Abschnitt 14.1).

- Der Excel Solver ist ein Programm zum Lösen von Gleichungen sowie zum Auffinden von Maxima und Minima in Funktionen.

- Q+E ist ein kleines Datenbankprogramm, das in Abschnitt 13 beschrieben wird. Wenn Sie Excel mit Q+E. installieren wollen, so können Sie über die Schaltfläche **Treiber** festlegen, welche Datenbanktreiber Sie installieren möchten (Bild I.5). Wollen Sie die Standardvorgabe von Excel übernehmen, so brauchen Sie dieses Menü nicht aufzurufen.

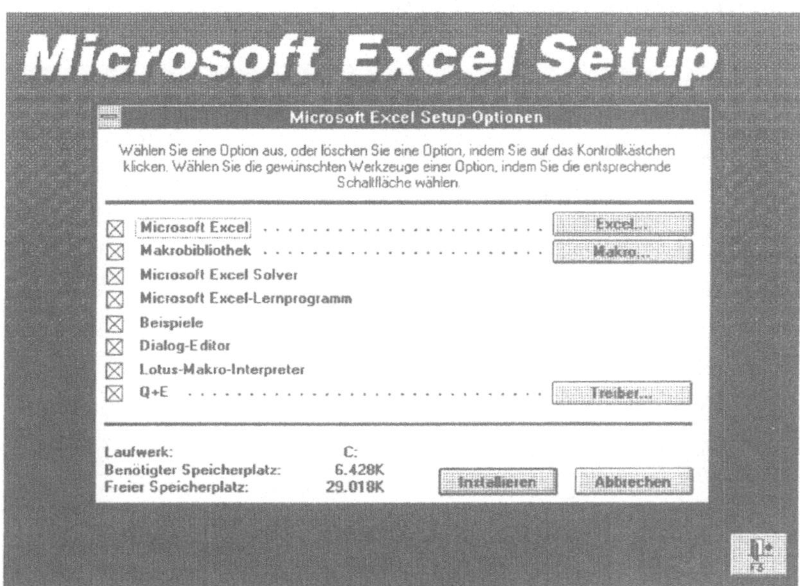

Bild I.4 Auswählen der Benutzerdefinierten Installation

Wenn Sie Ihre Eingaben abgeschlossen haben, werden Sie gefragt, ob Sie weitere Informationen zur Lotus-Hilfe bekommen möchten. Wählen Sie hier «Ja», so sehen Sie einen Bildschirm wie in Bild I.6 zur Auswahl der Lotus 1-2-3 Hilfe.

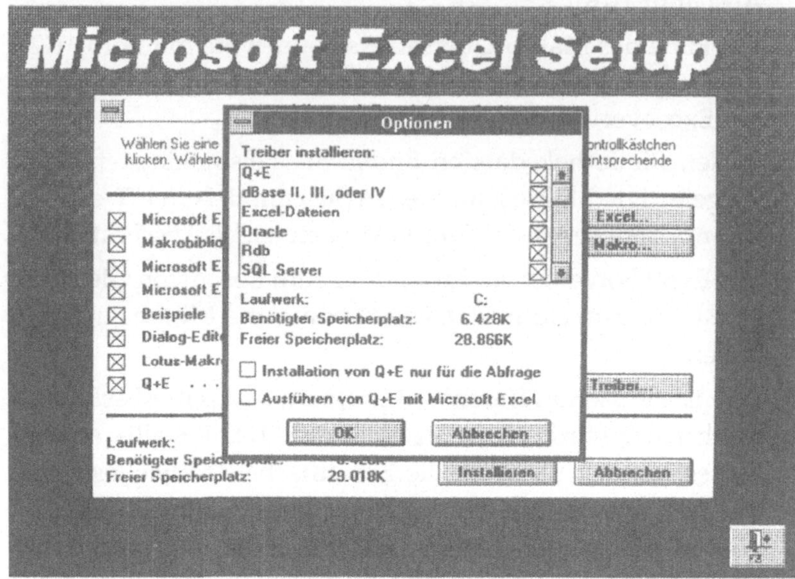

Bild I.5 Auswahl von Q+E Treibern

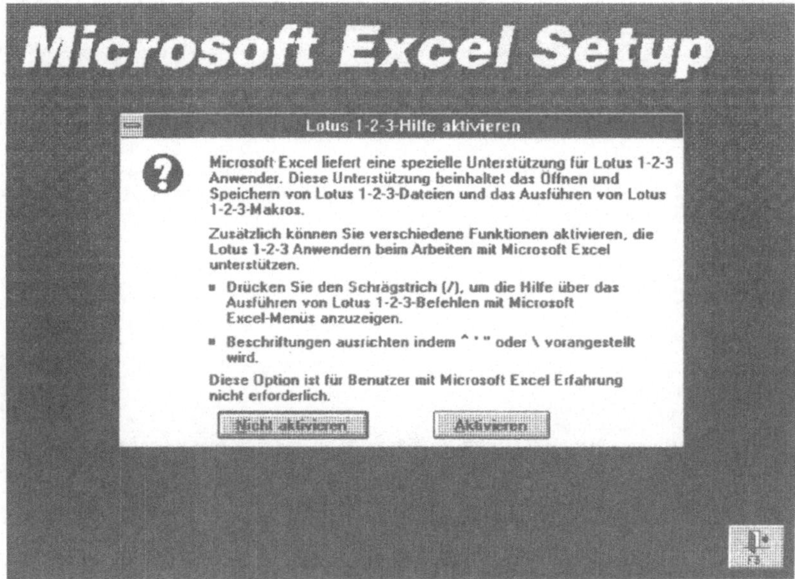

Bild I.6 Auswahl der LOTUS 1-2-3 Hilfe

Umsteiger von Lotus 1-2-3 erhalten von Excel eine besondere Hilfe, die Ihnen die Verwendung von 1-2-3-Befehlen unter Excel erleichtert. Sollten Sie Lotus 1-2-3 kennen, so installieren Sie diese Hilfe. Wir erklären Ihnen im Abschnitt 2.10 kurz ihre Wirkungsweise.

Umsteiger von Lotus 1-2-3

Wählen Sie in dem Dialogfeld **Lotus 1-2-3-Hilfe aktivieren** die Schaltfläche **Aktivieren**, wenn Sie sich mit 1-2-3 auskennen und Excel zum Teil mit Hilfe von Lotus 1-2-3-Befehlen bedienen wollen. Sie können diese Hilfe jedoch auch noch jederzeit während der Ausführung von Excel aktivieren und so auf diese Dienste zurückgreifen.

Bevor das Installationsprogramm nun Excel 4.0 für Sie anhand Ihrer Eingaben einrichtet, werden Sie noch gefragt, ob Ihre AUTOEXEC.BAT Datei aktualisiert und hier ein PATH für Excel eingerichtet werden soll, damit Sie Excel auch von DOS aus jederzeit starten können.

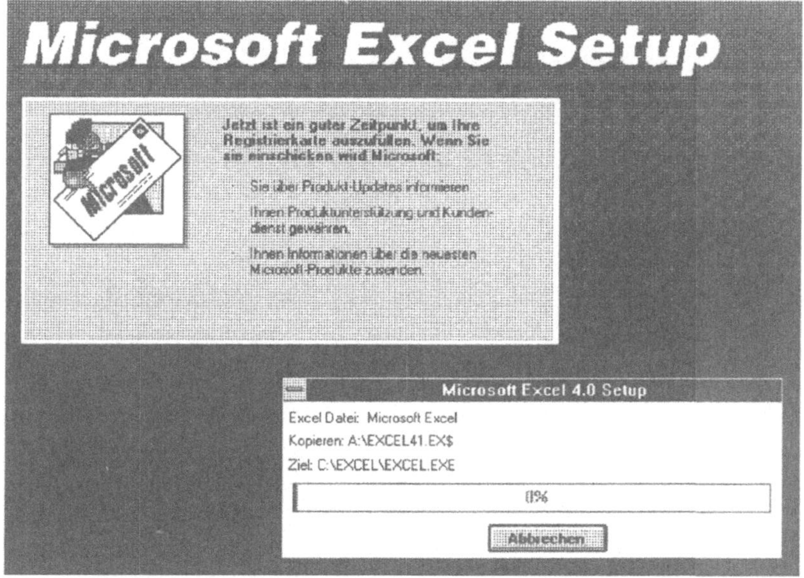

Bild I.7 Installation von EXCEL

Hiernach wird Excel die notwendigen Dateien auf Ihre Festplatte kopieren. Das Installationsprogramm fordert Sie jeweils auf, die nächste Diskette in das Laufwerk einzulegen. Am Schluß der

Excel wird eingerichtet

Installation wird Excel eine eigene Programmgruppe **Microsoft Excel 4.0** einrichten und die entsprechenden Programmsymbole in dieses Fenster kopieren.

Sie können die Installation bei eventuell auftretenden Schwierigkeiten jederzeit mit Hilfe der Schaltfläche zum «Abbrechen» oder mit der Funktionstaste F4 abbrechen.

II Anhang

Tabellen

Tabellenübersicht

Tabelle 1 Liste der Funktionstasten

Funktionstaste	Wirkung
F1	Hilfe
UMSCHALT-F1	Kontextsensitive Hilfe
F2	Bearbeitungszeile aktivieren
STRG-F2	Anzeigen des Infofensters
F3	**Namen einfügen** (Menü **Formel**)
UMSCHALT-F3	**Funktion einfügen** Menü **Formel**)
F4	**Bezugsart ändern** (Menü **Formel**)
STRG-F4	Dateifenster schließen
ALT-F4	**Datei beenden**
F5	**Gehezu** (Menü **Formel**)
STRG-F5	Dateifenster wiederherstellen
F6	Nächster Ausschnitt (von EXCEL)
UMSCHALT-F6	Voriger Ausschnitt (von EXCEL)
STRG-F7	Dateifenster verschieben
F8	Erweiterungsmodus (an/aus)
UMSCHALT-F8	Hinzufügungsmodus (an/aus)
STRG-F8	Dateifenster Größe ändern
F10	Menüleiste aktivieren (Sie erhalten diese Funktion nicht, wenn sie im Dialogfeld Optionen Arbeitsbereich das Kontrollkästchen "Alternative Bewegungstasten" aktiviert ist)
STRG-F10	Dateifenster Vollbild
F11	**Neu** (Menü **Datei**) (Diagramm)
UMSCHALT-F11	**Neu** (Menü **Datei**)(Tabelle)
STRG-F11	**Neu** (Menü **Datei**)(Makrovorlage)
F12	**Seichern unter** (Menü **Datei**)
UMSCHALT-F12	**Speichern** (Menü **Datei**)
STRG-F12	**Öffnen** (Menü **Datei**)
STRG-UMSCHALT-F12	**Drucken** (Menü **Datei**)

Tabelle 2 Kopf- und Fußzeilenschlüssel

Symbol (Name)	Code	Ergebnis
(Schriftart)	---	Öffnet das Dialogfeld Schriftart
(Seitenzahl)	&s	Fügt die Seitenzahl ein
(Gesamtseitenzahl)	&a	Fügt die Anzahl der gesamten Seiten ein
(Datum)	&d	Fügt das aktuelle Datum ein (Systemuhr des Computers)
(Zeit)	&u	Fügt die aktuelle Zeit ein (Systemuhr des Computers)
(Dateiname)	&n	Fügt den Dateinamen der aktiven Datei ein

Tabelle 3 Dateiformate

Format	Verwendung
Standard	Excel 3.0 Standard-Format
Mustervorlage	Speicherung von Excel Mustervorlagen; Als Erweiterung fügt Excel «.XLT» ein.
EXCEL 2.1	Dateiformat früherer Excel-Versionen; Sie verwenden dies Format, wenn Sie Excel-Tabellen mit älteren Versionen oder mit Excel 2.2 unter OS/2 weiterverarbeiten wollen
SYLK	Dateiformat zum Austausch mit Multiplan oder ExcelL unter Macintosh
Text	Speichern der Datei im Textformat
CSV	trennt die Tabellenspalten durch Semikola voneinander, ansonsten wie Textformat; je nach System steht hier die Option CSV (OS/2), CSV (Windows) bzw. CSV (Macintosh)
WKS	Datenaustausch mit Lotus 1-2-3, Version 1
WK1	Datenaustausch mit Lotus 1-2-3, Version 2
WK2	Datenaustausch mit Lotus 1-2-3, Version 3
DIF	Datenaustausch mit VisiCalc
DBF	Datenaustausch mit dBASE
Text	Transfer von Daten auf den Macintosh (Macintosh)

Tabelle 4 Statistische Funktionen

Funktion	Wirkung
ANZAHL(*Wert1*;*Wert2*;...)	Zählen der Zahlenwerte
ANZAHL2(*Wert1*;*Wert2*;...)	Zählen der Zahlenwerte nicht leerer Felder
HÄUFIGKEIT(*Daten*;*Gruppe*)	Ergibt die Anzahl der Werte in dem Array *Daten*, die im in *Gruppe* angegebenen Intervall liegen
MAX(*Zahl1*;*Zahl2*;...)	Ermitteln des größten Wertes
MEDIAN(**Zahl1**;**Zahl2**,..)	Liefert den mittleren Wert eines Datensatzes, nicht das artithmetische Mittel wie MITTEL-WERT()
MIN(*Zahl1*;*Zahl2*;...)	Ermitteln des kleinsten Wertes
MITTELWERT(*Zahl1*; *Zahl2*;...)	Bildung des Durchschnitts (arithmetischen Mittels)
RGP(*Bekannte_y_Werte*; *Bekannte_x_Werte*;*Konstante*;*Stats*)	Liefert als Ergebnis Steigung und Achsenabschnitt der Regressionsgeraden; *Konstante* und *Stats* sind optionale boolsche Variablen
RKP(*Bekannte_y_Werte*; *Bekannte_x_Werte*;*Konstante*;*Stats*)	Liefert als Ergebnis die Parameter der Regressionskurve an die Exponentialfunktion; *Konstante* und *Stats* sind optionale boolsche Variable.
STABW(*Zahl1*;*Zahl2*;...)	Schätzen der Standardabweichung
STABWN(*Zahl1*;*Zahl2*;...)	Berechnen der Standardabweichung
SUMME(*Zahl1*;*Zahl2*;...)	Summenbildung
TREND(*Bekannte_y_Werte*;*Bekannte_x_Werte*;*Neue_x_Werte*; *Konstante*)	Berechnet die Werte der Linearkurve nach der Gleichung y=m*x+b; **Konstante** ist eine optionale boolsche Variable
VARIANZ(*Zahl1*;*Zahl2*;...)	Schätzen der Varianz einer Grundgesamtheit
VARIANZEN(*Zahl1*; *Zahl2*;...)	Berechnet die Varianz einer Grundgesamtheit
VARIATION(*Bekannte_y_Werte*;*Bekannte_x_-Werte*;*Neue_x_Werte*; *Konstante*)	Berechnet die Werte der Exponentialkurve nach der Gleichung y=b*m^x; *Konstante* ist eine optionale Boolsche Variable

Tabelle 5 Finanzmathematische Funktionen

Funktion	Wirkung
BW(*zins;Zzr;Rmz*;Zw;f)	ermittelt den Barwert einer Zahlungsreihe; der Zinssatz ist als Dezimalzahl (z.B. 0,08) anzugeben
DIA(*Ansch_Wert*;Restwert;Nutzungsdauer;Zr)	Wert der digitalen Abschreibung eines Anlageprojektes
GDA(*Ansch_Wert;Restwert;Nutzungsdauer Periode*;Faktor)	Abschreibungswert eines Anlageprojektes mittels geom. degressiver Abschreibung
GDA2(*Ansch_Wert*;Rest_Wert;*Nutzungsdauer, Periode*;Monate)	Abschreibungswert eines Aktivpostens mit Hilfe geometrisch degressiver Abschreibung
IKV(*Werte*;Schätzwert)	ermittelt den internen Kapitalverzinsungssatz
KAPZ(*zins;Zr;zzr;bw*;zw;f)	Betrag der Zahlung auf das Kapital einer Investition
LIA(Ansch-Wert;Restwert:Nutzungsdauer)	Lineare Abschreibung eines Anlageprojektes
NBW(*Zins;Wert1;Wert2*;...)	Ermittelt den Netto-Barwert einer Zahlungsreihe
QIKV(*Werte; Investitionssatz;Reinvestitionssatz*)	ermittelt den qualifizierten internen Kapitalverzinsungssatz
RMZ(*zins;zzr;bw*;zw;f)	ermittelt regelmäßige Zahlungen
VDB(*Ansch_Wert;Restwert;Nutzungsdauer;Zeitraum_Anfang;Zeitraum_Ende*;Faktor,Nicht_wechseln)	Die Funktion liefert den Abschreibungswert eines Anlageobjekts für einen Zeitraum mit Hilfe eines Faktors oder geometr. degressiver Abschreibung
ZINS(*zzr;rmz;bw*;zw;f; Schätzwert)	ermittelt den Zinssatz bei regelmäßigen Zahlungen
ZINSZ(*zins;Zr;zzr;bw*;zw;f)	Zinszahlung einer Investition
ZW(*zins;zzr;rmz*;bw;f)	ermittelt den zukünftigen Wert eines konstanten Cash Flow
ZZR(*zins;rmz;bw*;zw;f)	ermittelt die Anzahl der Zahlungen

Tabelle 6 Trigonometrische Funktionen

Funktion	Wirkung
ARCCCOS(*Zahl*)	Berechnung des Arcuscosinus von *Zahl*
ARCCOSHYP(*Zahl*)	Berechnet die Umkehrfunktion des Cosinus-Hyperbolikus
ARCSIN(*Zahl*)	Berechnung des Arcussinius von *Zahl*
ARCSINHYP(*Zahl*)	Liefert die Umkehrfunktion zum Sinus-Hyperbolikus
ARCTAN(*Zahl*)	Berechnung des Arcustangens von *Zahl*
ARCTAN2(*x*;*y*)	Berechnung des Arcustangens der *x*-und *y*-Koordinaten im Bogenmaß.
ARSTANHYP(*Zahl*)	Berechnet die Umkehrfunktion des Tangens-Hyperbolikus
COS(*Zahl*)	Berechnung des Cosinus des Winkels *Zahl*
COSHYP(*Zahl*)	Berechnung des Cosinus Hyperbolikus des Winkels *Zahl*
SIN(*Zahl*)	Berechnung des Sinus des Winkels *Zahl*
SINHYP(*Zahl*)	Berechnung des Sinus-Hyperbolikus des Winkels *Zahl*
TAN(*Zahl*)	Berechnung des Tangens des Winkels *Zahl*
TANHYP(*Zahl*)	Berechnet den Tangens-Hyperbolikus des Winkels *Zahl*

Geben Sie alle Winkel im Bogenmaß ein!

Tabelle 7 Logarithmische und Exponentialfunktionen

Funktion	Wirkung
BASIS(*Zahl*;*Ziel_Basis*; *Genauigkeit*)	Liefert zu der angegebenen *Zahl* zur Basis 10 die Zahl zur *Ziel-Basis* mit der angebebenen *Genauigkeit*
EXP(*Zahl*)	Berechnet 2,7182818 hoch *Zahl* (e hoch *Zahl*)
LN(*Zahl*)	Berechnet den natürlichen Logarithmus von *Zahl* für *Zahl* 0
LOG10(*Zahl*)	Berechnet den 10er Logarithmus von *Zahl* für *Zahl* 0
LOG(*Zahl*;*Basis*)	Berechnet den Logarithmus von *Zahl* zur angegebenen *Basis*

Tabelle 8 Logische Funktionen

Funktion	Wirkung
FALSCH()	Ergibt den Wahrheitswert "falsch"
NICHT(*Logisch*)	Kehrt den Wahrheitswert um
ODER(*Wahrheitswert1*; *Wahrheitswert2*,..)	Ergibt den Wahrheitswert "wahr", wenn eine Bedingung erfüllt ist
UND(*Wahrheitswert1*; *Wahrheitswert2*;..)	Ergibt den Wahrheitswert "wahr", wenn alle Wahrheitswerte erfüllt sind
WAHR()	Ergibt den Wahrheitswert "wahr"
WENN(*Wahrheitsprüfung*; *Dannwert*;*Sonstwert*)	Wenn die Bedingung *Wahrheitsprüfung* erfüllt ist, gilt der *Dannwert*, sonst der *Sonstwert* (s. Abschnitt 6.5)

Tabelle 9 Zusätzliche mathematische und Sonderfunktionen

Funktion	Wirkung
ABS(*Zahl*)	ermittelt den Absolutwert von *Zahl*
FAKULTÄT(*Zahl*)	Ergibt die Fakultät von *Zahl*.
GANZZAHL(*Zahl*)	Ergibt den ganzzahligen Wert von *Zahl*.
KÜRZEN(*Zahl*)	Ergibt den ganzzahligen Teil von *Zahl*.
MDET(*Array*)	Liefert die Determinante der Matrix *Array*
MINV(*Array*)	Liefert die Inverse der Matrix *Array*
MMULT(*Array1*;*Array2*)	Multipliziert die zwei Matizen *Array1* und *Array2*
PI()	Ergibt den Näherungswert 3,1415926535898 für die Konstante Pi
PRODUKT(*Zahl1*;*Zahl2*;..)	Liefert das Produkt der angegebenen Zahlen
REST(*Zahl*;*Teiler*)	liefert den Divisionsrest für *Teiler* 0
RUNDEN(*Zahl*;*Anzahl-_Stellen*)	rundet auf soviel Dezimalstellen, wie angegeben
SUMME(*Zahl1*;*Zahl2*;...)	Liefert die Summe der angegebenen Zahlen
SUMMENPRODUKT(*Array1*;*Array2*;..)	Liefert die Summe der Produkte der entsprechenden Komponenten in den angegebenen Arrays
VORZEICHEN(*Zahl*)	liefert +1 bei positiven Zahlen, 0 bei Null und -1 bei negativen Zahlen
WURZEL(*Zahl*)	ermittelt die Quadratwurzel von *Zahl*
ZUFALLSZAHL()	liefert eine Zufallszahl
ZUFALLSBEREICH (*MIN-Wert*;*MAX_Wert*)	Liefert eine Zufallszahl im angegeben Bereich

Tabelle 10 Informationsfunktionen

Funktion	Wirkung
INFO(*Typ*)	Liefert die durch Typ festgelegte Information über das System (Also zum Beispiel Speicherkonfiguration, Version)
ZELLE(*Infotyp*;*Bezug*)	Liefert die durch **Infotyp** festgelegte Information über *Bezug*
ISTBEZUG(**Wert**)	Liefert "Wahr", wenn **Wert** ein Bezug ist
ISTFEHL(**Wert**)	Ergibt den Wahrheitswert "wahr", wenn der Feldinhalt eine Fehlermeldung ist (NV!, WERT!, POS!, DIV/0!, NUM!, NAME?, NULL!)
ISTFEHLER(**Wert**)	Ergibt den Wahrheitswert "wahr", wenn **Wert** ein EXCEL-Fehlerwert außer NV! ist, sonst falsch
ISTKTEXT(**Wert**)	Liefert "Wahr", wenn **Wert** kein Text ist
ISTLEER(**Bereich**)	Ergibt den Wahrheitswert "wahr", wenn der **Bereich** leer ist
ISTLOG(**Wert**)	Ergibt den Wahrheitswert "wahr", wenn **Wert** ein logischer Wert ist
ISTNV(**Wert**)	Ergibt den Wahrheitswert "wahr", wenn der Feldinhalt die Fehlermeldung NV! ist
ISTTEXT(**Wert**)	Liefert "Wahr", wenn **Wert** Text ist
ISTZAHL(**Wert**)	Ergibt den Wahrheitswert "wahr", wenn **Wert**
ISTZAHL(**Wert**)	Liefert "Wahr", wenn **Wert** eine Zahl ist
N(**Wert**)	Liefert als Ergebnis den numerischen Wert von *Wert*
NV()	Liefert den Fehlerwert #NV!
TYP(**Wert**)	Liefert den Typ von **Wert**

Tabelle 11 Textverarbeitungsfunktionen

Funktion	Wirkung
&	Verbinden von Text
CODE(*Analysetext*)	Ergibt den ANSI-Code des Zeichens *Analysetext*
DM(*Zahl;Dezimalstellen*)	Wandelt *Zahl* in einen Text mit durch *Dezimalstellen* angegebenen Nachkommastellen um
ERSETZEN(*Alter_Text;Anfang;Anzahl_Zeichen; Neuer Text*)	Ersetzt die *Anzahl* Zeichen im *Alten_Text* ab der Position *Beginn* durch den *Neuen_Text*
FEST(*Zahl;Dezimalstellen;kein_Punkt*)	Wandelt *Zahl* in einen Text mit den angegebenen Nachkommastellen um; *kein_Punkt* ist eine optionale boolsche Variable
FINDEN(*Suchtext;Text; Anfang*)	Sucht im *Text* ab *Anfang* nach dem *Suchtext*
GLÄTTEN(*Text*)	Entfernt alle Leerstellen aus *Text*
GROSS(*Text*)	Wandelt *Text* in Großbuchstaben um
GROSS2(*Text*)	Großschreibung des ersten Buchstabens der Zeichenfolge *Text* und jedes weiteren auf eine Leerstelle folgenden
IDENTSCH(*Text1;Text2*)	Prüft, ob *Text1* und *Text2* identisch sind
KLEIN(*Text*)	Wandelt *Text* in Kleinbuchstaben um
LÄNGE(*Text*)	Ergibt die Anzahl der Zeichen in *Text*
LINKS(*Text;Anzahl_- Zeichen*)	Ergibt die Anzahl Zeichen am Anfang von *Text*
RECHTS(*Text;Anzahl_- Zeichen*)	Ergibt Anzahl Zeichen am Ende von *Text*
SÄUBERN(*Text*)	Löscht alle Steuerzeichen aus *Text*
SUCHEN(*Suchtext;Text;Anfang*)	Sucht innerhalb von *Text* ab *Anfang* nach dem *Suchtext*
T*(Wert)*	Liefert den Text, auf den sich *Wert* bezieht; ist dies kein Text, liefert die Funktion " "
TEIL(*Text;Anfang; Anzahl_Zeichen*)	Liefert den Teil von *Text*, der bei *Anfang* beginnt und die Zeichenanzahl *Anzahl_Zeichen* besitzt

Tabelle 11 Textverarbeitungsfunktionen (Fortsetzung)

Funktion	Wirkung
TEXT(*Wert*;*Textformat*)	Wandelt den *Wert* in Text um und verwendet dabei das angegebene *Textformat*
WECHSELN(*Text*;*Alter_Text*;*Neuer_Text*; *Häufigkeit*)	Tauscht in *Text* den *Alten_Text* durch den *Neuen_Text*; taucht der *Alte_Text* im Text mehrmals auf, so gibt *Häufigkeit* an, bei dem wievielten Auftreten getauscht werden soll
WERT(*Text*)	Wandelt *Text* in eine Zahl um
WIEDERHOLEN(*Text Multiplikator*)	Wiederholt *Text* sooft, wie durch *Multiplikator* angegeben
ZEICHEN(*Text*)	Ergibt das Zeichen zum ANSI-Code *Text*

Tabelle 12 Datumsfunktionen

Funktion	Wirkung
TAGE360(*Anfangsdatum*; *Enddatum*)	Liefert die Anzahl der Tage zwischen den Daten
DATUM(*Jahr*,*Monat*;*Tag*)	Ermittelt die laufende Zahl des Datums aus den Einzelwerten
DATWERT(*Datumstext*)	Ermittelt die laufende Zahl eines Datums aus der Texteingabe *Datumstext*
JAHR(*Serielle_Zahl*)	Ermittelt aus der internen Zeit-Datumszahl *Serielle_Zahl* die Jahreszahl (Abschnitt 8.3)
JETZT()	Übernimmt von der PC-Systemuhr die Zeit- und Datumsangabe (Abschnitt 4.5.2)
MINUTE(*Serielle_Zahl*)	Ermittelt aus der internen Zeit-Datumszahl *Serielle_Zahl* die Minute
MONAT(*Serielle_Zahl*)	Ermittelt aus der internen Zeit-Datumszahl *Serielle_Zahl* den Monat (Abschnitt 8.3)
SEKUNDE(*Serielle_Zahl*)	Ermittelt aus der internen Zeit-Datumszahl *Serielle_Zahl* die Sekunde
STUNDE(*Serielle_Zahl*)	Ermittelt aus der internen Zeit-Datumszahl *Serielle_Zahl* die Stunde

Tabelle 12 Datumsfunktionen (Fortsetzung)

Funktion	Wirkung
TAG(*Serielle_Zahl*)	Ermittelt aus der internen Zeit-Datumszahl *Serielle_Zahl* den Tag (Abschnitt 8.3)
WOCHENTAG(*Serielle_- Zahl*)	Ermittelt aus der internen Zeit-Datumszahl *Serielle_Zahl* den Wochentag
ZEIT(*Stunde*;*Minute*; *Sekunde*)	Ermittelt die laufende Zeit aus den Einzelwerten
ZEITWERT(*Zeittext*)	Ermittelt die laufende Zahl einer Zeit aus der Texteingabe *Zeittext*

Tabelle 13 Datenbankfunktionen

Funktion	Wirkung
DBANZAHL(*Datenbank; Datenbankfeld;Such- kriterien*)	Ergibt die Anzahl der Zahlen der Datensätze im *Datenbankfeld* der *Datenbank*, die die *Suchkriterien* erfüllen
DBANZAHL2(*Datenbank; Datenbankfeld;Such- kriterien*)	Ergibt die Anzahl der nichtleeren Datenbankfelder im *Datenbankfeld* der Datensätze der *Datenbank*, die die *Suchkriterien* erfüllen
DBAUSZUG(*Datenbank; Datenbankfeld;Such- kriterien*)	Liefert einzelne Werte der Datensätze der *Datenbank* im *Datenbankfeld*, die die *Suchkriterien* erfüllen.
DBMAX(*Datenbank;Daten- bankfeld;Suchkriterien*)	Ergibt die größte Zahl im *Datenbankfeld* der Datensätze der *Datenbank*, die die *Suchkriterien* erfüllen
DBMIN(*Datenbank;Daten- bankfeld;Suchkriterien*)	Ergibt die kleinste Zahl im *Datenbankfeld* der Datensätze der *Datenbank*, die die *Suchkriterien* erfüllen
DBMITTELWERT(*Daten- bank;Datenbankfeld Suchkriterien*)	Ergibt den Mittelwert der Zahlen im *Datenbankfeld* der Datensätze der *Datenbank*, die die *Suchkriterien* erfüllen
DBPRODUKT(*Daten- bank;Datenbankfeld Suchkriterien*)	Ergibt das Produkt der Zahlen im *Datenbankfeld* der Datensätze der *Datenbank*, die die *Suchkriterien* erfüllen

Tabelle 13 Datenbankfunktionen (Fortsetzung)

Funktion	Wirkung
DBSTDABW(*Datenbank;Datenbankfeld;Suchkriterien*)	Schätzt die Standardabweichung aus einer Stichprobe mit den Zahlen im *Datenbankfeld* der Datensätze der *Datenbank*, die die *Suchkriterien* erfüllen
DBSTDABWN(*Datenbank;Datenbankfeld Suchkriterien*)	Berechnet die Standardabweichung einer Grundgesamtheit der Zahlen der Datensätze im *Datenbankfeld* der *Datenbank*, die die *Suchkriterien* erfüllen
DBSUMME(*Datenbank Datenbankfeld;Suchkriterien*)	Ergibt die Summe der Zahlen der Datensätze im *Datenbankfeld* der *Datenbank*, die die *Suchkriterien* erfüllen
DBVARIANZ(*Datenbank;Datenbankfeld;Suchkriterien*)	Schätzt die Varianz einer Stichprobe der Zahlen der Datensätze im *Datenbankfeld* der *Datenbank*, die die *Suchkriterien* erfüllen
DBVARIANZEN(*Datenbank;Datenbankfeld Suchkriterien*)	Berechnet die Varianz einer Grundgesamtheit der Zahlen der Datensätze im *Datenbankfeld* der *Datenbank*, die die *Suchkriterien* erfüllen
KREUZTABELLE()	Definiert eine Kreuztabelle; da die Verwendung des Kreuztabellenassistenten einfacher ist, erstellen Sie die Kreuztabelle besser hiermit als durch Eingabe der umfangreichen Formeln

Tabelle 14 Suchfunktionen

Funktion	Wirkung
ADRESSE(*Zeile*;*Spalte*; *Abs*;*A1*;*Tabellenname*)	Liefert einen Bezug im Bezugstyp *Abs* als Text für eine einzelne Zelle ausgehend von *Zeile* und *Spalte*; *A1* ist eine optionale boolsche Variable die bestimmt, ob die Ausgabe in ZS oder A1 Anzeige erfolgen soll
BEREICH.VERSCHIEBEN (*Bezug*;*Zeilen*;*Spalten*;*Höhe*;*Breite*)	Liefert einen Bezug der angegebenen *Höhe* und *Breite*, dessen linkes oberes Feld um die angegebene *Zeilen-* und *Spalten*zahl gegenüber *Bezug* verschoben ist.
Bereiche(*Bezug*)	Liefert die Anzahl der Bereiche im Tabellenbereich *Bezug*
INDEX(*Bezug*;*Zeile*; *Spalte*;*Bereich*)	Liefert einen durch *Zeile* und *Spalte* festgelegten Bezug auf eine oder mehrere Zellen innerhalb von *Bezug*.
INDEX(*Array*;*Zeile*;*Spalte*)	Ergibt den Wert einer durch *Zeile* und *Spalte* angegebenen Zelle oder Zellen innerhalb des Bereiches *Array*.
INDIREKT(*Bezug*;*A1*)	Liefert den Inhalt der Zelle *Bezug* als Text oder Bezug, je nach dem, ob die optionale boolsche Variable *A1* WAHR oder FALSCH ist.
MTRANS(*Array*)	Liefert den transponierten Bereich *Array*
SPALTE(*Bezug*)	Liefert die Spalte der aktiven oder in *Bezug* angegebenen Zelle
SPALTEN(*Array*)	Liefert die Anzahl der Spalten in einem *Array*
SVERWEIS(*Suchkriterium*;*Mehrfachoperationsarray*; *Spaltenindex*)	Liefert als Ergebnis den Wert der durch *Spaltenindex* angegebenen Zelle des *Mehrfachoperationsbereiches*, wenn in der ersten Spalte das *Suchkriterium* enthalten ist. Sie können mit Hilfe dieser Funktion in großen Mehrfachoperationsbereichen gezielt auf bestimmte Ergebnisse zugreifen.
VERGLEICH(*Suchkriterium*;*Sucharray*; *Vergleichstyp*)	Liefert die relative Position der Zelle im *Sucharray*, die das *Suchkriterium* auf die im *Vergleichstyp* festgelegte Art erfüllt.

Tabelle 14 Suchfunktionen (Fortsetzung)

Funktion	Wirkung
VERGLEICH2(**Such-kriterium**;**Sucharray**; *Vergleichstyp*)	Wie VERGLEICH(), jedoch wird nur nach Werten gesucht. Diese Funktion setzt ein sortiertes Sucharray voraus.
VERWEIS(**Such-kriterium**;**Suchvektor**; Ergebnisvektor)	Sucht im **Suchvektor** nach dem **Suchkriterium** und liefert den entsprechenden Wert des **Ergebnisvektors**.
VERWEIS(**Such-kriterium**;**Array**)	Sucht in der ersten Spalte des Arrays nach dem Suchkriterium und gibt den Wert der entsprechenden Zeile der letzten Spalte des Arrays aus. Diese Funktion entspricht der obigen, wurde jedoch aus Gründen der Kompatibilität mit anderen Tabellenkalkulationsprogrammen aufgenommen; wir verwenden in diesem Buch ebenfalls diese Version der Funktion VERWEIS, da Sie für unser Beispiel etwas einfacher zu handhaben ist.
WAHL(**Index**; **Wert1**;*Wert2*;...)	Wählt mit Hilfe von **Index** einen Wert aus der Liste aus.
WVERWEIS(**Such-kriterium**;**Mehrfach-operationsbereich**; **Zeilenindex**)	Liefert als Ergebnis den Wert der durch **Zeilenindex** angegebenen Zelle des **Mehrfachoperationsbereiches**, wenn in der ersten Zeile das **Suchkriterium** enthalten ist. Sie können mit Hilfe dieser Funktion in großen Mehrfachoperationsbereichen gezielt auf bestimmte Ergebnisse zugreifen.
ZEILE(*Bezug*)	Liefert die Zeilennummer von *Bezug* oder der aktiven Zelle
ZEILEN(**Array**)	Liefert die Anzahl der Zeilen im **Array**

Tabelle 15 Wichtige Makrofunktionen

Makrofunktion	Beschreibung
A1.Z1S1(*Z1S1*)	Wahl der Z1S1 Anzeige im Menü Optionen Arbeitsbereich
ABBRECHEN()	Beenden einer SOLANGE-WEITER oder einer FÜR-WEITER Schleife
ABBRECHEN.KOPIEREN()	Löschen des Laufrahmens beim Kopieren
ABBRECHEN.TASTE (*Aktivieren;Makrobezug*)	Wenn Aktivieren falsch ist oder weggelassen wird, wird durch Drücken der ESC-Taste bei der Makroausführung das Makro Makrobezug aufgerufen.
ABFRAGEN(*Kanalnummer;Objekt*)	Abfragen der Information Objekt aus der Windows-Anwendung Kanalnummer
ABSPOS(*Bezug_Text; Bezug*)	Liefert den absoluten Bezug der Felder, die in dem durch Bezug_Text angegebenen relativen Bezug zu Bezug stehen
AKTIVE.ZELLE()	Liefert als Ergebnis den Bezug der aktiven Zelle
AKTIVE.ZELLE.ZEIGEN()	Führt einen Bildlauf durch, bis die aktive Zelle zu sehen ist
AKTIVIEREN(*Fenster_Text; Unterfenster_Nummer*)	Aktivieren eines Unterfensters in einem Fenster
ALLES.SCHLIESSEN()	entspricht dem Befehl Alles Schließen aus dem Menü Datei
ARGUMENT(*Name;Datentyp;Bezug*)	Nennt die an einen Funktionsmakro zu übergebenden Argumente aus dem Bezug Name des angegebenen Datentyps und schreibt Sie in den Bezug in der Makrovorlage
AUSWAHL()	Liefert als Ergebnis den Bezug der aktuellen Auswahl
AUSWÄHLEN(*Auswahl; Aktive_Zelle*)	Wählt die angegebene Auswahl aus und aktiviert die angegebene Zelle
Auswähle(*Element*)	Wählt das angegebene Element aus einem Diagramm aus

Tabelle 15 Wichtige Makrofunktionen (Fortsetzung)

Funktion	Wirkung
BEFEHL.AKTIVIEREN (*Kennnummer;Menüposition;Befehlsposition; Aktivieren*)	Aktiviert den an der angegebenen Position stehenden Befehl in der Menüleiste Kennummer in dem angegebenen Menü oder deaktiviert ihn
BEFEHL.EINFÜGEN(*Kennnummmer;Menüposition; Menübezug*)	Fügt einen im Menübezug gekennzeichneten Befehl in ein Menü ein
BEFEHL.LÖSCHEN(*Kennnummer;Menüposition; Befehlsposition*)	Löschen eines Befehls
BEFEHL.UMBENENNEN (*Kennummer;Menüposition;Befehlsposition;Name*)	Umbenennen des angegebenen Befehls in Name
BEFEHL.WÄHLEN(*Kennnummer;Menüposition; Befehlsposition;wählen*)	Fügt neben dem angegebenen Befehl eine Wählmarkierung ein oder löscht diese
BEI.FENSTER(*Fenster_Text;Makro_Text*)	Ruft den Makro Makro_Text immer dann auf, wenn das Fenster Fenster_Text geöffnet ist.
BEI-TASTE(*Taste_Text; Makro_Text*)	Ruft den Makro Makro_Text bei Betätigen der Taste Tasten_Text auf
BEREICH.VERSCHIEBEN (*Bezug;Zeilen;Spalten;Breite*)	Liefert als Ergebnis einen um die angegebene Zeilen- und Spaltenzahl verschobenen Bezug
DATEI.ZUORDNEN(*Infotyp;Name*)	Liefert die durch Infotyp angegebenen Informationen über eine Datei
DATEIEN(*Verzeichnis_Text*)	Liefert in einem horizontalen Bereich die im Verzeichnis Verzeichnis_Text vorhandenen Dateien
DEF.ZUORDNEN(*Definitionstext;Datei*)	Liefert den Namen der Definition Definitionstext in der angegebenen Datei als Text
DIALOGFELD(*Dialogfeldbezug*)	Ruft das Dialogfeld Dialogfeldbezug auf

Tabelle 15 Wichtige Makrofunktionen (Fortsetzung 2)

Funktion	Wirkung
DLADEN(*Datei_Text; Zugriff_Zahl*)	Lädt die Textdatei Datei_Text, wobei durch die Zugriffszahl der anschließende Schutzstatus der Textdatei angegeben wird
DOKUMENTE()	Liefert alle geladenen Dokumente in einem waagrechten Tabellenbereich
DSCHLIESSEN(*Dateinummer*)	Schließt die vorher mit DLADEN geöffnete Datei
ECHO(*Wahrheitswert*)	Ist der Wahrheitswert FALSCH, so wird die Bildschirmaktualisierung aufgehoben; dies beschleunigt ein Makro
EINGABE(*Aufforderungstext;Typ;Überschrift;Vorgabe;x_Position;y_Position*)	Ruft ein Eingabefenster auf; genaue Beschreibung siehe Abschnitt 14.5
EINGABE-SPERREN(*Wahrheitswert*)	Sperrt alle Eingaben von der Tastatur oder der Maus
ERGEBNIS(*Typzahl*)	Gibt den Typ für den Ausgabewert eines Funktionsmakros
FEHLER(*Aktivieren;Makrobezug*)	Ruft bei dem angegebenen Fehlerwert das Makro Makrobezug auf
FELD.ZUORDNEN(*Infotyp;Bezug*)	Liefert die durch Infotyp angegebene Information über den Bezug
FENSTER()	Liefert die Namen aller geöffneten Fenster im Arbeitsbereich
FENSTER.ZUORDNEN(*Infotyp;Name*)	Liefert die durch Infotyp angegebenen Informationen über das Fenster
FORMEL(*Formel;Bezug*)	Eingabe einer Formel in Bezug; diese Funktion ist in Abschnitt 14.5 beschrieben
FORMEL.AUSFÜLLEN(*Formel;Bezug*)	Mehrfacheingabe einer Formel in einen Tabellenbereich
FORMEL.MFORMEL(*Formel;Bezug*)	Eingabe einer Arrayformel in den angegebenen Bereich
FORMEL.ZUORDNEN(*Bezug*)	Liefert den Inhalt der linken oberen Zelle in Bezug

Tabelle 15 Wichtige Makrofunktionen (Fortsetzung 3)

Funktion	Wirkung
FÜR(*Zählername;Anfang; Ende;Schrittweite*)	Startet eine FÜR-WEITER-Schleife, wobei der durch Zählername angegebene Zähler bei jedem neuen Durchlauf um die in Schrittweite angegebene Größe erhöht wird; am Ende der Schleife muß die Funktion WEITER() stehen
GEHEZU(*Bezug*)	Sprung zum Bezug in einem Makro
HILFE(*Hilfe_Bezug*)	Zeigt den durch Hilfe_Bezug angegebenen Text der Excel-Hilfe an
LETZTE.ZELLE.- MARKIEREN()	Markiert die letzte Zelle der Zeile oder Spalte, die noch Eintragungen enthält oder auf das in einer Formel Bezug genommen wird
MELDUNG(*Wahrheitswert; Text*)	Liefert die Meldung Text, wenn der Wahrheitswert wahr ist; Sie müssen diese Meldung aber anschließend wieder mit Hilfe dieser Funktion löschen oder durch Angabe des Wahrheitswertes FALSCH auf die Standard-Meldungen umschalten, damit sie die Meldung nicht immer angezeigt bekommen
MENÜ.EINFÜGEN(*Kennnummer;Menübezug*)	Ergänzt die angegebene Menüleiste um das definierte Menü
MENÜ.LÖSCHEN(*Kennnummer;Menüposition*)	Löscht das durch Menüposition angegebene Menü der Menüleiste Kennummer
MENÜLEISTE.EINFÜGEN()	Stellt einen Speicherbereich für ein neues Menü zur Verfügung und gibt dieser Menüleiste eine Kennummer
MENÜLEISTE.LÖSCHEN (*Kennummmer*)	Löscht die Menüleiste Kennummer
MENÜLEISTE.ZEIGEN (*Kennummer*)	Zeigt die Menüleiste Kennummer an; die dort vorher stehende Menüleiste wird gelöscht; geben Sie diesen Befehl **vor** dem Befehl MENÜLEISTE.LÖSCHEN ein!
MENÜLEISTE.LÖSCHEN (*Kennummer*)	Löscht den für die angegebene Menüleiste freigeräumten Speicherbereich

Tabelle 15 Wichtige Makrofunktionen (Fortsetzung 4)

Funktion	Wirkung
MENÜLEISTE.ZEIGEN (*Kennummer*)	Zeigt die Menüleiste Kennummer an, wenn für diese vorher mit Hilfe des Befehls MENÜLEISTE.EINFÜEGEN() ein Speicherbereich freigeräumt worden ist
MENÜLEISTE.ZUORDNEN()	Liefert die Nummer der aktuell angezeigten Menüleiste
NAMEN(*Datei_Text*)	Liefert in einem waagrechten Tabellenbereich eine Liste aller in der Datei Datei_Text festgelegten Namen
NAMEN.ZUWEISEN (*Name;Wert*)	Legt in der Makrovorlage den angegebenen Namen fest und weist diesem den angegebenen Wert zu
NEUSTART(*Ebene*)	Löscht Ebenen-Rücksprungsadressen aus dem Stapelspeicher und kann somit die Makroausführung an einem Rücksprungbefehl anhalten
POSTEXT(*Bezug;A1*)	Wandelt den angegebenen Bezug in einen absoluten Bezug in Textform um
POSWERT(*Bezug*)	Liefet den Wert der Zellen im Bezug
RELPOS(*Bezug; Relativ_zu_Bezug*)	Liefert den relativen Bezug der Zelle Bezug zur linken oberen Zelle des zweiten angegebenen Bezugs
RÜCKSPRUNG(*Wert*)	Hält den ausgeführten Makro an und gibt die Steuerung an den Anfang des Makros zurück
SBILDLAUF(*Bildlauf; Zeile_Wahrheitswert*)	Senkrechter Bildlauf, der bei Zeile_Wahrheitswert gleich wahr bis zur in Bildlauf angegebenen Zeile reicht
SBILDLAUF.SEITEN (*Anzahl_Fenster*)	Senkrechter Bildlauf um die angegebene Anzahl von Fenstern
SBILDLAUF.ZEILEN (*Anzahl_Zeilen*)	Senkrechter Bildlauf um die angegebene Zeilenzahl
SIGNAL(*Zahl*)	Erzeugt einen durch Zahl angegebenen Ton

Tabelle 15 Wichtige Makrofunktionen (Fortsetzung 6)

Funktion	Wirkung
SOLANGE(*Wahrheitswert- _Prüfung*)	Startet eine SOLANGE-WEITER-Schleife, die solange wiederholt wird, bis die Wahrheitswert_Prüfung FALSCH ist
STOP()	Hält die gesamte Makroausführung an
TEXTPOS(*Text;A1*)	Wandelt den angegebenen Text in einem Bezug um
BEZUG(*Argument1; Argument2;...*)	Verzweigung des Makros in ein Unterprogramm an der in Bezug angegebenen Stelle
URSPRUNG()	Bezug der Zelle mit der Funktion, die den aktuellen Funktionsmakro aufgerufen hat
VERKNÜPFTE.DATEIEN (*Datei_Text*)	Liefert als Ergebnis in einem waagrechten Tabellenbereich alle mit der Datei Datei_text verknüpften Dateien
VERZEICHNIS(*Pfadtext*)	Setzt das aktuelle Laufwerk auf den durch Pfadtext angegebenen Pfad
VOLLBILD(*Wahrheitswert*)	Vergrößert das aktive Fenster auf Vollbild
WARNUNG(*Meldungstext;Typzahl*)	Zeigt ein Warnfeld mit der angegebenen Warnung an und hält die Makroausführung an, bis Sie eine Schaltfläche des Warnfeldes ausgewählt haben
WARTEN(*Serielle_Zahl*)	Hält die Makroausführung für die angegebene Zeit an
WBILDLAUF(*Bildlauf; Spalte_Wahrheitswert*)	Wie SBILDLAUF, nur waagrechter Bildlauf
WBILDLAUF.SEITEN (*Anzahl_Fenster*)	Waagrechter Bildlauf um die angegebene Zahl von Fenstern
WBILDLAUF-SPALTEN (*Anzahl_Spalten*)	Waagrechter Bildlauf um die angegebene Anzahl Spalten
WEITER()	Beenden einer FÜR-WEITER- oder einer SOLANGE-WEITER-Schleife
WERT.FESTLEGEN (*Bezug;Werte*)	Legt für den angegebenen Bezug den angegebenen Wert fest

Tabelle 16 Fehlermeldungen

Fehlermeldung	Erklärung
#DIV/0	Die eingegebene Formel enthält eine Division durch 0
#NV	Diese Fehlermeldung bedeutet "Nicht verfügbar". Sie erscheint, wenn Sie auf ein leeres Feld verweisen
#NAME?	Sie haben in einer Formel einen Namen verwenden, den Sie nicht definiert haben
#NULL!	Sie haben die Schnittmenge zweier Bereiche angegeben, die sich nicht schneiden (z.B. in einem Feldbezug)
#ZAHL!	Entweder hat die eingegebene Zahl ein falsches Format, oder Sie haben in ein Zahlenfeld Text eingegeben.
#BEZUG!	Dieser Fehlerwert erscheint beim Bezug auf ein ungültiges Feld
#WERT!	Sie haben einen falschen Argument- oder Operandentyp verwendet

Tabelle 17 Symbole der Symbolgruppe «Bearbeiten»

Symbol	Wirkung	Leiste	Befehlsäquivalent
	Macht den letzten Befehl rückgängig	Werkzeug	Bearbeiten Rückgängig
	Wiederholt den letzten Befehl	Werkzeug	Bearbeiten Wiederholen
	Ausschneiden des markierten Tabellenbereiches	-	Bearbeiten Ausschneiden
	Kopieren des markierten Tabellenbereiches	Werkzeug; Standard	Bearbeiten Kopieren
	Einfügen des Inhalts der Zwischenablage	-	Bearbeiten Einfügen
	Löschen von Formeln im markierten Tabellenbereich	-	Bearbeiten Inhalte_Löschen Formeln
	Löschen von Formaten im markierten Bereich	-	Bearbeiten Inhalte Löschen Formate
	Einfügen von Formaten aus der Zwischenablage	Werkzeug, Standard	Bearbeiten Inhalte einfügen Formate
	Einfügen von Werten aus der Zwischenablage	Werkzeug	Bearbeiten Inhalte einfügen
	Löschen der markierten Zellen	-	Bearbeiten Zellen Löschen

Tabelle 17 Symbole der Symbolgruppe «Bearbeiten» (Fortsetzung)

Symbol	Wirkung	Leiste	Befehlsäquivalent
	Löschen von ganzen Zeilen	-	Bearbeiten Zellen Löschen Ganze Zeile
	Löschen von Spalten	-	Bearbeiten Zellen Löschen Ganze Spalte
	Einfügen von Zellen vor den markierten Bereich	-	Bearbeiten Zellen_einfügen Zellen nach unten verschieben
	Einfügen von ganzen Zeilen	-	Bearbeiten Zellen_einfügen Ganze Zeile
	Einfügen ganzer Spalten	-	Bearbeiten Zellen_einfügen Ganze Spalte
	Kopieren der Formeln, Werte oder Formate der linken Zelle(n) des markierten Bereiches nach rechts	-	Bearbeiten Rechts_ausfüllen

Tabelle 18 Symbole der Symbolgruppe «Datei»

Symbol	Wirkung	Leiste	Befehlsäquivalent
	Öffnen einer neuen Datei	Standard	Datei neu
	Speichern der Datei im aktiven Fenster	Standard	Datei Speichern
	Drucken der aktiven Datei entsprechend der Optionen im Dialogfeld Drucken	Standard	Datei Drucken

Tabelle 18 Symbole der Symbolgruppe «Datei» (Fortsetzung)

Symbol	Wirkung	Leiste	Befehlsäquvalent
	Zeigt die Seitenansicht zur aktiven Datei an	-	Datei Seitenansicht
	Legt einen Druckbereich fest	-	Optionen Druckbereich festlegen
	Öffnen einer neuen Tabelle	-	Datei neu Tabelle
	Öffnen eines neuen Diagramms	-	Dateu neu Diagramm
	Öffnen einer neuen Makrovorlage	-	Datei neu Makrovorlage
	Öffnen einer neuen Arbeitsmappe	-	Datei neu Arbeitsmappe

Tabelle 19 Symbole der Symbolgruppe «Diagramm»

Symbol	Wirkung	Leiste	Befehlsäquivalent
	Erstellt eine eingebettetes Flächendiagramm oder verändert das markierte	Diagramm	Muster Flächen
	Erstellt eine eingebettetes Balkendiagramm oder verändert das markierte	Diagramm	Muster Balken
	Erstellt eine eingebettetes Säulendiagramm oder verändert das markierte	Diagramm	Muster Säulen

Tabelle 19 Symbole der Symbolgruppe «Diagramm» (Fortsetzung 1)

Symbol	Wirkung	Leiste	Befehlsäquvalent
	Erstellt eine eingebettetes gestapeltes Säulendiagramm oder verändert das markierte	Diagramm	Muster Säulen gestapelt
	Erstellt eine eingebettetes Liniendiagramm oder verändert das markierte	Diagramm	Muster Linien
	Erstellt eine eingebettetes Kreisdiagramm oder verändert das markierte	Diagramm	Muster Kreis
	Erstellt eine eingebettetes 3D-Flächendiagramm oder verändert das markierte	Diagramm	Muster 3D-Flächen
	Erstellt eine eingebettetes 3D-Balkendiagramm oder verändert das markierte	Diagramm	Muster 3D-Balken
	Erstellt eine eingebettetes 3D-Säulendiagramm oder verändert das markierte	Diagramm	-
	Erstellt eine eingebettetes perspektivisches 3D-Säulendiagramm oder verändert das markierte	Diagramm	Muster 3D-Säulen

Tabelle 19 Symbole der Symbolgruppe «Diagramm» (Fortsetzung 2)

Symbol	Wirkung	Leiste	Befehlsäquivalent
	Erstellt eine eingebettetes 3D-Liniendiagramm oder verändert das markierte	Diagramm	Muster 3D-Linien
	Erstellt eine eingebettetes 3D-Kreisdiagramm oder verändert das markierte	Diagramm	Muster 3D-Kreis
	Erstellt eine eingebettetes Punktdiagramm oder verändert das markierte	Diagramm	Muster Punkt(xy)
	Erstellt eine eingebettetes 3D-Oberflächendiagramm oder verändert das markierte	Diagramm	Muster 3D-Oberflächen
	Erstellt eine eingebettetes Netzdiagramm oder verändert das markierte	Diagramm	Muster Netz
	Erstellt eine eingebettetes Linien/Säulendiagramm oder verändert das markierte	Diagramm	Muster Säulen Säulen/Linien
	Erstellt eine eingebettetes Börsendiagramm oder verändert das markierte	Diagramm	Muster Linien Auswahl des entsprechenden Typs
	Erstellt ausgehend von den markierten Zellen ein Diagramm in der eingestellten Vorzugsform	Diagramm	-

Tabelle 19 Symbole der Symbolgruppe «Diagramm» (Fortsetzung 3)

Symbol	Wirkung	Leiste	Befehlsäquivalent
	Aufruf des Diagrammassistenten zum Erstellen eines neuen Diagramms	Diagramm, Standard	-
	Einfügen horizontaler Gitternetzlinien in das akive Diagramm	Diagramm	Diagramm Gitternetzlinien
	Einfügen vertikaler Gitternetzlinien in das aktive Diagramm	-	Diagramm Gitternetzlinien
	Einfügen einer Legende in das aktive Diagramm	Diagramm	Diagramm Legende einfügen
	Einfügen eines Pfeils in das aktive Diagramm	Diagramm	Diagramm Pfeil einfügen
	Einfügen eines Textfeldes in einer Tabelle oder Einfügen von nicht zugewiesenem Text zu einem Diagramm	Diagramm	Diagramm Text zuordnen

Tabelle 20 Symbole der Symbolgruppe «Format»

Symbol	Wirkung	Leiste	Befehlsäquivalent
	Versehen des gesamten markierten Bereiches mit einem Rahmen	Standard	Format Rahmen
	Versehen jeder Zelle des markierten Bereiches mit einem linken Rand	-	Format Rahmen
	Versehen jeder Zelle des markierten Bereiches mit einem rechten Rand	-	Format Rahmen
	Versehen jeder Zelle des markierten Bereiches mit einem oberen Rand	-	Format Rahmen
	Versehen jeder Zelle des markierten Bereiches mit einem unteren Rand	Standard	Format Rahmen
	Versehen jeder Zelle des markierten Bereiches mit einem doppelten unteren Rand	-	Format Rahmen
	Versehen der Zellen des markierten Bereiches mit einer dunklen Schattierung	-	Format Muster
	Versehen der Zellen des markierten Bereiches mit einer leichten Schattierung	Format	Format Muster

Tabelle 20 Symbole der Symbolgruppe «Format» (Fortsetzung)

Symbol	Wirkung	Leiste	Befehlsäquivalent
	Versehen des markierten Bereiches mit einem der automatischen Formate	Standard, Format	Format Autoformatieren
	Versehen des markierten Bereiches mit dem aktuell festgelegten Währungsformat	Format	Format Zahlenformat
%	Versehen des markierten Bereiches mit dem aktuell festgelegten Prozentformat	Format	Format Zahlenformat
000	Versieht den markierten Bereich mit dem aktuell festgelegten Tausendertrennzeichen	Format	Format Zahlenformat
	Hinzufügen einer Dezimalstelle im markierten Bereich	Format	Format Zahlenformat
	Löschen einer Dezimalstelle im markierten Bereich	Format	Format Zahlenformat
Standard	Zuweisen eines Druckformates zum markierten Bereich oder Definieren eines neuen anhand der Markierung	Format; Standard	Format Druckformat_zuweisen

Tabelle 21 Symbole der Symbolgruppe «Formel»

Symbol	Wirkung	Leiste	Befehlsäquivalent
"="	Einfügen eines Gleichheitszeichens an der Einfügemarke in der Bearbeitungszeile	-	-
"+"	Einfügen eines Pluszeichens an der Einfügemarke in der Bearbeitungszeile	-	-
"–"	Einfügen eines Minuszeichens an der Einfügemarke in der Bearbeitungszeile	-	-
"*"	Einfügen eines Multiplikationszeichens an der Einfügemarke in der Bearbeitungszeile	-	-
"/"	Einfügen eines Divisionszeichens an der Einfügemarke in der Bearbeitungszeile	-	-
"^"	Einfügen eines Exponentialsysmbols an der Einfügemarke in der Bearbeitungszeile	-	-
"("	Einfügen einer öffnenden Klammer an der Einfügemarke in der Bearbeitungszeile	-	-
")"	Einfügen einer schließenden Klammer an der Einfügemarke in der Bearbeitungszeile	-	-

Tabelle 21 Symbole der Symbolgruppe «Formel» (Fortsetzung)

Symbol	Wirkung	Leiste	Befehlsäquivalent
	Einfügen eines Doppelpnktes an der Einfügemarke in der Bearbeitungszeile	-	-
	Einfügen eines Kommas an der Einfügemarke in der Bearbeitungszeile	-	-
	Einfügen eines Prozentzeichens an der Einfügemarke in der Bearbeitungszeile	-	-
	Einfügen eines absoluten Bezugszeichens an der Einfügemarke in der Bearbeitungszeile	-	-
Σ	Einfügen der Summe des anschließend eingegebenen Tabellenbereiches in die ausgewählte Zelle	Standard; Excel 3.0	Formel Funktion einfügen SUMME()
	Aufrufen des Dialogfeldes zum Einfügen einer Funktion	-	Formel Funktion einfügen
	Aufrufen des Dialogfeldes zum Einfügen von Namen	-	Formel Namen einfügen
	Einschränken der Handschrifterkennung auf Ziffern und Interpunktion	-	-

Tabelle 22 Symbole der Symbolgruppe «Makro»

Symbol	Wirkung	Leiste	Befehlsäquivalent
	Starten des Makro-Rekorders	Makro	Makro Aufzeichnug beginnen
	Beenden des Makro-Rekorders	Makro	Makro Aufzeichnung beenden
	Ausführen des aktuell gewählten Makros	Makro	Makro ausführen
	Ausführen des aktuell gewählten Makros im Schrittmodus	Makro	Makro ausführen Schritt
	Fortsetzen der Makro-ausführung, wenn sie angehalten wurde	Makro	-
	Aufrufen des Dialogfeldes zum Einfügen von Funktionen	Makro	Formel Funktion einfügen
	Aufrufen des Dialogfeldes zum Einfügen von Namen	Makro	Formel Namen einfügen

Tabelle 23 Symbole der Symbolgruppe «Text»

Symbol	Wirkung	Leiste	Befehlsäquivalent
F	Weist dem Text im markierten Bereich die Formatierung Fettdruck zu	Standard, Format	Format Schriftart
K	Weist dem Text im markierten Bereich die Formatierung Kursiv zu	Format; Standard	Format Schriftart
U	Unterstreicht Text in dem markierten Bereich	Format; Standard	Format Schriftart
D	Streicht Text im markierten Bereich durch	Format; Standard	Format Schriftart
	Verändert die Schriftfarbe im markierten Bereich	-	Format Schriftart
	Richtet die Inhalte des markierten Bereiches linksbündig aus	Standard; Excel 3.0	Format Ausrichtung
	Richtet die Inhalte des markierten Bereiches zentriert aus	Standard, Excel 3.0	Format Ausrichtung
	Richtet die Inhalte des markierten Bereiches rechtsbündig aus	Standard; Excel 3.0	Format Ausrichtung
	Zeigt die Inhalte des markierten Bereiches im Blocksatz	Format	Format Ausrichtung
	Zentrieren über einen horizontalen Tabellenbereich	Standard	Format Ausrichtung

Tabelle 23 Symbole der Symbolgruppe «Text» (Fortsetzung)

Symbol	Wirkung	Leiste	Befehlsäquivalent
MS Sans Serif	Verändern der Schriftart im markierten Bereich	Format	Format Schriftart
10	Verändern der Schriftgröße im markierten Bereich	Format	Format Schriftart
Standard	Ein Druckformat dem markierten Bereich zuweisen oder aber anhand des Bereiches ein Druckformat definieren	Format, Standard, Excel 3.0	Format Druckformat_zuweisen
A	Vergrößern der Schriftgröße auf die nächst größere verfügbare	Standard	Format Schriftart
A	Verkleinern der Schriftgröße auf die nächst kleinere verfügbare	Standard	Format Schriftart
ab	Richtet Text im markierten Bereich senkrecht aus und ordnet dabei die Buchstaben untereinander an	-	Format Ausrichtung
	Dreht den Text um minus 90 Grad, so daß man von unten nach oben liest	-	Format Ausrichtung
	Dreht den Text um 90 Grad, so daß man von oben nach unten liest	-	Format Ausrichtung

Tabelle 24 Symbole der Symbolgruppe «Werkzeug»

Symbol	Wirkung	Leiste	Befehlsäquivalent
Σ	Gibt in der ausgewählten Zelle die Summe des anegegebenen Bereiches aus	Standard, Excel 3.0	Formel Funktion einfügen SUMME()
	Symbol zum Einrichten eines Textfeldes oder zum Einfügen von nicht zugewiesenem Text in einem Diagramm	Werkzeug, Excel 3.0, Diagramm, Zeichnen	-
	Symbol zum Einrichten einer Schaltfläche, die dann mit einem Makro belegt werden kann	Excel 3.0, Werkzeug	-
	Erstellt ein Bild des markierten Bereichs und fügt dies als Objekt ein	Werkzeug, EXCEL 3.0	-
	Berechnet alle geöffneten Dateien neu	Werkzeug	Optionen Neu_Berechnen
	Ruft die Rechtschreibprüfung auf	Werkzeug	Optionen Rechtschreibung
	Versieht den Mauszeiger mit einem Fragezeichen; Sie können sich so durch Ausführen eines Befehls oder einer Aktion Hilfe hierzu anfordern	Standard	-
	Heraufstufen der markierten Zeilen oder Spalten in einer Gliederung	Werkzeug, Excel 3.0	Formel Gliederung

Tabelle 24 Symbole der Symbolgruppe «Werkzeug» (Fortsetzung)

Symbol	Wirkung	Leiste	Befehlsäquivalent
	Herunterstufen der markierten Zeilen oder Spalten in einer Gliederung	Werkzeug, Excel 3.0	Formel Gliederung
	Erstellt eine Gliederung (wenn keine vorhanden) und zeigt das Gliederungssymbol an	Werkzeug, Excel 3.0	-
	Markieren der sichtbaren Zellen im ausgewählten Bereich; ausgeblendete Zellen werden also nicht berücksichtigt	Werkzeug, Excel 3.0	Formel Inhalte auswählen
	Auswahl eines rechteckigen Zellbereiches um die aktive Zelle	-	-
	Sortieren der Zellen des markierten Bereiches in aufsteigender Reihenfolge	Werkzeug	Daten Sortieren
	Sortieren der Zellen des markierten Bereiches in absteigender Reihenfolge	Werkzeug	Daten Sortieren
	Schützen von Zellen und Objekten (nur bei geschützter Datei aktiv!)	Werkzeug	Optionen Datei schützen
	Fixieren des Fensters über und links der aktiven Zelle	-	-

Tabelle 24 Symbole der Symbolgruppe «Werkzeug» (Fortsetzung 2)

Symbol	Wirkung	Leiste	Befehlsäquivalent
	Vergrößern der Darstellung der aktiven Datei	Werkzeug	Fenster Zoom
	Verkleinern der Darstellung der aktiven Datei	Werkzeug	Fenster Zoom
	Aufrufen des Dialogfeldes Funktion einfügen	Makro	Formel Funktion einfügen

Tabelle 25 Symbole der Symbolgruppe «Zeichnen»

Symbol	Wirkung	Leiste	Befehlsäquivalent
	Zeichnet eine gerade Linie	Zeichnen	-
	Einfügen eines Pfeiles in eine Tabelle, Makrovorlage oder in ein Diagramm	Zeichnen, Diagramm	(nur in den Diagramm-Menüs)
	Zeichnet eine freihändige Linie	Zeichnen	-
	Einrichten eines Textfeldes oder einfügen nicht zugewiesenen Textes in einem Diagramm	Zeichnen, Werkzeug, Excel 3.0, Diagramm	-
	Einrichten einer Schaltfläche, der Sie ein Makro zuweisen können	Werkzeug, Excel 3.0	-
	Auswählen eines oder mehrerer Objekte	Zeichnen, Excel 3.0	Formel Inhalte auswählen

Tabelle 25 Symbole der Symbolgruppe «Zeichnen» (Fortsetzung)

Symbol	Wirkung	Leiste	Befehlsäquvalent
	Veränderung der Form eines Vielecks	Zeichnen	-
	Zeichnen eines Rechteckes oder eines Quadrates	Zeichnen	-
	Zeichnen einer Ellipse oder eines Kreises	Zeichnen	-
	Zeichnen eines Bogens	Zeichnen	-
	Zeichnen eines Vielecks	-	-
	Zeichnen eines Freihand-Vielecks	Zeichnen	-
	Zeichnen eines ausgefüllten Rechtecks oder Quadrates	Zeichnen	-
	Zeichnen einer ausgefüllten Ellipse oder eines ausgefüllten Kreises	Zeichnen	-
	Zeichnen eines ausgefüllten Kreissegmentes	Zeichnen	-
	Zeichnen eines ausgefüllten Vielecks	-	-
	Zeichnen eines ausgefüllten Freihand-Vielecks	Zeichnen	-

Tabelle 25 Symbole der Symbolgruppe «Zeichnen» (Fortsetzung 2)

Symbol	Wirkung	Leiste	Befehlsäquivalent
	Gruppieren der markierten Objekte	Zeichnen	-
	Aufheben der Gruppierung der markierten Objekte	Zeichnen	-
	Markiertes Objekt in den Vordergrund bringen	Zeichnen	-
	Markiertes Objekt in den Hintergrund bringen	Zeichnen	-
	Ändern der Farbe des Vordergrundes der markierten Zellen	Zeichnen	-
	Versehen des markierten Bereiches mit einer dunklen Schattierung	-	Format Muster
	Versehen des markierten Bereiches mit einer hellen Schattierung	-	Format Muster
	Versehen des markierten Bereiches mit einem Schatten	Zeichnen	Format Muster

Tabellen-Menüs

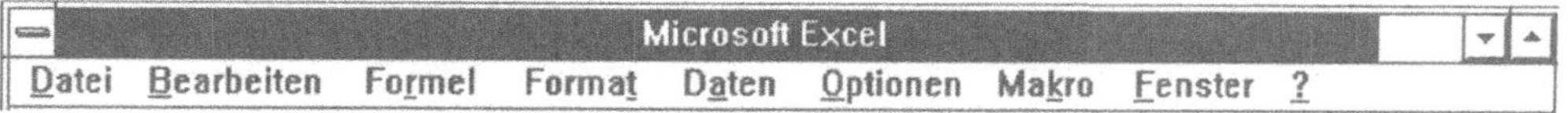

Datei

Neu...	
Öffnen...	Strg+F12
Schließen	
Verknüpfte Dateien öffnen...	
Speichern	Umschalt+F12
Speichern unter...	F12
Arbeitsmappe speichern...	
Datei löschen...	
Seitenansicht	
Seite einrichten...	
Drucken...	Strg+Umschalt+F12
Bericht drucken...	
1 \BEISPIEL\UMSFKT.XLS	
2 \BEISPIEL\KALK1ANT.XLS	
3 \BEISPIEL\KALK1.XLS	
Beenden	Alt+F4

Bearbeiten

Rückgängig nicht möglich	
Wiederholen nicht möglich	
Ausschneiden	Strg+X
Kopieren	Strg+C
Einfügen	Strg+V
Inhalte löschen...	Entf
Inhalte einfügen...	
Verknüpfung einfügen	
Zellen löschen...	
Zellen einfügen...	
Objekt einfügen...	
Rechts ausfüllen	Strg+R
Unten ausfüllen	Strg+U

Formel

Namen einfügen...	
Funktion einfügen...	
Namen festlegen...	
Namen übernehmen...	
Namen anwenden...	
Notiz...	
Gehe zu...	F5
Suchen...	Umschalt+F5
Ersetzen...	
Inhalte auswählen...	
Aktive Zelle zeigen	
Gliederung...	
Zielwertsuche...	
Szenario Manager...	
Solver...	

Tabellen-Menüs

Tabellen-Menüs

Diagramm-Menüs

Diagramm-Menüs

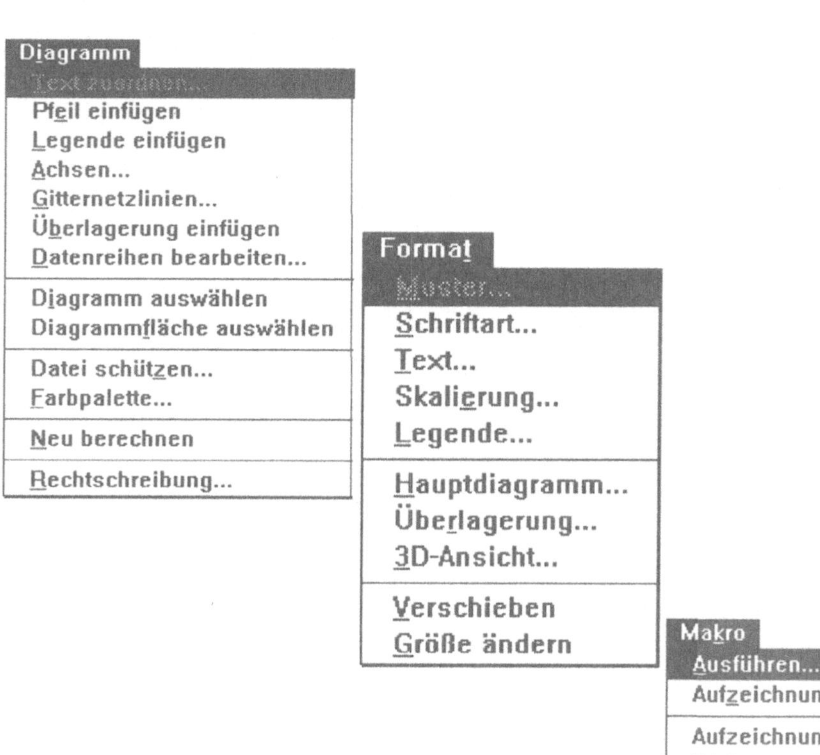

Diagramm-Menüs

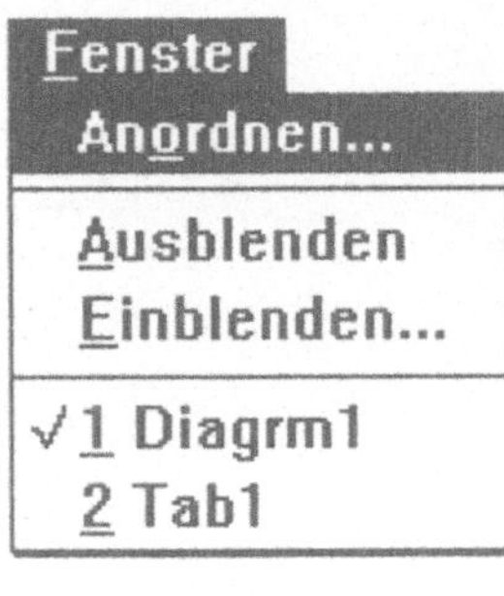

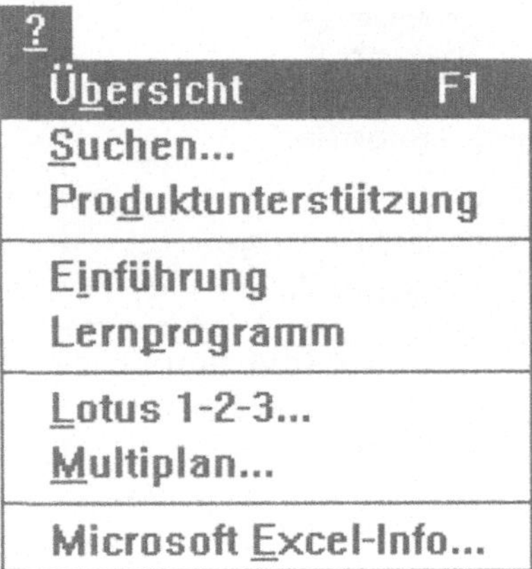

Info-Menüs

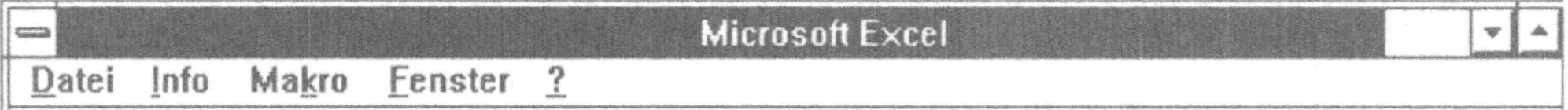

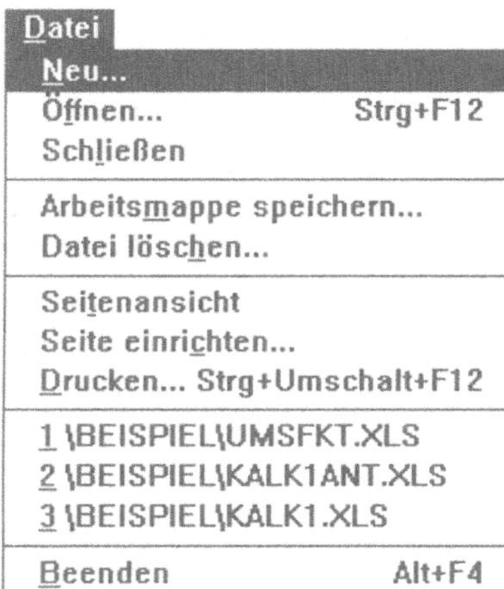

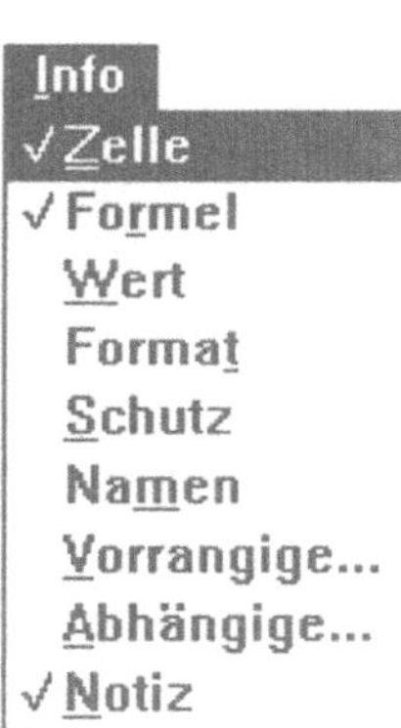

Info-Menüs

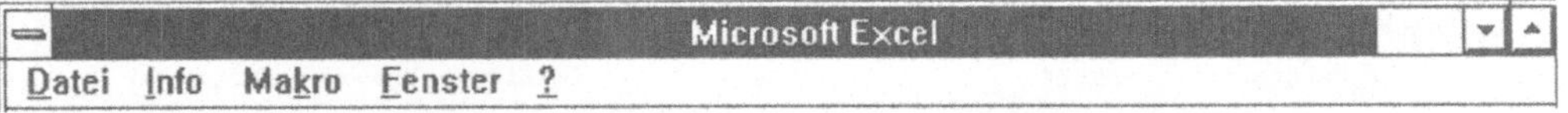

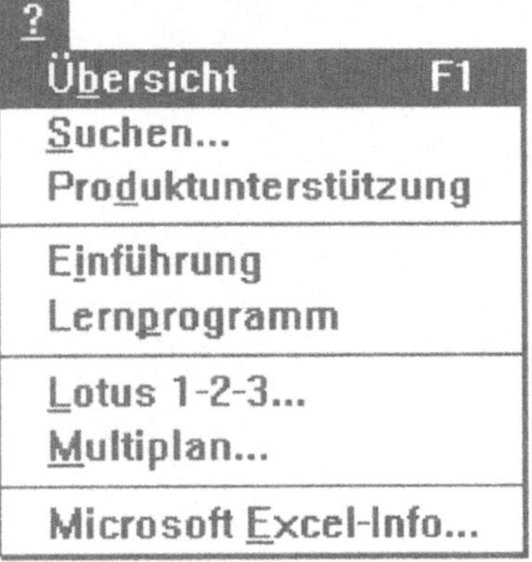

Microsoft Excel
Datei   Info   Makro   Fenster   ?

Fenster
Dokument anzeigen
Anordnen...
Einblenden...
√ 1 Info: Tab1
  2 Tab1

?
Übersicht   F1
Suchen...
Produktunterstützung
Einführung
Lernprogramm
Lotus 1-2-3...
Multiplan...
Microsoft Excel-Info...

Glossar

3D-Ansicht	Bestimmt die Perspektive und Betrachtungshöhe eines Diagramms.
3D-Formel	Formeln in *Arbeitsmappen*, die sich auf mehrere Dateien der Arbeitsmappe beziehen.
Abbrechen	Wenn Sie einen *Befehl* nicht zu Ende führen wollen, müssen Sie ihn abbrechen. Sie brechen einen Befehl ab, indem Sie mit der Maus in die entsprechende *Schaltfläche* klicken oder die ESC-Taste drücken.
Abbruchfeld	auch Schaltfläche Abbruch; Feld oder Schaltfläche neben oder unter der Schaltfläche OK. Wählen Sie dieses Feld aus, wenn Sie einen Befehl in einem Dialogfeld nicht zuende führen wollen. Siehe auch *Schaltfläche* und *Abbrechen*.
Abgeblendet	Nicht verfügbar, deaktiviert, moiriert oder grau hinterlegt. Eine abgeblendete Schaltfläche oder ein abgeblendeter Befehl wird nicht schwarz, sondern hellgrau angezeigt und kann nicht gewählt werden. Siehe auch *Grautondarstellung*.
Abgrenzung	Siehe *Druckabgrenzung* und *Arbeitsblattabgrenzung*
Abhängige Felder	Felder, deren Inhalte sich auf andere Felder derselben Tabelle oder einer anderen Tabelle beziehen.
Abkürzungstaste	Eine bestimmte Taste oder Tastenkombination, über die Sie bestimmte Befehle oder Funktionen aufrufen können, ohne einzeln die Menüs anzusteuern. Siehe auch *Tastaturschlüssel*.
Abschließen	Bestätigen der Eingaben eines Befehls; Excel führt den gewählten Befehl nun aus.
Ablaufprogramm	siehe *Makro*
Absolute Zelladresse	*Zelladresse*, die sich immer auf dieselbe Zelle bezieht, auch wenn die Formel kopiert wird, welche die Zelladresse beinhaltet. Die absolute Zelladresse wird in Formeln verwendet, die auf dieselbe Zelle Bezug nehmen sollen, auch wenn die Formel in eine andere Zelle kopiert wird. Soll zum Beispiel mit einem festen Zinssatz und variablen Kapitalbeträgen kalkuliert werden, so kann man Formeln erstellen, die auf eine Zelle Bezug nehmen, in welcher der Zinssatz steht. Siehe auch *relative Zelladresse*.
ADOBE TYPE MANAGER	Treiber für *WYSIWYG* Bildschirm- und Druckdarstellung, der im Lieferumfang von OS/2 2.0 enthalten ist.
Adresse	Gibt die Position einer Zelle in der Datei an. Die Adresse besteht bei Excel in der Z1S1-Notation aus einer Zeilennummer (1 bis 16384) und einer Spaltennummer (1 bis 256). In der A1-Notation besteht eine Adresse aus einem Spaltenbuchstaben (A bis IV) und einer Zeilennummer (1 bis 16384). Excel unterscheidet absolute und relative Adressen. Siehe auch *Zelladresse* und *Bereichsadresse*

Aktiendiagramm	Eine Grafik, mit der eine meßbare Menge, die Schwankungen unterliegt, über eine bestimmte Zeit verfolgt wird. Mit einem Aktiendiagramm können Sie die täglichen Kursschwankungen oder wöchentlichen Lufttemperaturen verfolgen.
Aktiv	Markiertes Feld, auf das sich die Eingabe beziehen soll.
Aktive Datei	Eine Excel *Tabellellendatei* im Arbeitsspeicher
Aktiver Bereich	Jener Teil der *aktuellen Tabellendatei*, der Zellen enthält, die durch Eingaben oder Parameter benutzt werden. Enthält eine Zelle ein Zahlenformat, wird diese in den aktiven Bereich aufgenommen, auch wenn sie leer ist. Die Größe des aktiven Bereichs eines Arbeitsblattes wirkt sich auf den benötigten Speicherplatz aus.
Aktivieren	Auswählen eines Tabellenfeldes oder -bereiches.
Aktuelle Datei	Die Datei, in welcher der *Zellzeiger* steht.
Aktuelle Zelle	Die Zelle, die den *Zellzeiger* im BEREIT-Modus enthält. Die Zelladresse wird im Adreßfeld angezeigt. Siehe auch *Bedienfeld*.
Anklicken	Sie zeigen mit dem Mauszeiger auf einen *Befehl* oder ein Feld und betätigen die linke Maustaste. Sie haben den Befehl bzw. das Feld dann angeklickt.
Anordnen	Positionieren aller geöffneten Fenster auf dem Bildschirm.
Anschluß	Eine (Steck-) Verbindung am Computer. Anschlüsse werden verwendet, um Geräte, wie zum Beispiel Drucker, Bildschirme und Modems, mit Ihrem Computer zu verbinden und um Daten von Ihrem Computer an andere Geräte zu senden. Die am häufigsten verwendeten Anschlüsse sind serielle Anschlüsse (COM) und parallele Anschlüsse (LPT). Überprüfen Sie bei Druckproblemen mit der WINDOWS Systemsteuerung, ob Sie den richtigen Druckeranschluß eingestellt haben.
ANSI-Code	*American National Standards Institute* (Amerikanisches Standards-Institut): Jedes Zeichen, das der Computer auf dem Bildschirm darstellt, hat in diesem Code eine Nummer. Die Anwendungsprogramme identifizieren alle Zeichen anhand dieser Nummern. Sie können somit jedes Zeichen auch mit Hilfe seines Zahlencodes eingeben. Es handelt sich hier um einen 8-Bit Zeichensatz mit 256 Zeichen. Siehe auch *ASCII*.
Anwendungs-fenster	Das Anwendungsfenster ist das Fenster des Bildschirmes, das Excel enthält. In den Arbeitsbereich des Anwendungsfensters, das *Dokumentfenster*, laden Sie Ihre Tabellen, Grafiken oder Makrovorlagen.
Anwendungs-programm	Programm, das bestimmte praxisbezogene Aufgaben beherrscht, die nicht zum Betriebssystem gehören.
Anwendungs-programm-symbol	Ein Symbol, die ein laufendes Anwendungsprogramm darstellt. Dieses Symbol erscheint erst, nach dem Sie ein Anwendungsprogramm gestartet und dann auf Symbolgröße verkleinert haben. Anwendungsprogramm-Symbole sind die einzigen Symbole, die

	direkt auf dem Desktop, d. h. außerhalb der Fensterrahmen, erscheinen. Sie verkleinern Excel, indem Sie den Befehl **Symbol** aus dem *Systemmenü* wählen oder das *Symbolfeld* anklicken.
Arbeitsbereich	Bereich eines Fensters, in dem die Informationen der bearbeiteten Daei angezeigt werden.
Arbeitsblatt	Das elektronische Excel *Kalkulationsblatt*, in dem Sie Arbeitsblattdaten und Datenbanktabellen eingeben und verarbeiten. Jedes Arbeitsblatt enthält bis zu 256 Spalten und 16384 Zeilen.
Arbeitsmappe	Datei, in der bis zu 256 Excel-Tabellen-, Diagramm- oder Makrodateien gespeichert und verwaltet werden können. Siehe auch *3D-Formel*
Archiv-Attribut	Ein Dateimerkmal, das bestimmt, ob die Datei kopiert wird, wenn Sie die MS-DOS-Befehle XCOPY, BACKUP oder RESTORE wählen.
Argument	Eine Zeichenfolge, ein Wert, eine Position (Bereichsname, Bereich oder Zelladresse) bzw. eine Bedingung für eine *Tabellenfunktion* oder einen höher entwickelten Makrobefehl. Die Argumente von Tabellenfunktionen werden durch ein Semikolon «;» voneinander getrennt. Sie folgen auf den Namen der Tabellenfunktion in Klammern, z.B. SUMME(A2..A19;F7..F54). Die Argumente für Makrobefehle, die ebenfalls durch ein Semikolon voneinander getrennt werden, folgen auf den Makrobefehl oder die Makrofunktion, z.B. FORMEL(Wert; Bezug).
Arithmetischer Operator	Siehe *Operator.*
Array	Rechteckiger Tabellenbereich; auch als *Matrix* bezeichnet
ASCII (American Standard Code for Information Interchange)	Der Standard-Zeichencode, den viele Computer benutzen. Siehe auch *ANSI.*
ASCII-Datei	Eine Datei, die nur ASCII-Zeichen enthält. Siehe auch *Textdatei* und *Druckdatei.*
Aufklappmenü	siehe *Pulldown-Menü*
Auflösung	Bezeichnet die Anzahl der Punkte je Flächeneinheit, die zur Darstellung eines Bildes auf dem Bildschirm oder Drucker verwendet wird. Je größer die Anzahl der Punkte, d. h. je höher die Auflösung, umso höher ist die Bildqualität.
Ausblenden	Ist ein Tabellenfeld oder ein Fenster ausgeblendet, so ist es nicht auf dem Bildschirm zu sehen. Es ist aber noch vorhanden und kann verwendet werden (s. auch *Einblenden*).
Ausführen	Starten eines Befehls oder eines (Anwendungs-) Programms.
Ausfüllfelder	Manchmal verwendeter Begriff für Text- oder Zahlenfelder in Dialogfeldern

Auslagerungsdatei	Ein Bereich auf Ihrer Festplatte, der im erweiterten Modus für 386-PC ausschließlich für WINDOWS reserviert ist. WINDOWS überträgt Informationen aus dem Speicher vorübergehend in die Auslagerungsdatei, um Speicher für andere Daten freizumachen. Richten Sie eine ständige Auslagerungsdatei ein, wenn Ihr PC über weniger als 8MB Speicher verfügt und Sie mit mehreren Programmen gleichzeitig oder mit großen Excel Dateien arbeiten.
Ausrichtungs-symbol	Symbol der *Symbolleiste* zum Ausrichten von Tabelleninhalten.
Ausschneiden	Dokument in einen temporären Speicherbereich, die sogenannte Zwischenablage, verschieben.
Auswählen	auch Auslösen; Aktion, die das Ausführen eines Befehls bewirkt. In der Regel markieren Sie dazu einen Befehl und drücken die linke Maustaste oder die ⌈Eingabe⌉-Taste.
Auswahlfelder	Synonym für Kontrollkästchen oder Optionsfelder in Dialogfeldern
Auswahlkästchen	Markierungsquadrate eines Objekts
Auswahl-kriterien	Kriterien, denen der Inhalt eines Datensatzes entsprechen muß. Mögliche Auswahlkriterien sind Zahlen oder Texte.
Auswahlsymbol	Symbol der *Symbolleiste* zur Auswahl von Objekten.
Automatischer Zeilenumbruch	Während einer Texteingabe das Verschieben des Textes zum Beginn einer neuen Zeile, wenn Sie am Zeilenende angelangt sind. Bei einem automatischen Zeilenumbruch müssen Sie nicht am Ende jeder Zeile innerhalb eines Absatzes die Eingabetaste drücken.
Balken-diagramm	Ein Diagramm, bei dem numerische Daten als Gruppe von gleichmäßig auf der X-Achse verteilten Balken dargestellt werden. Jeder Balken entspricht einem Wert des Datenbereichs.
Basis-Menüs	Dies sind die Menüs, die Sie sehen, wenn Sie keine *Datei* auf dem Arbeitsbereich geöffnet haben.
Bearbeitungszeile	Bereich des Anwendungsfensters, in dem die Zellinhalte bearbeitet werden.
Bedienfeld	Die obersten Zeilen des Excel-Fensters. Im Bedienfeld werden die Adresse der aktuellen Zeile und ihr Inhalt, der aktuelle Modus und Menüs angezeigt.
Befehl	Eine Anweisung an Excel. Zur Ausführung eines Befehls wählen Sie diesen aus einem *Menü*. Ein Befehl kann auch über ein Makro ausgeführt werden.
Befehlsschaltfläche	Eine Schaltfläche in einem Dialogfeld, mit der eine Aktion durchgeführt werden kann. Eine Befehlsschaltfläche hat meist eine Beschriftung, welche die Aktion beschreibt, die damit ausgeführt wird (zum Beispiel **Abbrechen, Hilfe,** oder **OK**). Wenn Sie eine Befehlsschaltfläche wählen, deren Name von Auslassungspunk-

	ten gefolgt ist (zum Beispiel **Durchsuchen...**), erscheint ein weiteres Dialogfeld.
Benutzer-oberfläche	Die Art der Datenausgabe auf dem Bildschirm und der Dateneingabe über Maus oder Tastatur. Man unterscheidet hier im wesentlichen zwischen zeichenorientierten Benutzeroberflächen wie DOS Prompt (CUI, Character User Interface) und grafikorientierten wie zum Beispiel Windows (GUI, Graphical User Interface).
Bereich	Eine Zelle bzw. eine rechteckige Gruppe aneinandergrenzender oder verstreuter Zellen
Bereichs-adresse	Die Position eines *Bereichs* einer Datei. Eine Bereichsadresse besteht aus den *Zelladressen* von zwei diagonal gegenüberliegenden Eckzellen des Bereichs, die durch zwei Punkte voneinander getrennt werden (z.B. Z12S1:Z20S5). Siehe auch *Zelladresse*.
Bereichsname	Ein Name, den Sie mit **Formel Namen festlegen** zur Angabe eines Bereichs erstellen. Mit den Bereichsnamen können Sie auf Zellen in Formeln und Befehlen Bezug nehmen.
Bestätigen	auch abschließen; damit schließen Sie eine Befehlseingabe ab. Dies kann entweder mit der *Schaltfläche* **OK** erfolgen oder mit der Eingabetaste.
Betriebssystem	Eine Reihe von Programmen, mit denen der Speicher und die Ausführung von anderen Programmen (wie z. B. Excel) im Computer verwaltet wird.
Bezug	Verweis auf ein anderes Feld oder einen anderen Tabellenbereich; liegt der Tabellenbereich in einer anderen Tabelle, so spricht man von einem externen *Bezug*. Mit Fernbezügen werden Objekte oder *Dateien* aus anderen Anwendungen bezeichnet, die mit Excel Tabellen verknüpft wurden. Man unterscheidet ferner relative und absolute Bezüge; siehe *Absolute Zelladresse* und *Relative Zelladresse*
Bezugs-operatoren	Operatoren, die einen *Bezug* auf ein Tabellenfeld oder einen Tabellenbereich angeben.
Bildlauf	das Bewegen durch Text oder Grafiken, um Teile einer Datei zu sehen, die nicht auf dem aktuellen Fensterausschnitt Platz haben.
Bildlauffeld	Feld zum Verschieben des Fensterausschnittes in der *Bildlaufleiste*.
Bildlaufleiste	Die Bildlaufleisten befinden sich am rechten und unteren Rand eines jeden Fensters unter WINDOWS, das größer ist, als der sichtbare Ausschnitt. Mit dem Bildlaufpfeil und dem Bildlauffeld können Sie den sichtbaren Dateiausschnitt verschieben und rollen.
Bildlaufpfeil	Felder an den beiden Enden der *Bildlaufleisten* zum Rollen des Bildschirmausschnittes.
Bildschirm-adapter	auch Grafikkarte; Hardware, die Speicherinhalte in Videoausgabe konvertiert.
Bildschirm-schoner	Ein sich bewegendes Bild oder Muster, das auf Ihrem Bildschirm erscheint, wenn Sie in WINDOWS oder OS/2 während eines angegebenen Zeitraumes weder die Maus bewegen noch eine

	Taste drücken. Bildschirmschoner verhindern, daß der Bildschirm Schaden erleidet, wenn während längerer Zeit die gleichen Bereiche hell und dunkel angezeigt werden.
Bildschirmschriftart	Die Schriftart, die auf Ihrem Bildschirm angezeigt wird und ungefähr der Druckerschriftart entspricht, damit Dokumente auf dem Bildschirm genauso wie im gedruckten Dokument aussehen. Siehe auch *ADOBE TYPE MANAGER*.
Bildschirmteiler	Feld zum Teilen des Tabellenfensters in Ausschnitte.
Bitmap	Ein Bild, das in Form eines aus Punkten bestehenden Musters gespeichert wird.
Blocksatz	Format für Text, in dem alle Zeilen links- und rechtsbündig abschließen.
Cursor	Das blinkende Unterstreichungszeichen, das die Position des nächsten Zeichens bei der Eingabe von Daten oder der Änderung eines Eintrags im Bedienfeld anzeigt. Der Cursor steht im BEREIT-Modus stets in der *aktuellen Zelle*. Siehe auch *Einfügemarke*.
Datei	Als Datei bezeichnen wir in diesem Buch ein gespeichertes Arbeitsblatt oder eine Datenbanktabelle.
Dateiattribute	Informationen über eine Datei, die angeben, ob die Datei schreibgeschützt, versteckt, oder eine Systemdatei ist, ob sie seit dem Erstellen der letzten Sicherungskopie geändert worden ist. Verwenden Sie Dateiattribute, um Ihre Arbeitsergebnisse zu schützen. Siehe auch *Paßwort* und *Schutz*.
Dateiausschnitt	Der Teil einer Datei, der in einem Fenster sichtbar ist. Siehe auch *Bildlaufleiste*.
Dateifenster	Fenster zur Aufnahme von Diagramm-, Tabellen oder Makrodateien sowie der Infofenster im Arbeitsbereich des Excel *Anwendungsfensters*
Dateiformat	Die Form, in der Informationen in einer Datei gespeichert sind. Anwendungsprogramme speichern Dokumentdateien in einem bestimmten Format. Ein Format, das von einem Anwendungsprogramm gelesen werden kann, kann vielleicht von einem anderen Anwendungsprogramm nicht gelesen werden.
Datei-Manager	Windows Programm, das Werkzeuge zur Arbeit mit Dateien und Verzeichnissen zur Verfügung stellt.
Dateiname	Mit einem Dateinamen wird unter DOS und OS/2 eine *Datei* gespeichert. Bei DOS besteht jeder Dateiname aus maximal 8 frei wählbaren Zeichen und einer dreistelligen *Dateinamenerweiterung*, die den Dateityp bezeichnet. Diese beiden Teile des Namens werden durch einen Punkt voneinander getrennt. Unter OS/2 hängt die Dateinamenskonvention vom installierten Dateimanager ab.
Dateinamenserweiterung	Ein .(Punkt) gefolgt von maximal drei Zeichen am Ende eines Dateinames. Beim Speichern einer Datei können Sie eine eigene

Dateinamenerweiterung eingeben. Ansonsten fügt Excel automatisch .XLS zu *Arbeitsblattdateien*, .XLW zu *Arbeitsmappen*, .XLC zu *Diagrammdateien* und .XLM oder .XLA zu *Makrodateien* hinzu. Diese Dateien kann Excel anschließend lesen und auch wieder schreiben.

Dateireferenz	Ein *Dateiname* und die zugehörige *Dateinamenerweiterung* mit oder ohne *Pfad* in «'» (Apostroph). Sie wird in Formeln und Befehlen benutzt, um Bezug auf Daten zu nehmen, die in einer nicht aktuellen Datei stehen.
Daten	Informationen, die Sie in ein Arbeitsblatt eingeben. Sie können drei Arten von Daten in Excel eingeben: Texte, Werte und Formeln.
Datenbank	Eine Datenbank ist eine geordnete Sammlung von *Datenbanktabellen* mit einer von Ihnen festgelegten Struktur. Außerdem bezeichnet Excel in Datenbanktabellen den Bereich, den sie als datenbank festgelegt haben, mit dem Namen *Datenbank*.
Datenbankprogramm	Ein Programm, mit dem *Datenbanktabellen* erstellt und verarbeitet werden. So ist z. B. dBASE IV ein einfaches Datenbankprogramm.
Datenbanktabelle	Ein Bereich mit dazugehörigen Daten, die in Zeilen und Spalten angeordnet sind. Eine Excel-Datenbanktabelle besteht aus *Feldern*, die bestimmte Arten von Informationen enthalten und *Datensätzen*, die Einträge für einen Position in jedem Feld enthalten. In einer Excel-Datenbanktabelle sind die Felder in Spalten und die Datensätze in Zeilen angeordnet. Jede Zelle enthält einen Feldeintrag. So enthält z. B. eine Datenbanktabelle mit Mitarbeiterdaten Felder wie Nachname, Vorname usw. Jeder Datensatz enthält Angaben über Mitarbeiter.
Datendatei	auch *Dokument*. Eine beliebige in einem Anwendungsprogramm erstellte Datei, zum Beispiel ein Textverarbeitungsdokument, eine Kalkulationstabelle oder eine Datenbankdatei.
Dateneingabebereich	Ein Bereich aus ungeschützten Zellen, in den Sie Daten eingeben können.
Datenpunkt	Einzelner Wert in der *Datenreihe* eines Diagramms
Datenreihe	Reihe von Daten (Zahlen), die in einem Diagramm ausgewertet wird; dies entspricht entweder einer Zeile oder einer Spalte Ihrer Tabelle.
Datensatz	Eine einzeilige Sammlung von Informationen über ein Objekt in einer *Datenbanktabelle*. Die erste Zelle einer Datenbanktabelle enthält *Feldnamen* und alle weiteren Zeilen Datensätze.
Datenträger	Wenn Sie Informationen auf einem Datenträger speichern, bleiben sie dort auch nach dem Ausschalten des Computers erhalten, im Gegensatz zu den Informationen im Arbeitsspeicher (RAM). Disketten können in die Laufwerke des Computers eingelegt und daraus entfernt werden, während die meisten Festplatten dauerhaft in ihre Laufwerke eingebaut sind.

Datenträger-bezeichnung	Siehe *Laufwerksbezeichnung*.
Datum-seriennummer	Eine Nummer von 1 bis 65380, die Excel jedem Datum vom 1. Januar 1900 bis zum 31. Dezember 2078 zur Benutzung in Berechnungen zuweist.
Datumsformat	Eines der Formate, mit dem Excel eine Datumsangabe auf dem Bildschirm anzeigen kann. Mit den Datumsformaten wird die Anzeige der Datumseriennummern festgelegt.
DDE	*Dynamic Data Exchange* (dynamischer Datenaustausch); Tabelleninhalte von Excel können mit anderen Anwendungsprogrammen verknüpft werden. Änderungen in der Ursprungstabelle unter Excel werden dann, wenn Sie es wünschen, auch in der verknüpften *Datei* nachvollzogen. Eine solche Verknüpfung ist mit allen Windows-Anwendungsprogrammen möglich.
Deaktivieren	Das Ausschalten einer Option.
Desktop	Die Bildschirmarbeitsfläche, die bei Windows zur Verfügung steht.
Desktop-Muster	Speicherfressender Schnickschnack, um den Hintergrund Ihres Desktops individuell zu gestalten. Sie können die Systemsteuerung verwenden, um Ihr eigenes Muster zu erstellen, oder Sie können eines der Muster wählen, die Ihnen WINDOWS zur Verfügung stellt.
Diagrammassistent	Eine Reihe von fünf Dialogfeldern zum menügeführten Erstellen eines Diagramms.
Diagramm-Menüs	Dies sind die Menüs, mit denen Sie Diagramme bearbeiten
Dialogfeld	auch Dialogfenster. Ein Fenster, in dem Sie Einzelheiten zu einem *Befehl* eingeben oder auswählen können. Hinter den meisten Befehlen unter Excel verbergen sich solche Dialogfelder.
Diskette	Ein magnetisches Speichermedium für Dateien. Verbreitet sind die Formate 5 1/4 mit 360 KB und 1,2 MB sowie 3 1/2 mit 720 KB, 1,44 MB oder sogar 2,88 MB.
Disketten-laufwerk	Ein Teil der Computerhardware, in den eine *Diskette* eingelegt wird. Von hier werden auf der Diskette gespeicherte Daten in den Arbeitsspeicher geladen und neue Daten aus dem Arbeitsspeicher hier auf der Diskette abgelegt.
Dokument	auch Formular; alles, was Sie mit einem Anwendungsprogramm erstellen, einschließlich der Informationen, die Sie eingeben, bearbeiten, einsehen oder speichern. Bei einem Dokument kann es sich beispielsweise um einen Geschäftsbericht, eine Kalkulationstabelle, eine Grafik oder einen Brief handeln. Das Dokument wird in Form einer Datei auf einem *Datenträger* gespeichert.
Dokumentdatei	Eine Datei, die mit einem Anwendungsprogramm verknüpft ist. Wenn Sie eine Dokumentdatei im Datei-Manager öffnen, wird das Anwendungsprogramm gestartet und die Datei geladen.

Dokumentdatei- symbol	Stellt im Datei-Manager von WINDOWS 3.0 eine Datei dar, die mit einem Anwendungsprogramm verknüpft ist. Wenn Sie das Dokumentdateisymbol wählen, wird das Anwendungsprogramm gestartet und die Datei geladen. Bei WINDOWS 3.1 doppelklicken Sie einfach auf den Dateinamen.
Dokument- symbol	Ein Symbol, das ein Dokumentfenster darstellt, welches auf Symbolgröße verkleinert wurde.
Doppelt klicken	auch Doppelklick; Verfahren zum verkürzten Auslösen einiger *Befehle*; drücken Sie hierzu die linke Maustaste zweimal kurz hintereinander.
DRAG AND DROP	siehe *Ziehen und Ablegen*
Dropdown-Liste	Element eines *Dialogfeldes*; es wird nur das erste Element der Liste angezeigt; die ganze Liste sieht man nach der Auswahl des Dropdown-Feldes.
Druckausgabe	Druckanweisungen an einen Drucker. In Excel erstellen Sie jedesmal eine Druckausgabe, wenn Sie den Befehl **Datei Drucken** geben, einen Druckbereich auswählen und im Dialogfenster mit OK bestätigen.
Druckbereich	Der Bereich des Dokumentes, der auf der Druckausgabe erscheinen soll; dieser Bereich wird in der Tabelle durch eine gestrichelte Linie begrenzt.
Drucker- schnittstelle	Ein Drucker muß die Daten, die er drucken soll, vom Computer übermittelt bekommen. Dazu ist er mit dem Computer über die sogenannte Druckerschnittstelle verbunden. Es gibt zwei verschiedene Sorten von Druckerschnittstellen: Bei *Seriellen Druckerschnittstellen* werden die Daten Bit für Bit nacheinander zum Drucker übertragen. Sie werden mit COM1: bis COM4: bezeichnet. Eine *Parallele Druckerschnittstelle* überträgt die 8 Bit sowie das Kontrollbit (Paritybit) gleichzeitig an den Computer und ist somit in der Regel schneller als eine serielle Schnittstelle. Sie werden mit .PRN: sowie mit LPT1: bis LPT3: bezeichnet. Meist sind Drucker parallel mit dem Computer verknüpft.
Drucker- schriftarten	Schriftarten, die im Speicher Ihres Druckers gespeichert sind, oder ladbare Schriften, die vor dem Drucken eines Dokuments an Ihren Drucker gesendet werden. Da die Schriftart nur auf den Drucker abgestimmt ist, kann WINDOWS und damit auch Excel die Schriftarten nur annähernd darstellen. Siehe auch *Bildschirmschriftart, ladbare Schriftart, TrueType-Schriftarten* und *ADOBE TYPE MANAGER*.
Druckertreiber	Ein Programm, das steuert, wie Ihr Computer und Drucker zusammenarbeiten. Ein Druckertreiber liefert Windows z. B. Informationen über die Schriftarten und Merkmale des installierten Druckers.

Drucker- warteschlange	Eine Liste der Dateien, die zum Druck-Manager gesendet worden sind. Die Liste des Windows oder OS/2 *Druck-Managers* zeigt an, welche Datei gerade gedruckt wird und welche Daten noch gedruckt werden müssen. Aktivieren Sie den Druck-Manager, bevor Sie ihn benutzen.
Druckformat	auch Formatvorlage; Zusammenstellung von Formatierungen, die über einen Namen abgerufen werden kann.
Druck-Manager	Programm unter Windows und OS/2, das von Anwendungsprogrammen erstellte Druckdateien in einer Druckerwarteschlange verwaltet. Der Druck-Manager arbeitet meist im Verborgenen. Während er die Druckerwarteschlange ausdruckt, kann im Anwendungsprogramm weitergearbeitet werden.
Druckparameter	Die Optionen, die Sie beim Ausdrucken angeben. Wenn Sie Druckparameter als eine Gruppe mit Druckparameter-Namen speichern, können Sie sie erneut für andere *Druckausgaben* benutzen, ohne sie neu zu definieren. Besondere Fonts, Ränder, Kopfzeilen und Zeichenabstände können in den Druckparametern für eine Druckausgabe enthalten sein.
DTP	*Desk Top Publishing*, auch PC-Satz: Hierunter versteht man das Gestalten umfangreicher Texte zusammen mit Bildern und Grafiken für eine Zeitschrift oder ein Buch. Im kleinem Umfang leisten dies heute auch schon Textverarbeitungssysteme und Tabellenkalkulationsprogramme wie Excel.
Durchsuchen	Das Blättern durch Dateien und Verzeichnisse.
EDV	*Elektronische Datenverarbeitung*, auch einfach DV: Dies ist der Sammelbegriff für das Bearbeiten von Daten mit Computern.
Einbetten	Ein mit einem anderen Anwendungsprogamm erstelltes Objekt in ein Dokument einfügen. Das eingebettete Objekt kann innerhalb des Dokuments bearbeitet werden. Siehe auch *Verknüpfen, OLE*.
Einbetten und Verknüpfen von Objekten (OLE)	Eine Methode für das Übertragen und gemeinsame Benutzen von Informationen zwischen Anwendungsprogrammen. OLE steht für Object Linking and Embedding. Siehe auch *Einbetten, Verknüpfen*.
Einblenden	Ist ein Fenster oder ein Tabellenfeld eingeblendet, so ist es in der festgelegten Größe sichtbar (s. auch *Ausblenden*).
Einfügemarke	auch Textcursor, siehe *Schreibmarke*.
Einfügen	Den Inhalt der Zwischenablage in ein Anwendungsprogramm einfügen. Windows- und OS/2-Anwendungsprogramme haben in ihrem Menü **Bearbeiten** einen Befehl **Einfügen** (bei Excel entweder **Inhalte einfügen** oder **Objekt einfügen**) mit dem diese Aufgabe durchgeführt werden kann.
Einfügestelle	Siehe *Einfügemarke*.
Eingabe	hier: Erfassen von Informationen über die Computertastatur mit einem Abschluß durch Drücken der Eingabetaste.

Eingabetaste	auch RETURN-Taste oder ENTER-Taste; auf der Computertastatur meist gekennzeichnet durch einen nach links weisenden Eckpfeil. Drücken Sie diese Taste, um eine eingegebene Information vom Computer verarbeiten zu lassen.
Eingebettetes Objekt	Ein in ein Dokument eingefügtes Objekt, das mit einem anderen Anwendungsprogramm erstellt wurde. Eingebettete Objekte können innerhalb des Dokuments bearbeitet werden. Siehe auch *verknüpftes Objekt*.
Eintrag	In eine Zelle eingegebene Daten. Jeder Eintrag ist ein *Text* oder ein *Wert*.
Erweitern	Markieren mehrerer Zellen der Tabelle.
Erweiterter ASCII-Code	siehe *ASCII-Code*
Erweiterter Windows-Modus für 386-PC (und höhere Versionen)	Ein Modus, in dem Windows ausgeführt wird, um die virtuellen Speicherfunktionen des Intel 80386-Prozessors auszunutzen. In diesem Modus kann Windows mehr Speicherplatz (virtuellen Speicher) verwenden, als physisch verfügbar ist und Multitasking auch mit Nicht-Windows-Anwendungen ermöglichen. Siehe auch *virtueller Speicher*.
Erweiterung	Siehe *Dateinamenerweiterung*.
Erweiterungsspeicher	Speicher oberhalb der 1-Megabyte-Grenze bei DOS-Systemen. Erweiterungsspeicher steht den unter DOS ablaufenden Anwendungsprogrammen nicht direkt zur Verfügung.
Expansionsspeicher	Speicherplatz oberhalb der 640KByte.
Externer Bezug	Siehe *Bezug*
Farbschemata	Eine vorgegebene Kombination von zusammenpassenden Farben, die Windows, OS/2 und Excel für ihre Bildschirmelemente verwenden. Sie können ein vorhandenes Farbschema auswählen oder selbst eines erstellen.
Fehlermeldung	Eine Meldung, die Excel anzeigt, wenn es einen Fehler entdeckt oder eine Aufgabe nicht ausführen kann.
Fehlerwartezeit	Der Zeitraum, den der Computer abwarten soll, nachdem ein Gerät auf eine Befehlsaufforderung nicht reagiert, bevor er dies als Fehler erkennt.
Feld	1. Eine mit einer Spaltenüberschrift versehene Spalte in einer *Datenbanktabelle*, die für jeden *Datensatz* dieselbe Art von Informationen enthält. So enthält z. B. das Feld «Nachname» alle Nachnamen in einer Datenbanktabelle. 2. Manchmal auch abkürzend für Gruppen- oder Optionsfelder in Dialogfeldern.
Feldnamen	Die Texte in der ersten Zelle einer *Datenbanktabelle*, mit denen der Inhalt jedes *Feldes* bezeichnet wird. So enthält z. B. eine Mitarbeiterdatenbank im allgemeinen Feldnamen wie «Vorname», «Nach-

	name» und «Mitarbeiternummer». Der Begriff feldnamen wird auch für Namen verwendet, die Tabellenbereichen zugeordnet sind (siehe auch *Bereichsnamen, Zellnamen*).
Fenster	Rechteckiger Bereich auf dem Bildschirm, in dem ein Anwendungsprogramm oder seine Teile erscheinen. Ein Fenster besteht aus einer Titelzeile, einer Menüleiste, dem Arbeitsbereich zum Anzeigen der Dateiinhalte sowie bis zu zwei Bildlaufleisten (siehe auch *Einblenden, Ausblenden, Anordnen, Verschieben*).
Fernbezug	Siehe *Bezug*
Festplatte	Ein magnetisches Speichermedium mit einer wesentlich größeren Speicherkapazität als eine *Diskette*. Die Festplatte ist meist in den Computer eingebaut.
Flächendiagramm	Ein *Liniendiagramm*, bei dem die Fläche zwischen den einzelnen Datenbereichen mit unterschiedlichen Schraffurmustern oder Farben ausgefüllt wird.
Folgeeffekt	Eine Formel, die von einer anderen Formel abhängt, die eine *Fehlermeldung* ergibt.
Font	Eine Schriftart, mit der Excel Dateien oder Text von Grafiken ausdruckt.
Format	siehe *Formatcode*
Formatcode	auch *Format*; ein Formatcode legt fest, welches Format ein Zahlen- oder Datumsfeld bekommen soll. Für den Begriff *Formatcode* wird häufig einfach Format verwendet.
Formatieren	Vorbereiten einer Festplatte oder Diskette für das Speichern von Informationen. Das Formatieren löscht je nach Parametern vorher vorhandene Informationen.
Formatvorlage	siehe *Druckformat*
Formel	Ein Ausdruck, mit dem Werte in einem Arbeitsblatt berechnet werden. Eine Excel Formel kann *Tabellenfunktionen* enthalten.
Formular	Wir verwenden den Begriff *Formular* in diesem Buch häufig synonym mit dem Begriff *Datei*, Tabelle oder *Arbeitsblatt*; siehe auch *Dokument*.
Funktion	Eingebaute Formel, mit der besondere Berechnungen automatisch ausgeführt werden können.
Funktionstasten	Die Tasten F1 bis F12 auf der Tastatur, mit denen einzeln oder in Verbindung mit Alt, Strg und Umschalt besondere Excel Funktionen ausgeführt werden.
Fußzeile	Eine Textzeile, die Excel an den unteren Rand jeder Seite druckt.
Gerät	Ein Bestandteil der Hardwarekonfiguration Ihres Systems, zum Beispiel ein Modem, ein Drucker, eine Maus oder ein Laufwerk.
Gitternetzlinien	Trennlinien zwischen Feldern einer Tabelle; Sie können die Anzeige von *Gitternetzlinien* auf dem Bildschirm und Ausdruck unterdrücken.

Grafikauflösung	Der Qualitätsgrad, mit dem Windows Grafiken druckt. je höher die Auflösung, umso besser ist die Qualität der gedruckten Grafiken. Das Drucken von Grafiken mit einer höheren Auflösung dauert etwas länger. Sie stellen die Auflösung mit der Windows *Systemsteuerung* ein.
Grafikkarte	siehe *Bildschirmadapter*
Grafikmodus	Der Modus, in dem Anwendungsprogramme nicht nur Text, sondern auch Bilder anzeigen können. Windows-Anwendungen werden immer im Grafikmodus ausgeführt, während andere Anwendungsprogramme auch im Textmodus ausgeführt werden.
Grauton-darstellung	Zeigt solche *Befehle* in *einem Befehlsmenü*, die Sie zur Zeit nicht ausführen können (zum Beispiel den *Befehl* Drucken..., wenn kein Drucker angeschlossen ist). Siehe auch *abgeblendet*.
Größenachse	auch y-Achse; senkrechte Achse (Abzisse) eines Diagramms (s. auch *Rubrikenachse*)
Grundfarben	Die Farben Rot, Grün und Blau. Aus diesen Farben lassen sich alle gewünschten *Mischfarben* erzeugen. Sie selbst können durch Mischen untereinander nicht gebildet werden.
Gruppe	Eine Sammlung von Anwendungsprogrammen, Zubehör oder Dokumenten innerhalb des Windows *Programm-Managers*.
Gruppenfeld	Gruppierung mehrerer Optionsschaltflächen oder Kontrollkästchen in einem Dialogfeld
Gruppenfenster	Ein Fenster, in dem die Elemente einer Gruppe innerhalb des Programm-Managers angezeigt werden.
Gruppensymbol	Das Symbol, das im Programm-Manager eine Gruppe darstellt, wenn das Gruppenfenster auf Symbolgröße verkleinert ist. Um eine Gruppe zu öffnen und den Inhalt zu sehen, wählen Sie das Gruppensymbol.
Hardware	Die Bestandteile Ihres Computersystems, einschließlich Tastatur, Maus, Laufwerke und Bildschirm.
Hauptgruppe	Fenster von Windows, das die wichtigsten Windows-Werkzeuge enthält (Dateimanager, Zwischenablage, Druck-Manager, Systemsteuerung, Windows-Setup, DOS-Eingabeaufforderung).
Hervorhebung	Die Hervorhebung erscheint auf dem Bildschirm heller oder in anderer Farbe als der restliche Hintergrund. Siehe auch *Markiert*.
Hilfe	Die Hilfe von Excel ist ein Handbuch in Fensterform. Sie haben gegenüber einem Handbuch den Vorteil, daß Sie menüunterstützt in der Hilfe suchen und sich das Hilfefenster zusammen mit dem Excel *Fenster* auf dem Bildschirm anzeigen lassen können, beliebige Ausschnitte des Hilfefensters können Sie drucken oder in die Zwischenablage kopieren.
Hintergrund	Ein auf dem Desktop angezeigtes Bild. Diese Bilder werden üblicherweise in einer Bitmapdatei gespeichert, welche die Erweiterung .BMP hat.

Hoher Speicherbereich (Upper Memory Area - UMA)	Der 384 KB große Speicherbereich direkt oberhalb der 640 KB des konventionellen Speichers. Normalerweise ist dieser Bereich für Ihre Systemhardware, zum Beispiel für Ihren Bildschirm, reserviert, und wird nicht als Teil des insgesamt zur Verfügung stehenden Arbeitsspeichers betrachtet, weil Anwendungsprogramme in diesem Bereich keine Daten speichern können.
Inaktiv	Beschreibt ein nicht aktives Objekt (Tabellenfeld oder *Befehl*).
Inaktives Fenster	auch Hintergrundfenster. Jedes offene Fenster, in dem Sie im Moment nicht arbeiten.
Installations-Programm	Das Excel Programm, um Excel unter Windows oder OS/2 2.0 einzurichten.
Joker	Das Sternchen («*») oder Fragezeichen («?») in einem Dateinamen heißen Joker. Sie stehen stellvertretend für ein einzelnes Zeichen («?») oder eine beliebige Anzahl aufeinanderfolgender Zeichen («*») beim Auflisten oder beim Ansprechen von Dateien.
Kamerasymbol	Symbol der *Symbolleiste* zum Kopieren von Teilen der Tabelle in die Windows-Zwischenablage.
Kennwort	siehe *Paßwort*
Klicken	auch Anklicken; Kurzzeitiges Drücken einer Maustaste.
Knopf	siehe *Symbolschaltfläche*
Kontext-Menü	Mit der rechten Maustaste aufzurufendes Menü, das Einstellungen zu der jeweiligen Markierung ermöglicht.
Kontrollfeld	auch Kontrollkästchen. Element eines *Dialogfeldes*. Markieren schaltet eine Option ein, nochmaliges Markieren schaltet die sie wieder aus.
Konventioneller Speicher	Die ersten 640 KB des Arbeitsspeichers, die MS-DOS für das Ausführen von Anwendungsprogrammen verwendet.
Koordinatenachsen	siehe *Größenachse* und *Rubrikenachse*
Kopfzeile	eine Textzeile, die Excel an den oberen Rand jeder Seite druckt.
Kopieren	Vervielfältigen von Tabellenbereichen (oder auch *Dateien*) in einen anderen Tabellenbereich, eine andere Tabelle oder ein anderes Verzeichnis bzw. Laufwerk. (siehe auch *Verschieben*)
Kreisdiagramm	Eine Grafik, mit der die Teile eines Ganzen verglichen werden. In einem Kreisdiagramm entspricht jeder Wert im Datenbereich einem Kreissegment. Die Größe jedes Kreissegmentes entspricht dem Prozentsatz, den jeder Wert in diesem Ganzen darstellt.
Kriterien	auch *Suchkriterien*; Daten, die Sie in einen Kriterienbereich eingeben, mit dem Excel *Datensätze* in einer *Datenbanktabelle* sucht.
Kriterienbereich	auch *Suchkriterienbereich*; der Bereich, in dem die *Kriterien* stehen. Der Kriterienbereich muß genaue Kopien der *Feldnamen* der *Datenbank* enthalten.
Laden	auch Öffnen; den Inhalt einer *Datei* verfügbar machen. Diese Datei wird bei Excel zur *aktuellen Datei* gemacht.

Laufrahmen	auch Laufband; Markierung der in die Windows-*Zwischenablage* kopierten Tabellenbereiche
Laufwerksbuchstabe	Der Buchstabe, mit dem ein Laufwerk bezeichnet wird - zum Beispiel C.
Laufwerksname	Die beiden Zeichen (ein Buchstabe und ein Doppelpunkt), mit denen das Laufwerk gekennzeichnet wird. So ist z. B. C: der Name von Laufwerk C, dem ersten *Festplattenlaufwerk* in Ihrem Computer.
Layout	Unter dem Layout versteht man i.w.S. die Gestaltung des Aussehens eines Textes oder einer Tabelle, d.h. die Festlegung der Ränder, Inhalt von Kopf- und Fußzeile, Hintergrundschattierungen, ...
Leere Zelle	Eine Zelle, die keine Formatierung und keine Daten enthält.
Legende	Die Erläuterung von Mustern, Symbolen, oder Farben, mit denen Datenbereiche in einer Grafik gekennzeichnet werden. Die Legenden und zugehörigen Muster, Symbole oder Farben stehen unter der Grafik.
Liniendiagramm	Eine Grafik, in der numerische Werte durch Punkte dargestellt werden, die durch eine Linie verbunden sind. Mit einem Liniendiagramm können insbesondere zeitabhängige Änderungen dargestellt werden.
Listenfeld	Element eines *Dialogfeldes*; aus Listenfeldern wählen Sie Texte oder Werte aus.
Logischer Operator	Ein Operator, der in einer logischen Formel zur Bezeichnung von Gleichheit oder Ungleichheit benutzt wird. Die logischen Operatoren sind: Gleich (=), kleiner als (<), größer als (>), kleiner als oder gleich (<=), größer als oder gleich (>=), ungleich (<>), logisches NICHT (NICHT), logisches UND (UND) sowie logisches ODER (ODER).
LPT-Anschluß	Siehe *paralleler Anschluß*.
Makro	1. Ein Ablaufprogramm unter Excel. 2. Im Recorder unter Windows eine Reihe aufgezeichneter Aktionen. Sie können den Recorder verwenden, um Makros zu erstellen. Wenn Sie einen Makro ausführen, führt der Recorder alle aufgezeichneten Aktionen durch.
Markieren	auch *hervorheben*; Üblicherweise das Auswählen von Text, damit er in die Zwischenablage kopiert werden kann.
Markiert	auch hervorgehoben; bedeutet, daß ein Objekt oder Text ausgewählt ist und von Ihrer nächsten Aktion beeinflußt wird. Auf Schwarzweiß-Bildschirmen wird markierter Text invertiert, auf Farbbildschirmen auch farbig dargestellt. Hervorgehobene Objekte können eine andere Farbe haben oder von einem Balken-Cursor umgeben sein. Sie können die Farbe der *Hervorhebung* direkt mit der Windows-*Systemsteuerung* oder über Excel ändern.

Markierung erweitern	Das Markieren von mehr als einem Element. Im Datei-Manager können Sie beispielsweise eine Gruppe von Dateien markieren, die Sie verschieben oder kopieren möchten.
Mahrfachauswahl	Markieren eines verstreuten Tabellenbereiches, also nicht zusammenhängender Zellen
Mehrfacheingabe	Eingabe einer Formel in mehrere Zellen gleichzeitig; eine solche Eingabe wird mit dem Tastenschlüssel (Strg)-(Eingabe)-Taste abgeschlossen
Mehrfachoperation	Was-wäre-wenn-Analyse, bei der für ein oder zwei veränderliche Zellen vorher festgelegte Werte eingesetzt werden; das Ergebnis erscheint im sogenannten Mehrfachoperationsbereich.
Mauszeiger	Symbol, das anzeigt, auf welchen Bereich des Bildschirms der nächste Mausbefehl angewendet wird. Die Form des Mauszeigers ändert sich, je nach dem, welchen Arbeitsschritt Sie durchführen.
Menü	Eine Liste verfügbarer Befehle in einem Anwendungsprogrammfenster. Menünamen erscheinen in der Menüleiste oben im Fenster. Sie öffnen ein Menü, indem Sie den betreffenden Menünamen wählen. Anschließend können Sie einen Befehl wählen. Siehe auch *System-Menü*.
Menüleiste	Die Zeile oben im Excel-Bildschirm, in der die *Befehle* aufgelistet sind. Sie können diese Befehle mit der Maus durch Anklicken oder mit der Tastatur mit Hilfe der Richtungstasten oder eines bestimmten Buchstabens zusammen mit der ALT-Taste auswählen (Weiter siehe Befehlsmenü).
Menüzeiger	Die Hervorhebung, mit der eine Menüposition ausgewählt und deren Beschreibung angezeigt wird.
MS-DOS-Eingabeaufforderung	auch Prompt; die Zeichenfolge, die bei MS-DOS auf dem Bildschirm am Beginn der Befehlszeile erscheint und anzeigt, daß der Computer bereit ist, eine Eingabe zu empfangen.
Multitasking	Die Fähigkeit eines Computers, gleichzeitig mehr als ein Anwendungsprogramm auszuführen.
Mustervorlage	Excel-Dateiformat zum Speichern von Tabellenvorlagen; Mustervorlagen des Verzeichnisses «\XLSTART» erscheinen im Dialogfeld **Datei Neu**
Nebeneinander	Offene Fenster so anordnen, daß sich keine Fenster überlappen und alle ganz sichtbar sind. Jedes Fenster nimmt einen Teil des Bildschirms ein. (siehe auch *Überlappend*)
Neuberechnung	Neuauswertung von Formeln in aktiven Dateien mit den neuesten Zellwerten. Sie können im Menü **Optionen** einstellen, ob Sie eine automatische Neuberechnung wünschen oder nicht.
Nicht leere Zelle	Eine Zelle, die eine Formatierung oder Daten enthält.
Non-Windows-Anwendung	Ein Anwendungsprogramm wie Multiplan oder Word 5.5, das nicht speziell für Windows entwickelt wurde und daher Win-

	dows-Eigenschaften wie z. B. Speicherverwaltung, Benutzeroberfläche oder Datenaustausch nicht voll ausnutzen kann.
Numerischer Wert	Eine Zahl oder eine numerische Formel.
Objekt	Im Zusammenhang mit Verknüpfen und Einbetten von Objekten Informationen wie beispielsweise eine Zeichnung oder ein Diagramm, die verknüpft und eingebettet werden können.
Öffnen	Den Inhalt einer Datei in einem Fenster anzeigen; siehe auch *Laden*
OLE	Siehe *Einbetten und Verknüpfen von Objekten.*
Operator	ein Symbol, mit dem Sie in einer Formel die Beziehung zwischen zwei Werten oder die auszuführende Operation angeben. Excel benutzt *logische Operatoren*, den *Zeichenfolgenoperator* («&»), sowie die arithmetischen Standardoperatoren: «+» (Addition), «-» (Subtraktion), «*» (Multiplikation), «/» (Division) und «^» (Potenzierung).
Option	(1) Ein zur Auswahl stehendes Element in einem Dialogfeld. (2) Ein Parameter, der in einer MS-DOS-Befehlszeile bestimmt, wie ein Befehl ausgeführt wird. Im allgemeinen wird eine DOS-Option mit dem Schrägstrich («/») eingeleitet.
Optionsschaltfläche	auch Optionsfeld. Element eines *Dialogfeldes*; kleiner Kreis vor einer Auswahl im *Dialogfeld*. In einer Gruppe zusammengehöriger Optionsfelder kann jeweils nur eines ausgewählt werden (siehe *Gruppenfeld*).
Paralleldrucker	Ein Drucker mit einer parallelen Schnittstelle, den Sie an einen parallelen Anschluß anschließen.
Parallele Schnittstelle	Eine Schnittstelle zwischen Computer und einem Drucker, über die der Computer seine Daten in Form von mehreren Bits gleichzeitig an den Drucker sendet. Die parallele Schnittstelle wird auch manchmal Centronics-Schnittstelle genannt. Siehe auch *serielle Schnittstelle.*
Paralleler Anschluß	Ein Anschluß auf einem Computer, normalerweise LPT1, in den Sie das Kabel für einen Paralleldrucker einstecken. WINDOWS unterstützt die parallelen Anschlüsse LPT1 bis LPT3.
Paßwort	auch Kennwort; Folge von Zeichen, die Ihnen ermöglicht, eine Datei komplett oder einzelne Bereiche davon zu schützen.
PC-Satz	siehe DTP
Pfad	Spezifiziert die Position einer Datei innerhalb der Verzeichnisstruktur. Um beispielsweise den Pfad der Datei «TEST.XLS», die sich im Verzeichnis «WINDOWS» auf Laufwerk «C» befindet, anzugeben, würden Sie folgendes eingeben: «C:\WINDOWS\TEST.XLS»
Pfadname	Bezeichnung der Stelle, an der sich eine *Datei* innerhalb des Dateibaums eines Laufwerks befindet unter vollständiger Angabe von Laufwerken und allen Verzeichnissen und Unterverzeichnissen, die zu den Dateien führen.

Pfeiltasten	Siehe *Richtungstasten*.
PIF	Siehe *Programminformationsdatei*
Pixel	Die kleinste Grafikeinheit, die auf dem Bildschirm angezeigt werden kann, normalerweise ein farbiger *Punkt*.
Platzhalter	auch Platzhalterzeichen; Synonym für *Stellvertreterzeichen*
Programm-Manager	Wichtigstes Fenster unter Windows, das alle Windows-Aktivitäten steuert; beinhaltet Gruppenfenster, Gruppensymbole, Programmsymbole.
Programmdatei	Eine ausführbare Datei, die ein Anwendungsprogramm startet. Eine Programmdatei hat die Dateinamenerweiterung .EXE, .PIF, .COM oder .BAT.
Programme	Die Anwendungsprogramme oder Dokumente, die in WINDOWS eine Gruppe bilden. Programme werden in einem Gruppenfenster als Symbole dargestellt.
Programm-informations-datei (.PIF)	Diese Datei enthält Informationen über die Systemnutzung eines Anwendungsprogramms unter Windows. Sollte für ein Anwendungsprogramm keine PIF-Datei bestehen, so werden Standard-PIF-Einstellungen verwendet.
Programm-symbol	Das Symbol, das im Programm-Manager ein Anwendungsprogramm oder ein Dokument darstellt. Sie können ein Anwendungsprogramm starten oder ein Dokument öffnen, indem Sie dessen Programmsymbol wählen.
Proportional-schrift	Eine Schriftart, in der jedem Zeichen genau soviel Platz zugeordnet wird, wie zur Darstellung benötigt, also einem «i» weniger als einem «m»; siehe auch *Schriftart mit festem Zeichenabstand*.
Prüfen	Kontrollieren der Bezüge in einer Tabelle, um logische Fehler aufzuzeigen.
Puffer	Ein temporärer Speicherbereich für Daten.
Pulldown-Menü	Bezeichnung für die Menüform, die von oben herunter in das *Fenster* klappt, wenn Sie es auswählen; siehe auch *Aufklappmenü*.
Punkt	Amerikanische typografische Einheit (1/72 Zoll = 0.351mm)
Punktgröße	Siehe *Schriftgröße*.
Quelldatei	1) Eine Datei, welche die Zelle bzw. den Bereich enthält, auf die sich eine Formel in einer anderen Datei bezieht. 2) Datei, die kopiert oder verschoben wird
Quelldokument	Das Dokument, aus dem ein verknüpftes Objekt stammt. Siehe *DDE* und *OLE*.
Quell-verzeichnis	Das Verzeichnis, das die Datei oder Dateien enthält, die Sie kopieren oder verschieben wollen.
Quellzelle	Eine Zelle, die Daten enthält, auf die sich eine Formel in einer anderen Zelle (der Bestimmungszelle) bezieht. Bezieht sich eine Formel auf eine Quellzelle in einer anderen Datei, so sind die Dateien *verbunden*.

RAM (Random Access Memory)	Der temporäre Speicherbereich, in dem der Computer Programme und Daten speichert. Mit dem Ausschalten oder Rebooten des Rechners gehen die Informationen meist verloren. Siehe auch *ROM, virtueller Speicher*.
Rebooten	auch Warmstart. Neustarten des schon laufenden Rechners.
Relative Zelladresse	Bezugnahme in einer Formel auf eine *Zelladresse* oder einen *Bereichsnamen* bzw. auf eine Adresse, die sich beim Kopieren der Formel ändert. Eine relative Zelladresse bezeichnet die relative Position der Originalzelle zu der Originalformel. Von Zelle Z1S4 aus gesehen, bezieht sich die Zelladresse Z1S1 auf den Wert in der Zelle drei Spalten weiter links (ZS(-3). Wenn Sie die Zelladresse in die Zelle Z1S5 kopieren, benutzt Excel weiter den Bezug ZS(-3) und bezeichnet damit hier nun die Zelle Z1S2. Soll eine Zell- oder Bereichsadresse beim Kopieren nicht geändert werden, so benutzen Sie eine *absolute Adresse,* hier alo Z1S1.
Richtungstasten	auch Pfeiltasten. Die Richtungstasten befinden sich rechts auf der Tastatur Ihres Computers. Sie dienen dazu, den Cursor auf dem Bildschirm zu lenken. Die Namen der einzelnen Richtungstasten entsprechen der Richtung der Pfeilspitzen auf den jeweiligen Tasten.
Rollen	Bewegen des Fensterausschnittes mit Hilfe der *Bildlaufleisten*.
Rubrikenachse	auch x-Achse; waagrechte Achse (Ordinatenachse) eines Diagramms (s. auch *Größenachse*)
ROM (Read Only Memory)	Speicher, der gelesen, aber nicht verändert werden kann.
Root	siehe *Stammverzeichnis*
Schaltfläche	Windows-Anwendungen besitzen auf dem Bildschirm kleine dreidimensional erscheinende Knöpfe, die mit Hilfe des Mauszeigers betätigt werden können. Diese Knöpfe werden als Schaltflächen bezeichnet. Häufig kann man sich unter Windows mit Hilfe dieser Schaltflächen bei der Verwendung einer Maus das Eingeben einer Befehlsfolge erleichtern; siehe auch *Symbolschaltflächen*
Schaltfläche zum Wiederherstellen	Das kleine Feld mit je einem nach oben und unten zeigenden Pfeil, das rechts von der Titelleiste erscheint. Die Schaltfläche für das Wiederherstellen erscheint erst, nachdem Sie ein Fenster auf Vollbild vergrößert haben. Mausbenutzer können auf die Schaltfläche für das Wiederherstellen klicken, um die vorherige Größe des Fensters wiederherzustellen. Tastaturbenutzer wählen dazu den Befehl **Wiederherstellen** aus dem *System-Menü.*
Schleife	Eine Gruppe von *Makrobefehlen,* die wiederholt ausgeführt werden. Mit dem Makrobefehlen FÜR-WEITER, SOLANGE-WEITER wird eine Schleife in einem Makro erstellt.
Schließen	Das Entfernen eines Fensters oder das Beenden eines Anwendungsprogramms. Sie können Fenster schließen, indem Sie aus dem *System-Menü* den Befehl **Schließen** wählen. Wenn Sie ein

	Anwendungsfenster schließen, beenden Sie das Anwendungsprogramm.
Schreibgeschützte Datei	Eine Datei, die Sie zwar lesen, aber nicht ändern können. Das *Datei-Attribut* «Schreibgeschützt» bestimmt, ob eine Datei schreibgeschützt ist.
Schreibmarke	Senkrechter Strich, der anzeigt, an welcher Stelle eines Textfeldes die nächste Eingabe erfolgt.
Schriftart	Ein vollständiges Sortiment von Buchstaben, Zahlen, Satzzeichen und Symbolen, die ein bestimmtes Design und eine bestimmte Größe haben.
Schriftart mit festem Zeichenabstand	Eine Schriftart, in der alle Zeichen die gleiche Breite haben. Siehe auch *Proportionalschriftart*.
Schriftartenfamilie	Eine Gruppenbezeichnung, die das allgemeine Erscheinungsbild einer Schriftart beschreibt. So enthält beispielsweise die Schriftartenfamilie «Roman» Schriftarten mit Serifen und variabler Zeichenbreite, zum Beispiel «Times New Roman».
Schriftartenkassette	Hardware, die in einen Drucker eingesteckt wird, um eine oder mehrere Schriftarten bereit zu stellen.
Schriftgröße	gedruckten Zeichens, in der Maßeinheit «*Punkt*» gemessen. Ein Punkt entspricht 1/72 Zoll.
Schrittfunktion	Eine Funktion, mit der Sie die Tastaturanschläge aus dem *Schrittpuffer* benutzen können, um die Eingabe von Daten und das Erstellen von Makros zu automatisieren.
Schützen	Beim Schützen werden Änderungen an einem Arbeitsblatt, einer Datei oder einem Bereich verhindert.
Schutzstatus	Gesamtheit aller Maßnahmen, die ein Lesen oder Überschreiben von Zellen verhindern.
Seitenumbruch	Trennlinie, bei der Excel beim Ausdrucken eine neue Seite beginnt.
Serielle Schnittstelle	auch asynchrone oder RS232-Schnittstelle. Eine Schnittstelle zwischen einem Computer und einem Drucker oder anderen Gerät, über die der Computer Daten in einzelnen Bits (d. h. ein Bit nach dem anderen) an das Gerät sendet. Siehe auch *parallele Schnittstelle*.
Serieller Anschluß	Eine Verbindung an einem Computer, in die Sie das Kabel für ein serielles Gerät einstecken. Beispiele für serielle Geräte sind Drukker und Modems. Windows unterstützt COM1 bis COM4.
Serieller Drucker	Ein Drucker, der eine serielle Schnittstelle verwendet, die Sie mit einem seriellen Anschluß verbinden.
Sicherungsdatei (.BAK)	Eine Datei, die Excel erstellt, wenn Sie bei **Datei Speichern unter** im Dialogfeld **Optionen** «Sicherungskopie» auswählen. Excel gibt der Kopie der Datei auf der Platte die Erweiterung «.BAK» und speichert die aktive Datei mit dem aktuellen Dateinamen und der aktuellen Erweiterung.

Software	Die Zusammenstellung von Befehlen und Anweisungen, welche die Computer-Hardware veranlassen, Aufgaben durchzuführen, Programme, Betriebssysteme und Anwendungsprogramme sind Software.
Solver	Integriertes Excel-Makro, das die Suche von Extrem- und Nullstellen ermöglicht; siehe auch *Was-wäre-wenn-Analyse*
Sonderzeichen	Zeichen, die sprachenabhängig und möglicherweise nicht auf der Tastatur ihres Computers enthalten sind.
Sortieren	Beim Sortieren werden die Datensätze in einer Datenbanktabelle in einer bestimmten Reihenfolge je nach Inhalt des Feldes angeordnet. So können Sie z. B. Datensätze in einer Datenbanktabelle mit Mitarbeiterdaten alphabetisch nach Nachnamen oder chronologisch nach Einstellungsdatum sortieren. Excel sortiert die Daten in steigender (A bis Z, 0 bis 9) oder abfallender (Z bis A, 9 bis 0) Reihenfolge.
Sortierfolge	Die Reihenfolge, nach der Excel Zahlen und Symbole ordnet, wenn Sie *alphabetisch sortieren* oder *Zeichenfolgen* vergleichen.
Spalte	Ein vertikaler Block mit 16384 Zellen in einem Excel Tabellenblatt. Eine Spalte hat die Breite einer Zelle und geht über die gesamte Länge des Tabellenblatts. So enthält z. B. Spalte 2 die Zellen Z1S2 bis Z16384S2. Ein Excel-Tabellenblatt hat 256 Spalten.
Spaltenbreite	Die Anzahl von Zeichen der installierten Standardschrift, die Excel in einer Spalte anzeigen kann. Die vorgegebene Spaltenbreite beläuft sich auf 10,71 Zeichen. Sie können einer Spalte eine beliebige Breite von 0 bis 256 Zeichen zuweisen. siehe auch *Ausblenden*
Speicher	Siehe *RAM*.
Speichern	auch Sichern; Übertragen einer neuen oder geänderten *Datei* auf eine Festplatte oder Diskette.
Sprung	Ein Befehl, mit dem die Makroausführung an eine bestimmte Stelle übertragen wird, an welcher der Makro fortgesetzt wird. Im Gegensatz zu den *Unterprogrammaufrufen* wird die Makroausführung bei Sprüngen endgültig an die angegebene Position übertragen. Die Ausführung wird später nicht wieder an die ursprüngliche Stelle zurückgegeben.
Spulprogramm	Programm, das unter Windows automatisch abläuft, wenn in einer der Anwendungen der Druckbefehl erteilt wurde und der Druck-Manager aktiviert ist. Es ermöglicht den Ausdruck von *Dateien* und die Drucksteuerung in einer Warteschlange.
Stamm-verzeichnis	auch Root; Das Verzeichnis, welches das Betriebssystem beim Formatieren der Platte erstellt. Das Stammverzeichnis enthält alle anderen Unterverzeichnisse auf einer Platte. So ist z. B. in dem Pfad C:\EXCEL\TEST.XLS C:\ das Stammverzeichnis. Es enthält das Unterverzeichnis «\EXCEL».
Standard	ist ein Befehl, eine Option oder ein Gerät, wenn es in einem Menü oder Dialogfenster bei Drücken der Eingabetaste automatisch ge-

wählt wird. Der Standardwert wird markiert dargestellt. Sie können ihn jederzeit durch Markieren eines anderen Wertes außer Kraft setzen.

Standard-
drucker
: Der Drucker, der verwendet wird, wenn Sie im Datei-Menü den Befehl **Drucken** wählen, ohne zuerst anzugeben, welchen Drucker Sie verwenden möchten. Es kann nur ein Standarddrucker festgelegt sein. Sie können diesen mit Hilfe der Systemsteuerung bestimmen. Der Drucker, den Sie am häufigsten verwenden, sollte zum Standarddrucker gemacht werden.

Standard-
einstellungen
: Die Einstellungen, mit denen Windows geliefert wird. Wenn Sie beispielsweise ein Dokument ohne Angabe der Seitenränder von Windows ausdrucken, werden die Standard-Seitenrandeinstellungen verwendet.

Standard-
Modus
: Ein Windows-Betriebsmodus, der auf 80286-, 80386- oder 80486-Computern verwendet werden kann. Dieser Modus ermöglicht den Zugriff auf den Erweiterungsspeicher und erlaubt Ihnen zudem, zwischen Non-Windows-Anwendungen zu wechseln. Er stellt jedoch keinen virtuellen Speicher zur Verfügung und erlaubt Ihnen auch nicht, Non-Windows-Anwendungen im Hintergrund auszuführen. Siehe auch *erweiterter Modus*.

Standardschrift
: Die Schriftart, in der Tabellen- und Makroeintragungen standardmäßig erscheinen.

Stapeln
: Eine Grafik in einem Diagramm übereinanderschichten, siehe auch *Strecken*

Stapelprogramme
: DOS-Programme, die die darin enthltenden Befehle bei Aufruf nacheinander bearbeiten (.BAT-Dateien).

Starten
: Laden eines Anwendungsprogramms (zum Beispiel Excel) in den Arbeitsspeicher und anschließendes Ausführen desselben.

Statuszeile
: Eine Anzeige am unteren Ende des Bildschirms, mit der ein Programmstatus oder eine Sondertaste angegeben wird. So wird z. B. mit der Anzeige CAP angegeben, daß die Feststelltaste gedrückt wurde. Daneben erscheinen hier Hilfetexte und Hinweise auf Fehler, zum Beispiel *Zirkelbezüge*

Stellvertreter-
zeichen
: auch Platzhalter. «?» und «*» stehen in *Dateinamen* oder Dateierweiterungen für ein oder mehrere Zeichen. In Formatcodes werden von Excel die Null «0» und das Doppelkreuz «#» als Stellvertreterzeichen für bestimmte Darstellungen von Zahlen verwendet. Siehe auch *Joker*.

Stornierfeld
: Schaltfläche der *Bearbeitungszeile* zum *Abbrechen* einer Eingabe.

Strecken
: Eine Grafik in einem Diagramm dehnen und stauchen, um die Zahlenverhältnisse darzustellen.

Suchkriterien
: siehe *Kriterien*

Suchkriterienbereich
: siehe *Kriterienbereich*

Summensymbol
: Symbol der *Symbolleiste* zum automatischen Bilden von Summen

Symbol	1. *Fenster* können bei Windows zu kleinen Symbolen verkleinert werden, die Sie dann z.B. am unteren Rand des Desktops sehen. Das Programm läuft dann im Hintergrund ab. 2. auch Werkzeug; Schaltflächen der Symbolleisten zum Erteilen von Befehlen
Symbolfeld	auch Symbolschaltfläche; Das kleine Feld mit dem nach unten zeigenden Pfeil, das sich rechts von der Titelleiste befindet. Mausbenutzer können auf die Symbolschaltfläche klicken, um das Fenster auf Symbolgröße zu verkleinern. Sie können auch den Befehl **Symbol** aus dem *System-Menü* wählen. Siehe auch *Vollbildfeld*.
Symbolleiste	Excel bietet Ihnen bei Verwendung einer Maus die Möglichkeit, bestimmte *Befehle* durch Klicken in eine *Schaltfläche (Symbol)* auszuführen. Auf jeder dieser Schaltflächen ist ein Symbol, das die entsprechende Funktion kennzeichnet. Siehe auch *Symbol*.
System-Menü	Ein Menü, das Befehle enthält, mit dem Sie das zugehörige Fenster manipulieren können. Anwendungsprogrammsymbole und einige Dialogfelder haben ebenfalls ein System-Menü. Um das System-Menü zu öffnen, verwenden Sie das *System-Menüfeld* auf der linken Seite der Titelleiste eines Fensters, oder wählen Sie ein Anwendungsprogrammsysmbol.
System-Menüfeld	Feld im Fenster oben links; durch Klicken in dieses Fenster öffnen Sie das Systemmenü.
System-steuerung	Programm unter Windows, durch das sich Grundeinstellungen der Benutzeroberfläche (Farben, Schriftarten, Anschlüsse, Maus, Desktop, Drucker, Uhrzeit, Signalton) verändern lassen.
Systemzeit	Die der internen Uhr Ihres Computers entsprechende Zeit.
Szenario	Wertedarstellung einer Tabelle bei bestimmten vorher festgelegten Ausgangswerten; siehe auch *Was-wäre-wenn-Analyse*
Tabellenblatt	Microsoft-Multiplan Begriff für *Arbeitsblatt*
Tabellendatei	Begriff für eine gespeicherte Tabelle.
Tabellenfeld	Microsoft-Multiplan Begriff für *Zelle*.
Tabellen-kalkulation	Unter Tabellenkalkulation versteht man das Arbeiten mit einem elektronischen Arbeitsblatt, in das Texte und Werte eingetragen werden können und auf dem Berechnungen ausgeführt werden können.
Tabellen-Menüs	Dies sind die Menüs, die Sie sehen, wenn Sie eine Tabelle geöffnet haben. Siehe auch *Diagramm-Menüs*.
Task-Liste	Ein Windows-Fenster, das alle Anwendungsprogramme anzeigt, die gerade ausgeführt werden, und das Ihnen erlaubt, zwischen den Anwendungsprogrammen zu wechseln. Sie können bei Windows die Task-Liste öffnen, indem Sie aus dem System-Menü **Wechseln zu** wählen, oder indem Sie [Strg]-[Esc] drücken. Benutzen Sie die Task-Liste, um schnell zwischen Excel und anderen Anwendungen umzuschalten.

Tastaturpuffer	Der Puffer, in dem Excel die Tastenanschläge speichert, die Sie während der nicht interaktiven Teile eines Makros eingeben.
Tastatur-schlüssel	Kurzform der Eingabe von *Befehlen*; Sie wählen einen Befehl und seine Unterbefehle nicht aus der Menüleiste aus, sondern geben für eine bestimmte Kombination von Befehl und Unterbefehl einfach eine Folge oder Kombination von Tasten ein.
Tasten-kombination	Synonym für *Tastaturschlüssel*
Tasten-kombination für Anwendung	Eine Tastenkombination, die ein Anwendungsprogramm in den Vordergrund bringt. Sie können eine solche Tastenkombination im Programm-Manager oder in einer PIF-Datei zuweisen. Damit können Sie z. B. Excel aufrufen, ohne den Programm-Manager und seine Fenster zu verwenden.
Temporäre Datei (.TMP)	Eine Datei, die Excel oder Windows erstellen und nur während der laufenden Arbeit benutzt.
Textdatei	Datei, die keine Formatierungszeichen, sondern fast ausschließlich lesbare Zeichen im *ASCII-Format* enthält.
Textfeld	1. Element eines *Dialogfeldes*; in Textfelder tragen Sie Text ein. 2. auch Textbox. Bezeichnung für einen rechteckigen Bereich auf dem Tabellen- oder Makroblatt, in den Sie Text eintragen können.
Tilde (~)	Das Tastaturzeichen, mit dem Sie in Datenbanksuchen die Suche nach einem Fragezeichen oder einem Sternchen ankündigen.
Titelleiste	oberste Leiste eines jeden *Fensters* unter Windows; diese Leiste enthält den Titel des Fensters (Datei-, Programm- oder Dialogfeldname).
Transponieren	Vertauschen von Zeilen und Spalten in einer Tabelle.
TrueType-Schriftarten	Schriftarten, die skalierbar sind und manchmal als Bitmaps oder ladbare Schriftarten erzeugt werden, je nach den Fähigkeiten Ihres Druckers. TrueType-Schriftarten können auf eine beliebige Größe gebracht werden und sehen gedruckt fast genauso aus wie auf dem Bildschirm. Siehe auch *Bildschirmschriftarten*, *Druckerschriftarten* und *ADOBE TYPE MANAGER*.
Überlappend	Eine Methode, mit der geöffnete Fenster auf dem Desktop so angeordnet werden, daß sie einander überlappen. Die Titelleiste aller Fenster bleibt dabei sichtbar. (siehe auch *Nebeneinander*)
Uhrzeitformat	Eines der Formate zur Anzeige einer Uhrzeit. Mit den Zeitformaten wird die Anzeige der *Zeitseriennummer* festgelegt.
Unterprogramm	Eine separate Gruppe mit *Makrobefehlen*, die aus dem Makro ausgeführt werden. Wenn der *Hauptmakro* das Unterprogramm aufruft, geht die Kontrolle an das Unterprogramm. Nachdem Excel die Instruktionen im Unterprogramm ausgeführt hat, gibt es die Kontrolle an den Hauptmakro zurück.

Unterprogramm- aufruf	Ein *Makrobefehl*, mit dem die Kontrolle an ein *Unterprogramm* übergeben und dieses ausgeführt wird, bevor zur nächsten Makroinstruktion gegangen wird.
Unter- verzeichnis	Eine Unterteilung des *Stammverzeichnisses* oder eines anderen *Verzeichnisses*.
Variable	Teil einer *Formel*, für den verschiedene Werte eingesetzt werden können.
Verbundene Dateien	Zwei Dateien, die Informationen aus derselben Zelle benutzen: Bezieht sich eine Formel in einer Datei auf eine Zelle in einer anderen Datei, so sind diese beiden Dateien verbunden. Ändern sich die Einträge in einer *Quelldatei*, so ändern sich die Zellen in einer aktiven *Zieldatei*, auf die Bezug genommen wird, dementsprechend.
Vergleichsoperator	siehe *Logischer Operator*
Verkettung	Verbinden von Zeichenfolgen mit einer Zeichenfolgenformel. Die Zeichenfolgenformel «+"Gesamter "&"Umsatz"» verkettet den Text in den Anführungszeichen und erzeugt den Text «Gesamter Umsatz».
Verkleinern auf Symbolgröße	Ein *Anwendungsprogrammfenster* oder *Dokumentfenster* mit Hilfe der Schaltfläche **Symbol** oder des Befehls **Symbol** auf Symbolgröße verkleinern. Das Symbol erscheint am unteren Rand des Desktops. Das Anwendungsprogramm wird weiterhin ausgeführt und kann das aktive Anwendungsprogramm oder Dokument sein.
Verknüpfen	(1) In einem Zieldokument einen Bezug auf ein Quelldokument enthaltenes Objekt erstellen. Wenn Sie ein Objekt verknüpfen, fügen Sie entweder eine bildliche Darstellung des Objekts oder das Symbol des Anwendungsprogramms, mit dem das Objekt erstellt wurde, ein. Wenn das Objekt im Quelldokument geändert wird, sind die Änderungen auch im Zieldokument ersichtlich. (2) Im Windows-Dateimanager bestimmen, daß eine Dateinamenserweiterung zu einem bestimmten Anwendungsprogramm gehört. Wenn Sie eine Datei mit einer Erweiterung öffnen, die mit einem Anwendungsprogramm verknüpft ist, wird das betreffende Anwendungsprogramm automatisch gestartet. Dateien, die mit einem Anwendungsprogramm verknüpft sind, werden Dokumentdateien genannt. Siehe auch *Dokumentdatei*.
Verknüpftes Objekt	Im Zieldokument eine bildliche Darstellung eines Objekts, oder das Symbol des Anwendungsprogramms, mit dem das Objekt erstellt wurde.
Verknüpfung	Ein Bezug auf ein Objekt in einem Quelldokument.
Verschachteln von Unter- programmen	Wenn *Unterprogrammaufrufe* in *Unterprogramme* gesetzt werden, so wird dies als Verschachtelung von Unterprogrammen bezeichnet. Stößt Excel während der Ausführung eines Unterprogramms auf einen Unterprogrammaufruf, so übergibt es die Kontrolle an

	das in dem Unterprogrammaufruf angegebene Unterprogramm, führt die dort stehenden Instruktionen aus, kehrt zum ersten Unterprogramm zurück, beendet die Instruktionen in diesem Unterprogramm und kehrt schließlich zu dem *Hauptmakro* zurück.
Verschieben	1) Verändern der Position eines *Fensters* auf dem Bildschirm.
	2) Eine Datei in ein anderes Verzeichnis oder einen Tabellenbereich an eine andere Stelle des Tabellenblatts verschieben. (siehe auch *Kopieren*)
Versteckte Datei	Eine Datei, die nicht in einer Verzeichnisliste angezeigt werden soll, zum Beispiel Ihre MS-DOS BIOS-Datei. Das Verstecken von Dateien ist nicht so wirksam wie das *Schützen* durch ein *Paßwort*.
Verzeichnis	Eine Unterteilung auf einem Speichermedium. Sie können ein Verzeichnis erstellen, es benennen und zusammengehörige Dateien in diesem Verzeichnis speichern. Dadurch können die Dateien einfacher gefunden und gelesen werden.
Verzeichnisfeld	auch Dateiauswahlfeld; Ein Feld in einem Dialogfeld, das alle Dateien, Unterverzeichnisse oder Laufwerke enthält, die von einem Befehl betroffen werden können.
Verzeichnisfenster	Ein Datei-Manager-Fenster, das die Verzeichnisstruktur Ihres Datenträgers anzeigt.
Verzeichnisname	Der Name eines Verzeichnisses. In diesem Buch werden die Verzeichnisnamen in einem Pfad mit einem Backslash («\») voneinander und von dem Dateinamen getrennt. So sind z. B. in «C:\EXCEL\FEBRUAR\BUDGET.XLS» sind «EXCEL» und «FEBRUAR» die Verzeichnisnamen, der Dateiname ist «BUDGET.XLS».
Verzeichnispfad	Siehe *Pfad*.
Verzeichnisstruktur	Im Windows Datei-Manager eine grafische Darstellung der Verzeichnisorganisation eines Datenträgers. Die Verzeichnisse auf dem Datenträger werden als eine sich verzweigende Struktur angezeigt, die einem Baum ähnlich sieht. Das Verzeichnis erster Ebene wird auch als *Stammverzeichnis* oder Root bezeichnet.
Virtueller Speicher	Ein Speicherverwaltungssystem, das von Windows im erweiterten Modus für 386-PC verwendet wird. Mit diesem System kann Windows so ausgeführt werden, als sei mehr Speicher vorhanden, als tatsächlich existiert. Der Umfang des virtuellen Speichers entspricht der kombinierten Größe des freien RAM-Speichers und des Speicherplatzes, welcher der Auslagerungsdatei zugewiesen wurde, mit der Windows zusätzlichen RAM-Speicher simuliert. Wenn Sie mit großen Excel-Dateien arbeiten und ihr Computer über wenig RAM verfügt, sollten Sie unter Windows eine große *Auslagerungsdatei* anlegen.
Vollbild	Bei der Einstellung Vollbild nimmt das entsprechende *Fenster* den gesamten Bildschirm ein (s. auch *Symbol*).

Vollbild- anwendung	Eine Non-Windows-Anwendung wie Multiplan oder die zeichen-orientierte Version von Lotus 1-2-3, die nicht in einem Fenster angezeigt wird, sondern den ganzen Bildschirm ausfüllt, wenn Sie in Windows ausgeführt wird. Wenn Sie Windows im erweiterten Modus des 386-PC ausführen, können Sie durch Modifizieren der PIF-Datei oder mittels des Systemmenüs selbst bestimmen, ob ein solches *Anwendungsprogramm* als Vollbild oder in einem Fenster ausgeführt werden soll.
Vollbildfeld	auch Vollbildschaltfläche. Kleines Feld in der Ecke oben rechts eines *Fensters*, mit dem Sie das *Fenster* auf den ganzen Bildschirm vergrößern können (siehe auch *Symbolfeld*).
Vordergrund	Der Bereich des Bildschirms, der vom aktiven Fenster eingenommen wird. Siehe auch *Hintergrund*.
Vordergrund- anwendung	Das Anwendungsprogramm, mit dem Sie gerade arbeiten. Die Vordergrundanwendung wird im aktiven Fenster angezeigt. Siehe auch *Hintergrundanwendung*.
Vorrangige Zellen	Felder, auf die in anderen Feldern verwiesen oder zurückgegriffen wird.
Wählen	Das Kennzeichnen eines Elements, damit eine nachfolgende Aktion an dem Element vorgenommen werden kann. Normalerweise wählen Sie ein Element mit der Maus oder durch Drücken einer Taste. Nachdem Sie ein Element gewählt haben, bestimmen Sie die Aktion, die sich auf das Element auswirken soll.
Wahrheitwert	Variable, die nur die Werte WAHR oder FALSCH annehmen kann und bei Fallunterscheidungen verwendet wird.
Was-wäre-wenn- Analysen	Tabellenanalyse, bei der Sie in vorangige Zellen bestimmte Werte einsetzen oder von Excel einsetzen lassen und die auswirkungen auf die abhängigen Zellen beobachten. Excel stellt Ihnen für diese Tabellenanalysen mit Hilfe des Solvers, der Mehrfachoperationen, der Zielwertsuche und des Szenario-Managers umfangreiche Bearbeitungs- und Dokumentierungshilfen zur Verfügung.
Wechseln	Umschalten von einem Standard-Anwendungsprogramm zu einem anderen.
Werkzeug	siehe *Symbol* und *Symbolleiste*
Wert	Eine Zahl oder das Ergebnis einer Formel.
Wieder- herstellen	Begriff aus der WINDOWS Fenster-Terminologie; bedeutet die Wiederherstellung der vorigen Fenstergröße (zum Beispiel vom Symbol zurück zum Vollbild).
WIN-OS	Ausführen von Windows unter OS/2 2.0
Windows- Anwendungs- programm	Anwendungsprogramm, das speziell für Windows geschrieben wurde und Windows-spezifische Eigenschaften hat (z. B. die Fenster- und Menüstruktur). Siehe auch *Standard-Anwendungsprogramm*.

WINDOWS-Zeichensatz	Der *ANSI*-Zeichensatz, der verwendet wird, um Windows und Windows-Anwendungen anzuzeigen. Siehe auch *ASCII*
WYSIWYG	"What you see is what you get"; das, was sie auf dem Bildschirm sehen entspicht genau dem, was Sie auf Ihrem Ausdruck sehen; siehe auch *True Type Schriften* und *ADOBE TYPE MANAGER*
XY-(Streu-)Diagramme	Wie bei Liniendiagrammen wird mit XY-Diagrammen dargestellt, wie sich Werte im Verhältnis zu anderen Werten ändern. Die XY-Diagramme benutzen jedoch sowohl eine skalierte X-Achse als auch eine skalierte Y-Achse.
Zeichenfolge	Ein Text oder die Bezugnahme auf eine Zelle, die einen Text enthält.
Zeigen	Den Mauszeiger auf ein bestimmtes Tabellenfeld weisen lassen und die linke Maustaste einmal drücken (s auch *Doppelklicken* und *Ziehen*).
Zeiger	Siehe *Bytezeiger*, *Zellzeiger* und *Menüzeiger*.
Zeile	Ein horizontaler Block mit 256 Zellen in einem Excel Arbeitsblatt. Eine Zeile hat die Höhe einer Zelle und geht über die ganze Breite des Arbeitsblattes. So enthält z. B. Zeile 4 die Zellen Z4S1:Z4S256. Ein Excel-Arbeitsblatt hat 16384 Zeilen.
Zeilennummern	Die Nummern 1 bis 16384 in der vertikalen *Arbeitsblattabgrenzung*, mit denen jeweils eine Zeile angegeben wird.
Zeitseriennummer	Eine Dezimalzahl von 0 bis 1, die Excel jeder Sekunde in den 24 Stunden von Mitternacht bis 23:59:59 zur Benutzung in Berechnungen zuweist.
Zelladresse	Die Position einer bestimmten Zelle in dem Arbeitsblatt, die mit einem Arbeitsblattbuchstaben, Spaltenbuchstaben, und einer Zeilennummer bezeichnet wird (z. B. Z1S25). Siehe auch *abgekürzte, gemischte,* und *relative Zelladresse, absolute Adresse* sowie *Bereichsadresse*.
Zellbezug	siehe *Bezug*
Zelle	Excel Bezeichnung für die Grundeinheit des Arbeitsblattes, in die Sie Daten eingeben können. Der Schnittpunkt zwischen einer Zeile und einer Spalte eines Arbeitsblatts bildet eine Zelle. Siehe auch *Feld*.
Zellformat	Mit dem Zellformat wird festgelegt, wie Excel Werte auf dem Bildschirm anzeigt. Das Zellformat einer Zahl kann sich von dem eingegebenen Wert unterscheiden. So kann z. B. der Eintrag 25.451 je nach Zellformat auch als 25,45 DM, 2545% oder 25,4 angezeigt werden.
Zellzeiger	Die Hervorhebung, mit der die *aktuelle Zelle* gekennzeichnet wird.
Ziehen	Drücken Sie die linke Maustaste und halten Sie sie nieder. Bewegen Sie nun die Maus. Auf diese Weise können Tabellenbereiche markiert werden.

Ziehen und Ablegen	auch DRAG AND DROP; Kopieren, Verschieben und Ausfüllen von Zellen mit der Maus
Zieldatei	Eine Datei mit einer Formel, die sich auf eine *Quellzelle* oder einen Bereich in einer *Quelldatei* bezieht.
Zieldokument	Ein Dokument, das eine Verknüpfung zu einem Objekt in einem Quelldokument enthält.
Zielverzeichnis	Das Verzeichnis, in das Sie mit dem WINDOWS-Dateimanager eine oder mehrere Dateien kopieren oder verschieben möchten.
Zielzelle	Eine Zelle, die eine Formel enthält, die sich auf eine andere *Quellzelle* bezieht.
Zirkelbezüge	auch Endlosschleife; Verweis in einer Zelle auf sich selbst, also zum Beispiel die Formel «=Z1S2+1» in der Zelle Z1S1
Zoom	Anzeigegröße oder Größe der Druckausgabe von allen Zellen in allen Arbeitsblättern der aktiven Dateien. Die Komprimierung kann bei Excel manuell auf 5% bis 1000% der normalen Anzeigegröße festgelegt werden.
Zweimalklick	Siehe *Doppelklick.*
Zwischenablage	Allen Windows- oder OS/2 2.0-Anwendungen zugänglicher Speicherbereich, der es ermöglicht, Daten in einer Anwendung oder zwischen verschiedenen Anwendungen zu verschieben.

Index

Vieweg Software-Trainer Lotus 1-2-3 für Windows

von Bernd Kretschmer

1992. XVI, 557 Seiten mit Diskette. Gebunden.
ISBN 3-528-05250-3

Dieses Buch hilft Anwendern/innen von Lotus 1-2-3 für Windows, im privaten und beruflichen Einsatz ihre Tabellen, Grafiken und Datenbanken optimal zu handhaben und mit anderen Anwendungen zu verbinden. Angefangen mit einfachsten Beispielen zweidimensionaler Tabellen bringt das Buch seinen Lesern/innen Schritt für Schritt fortgeschrittene Techniken des Tabellendesigns und der Gestaltung von Präsentationsgrafik nahe. Besonderes Augenmerk gilt dem Datenaustausch mit anderen Anwendungen. Anfänger/innen werden das Buch aufgrund seines „Übungscharakters" zu schätzen wissen: alle Schritte sind in Bildschirmfotos leicht nachzuvollziehen, zu jedem Abschnitt gibt es Aufgaben mit Lösungen. Fortgeschrittene Anwender/innen werden ihre Arbeit aufgrund zahlreicher Tips und Tricks sowie dem umfangreichen Referenzteil effizienter gestalten können.

Über den Autor:
Bernd Kretschmer ist in der Ausbildung tätig. Er ist ein Kenner von Tabellenkalkulations-Programmen und Autor zahlreicher Computerbücher.

Verlag Vieweg · Postfach 58 29 · D-6200 Wiesbaden

Vieweg Software-Trainer Windows 3.1

von Jürgen Burberg

1992. VIII, 524 Seiten mit Diskette. Gebunden.
ISBN 3-528-05220-1

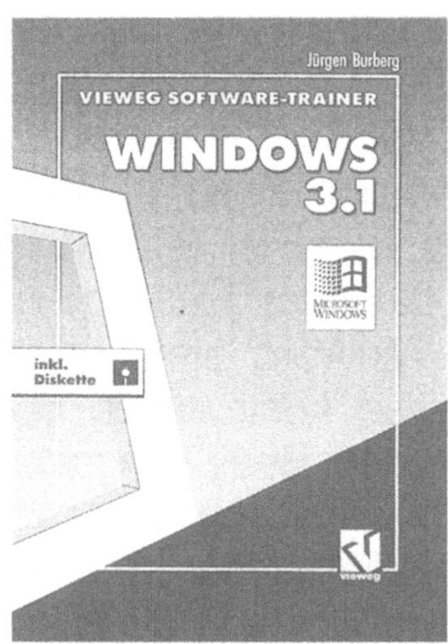

Alle Features von Windows 3.1 werden dem Leser in diesem Buch sorgfältig vorgestellt und nutzbar gemacht. Das Werk ist reichhaltig illustriert und mit vielfältigen Hintergrundinformationen ausgestattet, die auch fortgeschrittenen Windows-Anwendern effiziente Einsatztechniken von Windows 3.1 erschließen. Inhaltlich ist das Buch so strukturiert, daß dem Anwender ein rascher Zugriff auf spezielle Themen ermöglicht wird.

Verlag Vieweg · Postfach 58 29 · D-6200 Wiesbaden 1

Vieweg Software-Trainer Word für Windows 2.0

von Michael Schwessinger/Thomas Schürmann/Karin Süßer

1992. XVI, 964 Seiten mit Diskette. Gebunden.
ISBN 3-528-05224-4

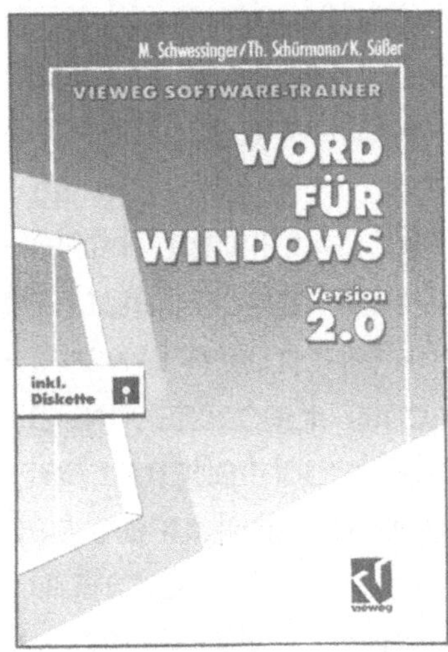

In einem Einführungskapitel beschreibt das Buch die wesentlichen Zusammenhänge von Windows in der Version 3.1 und Word für Windows 2.0. Das Buch ist reichhaltig illustriert, so daß der Neuling im Umgang mit WinWord stets seine Arbeitsergebnisse kontrollieren sowie die wichtigsten Bedienungselemente der Software kennenlernen kann. Für Fortgeschrittene und professionelle Anwender sind vor allem die umfangreichen Passagen über anspruchsvolle Dokumentgestaltungstechnik mit Hilfe modernster zu WinWord gehörender „Werkzeuge" interessant.

Verlag Vieweg · Postfach 58 29 · D-6200 Wiesbaden